朝鮮王朝実録

【改訂版】

朴永圭

神田聡　尹淑姫　訳

キネマ旬報社

朝鮮王朝実録【改訂版】

朴永圭

神田聡　尹淑姫　訳

朝鮮王朝実録を一冊の本にまとめて

ある週刊新聞社で編集の仕事をしていた時に、私は時間さえあれば百科事典を机一杯に広げ、歴史、哲学、文学、生物学、考古学、天文学、医学などあらゆる分野にわたり、気になっている内容を調べる習慣があった。そんなある日、朝鮮第九代王・成宗の父親である徳宗《トクジョン》(懿敬世子《ウィギョンセジャ》)についての記録を調べるついでに、朝鮮の二十七王すべての記録を一つずつ調べはじめた。

それ以来、私は約一か月にわたって歴代の王に関連する内容を集中的に調べてみた。そうした作業を続けていくうちに、百科事典に記録されている内容があまりにも不誠実で、つじつまが合わないところが多くあることに気づき、そのために、朝鮮王朝実録を一冊の本にまとめてみようと決心した。

私が敢えて一冊にまとめようとしたのは、何よりもまず、一般に知られている朝鮮時代の歴史と王たちに対する知識が間違っていたり、偏狭だったりしていたためだ。次に、終戦から五十年が過ぎたにもかかわらず、今日に至るまでいまだ朝鮮王朝史が一冊にまとめられた本がないということに対する物足りなさのためだった。

朝鮮王朝実録をまとめようと決めて以来、私は歴史書に埋もれる日々を送った。そして、蒐集《しゅうしゅう》した資料でもって一冊の本にまとめられるという判断がついた時、勤め先の新聞社に辞職願を出した。会社に属していては、あの膨大な記録をひとつひとつ確認しながら整理する作業はできないと考えたからだった。整理作業をすすめながら、私をはじめとする多くの人たちが、朝鮮時代の社会に対して非常に誤った見方をしているということを悟った。言うならば、朝鮮時代は私たちが安易に断定しているほどに閉鎖的で古臭い社会だったわけではなく、大変な情熱と重みとが内在する深みのある世界だったことがうっすらとわかってきたのだ。

しかしながら、私はこうした自分の考えを読者に強要しようとは思わない。読者の方にも、いつか私に共感していただける時が訪れたらという望みを抱くばかりだ。もちろん、だからといって朝鮮の社会と王朝を褒めたたえるつもりはない。その世界の中に新しい何かが生まれようとしていたにもかかわらず、私たちはそうした動きに気づくこともできないうちに、日帝による国権侵奪と、その後押し寄せた西欧文明により、あまりにもたやすくその世界を逃してしまったという点を強調したいだけだ。

何はともあれ、この本を通して、読者が朝鮮社会の新しい一面を発見できることを願う。

丙子年(一九九六年)劈頭に　著者　朴永圭

改訂版に寄せて

読者の身に余る愛に感謝しつつ

この本を出してからいつの間にか十五年が過ぎた。その間、二百万冊以上が売れ、増版も二百刷近い。拙著に身に余る愛と関心を示してくださった読者に、なんと感謝の気持ちを伝えたらいいかわからない。

著者たる者が読者の関心に報いることができる唯一の方法は、この本をより充実したものにすることであろう。その一環として、内容を補完し、修正する作業を始めた。

この十五年間、読者から多くの手紙と電話を頂いた。その中には、激励のことばも多くあったが、惜しかった点を指摘する内容も少なくなかった。改訂版の作業は、読者からのそうした指摘に応えようとする試みであると言えよう。

作業は、さまざまな分野にわたり多様に行った。

まず、『朝鮮王朝実録』と、朝鮮王室の族譜(家系図)である『璿源録』『燃藜室記術』などを細かく照らし合わせ、各王の家族関係や家系図を修正補完した。また、世宗大王の業績のうち絶対にはずせない訓民正音の創制過程や、その裏側に隠された秘密などを明らかにして、比較的細やかに載せた。さらに、韓国の国内でドラマ化された『宮廷女官 チャングムの誓い』と『トンイ』の主人公である歴史上の人物についても、『朝鮮王朝実録』に記されている部分を抜粋して付け加えた。

旧版の内容の中で正確でなかったり、表現が曖昧だった部分にも手を入れて、読者のために朝鮮時代の主な官庁についての説明もわかりやすく加えた。

こうした作業を終えてみると、分量が増え相当厚くなったが、それでもなお朝鮮王朝五百年の歴史を全て語るには足りないような気がする。

ともあれ、今回の作業が、読者の朝鮮史に対する理解に少しでも役立てられればと思う。

二〇一一年十二月　朴　永　圭

装丁　渡辺和雄

朝鮮王朝実録【改訂版】もくじ

朝鮮王朝系図

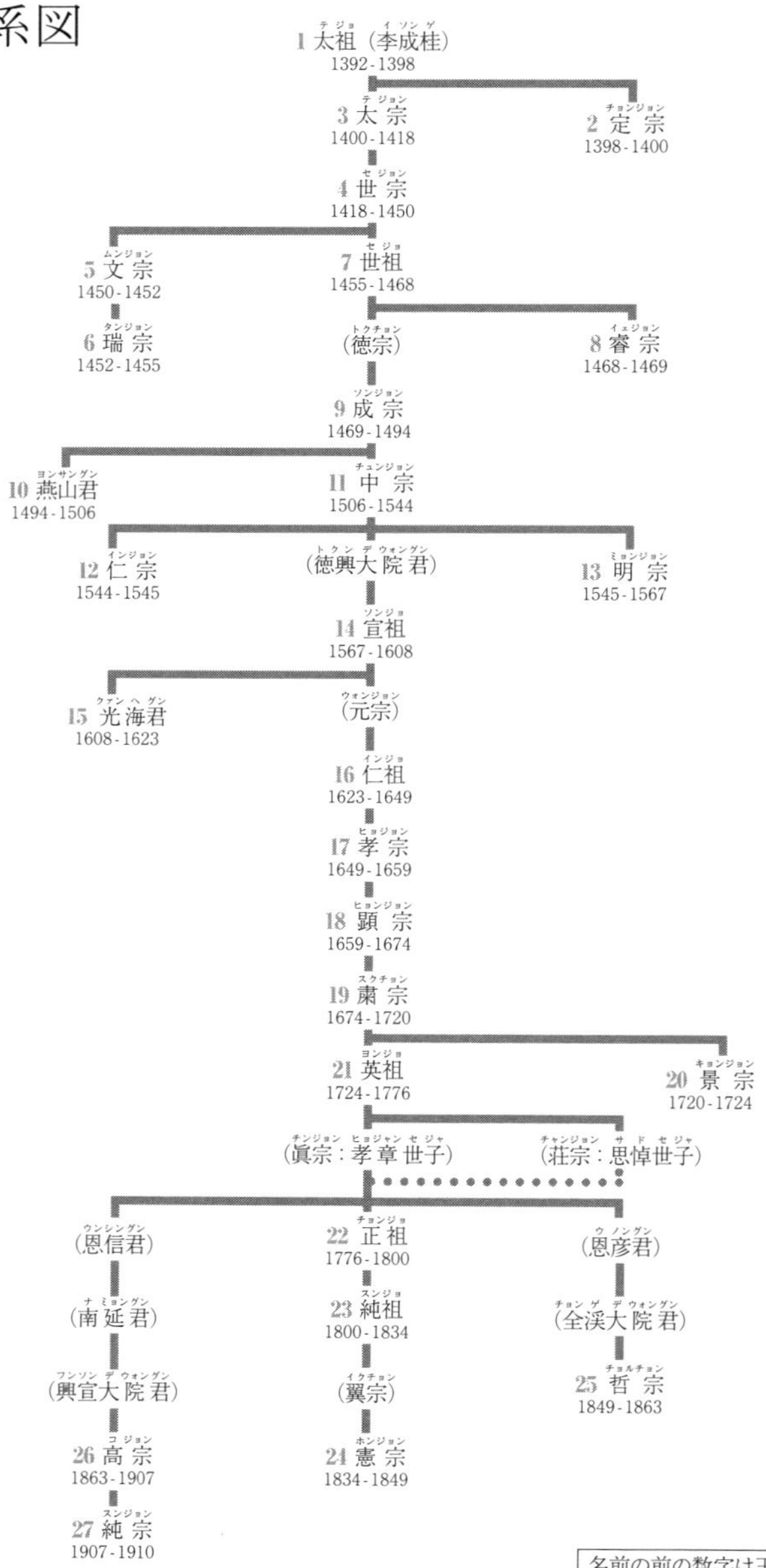

名前の前の数字は王位継承順位
年号は在位年

朝鮮八道図

朝鮮王朝時代の行政区分

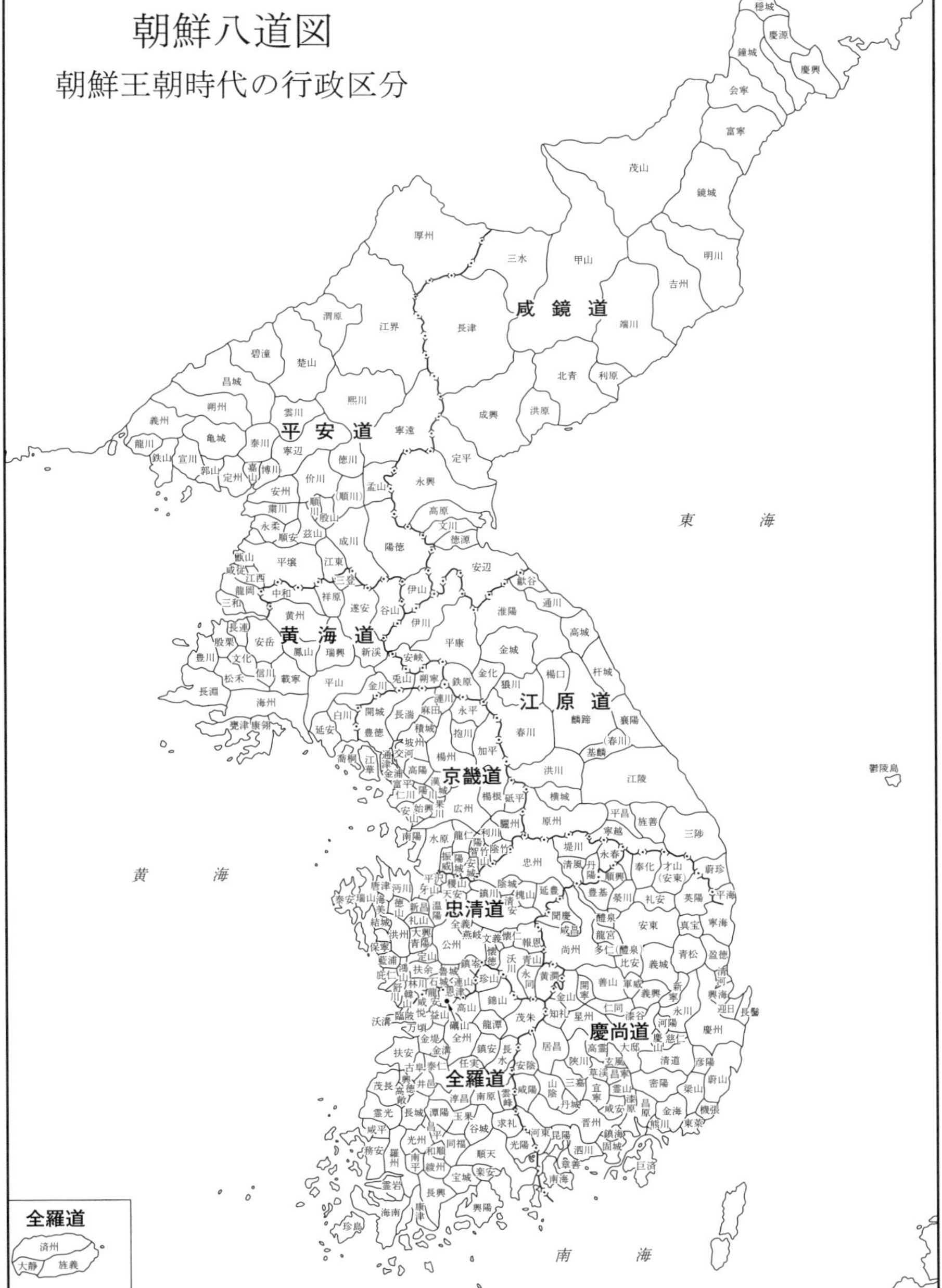

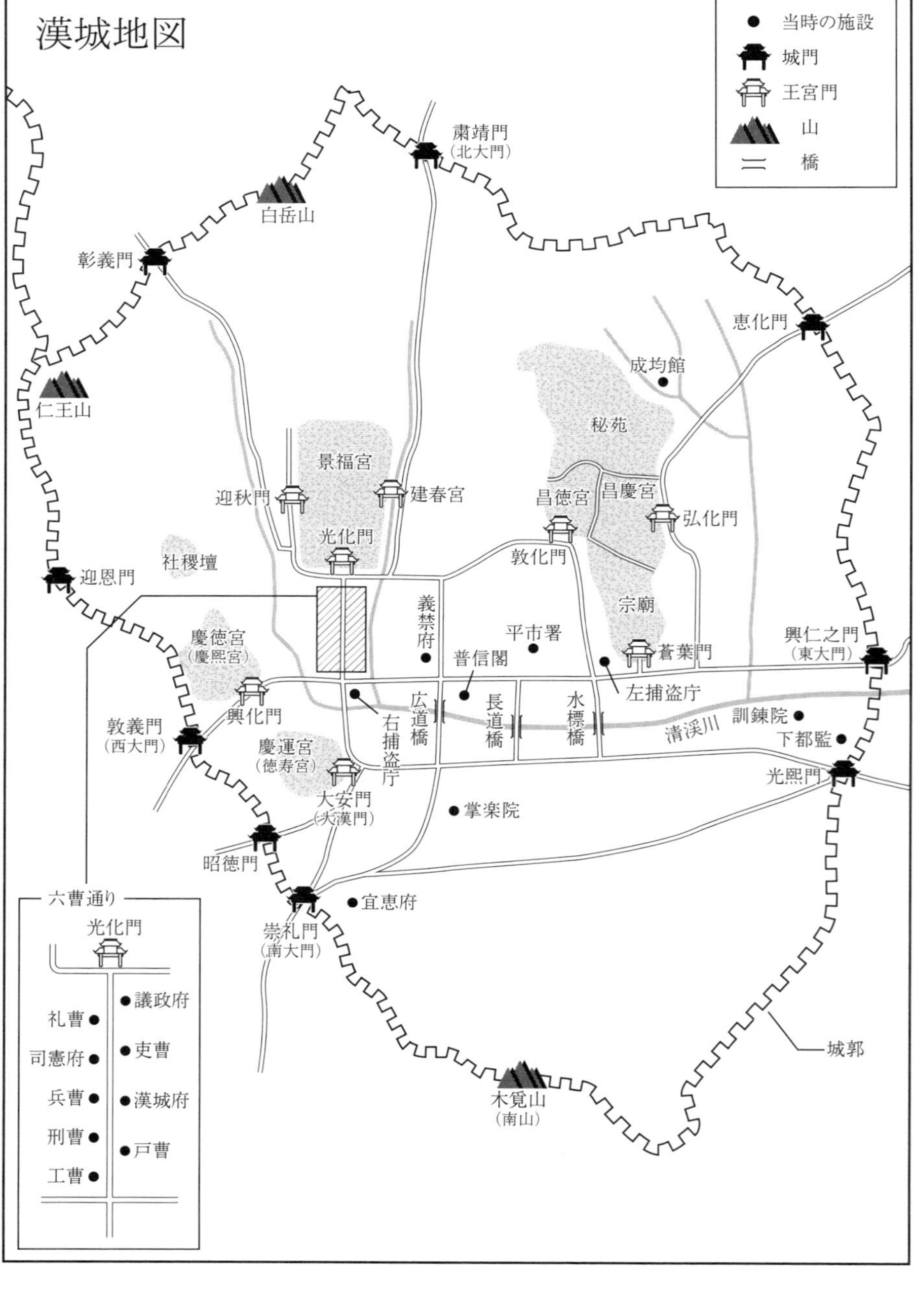
漢城地図
当時の施設
城門
王宮門
山
橋
粛靖門
（北大門）
白岳山
彰義門
恵化門
成均館
秘苑
仁王山
景福宮
迎秋門
建春宮
昌徳宮
昌慶宮
弘化門
光化門
敦化門
社稷壇
迎恩門
義禁府
宗廟
平市署
慶徳宮
（慶熙宮）
普信閣
蒼葉門
興仁之門
（東大門）
左捕盗庁
興化門
広道橋
長道橋
水標橋
右捕盗庁
清渓川
訓錬院
下都監
敦義門
（西大門）
慶運宮
（徳寿宮）
光熙門
大安門
（大漢門）
掌楽院
昭徳門
六曹通り
宜恵府
崇礼門
（南大門）
光化門
議政府
礼曹
吏曹
司憲府
兵曹
漢城府
刑曹
戸曹
工曹
城郭
木覓山
（南山）

朝鮮王朝実録【改訂版】

本書は朴永圭著『一冊で読む朝鮮王朝実録　改訂増補版』(ウンジン社発行)を翻訳したものである。

『朝鮮王朝実録』

李氏朝鮮の第一代・太祖から第二十七代・純宗までの五百十九年間の歴史を編年体で記録した一九六七巻、九四八冊の歴史書である。韓国では『高宗実録』と『純宗実録』を含まない四百七十二年間の記録である一八九三巻、八八八冊が『朝鮮王朝実録』とされ、一九七三年十二月三十一日、国宝一五一号に指定されている。また、一九九七年十月、ユネスコの世界記録遺産にも登録された。

【凡例】

○本文に登場する日付は、一八九五年までは旧暦、一八九六年からは新暦で表記している。
○人物の年齢は、基本的に満年齢で表記している。
○重要な人名・地名・役職名・用語などは原語読みのルビを一代ごとの初出に付記したが、名前の読み方は、改めて付記しているところがある。
○ルビは特に二重母音については、日本で既に通用している振り方に合わせている。
○訳文の記述をより具体的なものにするために、年号、人名、地名などを加えた場合がある。
○訳文のままでは理解が難しい箇所や歴史用語は、訳文中に（　）で訳注を加えたが、頻出する重要用語は巻末でも解説している。

第一代　太祖実録

一、朝鮮開国以前の李成桂

李成桂の登場

李成桂《イソンゲ》の家は高祖父・李安社《イアンサ》が女真《じょしん》族の居住地の南京《ナムギョン》(当時、元《げん》の支配を受けていた。現・間島《カンド》地域)に入り、元の地方官となった後、次第にその地域で勢力基盤を作りはじめた。李安社の子・行里《ヘンリ》、孫・椿《チュン》が代々、元の官吏を務め、椿の子・子春《ジャチュン》も元の摠管府《チョングァンブ》のあった雙城《サンソン》の千戸《チョノ》だった。

しかし、李子春は元が高麗《コリョ》出身の移住民に対して差別政策を実施すると、徐々に元に対して疑念を抱きはじめた。当時、元は原住民と移住民との待遇を別にするため、差別戸籍を作っていた。元のこうした移住民差別政策は、李子春などの高麗人官吏に政治的地位に対する不安感を抱かせた。このため、李子春は元に背を向けて高麗側に立つ決心をすることになる。

当時、中国大陸では漢族が朱元璋《しゅげんしょう》を中心に勢力を拡大し、明《みん》を打ち立て、元は明により中原から追い出されそうな状況だった。

元の力が衰えると、恭愍王《コンミンワン》(高麗第三十一代王)は反元政策を実施して、東北面《トンブンミョン》の雙城摠管府と緊密な関係にあった国内の奇氏《キシ》勢力を除去するため、東北面の高麗遺民の力が必要だと判断していた。李子春は、恭愍王のこうした意図を見抜き、一三五五年、恭愍王と会って、高麗が雙城摠管府を討てば、自分は支援すると約束した。その翌年、李子春は子・成桂とともに、高麗が九十九年ぶりに旧領を回復するのに一翼を担うことになる。

李子春は、この時の功績で大中大夫司僕卿《テジュンデブサボッキョン》となり、開京《ケギョン》(高麗の都、現・開城《ケソン》)に来ることになったが、その一年後の一三五六年、朔方道《サクパンド》(江原道《カンウォンド》の一部と咸鏡道《ハムギョンド》をあわせた高麗時代の行政区域)萬戸《マノ》(各道の鎮営に配置されていた武官職)兼兵馬使《ピョンマサ》(咸鏡道と平安道《ピョンアンド》の軍事と行政を同時に担当していた指揮官)に任命され、東北面に再び戻った。この時、高麗の朝臣(朝廷に仕える臣下)たちは、彼が東北面へ戻れば、土着基盤を利用して高麗に背くだろうと言っていたが、恭愍王は、彼でなければ東北面を安定させることはできないと判断した。恭愍王の判断通り、李子春は東北面の安定のため最善を尽くし、四年後の一三六〇年に病死した。そして、彼の嫡子・李成桂が父の位を継いだ(当時李成桂には、五歳年上の庶兄・李元桂《イウォンゲ》と、五歳年下の庶弟・李和《イファ》がいた)。

李成桂が朝鮮を建てた後(太祖《テジョ》四年)に、李安社は穆王《モクワン》に、行里は翼王《イクワン》に、椿は度王《トワン》に追尊(故人を尊んで称号を送ること。王や王妃、王族などがその対象となる)され、李子春は桓王《ファンワン》に追尊された。そして、太宗《テジョン》(朝鮮第三代王)時代になって、祖先たちが穆祖《モクチョ》、翼祖《イクチョ》、度祖《トジョ》に追尊される時、李子春も桓祖《ファンジョ》に追尊された。

李成桂は一三三五年、和寧府《ファリョンブ》(現・咸鏡南道永興《ハムギョンナムドヨンフン》)で、李子春と妻の崔氏《チェシ》との間に嫡男として生まれた。彼は幼くして聡明で、大胆で、特に弓に長けていた。

李成桂が成人する十四世紀半ばの中原は、明が興って元を脅かしており、満州地域では女真族が元の勢力の衰えた隙をついて、新しい勢力を形成していた。そればかりか、南方では倭寇の略奪行為が絶えなかった。このため、当時、朝鮮半島と中国の良民たちは戦争への不安と恐怖にさらされ、そのため文人より武人が優遇されていた。

李成桂は、こうした時期に適した人物だった。彼は二十歳にもならずして、すでに東北地域で優れた弓の使い手として名を馳せ、父・李子春とともに、高麗の旧領でもある元の占領地の雙城地域で、勢力を築きはじめていた。そして、高麗が李子春の助けで雙城にあった元の摠管府を陥落させた後には、高麗の辺境を守る主翼として成長していった。

李成桂は一三六〇年、高麗の官吏となり、四年後に父・李子春が病死すると、私兵を育成して、東北地域で自身の勢力を拡大した。その翌年、禿魯江《トンノガン》の萬戸である朴儀《パクウィ》が反乱を起こすとその乱を鎮圧し、恭愍王の信任を得るようになった。また同年、紅巾賊《こうきんぞく》が高麗に侵入し、開京が落城の危機に陥ると、彼は私兵二千を率いて首都奪還作戦に参加し、一番最初に入城する戦果を挙げた。

李成桂の活躍

李成桂は、一三五六年の雙城摠管府奪還の戦いをはじめとして、一三八八年の「威化島回軍《ウィファドフェグン》」に至るまで三十年余りを戦場で生き抜いたが、ただの一度も敗れることのない名将だった。この誇らしい戦功のお陰で、彼は高麗朝廷でも無視できない勢力に成長した。

李成桂は、雙城摠管府を再奪還するために侵入した納哈出《ナハチュ》軍を撃退し、将軍としての能力を公に認めさせ、二十七歳で歴史の前面に本格的に登場することになる。

雙城摠管府を奪われた元は、女真族の将軍・納哈出に高麗を攻撃することを要請し、納哈出は一三六二年二月、数万の軍を率いて、現在の咸鏡南道の北青《プクチョン》と洪原《ホンウォン》一帯を侵犯した。これに対して、高麗は東北面都指揮使《トチフィサ》・鄭暉《チョンフィ》を派遣し戦いを繰り広げたが、敗退を繰り返す。すると、高麗朝廷は李成桂を東北面兵馬使に任命し、納哈出と対決させた。

納哈出軍が高麗の土地を攻略して以来、すでに五か月が過ぎ、時は真夏の七月だった。納哈出の主力部隊は咸鏡南道洪原の韃靼洞《タルダンドン》に駐屯していた。彼らは連勝を重ね、軍の数も二倍に膨れ上がり、士気も高まっていた。その勢いで納哈出は麾下《きか》の指揮官に軍一千人を与えて、李成桂軍に向かわせた。納哈出は、相次ぐ勝利に酔って、李成桂軍を軽視していたのだ。しかし、結果は納哈出軍の大敗だった。納哈出の先鋒部隊は李成桂部隊に追い払われて、ほとんど殲滅《せんめつ》した。これに激怒した納哈出は陣営を徳山洞《トクサンドン》に前進配置し、大々的な攻撃を敢行する態勢を取った。ところが、李成桂はまず、夜陰に乗じて、納哈出の主力部隊に奇襲攻撃をかけた。この奇襲で、納哈出は再び韃靼洞に後退したが、李成桂は手綱を緩めず猛攻を加え、敵軍をほとんど全滅させた。この戦闘で納哈出はわずか数人の部下とともに命からがら瀋陽《しんよう》へ逃げ帰ったが、それ以後は、力が衰え、明の朱元璋に投降してしまった。

李成桂の活躍は、納哈出を撃退した後も続き、約三十年近く戦場を駆け巡り、その度に勝利をおさめ、高麗最高の将軍として猛威を振るった。

一三六四年（恭愍王十三年）、元の順帝《じゅんてい》は恭愍王を廃し、徳興君《トクングン》（高麗第二十六代忠宣王《チュンソンワン》の三男で、一三五一年、恭愍王が即位すると元へ逃げ込んだ）を新高麗王として指名するために、崔濡《チェユ》、金鏞《キムヨン》など徳興君一派に軍一万人を与え、高麗を討たせた。恭愍王はいったん使臣を送り、順帝の軍を撤収させせようとしたが、奇徹《キチョル》（高麗後期の権臣で、妹が元の順帝の第二皇后となると徳城府院君《トクソンブウォングン》に封じられた。一三五六年、謀叛を起こしたが、失敗し、殺された）の妹・奇皇后《キファンフ》の策略により失敗し、そのため、高麗王室と徳興君部隊による戦いは不可避となった。

両軍の最初の戦闘は平安北道義州《ピョンアンブクトウィジュ》で起こった。義州城を守っていたのは安遇慶《アンウギョン》だった。彼は初めは崔濡部隊の攻撃を防げたが、支援不足で敗れ、安州《アンジュ》に後退する他なかった。義州が陥落すると、高麗は崔瑩《チェヨン》を急派し、安州を中心に戦列を整えた。そして、李成桂に精鋭千人を与え、崔瑩と共同作戦を展開させ、徳興君の先発部隊を大敗させた。

崔瑩と李成桂はさらに徳興君の主力部隊を攻略して大勝利を挙げた。この戦闘で李成桂が馬上の敵将を弓矢で射たおして中央突破に成功したことが勝利のきっかけとなった。李成桂の中央突破は徳興君部隊の戦列を乱し、崔瑩は左右に散らばった敵軍を攻略した。高麗のこうした戦術にかかった徳興君部隊は、ほぼ殲滅し、徳興君は命からがら元に逃げ帰った。

一三六九年から一三七〇年にかけて、李成桂は恭愍王の命を受けて、満州地域を占領するために遼東《りょうとう》の東寧府《トンニョンブ》を攻撃し、一三七六年(禑王《ウワン》二年)には倭寇が忠清道公州《チュンチョンドコンジュ》を陥落させ、開京が脅威にさらされると、軍を南に集めて、倭寇の討伐に出た。

日本は十四世紀当時、北条政権が没落し、武士軍閥が入り交じっての内紛に悩まされていた。こうした内紛で国家の紀綱が乱れると、中央の統治権が地方に及ばず、庶民の生活が困難となり、日本西部沿岸地域の農漁民や落ちぶれた武士たちが中心となって、武装した商人ないしは海賊の群れをなし、高麗と中国の沿岸を侵奪するようになった。彼らを通称して倭寇と言う。

李成桂は一三七七年を前後して、高麗にはびこっていた倭寇を慶尚道《キョンサンド》、全羅道《チョルラド》一帯と智異山《チリサン》で討ち負かし、一三八〇年には少年首領・阿只抜都《アキバッ》が率いる倭寇を雲峰《ウンボン》で殲滅させた。この戦闘を一般に「荒山大捷《ファンサンデチョプ》」と呼ぶ。崔茂宣《チェムソン》が火薬と火筒を応用した砲を登場させたのが、この時だった。

一三八二年、女真の胡抜都《ホバッ》が東北面一帯で略奪を繰り返すと、李成桂は東北面都指揮使となり、再び北上して彼らを撃退し、一三八五年には咸鏡道咸州《ハムジュ》に攻め入ってきた倭寇を殲滅させた。

李成桂は戦いに勝つたびに地位が上がった。一三六二年、東北面兵馬使となった後、同年、密直副使《ミルチクプサ》になり、一三八二年には東北面都指揮使、一三八四年には東北面都元帥門下賛成事《トゥオンスムナチャンソンサ》となり、一三八八年には首相格の門下侍中《ムナシジュン》の次の位である守門下侍中《スムナシジュン》となった。

二、易姓革命を通じた朝鮮の開国

威化島回軍で政権を掌握した李成桂一派

一三八八年、李成桂は明の遼東を攻略するために鴨緑江《アムノッカン》下流にある威化島(鴨緑江が運んだ土砂の堆積によってできた中州の島)に陣を構えていたが、矛先を変えて開京を攻撃した。開京を陥落させた李成桂は遼東征伐を命令した崔瑩を追放し、禑王(高麗第三十二代王)を廃位し、政権を掌握した。

高麗が遼東を攻撃しようとしたのは、明が無理な貢物を要求する上、咸鏡道鉄嶺《チョルリョン》以北の土地を占拠すると高麗を脅かしたためだった。明は、鉄嶺以北の土地が元の雙城摠管府と東寧府に属していたことで、当然、元を追い払った明の所有だと主張した。これは、まさに明が元と同じく、高麗を属国と見なしているということだった。このため、高麗政府はこれに反発し、結局、崔瑩を中心に明の前哨基地である遼東を征伐しようという主張が出た。それが一三八八年二月だった。

禑王は崔瑩の主張を認めた。禑王は八道《パルト》(済州島《チェジュド》などを含む朝鮮全土を咸鏡、平安、黄海、江原、京畿、忠清、慶尚、全羅の八つの行政区域に分けて、各地域に地方長官である観察使を派遣した。彼らは重要な政事に関しては朝廷の指示に従う一方、管轄している道政に関しては、警察権、司法権、徴税権などの絶対的な権限が与えられていた)から軍士を徴集する一方、世子《セジャ》と王族を漢陽山城《ハニャンサンソン》に避難させ、禹玄宝《ウヒョンボ》に開京を守らせた後、崔瑩とともに西海道《ソヘド》(黄海道《ファンヘド》)に行き、遼東征伐を準備した。そして、この年の四月、禑王は崔瑩を八道都統使《トトンサ》とし、左軍《チャグン》都統使に曺敏修《チョミンス》、そして右軍《ウグン》都統使に李成桂を任命すると、ついに遼東征伐を敢行した。

李成桂と曺敏修が率いる五万の大軍が威化島に到着したのは五月だった。彼らは威化島で戦列を整え、江を渡り、遼東城を攻略する計画だった。しかし、高麗の大軍が江を渡れない状況となった。長雨が始まり、鴨緑江の水は激流となっていたからだ。状況がこうなると、李成桂は遼東城を攻略することはできないとの判断を下し、禑王に遼東征伐の不当性を主張して上疏した。

これが、その有名な「四不可論《サブルガロン》」だ。

第一、小国が大国に逆らうのは正しくない。

第二、夏に軍を動員するのは不適当だ。

第三、遼東を攻略する隙を狙って南方で倭寇が侵犯する危険がある。

第四、蒸し暑く雨が多く降るため、弓矢の膠《にかわ》が溶け、武器として使えない。兵士も伝染病にかかる懸念がある。

しかし、禑王と崔瑩は李成桂のこうした主張を認めず、遼東征伐を督促した。そこで、李成桂は左軍都統使・曺敏修と論議した後、開京に向かって「回軍」を断行した。開京に進撃した李成桂と曺敏修は崔瑩の軍と接戦を繰り広げた末に勝利し、崔瑩を高峰県《コボンヒョン》(現・京畿道《キョンギド》高陽市)に配流し、禑王を廃して、江華島《カンファド》(現・仁川広域市江華郡)に追放した。そして、曺敏修の主張で昌王《チャンワン》(高麗第三十三代王)を王位に就けた。

史学者たちは李成桂の威化島回軍について、個々に異なった主張を繰り広げている。威化島回軍が王位を簒奪《さんだつ》

太祖・李成桂の御真（王の肖像画）。このほか現存する御真は、英祖、哲宗のみである。〔全州御真博物館 所蔵〕

するために計画されたクーデターと見る見方があるかと思えば、遼東城を攻略してもしなくても進退窮まる状況から断行した自救策だったとの主張もある。また、李成桂の「四不可論」のうちの「小国が大国に逆らうのは正しくない」と主張した部分に対して、事大主義的な考えだと批判する史家たちもおり、一方では、明をなだめるための実利主義的な選択だったという見方もある。

結果的には、李成桂の威化島回軍は政権掌握を狙ったクーデターだった。しかし、ライバル関係にあった曺敏修とともに回軍を断行したことを見ると、計画された行動と断定するのは難しく、むしろ状況判断に従った実利的な選択であった可能性が高い。

高麗王朝の最後

禑王を廃位させ、崔瑩を排除した曺敏修と李成桂一派は、朝廷を掌握した後、それぞれ左侍中《チャシジュン》と右侍中《ウシジュン》の位に就いた。そして、この時から明の年号である洪武《こうぶ》を使うようになり、衣服も元の胡服を禁じ、明のものを着るようになった。

ところが、曺敏修と李成桂は次期王を擁立するにあたり、見解を異にした。曺敏修が禑王の子・昌を立てたのに対し、李成桂は、禑王と昌が辛旽《シンドン》(高麗末期の僧侶。恭愍王により登用されて田制改革や奴婢《ノビ》解放などの改革政策を繰り広げる一方、風水説を用いて都を忠清道の忠州《チュンジュ》に移そうとしたが、王や大臣たちの反対で失敗し、謀叛の罪で一三七一年に処刑された)の子孫であるため、王氏《ワンシ》一族(高麗の太祖の名は王建《ワンゴン》で、彼は九一八年に新羅《シルラ》、泰封《テボン》、後百済《フペクチェ》の後三国を統一して国を建てたが、高麗王朝は、李成桂が一三九二年に新王朝を開国するまでの四百七十四年間、王氏姓をもつ彼の子孫が代を受け継いだ)から王を立てなければならないと主張した。このように意見が対立すると、曺敏修は李穡《イセク》(性理学者。牧隠《モグン》・李穡、圃隠《ポウン》・鄭夢周《チョンモンジュ》、冶隠《チウン》・吉再《キルゼ》の三忠臣を、雅号の「隠」の字をとって麗末三隠と呼ぶ。吉再の代わりに陶隠《ドウン》・李崇仁《イスンイン》が入ることもある)に助言を求め、恭愍王の定妃《チョンビ》・安氏《アンシ》に国璽を任せ、安氏は禑王の子・昌に王位を渡した。彼が昌王で、まだ九歳で王位に就いた。一三八八年六月だった。

しかし、昌王は翌年十一月、李成桂一派により廃位された。表面的な理由は昌王が王氏でなく辛氏だということだった。李成桂は鄭夢周《チョンモンジュ》などとともに、いわゆる「廃仮立真《ペガイプチン》」、すなわち、偽物を廃して本物を立てるという論理で昌王を廃位し、第二十代王の神宗《シンジョン》の七代後の孫にあたる定昌君《チョンチャングン》・瑤《ヨ》を王位に就かせた。彼が高麗の最後の王・恭譲王《コンヤンワン》(高麗第三十四代王)だ。

恭譲王は即位するやいなや、廃位されていた禑と昌を殺した。また、昌王を擁立した曺敏修は大司憲《テサホン》・趙浚《チョジュン》に弾劾され、故郷に追放された。これで李成桂一派は高麗朝廷を完全に掌握するようになった。

昌王を廃位する際、朝廷の重臣の中には李成桂を王に擁立しようと主張する者もいた。しかし、李成桂は彼らの勧めを辞退し、恭譲王を立てた。そして最後の政敵の曺敏修が失脚すると、李成桂を王に推戴しようとする動きは加速し、ついに三年後の一三九二年七月、李成桂は趙浚、鄭道伝《チョンドジョン》、李芳遠《イバンウォン》などの推戴により王に就き、前王を恭譲君に降格し、江原道原州《ウォンジュ》へ配流とした。

これで高麗王室は三十四王、四百七十四年で幕を下ろし、高麗の最後の王・恭譲王は原州、杆城《カンソン》、三陟《サムチョク》などに移されたが、二年後の一三九四年、李成桂の命令で処刑された。

野史によると、李成桂一派は恭譲王を追い出した後、王氏一族を全滅させる計画を立て、全国に公示し、王氏一族を一か所に集め、溺死させたとも伝わっている。その公示の内容としては、王氏一族に島を一つ与えるから、江華島の海岸に全て集まれというもので、いずれにしても不安におびえていた王氏一族は、こうした約束を信じて江華島へ行く船に乗ったが、船が沈められ、そのほとんどが溺死してしまったというのである。

この時、李成桂一派の謀略を看破した一部の王氏たちは船に乗らず、山中に隠れ住みながら、自分たちの姓を全氏《チョンシ》、玉氏《オクシ》、田氏《チョンシ》、龍氏《ヨンシ》などに変えて命を守ったと伝えられる。また、『太祖実録《テジョシルロク》』には王氏の子孫たちは父の姓を名乗らず、母の姓を名乗るようにした記録があり、李成桂が政略的に王氏一族を滅亡させようとしたことを立証している。

三、朝鮮太祖としての李成桂

生年一三三五―没年一四〇八

在位期間一三九二年七月―九八年九月、六年二か月

一三九二年四月、恭譲王の師であり守門下侍中だった鄭夢周が李成桂の五男・芳遠の指示で殺害されると、李成桂はついに、その年の七月、恭譲王を追放し、鄭道伝、趙浚、南誾《ナムウン》、李芳遠などの推戴を受けて、高麗国王に就いた。

彼は、即位した最初の頃は、高麗の国号をそのまま使用し、儀章と法制なども高麗のものを維持すると宣言した。しかし、次第に新王朝の基礎ができあがると、鄭道伝、趙浚などの建議を受け入れて、国号を変える決心を

し、翌年三月、明の了解を得て、国号を「朝鮮」に確定した。

一三九三年九月に始まった宮殿の建立工事は一三九六年九月まで続き、まだ宮殿が完成していない一三九四年十月、首都を開京から漢陽(漢城《ハンソン》。現・ソウル)に移した。

李成桂は開国後、法整備を急ぎ、一三九四年に鄭道伝の『朝鮮経国典《チョソンキョングクチョン》』をはじめとする各種の法典を編纂させた。また、儒教を崇拝し、仏教を排斥する「崇儒抑仏《スンユオクプル》」政策を施行し、漢陽には成均館《ソンギュングァン》(国家の最高学府で、儒学の振興と文廟《ムンミョ》などに関する事務を担当)、地方には郷校《ヒャンギョ》(地方の文廟と、それに属した教育機関)を建てて、儒学の振興に力を入れると同時に全国の寺社を廃止するなど仏教抑圧政策を並行して行った。

こうして、李成桂は新王朝の基盤を作るのに成功した。しかし、王子たちの間には王位をめぐる熾烈な争いが繰り広げられ、晩年には悩みの多い日々を送ることになる。

李成桂は即位直後に、王世子《ワンセジャ》(王位を受け継ぐ王子。世子《セジャ》とも言う)冊封を急ぎ、継妃《ケビ》(王の後妻である妃)・康氏《カンシ》から生まれた八男・芳碩《バンソク》を世子に決めた。もちろん、こうした決定に対して、正妻の韓氏《ハンシ》から生まれた王子たちの不満が高まるのは必至だった。特に、李成桂の即位に大きな貢献をした五男・芳遠は芳碩を輔弼《ほひつ》していた鄭道伝、南誾などを排除し、世子・芳碩と七男・芳蕃《バンボン》をともに殺害した。一三九八年に起こったこの事件を、よく「第一次王子の乱」と呼ぶ。

病床にあってのこの事件で、李成桂は、ひどく傷心したあまり、この年九月に二男・芳果《バングァ》(定宗《チョンジョン》)に王位を譲り、自分は上王となった。

その二年後の一四〇〇年、芳遠が実兄の芳幹《バンガン》の「第二次王子の乱」を鎮圧し、王位に就くと、太祖・李成桂は太上王《テサンワン》(生存中の先々代の王)となった。しかし、彼は芳遠に玉璽を渡さないまま逍遙《ソヨ》山に入り、のちに咸州(咸興《ハムン》)に移った。この時、芳遠がご機嫌伺いに使者を送るとその度に殺され、「咸興差使《ハムンチャサ》」(「行ったまま、なかなか帰ってこない使い」の意)という言葉を残しもしたが、これは芳遠に対する太祖の憎悪がひどかったことを示す端的な例と言える。

しかし、李成桂は芳遠が送った無学大師《ムハクテサ》の勧めで、二年後の一四〇二年に漢陽へ戻った。晩年は仏教に精進し、徳安殿《トガンジョン》を建てて、念仏三昧の静かな日々を送り、一四〇八年五月二十四日、昌徳宮《チャンドックン》(歴代の王が常住し政治を行った宮殿)別殿で享年七十三歳の生涯を終えた。

太祖の陵は健元陵《コヌオンヌン》で、現在、京畿道九里市東九陵《クリシトングルン》にある。

四、太祖・李成桂の家族たち

太祖・李成桂は七十三歳で死ぬまでに二人の正妃と四人の後宮との間に十三人の子供を得た。第一夫人の神懿王后《シニワンフ》・韓氏との間に長男芳雨《バンウ》をはじめ六男二女、神徳王后《シンドクワンフ》・康氏との間に芳蕃、芳碩の兄弟と娘一人、そして他の後宮との間に二女を得た。

○神懿王后《シニワンフ》・韓氏《ハンシ》（一三三七—九一）

太祖の最初の夫人で正妃の、神懿王后・韓氏の本貫《ポングァン》（祖先の出身地）は咸鏡道安辺《アンビョン》で、贈領門下府事《チュンヨンムナブサ》・韓卿《ハンギョン》の娘だ。彼女は李成桂がまだ官位に就く前に永興から嫁入りし、李成桂が王に即位する一年前の一三九一年に五十四歳で世を去った。韓氏との間には芳雨、芳果（定宗）、芳毅《バンウィ》、芳幹、芳遠（太宗）、芳衍《バンヨン》の六男と慶愼《キョンシン》、慶善《キョンソン》の二女がいる。

朝鮮開国の翌日、韓氏の諡号を節妃《チョルビ》、陵号を斉陵《チェルン》と追尊し、一三九八年、定宗が即位した後には神懿王后と追尊された。

神懿王后の斉陵は現在、開城にある。陵が開城に設けられたのは彼女が朝鮮開国以前に死去したためだ。

○神徳王后《シンドクワンフ》・康氏《カンシ》（?—一三九六）

太祖の二番目の夫人で継妃の、神徳王后・康氏の本貫は黄海道谷山《コクサン》で、判三司事《パンサムササ》・康允成《カンユンソン》の娘。康允成は元支配下の高麗で賛成事《チャンソンサ》（高麗末期、中央の最高行政府である都僉議使司僉議府《トチョミササチョミブ》の正二品官職）を務めた人物だ。彼女は神懿王后・韓氏とは違って権門勢家の生まれであったため、太祖の奪権闘争に参加するばかりでなく、朝鮮開国の後にも背後で強い影響力を発揮し、太祖は彼女の子供である芳碩を世子に決めるほどだった。

康氏との間には第一次王子の乱の際に芳遠に殺害された芳蕃、芳碩の兄弟と慶順公主《キョンスンコンジュ》（王の嫡女）がいる。

李成桂が朝鮮を開国した後、康氏は顕妃《ヒョンビ》に冊封されたが、一三九六年に死去した後、諡号を神徳王后、陵号を貞陵《チョンヌン》と定めた。しかし、李成桂の死去後、太宗は貞洞《チョンドン》にあった貞陵の移葬を断行し、彼女に対する王妃の祭礼を廃止し、庶母に行うものとしての忌晨祭《キシンジェ》（親族が忌日に行う儒教式の祭祀）を行うようにした。

しかし、二百六十年後の顕宗《ヒョンジョン》（朝鮮第十八代王）の時、当代の学者・宋時烈《ソンシヨル》の主張で康氏は再び宗廟（歴代王の位牌を祭る王室の祠堂)に合祀され、王妃としての忌晨祭も復活した。宋時烈が名分主義に立脚した儒教理念を強調し、康氏が李成桂により正妃に冊封されただけでなく、貞陵が王妃の陵として造成された点を思い起こさせたためだ。

神徳王后・康氏が埋葬されている貞陵は現在、ソウルの城北区貞陵洞《ソンブックチョンヌンドン》にある。陵がこの地に移葬されたのは、李成桂が死去した後の一四〇九年(太宗九年)のことだった。太宗が康氏の墓を移葬したのは、李成桂が芳碩を世子に決めたのに対する腹いせからだった。太宗は陵を移した後も丁字閣《チョンジャガク》(王陵の前に建てる「丁」の字形の祭殿)を破壊し、石彫りの十二支神像を運び出して石橋に使うなど、康氏に対する怒りを露骨に表した。このため、貞陵は顕宗の時に復旧されるまで約二百六十年の間、主のいない墓として放置されていた。

太祖李成桂の息子は全部で八人で、神懿王后・韓氏の子供が六人、神徳王后・康氏の子供が二人だ。これら八人の兄弟は朝鮮開国以後、王位継承権をめぐって殺戮戦を繰り広げ、老年の李成桂をひどく苦しめた。特に、韓氏の子供たちが団結して康氏の王子たちを惨殺した第一次王子の乱は、朝鮮開国の歴史を血で染めた最初の事件だった。

○鎮安大君《チナンデグン》・芳雨《バンウ》(一三五四—九三)

芳雨は一三五四年、太祖と神懿王后・韓氏の長男として生まれ、賛成事・池瀹《チユン》の娘と結婚した。早くに官職に就き、礼儀判書《イェイパンソ》(礼儀司《イェイサ》の最高官職)を務めた。昌王の即位の年の一三八八年には密直副使として密直使(高麗時代、王命の伝達や報告、宮殿の護衛、軍事関係の任務を担っていた密直司《ミルチクサ》の従二品の官職)の姜淮伯《カンフェベク》とともに明に派遣され、昌王の親書を伝えたが、志を遂げられずに帰還した。

芳雨は朝鮮が開国してすぐ、一三九二年八月、鎮安君《チナングン》に冊封され、咸鏡道高原の田地を禄科田(俸禄として、または俸禄を補うために与えた田畑)として与えられた。しかし、持病で翌年、三十九歳で死去した。彼が死んだことにより、一三九八年の第一次王子の乱で韓氏から生まれた王子たちが政権を掌握した時、朝鮮第二代王は次男の芳果が継ぐことになった。

○益安大君《イガンデグン》・芳毅《バンウィ》(?—一四〇四)

芳毅は太祖と神懿王后・韓氏の三男として生まれた。朝鮮が開国すると、益安君《イガングン》に封じられ、一三九八年第一次王子の乱に加担して、芳遠を補佐した功で定社功臣《チョンサコンシン》一等となった。

第1代　太祖　家系図

- ＜高祖父＞ 追尊王・穆祖（安社） — 孝恭王后
- ＜曽祖父＞ 追尊王・翼祖（行里） — 貞淑王后
- ＜祖父＞ 追尊王・度祖（椿） — 敬順王后
- ＜父＞ 追尊王・桓祖（子春） — 懿恵王后

第1代 太祖（成桂、1335 ～ 1408）
在位期間：1392.7 ～ 1398.9　6年2か月

- 神懿王后[※1]・韓氏 —— 6男2女
  - 鎮安大君[※3]（芳雨）
  - 永安大君（芳果、第2代　定宗）
  - 益安大君（芳毅）
  - 懐安大君（芳幹）
  - 靖安大君（芳遠、第3代　太宗）
  - 徳安大君（芳衍）
  - 慶慎公主[※4]
  - 慶善公主
- 神徳王后・康氏 —— 2男1女
  - 撫安大君（芳蕃）
  - 宜安大君（芳碩）
  - 慶順公主
- 誠妃[※2]・元氏
- 貞慶宮主[※5]・柳氏
- 和義翁主[※6]・金氏 —— 1女
  - 淑慎翁主
- 賛徳[※7]・周氏 —— 1女
  - 宜寧翁主

※1 王后：王妃、中殿、宮殿、坤殿とも言う。 ※2 妃：この場合は高麗朝の冊封にしたがって、例外として後宮の誠妃・元氏が妃に封じられた。 ※3 大君：王の嫡男。 ※4 公主：王の嫡女。 ※5 宮主：王の後宮。 ※6 翁主：王の庶女。朝鮮初期には王の後宮も翁主と呼んだ。 ※7 賛徳：朝鮮初期、一時的に用いられた内命婦の官職で正三品。

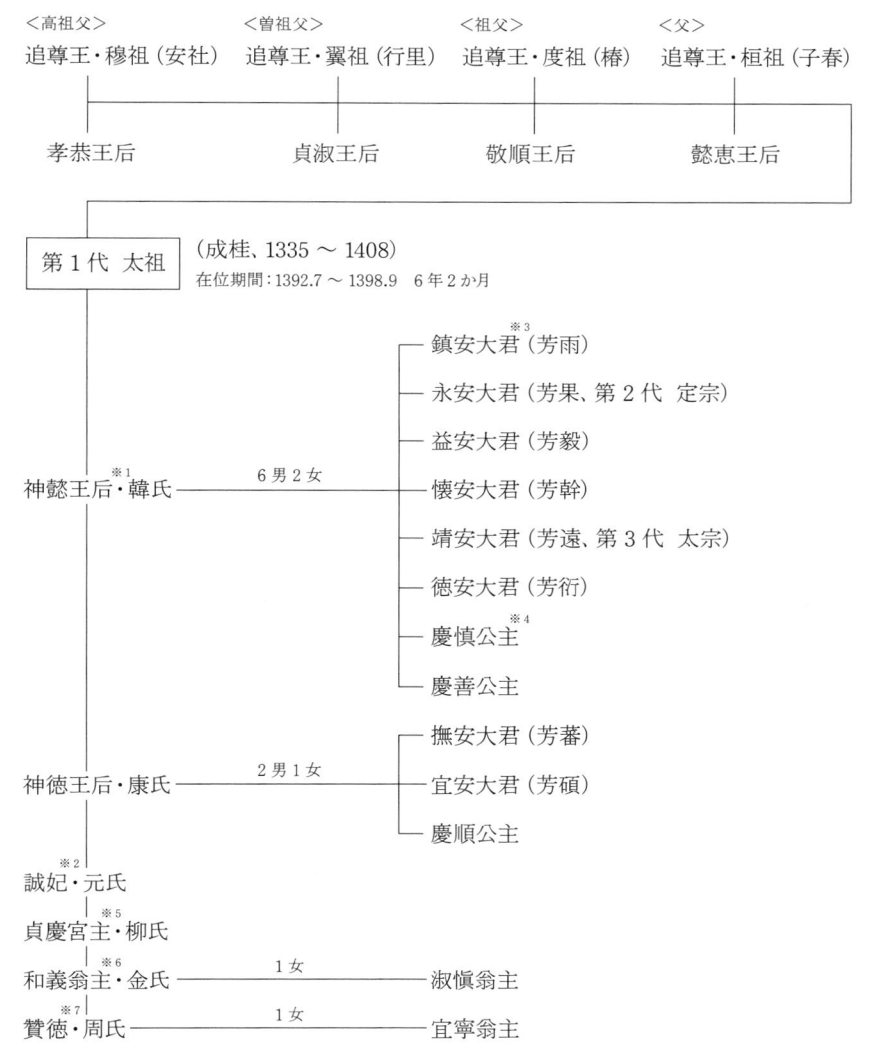

定宗即位以後、宗親《チョンチン》（王の親戚）と勲臣たちが軍を分けて担当する際、彼は京畿道と忠清道を任された。そして、一四〇〇年、弟の芳幹が第二次王子の乱を起こすと、これを嘆き、官職を辞して、間接的に芳遠を支援した。彼は太宗が即位すると、一四〇〇年、益安大君《イガンデグン》に封じられ、一四〇四年、病気のため死去した。

芳毅は兄弟の中で最も野心が少なく、細やかな性格の持ち主で、王位継承権をめぐる争いにも加担せずに、中立を守ったと伝えられている。

○懐安大君《フェアンデグン》・芳幹《バンガン》（一三六四―一四二一）

芳幹は太祖と神懿王后・韓氏の四男として生まれ、門下賛成事・閔璿《ミンソン》の娘と結婚し、以後、二人の妻をさらに娶《めと》った。

彼は、朝鮮の開国後、懐安君《フェアングン》に封じられ、第一次王子の乱の際、鄭道伝一派を除去した功で懐安公となった。また、定宗が即位すると、黄海道西北面《ソブンミョン》の軍を担当し、一四〇〇年、朴苞《パクポ》とともに第二次王子の乱を起こし、芳遠と対立した。芳遠の軍に敗れて生け捕りにされた後、死ぬまで配流地を転々とした。

彼は王権に対する野心がすさまじく、性格も荒っぽい方だった。そのため、朴苞から芳遠が自分を殺そうとしていると聞くと、後先考えずに軍を起こし、開京に進軍した。乱を起こしたにもかかわらず、芳幹は太宗と世宗の配慮で天命を全うし、一四二一年、五十八歳で忠清道洪州《ホンジュ》で死去した。

○撫安大君《ムアンデグン》・芳蕃《バンボン》（一三八一―九八）

芳蕃は神徳王后・康氏と太祖との間に七男として生まれ、定陽君《チョンヤングン》・王瑀《ワンウ》（高麗最後の王・恭譲王《コンヤンワン》の弟。朝鮮建国以降も、李成桂が娘の義父にあたるため難を逃れていたが、二人の息子は第一次王子の乱に巻き込まれ落命した）の娘と結婚した。彼は父・李成桂の後ろ盾により、幼い年で高麗王朝から考功佐郎《コゴンジャラン》（高麗時代、官吏の功罪を審査していた官庁である考功司の官員で、正六品の官職）の地位に任命され、朝鮮開国後には撫安君《ムアングン》に冊封され、義興親軍衛節制使《ウィフンチングヌィチョルチエサ》に任命された。一三九三年には十二歳にして左軍節制使《チャグンチョルチエサ》に任命され、一時、太祖と康妃の推薦で、世子に目されたこともあったが、趙浚、鄭道伝などが「性格が狂暴で、軽率だ」と反対し、芳碩に世子の座を奪われた。

一三九八年、芳遠が主導した第一次王子の乱の際、芳碩とともに殺害されたが、この時、彼は十七歳だった。

後に世宗の五男・広平大君《クァンピョンデグン》が彼の後継と定められたが、広平大君が夭逝したため、芳蕃の後継ぎは途絶えてしまった。

○宜安大君《ウィアンデグン》・芳碩《バンソク》（一三八二—九八）

宜安大君・芳碩は芳蕃の年子の弟で、太祖の八男だ。賢嬪《ヒョンビン》・柳氏《ユシ》と結婚したが、宦官・李萬《イマン》との問題で彼女が追い出されると、春秋館大提学《チュンチュグァンテジェハク》・沈孝生《シムヒョセン》の娘と再婚した。

朝鮮開国元年に世子冊封問題が生じた際、裴克廉《ペクンニョム》などが靖安君《チョンアングン》・芳遠の世子冊封を主張したが、この時、王后・韓氏は既に亡き人であったため、継妃・康氏の意向に沿い、太祖は撫安君・芳蕃を世子に立てようとした。しかし、裴克廉、趙浚、鄭道伝など開国功臣《ケグクコンシン》たちの反対で芳蕃の世子冊封は沙汰止みとなり、芳碩が世子に冊封された。

わずか十歳にしかならない年で朝鮮の王世子に冊封された芳碩は、母・康氏の保護と鄭道伝、南誾など開国功臣たちの力添えで世子としての資質をそなえていった。しかし、康氏が死に、太祖も病床に臥すようになると、彼の支援勢力は急激に弱まった。この隙に乗じて韓氏から生まれた王子たちが乱を起こし、この乱の成功で勢力を握った芳遠は、芳碩を配流とし、その後、芳蕃とともに殺害した。この時、芳碩は十六歳だった。

後に世宗の六男・錦城大君《クムソンデグン》が芳碩の後を継いだが、錦城大君が世祖に反旗を上げて失敗し、三十一歳で処刑されると、その後継ぎは完全に途絶えてしまった。

五、国号を「朝鮮」と定めた背景

李成桂は王位に就いた直後、国政に対する綱領十七か条を発表するなど建国後の諸般の措置を講じたが、中でも最も急を要す懸案が国号を改定することだった。そこで、李成桂は中枢院使《チュンチュウォンサ》・趙琳《チョリム》を明に派遣して、新政権の樹立を知らせる一方、国号を改定するという意思を伝えた。

これに対して明の太祖・朱元璋は新政権の樹立を承認し、国号改定に対しても迅速に報告するように要請した。

明から国号改定が承認されると、李成桂は元老たちと百官を一か所に集めて、国号を論議するようにし、その結果、「朝鮮」と「和寧」という二つの名称が決まった。朝鮮は檀君朝鮮《タングンチョソン》（檀君・王倹《ワンゴム》が建てたと伝えられる古朝鮮）、箕子朝鮮《キジャチョソン》など歴史的な脈を継ぐという意味から、そして、和寧は李成桂の出身地という理由で採択された。この和寧という地名は元々、和州牧《ファジュモク》（牧は地方行政単位の一つ。牧使が治めた）であったが、恭愍王時代に和寧府に改称し、国号を朝鮮に確定した一三九三年には李成桂の外祖父の出身地である永興鎮《ヨンフンジン》の地名に因んで「永遠に栄える」という意味の「永興」と再び変えた。

このように「朝鮮」と「和寧」という二つの国名が決まると、李成桂は一三九二年十一月、芸文館学士《イエムングアンハクサ》・韓尚質《ハンサンジル》を再び明に派遣し、朝鮮と和寧の二つの中から一つを国号として採択することを請うた。この時、奏聞使《チュムンサ》として中国へ派遣された韓尚質は、後に首陽大君《スヤンデグン》を王位に就け、世祖時代の功臣となった韓明澮《ハンミョンフェ》の祖父である。彼は国号改定の論議が起こると奏聞使を自ら買って出、一三九二年十一月、明に発ち、翌年二月に「朝鮮」という国号を決めてもらい、戻ってきた。

朝鮮という国号に関して、朝鮮と明の解釈は全く違っていた。朝鮮側では檀君朝鮮と箕子朝鮮の文化と伝統を同時に継承するという意図だったが、明は箕子朝鮮を意識して朝鮮という国号に快く同意したのだ。すなわち、『論語《ろんご》』に登場する殷《いん》の国の賢人・箕子が古朝鮮に亡命して民を教化し、これに対して周《しゅう》が箕子を朝鮮の諸侯に封じたという『漢書《かんじょ》』地理志の内容を念頭に置いていたというわけだ。そこで、明の朱元璋は朝鮮という名前が中国の諸侯国であることを意味すると考えたのだ。

このように、朝鮮という国号は民族主義的な歴史観と事大主義的な価値観とが混在したものだった。

性理学を支配理念として建国した朝鮮王朝は、王道政治の実現と中国との事大関係維持が、理想的な政治であり外交であると認識していた。このため、箕子のような中国の賢人が朝鮮王朝と国号が同じである古朝鮮に渡って来て、民を教化したことは名誉なことだと考え、箕子東来説を肯定的に受け入れたのだ。こうした痕跡は高麗時代の記録にも現れ、性理学が導入された後の高麗・粛宗《スクチョン》（第十五代）時代、平壌《ピョンヤン》に建てられた箕子陵に対する祭祀が国家レベルで行われていた点が例に挙げられる。

しかし、箕子朝鮮に対するこうした認識とは違って、近代以後の歴史研究では箕子と箕子朝鮮を別個に扱っている。箕子が殷の末期の賢人として実在した人物であったとしても、この箕子と結びついた、いわゆる箕子朝鮮の実在は新たに究明されなければならないからである。

六、新首都・漢陽

李成桂は朝鮮を開国すると、無学大師と鄭道伝などからの建議を受け、王城を移す計画を立てた。開城は、すでに地の気運が尽きたばかりか、「朝鮮」という国を新しく建国したため、民心を一新するためには、都を移さなければならないというのが、その理由だった。そこで朝鮮朝廷は領書雲観事《ヨンソウングァンサ》・権仲和《クォンジュンファ》に命じて都に適した地を探させ、一次的に忠清南道の鶏龍山《ケリョンサン》を新しい都に決め、王城建設を始めた。しかし、鶏龍山は地域が狭く、交通が不便だという河崙《ハリュン》の主張で、都の予定地は再び漢陽に変更された。

漢陽は百済時代初期の根拠地として、新羅が三国を統一するまでは漢山州《ハンサンジュ》と呼ばれ、以後は九州の一つである漢州《ハンジュ》と呼ばれたが、新羅・景徳王《キョンドクワン》十四年の七五五年に漢陽郡が設置され、漢陽という地名になった。また、高麗時代には、西京の平壌と南京の漢陽に宮殿を建てて、王が往来しながら留まると国運が大きく隆盛するとの持論により、粛宗六年の一一〇一年に北岳山《プガクサン》のふもとに宮殿を建てたりもした。

しかし、こうした歴史的背景を持つ漢陽は、王城地としての気運が強いという理由のため、一時、高麗王朝（都は開城）から警戒されたこともある。図識思想《トチャムササン》（風水と陰陽卜術があわさった予言を信じる思想）の大家としてよく知られる新羅の高僧・道詵《トソン》は、「漢陽は全国山水の精気がすべて集まるところであるため、必ず王城が建ち、王城の主は李氏となる」という記録を残していた。高麗王朝はこれを心配して、高麗中葉に、尹瓘《ユングァン》（高麗中期の文臣で、女真を征伐することで北方防備に功を立て、国中にその名を轟かせた名将でもあった）に北岳山南側に李《すもも》の木を植えさせ、それが繁茂すると、切り取らせていた。これは、まさに李の盛んな気運を減退させ、李氏が王朝を立てられないようにするという意味だった。

朝鮮が道詵のこうした主張を無視するはずはなかった。朝鮮朝廷は鄭道伝と無学に漢陽の地勢を調べさせ、結局、新王都に相応しいという結論に至った。しかし、漢陽を都の予定地に決めはしたものの、宮殿の位置は簡単には決まらなかった。当時、最高の風水学者である無学、鄭道伝、河崙などがそれぞれ違った場所を考えていたためだ。

鶏龍山遷都に反対した河崙は母岳山《モアクサン》のふもと（現・ソ

ウル市延禧洞《ヨニドン》一帯）に都城を建てなければならないと主張したが、母岳はその地域が狭く、王宮を建てるには形勢（山の形と地勢）が適当ではないとの理由で、早々と候補から外され、鄭道伝と無学大師の主張が対立した。

無学は仁旺山《イノアンサン》を鎮山（都や村の後方にある大きい山で、国を鎮護する主山と定めて祭っていた）とし、北岳山と南山《ナムサン》を左右の龍虎にしなければならないと主張したが、鄭道伝は、王は南向きに座るのが正しく、東向きにしないのが基本だと主張して、北岳山のふもとを強く推した。これに対して無学は火山である冠岳《クァナク》が正面に見えるところに宮殿を設けると、冠岳山の火気が延び、憂慮が絶えないと反発した。しかし、鄭道伝は冠岳の火気はその間にある漢江が防いでくれると持論を曲げなかった。

結局、朝鮮朝廷は鄭道伝の意見を採択し、北岳山のふもとに王城を建て、宮殿を南向きにし、冠岳山の火気を防ぐために、火を捕らえて食べてしまうという伝説の動物・獬豸《ヘテ》（獅子に似ているが頭の真ん中に角が一本生えている）の石像を建てた。

朝鮮が遷都を断行したのは一三九四年十月だった。この後、朝鮮は一時、王子の乱などで、開京（開城）にしばらく遷都したのを除いて、五百年間、漢陽を王城として、王朝を維持した。

七、朝鮮開国を導いた人々

新王朝を夢見た革命家たち

朝鮮を開国した人々は、高麗朝廷では周辺勢力に過ぎなかったと言える。易姓革命論を開国理念に掲げたのは李成桂、鄭道伝、無学大師の三人に集約でき、これは高麗の滅亡過程を見てみると容易に理解できる。

高麗の滅亡と朝鮮の開国過程は恭愍王朝代に展開された親元派と反元派の対立から始まった。親元派の代表格である奇氏一族と反元派の代表格である恭愍王との争いは、元の没落で恭愍王の勝利に終わった。

この時、恭愍王派に属した代表的な人物が李成桂と崔瑩だった。しかし、彼ら反元勢力は、さらに二派に分かれた。李成桂は根本的に辺防勢力だったため、常に戦場に出掛けており、崔瑩は中央の権力を握っていた。李成桂らの周辺勢力には、いわゆる性理学理念に基づく改革論者たちが砲陣を敷いており、崔瑩らの中央勢力は王族をはじめとする勲旧勢力が占めていた。この二大勢力は遼東城攻略に対する意見の対立で、その葛藤が頂点に至り、このため、李成桂一派は威化島回軍を断行し、中央勢力の首領である崔瑩を排除して、禑王を廃した。

しかし、彼ら改革論者たちも、李成桂を王として擁立して新しい王朝を作らなければならないという易姓革命論者たちと、高麗王朝をそのまま維持しながら性理学思想を中心に高麗を改革しなければならないという高麗改革論者たちとに分かれてしまった。

易姓革命論（儒教の政治思想の基本的観念の一つで、天命を受けて国を治める天子の家系に不徳な人が現れた場合には、その天命が他の有徳者に移り王朝が交代するという論理）の代表格は鄭道伝であり、高麗改革論の代表格は鄭夢周だった。彼らはみな李穡の門下で共に学んだ仲だったが、対立は結局、軍権を掌握していた易姓革命論者たちの勝利に終わった。こうして建てられた国が、朝鮮だった。

朝鮮の太祖として即位した李成桂は軍権を握っていたが、もともと新王朝を興そうという意志は、それほど強くなかったようだ。むしろ、新しい王朝を興さなければならないという考えを強く持っていた人物は鄭道伝と無学大師だった。

彼らは低い身分の出身だった。そのため、彼らは能力と関係なく排斥の対象となり、常に周辺勢力にとどまるしかなかった。彼らのこうした状況は、辺防勢力という理由で絶えず戦いの場を転々としなければならなかった李成桂の立場と同じだった。そこで彼らは、力はあるが周辺勢力にとどまっていた李成桂を訪ねて、彼に新しい王朝を建てるよう力説した。鄭道伝は思想的な部分で、無学は李成桂個人の人性と天命論とで彼をおだてて、結局、彼らの説得と論理が李成桂の不満と合致し、初めて朝鮮の開国に結びついたのだ。

易姓革命論を実践した風雲児・鄭道伝（一三三七—九八）

朝鮮の開国は易姓革命の結晶であるが、こうした論理を高麗王朝に取り入れたのは鄭道伝だった。統治者が民心を失った時、物理的に王朝を交代させられるという孟子の思想を基に、鄭道伝は、すでに国運が傾いていた高麗王朝を廃して、性理学思想を統治理念にした新しい王朝を夢見た。

鄭道伝は、高麗末に改革を夢見た一群の性理学者たちが名望を集める一族の出身であるのとは対照的に、しがない家に生まれた。彼の高祖父・鄭公美《チョンゴンミ》は田舎の戸長《ホジャン》（各村の地方官吏の頭で、末端の行政実務を統括し、世襲する場合が多かった。高麗時代には土豪的存在でもあったが、中央集権体制の発展で、朝鮮時代にはその勢力が衰えていった)をし、代々しがない下級官職を維持してきた。だが父の鄭云敬《チョンウンギョン》に至って、初めて密直提学《ミルチクチェハク》(密直司の正三品官職)という中央の官吏に出世できた。しかし、彼の母は庶出の奴婢だった。こうした家系は鄭道伝の出世に大きな妨げとなったばかりか、同じ師の下で共に学んだものたちから除け者にされる原因ともなった。鄭道伝の孤独な生活は、彼が易姓革命を夢見ずにはいられない理由として作用したと言える。

　鄭道伝は李成桂より二年遅れの一三三七年に慶尚北道《キョンサンブクト》の栄州《ヨンジュ》で生まれた。父親が李穡の父、李穀《イゴク》と友人だったため、李穡門下として学問を修めることができ、そこで鄭夢周、李崇仁《イスンイン》などと交わりを持った。二十三歳となった一三六〇年(恭愍王九年)、成均試《ソンギュンシ》(科挙の一つで、これに合格した人は進子《チンサ》と呼ぶ)に合格し、二年後には壬寅科《イミンカ》(壬寅の年に行われた科挙)に受かり、忠州司録《サロク》、典校注簿通礼門祇候《チョンギョチュブトンネムンジフ》などを歴任した。その後、成均館の博士(教授の任務を受け持つ人や専門分野に従事する人に与えていた正七品の官職)として同い年の鄭夢周などとともに毎日のように明倫堂《ミョンニュンダン》(成均館に付設された講学堂)で儒学を講論し、一三七一年には太常博士《テサンバクサ》に任命された。

　一三七五年(禑王元年)、権臣・李仁任《イイニム》、慶復興《キョンボクン》などの親元勢力と対立し、全羅道の羅州《ナジュ》に配流された。二年後に配流地から釈放された後は、故郷に帰り、四年間蟄居《ちっきょ》した。その後、漢陽に行き、三角山《サムガクサン》のふもとに草屋を建てて、後進の育成を図った。しかし、周囲の儒学者たちの妨害で書斎を撤去させられ、そこから京畿道の金浦《キムポ》に移った。

　こうした流浪生活を送っていた鄭道伝は一三八三年、李成桂を訪ねた。この時、李成桂は納哈出の軍を撃退した後、各種の戦争で勝利を挙げ、高麗の英雄として浮かび上がっており、高麗辺境の東北面の都指揮使を任されていた。

　李成桂と縁を結んだ鄭道伝は、李成桂の推挙で成均館大司成《テサソン》(館長職、正三品)に就いた。以後、一三八八年、李成桂が威化島回軍に成功すると、密直副使に昇進し、趙浚などとともに田制改革案を建議し、曺敏修などの旧勢力を除去し、李成桂が朝廷を掌握するように助けた。そして、翌年、鄭夢周などとともに禑王の子・昌王を廃して恭譲王を擁立したことで佐命功臣《チャミョンコンシン》となり、一三九一年、三軍都摠制府右軍摠制使《サムグントチョンジェブウグンチョンジェサ》になって兵権を掌握した。しかし、翌年の春、李成桂が狩猟中に落馬し、病床に臥している間、鄭夢周、金震陽《キムジニャン》などの弾劾を受けて、再び配流生活をするようになった。この時、鄭夢周などが彼を弾劾した理由は「家風が汚らわしく、家系が不明確だ」ということだった。しかし、実際の目的は李成桂を排除するためだった。こうした鄭夢周一派の政治的な攻略に危機感を感じた李芳遠は急遽、鄭夢周を殺害するなどの極端な措置を断行した。李芳遠により鄭夢周が虐殺されると、鄭道伝は配流地から解放され、この年七月に、趙浚、南誾など五十人余りとともに李成桂を王に推戴し、ついに朝鮮を開国した。

朝鮮の開国は鄭道伝の易姓革命論の実践であると同時に、彼が念願した儒教的王道政治の実習の場でもあった。鄭道伝は夢に見た新王朝の提唱に成功すると、性理学的理念に基づく王道政治の実現のために邁進した。まず『朝鮮経国典』を編纂して新しい法制度の枠組みを築き、都を移して新王朝としての姿を整え、『経済文鑑《キョンジェムンガム》』を著述して宰相《チェサン》、台諫《テガン》、守令《スリョン》、武官《ムグァン》の役職を確立した。また、明の貢物の要求が激しくなると、遼東征伐を計画し、軍糧米確保、陣法訓練、私兵廃止などを積極的に推進して兵権集中運動を繰り広げた。

こうした下部組織に対する改革のみならず、『経済文鑑別集《キョンジェムンガムピョルチプ》』を著述して王が進むべき道を明らかにし、『仏氏雑編《プルシチャッピョン》』を著述して、崇儒抑仏政策の理論的基礎を確立した。

しかし、鄭道伝のこうした努力は、私兵廃止に危機感を覚えた李芳遠の武力動員により、途中で挫折してしまう。鄭道伝の勢力が日増しに強まると、李芳遠は自分の兄弟たちと力を合わせて、彼を排除したのだ。鄭道伝は幼い世子・芳碩を教育し、宰相が中心になる王道政治の実現を夢見たが、王権と自分の立場が弱まるのを恐れた李芳遠は私兵を率いて急襲し、彼を殺害して、さらに世子・芳碩も殺してしまった。一三九八年のことで、鄭道伝は六十一歳だった。

鄭道伝は自分を漢《かん》の張良《ちょうりょう》になぞらえて、朝鮮の開国では、自分の功が最も大きいと、公然と自慢した。そして、漢の高祖《こうそ》・劉邦《りゅうほう》が張良を利用したのではなく、張良が高祖を利用して漢を興したのだと言い、自分が李成桂を利用して易姓革命で朝鮮を開国したのだと力説した。

こうした過ぎた自負心が、結局、彼に死をもたらしたのかもしれない。しかし、彼が朝鮮に及ぼした影響は大きかった。政治、経済、思想、兵法などあらゆる分野に頭角を現し、朝鮮開国を導いた彼が、後代に至って、むしろ二つの王朝を裏切った変節者として、また、ただ処世術に長けた権謀家としてしか認識されていないのは、太宗(芳遠)の権力への執着から始まった、政権簒奪を美化するための朝鮮王朝の意図的な誹謗のためだろう。

一将軍を君王に導いた僧侶・無学（一三二七―一四〇五）

鄭道伝が李成桂に新しい王国建設の当為性を教えたとすれば、無学は李成桂を一介の将軍から君王に導いた人物だった。言い換えると、鄭道伝が李成桂を通じて性理学的理想国家を建設しようとしたのに対して、無学は李成桂に君王となれる確信を植えつけたのだ。このように朝鮮を開国するにあたり、鄭道伝の役割に負けず劣らず、無学の貢献も大きかった。

無学は一三二七年、慶尚道陜川《ハプチョン》で生まれた。俗姓は朴《パク》氏で、対蒙抗争の名将・朴犀《パクソ》の五代孫として知られている。法名は自超《チャチョ》で、十八歳で全羅道の松広寺《ソングァンサ》に出家し、京畿道の龍門山《ヨンムンサン》の僧・慧明《ヘミョン》和尚から仏法を伝授された。

無学の両親は、高麗時代末期、海岸地域にしばしば出没していた倭寇に捕らえられたが、辛うじて脱出し、忠清南道《チュンチョンナムド》の安眠島《アンミョンド》で葦で笠を作り売っていた下層民だった。このため、幼い時の記録はほとんどなく、彼の業績は出家した後の一部が伝えられているだけだ。

無学は出家した数年後に元に留学した。彼はそこでインド出身の高僧・指空和尚と出会い、禅仏教を学び、また、元に留学中だった懶翁《ナオン》・恵勤《ヘグン》和尚と出会い、弟子となった。

無学は、元から戻った後、懶翁和尚を訪ねた。この時、懶翁は恭愍王の王師として奉職していた。懶翁は無学を伝法弟子にしたが、懶翁の弟子たちはこれを受け入れようとしなかった。このため、懶翁は彼に衣鉢を伝授できず、伝法弟子であることを知らせる詩を一首作った。

懶翁の弟子たちが無学を排斥したのは、まず無学が賤民出身だったこと、さらに保守的な自分たちの性向ゆえに、無学の先進的な思想を受け入れられなかったためだ。そこで、無学は恭譲王からの王師になってほしいとの要請も受け入れずに、懶翁の側を離れて、しばらく洞窟で修道生活に専念した。

しかし、李成桂に出会ってから、彼の人生は変わった。無学は新しい王国の建設を夢見る革命家であると同時に、新王朝の君王となるべき李成桂の忠実な引導者となった。ただし、彼が李成桂に出会った経緯に対する正確な記録はない。朝鮮中期、休静《ヒュジョン》（僧将で壬申倭乱《イムジンウェラン》のときには弟子である惟政《ユジョン》とともに僧兵を起こして戦功を立てた）が著した『釈王寺記《ソクワンサギ》』に、李成桂が彼を訪ねてきたと記録されているだけだ。

無学は天文地理と陰陽図讖《としん》説に明るく、破字占い（漢字の字画を崩して、寄せ合わせるなぞ占い。例えば、姜の字を八王女に、李を木と子に分解するなど）と夢占いに長けていたようだ。彼は訪ねてきた李成桂が「問」の字を選んでみせると、「問の字は、どちらから見ても、君だ」と言い、また、夢で垂木を三本背負ったという李成桂の言葉を聞くと、それは王の字だと言い、李成桂が将来、君王になると予言したと言う。

この記録が事実かどうかはともかく、無学が李成桂の心に、自分には王となるべき気が宿っていると刻みつけたことだけは明らかなようだ。以後、李成桂は彼を師匠として敬い、朝鮮開国以後も王師として仰いだ。

無学の革命に対する念願は腐敗が頂点に達していた高麗末期の仏教界に対する批判から出発しており、もう一方では自らの身分的な限界を克服するためのものだった。

李成桂とともに新王朝を開こうという勢力が仏教をひどく排斥した性理学者だったにもかかわらず、無学が鄭道伝をはじめとする性理学者と手を結ぶことができたのは、自らの信仰よりも改革に対する念願がより強かったためだった。

無学は太祖の王師として、朝鮮の安定のために新しい王都を定める仕事と、王宮を建築する仕事に加わるなど、老年のほとんどを朝鮮の建国に注いだ。

しかし、朝鮮の中心勢力は性理学者たちであり、これは儒教を崇め尊び、仏教を排斥する政治につながった。無学は、こうした現実を恨むことはなかった。むしろ、自分の役目が終わったことを知り、静かに王師職を退いて修行に専念し、一四〇五年、七十八歳で一生を終えた。それが、朝鮮開国の主体でありながら、まったくその既得権を主張しなかった唯一の人物、無学の選択だった。

八、太祖時代の経済政策

科田法の確立と土地制度の定着

朝鮮開国勢力が最も強力に推進した政策の一つは、いわゆる科田法《クァジョンポプ》に代表される土地制度の改革だった。

一三八九年（高麗・昌王元年）七月に開国勢力の中核人物だった趙浚の「田制改革に関する疏」により触発された土地制度改革運動は新進士大夫《シンジンサデブ》（当時の上級官僚である両班《ヤンバン》のことをさす）勢力から全幅の支持を受けながら強力に推進され、一三九一年（高麗・恭譲王三年）五月に科田法が正式に公布されたことで実を結んだ。

当時、高麗社会は土地制度の根源をなしていた田柴科《チョンシクァ》

(前・現職官吏たちに支給していた土地)制度が崩壊し、権門勢家が違法で兼併、占奪し大農場を所有している状況だった。大農場主たちは便法と権力を利用して国家に租税を納めておらず、農場に帰属している佃戸《でんこ》(小作人)たちに国への力役を不法に免除する代わりに、その労働力を過酷に搾取した。このため、国家財政は底を尽き、官吏の俸禄もまともに支給できず、大多数の良民が大農場の佃戸に転落してしまった。そのため、兵役、賦役の義務を担うべき人数も大幅に減少した。さらには、軍糧米も確保できず、辺境を守る兵士たちが食を抜く事態となった。そのため、小土地を所有する下層官僚と農民の不平不満は極限に達した。

趙浚をはじめとした新進士大夫勢力は、こうした国家財政の混乱は根本的に権門勢家が所有する私有田から始まったものと見なし、私有田制度に対する一大改革に踏み切ることを主張した。こうした土地制度に対する改革は、恭愍王時代に田民辨正都監《チョンミンピョンジョンドガム》を設置してすでに実施されたことがあるが、権門一族の強い反対で失敗していた。そのため、新進士大夫勢力の土地改革運動も同じく権力層の強い反発を招いた。しかし、改革勢力は李成桂の政治力、軍事力に依存して、昌王を廃して恭愍王を立てることで権門一族の反発を遮断し、科田法を公布した。そして、一三九二年七月、朝鮮新王朝が開国することで、科田法は朝鮮土地制度の根幹となった。

科田法は全国の土地の大部分を国家の収租地に編成することを目標としていた。そうするためには、まず大農場に所属する私田の中から、もともと農場主が直接耕作していたごく一部の土地を除く残りの小作人の地を、国家に返還しなければならなかった。返還された土地で農業を営む農民は、従来、大農場主に納めていた税金を一定の原則の基に国家に納めるようになった。もちろん農場主も同じく自分が耕作する土地の面積に比例して国家に税金を納めるようになった。この結果、科田法の実施は農民に耕作地を戻すと同時に租税に対する負担を減らすことになり、国家としては税収の増加により財政の安定を図るという一石二鳥の効果を挙げることができた。

科田法で、土地は収租権が個人に帰属する私田と、収租権が国家に帰属する公田とに分けられた。

私田としては官僚に与える科田、功臣に与える功臣田《コンシンジョン》、地方職に赴いた官吏に与える外官職田《ウェグアンチクチョン》、閑良官《ハルリャングアン》(武官任用試験に合格しなかった武官)に与える軍田《クンジョン》、郷、津、駅の官衙《クァナ》の衙前《アジョン》(中央や地方の官庁に属した下級官吏)に与える外役田《ウェヨクチョン》、位田《ウィジョン》などがあった。

また公田としては軍資寺《クンジャシ》に帰属する軍資田、王室に属する陵寝田《ヌンチムジョン》、倉庫田《チャンコジョン》、宮司田《クンサジョン》、公共機関に属した寺社田《ササジョン》、神祠田《シンサジョン》などがあった。

これら公私田の中で、科田法は科田を土地分配の中心に置いた。科田は文武官僚に経済的な基盤を保証するために現職官僚、散官《サングァン》（定められた事務のない官僚、すなわち退職者および待機発令者）を問わず十八科に分けて十五結（一結は一等地で二千七百五十三坪、六等地の場合一万千三十五坪だった）から百五十結までの田地が各職級により分給される仕組みだった。

科田法にしたがって一三九五年（太祖四年）に各品階別に与えられた土地の現況を見ると、大君（王の嫡男）および政丞《チョンスン》（宰相）の正一品には百五十結、従一品には百二十五結、正二品には百十五結、従二品には百五結、正三品堂上には八十五結、従三品堂下には八十結、従三品七十五結、正四品六十五結、従四品六十結、正五品五十結、従五品四十五結、正六品三十五結、従六品三十結、正従七品二十五結、正従八品二十結、正従九品十五結などとなっている。

この他に、雑権務《チャプクォンム》（雑務の臨時担当者）などには十結が与えられた。この時の一結の広さは約一万平方メートルで、各農民たちが所有した平均耕作地は一結ないし二結程度だった。

科田は一代に限って与えられていたが、官吏が死去した場合、貞節を守る妻に与えられる守信田《スシンジョン》や、その妻が死去した場合、その子供たちが成人になるまで一時的に支給される恤養田《ヒュルリャンジョン》などは部分的な世襲が可能だった。しかし、この二つの条件からはずれた時には国家に返還しなければならなかった。そのため、科田は官吏の職責に対する単純な反対給付というよりは、官吏とその家族たちが彼らの身分を維持できるようにする身分制度的な分給収租地としての性格が強かった。

科田法は公私田を問わず、収租権者に納める税金を、一結（三百斗）当たり十分の一に当たる三十斗に決め、その土地の主が国家に納める税金は一結当たり二斗に規定していた。そして、租税の徴収のために朝廷の官吏と田主が毎年、農業の作柄を直接、実地調査し、納める税を決める踏験損実法《タポムソンシルポプ》を作った。これにより、高麗末期に田主に生産の半分以上を納めていたことに比べると、耕作者の負担が画期的に減少した。また、国家は私田の主と公田から一定の税金を徴収できるようになり、国家財政を正常化することができた。

こうした科田法の確立は新人官僚に経済的な基盤を与えるばかりか、結果的には朝鮮の両班社会を支える土台ともなった。また、少ない面積ではあったが全農民の約七十パーセントが自分の耕作地を所有することができたため、一般の国民の経済的な安定にも大きく寄与した。

科田法の実施で国家に対する公役の負担も、従来の壮丁（成年男子）の数で決めていたものから、土地の所有分により決める計田法《ケジョンポプ》に変わった。いわば壮丁の数により賦課されていた公役を、所有と所得により賦課するようになったのだ。

このように朝鮮は、高麗末期に試みられた科田法の確立を通して国家の経済を安定させ、官界の体系や官吏の紀綱を正すのに成功した。しかし、朝廷は科田法の実施以後も、私田に対する抑圧施策を引き続き施行し、一四六六年(世祖《セジョ》十二年)には現職の官吏にだけ土地を支給する職田法《チクチョンポプ》を確立するようになる。

商業組織と市場の発達

朝鮮は開国から二年後の一三九四年十月、都を漢陽に移す。他の国の建国同様、朝鮮もやはり宮殿を建て、地域を分け、市場を作ることを首都建設の三大重要事業とした。

農本主義を国是として打ち立てたにもかかわらず、首都建設の三大事業の一つに市場を作ることが盛り込まれたのは、宮殿で使う物資を調達し、国民生活を円滑に維持するためには市場が不可欠だったからだ。

市場に代表される朝鮮の商業機関は大きく四つに分けられる。第一は、全国的に千か所以上あった「郷市《ヒャンシ》」、第二に、より進んだ商業機関として漢陽の「六矣廛《ユギジョン》」、第三に、地方の貨物集散地の役割をした「客主《ケクチュ》」、第四に、行商を主に行う「褓負商《ポブサン》」だ。

郷市はすでに高麗時代から形成されていたもので、「場《チャン》」という名前でおおよそ五日ごとに開かれ、地方民の商品取引場として活用された。ここで人々は、個人が作った家内制手工業品や穀物、家畜などを売買した。そのため、郷市は地方の人々の唯一の商取引の場であり、情報交換の場でもあった。

これに対して、六矣廛をはじめとする客主旅閣、褓負商などはそれとは異なっていた。

まず、六矣廛は、官衙(官庁)で設置した公廊《コンラン》(商人のために国が建てた貸店舗型施設)に設けられた市場で、専売特権を得る代わりに国役負担の義務を負った。ここに市廛《シジョン》(市場通りの店)を開いた人々は漢陽に居住する職業的な商人で、官衙で作った公廊を使用していたため、市廛に対して納税の義務があっただけでなく、官衙の必要に応じて賦課される臨時負担金、宮中、府中の修理および上張りのための物品、王室の冠婚葬祭、中国に派遣する各種使節の歳幣《セペ》(貢物)と必要品の調達などの国役を負担した。このように国役負担をしていた商店を「有分各廛《ユブンカクチョン》」と呼び、この中で特に国役負担率の高い六商店を「六注比廛《ユクチュビジョン》」または六矣廛と呼んだ。

六矣廛を構成している店舗は、時代によって多少の変化はあるものの、主に、絹、木綿、紬、紙、麻、生鮮魚の店だった。しかし、初代の太祖時代には、まだ、こうした六矣廛は完全な姿を整えてはいなかった。「第一王子の乱」以後、都が再び開城に移されたりし、第三代の太宗時代になってやっと漢陽が朝鮮王朝の都として定着したからだ。

太祖時代の漢陽市廛商人は大きく三つに分けられていた。第一は、官衙で作った公廊で商売する「公廊商人」で、彼らは後に「六矣廛商人」へと発展する。第二は、臨時に設けられた臨時店舗で商売する「坐賈《チャガ》商人」、第三は、店舗を持たないで露店を営む行商人だった。このように三つに分けられていたというのは、漢陽市廛がまだ、完備されておらず、過渡期にあったことを意味する。そのため、漢陽よりはむしろ高麗時代から平壌と開城に設けられていた常設店舗がより発達した状態だった。しかし、太宗時代になると漢陽市廛は、八百店舗余りの左右行(公)廊を設け、大きな商店街としての様相を整えることになる。そして、朝鮮中期に入るとともに公廊商人が坐賈商人、行商人を吸収して六矣廛に定着することで、名実ともに朝鮮の代表的な市場として成長するようになった。

朝鮮時代のもう一つの商業機関である客主は、主に委託された品物を販売したり、売買を仲介しながら、それに伴う付随的な機能を受け持っており、客主旅閣、邸家《チョガ》、邸店《チョジョム》などと呼ばれた。

客主は客地《ケクチ》で商いをする商人たちの主の役割を担ったが、その主な業務は生産者や商人から売買を委託された品物を集めて商人に流通させることだった。そのため、彼らは旅宿、金融、倉庫、運送などさまざまな斡旋行為を受け持つ資本家でもあった。

また客主は、扱う品物と仕事の内容により、一般的な客主を意味する物商客主、米穀、魚、塩、果物、野菜、薪炭など、重くてかさばる品目だけを扱い、必ず倉庫を備えていなければならない旅閣、中国人を相手に商売する湾商《マンサン》客主、褓負商を相手にする褓商《ポサン》客主、一般の歩行者を相手にする歩行《ポヘン》客主、金融業を専業にする換銭《ファンジョン》客主、常時使われる家庭用品を扱う無時《ムシ》客主などに分けられる。その他に、地方の官吏のために中央と地方と連絡したり宿泊を提供する旅客の主人を指す京主人《キョンジュイン》や、行商人たち相手の宿泊業を専門にする院宇《ウォヌ》などがある。

褓負商は、褓商と負商《プサン》の総称で、市場を中心に行商しながら、生産者と消費者の間で経済活動を媒介していた商人を言う。

彼ら褓負商は古代社会から存続していたが、褓負商人の団体が組織されたのは、朝鮮の開国以後だ。彼ら褓負商が団体を形成したことに対しては二つの説がある。その一つは、彼らが李成桂の朝鮮開国に貢献したため、朝鮮朝廷がその組織の結成を許容したという説で、二つ目は、彼ら自身が上流階層と無頼漢たちから自分たちを保護するために自治的に組織したという説だ。この二つの説のうちどちらが正しいかはわからないが、褓負商が組織的な活動を展開しはじめた時期と朝鮮開国の時期とが重なっていることだけは確かだ。

褓負商は、褓商と負商とに分けられるが、褓商は主に精密な精巧品や高価な奢侈品などの雑貨を取り扱い、負商は雑で粗末な家内制手工業品や土器、鉄器などを取り扱った。彼らは互いに取り扱う物品を厳格に区分し、割りあてられた物品以外を取り扱うことができないようにしていた。

彼ら褓商と負商は、もともと別の組織を持っていた。しかし、十九世紀末になって、一つの組織に統合された。

彼らの役員は民主的な投票によって選出し、彼ら役員により指導者が選ばれ、その人を接長《チョプチャン》と呼んだ。また、接長は郡と道ごとに一人ずつ存在し、郡を任されている接長を郡接長《クンチョプチャン》、道を任されている接長を道接長《トチョプチャン》といい、彼ら接長を率いる指導者を道班首《トバンス》と呼んだ。そして、各中央役員たちは下部組織の接長たちから構成され、任期が定められていた。

こうした徹底した組織体系からなる褓負商は全国の市場を巡り、朝鮮民衆の血脈の役割を果たした。また、堅固な組織を基盤に、時には朝廷の命令を遂行する行動隊員の役割も果たしていたため、官衙ですら彼らの力を無視できなかった。

朝鮮の産業機関はこのように太祖時代の初めから有機的な関係の中で成長した。そして、基礎的な産業機関の郷市とその郷市を互いに連携させる褓負商、褓負商と商人を対象に委託業と宿泊業を担当した客主、国家の商行為を後押しして中央最大の市場を形成した漢陽市廛などを通じて、商人たちは、全国をクモの糸のように限なく繋ぎ、農民が大多数である朝鮮の民衆の血管の役割を果たした。

九、朝鮮王朝開国に伴う人口動向と身分構造の変化

朝鮮王朝の開国は人口の増加と身分の構造にも多大な影響を及ぼした。

高麗末期のあわただしい状況の中で、多くの民衆が倭冦の侵入や権力層の搾取の被害を受けて、北方や内陸山

岳地帯に移住して暮らしていたが、朝鮮の建国で倭寇が減少し、社会が安定すると、山岳地帯にいた民衆が再び平野や都市地域に戻ってきた。また、明の興隆で国を亡くした北の野人たちが朝鮮が開拓した北方に帰化し、朝鮮の人になったことで、人口が大幅に増加した。それに加えて、崇儒政策の一環として僧侶たちに対する大々的な還俗措置がとられ、一般民衆の数が増えた。

こうした人口の動向は身分構造の変化とも密接に関係した。朝鮮は開国当初から積極的に良人拡大政策を実施し、良人の数を大幅に増やした。つまり、奴婢や還俗した僧侶、白丁《ペクチョン》（屠殺業などに従事する人）の良人化などが挙げられるが、こうした積極的な良人化施策は山間地域に移住した民衆を平野地帯に引き戻すのに大きな役割を果たした。

高麗末期に山間地域に移住した民衆はたいてい、江原道や忠清道地域にとどまったが、彼らが朝鮮王朝開国とともに平野部に出てきて、江原道、忠清北道地域の人口が減少し、平野部の京畿道、黄海道、慶尚道、全羅道などの人口が増加する傾向を見せた。また、朝鮮は絶えず北方政策を実施し、多くの民衆を北の国境に移住させる一方、北方の野人たちを帰化させて北の国境に住むようにさせたため、咸鏡道と平安北道の人口は急激に増加する傾向を見せた。

こうした人口流入策により、朝鮮開国当時の人口は五百万人を上回り、兵力は三十万に近くなった。これは『世宗実録《セジョンシルロク》』に記された戸数を人口で試算すれば、六百万人程度になる事実からも確認できる。

朝鮮の五百万人の人口はさらに身分により層を成している。朝鮮は初期に良人を大幅に拡大する計画を立て、全人口を良人と賤民とに分けた。良人は文武両班、農民、工人、商人および庶子と技術官僚の総称で、賤民は奴婢と賤民集団を指したものだ。こうした二分法的な身分構造は高麗の貴族社会から脱皮しようとした新進士大夫執権層の意図的な政策によるものだった。

高麗時代は建国当初から文武両班と下級技術官僚である中人、農、工、商の平民、奴婢である賤民の四階級の区別が比較的厳格だった。しかし、武人政権と中国の元に従属する時代を経て、こうした身分構造は崩壊し、一部権力層をはじめとする貴族層と下層民に二分化した。これは中間階層がなくなった形で「富むものは益々富み、貧しきものは益々貧しく」の結果と言える。

高麗末期に登場した新進士大夫たちは、身分構造を改革し、中間階層を大幅に増やすことで国家が安定すると主張した。中間階層の拡大により税収の増加と兵力の増大が期待でき、結果的に国家財政と国防が安定し、社会全般が等しく発展できるという判断によるものだ。このため、高麗末期の政治権力は権門勢族と新進士大夫の熾烈な対立が繰り広げられるほかなかった。そして、最後には新進士大夫たちが政権を握るようになり、彼らの中で力のあった急進改革派により朝鮮が開国されたことで身分構造の大々的な変革が可能となったのだ。

良人と賤民の二分法的身分構造を確立した朝鮮は、高麗に比べて良人の身分移動が法的に自由だった。農民が学生(ここでは科挙に備え勉学に励む若者を指す)を輩出し、その学生が科挙を通じて官職に就けば、両班の身分に上ることができ、両班の子弟が科挙に合格できなければ、自ずと農民に転落するのが原則だった。しかし、こうした原則はきちんと守られず、時間が経つにつれて、違った様相を呈しはじめた。言うならば、良人の中で身分の固定化がなされたということだ。

ごく一部を除いては、両班はそのまま両班の身分を維持し、農工商も、やはりその身分を維持した。これは朝鮮社会が安定すると、執権層の士大夫たちによって身分の向上に対する制度的な抑圧がなされたためだ。そのため、朝鮮社会は時間が経つにつれて、士大夫執権層の文武両班、庶子や下級技術官僚などの中人、農工商の平民、奴婢および白丁(屠殺業などに従事する人)のような職業に従事する賤民などの四分法的身分構造をなすことになった。

十、『太祖実録』編纂経緯

『太祖実録』は十五巻三冊からなり、一三九二年七月から一三九八年十二月まで六年五か月十二日間の歴史を記録している。この書の原名は『太祖康献大王実録《テジョカンホンデワンシルロク》』であり、現存する江華島鼎足山《チョンジョクサン》本は筆写本で、慶尚北道太白山《テベクサン》本は印刷本だ。韓国の国宝百五十一号に指定されている。

太祖は一三九八年九月に王位を退き、上王(定宗時代)、さらに太上王(太宗時代)となったが、一四〇八年に七十三歳で死去すると、太宗は翌年八月に『太祖実録』編纂作業を始めるように命令した。

この時、春秋館記事官《キサグァン》・宋褒《ソンポ》などは朝鮮王朝の実録を編纂するのは初めてであり、さらに時間がそれほど経っておらず、その当時に活動した人物が大部分生存しているとの理由で、実録編纂は時期尚早だと主張した。しかし、太宗は編纂の意志を曲げず、史官たちに太祖元年から定宗二年までの史草を提出せよとの命令を下した。

史草提出期限は漢陽の居住者が十月十五日、地方居住

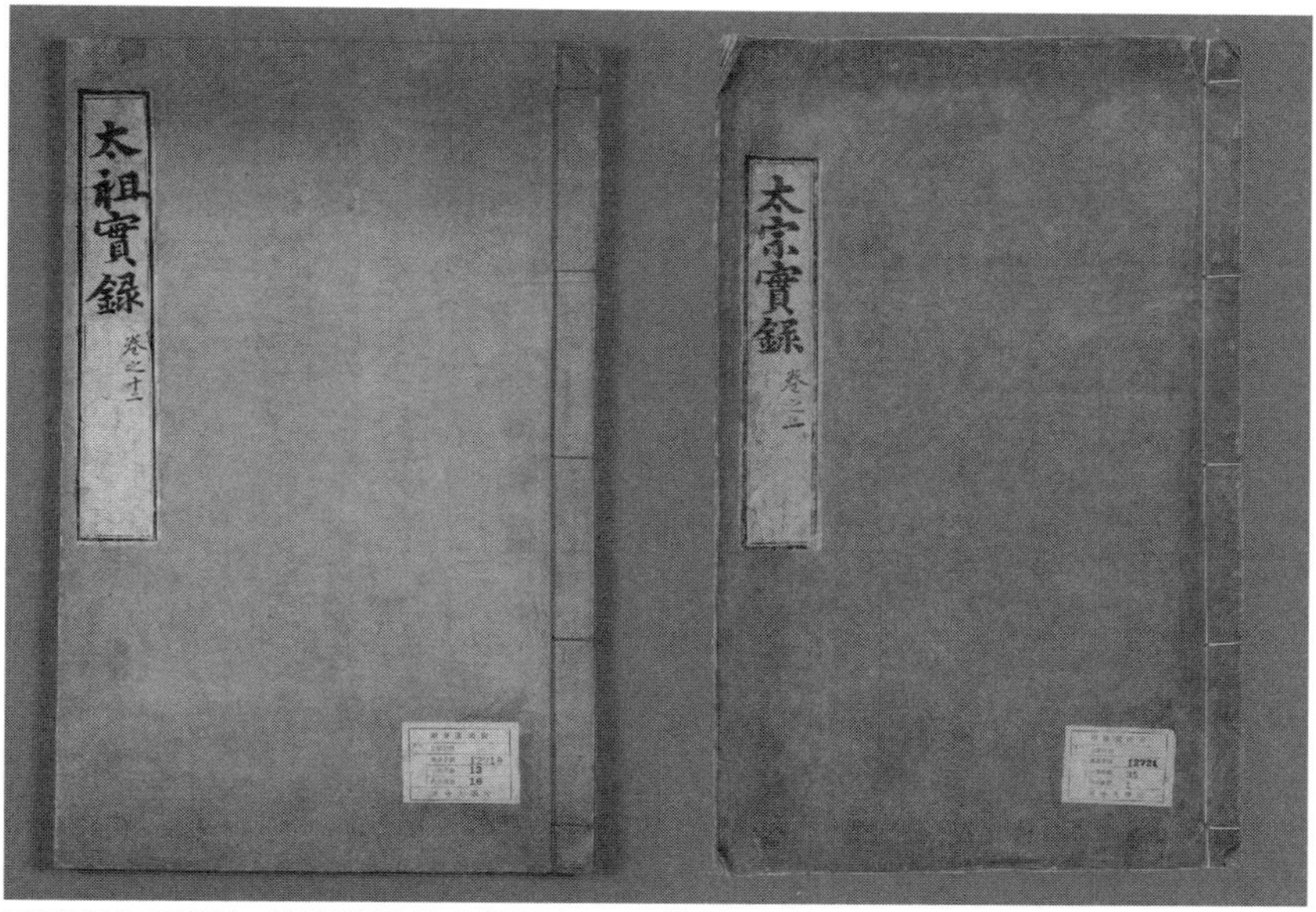

国宝151号に指定され、世界記録遺産にも登録されている『朝鮮王朝実録』。〔ソウル大学奎章閣韓国学研究院 所蔵〕

者は十一月一日までだった。だが、期限になっても史草があまり提出されなかったため、太宗は史草を提出しない者に対して子孫を禁固とし、罰金二十両を徴収するようにする処罰規定を作り、史草の提出を促した。それで、一四一〇年正月から河崙、柳寛《ユグァン》、鄭以吾《チョンイオ》、卞季良《ピョンゲリャン》などを中心に編纂作業が始まり、一四一三年三月に完成した。

しかし、『太祖実録』は、完成した後もすぐには出版できなかった。実録を調べた朝廷の大臣たちが、重複した記事が多いため修正補完しなければならないと主張したからだ。この時、重臣たちが指摘したのは、第一次、第二次王子の乱に関しての記録だった。しかし、編纂の責任を負っていた春秋館官僚たちは彼らの主張を受け入れず、『太祖実録』は世宗時代に至るまで出版できない状態が続いた。ところが一四三八年（世宗二十年）に、卞季良が著した献陵《ホンヌン》（太宗の陵墓）の碑文の中の、二度にわたる王子の乱に対する内容が事実と違うという主張が台頭すると、世宗はこれを改めるように命じ、同時に『太祖実録』と『恭靖王《コンジョンワン》実録（定宗実録）』も改めることになった。

実際に実録改修作業が行われたのは四年後の一四四二年だった。この作業が完了すると、『太祖実録』は『恭靖王実録』『太宗実録』とともに高麗時代の実録を保管した忠清北道《チュンチョンブクト》の忠州史庫《チュンジュサゴ》に保管された。しかし、忠州史庫一つだけでは永久保存が難しいとの指摘があり、一四四四五年まで三朝実録三部をさらに筆写し、全羅北道《チョルラブクト》の全州史庫《チョンジュサゴ》と慶尚北道の星州史庫《ソンジュサゴ》にそれぞれ一部ずつ保管した。現在、ソウル大学図書館に保管されている鼎足山本の三朝実録は全州史庫に保管されていたものだ。

『太祖実録』は太祖が即位した一三九二年七月十七日から一三九八年十二月末までの約六年六か月間にあった政治、外交、国防、経済、社会、文化など各方面の歴史的事実を年月日順の編年体で記述している。太祖は第一次王子の乱直後の一三九八年九月五日に定宗に譲位し、彼の在位期間は実際にはこの時までだが、『太祖実録』はその年の末までを収録範囲にしている。

第二代　定宗実録

一、太祖の世子冊封と王子たちの反発

太祖《テジョ》は継妃《ケビ》の康氏《カンシ》を寵愛した。康氏は若く、聡明で、実家が権門勢家だったため、太祖に力を貸したりもした。そのため、太祖は彼女に頼ることが多く、彼女も太祖の権力闘争に直接参加し、背後で大きな影響力を行使していた。それのみならず、彼女は鄭道伝《チョンドジョン》など新進士大夫《シンジンサデブ》出身の開国功臣《ケグクコンシン》たちとも親密な関係を結んでいた。こうした康氏の影響力はついには世子《セジャ》冊封にまで及んだ。

太祖は初めの夫人・韓氏《ハンシ》から生まれ成長した王子たちの反発にもかかわらず、康氏から生まれた八男の芳碩《バンソク》を世子に冊封した。一三九二年八月、この時、芳碩はわずか十歳だった。血気旺盛な韓氏から生まれた王子たちは父の仕打ちに憤慨したが、どうにもできなかった。

太祖が少年・芳碩を世子に冊封した時、長男・芳雨《バンウ》の年はすでに不惑に近い三十八歳だったし、芳碩の世子冊封に対して最も不満が強かった靖安君《チョンアングン》・芳遠《バンウオン》は二十五歳だった。芳遠は長男の芳雨を世子に冊封しなければならないと主張したが、太祖は断固として拒否した。芳遠は威化島《ウィファド》で回軍した李成桂《イソンゲ》に開京《ケギョン》の崔瑩《チエヒョン》部隊を討たなければならないと主張し、さらに鄭夢周《チョンモンジュ》を殺害して、開国反対勢力を除去し、王大妃《ワンデビ》・安氏《アンシ》（高麗《コリョ》・恭愍王《コンミンワン》の妃）を脅して恭譲王《コンヤンワン》を廃位させ、李成桂を王位に就かせた張本人だった。

そのため、功績から言えば、世子の地位は当然、芳遠に回ってこなければならないが、朝鮮開国後、彼に回ってきたものは何もなかった。むしろ、王后・康氏と鄭道伝など改革派の排斥で軍権を喪失し、開国功臣記録からも除外される屈辱を味わわなければならなかった。こうした中で、世子の地位まで康氏から生まれた芳碩に取られてしまったのだ。

太祖は元々、継妃・康氏の求めによって七男の芳蕃《バンボン》を世子に冊封しようとした。ところが、功臣の裴克廉《ペクンニョム》、趙浚《チョジュン》などは芳蕃がまだ幼く、資質が世子に適していないため、芳遠への世子冊立を主張した。そこで、太祖は芳蕃の代わりに八男の芳碩を世子に冊封し、鄭道伝に世子を教育するようにさせた。

太祖と康氏、そして鄭道伝の芳遠に対する過剰な警戒と冷遇、これが禍根となって朝鮮王朝は開国当初から血なまぐさい殺戮の争いを耐えなければならなかった。

二、第一次王子の乱

一三九八年、戊寅の年八月二十五日、芳遠をはじめとする神懿王后《シニワンフ》・韓氏から生まれた王子たちが私兵を動員して、鄭道伝、南誾《ナムウン》、沈孝生《シムヒョセン》など反対派勢力を奇襲攻撃して殺害し、世子・芳碩と彼の実兄・芳蕃を殺す事件が発生した。この事件を「第一次王子の乱」「芳遠の乱」または「戊寅靖社《ムインジョンサ》」「鄭道伝の乱」と言う。

朝鮮開国以後、開国功臣たちの地位は急激に向上した。一三九二年、義興三軍府《ウィフンサムグンブ》の設置を契機にして、鄭道伝を中心に推し進められていた兵権集中運動と中央集権化政策は、権力構造面で大きな変化をもたらした。特に、開国功臣の中で鄭道伝の地位が大きく浮上し、他の勲臣と王室勢力、そして開国核心勢力の武装勢力は政治の一線から除外されはじめた。

鄭道伝は、統治者が民心を失った時は物理的な力で統治者を交代させられるという孟子の易姓革命論を主張し、実際にその革命論理にしたがって王朝交代を遂行した。また、宰相を最高の実権者として、権力と職分とが分化した合理的な官僚支配体制を理想的な政治制度と見なした。

鄭道伝のこうした政治観は臣権中心の王政という点で王族たちには極めて脅威的なものだった。李芳遠が鄭道伝を排除したのも、まさにこのためだ。それに加えて、鄭道伝は、世子・芳碩と王后・康氏を後ろ盾にしていた。

朝鮮開国以後、芳遠は政治の一線から退いていたが、政界復帰のための努力を惜しまなかった。こうした中、一三九六年、最大の難敵で、世子・芳碩と鄭道伝の後ろ盾だった王后・康氏が病死すると、芳遠の政界復帰への動きは一層、加速した。しかしこの間、絶えず兵権集中運動を繰り広げてきた鄭道伝一派は一三九八年、いわゆる陣法訓練の強化を打ち立て、王族たちが率いていた私兵を解体しなければならないと主張した。この過程で芳遠と鄭道伝の対立は不可避なものとなった。鄭道伝は王族たちが私兵を統帥しているかぎり兵権が政府に集まることは不可能であると考え、芳遠は、私兵を失うと完全に力を奪われてしまう状況であった。言うならば、私兵は芳遠の最後の砦だったわけだ。鄭道伝にしてみれば、私兵さえ解体すれば、政敵の勢いを完全に排除できることになる。

状況がここまで来ると、芳遠は強硬な手段に出た。韓氏生まれの王子たちの間には世子冊封問題で不満がわき起こっていたし、加えて、継母・康氏はすでに死去していた。

芳遠は芳毅《バンウィ》と芳幹《バンガン》など兄弟たちとともに鄭道伝一派を殺害することに決め、鄭道伝一派の密謀説を捏造した。それは、鄭道伝、南誾、沈孝生などが密謀し、太祖が危篤だとだまして、王子たちを宮中に呼び出した後、一挙に韓氏から生まれた王子たちを殺害する計画を立てているという内容だった。芳遠はこれを未然に阻止するという名目で私兵を動員、鄭道伝一派を襲撃し殺害して、世子・芳碩を廃位し、流刑とした後、芳碩の同腹の兄・芳蕃とともに殺してしまった。太祖は、この時病床にあり、状況を正確に把握できなかった。後に芳蕃、芳碩兄弟が殺害された事実を知ると、非常に悲しみ、王位を放り出してしまった。

芳遠がクーデターに成功すると、河崙《ハリュン》、李居易《イゴイ》など芳遠の腹心たちは彼を世子に冊封しようとしたが、芳遠はひたすら拒んだ。このため、長男の芳雨が一三九三年に病死してすでにいないことから、芳遠の意思により太祖の次男の芳果《バングァ》が世子に冊封され、王位に就いた。彼が定宗《チョンジョン》だ。

芳果が世子に冊封され、王位に就いたものの、実権は芳遠にあった。芳遠一派は定宗即位後、定社功臣《チョンサコンシン》に叙勲され、また、政治的実権を掌握し、兵権集中と中央集権体制の強化のために制度改革を推進するようになった。

芳遠は鄭道伝に兵権が集中することを防ぐために、彼を排除した。しかし、自分が権力を掌握すると、勢力強化のために王族の私兵を廃止する必要性を感じた。後にこれが「第二次王子の乱」を誘発する要因ともなった。

三、定宗の即位と退位

生年 一三五七―没年 一四一九

在位期間 一三九八年九月―一四〇〇年十一月、二年二か月

王子の乱で芳碩と芳蕃兄弟が殺害されたという知らせを聞いた太祖は、その翌月の一三九八年九月、次男の芳果に王位を譲り、上王となり、芳果は弟の芳遠の思惑通りに朝鮮第二代王になった。

永安君《ヨンアングン》・芳果はもともと王位に就く意思などなかった。世子冊封問題が起こっても、彼は「当初から大義を主張して開国し、今日に至るのはすべて靖安君(芳遠)の功労であり、私がどうして世子となれるか」と反問し、世子となることを頑に拒んだ。しかし、芳遠の譲歩と勧めで世子に冊封され、一か月後に太祖が退位し、結局、王位

に就いた。

太祖が退いたのは自分の意思というよりも他意によるところが大きい。すでに朝廷は芳遠の勢力が陣取り、太祖は病床に臥せていて、どうにも仕方がなかった。

芳遠の譲歩で即位した定宗は、王座に就いたとはいえ、権力が芳遠の手に握られているため、定宗時代の政治は、ほとんど靖安君・芳遠の意思により進められた。

一三九九年、漢陽の地形に問題があるとして、首都を再び開京に移したが、同年八月、奔競禁止法（官職に就くための不正な行いを禁ずる法）を制定して、官人が王族と外戚たちに依存することを禁止し、権力を持つ貴族の力を弱めた。その後、「第二次王子の乱」が起こると芳遠は世子となり、その年に王族および権力者たちの私兵を廃止し、兵権を義興三軍府に集中させた。また、都評議使司《トピョンウィササ》を議政府《ウィジョンブ》（行政府の最高機関）と変え、中枢院を三軍府に変えて、三軍府に職を置いている者は議政府の職を兼務できないようにし、政務と軍政を分離させた。こうした一連の改革は王権強化のためで、すべて芳遠の影響力の下に行われた（芳遠は本来「世弟」に冊封されるのが原則だが、芳遠が政治的立場の強化のために「世子」に冊封されるのを望んだのだ）。

一三九九年三月には、集賢殿《チピョンジョン》（朝鮮王朝初期の学問研究および国王の諮問機関で、経書・典礼と故事・進講などを司った官衙）を設置し、経書（儒教の基本的文献）などの講論を担当させ、五月には太祖の時代に完成した『郷薬済生集成方《ヒャンヤクチェセンチプソンバン》』を編纂させ、翌年六月には奴婢弁正都監《ノビピョンジョントガム》を設置して、奴婢の戸籍を管理した。

定宗は在位時に政務よりは撃鼓（太鼓を打つこと）などの娯楽に耽溺したが、これは彼なりの保身策だった。こうした保身策のため、定宗は芳遠との兄弟愛をそのまま維持できた。そして、一四〇〇年十一月、ついに芳遠に王位を譲り、上王となった。上王となったのは、彼と彼の正妃・定安王后《チョンアンワンフ》の切なる願いでもあった。それが現実的に命を全うする唯一の道だったためだ。

定宗は上王となった後は、仁徳宮《インドックン》に住みながら、主に撃鼓、狩猟、温泉、宴会など悠々自適の生活を送り、王位を退いた十九年後、世宗《セジョン》元年に六十二歳で死去した。彼は死んだ後も長い間、廟号もなく、恭靖王《コンジョンワン》と呼ばれたが、一六八一年（粛宗《スクチョン》七年）に初めて定宗という廟号を受けた。彼の陵は厚陵《フルン》で、開城市板門郡《ケソンシパンムングン》にあり、定安王后・金氏《キムシ》とともに埋葬されている。定宗の廟号が粛宗の時代になって定められたのと、陵が一般王族が埋葬されている開城市板門郡にある点から推測すると、彼は朝鮮中期まで王としての待遇を受けられなかったようだ。

四、定宗の家族たち

定宗は一人の正妃と九人の後宮を娶《めと》り、正妃の金氏とは子に恵まれず、後宮との間に十七男八女を得た。

○定安王后《チョンアンワンフ》・金氏《キムシ》(一三五五―一四一二)

定安王后・金氏は慶州《キョンジュ》金氏・金天瑞《キムチョンソ》の娘である。一三九八年の第一次王子の乱で永安大君(定宗)が世子になると、徳嬪《トクビン》に封じられ、その年の九月に定宗が王位に就くとともに徳妃に冊封された。一四〇〇年に定宗が太宗《テジョン》に譲位して上王となると、順徳王大妃《スンドクワンデビ》の尊号を受けた。一四一二年、五七歳で死去した。

野史は、定宗に王座を降りるように勧めたのは定安王后・金氏だと言う。金氏は定宗が王位をさらに長く維持していると、芳遠に殺されると考え、寝室で、定宗に退位するよう勧め、定宗も彼女の考えと同じだったため、その勧めを受け入れて、すぐ翌日に王位から退いたと言う。定宗と定安王后は、床についてまでも殺害を心配しなければならないほど弟の芳遠を恐れていた。これは実権のない王と王后の立場がいかに悲惨なものだったかを端的に見せてくれる例と言える。

五、『定宗実録』編纂経緯

『定宗実録《チョンジョンシルロク》』は六巻一冊から成り、一三九九年一月から一四〇〇年十二月までの二年間に起こった歴史的事実を編年体で叙述している。もともとの名称は『恭靖王実録』で、粛宗時代になって定宗という廟号が定められた後、初めて『定宗実録』となった。現在、他の実録とともに韓国の国宝百五十一号に指定されている。

一四二二年(世宗四年)に太宗《テジョン》が死ぬと、翌年十二月、世宗は恭靖王と太宗の両朝実録を編纂するように指示し、史官たちに史草を提出するように命じた。史草提出期限は、漢城《ハンソン》にいる者は同年二月まで、京畿道《キョンギド》など中部圏にいる者は三月まで、そして、慶尚《キョンサン》、全羅《チョルラ》、平安《ピョンアン》、咸鏡道《ハムギョンド》にいる者は四月までと定めた。

編纂作業は一四二三年三月から始まり、三年後の一四

第2代　定宗　家系図

- 太祖
  - 神懿王后・韓氏
    - 次男：第2代 定宗（芳果、永安大君、1357 ～ 1419）
      在位期間：1398.9 ～ 1400.11、2年2か月

第2代 定宗

- 定安王后・金氏（子供なし）
- 誠嬪・池氏 ― 2男
  - 徳泉君[※1]
  - 桃平君
- 淑儀・池氏 ― 3男1女
  - 義平君
  - 宣城君
  - 任城君
  - 咸陽翁主
- 淑儀・奇氏 ― 4男2女
  - 順平君
  - 錦平君
  - 貞石君
  - 茂林君
  - 淑愼翁主
  - 祥原翁主
- 淑儀・文氏 ― 1男
  - 従義君
- 淑儀・尹氏 ― 4男1女
  - 守道君
  - 林堰君
  - 石保君
  - 長川君
  - 仁川翁主
- 淑儀・李氏 ― 1男
  - 鎭南君
- 嘉懿宮主・柳氏 ― 1男
  - 佛奴
- 侍婢[※2]・其毎 ― 1男
  - 志云
- ？ ― 4女
  - 徳川翁主
  - 高城翁主
  - 全山翁主
  - 咸安翁主

※1　君：王の庶男
※2　侍婢：侍女

二六年八月に『恭靖王実録』がまず完成した。編纂した場所は東部の徳興寺《トクンサ》内に作られた史局であり、責任者は卞季良《ピョンゲリャン》と尹淮《ユンフェ》だった。一四三〇年、卞季良が死去すると、左議政《チャイジョン》の黄喜《ファンヒ》と右議政《ウイジョン》の孟思誠《メンサソン》が加わった。

『恭靖王実録』は、一四三一年、『太祖実録』『太宗実録』とともに忠州史庫《チュンジュサゴ》に保管され、一四四五年、三部をさらに筆写したものが新設された全州《チョンジュ》、星州史庫《ソンジュサゴ》に保管された。

第三代　太宗実録

一、第二次王子の乱と芳遠の世子冊封

一四〇〇年正月、太祖《テジョ》の四男の芳幹《バンガン》が朴苞《パクポ》とともに私兵を動員して「第二次王子の乱」を起こした。しかし、五男の芳遠《バンウォン》と彼の私兵がこれを鎮圧し、芳遠は世子《セジャ》の座を確保した。第二次王子の乱は別名「朴苞の乱」または「芳幹の乱」とも呼ばれる。

王位継承と権力争いから始まった「第一次王子の乱」を経て、朝鮮の勢力構造は芳遠一派に有利に変わり、彼らが実権を掌握しはじめた。しかし、まだ芳遠の同腹の兄弟たちは相変わらず私兵を維持していたため、この勢力が芳遠には侮れない危険な要素だった。特に、四男の芳幹は王位継承に対して野心を露《あらわ》にしていた。このため、芳遠は彼ら兄弟たちに対する警戒を緩めなかった。芳遠は、鄭道伝《チョンドジョン》が推し進めてきた兵権集中運動を受け継いで、他の王子たちの私兵を廃止する制度的枠組みを作りはじめた。

芳遠が政略的に王子たちの私兵を廃止する動きを見せ、また王位継承に対して朝廷の衆論が芳遠側に流れると、芳幹の猜疑心と不満が鬱積した。こうした渦中に、朴苞から、芳遠が自分を殺そうとしているとの密告を受けると、その真偽も確かめず私兵を動員して乱を起こした。

朴苞は、第一次王子の乱当時、鄭道伝が芳遠を排除しようとしたと密告して、大きな功を立てた人物だった。しかし、論功行賞過程で一等功臣にならなかったことに不平を唱えたため、竹州《チュクチュ》（現・忠清北道永同《チュンチョンブクトヨンドン》）に島流しとなっていた。そうした中で、芳幹が芳遠に不満を抱いていることを知り、平素、芳遠に対して抱いていた恨みをこの機会に晴らそうと、芳遠が芳幹を殺そうとしていると虚偽の密告をしたのだ。芳幹は朴苞の言うことを確認もせず、怒りにかられて芳遠を排除しようとしたのだ。

しかし、芳幹は芳遠にはかなわなかった。それどころか、他の兄弟も、やはり冷たい反応を見せ、芳遠を支援していた。開城《ケソン》の真ん中で兄弟は熾烈な市街戦を繰り広げたが、結果は芳遠の勝ちだった。戦いに敗れた芳幹は逮捕されて、配流となり、朴苞は捕らえられて処刑され、芳幹の乱は幕を閉じた。

第二次王子の乱で芳遠に対する反対勢力はほとんど消滅し、芳遠の政治的立場はさらに堅固なものとなった。結果的に芳幹の乱は、芳遠の王位継承を促進する契機と

なった。
乱が平定された後、朝廷内の芳遠の王位継承権確保のために全力を尽くした。もはや、これ以上ためらう理由もなかった。芳遠の腹心の河崙《ハリュン》の奏請で、定宗《チョンジョン》は上王・太祖の許可を得て、一四〇〇年二月に弟の芳遠を世子に冊封、続く十一月に芳遠に王位を譲り、自分は退いた。

このように第二次王子の乱は王位継承権をめぐる王子たちの間の争いだったために、政治的勢力版図はもちろん社会的な影響もなかった。むしろ、あらゆる権力が芳遠に集中し、王権強化に大きく寄与した。

芳幹の乱が水泡に帰した後、朝廷の大臣たちは数回にわたって芳幹を処刑しなければならないと勧告したが、芳遠は王位に就いた後も最後まで彼を殺さずに配流のままにした。芳遠は、むしろ芳幹が病気にかかると、医者を派遣して、彼を治療するよう助けた。また、芳遠が上王となった世宗《セジョン》の治世下でも、芳幹に対する処罰が論議されたが、芳遠と世宗はこれを拒否した。少なくとも同じ母から生まれた兄弟を殺したくはないという芳遠の強い兄弟愛が働いたわけだ。芳幹は芳遠の配慮により天命を全うし、一四二一年、忠清南道《チュンチョンナムド》の洪州《ホンジュ》で死んだ(芳遠が定宗の弟にもかかわらず、「世弟《セジェ》」ではない「世子」として冊封されたのは、定宗を王として認めないという視点から出た発想だ。形式的には芳遠が定宗の世子として王位を継いだが、実際は太祖の世子として王位を継ごうとしたのである)。

二、太宗の即位と朝鮮の改革

生年一三六七―没年一四二二
在位期間一四〇〇年十一月―一八年八月、十七年十か月

一三九八年、鄭道伝一派による遼東《りょうとう》征伐論が台頭した。鄭道伝は膨大な軍事力が必要な遼東征伐のためには、まず、私兵を廃止し、兵権を国に集中しなければならないと力説した。

芳遠は自分の勢力基盤である私兵が廃止される危機に置かれると、第一次王子の乱を起こして、鄭道伝と世子・芳碩《バンソク》などを排除し、政治的実権を掌握した。しかし、政変直後には兄弟間の権力関係を考慮して、世子推戴を辞退、靖安君《チョンアングン》としてとどまりながら、義興三軍府《ウィフンサムグンブ》右軍節制使《ウグンチョルチェサ》と判尚瑞司事《パンサンソササ》を兼務した。また、定社功臣《チョンサコンシン》一等に論定され、続いて開国功臣《ケグクコンシン》一等にも追録された。そして一四〇〇年、第二次王子の乱を鎮圧した後、世子として冊封され、内外の軍事を統括した。

芳遠は世子として冊封されると、兵権を掌握し、同時に中央集権の枠組みを固めた。その一環として私兵を廃止し、軍事を三軍府に集中させ、都評議使司《トピョンウィササ》を議政府《ウィジョンブ》と改めて政務を担当させ、中枢院《チュンチュウォン》を三軍府と改めて軍政を任せた。

このように、芳遠は世子時代にすでに王権安定策を図り、高麗《コリョ》政治文化の残滓をなくしはじめた。政務と軍政を分離し、権門一族の力を弱めるために、奴婢弁正都監《ノビピョンジョントガム》を設けて奴婢の戸籍を管理するようにした。そして一四〇〇年十一月、ついに定宗《テジョン》の譲位を受けて、太宗として朝鮮第三代王に即位した。

彼は王になると、王権強化のための制度的枠組み作りに一層拍車をかけた。一方では、中央制度と地方制度を整備し、高麗の残滓を清算し、軍事制度を整備して国防を強化し、土地、徴税制度の整備を通じて国家財政を安定させた。そして、世子時代にすでに着手していた奴婢制度を新たに整備し、申聞鼓《シンムンゴ》などを設置して、無実の人民が自由に請願できるようにするなど、新しい社会政策を実施し、民心を収拾した。

太宗は教育と科挙制度の定着にも力を注いだ。開国当時、儒学者の大部分が政治の一線から追放されたり、殺されたりもした。これは対明《みん》外交を困難にし、朝鮮の将来のためにも望ましいことではなかった。このため、権近《クォングン》を責任者として儒学と経学に明るい者たちを厳選し、成均館《ソンギュングァン》と五部学堂《オブハクタン》の学生たちの教育を任せ、技術教育のために十学(儒学、武学、訳学、陰陽風水学、医学、律学、楽学、算学、画学、道学など、国家運営に必要な各分野の専門官吏を養成していた教育機関)を設置し、提調《チェジョ》(都提調の次位の官職。従一品、もしくは正従二品の者に兼任させ、その官庁を指揮・監督させた)を設けた。科挙制度でも貢挙《コンゴ》(地方の有能な人材を推薦して中央へ進出させること)、座主門生制《チャジュムンセンジェ》(科挙を通して合格者である門生と考試官である座主とが師弟関係を結ぶことを表すが、そうした間柄が次第に政治勢力を形成することもあった)など貴族中心の官吏登用制度を廃止し、能力と実力を重んじて官吏を登用できる制度作りに力を入れた。

宗教政策では崇儒抑仏《スンユオクプル》という理念により仏教と図讖思《トチャムサ》想《サン》を抑制した。その一環として寺刹に隷属した奴婢を公奴婢に転換させ、独身女性が比丘尼《ビグニ》(尼)となった場合には還俗させ、燃燈会(陰暦の小正月に火を灯して仏に幸運を祈る法会)、初八日祭(陰暦四月八日、釈迦の誕生日を祝う祭り)などを廃止した。一方、儒教を奨励する文廟《ムンミョ》(孔子の位牌を祭った祀堂で、朝鮮時代には成均館が管轄し、儒学の発展に貢献したソンビの位牌もともに祭られた)制度を整備し、廟祭、婚礼、葬祭、朝冠服制

朝鮮後期に作られた号牌。氏名、生年、科挙に合格した年や合格した科、品階などが刻まれている。〔国立中央博物館 所蔵〕

などを定めた。これとともに檀君《タングン》、箕子《キジャ》などへの祭祀を中祀(国家の祭祀の一つで、大祀より等級が下の儀式)に昇格させるなど、個人的な自然信仰を国家信仰に導くことで、民族信仰を儒教の中に取り入れようとした。

対外政策においても安定を図る方向に流れた。明に対しては上国の礼を取り、朝貢をする代わりに、書籍、薬材、暦書などを輸入して実利を取ると同時に、辺境を安定させた。倭人に対しては倭人犯罪論決法を作って倭人たちの犯罪行為を治め、釜山浦《プサンポ》と乃而浦《ネイポ》(薺浦《チェポ》、現・慶尚南道鎮海市《キョンサンナムドチネシ》所在)に宿舎を設置して、倭人の貿易を合法化し、朝鮮の軍備を探る倭人のスパイ活動を監視した。

この他にも、首都を開京《ケギョン》から再び漢陽《ハニャン》に移し、李《イ》氏王家の世譜を整備して、非太祖系を王位継承から除外し、戸口法を制定し、号牌法《ホペポプ》(十六歳以上の男子に、名前、年齢、生年の干支を刻み、官庁の烙印を押した牌を持たせる法)を実施し、戸口と人口を掌握した。

太宗は、このように国家全般にわたる改革を断行し、朝鮮の安定を図るための政策作りにも力を注いだ。世子時代から推進してきた一連の政治改革は一四一八年、彼が上王になるまで続き、こうした改革によって、次の世宗時代は政治的、文化的に安定、発展することができた。

太宗は上王になる前の一四一八年の六月、長男の譲寧大君《ヤンニョンデグン》を、節制もなく放蕩な生活をしているという理由で世子から廃し、三男の忠寧大君《チュンニョンデグン》(世宗)を世子に決め、二か月後に王権を譲った。彼は上王となった後も軍権に参与して「沈泟《シムジョン》、朴習《パクスプ》の獄」(当時、軍務を統括していた義興三軍府《ウィフンサングンブ》の同知総制《ドンジチョンジェ》となっていた沈泟は、たまたま軍事統率権に触れたことが太宗への不敬罪となって処刑となり、朴習は、兵曹判書の在任中、兵事を太宗に稟議せず処理したことが罪に問われ処刑された事件)を裁き、兵船二百二十七隻、将兵一万七千人余りを率いて日本の対馬島を攻略するなど、一四二二年に五十六歳で死去するまで、世宗の王権を安定させるための努力を惜しまなかった。

太宗は正妃・元敬王后《ウォンギョンワンフ》をはじめ十人の妻から十二男十七女をもうけた。彼の陵は献陵《ホンヌン》として、現在、ソウル市瑞草区内谷洞《ソチョグネゴクトン》に所在している。献陵は太宗と元敬王后の陵がともに造成された双陵だ。

三、太宗の家族たち

太宗は正妃一人と後宮九人を娶《めと》り、二十九人の子供をもうけた。正妃であった元敬王后・閔氏《ミンシ》が四男四女を、孝嬪《ヒョビン》・金氏《キムシ》が一男、信嬪《シンビン》・辛氏《シンシ》が三男七女、善嬪《ソンビン》・安氏《アンシ》が一男二女、懿嬪《ウィビン》・権氏《クォンシ》が一女、昭嬪《ソビン》・盧氏《ノシ》が一女をもうけた。また、淑儀《スグィ》・崔氏《チェシ》が一男を、徳淑翁主《トクスクオンジュ》・李氏が一男一女(翁主は王の庶女のことだが、朝鮮初期には世子嬪以外の王の側室や大君の嫁にも用いられた)、貞嬪《チョンビン》・高氏が一男、明嬪《ミョンビン》・金氏が一女をもうけた。

○元敬王后《ウォンギョンワンフ》・閔氏《ミンシ》(一三六五—一四二〇)

元敬王后・閔氏は本貫《ポングアン》が京畿道《キョンギド》驪興《ヨフン》であり、驪興府院君《ヨフンブウォングン》・閔霽《ミンジェ》の娘で、一三六五年、驪興(現・京畿道驪州《ヨジュ》)で生まれた。彼女は一三八二年(禑王《ウワン》八年)に芳遠に嫁ぎ、一三九二年、朝鮮開国後には靖寧翁主《チョンニョンオンジュ》に封じられた。

彼女は一四〇〇年二月に芳遠が世子に冊封されると、

第3代 太宗　家系図

太祖
神懿王后・韓氏
— 5男 — 第3代 太宗（芳遠、靖安大君、1367 ～ 1422）
在位期間：1400.11 ～ 1418.8、17年10か月

- 元敬王后・閔氏 — 4男4女
  - 讓寧大君
  - 孝寧大君
  - 忠寧大君（第4代 世宗）
  - 誠寧大君
  - 貞順公主
  - 慶貞公主
  - 慶安公主
  - 貞善公主
- 孝嬪・金氏 — 1男
  - 敬寧君
- 信嬪・辛氏 — 3男7女
  - 諴寧君
  - 温寧君
  - 謹寧君
  - 貞愼翁主
  - 貞静翁主
  - 淑貞翁主
  - 昭信翁主
  - 淑寧翁主
  - 淑謹翁主
  - 淑敬翁主
- 善嬪・安氏 — 1男2女
  - 益寧君
  - 昭淑翁主
  - 敬愼翁主
- 懿嬪・権氏 — 1女
  - 貞恵翁主
- 昭嬪・盧氏 — 1女
  - 淑恵翁主
- 淑儀・崔氏 — 1男
  - 熙寧君
- 徳淑翁主・李氏 — 1男1女
  - 厚寧君
  - 淑順翁主
- 貞嬪・高氏 — 1男
  - 恵寧君
- 明嬪・金氏 — 1女
  - 淑安翁主

世子嬪《セジャビン》として正嬪に封じられ、この年十一月に芳遠が朝鮮第三代王に即位すると、王妃に冊封され、正妃の称号を受けた。太宗より二歳上の閔氏は太宗の執権にさまざまな面で助力したと伝えられている。一三九八年八月、彼女は鄭道伝勢力の急襲の可能性があると判断して、太祖の病床で他の王子たちとともに宿直していた芳遠を密かに呼び出し注意を喚起した。この情報のお陰で、芳遠は先手を打って、鄭道伝一派を除去することができた。また、第一次王子の乱の十日前に、鄭道伝一派が、王子たちの率いる侍衛牌《シウィペ》(高麗末期、朝鮮初期に中央軍の基幹を成した部隊。良人、農民で編成され、別名、侍衛軍《シウィグン》という)を廃止し、彼らの軍装備を火に燃してしまった時、彼女は密かに武器を隠しておき、乱の直前に取り出して芳遠の兵士たちに与え、先手を打てるようにした。

しかし、王妃となってからは、太宗との不和が絶えなかった。不和はまず宮女問題から始まり、太宗の後宮の揀擇《カンテク》(王や王子などの配偶者の選考)問題に続いた。この問題はさらに悪化し、結局、王妃の同腹の閔無咎《ミンムグ》・無疾《ムジル》兄弟問題で不和は頂点に達した。

太宗は外戚の権力を分散させ、王権の強化を図ることを目的に、後宮を多く娶ろうとしたが、閔氏はこれに対して嫉妬と不平を露《あらわ》にし、太宗の機嫌を損ねた。またそれが彼女や閔無咎兄弟に影響を与え、太宗との仲がさらに悪化する結果を招き、さらには閔無咎兄弟が自決に追い込まれると、彼女は、太宗に対して不遜な行動をとり続け、王妃の座から追われそうな状況にまで陥った。しかし、太宗は世子と王子たちに及ぼす影響を考え、結局、廃妃にはしなかった。元敬王后・閔氏は一四二〇年、五十六歳で死去した。

閔氏は四男四女を生んだ。譲寧、孝寧《ヒョリョン》、忠寧、誠寧《ソンニョン》王子《ワンジャ》たちと貞順《チョンスン》、慶貞《キョンジョン》、慶安《キョンアン》、貞善公主《チョンソンコンジュ》たちだ。

彼女の陵は献陵で、太宗の墓と並んでいる

太宗の息子は全部で十二人で、正妃から四人、後宮から八人が生まれた。

後宮から生まれたのは、孝嬪・金氏の敬寧《キョンニョン》、信嬪・辛氏の諴寧《ハムニョン》、温寧《オンニョン》、謹寧《クンニョン》兄弟と善嬪・安氏の益寧《イクニョン》、淑儀・崔氏の熙寧《ヒリョン》、徳淑翁主・李氏の厚寧《フリョン》、貞嬪・高氏の恵寧《ヘリョン》だ。

正妃から生まれた息子は王位継承と関連した逸話を残し、後代の人たちにもよく知られているが、四男の誠寧は太宗の寵愛を受けたものの、十三歳の時に麻疹で死んだと記録されている。

○譲寧大君《ヤンニョンデグン》(一三九四—一四六二)

一三九四年(太祖三年)に生まれた譲寧は太宗・李芳遠の長男で、名前は禔《チェ》、字は厚伯《フベク》。夫人は光山《クァンサン》金氏・

金漢老《キムハルロ》の娘だ。

　譲寧は一四〇四年、王世子《ワンセジャ》に冊封されたが、自由奔放な性格のため、宮中生活に適応できなかった。彼は宮殿を頻繁に密かに抜け出し、狩猟や風流を好み、いつも太宗の怒りを買った。そして、一四一八年、とうとう世子から廃位されてしまった。彼が王世子の座を拒否するために自ら奇異な行動を取ったという話もあるが、一部野史の推論に過ぎず、事実に基づいた正確な記録ではない。

　彼は弟の忠寧(世宗)が王になった後も、監視の対象であったため、時には配流地を勝手に抜け出し、大臣たちに弾劾されもした。しかし、世宗とは非常に兄弟愛が深く、世宗は数十回にわたり上げられた弾劾の上疏を受け入れることは、決してしなかった。彼は天命を全うし、一四六二年、六十八歳で死去した。彼の墓は現在、ソウル市瑞草区方背洞《パンベドン》の西宗廟《ソジョンミョ》にある。

〇孝寧大君《ヒョリョンデグン》(一三九六―一四八六)

　孝寧は一三九六年(太祖五年)、太宗の次男として生まれた。名は補《ポ》、字は善叔《ソンスク》だ。夫人は議政府左賛成《チャチャンソン》・鄭易《チョンヨク》の娘で薬城府夫人《イェソンブプイン》だ。彼女との間に六男一女を、後宮から一男一女をもうけた。

　孝寧は譲寧が世子から廃位されたとの知らせを聞くと、一時、自分が世子の座に就くと考えたが、弟の忠寧が世子に冊封されると、頭を丸めて僧侶となった。彼は一四〇七年(太宗七年)に孝寧君に封じられ、一四一二年には、孝寧大君《ヒョリョンデグン》に封じられた。出家した後は仏道に専念し、一四三五年(世宗十七年)には檜巌寺《フェアムサ》重修を建議し、円覚寺《ウォンガクサ》造成都監都提調として活動した。一四六五年(世祖《セジョ》十一年)には『般若波羅密多心経』『円覚経』をハングルに翻訳したこともある。

　彼は柔和な性格で権力に関心がなく、親孝行で愛情に富んでいたと伝えられ、世宗、文宗《ムンジョン》、端宗《タンジョン》、世祖、睿宗《イェジョン》、成宗《ソンジョン》の六王を経て、九十歳まで生きた。彼はこの期間、六王の縁故尊親として多大なる尊敬と待遇を受け、仏教を尊崇し、禅家に籍を置き、多くの仏事を主管したため、儒生たちからは厳しく非難された。しかし、彼は王の保護の下、仏教の発展に絶えず寄与した。

　彼の墓は譲寧大君の墓とともにソウル市瑞草区方背洞の西宗廟にある。

四、太宗時代の五大事件

閔無咎兄弟の獄

一四〇七年七月に起こったこの事件は、一四〇六年八月に太宗が世子・譲寧に禅位(王の生前にその子弟に王位を譲ること、内禅)する意思を表明するとともに芽生えはじめた。太宗は在位十八年の間、四回の禅位騒ぎを起こしたが、第一次禅位騒ぎは閔無咎兄弟の獄を起こす直接的な原因となった。太宗が禅位を表明すると、王妃・閔氏の兄弟である閔無咎、閔無疾は幼い世子の隙を狙って執権を画策しようとしたとの嫌疑を受けた。

しかし、本当の原因は太宗と元敬王后との不和だった。元敬王后・閔氏は太宗執権以前には夫の王位即位に大きな役割を果たしたものの、太宗が王位に就いた後は、後宮たちに対して極度の嫉妬心を抱き、太宗との不和が絶えなかった。これに、外戚勢力として成長した父・閔霽《ミンジェ》と閔無咎兄弟は不満を抱くようになる。太宗が禅位する意思を明らかにすると、世子の譲寧を訪ねて、こうした不満を吐露した。これが禍根となって、獄事が発生することになったのだ。

事件が起きてから二、三日のうちに、太宗は閔無咎を延安《ヨンアン》に放置し、十九日後には功臣禄権を奪い、四か月後に職牒《チクチョプ》(官吏任用辞令)を取り消し、庶人に転落させ、驪興に配流とした。

太宗は獄事が起こってから二か月で閔無咎兄弟の罪科を定める発言をしたが、正妃・閔氏と舅・閔霽、姑・宋氏《ソンシ》の体面を考えて、できるだけ命だけは助けるつもりだった。しかし、閔無咎兄弟は配流中にも大臣たちに論劾を加えるなどの行動を取ったため、結局、一四一〇年、自決を命じられた。閔無咎、無疾兄弟が死んだ後、彼らの弟たちが兄たちの悔しさを訴えると、太宗は、訴えた閔無恤《ミンムヒュル》、無悔《ムフェ》兄弟にも賜薬を下し、彼らの妻子たちも辺境に追放して、閔氏一家の獄事は終結した。

六曹直啓制の断行

太宗は世子時代から王権強化策の一環として六曹直啓制《ユクチョチクケジェ》を強力に推進してきたが、議政府を設置したことによって定着しはじめたこの措置は、一四一四年(太

その形から「亀船」と名づけられた亀甲船。壬辰倭乱で李舜臣が初めて実戦で用いた。〔戦争記念館 所蔵〕

宗十四年）には完成した。これと関連して、太宗は一四〇五年、議政府の機能を縮小し、吏曹《イジョ》、戸曹《ホジョ》、礼曹《イエジョ》、兵曹《ピョンジョ》、刑曹《ヒョンジョ》、工曹《コンジョ》からなる六曹長官たちを正三品から正二品の判書《パンソ》に高めた。これにより、田穀と軍器を管轄していた司平府《サピョンブ》と承枢府《スンチュブ》を廃止し、この事務を戸曹と兵曹に移管し、左右政承《チャウジョンスン》が掌握していた文武官の人事権を吏曹と兵曹に移管した。

また同年、代言司《テオンサ》（承政院《スンジョンウォン》の別称）の機能を強化して同副代言《トンブテオン》（同副承旨《トンブスンジ》）を追加し、六代言（六人の承旨のこと）でもって六曹の事務を分けて担当するようにした。また、六曹の各曹にそれぞれ三つの属司を設置し、それまで存続していた独立官衙の中から議政府、司憲府《サホンブ》、司諫院《サガヌオン》、承政院、漢城府《ハンソンブ》などを除いた九十余りの官衙をその機能により六曹に分けて所属させた。

一四一四年、太宗はついに六曹直啓制を断行する。それにより、この時まで「王―議政府―六曹」体制だった国政が、「王―六曹」体制に転換し、王権と中央集権が大きく強化され、王朝の安定を成すことになった。

亀甲船開発

亀甲船に関する記録が文献上で現れるのは『太宗実録《テジョンシルロク》』からだ。

『太宗実録』の太宗十三年に「王が臨津江《イムジンガン》(咸鏡南道《ハムギョンナムド》)の渡し場を過ぎたところで、亀甲船と倭船に仕立てた船とが海戦練習をする様子を見た」という記録がある。また、太宗十五年には、左代言・卓慎《タクシン》の「亀甲船の戦法は、多くの敵と衝突しても、敵から害を被ることがないため、決勝の良策だと言えるし、幾重にも堅固で精巧に作られているため、戦勝の道具として備えなければならない」という内容の上疏が記録されている。

こうした記録から見て、亀甲船は倭寇撃退のための突撃船として特殊製作された装甲船の一種と思われる。そのため、亀甲船は倭寇の侵入が頻繁だった高麗末期に考案された可能性が高い。太宗の時代に、この亀甲船の製造の痕跡があるのは倭寇との水戦に備えたか、あるいは対馬島征伐のような倭寇討伐作戦を実行する準備策だったのだろう。

申聞鼓の設置

申聞鼓は市政を調べ、民衆が訴えを起こす際に自由に請願できるようにした制度だった。太宗は勲臣と宰相が中心となった政治を改め、民衆の安定した生活を通じて、国の安定と国王を中心とした政治を実現しようとした。申聞鼓は太宗のこうした政治思想の一環として施行された制度であり、一四〇一年八月、宋《そう》の登聞鼓を見習って設置された。

漢陽に再び遷都

建国当初、朝鮮朝廷は三回にわたって首都を移した。一三九四年(太祖三年)に開京の気運がすでに尽きたという理由で漢陽に遷都したが、一三九九年、定宗は漢陽から再び王宮を開京に戻した。理由はまず、漢陽の施設がまだ十分でないため、開京を懐かしむ臣民たちの想いが強いということ、第二には第一次王子の乱で王室の大きな不祥事である骨肉の争いが起こったことだった。しかし、開京に移した後に、またもや第二次王子の乱が起こると、定宗は世子・芳遠に王権を譲った。太宗は王位に就くや、太祖の意思を継いで、再び漢陽に遷都しようとしたが、臣下たちの間で意見が分かれ、実行できなかった。しかし、一四〇四年(太宗四年)九月に景福宮《キョンボックン》が竣工すると、漢陽遷都を断行した。以後、漢陽は五百年の間、朝鮮の文化と政治の中心地となった。

太宗の時代には、これ以外にも戸口法を制定して号牌法を実施し、戸布税《ホポセ》(財政確保のための税制の一つで、綿や麻などを戸ごとに半匹ないし二匹徴収していた)を廃止した。また、病人の治療のために、初めて若い女性

「医女《ウィニョ》」を選抜して、医師として養成し、婦人病の治療に当たらせた。さらに、十学を設置し、四部学堂《サブハクタン》(朝鮮時代、漢陽の東、西、中、南部に設置された学校。四学《サハク》ともいう)を建立した。そして、『東国史略《トングクサリャク》』を編纂し、『高麗史《コリョサ》』を改修した。

五、抑仏政策と仏教の衰退

朝鮮王朝の建国勢力である新進士大夫《シンジンサデブ》たちは、高麗時代末期に伝わった朱子学を中心に集まって、宇宙の根本原理と人間の心の問題を主に扱う性理学を信奉していた。性理学の土台となった孔子の学問が徹底して現実主義的傾向を帯びていたため、性理学もやはりそうした現実主義を志向するほかなかった。しかも、性理学は宇宙の原理と心の問題を学問の中に取り入れようとしていたため、以前の儒学に比べてはるかに教条的にならざるを得なかった。こうした性理学の発達は極めて宗教的であり、非現実的傾向の強い仏教を脅かしていた。

特に、新進士大夫たちは高麗末期の腐敗状況が仏教と密接に関係していると主張し、社会全般に広く流布されている仏教的な要素を取り除くよう主張した。そして、ついに、易姓革命を通して高麗を滅亡させた新進士大夫たちは仏教に対して強力な圧力を加えた。寺刹所有地を奪い、出家した両班《ヤンバン》の子弟たちを還俗させ、寺刹と僧侶の数を厳しく規制した。

こうした仏教弾圧政策は開国初期に、鄭道伝などにより強く提起されたが、太祖の李成桂《イソンゲ》が仏教を信奉していたため限界があった。太祖は、新進士大夫たちの意見に同意して、仏教による弊習を是正する考えを持ってはいたものの、教団を抑制して僧侶たちを排除することはなかった。そして、定宗も父王と同じく仏教に対して好意的な立場を見せた。しかし、太宗が即位するとともに、状況は変わった。

太宗は一四〇〇年十一月に即位するやいなや、すぐに宦官たちの仏心のために設けられていた宮中の仁王像を宮殿の外に移すように命じ、その翌月には道場《トリャン》、法席(法会)などの仏教行事を中止させた。

一四〇一年一月には、大臣たちが、仏教教団の五教両宗を廃止して寺に属した土地や奴婢を国家が没収するように上疏した。これに対して太宗は大臣たちの排仏意見には賛成するとの意思を示したものの、当時、太上王として隠居していた李成桂が仏事を好んでいるため、急ぐわけにはいかないと回答した。これはすなわち、李成桂の死後に仏教に対する大々的な弾圧があることを予告する言葉でもあった。

一四〇二年四月、太宗は、書雲観《ソウングァン》(天文・地理・気候観測などを司った官衙)から仏教廃止論が上疏されると、これを受け入れ、寺刹の土地を軍に属させた。この知らせを聞いた太上王・李成桂は激怒し、寺刹の土地を返還させ、僧侶たちを抑圧せず、婦女子たちが寺に行くことを禁止しないように強く要請した。このため、太宗は仕方なく仏教に対する弾圧を一時的に撤回した。

しかし、大臣たちはこれを守らなかった。一四〇三年六月、司憲府の官吏たちが寺刹に属した土地を没収することを強く建議すると、太宗はこれを受け入れた。このため、太宗と李成桂の関係は極度に悪化した。さらに一四〇四年十二月には司諫院の建議を受けて、婦女子が寺に行くことを禁止する命令を下した。そして、一四〇五年八月には閉鎖された寺刹の田畑と奴婢を国家の公用に帰属させるようにし、十一月にはとうとう全国のすべての寺刹の土地と奴婢を没収した。

こうなると、仏教は存廃の危機に直面し、一四〇六年二月、こうした不安に包まれた僧侶数百人が宮殿の門前に備えられた申聞鼓を叩いて、仏教に対する弾圧を中止するよう求めた。曹渓宗《チョゲジョン》の僧侶・省敏《ソンミン》をはじめとする僧侶は、寺の数を減らして土地と奴婢を没収した朝廷の措置を撤回するように要求したが、太宗は彼らの要請を聞き入れなかった。

むしろ、太宗は弾圧をさらに強化し、仏教教団内に残る寺刹と僧侶、奴婢、田畑などの数量を制限し、宗団まで縮小させてしまった。一四〇六年三月、議政府の要求があると、太宗は、漢陽と開城には各宗団ごとに社寺一か所と限定し、地方の牧と府には禅宗系統と教宗系統の各一寺、郡、県には禅宗、教宗どちらか一寺のみを残して、残りの寺刹はすべて撤廃させた。

この時、残った寺のうち、開京と漢陽では禅宗か教宗の寺一か所に、田畑と土地二百結と奴婢百人、僧侶百人を居残らせ、残りの九か所の寺には田畑百結と奴婢五十人、僧侶五十人のみが生活できるようにした。また、各道の中心地には禅宗か教宗の寺一か所に田畑百結と奴婢五十人、僧侶五十人を残し、各村の寺には田畑六十結と奴婢三十人、僧侶三十人を残した。

この結果、曹渓宗と摠持宗《チョンジジョン》は合わせて七十寺、天台疎字宗《チョンデソジャジョン》と法事宗《ポプサジョン》は合計四十三寺、華厳宗《ファオムジョン》と道門宗《トムンジョン》は合計四十三寺、慈恩宗《チャウンジョン》は三十六寺、中道宗《チュンドジョン》と神印宗《シニンジョン》は合計三十寺、南山宗《ナムサンジョン》と始興宗《シフンジョン》はそれぞれ十寺ずつ残された。こうして朝鮮全域で合計二百四十二寺が残った。

また、この時、官衙により没収された奴婢は八万人で、没収された田畑は六万結ほどだった。

しかし、太宗はこれで終わらせようとは思わなかった。しばらくして、十一宗だった宗団まで統廃合して、曹渓宗、天台疎字宗、華厳宗、慈恩宗、中道宗、摠南宗《チョンナムジョン》(南山宗と摠持宗が統合された宗派)、始興宗の七宗だけとした。

このように太宗時代に強力に実施された抑仏政策は世宗時代以後もさらに強まった。世宗は太宗の政策を引き継ぎ、抑仏政策をさらに強化し、残った七宗団を禅宗と教宗の両宗に整理した後、寺刹も三十六本山に限定した。また、寺刹の一万一千結の土地から約三千結をさらに没収して、奴婢の数も大幅に減らした。その後、成宗、燕山君《ヨンサングン》、中宗《チュンジョン》などは仏教の中央機関も廃止し、高麗以後、引き続き実施されていた僧科《スンクァ》(僧侶を対象に行っていた科挙)、僧階も廃止してしまった。

六、貨幣改革と民衆の抵抗

太宗は、開国当初の混乱が収拾されると、中央集権的な支配体制を確立するために政治、経済、社会、文化の全般にかけて大々的な制度改革を実施した。その過程で貨幣制度の改革を断行することになるが、それに伴う不協和音は大変なものだった。

開国当時、朝鮮は主に米や布地など物品貨幣制度を中心にした流通秩序を維持していた。太宗は、こうした物品貨幣による流通体制では活発な商取引が困難だと判断し、名目貨幣制度を導入しようとした。

高麗社会においてもこうした貨幣制度を定着させようとする試みはあった。高麗時代の成宗(第六代王)が九九六年に「乾元重宝《コヌォンジュンボ》」という鉄銭を鋳造して流通させたのをはじめ、一一〇二年(高麗第一五代王・粛宗《スクチョン》七年)に作った「海東通宝《ヘドントンボ》」など、各種の銅銭と銀銭、楮貨《チョファ》(楮《こうぞ》の皮で作った紙幣)を普及させた。しかし、高麗は結局こうした貨幣制度を定着させることはできなかった。そのため、朝鮮開国当時は、最も信頼性の高い物品貨幣が商取引の手段として使われていた。

こうした物品貨幣の盛行は、朝廷が中央集権的な支配体制を確立するために必要な財政調達を非常に難しくした。貨幣の代用として使われる米や布地は量的に限られていただけでなく、交換して保存、保管することが大変困難だった。また、物品貨幣が引き続き流通する場合、経済権が民衆に握られるため、統治権の中央集中化の妨げにもなった。

貨幣制度を改善するための論議は太祖時代の初期から始められた。一三九四年七月、戸曹判書・李敏道《イミンド》が銭幣制(鋳造した貨幣を通用させる制度)実施を建議したが、太祖は社会的な条件がまだ備わっていないという理由で受け入れなかった。この当時、朝臣たちは銭幣制の必要性を認識していたものの、まだ社会体制がまともに整備されていない状態で貨幣改革を断行する場合、ややもすればひどい混乱を引き起こすと判断した。そのため、貨幣改革に対する論議は太宗時代まで保留された。

太宗元年、一四〇一年四月、左議政・河崙は楮貨制度の実施と、その業務を担当する官庁の設置を建議した。太宗はこれを受け入れ、ここで、朝鮮開国以来、初めて名目貨幣制度が導入された。

この時、鉄銭でない楮貨を導入することにしたのは、開国一年前の一三九一年(高麗・恭譲王《コンヤンワン》三年)に楮貨流通政策を準備し、施行することを決定していたためだ。ところが、朝鮮の開国で、この時の決定は実現されないままだった。

楮貨の導入を論議する過程で一部の大臣たちは紙幣の代わりに布で作った法貨を使うことを主張したりもした。しかし、太宗はそれも物品貨幣の一種と考え、紙で作った法貨である楮貨の方に決めたのだ。


こうして楮貨を担当する官庁として一四〇一年四月、司贍署《サツムソ》が設置され、朝鮮開国以来、初めての法貨が作られた。当時、作られた楮貨は「建文年間所造楮貨《コンムンヨンガンソジョチョファ》」という名称を付け、楮注紙で作られたものと、楮常紙で作られたものとがあったという記録が残っている。楮注紙で作られたものは長さが一尺六寸(約四十八センチメートル)、幅が一尺四寸(約四十二センチメートル)で、楮常紙で作られたものは長さが一尺一寸(約三十三センチメートル)、幅が一尺(約三十センチメートル)だったというから、相当に大きなものだったようだ。

この楮貨の価値は米二升か布一疋(反)ほどだった。ところが、民衆は楮貨を使わなかった。というのも、その価値を信頼していなかったためで、禁止されていたにもかかわらず、相変わらず物品貨幣を使った。こうなると、朝廷でも仕方なく楮貨とともに布貨を許すことになった。そして、布貨の使用が拡大するにつれて、楮貨は次第に消えていった。

このため、朝廷は一四〇三年九月、楮貨を印刷発行していた司贍署を廃止し、公式に楮貨制度を中断した。これで朝鮮は楮貨制実施二年五か月で物品貨幣流通体制に戻ってしまった。

しかし、太宗は貨幣制度に対して引き続き執念を燃やした。一四一〇年、議政府が再び楮貨制の実施を建議すると、太宗は一四〇三年に楮貨制を中断したのは間違いだったと指摘するとともに、司贍署を復活させ、楮貨を発行することにした。復活した楮貨は「建文年間所造楮貨」という元の名称に「永楽《ヨンナク》」という年号だけを入れた。

復活した楮貨の価値は一枚当たり米一升、三十枚当たり木綿一疋に定めた。そして布貨の使用は一切禁じた。しかし、民衆は相変わらず楮貨の使用をいやがり、そのため、商取引を忌み嫌う現象が現れ、流通業界が極度に低迷する結果を生んだ。これに対して朝廷は再び楮貨以外に雑穀などを米穀売買に利用できるようにした。しかし、楮貨の使用は相変わらず芳しくないため、一四一五年四月に、禁止していた布貨の使用も認めた。

しかし、布貨を使うためには布帛税を納めなければならないとの条件が付いた。布帛(綿と絹)を貨幣として通用させるためには国の検閲を経なければならないが、その検閲費用を取り立てたのだ。その額は布帛の三十分の一だった。それにもかかわらず民衆は布貨を使い、そのため、楮貨の価値は再び暴落してしまった。

こうなると、朝廷の一角からは、銅銭を鋳造して流通させるべきだという主張が台頭した。布帛税を徴収する過程で、楮貨一枚未満の金額を処理するのが不便だったため、銅銭を製造して税金徴収の便宜を図ろうというものだった。また、一般商品の少額取引にも活用できるとの意見もあった。

銅銭流通の主張は結局、戸曹で採択され、戸曹から建議されると、太宗は、唐《とう》の「開元通宝《かいげんつうほう》」のシステムと品質に倣って「朝鮮通宝《チョソントンボ》」を鋳造するようにした。ところが、朝鮮通宝の鋳造事業に着手しようとした時、司諫院から銅銭の流通は楮貨の流通を阻害するという意見が出された。このため結局、この計画は実施されなかった。実際、銅銭が流通するという噂が広がると、市中では楮貨では穀物を買えない状況になってしまった。

銅銭の流通計画が取り消されると、再び楮貨政策が強化された。しかし、流通市場では布貨だけが使われ、楮貨は避けられていた。それに凶作が続くと、朝廷はそれを理由に、当分の間、楮貨の使用を中止するという布告を出した。この時から流通市場では、布貨をはじめとする物品貨幣が専ら使われ、楮貨は完全に姿を消すことになった。

こうして、太宗が強い意志でもって推進していた楮貨政策は完全なる失敗に終わった。しかし、こうした経験に基づいて朝鮮朝廷は、世宗時代に至って銅銭の朝鮮通宝を発行し、法貨として定着させることになる。

七、『太宗実録』編纂経緯

『太宗実録』は三十六巻十六冊からなり、一四〇一年一月から一四一八年八月まで十七年八か月の間に起こった歴史的事実を年代順の編年体で記述している。元の名前は『太宗恭定大王実録《テジョンコンジョンデワンシルロク》』で、他の実録と同じく、現在、韓国の国宝百五十一号に指定されている。当時編纂されたものの中で現存するのは全州史庫本《チョンジュサゴ》だけだ。

『太宗実録』は一四二二年(世宗四年)、太宗が死ぬと、その翌年十二月、卞季良《ピョンゲリャン》、尹淮《ユンフェ》の建議で、『恭靖王実録』とともに編纂作業に入った。この編纂作業は一四二三年三月に始まり、一四三一年に完成するまでに九年間を費した。

実録編纂は卞季良、尹淮、申檣《シンジャン》などの責任下に成されたが、東部の徳興寺《トクンサ》が作業場だった。作業が宮殿の中ではなく、宮殿の外の徳興寺で行われたのは、監修官《カムスグアン》・卞季良が病弱ゆえ、毎日のように春秋館《チュンチュグアン》に出勤できなかったためだ。

『太宗実録』の完成までには、『恭靖王実録』が編纂されてからさらに五年もの年月を要した。そして、編纂の途中、一四三〇年四月、卞季良が死ぬと、編纂作業場を議政府に移し、左議政・黄喜《ファンヒ》と右議政・孟思誠《メンサソン》が尹淮、申檣などとともに編纂を任され、翌年の一四三一年三月に完成した。

しかし、この後、卞季良が書いた献陵の碑文の中の、王子の乱に関する記録が事実と違うという意見が出ると、世宗は碑文と、この事件が記録されていた『太祖実録』『恭靖王実録』なども改修するように指示した。実録改修作業は一四四二年、申槩《シンゲ》の監修下で、権踶《クオンジェ》、安止《アンジ》などの春秋館官僚と集賢殿《チピョンジョン》博士・南秀文《ナムスムン》などが主管した。

『太宗実録』は一四〇一年一月から記録されているが、これは、太宗が即位した一四〇〇年十一月からその年末までは『恭靖王実録』に収録されたためだ。

第四代　世宗実録

一、廃位された譲寧と、世子に冊封された忠寧

太宗《テジョン》は即位期間中、四回にわたり、禅位騒ぎを起こした。最初の禅位騒ぎは一四〇六年で、この時、譲寧《ヤンニョン》の年はわずか十二歳だった。幼い譲寧に太宗が禅位すると表明したのは、表向きには健康上の問題のためだった。しかし、実は、閔無咎《ミンムグ》兄弟を排除するための布石だった。閔無咎兄弟が幼い譲寧を取り込み、執権を図ろうとしたとの理由で弾劾されると、所期の目的を達成したと判断し、密かに禅位問題を撤回したのも、太宗の本音をよく表した出来事だと言える。

その後も、太宗の禅位表明は三回続けられた。太宗が四十歳にもならない年で続けて禅位表明をしたのは、元敬王后・閔氏と閔無咎兄弟に代表される外威勢力の力を弱め、同時に臣下の忠誠心を試すためだった。建前は体が衰え、健康に問題があるためだとしたが、実際は閔無咎兄弟の権力拡大を牽制し、国家の安定を図るという意図的な計画から始まったようだ。太宗自身が前もって上王に退き、王が成長するまで王を補佐し、王が政事を処理する能力ができれば権力の最後の砦である軍政の安定に力を入れるという考えからだった。もう一方で、太宗のこうした計画は自分の急な死に備える側面もあった。自分が急死した場合でも、王権をめぐる争いが起こらないようにするという意図だっただろう。このように太宗は早くから王権安定に対する強い意志を示していたが、禅位問題は簡単なことではなかった。太宗は内心、世子《セジャ》を交代しようと思っていたのかもしれない。これには、根本的に太宗が譲寧を信頼していなかったという理由もあったが、譲寧の王位継承が、ややもすれば外戚の跋扈《ばっこ》につながるかもしれないという不安が、より大きく働いたためだ。

譲寧は幼い時に母方の実家で育ったため、外叔《ウェスク》(母の男兄弟)たちと非常に親しかった。そのため、譲寧が世子となった後の閔無咎兄弟のおごり高ぶった態度には、目に余る点が多くあった。そうしたところへ、彼らが世子の安全のため、孝寧や忠寧といった他の王子を殺すかもしれないという話が、太宗の耳に入ってきた。そして大臣たちまで閔氏兄弟に傾いていった。太宗の禅位騒ぎは、そうした閔氏兄弟と世子を引き離すための手段だったのだ。しかし、譲寧は太宗の懸念にまったく気づかなかった。しかも譲寧は帝王学の授業には関心がなく、突

拍子もない振る舞いを続け、太宗は世子に対し懐疑心を抱きはじめた。

太宗の譲寧に対する不信感は、あげくの果てに世子を廃するという極端な措置に表れた。一四一八年に起こったこの廃世子《ペセジャ》事件が四回目の禅位騒ぎで、この時、黄喜《ファンヒ》など朝廷の大臣たちのうち一部は廃世子に反対し、配流されることにもなった。譲寧が一四〇四年に王世子《ワンセジャ》に冊封されて、十四年目で廃位されたのは専ら太宗の意思によるものだった。太宗は自分が苦労して成し遂げた政治的業績と安定した王権を、譲寧はきちんと受け継ぐことはできないと判断したのだ。

この頃譲寧は、宮殿を密かに抜け出て風流な生活を楽しんでいた。厳格な宮中生活にはうまく適応できなかったのだ。これに対して、太宗は数回にわたって彼に厳しい罰を下し、君王が身につけねばならない徳行を積むように言い聞かせたが、譲寧は太宗の要求に応じなかった。太宗の心が譲寧から離れたのを看破した臣下たちから世子を廃すべきであるという意見が出て、一四一八年六月、領議政《ヨンイジョン》・柳廷顕《ユジョンヒョン》などの請願で譲寧は世子の位から廃された。そして、王世子の地位には三男・忠寧《チュンニョン》が就いた。彼が、朝鮮第四代王の世宗《セジョン》だ。

譲寧の廃世子事件と関連して、野史には実録とは異なる話が伝えられている。譲寧は太宗の心が忠寧にあると知って、わざと王世子として相応しくない行動を取り、太宗の怒りを買って出たというのだ。また一説には、譲寧が、父王・太宗と母后が忠寧に世子の地位を譲る方法を模索しているとの話を盗み聞きし、その時以来、狂人のように振る舞ったとも伝わるが、これらは野史の推論に過ぎず、事実とはかけ離れた話だ。

いずれにしても、譲寧は自分の師匠が初めて教えに来た日、その前で犬が吠える真似をしたかと思うと、勉強の時間にも東宮の庭に鳥のわなを仕掛けて、鳥捕りにばかり熱中し、また、朝廷の祝賀式に参加するのを嫌がって仮病を使ったこともあると言う。この他にも、譲寧の狂態は日増しにひどくなり、あげくの果てに、宮殿を脱け出して妓生の所に行くかと思えば、人の妾を横取りしたりもしたと言われる。

このように譲寧はそもそも帝王になる資質がない人物であり、太宗はそれを早々に見抜いていたが、どうしても廃すことができずにいた。それが、世子の蛮行が極みに達し、結局彼を世子の座から引き下ろすにいたったのである。

二、世宗の王道政治と朝鮮の栄華

生年一三九七—没年一四五〇
在位期間一四一八年八月—五〇年二月、三十一年六か月

一四一八年六月、太宗の三男・忠寧は廃位された譲寧の代わりに王世子に冊封され、二か月後の八月に太宗の譲位を受けて即位した。

太宗は「忠寧は天性が聡敏で、また学問に熱心で、政治を行う方法などもよく知っている」と言い、世子に冊封した。このように太宗は忠寧の学問と能力を高く評価していたために、一部の重臣たちの反対にもかかわらず忠寧に王位を譲った。

太宗の後を継いだ世宗は朝鮮の歴史上、最も優れた儒教政治と輝かしい民族文化を開花させたばかりか、後代の模範となる聖君として記録されることになる。

世宗時代は太宗が成し遂げた王権の安定を基に政治、経済、文化、社会全般にわたって、その基礎を確立した時期だった。集賢殿《チピョンジョン》を通じて多くの人材を輩出し、儒教政治の基盤となる儀礼制度が整備され、多様で膨大な編纂作業が成し遂げられ、これらが文化発展の原動力となった。また、「訓民正音《フンミンジョンウム》」（世宗が一四四七年に頒布した二十八字から成るハングル文字の名称）の普及、農業と科学技術の発展、医薬技術と音楽および法制の整理、公法の制定、国土の拡張など、あらゆる分野にわたって民族国家の基を確固たるものとした。

世宗の執権初期には太宗を上王としていたため、政治はなお太宗の影響下にあった。一四二二年、太宗が死去した後は、世宗は驚くべき政治力を見せはじめた。世宗時代には開国功臣《ケグクコンシン》勢力がほとんどいなくなり、そのため、科挙を通じて政界に進出した儒学者と儒学的素養を身につけた国王とが手を組み、王道政治を夢見ることができた。

世宗時代の権力構造、政治的様相は一四三七年（世宗十九年）を境に二つの時期に分けられる。世宗はこの時期を前後して国家機構の中心だった六曹直啓制《ユクチョチクケジェ》を議政府署事制《ウィジョンブソサジェ》（議政府の三議政が六曹からの報告を共同議決し、王に上げた制度）に変革し、王に集中していた国事を議政府に移す一方、世子に庶務を裁決させるようにするなど、以前に比べ、さらに柔軟な政治を展開した。また、言官《オングァン》（司憲府《サホンブ》、司諫院《サガヌォン》の官吏を指す語で、彼らには王に諫言することで、政事を正す責任が課せられていた。諫官《カングァン》、諫臣《カンシン》とも言う）の言論に対する王の態度も、以前に比べてはるかにやさしく、彼らに対する弾圧や懲

戒は、ほとんどなくなった。

このような政治的雰囲気は儒教政治の進展によるものだった。集賢殿を通じて輩出した多くの儒学者たちによる儒教的制度の整理が可能となり、編纂作業が活気を帯びはじめると、儒教政治の基盤が安定した。そして、強力な王権中心の政治形態である六曹直啓制から議政府署事制に移行できたのだ。こうした政治体制の変化は一方では世宗の健康問題とも密接な関係があった。世宗は若い時から糖尿病を患っており、政務が重い六曹直啓制は耐えられなかったという。

世宗は後半期に入って健康がかなり悪化したが、議政府署事制が定着したのに助けられて、むしろ王権と臣権が調和した儒教的な王道政治を導いた。これは、黄喜をはじめ孟思誠《メンサソン》、崔潤徳《チェユンドク》、申槩《シンゲ》など議政府の大臣たちの慎重で緻密な補佐と、忠実な官僚たちによる堅固な政治基盤や言官たちの理想的な儒教政治を実現しようとする努力のお陰だった。

世宗時代のこうした業績は集賢殿の効率的な運営によるものでもあった。集賢殿は、すでに高麗時代に設置された機関で、第二代・定宗《チョンジョン》時代にも設置されたことがあるが、世宗時代の初めに至って機能が大幅に拡大された。

一四二〇年（世宗二年）三月、拡大、改編された集賢殿は単なる学問的作業だけでなく、人材の養成と新文化の定着にも重点を置いた。

世宗は明《みん》との事大関係を円満に遂行するために必要な人材の養成と学問の振興、そして、これを持続させるための政策的な配慮を惜しまなかった。これによって集賢殿には若く有望な学者たちが採用され、彼らにはさまざまな特典が与えられた。学問に専念できるように生活費を支援したり、集賢殿に所属する官員は経筵官《キョンヨングァン》（御前での経書の講論に参加する官員）、書筵官《ソヨングァン》（王世子への講書に参加する官員）、試官《シグァン》、史官《サグァン》などの役職を兼務させ、中国の昔の制度を研究させたり、各種の編纂作業に動員したりした。世宗は、彼らの官員の中で学術にだけ携わることを望む者は他の官職に移さず、集賢殿だけに十年、または二十年続けて勤められるようにもした。

集賢殿の人材たちは、主に書籍の編纂作業や訓民正音への翻訳作業に投入された。そうして民間で使われていた古語と外国の言語を研究して訓民正音の大衆化に尽力し、『農事直説《ノンサチクソル》』をはじめ、実用、歴史、法律、地理、文学、儒教、語学など多くの分野で画期的な成果を挙げることができた。

こうした学問的な成果は科学技術にも影響を及ぼした。天文学を専門的に研究する書雲観《ソウングァン》が設置され、渾天儀《ホンチョニ》という天体観測機械を作り、日時計である仰釜日晷《アンブイルグ》、水時計である自撃漏《チャギョンヌ》と玉漏《オンヌ》、世界最初の降水量計測器である測雨器などを作り、民衆の生活に直接的に役立つようにした。

しかし世宗は、こうした学問的な作業だけを重視したわけではなかった。

国土の開拓と拡張を通じて、国力を伸長させることもまた、世宗が心血を注いだ政策の一つだった。金宗瑞《キムジョンソ》を派遣して豆満江《トゥマンガン》方面に六鎮《ユクチン》を開拓し、鴨緑江《アムノッカン》方面には四郡(閭延《ヨヨン》、慈城《チャソン》、茂昌《ムチャン》、虞芮《ウイエ》)を設置し、豆満江と鴨緑江より南を朝鮮の領土として編入する大業を成し遂げた。こうした業績を挙げることができたのは、世宗が文治に偏らずに、軍事訓練、火器の開発、城の修築、兵船の改良、兵書の刊行など国防策も怠らなかったためだ。

この他にも、世宗は朴堧《パクヨン》を登用して雅楽を整理させ、金属貨幣の「朝鮮通宝《チョソントンボ》」を鋳造した。また、諺文庁《オンムンチョン》(正音庁)を中心に仏書の翻訳作業を繰り広げる一方、檀君《タングン》祀堂を建てて祭るようにし、新羅《シルラ》、高句麗《コグリョ》、百済《ペクチェ》の始祖廟をその祀典(祭祀の礼典)に載せて、祭らせた。

世宗代でこうした輝かしい遺産と業績を残すことができたのは、世宗を賢く補佐した臣下や学者たちの努力も見過ごすことができないが、何よりも世宗が彼らの補佐を受け入れるだけの人格と能力を備えていたためだった。儒教と儒教政治に対する深い素養、多様で深みのある学識と探究力、歴史と文化に対する洞察力と判断力、中国文化に傾倒しない自主性と独創性、意志を貫徹させる推進力と信念、民衆と臣下、そして自らに対する人間愛など、世宗のずば抜けた人格があったからこそ、政治的、社会的、文化的、学問的業績を成し遂げることができたのだ。

天賦の才能と優れた人格、そして深い徳を基に朝鮮王朝の歴史的、文化的、政治的基礎を固めた世宗は一四五〇年二月、五十三歳で世を去った。

世宗は正妃である昭憲王后《ソホンワンフ》・沈氏《シムシ》をはじめ六人の夫人を娶《めと》った。陵は英陵《ヨンヌン》で、京畿道驪州郡《キョンギドヨジュグン》にある。

三、世宗の家族たち

世宗は六人の夫人から二十二人の子供を得た。彼らのうち、正妃・昭憲王后が八男二女、令嬪《ヨンビン》・姜氏《カンシ》から一男、慎嬪《シンビン》・金氏《キムシ》から六男、恵嬪《ヘビン》・楊氏《ヤンシ》から三男、淑媛《スグォン》・李氏《イシ》から一女、尚寝《サンチム》・宋氏《ソンシ》から一女を得た。

第4代　世宗　家系図

- 太宗
- 元敬王后・閔氏
  - 3男 → 第４代 世宗（忠寧大君、1397 ～ 1450）
    在位期間：1418.8 ～ 1450.2、31 年 6 か月

第４代 世宗

- 昭憲王后・沈氏 — 8 男 2 女
  - 世子・珦（第 5 代　文宗）
  - 首陽大君（第 7 代　世祖）
  - 安平大君
  - 臨瀛大君
  - 広平大君
  - 錦城大君
  - 平原大君
  - 永膺大君
  - 貞昭公主
  - 貞懿公主
- 令嬪・姜氏 — 1 男
  - 和義君
- 慎嬪・金氏 — 6 男
  - 桂陽君
  - 義昌君
  - 密城君
  - 翼峴君
  - 寧海君
  - 潭陽君
- 恵嬪・楊氏 — 3 男
  - 漢南君
  - 寿春君
  - 永豊君
- 淑媛・李氏 — 1 女
  - 貞安翁主
- 尚寝・宋氏 — 1 女
  - 貞顕翁主

○昭憲王后《ソホンワンフ》・沈氏《シムシ》（一三九五―一四四六）

世宗の正妃・昭憲王后・沈氏の本貫《ポングアン》は慶尚北道青松《キョンサンブクトチョンソン》。門下侍中《ムナシジュン》・沈徳符《シムドクプ》の孫娘で、領議政《ヨンイジョン》・沈温《シムオン》の娘だ。一四〇八年、忠寧君と嘉礼を行って嬪《ビン》となり、敬淑翁主《キョンスクオンジュ》に封じられた。一四一七年、三韓国大夫人《サマングクテブイン》に封じられ、翌年六月、忠寧大君が王世子に冊封されると、敬嬪《キョンビン》に封じられた。同年八月、内禅を受けて世宗が即位すると、十二月に王后に冊封され、恭妃《コンビ》と称されるようになった。しかし、一四三二年、中殿《チュンジョン》（王后の尊称。中宮殿《チュングンジョン》、坤殿《コンジョン》とも言う）に別称をつけるのは慣習にないとされ、恭妃という称号はなくなり、ただ王妃に改封された。

沈氏の父・沈温は世宗即位後間もなく、領議政に就いた。ところが、謝恩使《サウンサ》（朝鮮時代、国に施してくれた恩恵に感謝するという意味で明や清《しん》に送っていた使臣）として明からの帰国の途中、実弟の沈泟《シムジョン》が軍国大事（軍事上の機密および国家に関する大事）を上王である太宗が処理すると不平を述べたことで獄事が起きていた。沈温は、この事件の首謀者として逮捕され、京畿道の水原《スウォン》で自決させられた。このため、沈氏を廃妃するとの論議があったが、彼女の内助の功が認められ、廃妃自体は免れた。後に沈温は外孫の文宗により名誉回復される。

沈氏は十人の子供を生んだが、長男・珦《ヒャン》（文宗《ムンジョン》）をはじめ、首陽《スヤン》（世祖《セジョ》）、安平《アンピョン》、臨瀛《イミョン》、広平《クァンピョン》、錦城《クムソン》、平原《ピョンウォン》、永膺《ヨンウン》という王子八人と、貞昭《チョンソ》、貞懿《チョンウィ》の二人の公主《コンジュ》がそれだ。

昭憲王后・沈氏は、一四四六年、五十一歳で死去し、世宗が死去した後、世宗の陵である英陵に移されて一緒に埋葬され、朝鮮初の合葬陵となった。

世宗は朝鮮の歴代王の中で王子を最もたくさん得た王だった。十八人の王子のうち、正妃・沈氏から生まれた珦と首陽は王位に就き、文宗と世祖の廟号を受けた。

○安平大君《アンピョンデグン》（一四一八―五三）

一四一八年、世宗と昭憲王后の三男として生まれた。名は瑢《ヨン》、号は匪懈堂《ピヘダン》、琅玕居士《ナンガンコサ》、梅竹軒《メジュコン》などだ。一四二八年、安平大君《アンピョンデグン》に封じられ、翌年、左副代言《チャブデオン》の鄭淵《チョンヨン》の娘と結婚し、一四三〇年、成均館《ソンギュングアン》に入学した。

咸鏡道《ハムギョンド》に六鎮が新設されると、一四三八年、他の王子たちとともに、野人を討伐し、権臣・皇甫仁《ファンボイン》、金宗瑞などの文臣たちと緊密な関係を維持し、首陽大君側の武臣勢力と対立し、朝鮮初期の変則的な形態の人事行政である黄票政事《ファンピョジョンサ》を掌握するなど、次第に朝廷の影の実力者として浮上した。

一四五二年、第六代・端宗《タンジョン》が即位した後、首陽大君が謝恩使として明から帰国し、黄票政事を廃止した。安平は、これに反発して、黄票政事回復に力を入れたが、翌年、「癸酉靖難《ケユジョンナン》」で皇甫仁、金宗瑞などが殺害された後、自分も江華島《カンファド》に流された。その後、喬洞《キョドン》に移された後、三十五歳で賜死(死罪の罪人に王が毒薬を下し自決を命ずること)された。

安平は幼い時から学問好きで、詩、書、画、すべてに秀で、「三絶」(三つの優れたもの)と呼ばれ、当代一の書芸家として名を上げた。彼の書風は中国の元《げん》の文人である趙孟頫《ちょうもうふ》の影響を受けたものの、自らの個性を強調し、独自の領域を確保した。そのため、朝鮮前期には彼の書風が大いに流行ったこともあった。

現存する彼の作品として安堅《アンギョン》の「夢遊桃源図《モンユドウォンド》」へ寄せた跋文が代表的で、この他、法帖や刻帖となって伝えられる作品が多数ある。金石文としては現在、ソウルの東大門区清涼里《トンデムングチョンニャンニ》所在の世宗大王記念事業会にある「世宗大王英陵神道碑《セジョンデワンヨンヌンシンドビ》」の碑文が代表的だ。

○臨瀛大君《イミョンデグン》(一四一九—六九)

世宗と昭憲王后の四男で、名前は璆《ク》、字は献之《ホンジ》。一四二八年、大匡輔国《テグァンボグク》・臨瀛大君《イミョンデグン》に封じられ、一四三〇年、安平とともに成均館に入学した。

臨瀛は、世宗の寵愛を受け、一四四二年、元尹《ウォンユン》(王室の姻戚に与えられる爵号の一つ)となり、一四四五年に世宗の命令を受けて、銃筒の製作を監督した。一四五〇年(文宗一年)には文宗の命令で活字を製作した。そして、世祖が政権を握ると、彼を補佐して信任を得た。

○広平大君《クァンピョンデグン》(一四二五—四四)

世宗と昭憲王后の五男で、名前は璵《ヨ》、字は煥之《ファンジ》。一四三二年、広平大君《クァンピョンデグン》に封じられ、一四三六年に左議政に追贈された申自守《シンジャス》の娘と結婚したが、その年、成均館に入学した。

広平は『孝経』『小学』『四書三経』『左伝』などによく通じ、李白《りはく》、杜甫《とほ》、欧陽脩《おうようしゅう》、蘇軾《そしょく》などの文集を読み、国語、音律、算数にも明るかった。

一四三七年、太祖《テジョ》の七男の神徳王后《シンドクワンフ》・康氏《カンシ》の初子である芳蕃《バンボン》に養子として入り、父・世宗とは従兄弟同士となり、王家の宗室《チョンシル》(王の親戚。宗親《チョンチン》に同じ)となった。翌年、新しく開拓した北方の六鎮の国防強化および風俗教化のために都に京在所《キョンジェソ》(漢陽に設けていた各地方官庁の在京連絡機構で、都在駐の官員がその出身地域の京在所を管掌していた)を設けて、宗親に主管させるようになった時、咸鏡北道《ハムギョンブクト》の鐘城《チョンソン》を任された。

性格が穏やかで、聡明だったと伝えられており、書芸などにも秀でていたが、惜しくも十九歳で夭折した。

○錦城大君《クムソンデグン》（一四二六—五七）

世宗と昭憲王后の六男で、名前は瑜《ユ》だ。一四三三年、錦城大君《クムソンデグン》に封じられ、一四三七年、参賛《チャムチャン》・崔士康《チェサガン》の娘と結婚した。その年、太祖の八男、神徳王后の二番目の子・芳碩《バンソク》の養子となった。

一四五二年、第六代・端宗が即位すると、首陽大君とともに景福宮《キョンボックン》の思政殿《サジョンジョン》（便殿《ピョンジョン》）に呼ばれ、王を左右から補弼《ほひつ》することを約束した。その後、首陽大君が政権を奪取すると、これに反発して、朔寧《サンニョン》（現・京畿道漣川《ヨンチョン》）に配流された。以後、配流地を転々としたが、端宗が魯山君《ノサングン》に降封され、江原道寧越《カンウォンドヨンウォル》に配流されると、自分の配流地だった慶尚北道順興《キョンサンブクトスヌン》から府使《プサ》・李甫欽《イボフム》とともに謀議して、端宗復位計画を立てた。しかし、官奴の告発で失敗すると、反逆罪で処刑された。この時、彼は三十一歳だった。

一七九一年（正祖《チョンジョ》十五年）、端宗のために忠誠を尽くした臣下たちに御定配食録《オジョンベシンノク》（端宗復位のため忠節を尽くした錦城大君・死六臣《サユクシン》など、端宗の陵である荘陵《チャンヌン》に配香すべき人を定めて記録したもの）を定める際に六宗英《ユクチョンヨン》（端宗を守ろうとした六人の宗親）の一人として選定された。

○平原大君《ピョンウォンデグン》（一四二七—四五）

世宗と昭憲王后の七男で、名前は琳《イム》、字は珍之《チンジ》。一四三四年、七歳で平原大君《ピョンウォンデグン》に封じられ、一四三七年、宗学（王族の教育を受け持つ官庁）に入学し、護軍《ホグン》・洪利用《ホンイヨン》の娘と結婚した。以後、学問に励んだが、一四四五年一月、天然痘で死んだ。広平大君が死んだ翌年の彼の急死は世宗をひどく悲しませ、世宗の病気を悪化させる原因ともなった。また、世宗は息子たちの死を経験した後、仏教を信仰したりもしたが、このために、しばらく朝鮮の抑仏政策が軟化する傾向を見せた。子供がいないために、睿宗《イェジョン》（第八代王）の次男である斉安大君《チェアンデグン》・琄《ヒョン》が彼の後を継いだ。

○永膺大君《ヨンウンデグン》（一四三四—六七）

世宗と昭憲王后の八男で、名は琰《ヨム》。一四四一年、永興大君《ヨンフンデグン》に封じられ、一四四三年、歴陽大君《ヨギャンデグン》、一四四七年に永膺大君《ヨンウンデグン》に改封された。世宗の寵愛が深く、一四五〇年、世宗は永膺大君の邸宅の東別宮で死去するほどだった。一四六三年、『明皇誡鑑《ミョンファンケガム》』の中国の古典詩をハングルに翻訳した他、書と絵に秀でており、音楽にも造詣が深かった。

四、言語学史革命、訓民正音の創制

訓民正音は誰が創ったか

世宗時代には数多くの業績が成し遂げられたが、それら業績の全てを合わせたとしても訓民正音（ハングル文字）の創制に匹敵するものはない。

ならば訓民正音は誰が創り、いつ頃から研究されていたのか、その問いに対して未だに明確な結論を下すことができないのが学界の現実である。しかし、朝鮮王朝実録を詳細に調べてみると、これに対する答えは明らかだ。

訓民正音は、世宗と集賢殿の学者たちが共同で創ったものであるとか、集賢殿の学者たちが創りそれを世宗が後押ししたのだとか言われる。だが、それは間違った見方である。訓民正音は、世宗がほぼ独りで創ったものだ。いや、彼独りで創るほかなかったと言えよう。

当時、訓民正音の創制は公に押し進めることができず、そのため、創制作業に集賢殿の学者を投入することもできなかった。もちろん、集賢殿の学者のうち、一部の人間が世宗を手助けした可能性はあり得る。とはいえ、それはあくまでも世宗の質問に答える程度のものに過ぎなかったであろう。より厳格に言えば、鄭麟趾《チョンインジ》などの学者は、世宗がどういう意図でもって韻学（言語学）に関心を示しているのかわからなかった。世宗が訓民正音を公表するまで、彼らは王自ら文字を創り出すとは夢にも思っていなかったであろう。なぜなら、世宗の創制作業は徹底して秘密裏に進められていたからだ。

もし、創制作業が世宗が独りで秘密裏に行ったものでなかったなら、少なくとも朝鮮王朝実録にそれに関する言及が一言でもあって然るべきである。ところが、世宗が訓民正音を頒布するまで文字創制に関する言及は一言もない。王の公式的な言行は全て記録されていた当時、もっとも公式的な事案だと思われる訓民正音に関する事柄が全く記されていないということは考えにくい。朝鮮王朝実録には武器の製造のような極秘事項さえも書き記されていることを鑑みれば、訓民正音の創制は、極秘裏に押し進められた国家事業でもなかったということになる。すなわち訓民正音は、世宗が独りで取り組んでいた仕事だったのである。

世宗は、どうしてこのことを独りで極秘裏に進めていたのだろうか。その答えは、訓民正音の公表に反対していた当代の文臣・崔万里《チェマルリ》の上疏文によく表れている。それを要約すると、第一に、新しい文字を創って単独(朝鮮)でその文字を用いるという知らせが中国に伝われば非難されるということ。第二に、中華の文字である漢字に代わって訓民正音を用いれば、朝鮮は蛮夷として見なされるということ。第三に、新羅時代の学者・薛聰《ソルチョン》が作った吏読《イドゥ》(漢字の音読みと訓読みを交ぜて、その時代に使われていた固有語を表記した表記法)でもって足りることを、敢えて訓民正音で代替する必要はないということ。第四に、訓民正音創制の趣旨のうち、訓民正音の普及によって悔しい思いをする人を減らせるという論理は正しくないということである。だが、この上疏文の内容の骨子は「事大」と「権威」だった。

当時、たいがいの儒学者たちは、性理学を人生の指標としており、同時に、大国である中国に仕えることは当然のことと思っていた。彼らは、「事大」と「権威」という原則は国家を維持する上での鉄則だと見なし、そうした鉄則は彼らの権力を守る手段として作用した。また、彼らの内面には、学者もしくはソンビとしての権威主義がとぐろを巻いていた。少なくとも、文字は自分たちだけが知り得るものであり、学問は自分たちだけの固有領域であるという思考に陥っていた。彼らの学問を支えているのは儒学と漢字だった。彼らにとって、庶民はただ吏読程度しか知らない無知の者であり、賤民はそれさえも知らない愚かな存在にすぎなかった。彼らはそのような事実に自負心を抱き、その自負心の基になるのが漢字であった。両班《ヤンバン》は文字と学問を権力の基盤としていたのだ。そうした彼らにとって、平民でも賤民でも容易に覚えられる訓民正音の登場は決して願わしいことではなかった。もし多くの学問書が訓民正音に訳されて一般庶民たちが簡単に読めるようになれば、それまで享受してきた学問的権威を失い、その延長線上において、権力の相当部分も失うことになるからだ。

崔万里などが世宗の訓民正音を拒否したのは、まさにそのような考えからであった。世宗は、そうした現実を前もって見抜いていた。万が一、新しい文字を創るための公式的な会議を経て物事を進めた場合、それは始めもしないうちに甚だしい反対にぶち当たることは火を見るより明らかだった。そして、世宗が強硬に押し進めたなら、大臣たちは中国からの使者の力を借りてでも世宗を脅していただろう。

世宗が、簡単な文字を創ろうとしたのは、訓民正音創制の動機にもよく表れているように、「文字を知らない民が、伝えたいことがあってもその思いを果たせないことが多く」、そのような「民のため」であった。世宗はそ

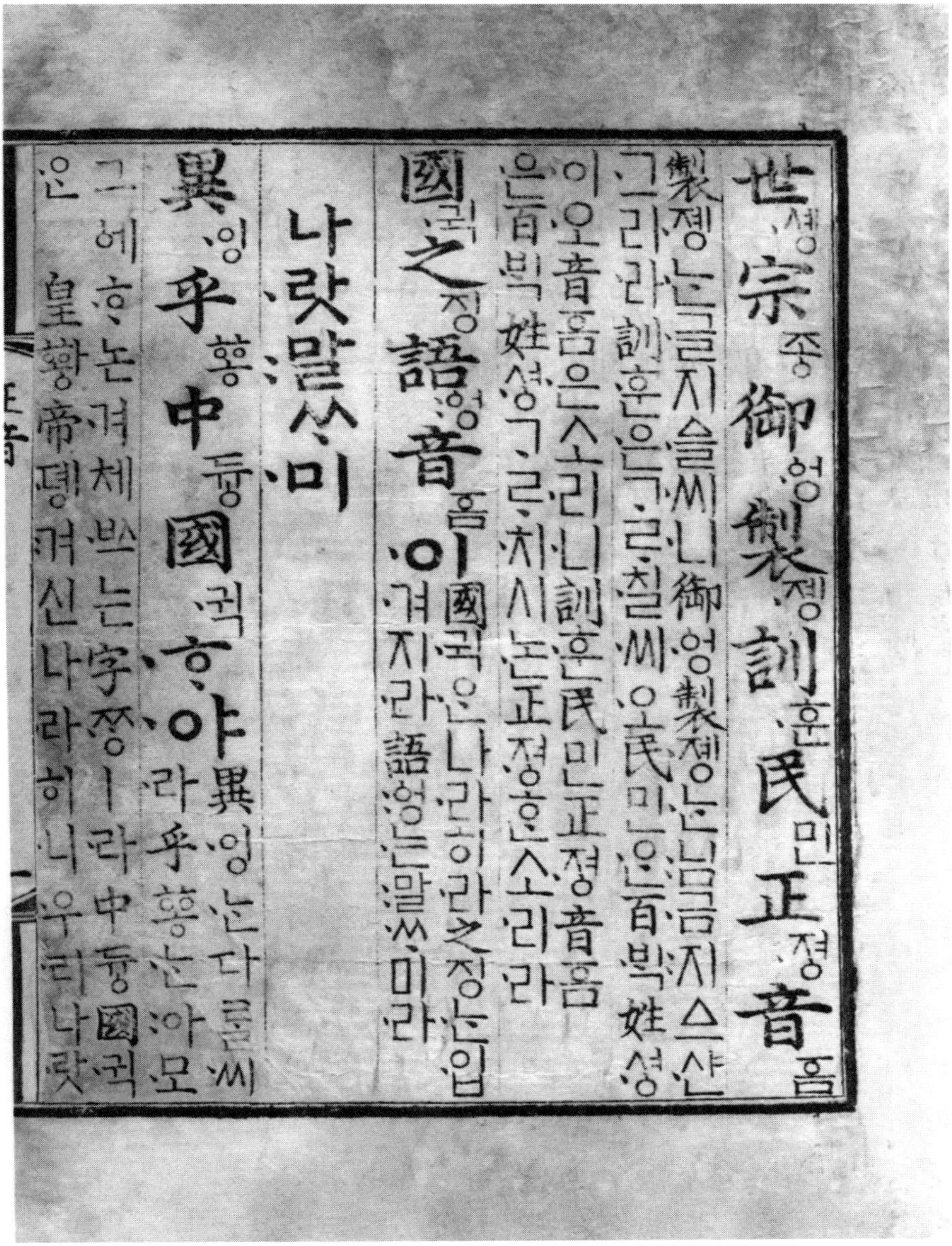
世솅宗종御엉製졩訓훈民민正졍音흠
製졩는 글지슬씨니 御엉製졩는 님금지스샨 그리라 訓훈은 ᄀᆞᄅᆞ칠씨오 民민은 百백姓셩이오 音흠은 소리니 訓훈民민正졍音흠은 百백姓셩 ᄀᆞᄅᆞ치시논 正졍ᄒᆞᆫ 소리라
國귁之징語엉音흠이 國귁은 나라히라 之징는 입겨지라 語엉는 말ᄊᆞ미라
나랏 말ᄊᆞ미
異잉乎ᅘᅩᆼ中듕國귁ᄒᆞ야 異잉는 다ᄅᆞᆯ씨라 乎ᅘᅩᆼ는 아모 그에 ᄒᆞ논 겨체 ᄡᅳ는 字ᄍᆞᆼㅣ라 中듕國귁은 皇ᅘᅪᇰ帝뎽겨신 나라히니 우리 나랏

1459年（世祖5年）に出された初の経典ハングル訳本『月院釈譜』の巻頭にある「世宗御製 訓民正音」。

のような点を改善するために訓民正音の創制を決心したものの、当時の両班(官僚および有識人)社会は、決してそうした彼の本意を受け入れられる雰囲気ではなかった。甚だしくは、彼ら両班たちは一般庶民が法の内容を知ることや、虐政をこととする官吏を告発することさえ法でもって禁ずるべきだと主張していたありさまだったのである。

世宗はそうした現実を踏まえ、自ら、それも極秘裏に創制の作業に取り組むほかなかったのである。

世宗自らが訓民正音を創制した根拠として挙げられるものがもう一つある。世宗時代に書かれた全ての書籍には、編纂に加わった人の名前が全員分列挙されており、また、当代に作られた科学的な産物全てに関してもそれの製作者や参加した人たちの名が挙げられている。ところが、訓民正音は「王が御自ら諺文(ハングルの古称)二十八字を創られた」とだけ朝鮮王朝実録にあるのだ(『世宗実録』世宗二十五年十二月三十日)。訓民正音創制の趣旨や原理などに言及している『訓民正音』にも「世宗御製」と記されており、世宗自らが創ったことを明らかにしている。これは単に世宗時代に創られたという意味ではない。もしこれが世宗時代に創られたという意味の表現であるならば、当代に編纂されたすべての書と科学機器も同様の表現を使うはずだ。しかし「親製」とか「御製」という表現を使用した例は訓民正音しかない。これは、世宗が独りで作ったことを明確に示しているのだ。

それでもやはり疑問は残る。新たな文字を創り出せるほどの言語的な素養が果して世宗にあったのかという点である。勿論、世宗の言語学に対する造詣は深かった。当代一といっても過言ではないほどだ。

世宗は、崔万里の訓民正音頒布への反対上疏文を読み、彼を呼んで、「そなたに韻書(漢字を韻によって分類、配列した字典)がわかるのか。四声七音に字母(綴音のもとになる字。仮名・アルファベット・梵字《ぼんじ》など、単語をつづる表音文字の一つ一つの字)はいくつあるか知っているか」と韻学に対する崔万里の無知を皮肉った。また、崔万里の言語価値観に対する論理的な欠陥を順々に述べ、吏読の限界を正確に指摘している。これは、世宗が吏読について深い研究をしたことは勿論のこと、言語学の書物も満遍なく渉猟していたことを意味する。また、崔万里に述べた「予が韻書を正さなければ誰がこれを正すのか」という言葉からも、世宗の言語学に対する自負心を窺うことができる。さらに『洪武正韻訳訓《ホンムジョンウニョクン》』『東国《トングク》正韻《チョンウン》』『訓民正音』などの序文に世宗の言語学的価値観が余すところなく反映されている。鄭麟趾をはじめとする当代の言語学者たちがみな世宗の影響を受けたということだが、そうした事実からも、世宗の言語学に対する知識が、当代の誰よりも上回っていたことを確認できる。

文字創制の作業時期

世宗はいつ頃から訓民正音創制の作業を始めたのだろうか。『世宗実録』一四四四年二月二十日の記述で、世宗は崔万里に次のように語っている。

「予はもう年であるため、国家の庶務を世子に任せている。どんなに細かなことでも東宮（世子）が参与して決定するのは当然なことだ。いわんや諺文のことは言うまでもあるまい」

この言葉は、世宗が世子に訓民正音頒布の事業を主管したことに対して不満を抱いた崔万里に下した論理である。この言葉からもわかるとおり、世宗は当時、世子・珦に政務の決裁権を渡している状態だった。そればかりか、政府の構造も六曹直啓制から議政府署事制に変えていた。いわば王自らの業務を大幅に減らして、世子や政丞たちに相当部分を割り当てていたことになる。

六曹直啓制は文字通り、六曹の業務を王自ら主管する構造である。そのため、王への業務負担が重く、疲労が尽きない制度であった。その反面、議政府署事制は政丞たちがそれぞれ六曹の業務をまとめて互いに協議した上で一括して王に報告する方式である。ゆえに、六曹直啓制に比べて王の業務の量ははるかに少ない。世宗がこうした構造的な変化を図ったのは、在位十六年目（一四三六年）のことであった。さらに、翌年の一四三七年には庶務の決裁権を世子に完全に渡している。

これら二つの決定の理由は持病であった。世宗は若い頃から糖尿を患っていた。そのため、負担の重い業務を裁くことは困難だったのだ。議政府署事制は臣下たちも望んでいたことであったため、朝廷で容易に受け入れられたが、庶務決裁権を世子に渡すことには多くの反対があった。しかし、世宗は意志を曲げなかった。

世宗が議政府署事制を押し進めていたのは三十九歳の時で、世子に庶務決裁権を渡したのはちょうど四十歳の時のことであった。四十歳というと、朝鮮時代とはいえ、精力的に仕事に励む年齢だ。そのため世宗は年齢を口実にはできず、自身の持病を口実に政治の一線から退いたのである。ところが、崔万里に対して物事を述べる際には持病のことには触れずに、「もう年であるため……」と語っている。とはいえ、四十歳の彼が年齢を理由に王として最も重要な業務である庶務決裁権を世子に渡すというのは説得力に欠ける。すなわち、世宗が庶務決裁権を世子に渡したのは、ほかの目的があったということだ。

奇しくも世宗が韻学に没頭しはじめたのは、ちょうどこの時点からだった。『世宗実録《セジョンシルロク》』一四四〇年六月二十六日の記録がその点を証明している。

「経筵に保管されている『国語』と『音義』は、抜けているところが非常に多いため、中国から他の版本を取り寄せたが、なくなっているところが多く、注解もやはり疎略だった。また、日本から詳細なものと疎略なものの二冊、補音三冊を取り寄せたが、これも完全なものではなかった。そのため、集賢殿に命じて経筵に保管してある旧本を中心に、いくつかの版本を参考にして誤りを正し、抜けているところを補うようにした。同時に、『音義』と補音の中で煩雑なところは整理してそれに解当する節目に分けてまとめ、それでも完全でないものは韻書でもって補充するようにした。それに続いて、鋳字所(活字を作るところ)に指示してそれを印刷し、広く配布するようにした」

経筵が保有している書物は、主に王の読書用か王のための講義用である。そのため、この記録は世宗が一四四〇年にすでに多くの韻書を日本や中国から取り入れて渉猟していたという事実を示している。世宗は間違っている部分まで具体的に指摘できるほど、各韻書の内容を綿密に分析し、把握している状態だった。また、それらの問題点を補完するために中国や日本へ人を送ってそれらの本を持って来させたのである。それでも問題が解決しないと、集賢殿の学者たちに命じて新しい本を作らせ、また印刷して配布するように韻書に命じている。

世宗がそれほどまでに韻書にこだわった理由は、まさに新しい文字を考案するためであり、その結果として得られたのが訓民正音だったのである。

すなわち、世宗は新しい文字を創制するために、一四三六年に政府の構造を議政府署事制に変えて業務量を大幅に減らしたのであり、それでも時間が足りなかったため、一四三七年に世子に庶務決裁権まで渡したのである。その後、世宗はまず韻書を渉猟して言語学的な知識を積み、その知識が深まってくると、ついに新しい文字の創制作業に本格的に取り組むことができたのである。そのため、世宗の訓民正音創制の作業は、韻書に没頭しはじめた一四三六年からだと見るべきであろう。

世宗はなぜ新しい文字を望んだか

世宗は訓民正音を創制した理由について、「文字を知らない民が、伝えたいことがあってもその思いを果たせないことが多い」ためと自ら明らかにしている。だが、新しい文字を創ることに決めたその過程は、その一文で言い尽くすことはできなかった。

世宗自らが語ったように、訓民正音創制の趣旨は、庶民たちが各自の意思を容易に表現できるようにするところにあった。しかしながら、より直接的な理由は、その当時まで一般の人たちが用いていた吏読の持つ問題点のためだった。

朝鮮時代には、太祖の時から『元六典《ウォニュクチョン》』(一三九七年に施行された『経済六典《キョンジェユクチョン》』のこと)を吏読に編纂して官衙《クァナ》の衙前《アジョン》や官吏たちが読みやすいように配慮していた。しかし、一般の庶民たちには大きな助けにはならなかった。すると世宗は、在位十四年十一月七日に、さらに律文を吏読に訳して頒布することを命じた。その日、政事を司る際に世宗は左右の近臣たちに次のように言った。

「たとえ物事の事理を知っている人であっても、律文に基づく判断を下してこそ罪の軽重がわかるものだ。いわんや文字を知らない民は、いかにして自分自身の犯した罪の大小に気づき、改めることができようか。たとえ民に律文の全てを知らせることができないとしても、大きな罪についての条項だけでも抜粋して、それを吏読文に訳して民間に頒布し、文字を知らない男女に自ら犯罪を犯さないように教えるのはどうか」

それが一四三二年、世宗が三十五歳の時だった。壮年の情熱に満ちていた世宗が、一般庶民の立場に立って打ち出した慈悲深い発想だったが、吏曹判書の許稠《ホジョ》が王の御前で反駁した。

「臣は、弊害が起きるのではないかと不安です。奸悪な民が律文をわかるようになると、罪の大小を選び取って、恐れ憚ることなく法をほしいままに弄ぶ群れが生じることになりましょう」

世宗は、許稠を厳しい口調で非難する。

「そちの言う通りならば、民は何も知らないままに罪を犯すのが正しいと言うのか。民に法のことをわからせないままその法を犯す者に罰を与えるということは、法それ自体がただの朝三暮四(詐術で人を愚弄すること)の術策に過ぎないではないか。それに、先代の大王御自ら律文を広く読めるようにする法を立てられたのは、万民にそれを知らせるためのことであった。そなたたちで古典を相考(互いに比較して考察すること)して議論し、それを提出せよ」

許稠が御前から退いた後、世宗は承旨《スンジ》たちに向かって語った。

「許稠は民が律文を知るようになると争訟が絶えず、上の者を軽んじる弊害が起きると思っているようだが、万民に法律で禁ずることを知らせて、それを恐れて避けるようにした方が良いのではなかろうか」

世宗はすぐさま集賢殿に命じて、代々の記録の中で民に法律を学ばせた実例があったかどうかを調べて報告するように指示した。

ところが、吏読でもって法律を訳して一般庶民に頒布する作業は行われなかった。なぜなされなかったのかに関する記録はないが、恐らく、吏読は漢文に比べると覚えやすいかも知れないが、少なくとも基本的な漢字がわからなければ読み取ることができないため、庶民たちにとっては容易なことではなかった。そのため、たとえ律文を吏読で訳して彼らに伝えたとしても実質的な効果が得られたかは疑問だ。

その後、世宗はまた、一般庶民にも儒学を教えなければならないという考えから、経書に吏読の訳付けを表記する方案を打ち出したりするものの、やはりこれも鄭招《チョンチョ》などの学者たちにより実効性がないという理由で反対され、諦めた。

結局、世宗は吏読の限界を克服して誰もがたやすく学べる文字を創り出さなければならないという判断に至り、それが訓民正音創制に結び付いたのである。逆説的に見ると、もしも吏読が民の意思を伝えるのに全く不便でなかったならば訓民正音は創られなかっただろう。いわば、「民が伝えたいこと」をまともに伝達できない吏読の不便さと限界が、まさに新しい文字を創り出させた直接的な動機となったわけである。

言語学史の革命、起こる

世宗は新しい文字の創制という、この記念すべき作業をほとんど独りで行った。王の業務のうち最も重要な要素である庶務の決裁を世子に任せるほど、訓民正音創制の作業に熱い情熱を注いだ。

彼の作業は約六年間、密かに進められ、王子たちや側近であった集賢殿の学者たちでさえも、彼が何を企てているのか気づかなかった。そして、ついに彼が訓民正音を完成させた時、彼はそれこそ奇襲のごとく公表してしまった。

それに対し、集賢殿の学者たちや大臣たちの反発は甚だしかった。彼らは世宗の学問を非難することさえためらわなかった。しかし世宗はひるまなかった。むしろ独自の文字の必要性を力説し、彼らの偏狭な価値観を叱った。

幸い、学者たちの中にも世宗の訓民正音に積極的な支持を表明する人たちがいた。それは、当時の代表的な言語学者である鄭麟趾や申叔舟《シンスクチュ》をはじめとする成三問《ソンサムムン》、崔恒《チェハン》、朴彭年《パクペンニョン》、李善老《イソンノ》、李塏《イゲ》などの集賢殿七学士と、敦寧府《トンニョンブ》の主簿《チュブ》に就いていた姜希顔《カンヒアン》などだった。

世宗は彼らに訓民正音創制の原理と使用方法を説明す

る解説書である『訓民正音』を編纂させ、『洪武正韻訳訓』『東国正韻』などの言語学書籍を発刊させた。また、世子や首陽大君・李瑈《ユ》、安平大君・李瑢などの息子たちを動員して『釈譜詳節《ソクポサンジョル》』などの仏経や、『龍飛御天歌《ヨンビオチョンガ》』のような開国讃歌などを訓民正音に翻訳する諺解（ハングルで解釈すること）作業を並行した。

世宗はまた、「正音庁《チョンウムチョン》」を設置して訓民正音関連事業を担当させ、一般官吏は義務的に訓民正音を学ぶようにする一方、官吏登用試験に訓民正音を含ませて、一般庶民が官衙に提出する書類を訓民正音で作成させるようにした。また、刑律の適用過程においても、その内容を訓民正音に訳して伝えるよう指示したり、宮中の女性たちにも訓民正音を覚えさせるようにした。そして世宗自身は、朝廷の大臣や各機関に訓民正音で文を下したりもした。こうして訓民正音は瞬く間に民間に広まり、学者はもちろんのこと、両班家の女性や平民、奴卑《ノビ》に至るまで、容易に接し覚えることができた。そのお陰で、瞬時に全国民が文字の恩恵に授かることができる、それこそ世界言語学史に一線を引く革命的な事件が東洋の小さな国、朝鮮の地で巻き起こったのである。

五、世宗時代を輝かせた人たち

希代の名宰相・黄喜と孟思誠

朝鮮史を通じて黄喜（一三六三―一四五二）と孟思誠（一三六〇―一四三八）に比肩できるほどの優れた宰相が他にいるだろうか。彼らは世宗時代の政治的安定と文化的隆盛に大きく寄与した。

王がどんなに優れた資質と人格を有していたとしても、その王を補弼し導く臣下がいないなら、王道政治は期待できない。世宗時代は世宗という御者と黄喜と孟思誠という二頭の馬が引っ張って行く二頭立て馬車にたとえられる。彼らは二人とも徹底したソンビ（学徳を備えた人）であり、優れた宰相であり、官吏の模範となった清廉潔白な役人だった。

一三六三年、開城《ケソン》で生まれた黄喜は、わずか十三歳で蔭補《ウムボ》（祖先のお陰で官職を得ること）で福安宮録事《ポガングンノクサ》となり、二十歳で司馬試《サマシ》(生員進士試験《センウォンチンサ》)、二十二歳で進士試《チンサシ》、四年後の一三八九年、二十六歳で文科に合格し、同年には成均館学録《ソンギュングアンハンノク》(正九品)に就任した。忠清道温陽《チュンチョンドオニャン》出身の孟思誠は、やはり二十六歳の年の一三八六年、初めて文科乙科に合格し、官職に就いた。孟思誠は一三六〇年生まれで、黄喜より三歳年上で官職にも三年早く就いている。

黄喜は一三九二年、高麗が滅亡すると、杜門洞《トゥムンドン》に移ったが、朝廷の要請と同僚の推挙で成均館学官に戻った。彼はその後、太祖と太宗の信任を受けて、昇進を重ねた。実録によると、太宗は「黄喜は功臣ではないが功臣待遇をし、会う機会がなければ、必ず呼び出して接見し、一日もそばから離さないようにした」と述べるほどに格別に彼を信任した。彼は太宗時代にすでに吏曹判書《イジョパンソ》に就いていた。

孟思誠もやはり朝鮮王朝の信任を厚く受けていた。黄喜が高麗滅亡後、一時引退したのとは違って、孟思誠は太祖から礼曹議郎《イエジョウィラン》の職を受けるなど官職にそのままとどまっていた。そして、昇進を重ねて、一四〇八年には司憲府の首長・大司憲《テサホン》の地位に就いた。

ところで、彼らは太宗の厚い信任にもかかわらず、太宗によって一度ずつ免職されたことがある。

一四〇八年、孟思誠は司憲府の大司憲として謀反事件を取り調べ中、太宗に報告しないで、駙馬《プマ》(王の娘婿)の趙大臨《チョデリム》(太宗の次女・慶貞公主《キョンジョンコンジュ》の夫)を拷問した。この事件で孟思誠は王族を侮辱したという罪で処刑寸前まで行った。当時、領議政だった成石璘《ソンソンニン》と黄喜などの助力で辛うじて死を免れたものの、彼はこの事件で三年間、官職から離れなければならなかった。

一方、黄喜は一四一八年、譲寧大君(太宗の長男)の世子廃位に反対し、太宗の怒りを買い、配流された。結局、太宗が引退するまで登用されなかったが、世宗四年に配流が解かれ、官職に戻ることができた。

世宗が即位した一四一八年に孟思誠は工曹判書《コンジョパンソ》に就任しており、黄喜は全羅道《チョルラド》の南原《ナムオン》で配流生活をしていた。そして一四二二年、黄喜が配流を解かれ、官職と科田を取り戻し、参賛《チャムチャン》に再び登用された時、孟思誠は吏曹判書を経て、議政府賛成事《ウィジョンブチャンソンサ》として在職中だった。一四三二年になって、黄喜は領議政府事《ヨンイジョンブサ》に、孟思誠は左議政《チャイジョン》を受け持った。この時は世宗が六曹直啓制から議政府署事制に権力構造を移行してから十年が経っていたため、朝鮮は宰相が主導する内閣政治の枠組みが築かれていた時期だった。こうした政治ムードを牽引し、官吏の紀綱を打ち立て、朝廷の大臣たちの意見を調整しながら徹底した儒教的政治理念を展開した。

しかし、孟思誠と黄喜はこうした同じ立場を取りながらも性格は異なっていた。黄喜が正確で剛直な人だとすれば、孟思誠はやさしくて、デリケートな人だった。また、黄喜が学者風の人物だとすれば、孟思誠は芸術家的な人物だった。このため、黄喜は主に、兵曹《ピョンジョ》、吏曹など果断性が必要な業務に長けており、孟思誠は礼曹、工曹など柔軟性を必要とする業務に長けていた。彼らがこのように互いに異なった一面を持っていたことは、世宗の王道政治実現に大いに役立った。

黄喜は、辺境の安定のために六鎮を開拓し、四郡を設置するのに関与し、外交と文物制度の整備、集賢殿を中心とする文物の振興などを指揮監督する仕事を受け持ったりもした。これに対して、孟思誠は音律に精通していたため、楽工(演奏家)を教えたり、試験監督官となって科挙受験者の文学的、学問的な素養を点検する仕事を受け持った。しかし、役割と性格は異なっていても、清廉潔白で、公私を明確にする点だけは二人の共通点だった。

世宗は彼ら二人の宰相の性格を十分に活用して、時には強い政治力を発揮し、時にはやさしく温和な政治を展開したりもした。こうした王の中庸的な態度は世宗時代を成宗《ソンジョン》時代とともに朝鮮史上最も栄華を極めた安楽な時代にする原動力となった。

世宗時代を風靡しながら、名宰相として名を高めた二人のうち、孟思誠がまず世を去った。晩年になって官職を辞退した孟思誠は一四三八年、七十八歳で隠居していた忠清南道《チュンチョンナムド》温陽の自宅で息を引き取った。彼は平素、牛に乗るのを好み、自ら楽器を製作して楽しんだりもした。性格が気さくで物静かで偏見を持たなかったため、たとえ官職の低い人が家を訪ねて来ても、必ず官服を着て門の外にまで迎え出て、客に必ず上座を譲った。孝行心が強く、何回も老父の看病のために官職を辞退したが、世宗は一度も彼の辞職を許さなかった。野史には、彼の人となりと清廉さに関連して多くの逸話が伝えられている。

また、もう一人の名宰相・黄喜は、朝鮮の宰相の中で、最も長生きした人だ。一四四九年に八十六歳の高齢で自ら身を引くまで領議政にとどまり、官職を引退した後にも、世宗の政治に助言し、世宗の死後には文宗の治政を助けた。一四三八年に孟思誠が死んだ後も、黄喜はさらに十四年を生き、一四五二年、八十九歳で世を去った。

彼は学徳が高く、事理に明るく緻密な人だった。また、その一方、性格が寛大で、礼法および臨機応変に物事を処理することに秀でていた。そして、人権を尊重し、奴婢を粗末に扱わない、人情に厚く人のよいソンビだった。しかし、娘婿・徐達《ソダル》の殺人事件を隠蔽しようとして弾劾されたことは、彼の名声に汚点として残っている。

科学革命の提唱者・蒋英実

世宗時代の科学革命を技術的な側面で主導した人は、蒋英実《チャンヨンシル》だ。世宗の科学に対する情熱がいくらすごかったとしても、蒋英実のような人物なしには、それを現実化することはできなかっただろう。

蒋英実の出生に関しては正確な記録はない。朝鮮時代が士大夫《サデブ》中心の社会だっただけに賤民出身の蒋英実の個人的な履歴が残っていないのは、むしろ当然なことかもしれない。彼は中国から帰化した父と妓生との間に生まれたが、慶尚南道東莱県《キョンサンナムドトンネヒョン》で官奴生活をしていたところ、才能が抜きん出ていたため、推挙された。

『世宗実録』に、女真《じょしん》族につかまっていた中国の技術者が朝鮮に脱出し、朝廷の接待を受け、官妓を妻にしたという記録が残っているのを見ると、蒋英実の父親もそうした類の人物であったのだろう。彼は、そうした父親を通じ、中国の先進技術に接することができ、一方、母が官妓だったため、官奴生活を強いられたのだろう。ともあれ、蒋英実の技術的な能力は卓越していたようで、彼は太宗の時代にすでにその才能を認められ、宮殿で仕事をしており、科学発展のために技術的な才能のある人材を探し求めていた世宗の信任を得、奴婢であったにもかかわらず、技術官僚に抜擢された。

蒋英実は抜擢された後、密かに中国に派遣され、先進技術を学んだようだ。使臣のお付きではあったが、世宗の政策による技術学徒の見聞留学という性格が強かった。中国留学中、蒋英実は天文機器に対する見識を広め、帰国後は宮中技術者として本格的な技術者の道を歩みはじめた。彼は飛び抜けた能力のお陰で、すでに世宗五年に奴婢の身分から解放され、尚衣院別坐《サンウィウォンピョルチャ》という地位も与えられた。

中国留学から帰った後、彼がまず最初に製作したのは水時計だった。これは中国のものに倣って製作したもので、完全な自動水時計ではなかった。しかし、この水時計の開発で、彼は正五品の官位に昇進し、以後、本格的な天文学研究に邁進できた。

蒋英実は一四三二年に始まった天文観測器の簡儀台造成作業を指導した。彼は簡儀台に渾天儀、渾像そして星座表と方位指定表である正方案などを設置した。

渾天儀は、天体の運行とその位置を測定する器械で、中国の宇宙観の一つである渾天説によるものだ。渾天説の骨子は、宇宙は鳥の卵のように丸くこの地球を取り囲んでおり、地球はまるで鳥の卵の殻のような宇宙の中の黄身のようにできているという学説だ。簡単に言えば、宇宙は丸い球で、地球はその中にある、もう一つの丸い

蒋英実と金銚が製作した初の自動時計「自撃漏」。

球という意味で、すなわち地球球体説になるわけだ。また渾像は、一種の宇宙儀で、地球儀のように丸くなっていて、球状に作った緯線と経線を紙でくるんだものだ。粗雑に見えるこの天文観測器は、当時としては科学における最高の結晶だった。こうした天文学的な知識を土台に、蒋英実とその働き手の学者たちが日時計と水時計、測雨器などを製作したのだ。

蒋英実の科学的な業績の中で最も目立つのは日時計の一つである仰釜日晷と水時計の自撃漏だ。

日時計を日晷《イルグ》と呼ぶのは、これが太陽の影で時間を知らせてくれるためだ。仰釜日晷とは文字通り「釜を仰ぎ支える形の日時計」で、ちょうどその形が釜に脚が三つ付いたようになっているために付けられた名前だ。

仰釜日晷の材料は青銅で、釜のようになった半球の真ん中に影を示す針が立っている。半球の底には、針がつくる影の位置を示す線が縦に、季節を表示する線が横に引かれており、これらの線は互いに垂直になっている。そして、影の長さによって季節を計り、影の先の位置によって時間を知ることができる。

仰釜日晷の特長は、形が半球になっている点だ。すなわち当時の学者が太陽の動きを正確に把握していたことを意味し、また、太陽が半円を描きながら動くという事実を知っていたということになる。これを逆に考えると、現在の科学のように、地球は太陽の周りを日中、半円を描いて回る。つまり、地動説の論理が得られるというわけである。

こうした日時計の発達は水時計の発達をも促した。なぜなら、日時計は昼の時間だけわかるもので、またそれも、雨が降ったり曇ったりすれば無用のものだった。そこで考案されたのが水時計だ。もちろん、それまでも自ら作った水時計があることはあったが、これは完全な自動でもなく、時間も正確ではなかった。蒋英実はこの点が気がかりだったようだ。彼は研究を重ねた末に、いわゆる「自ら鐘を鳴らす水滴」時計を作ったが、それが自撃漏だった。

自撃漏は、時、更（日の入りから日の出までの一夜を五等分した時間の単位)、点(五更をさらに四ないし六等分した時間の単位)に分けて自動で鐘、鼓、ドラを鳴らすと同時に時間を知らせる木製人形が中から出てくることで時間を読めるようにした。一種の自鳴鐘時計だったわけで、これは四つの播水壺と二つの受水壺、十二の支柱、そして動力伝達装置と時報装置によって機能した。すなわち波水弧から流れ出た水が収水弧に入って支柱を浮かばせると、同時に浮力が梃子と金属玉に伝達されて、この玉が落ちて時間を知らせる装置を動かした。

この自撃漏は、蒋英実が金銚《キムジョ》とともに製作したもので、中国とアラビアのものを比較研究して、新しく考案したものだった。蒋英実は自撃漏を作った功労で護軍《ホグン》(五衛《オウィ》の正四品の武官職)に出世し、これに報いるために、再び太陽の形をかたどって作った天像時計と水時計の玉漏を作って宮中に捧げた。この玉漏も、完全な自動時計で他の国にはない独歩的な発明品だった。

蒋英実は日時計、水時計の製作の他にも、金属活字鋳造作業にも参加し、朝鮮時代の活版印刷術の代名詞である甲印字とその印刷機を完成させた。

このように蒋英実は科学の発展に一生を捧げた朝鮮時代最高の技術科学者だった。天体の原理だけではなく、自然動力の原理にも明るく、器械製作にも優れ、世宗時代の輝かしい科学革命を導いた先駆者だった。しかし、彼の老後の生活に関する記録は伝えられていない。ただ、『東国輿地勝覧《トングンニョジスンナム》』に「牙山《アサン》の名臣」という記録があるのを見ると、老年を忠清南道《チュンチョンナムド》牙山で送り、そこで一生を終えたものと推測されるだけだ。

音楽の鬼才・朴堧(一三七八—一四五八)

世宗時代の輝かしい業績の中で、もう一つ欠かせないのは、当時までばらばらだった音楽体系を整理した点だ。世宗が音楽に造詣が深かったことはよく知られているが、朴堧の助言がなかったらそれは不可能だった。世宗時代に中国よりも優秀な音楽文化を享有できたのも、考えてみれば、朴堧の努力によるものだった。

朴堧は朝鮮王朝時代最高の音楽理論家だった。彼がどのような経緯で音楽に心酔し、音楽の大家となれたのかは伝えられていない。しかし、朝鮮の音楽を最高の境地に引き上げた人物であるということだけは確実だ。

朴堧は太宗時代に吏曹判書を務めた朴天錫《パクチョンソク》の息子で、一三七八年、忠清道の永同《ヨンドン》で生まれた。比較的遅めの三十三歳の時に初めて進士試(科挙の小科《ソグア》の一つで、主に詩などの創作能力が試された)に合格し、集賢殿校理《キョリ》などを経て、主に司憲府で勤務した。しかし、奉常判官《ポンサンパングァン》時代に彼は音楽的能力を認められ、楽学別座《アカクピョルチャ》を兼務するようになった。おそらく、この時から音楽に対する専門的な知識を持ったようだ。

世宗は多方面に素質の豊かな人物であり、王世子時代から音楽に多くの関心を傾けた。そうした関係で朴堧を特に身近に置いており、それが朝鮮音楽を一層発展させる契機となった。

孔子が最も重要だと考えたことは礼と楽だった。儒教政治で儒教的な儀礼は何よりも重要な問題で、この儀礼に音楽は必須だったためだ。

王道政治を夢見た世宗は即位当初から社会秩序を正すためには儒教的な儀礼を整理しなければならないと考え、このために音楽体系の整理を急いだ。世宗のこうした夢は朴堧により実現された。

世宗時代の音楽復興は大きく分けて、雅楽の復興、楽器の製作、郷楽《ヒャンアク》(三国時代から伝わる固有の音楽)の創作、井間譜《チョンガンボ》(世宗が創案した楽譜。音の高さと長さを正確に表現した)の創案などに代表されるが、これはすべて朴堧が成したことだった。

朝鮮の音楽は左房と右房に分かれていた。左房には、一般に宮中音楽と呼ばれる雅楽があり、これはもともと中国の古代音楽で、高麗《コリョ》の睿宗(第十六代王)時代に宋《そう》から入り、王室の大事な行事に使われた。右房には、民俗楽を代表する郷楽、唐楽があった。

朴堧は音楽の整理作業に先立って、中国の古典から参考資料を集め、以後、雅楽器と雅楽譜を作った。この過程で、朴堧は当時まで輸入されていた楽器を国内で生産する基盤を作り、最も重要な楽器である編磬、編鐘などを大量に生産できるようにした。こうした成果は律管(音楽の楽律の標準となる管)製作過程で得られたものだった。朴堧は編磬の音程を合わせる正確な律管を製作するために何度も試作し、乱れた楽制を正しくするために、数十回にわたって上疏したりもした。

彼は雅楽の整理過程で雅楽と郷楽との調和した結合も試みた。これは世宗の影響が大きい。彼はもともと徹底して中国音楽に固執していたが、世宗は朝鮮音楽の独創性を強調し、郷楽に対する研究を命令した。それで『世宗実録』の楽譜には雅楽と郷楽を兼用した圜丘楽《ウォングアク》(天地を祭る祭祀用の音楽)が掲載されるようになった。そして、世宗とともに「保太平《ポテピョン》」「定大業《チョンデオプ》」などの郷楽も作り、これが世祖以後、雅楽に代わるようになった。これは、宮中音楽でも中国のものを援用しないで、朝鮮音楽を使うようになったことを意味する。

彼は楽弦の制度を改定する一方、楽弦の制度を昔のものに戻さなければならないとも主張した。その結果、朝鮮は楽器を自ら生産できるようになり、独自の音楽を享有できるようになった。さらに、整理されないまま民間だけに残っていた郷楽を宮中楽として採り入れ、民族音楽の基を固めた。

彼は老年になって、それ以上官職に就くことができなくなると、故郷の永同に帰って、そこで死ぬまで郷楽の発展に没頭し、一四五八年、八十歳で世を去った。

『農事直説』を執筆した鄭招(?―一四三四)

世宗時代の繁栄を可能にした最も根源的な要因は経済的な安定だった。

当時の社会は農耕社会だったが、それだけに、経済的安定とは農業と技術の発展を意味した。この二つの要素の発展は、これに関する実用理論書の刊行から始まった。その代表的な本が『七政算内《チルチョンサンネ》・外編《ウェピョン》』と『農事直説』だった。これらの本は主に集賢殿の学者たちによって執筆されたが、この執筆を主導した人物が、鄭招だった。特に『農事直説』は個人によって書かれた最初にして最高の実用農学書だった。

鄭招は『農事直説』の他にも、音楽書の『会礼文武楽章《フェレムンムアクチャン》』、倫理書の『三綱行実図《サムガンヘンシルト》』などを著した。さらに蒋英実などが作った天文観測台の簡儀台製作も管掌した。しかし、鄭招の生涯はよく知られていない。彼が世宗時代に吏曹判書、大提学《テジェハク》などを務め、朝鮮時代前半にかけて多大な影響力を及ぼした重要な本を編纂したが、それでも彼についての記録がないことは、おそらく世宗の業績を高めるためだったと思われる。

鄭招、鄭麟趾などが中心になって編纂した『七政算内編』と『七政算外編』がなかったら、蒋英実の天体研究は不可能だったろう。『七政算内編』は元の授時暦に関する解説書であり、『七政算外編』は回暦(イスラム暦)、すなわち地球と宇宙の動きおよびその暦日、角度などに関する解説書だった。この本の題目に書かれた「七政」というのは、日と月と、そして木、火、土、金、水の五行を指す。言うならば、『七政算内・外編』は太陽と恒星の運行を扱っている天体暦だった。もちろん、『内編』と『外編』には大きな差があるが、蒋英実などは鄭招の指導下に、この本に記述された原理を応用して日時計、水時計、測雨器などを製作できた。

一方、卞孝文《ピョンヒョムン》の支援を受けて鄭招が著した『農事直説』は、彼の能力がいかにずば抜けていたかを示している。世宗は、当時、農事法の改良に心血を注いでいたが、農民を指導できる実用農書がなく困っていた。中国の農書『農桑輯要《のうさんしゅうよう》』『四時纂要』などと、朝鮮の農書『本国経験方《ポングクキョンホムバン》』があることはあったが、その本で農民を啓蒙するには無理があった。内容が具体的でなく、農業方法においても遅れていたからだ。『農事直説』は、まさにこうした問題を解決した本だった。

『農事直説』は何よりも、穀物栽培に重点を置いた農書だった。穀物栽培に必要な水利、気象、地勢などの環境条件も詳細に記述し、農民がどんな環境でどんな穀物を栽培すれば有利かをわかるようにした。鄭招は、この本を書くために、実際に各道の農民の栽培方法を確認する一方、農民の経験談も記した。この本は世宗の命によって編纂され、各道の監司、州、府、郡、県、および中央の二品以上の官吏全員に所蔵させた。以後、『農事直説』は版を重ねて、朝鮮農業の基本書となり、成宗時代に刊行された内賜本《ネサボン》(官衙で刊行した本を王が臣下に下賜した本で、本の裏表紙には、内賜記が墨書され、巻首の一頁には「宣賜之記《ソンサジギ》」「奎章之宝《キュジャンジボ》」などの印が押されている)は日本に伝えられて、日本農業の発展にも貢献した。その後も、『山林経済《サルリムキョンジェ》』『林園経済志《イムオンキョンジェジ》』などさまざまな農書にその内容が引用されている。

鄭招は、この本の序文で、「風土が違えば、耕作法も変えなければならない」と記しており、この点が『農事直説』の最も大きな特徴だ。すなわち、各地域によって、そこに適した耕作法を収録しており、これは農民の切実な要求事項でもあった。

鄭招の、こうした農業観は朝鮮後期の実学者たちに大きな影響を及ぼした。いってみれば、彼は重農主義実学の先駆者だったわけだ。

対馬島を征伐した李従茂と六鎮を開拓した金宗瑞

堅固な国防力がなくては国家の安定を期待することはできない。世宗時代の繁栄もやはり例外ではなかった。

世宗時代の国防を担当した代表的な人物は対馬島を征伐し、倭寇の略奪行為を一掃した李従茂《イジョンム》と、六鎮を開拓し、辺境の安全を定着させた金宗瑞だった。この二人は、三十年の間をおいて、李従茂は世宗前半期、金宗瑞は後半期の国防を任された。

李従茂は一三六〇年に生まれ、幼い時から馬術と弓術に秀でていた。彼は一三八一年、父とともに江原道に侵入した倭寇を撃破した功績で武人として登用された。

高麗王朝が滅び、朝鮮王朝が開国した後にも、倭寇撃退の先頭に立ち、「第二次王子の乱」の時には芳遠《バンウォン》の側に加担して、芳幹《バンガン》の軍を壊滅させ、佐命功臣《チャミョンコンシン》四等に叙勲された。以後、彼は左軍節制使《チャグンチョルチエサ》、兵馬節度使《ピョンマチョルトサ》などを経て、世宗即位の翌年、一四一九年には三軍都体察使《サムグントチエチャルサ》に就いた。この年の五月、倭船三十九隻が忠清道庇仁県《チュンチョンドピインヒョン》に侵入し、兵船を焼き、略奪する事件が起こった。これに対して、朝廷は倭寇の根拠地の対馬島を攻略することを決め、李従茂を総指揮官に任命した。李従茂が麾下《きか》の九人の節制使を率いて征伐に向かったのは、一か月後の一四一九年六月十九日だった。この時、動員された兵船は二百二十七隻、軍一万七千人で、軍糧六十五日分を準備していた。

李従茂部隊は二日後、対馬島に入り、百二十九隻の船舶を捕獲して使えそうな二十隻余りだけ残して、すべて焼却し、家屋約二千を焼き払い、敵軍の百十四の首を討ち取った。征伐過程で、左軍節制使・朴実《パクシル》が率いる部隊が伏兵に遭って、一時苦戦したが、倭寇側の平和協定の提案で、この年の七月三日、慶尚南道巨済島《コジェド》に撤収した。

対馬島征伐の後、大規模な倭寇はなくなり、これを通して朝鮮は平和時代の基礎を作ることができた。李従茂の対馬島征伐は、それまでの数十年間ものあいだの朝鮮の悩みの種を取り除き、対日外交の新しい転機となった。

李従茂は対馬島征伐の後、賛成事に昇進した。一時、大官たちに弾劾され、配流されたこともあったが、復職し、以後、府院君《プウォングン》(王の義父、または正一品の功臣に与える爵号)に進封(爵位が上がること)され、一四二五年、六十五歳で死んだ。

朝鮮に脅威だった勢力には倭寇以外にも虎視眈々と南侵を狙っていた北辺の女真族がいた。彼らは高麗時代から絶えず朝鮮半島侵入を試み、朝鮮王朝初期にも彼らの来襲はやまなかった。そこで、世宗は豆満江周辺に六つの城を開拓して、北方を安定させようとし、これを金宗瑞に任せた。金宗瑞が約十年間の努力の末、六鎮開拓を完成させると、朝鮮は初めて完全地帯となることができた。

金宗瑞は李従茂より三十年後の一三九〇年に生まれた。李従茂が高麗亡国世代とすれば、金宗瑞は、いわゆる朝鮮開国世代だったわけだ。一般には武臣として知られているが、金宗瑞は十五歳になった一四〇五年に科挙の文科に合格し、一四一五年には尚瑞院直長《サンソウォンチクチャン》を務め、『太宗実録』編纂を主管した世宗時代の代表的な文臣だった。以後、広州判官《クァンジュパングァン》、吏曹正郎《イジョチョンナン》などを経て、一四三三年、咸吉道《ハムギルト》(現・咸鏡道)都観察使《トクァンチャルサ》となった彼は十年近くのあいだ六鎮開拓に専念し、豆満江を国境と確定する成果を挙げた。

金宗瑞の六鎮開拓は、西北方面の四郡設置とともに世宗の優れた業績の一つとして評価されている。これを契機に朝鮮は豆満江と鴨緑江以南を版図とする北の境界を確定でき、高麗時代以来、絶えず続いた女真族の南侵から、しばらくの間解放されたのだ。

六鎮開拓後、金宗瑞は忠清、全羅、慶尚三道《キョンサンサムド》の巡察使《スンチャルサ》、議政府右賛成《ウィジョンブウチャムソン》などを経て、文宗時代には左議政に就き、威勢を振るったが、一四五二年、端宗元年に首陽大君に殺され、六十三歳の生涯を閉じた。

六、塩法改定による国家財政の拡充

朝鮮の人たちの食文化は塩と不可分の関係にある。塩と塩を必要とする醬油、味噌なしには、どんな副食品もつくることができなかったからだ。そのため、朝鮮の人たちの塩に対する関心は格別なものだった。

高麗第二十六代の忠宣王《チュンソンワン》は「権塩法《カギョムポプ》」を作って、国が塩の販売を専門に担当する専売制度を実施した。しかし、政治的混乱で塩の流通秩序が乱れ、高麗時代末期に権塩法は完全に崩れてしまった。朝鮮王朝開国の後、太祖と太宗は数回にわたって、そうした状況を是正しようとさまざまな方法を講じるなど苦心した。

高麗時代末期以後、塩の生産に対する体系的な管理が行われていなかったため、塩の生産量は日々減少し、塩の値段は異常な値上がりを見せた。塩の不足がもたらす不安定さは民間経済を動揺させたため、太祖は即位とともに塩法を改定し、即位の教書を通して塩の流通過程を官庁で厳しく統制することを明らかにした。その結果、高麗時代の権塩法が復活し、塩の専売制度が行われた。

また、州、郡ごとに塩田が設けられ、塩田で生産された塩は官衙で焼いて、民衆に普及させるようにした。しかし、この時の専売制度は個人が塩を焼いて、それに準ずる税金を国に納める、いわゆる私塩を認める形態だった。そして、高麗時代の権塩法では銀と布だけが塩と交換できる物品だったが、朝鮮時代に入ると、銀や布とともに米も交換手段となり、民衆の負担を軽くした。

それにもかかわらず、塩の値段は民間経済に重くのしかかったままだった。これに対して、一四一四年(太宗十四年)九月、戸曹判書《ホジョパンソ》・朴信《パクシン》は課塩法実施を王に奏請した。

太宗は朴信の建議を受け入れ、いわゆる課塩法を実施する。しかし、課塩法は権塩法と大して変わりはなかった。塩と交換できる物に雑穀を入れただけだった。ただ、民衆の負担は多少軽くなったと思われる。それまでは、銀や布と米だけが塩を手に入れる手段だったが、民衆にとってはこれらのものはともに貴重なものだったため、それでもって塩を購入するとなると、容易なことではなかった。雑穀でも塩を買い入れることができるようになったことで、そうした点が多少緩和されただろう。

ところが、世宗時代に入って民衆の生活の質が向上し、北方の領土が開拓されたことにより、塩の需要が急増した。そのため、従前の塩田では、そうした需要をまかないきれなくなり、塩の値段は暴騰した。

世宗と重臣たちは、この問題の解決のために塩法の改定の必要性を覚え、個人が塩を焼いて販売する私塩場を撤廃して、すべての塩田を公塩に変えるべきだとの結論に達した。戸曹が細部の方策を議政府に提出することで、塩の全面的な専売制度が実施されるようになった。

塩の専売制度のために、朝廷は一四四五年八月に義塩法《ウィヨムポプ》を制定し、義塩色《ウィヨムセク》という特別な官庁を設けて、左議政と右議政とを都提調《トジェジョ》(承文院《スンムヌオン》、奉常寺《ポンサンシ》などの官衙の頭で、議政を兼任させるか、議政を歴任した人を任命する正一品の官職。実務には従事しない)に、左右参賛と戸曹判書を提調にし、別監《ピョルガム》八人を義塩色の官員として任命した。これで朝鮮王朝は国内の塩の流通を国が直接統制し、その利益を国家財政に充当できるようになった。

とはいうものの、義塩法の実施で私売買が禁止され、国家が利益を独占するようになると、塩田の働き手である塩干したちが逃走する事態が相次ぎ、これによる塩の出荷量の減少で品切れが生じた。塩干したちは、それまでとは違って、いくら働いても自分たちに利益が回ってこないため、職場放棄をしたのだ。

そうなると、義塩法に対する批判が巻き起こり、一四四六年二月、世宗は、とうとう義塩色を廃止せざるを得なくなり、一部、私塩を認めた。しかし、官衙の徹底した管理を受け入れるという条件付きの商売に飛び付いてくる商人の数はわずかだった。そのため、義塩色が廃止された後も、基本的に塩は国家の官製塩が主流を成すほかなかった。そして、時間の経過とともに、塩は国家の重要な収入源となっていった。これに反して、塩の流通が円滑に行われなかったため、民衆は塩の品切れに苦しめられながら、さまざまな経済的負担を抱えるようになっていった。

七、『世宗実録』編纂経緯

『世宗実録』は百六十三巻百五十四冊から成り、元名は『世宗荘憲大王実録《セジョンチャンホンデワンシルロク》』。この実録は一四一八年八月から一四五〇年二月まで世宗の在位三十一年六か月の間の各方面に関する歴史的な事実を編年体で記録したものと、重要な各項目に関する細部を記録した「志」とで構成されている。

『世宗実録』編纂作業は一四五二年二月、『高麗史《コリョサ》』

実録を保管した全州史庫。1439年（世宗21年）全羅北道全州の慶基殿内に設置された。

『高麗史節要《コリョサチョリョ》』が完成した後、始まった。編纂作業の監修は金宗瑞、皇甫仁、鄭麟趾に任され、許詡《ホフ》、金銚《キムジョ》、鄭昌孫《チョンチャンソン》、朴仲林《パクチュンニム》、李季甸《イゲジョン》、辛碩祖《シンソクチョ》の六人が在位期間を六つに分けて、実質的な編纂業務を主管した。しかし、実録編纂作業に参加した人物のうち、金宗瑞、皇甫仁が癸酉靖難《ケユジョンナン》で殺されると、鄭麟趾が一人で監修の責任を負うことになった。また、責任修撰官の朴仲林が謝恩使として明へ派遣され、崔恒がその後を引き継いだ。

『世宗実録』は端宗元年の一四五二年正月に、ほとんど仕上げられたが、監修作業は翌年三月まで続けられ、二年一か月かかって完成を見た。『世宗実録』は分量が膨大で、初めは一部だけ作って、春秋館《チュンチュグアン》に保管したが、一四六六年（世祖十二年）十一月、梁誠之《ヤンソンジ》の建議で、当時、すでに編纂されていた『文宗実録』とともに鋳字で印刷し、六年後の一四七二年に三部をさらに作った。

この時刊行された『世宗実録』は、忠州《チュンジュ》、全州《チョンジュ》、星州《ソンジュ》の史庫《サゴ》に保管されていたが、壬辰倭乱《イムジンウェラン》で全州史庫本だけが残り、他は焼失した。そのためこの史庫本を基に一六〇三年から一六〇六年にかけて、『太祖実録』から『明宗実録《ミョンジョンシルロク》』までがそれぞれ三部ずつ、再び刊行された。この当時、最終校訂本を含めて全州史庫本とともに全部で五部を春秋館、江華島の摩尼山《マニサン》、慶尚北道《キョンサンプクト》の太白山《テベクサン》、江原道の五台山《オデサン》、平安北道《ピョンアンプクト》の妙香山《ミョヒャンサン》に保管した。その後、

「季适《イグアル》の乱」「丙子胡乱《ピョンジャホラン》」などの乱を経て、春秋館に保管した分が焼失し、一部実録が破壊されたが、再び修復し、仁祖《インジョ》(第十二代王)時代以後、実録は江華島の鼎足山《チョンジョクサン》、太白山、全羅北道《チョルラブクト》の赤裳山《チョクサンサン》、五台山史庫に保管された。その後、日帝強占時代の一九二九年から一九三二年に京城《キョンソン》帝国大学で太白山本を底本にして影印本を作り、国史編纂委員会で一九五五年から一九五八年まで影印本を普及した。

『世宗実録』は一巻から百二十七巻までは編年体で構成されており、百二十八巻から百六十三巻までは「志」として構成されている。こうした構成になった理由は世宗の在位期間が長く、資料の量が膨大で、編年体ではすべてを到底収録できなかったためだ。

この「志」は一種の主題別、事件別整理方式で五礼(百二十八—百三十五)、楽譜(百三十六—百四十七)、地理志(百四十八—百五十五)、七政算(百五十六—百六十三)となっている。

世宗時代は政治、経済、軍事、外交、社会、制度、礼、楽、その他の文化方面で画期的な事業が成し遂げられた時期だ。朝鮮社会が全体的に一段階高い水準に到達し、定着期へ入った時期だった。『世宗実録』はそうした発展過程を総体的、包括的に記録しており、朝鮮時代の文化と社会を研究するのに必須の史料となっている。

第五代　文宗実録

一、三十年の世子生活と八年の摂政

世宗《セジョン》の治世期間は三十一年六か月だった。世子《セジャ》・珦《ヒャン》(文宗《ムンジョン》)は世宗三年に王世子《ワンセジャ》に冊封され、二十九年間、王世子としてとどまっていたが、この期間のうち八年の間は世宗の代わりに摂政をしたため、世宗治世後半期の半分は王子・珦の治世といっても過言ではない。

王子・珦が世子に冊封されたのは一四二一年で、彼は七歳だった。そして、即位当初からさまざまな病気で苦しんだ世宗が病床に臥したのは一四三六年(世宗十八年)で、珦が二十二歳の時だった。この年、世宗はとうとう王世子に庶務決裁権を譲ることを決心した。言うならば、王世子の摂政を願ったのだ。そうなれば、世宗は実質的には上王に引退するのと同じだった。

この時、世宗は王世子の摂政を強く主張した。これ以上、健康に自信がなかったためだ。即位当初から余りにも多くの仕事をしてきたため、病は日に日に悪化し、床に臥すことが多くなり、便殿《ピョンジョン》(王が平素、政事を執る宮殿)にも出られない状況が繰り返され、これ以上執務できないと判断するのも無理ではなかった。しかし、世子の摂政は臣下たちの反対で実現しなかった。

臣下の強い反対で世子の摂政が挫折すると、世宗は仕方なく、業務量を減らす計画を立てた。そこで実施されたのが議政府署事制《ウイジョンブソサジェ》だった。

議政府署事制とは、部分的な内閣制を意味する。すなわち、六曹《ユクチョ》から上ってくるすべての仕事を領議政《ヨンイジョン》、左議政《チャイジョン》、右議政《ウイジョン》が中心となる議政府で審議した後、結論を出して、王の決裁を受ける形式だ。これは、鄭道伝《チョンドジョン》が王道政治の標本として打ち立てた宰相政治の一部だった。朝鮮は開国当初に宰相政治を政治理念として掲げたが、李芳遠《イバンウォン》が鄭道伝を排除し、太宗《テジョン》(第三代王)として王位に就いた後は、議政府が中心となる宰相政治を廃止し、王が直接、六曹を管轄する六曹直啓制《ユクチョチクケジェ》を導入して王権を強化した。こうした制度は世宗にそのまま引き継がれた。しかし、六曹直啓制は王がすべての実務を管轄しなければならないため、王の業務量は膨大なものになった。病気がちだった世宗はこれ以上、六曹直啓制を維持できないとの結論に達したのだ。

しかし、議政府署事制を導入した後も、世宗は業務を決裁するほど健康ではなかった。そのため、世宗は六年後の一四四二年に再び世子に庶務決裁権を譲ることを宣言した。そして、再び臣下の強い反発が起きた。臣下たちはれっきとした王が存在するのに、世子に政事を決定させるわけにはいかないという論理を展開した。しかし、世宗も意志を曲げず、結局、臣下の反対にもかかわらず、世子の摂政体制を構築した。

世宗は、まず世子が摂政をするのに必要な機関である詹事院《チョムサウォン》を設置し、ここに詹事、同詹事などの官員を置いた。詹事院は高麗時代、東宮の庶務(宮事、侍従、進講など)を管轄する機関であった太子詹事府制度を真似たもので、これは忠烈王《チュンニョルワン》二年(一二七六年)に世子詹事府と改名された。世宗がこの制度を臨時導入したのは、世子が摂政をする場合、承政院《スンジョンウォン》と便殿に代わるところが必要だったためだ。

詹事院の設置とともに世子・珦の摂政が始まった。世子の年は二十八歳だった。世宗は、この摂政期間、世子に王のように南を向いて座らせ、朝礼を受けるようにする一方、すべての官員は庭で臣下としてひかえるようにし、また、国家の重大事を除いたすべての庶務は世子の決裁を受けるようにした。

世子・珦は一四四二年から一四五〇年まで八年間の摂政を通じて政治実務を経験し、さまざまな治績を残した。

二、文宗の短い治世と王権の萎縮

生年一四一四―没年一四五二

在位期間一四五〇年二月―五二年五月、二年三か月

文宗は一四五〇年二月、世宗が死去すると、八年の摂政を終えて、やっと王に即位した。しかし、もともと病弱だった彼は世子時代の過労で健康がひどく悪化していた。即位後、病状はさらに悪くなり、在位期間の大部分を病床で過ごさなければならなかった。

文宗は一四一四年(太宗十四年)に世宗と昭憲王后《ソホンワンフ》の長男として生まれた。名は珦、字は輝之《フイジ》。七歳になった一四二一年、王世子に冊封され、二十八歳になった一四四二年に摂政となり、世宗に代わって政治を執り行なった。

彼は幼い時から学問を好み、学者と親しくし、測雨器製作に自ら参加するほど天文、易、算術に優れ、書道にも長けていた。また、性格が柔順でやさしく、誰からも好かれ、行動が沈着であり、判断が慎重であるため、他人から批判を受けることがなかった。しかし、あまりにも善良で、文弱さから抜け出られなかった。

八年間の摂政に続いての即位で、文宗時代の政治は世

宗後半期のそれとあまり変わらなかった。しかし、文宗が即位し、王権は世宗時代に比べて多少萎縮した。それは世宗が執権期の半分を病床に臥し、また後半期に世子による摂政が続いたため、首陽《スヤン》、安平《アンピョン》など他の王子たちの勢力が大きくなったためだ。王子たちの勢力がただならない状況になると、言官《オングアン》の宗親《チョンチン》に対する弾劾が頻繁になり、このため、文宗執権期間中、宗親と言官の間には緊張した雰囲気が続いていた。

また、文宗は言官の言論に寛大な姿勢を取り、この時代の政治全般に言官たちの影響力が増大した。斥仏論は、その代表的な事例だった。世宗時代末期に世宗と王室がとった仏教擁護政策により各種の仏教行事が行われ、宮殿に内仏堂(世宗が景福宮《キョンボックン》に建てた仏堂)が建てられるなど仏教隆盛政策が活発化したが、儒臣たちはこれを阻止できなかった。そうこうするうちに文宗が即位すると、儒学中心の言官たちは王室の仏教的傾向を払拭し、儒教的雰囲気を作ろうと必死になり、これは大部分、文宗に受け入れられた。

こうした言官の活発な言論に加えて、文宗は、言論の道をさらに広げる政策をとった。そして、六品以上の臣下に対しては輪対《ユンデ》(交代で一人ずつ王に会うこと)を許可し、官位の低い臣下の言葉にも耳を傾けた。

このように寛大な政策を基本統治方針に設定した文宗は『東国兵鑑《トングクピョンガム》』『高麗史《コリョサ》』『高麗史節要《コリョサチョリョ》』『大学衍義注釈《テハクヨニチュソク》』などを優先的に編纂した。これは文宗が歴史と兵法を整理し、社会基盤を定着させ、制度を確立しようとしたことを意味する。というのも、『高麗史』『高麗史節要』などを整理したのは単なる前王朝史の整理にとどまらず、朝鮮の政治、制度、文化の整理をも意味するからだ。

また、文宗は世子時代から陣法を編纂するなど軍政に関心が高かったが、その延長線上で見れば、『東国兵鑑』の編纂は、兵法の整備と軍政の安定のための措置だった。彼は即位当初、自ら軍制改革案を作り、全部で十二師に分けられている軍制を五師に集約し、軍制上の細かな部分を改善し、補完もした。

文宗は、こうした柔軟さと強さを兼ね備えた政策を実施したものの、健康悪化で在位二年三か月の一四五二年五月、三十八歳で死去した。

文宗は幼くして世子に冊封され、早く結婚した。それで、最初の嬪宮《ピングン》として金氏《キムシ》、二番目に奉氏《ポンシ》がいたが、二人とも過失のために廃位された。純嬪《スンビン》・奉氏が廃位されると、当時、良媛《ヤンウォン》に進封されていた花山府院君《ファサンブウォングン》・権専《クォンジョン》の娘が世子嬪《セジャビン》に定まったが、彼女が端宗《タンジョン》の母、顕徳王后《ヒョンドクワンフ》・権氏《クォンシ》だ。

顕徳王后・権氏は一四四一年、世子嬪時代に端宗を生み、三日後に死去したが、彼女の怨霊が首陽大君(後の

第5代　文宗　家系図

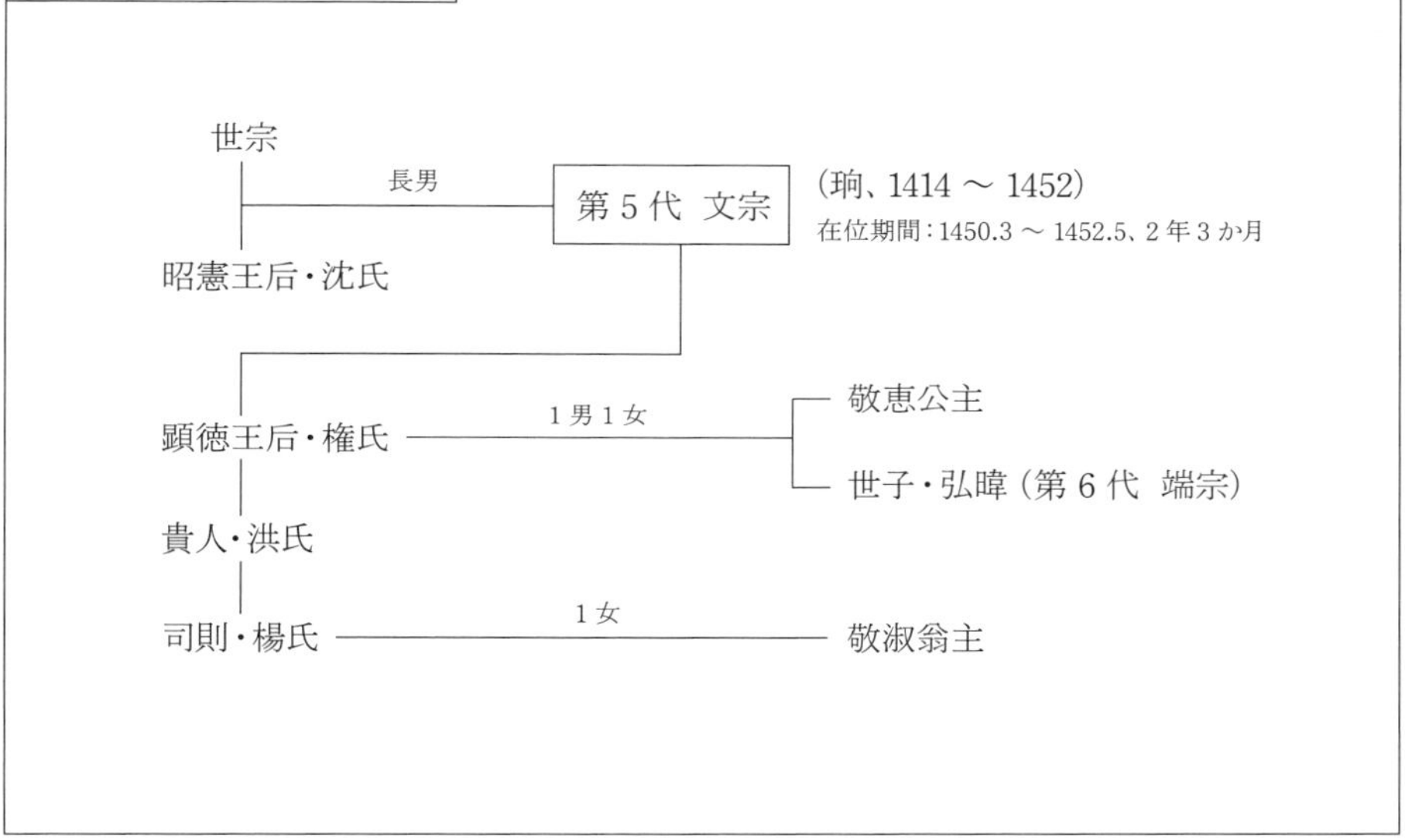

世祖《セジョ》）が王権を簒奪《さんだつ》した後に宮中に現れ、彼の家族を苦しめたという話が伝わっている。そこで、世祖の長男・懿敬世子《ウィギョンセジャ》（追尊王・徳宗《トクチョン》）が彼女の恨みに苛まれて死去し、世祖もやはり夢で彼女の吐いた唾のために皮膚病にかかって、苦しんだと伝えられている。

文宗は、三人の夫人との間に一男二女をもうけたが、顕徳王后・権氏から端宗と敬恵公主《キョンヘコンジュ》を、司則《サチク》・楊氏《ヤンシ》から敬淑翁主《キョンスクオンジュ》を得た。彼の陵は顕陵《ヒョンヌン》で、京畿道九里市《キョンギドクリシ》東九陵《トングルン》にあり、顕徳王后もともに埋葬されている。

三、『文宗実録』編纂経緯

『文宗実録《ムンジョンシルロク》』は十三巻からなり、一四五〇年三月から一四五二年五月まで文宗在位二年三か月にわたる各分野の歴史的事実を編年体で記録している。

『文宗実録』は一四五四年三月に世宗実録が完成すると、ただちに編纂作業に入り、一四五五年十一月に完成した。この書の監修官《カムスグアン》は、もともと金宗瑞《キムジョンソ》、皇甫仁《ファンボイン》などの後を継いで首陽大君になっていたが、本人が王に即位してからは、鄭麟趾《チョンインジ》が任された。

この作業が完了した翌月、世祖は実録閣で宴会を設け、都承旨《トスンジ》・朴元亨《パクウォニョン》、左副承旨《チャブスンジ》・成三問《ソンサムムン》などに命じて編纂関係者に酒、ミカン、香料などを下賜した。

しかし、現存する『文宗実録』は一四五一年（文宗一年）十二月と翌年の一月に該当する二か月分が抜けている。これに対して、一六〇〇年（宣祖《ソンジョ》三十三年）八月、芸文館待教《イェムングァンテギョ》だった権泰一《クォンテイル》が妙香山《ミョヒャンサン》へ登って実録を調べているうちに、初めて『文宗実録』の誤りを見つけたと伝えられている。

壬辰倭乱《イムジンウェラン》で春秋館《チュンチュグァン》、星州史庫《ソンジュサゴ》、忠州史庫《チュンジュサゴ》が火事で焼け、唯一、全州史庫《チョンジュサゴ》の実録だけが残り、これを妙香山に移したが、この全州史庫本には『文宗実録』十一巻の表紙と内容が違っていた。すなわち、表紙には十一巻とあるが、その内容は九巻であったということだ。

これに対して権泰一は、印刷し、各史庫に分けて保管する際に誤りが生じたと報告している。言うならば、春秋館本を印刷して、全州史庫に送る際に『文宗実録』の十一巻は、表紙は十一巻で、内容は九巻のまま束ねられてしまったとの解釈だった。このことから、全州史庫以外の他の書庫の中に、表紙は九巻だが内容が十一巻の『文宗実録』があったという推論も可能だ。

そのため、現在『文宗実録』は十一巻がない状態で残っており、文宗時代の一四五一年十二月と一四五二年一月に関する正確な歴史的考証は不可能な状態だ。

第六代　端宗実録

一、悲運の王子・弘暐

文宗《ムンジョン》は病弱で、多くの世継ぎを得られなかった。それに世子嬪《セジャビン》・権氏《クオンシ》(顕徳王后《ヒョンドクワンフ》)は二十五歳で敬恵公主《キョンヘコンジュ》に続いて世孫《セソン》・弘暐王子《ホンウィワンジャ》(端宗《タンジョン》)を出産したが、難産だったため、出産で気力をなくしてしまった。彼女は世宗《セジョン》の後宮である恵嬪《ヘビン》・楊氏《ヤンシ》に弘暐を頼んで、三日目に息を引き取った。

　恵嬪・楊氏は、徳のある女性で、生まれて三日目に母親に先立たれた弘暐に乳を飲ませるため、自分の次男を乳母に任せて、弘暐の世話をした。こうして養育された弘暐は七歳になった一四四八年(世宗三十年)、世孫に冊封された。

　世宗は弘暐をとても可愛がったと伝えられている。弘暐を世孫に冊封した彼は成三問《ソンサムムン》、朴彭年《パクペンニョン》、李塏《イゲ》、河緯地《ハウィジ》、柳誠源《ユソンウォン》、申叔舟《シンスクチュ》などの集賢殿《チピョンジョン》の若手学者を密かに呼んで、世孫の将来を頼んだ。世宗は自分も、すでに病状が悪化して死を目前にしており、世子の珦《ヒャン》も、やはり長生きできないと判断していた。世宗がこのように懇願したのは、まさに血気旺盛な他の王子たちのことを気にしていたためだった。特に、次男の首陽《スヤン》は、幼い時から野心的で、豪放な気性だった。死を目前にしていた年老いた王は、幼い世孫が果たして彼ら大君たちの間で生き長らえられるかどうかを心配したのだ。

　一四五〇年、世宗が死去し、文宗が即位すると、弘暐は世孫から世子《セジャ》に冊封された。この時、弘暐は九歳だった。

　朝鮮第五代王に即位した文宗は、世宗《セジョン》が予想した通り長く生きられずに、即位二年三か月で、幼い世子を頼むとの遺言を臣下に残して病死してしまった。時に弘暐は十一歳だった。

二、幼い端宗の即位と王位を簒奪する叔父

生年一四四一—没年一四五七

在位期間一四五二年五月—五五年閏六月、三年二か月

　端宗は朝鮮王朝を通じて最も幼い十一歳で王位に就いた。未成年の幼い王が即位すると、宮中で最も序列の高い后妃が垂簾聴政を執るのが一般的であったが、当時の

宗廟の正殿。儒教思想に根ざした朝鮮王朝では、先代王を崇めて祭ることが国の安寧につながると考えられた。〔写真：アフロ〕

宮中事情はそのような状況ではなかった。大王大妃《テワンデビ》(生存中の先々代の王妃、現王の祖母)はもちろん、大妃《テビ》(先代の王妃、現王の母后)もおらず、さらに王妃もいなかった。

端宗の母后・権氏《クォンシ》が、産褥熱で死に、文宗の後宮は貴人《クイン》・洪氏《ホンシ》、司則《サチク》・楊氏《ヤンシ》の二人だけだった。世宗の後宮の恵嬪・楊氏がいたことはいたが、宮中入りして日も浅く、後宮であるため、政治的な発言権はほとんどなかった。後宮たちは、ただ内事を助ける程度しかできなかった。そのため、端宗は垂簾聴政さえ受けられない立場で即位した。

文宗と顕徳王后の間に生まれた端宗は、祖父である世宗の称賛が世に広く知られるほどに、幼いころから聡明だった。世孫時代には成三問、朴彭年など集賢殿の学者たちの指導を受け、王世子に冊封された後は、李塏と柳誠源が彼の教育を任された。

端宗は即位はしたが、年があまりにも若く、政事を執ることができないために、すべての措置は議政府《ウィジョンブ》と六曹《ユクチョ》が引き受け、王はただ形式的な決裁をするだけだった。人事問題でも大臣たちは黄票政事《ファンピョジョンサ》制度を作ったが、これは朝廷から指名された一部の臣下が人事対象者の名前に黄色い点を付けて出すと、王はただその点の上に印を付けるだけという方法だった。そのため、すべての政治権力は文宗の遺命を受けた、いわゆる顧命大臣《コミョンデシン》の皇甫仁《ファンボイン》、金宗瑞《キムジョンソ》などに集中していた。

このように王権が有名無実化し、臣権が絶対的な地位を占めると、世宗の子供たち、すなわち王族の勢力が強まってきた。そして、首陽、安平《アンピョン》、臨瀛《イミョン》、永膺《ヨンウン》などの王族が徐々に王権を脅かしはじめた。その中でも、特に次男の首陽と三男の安平は互いに勢力競争を繰り広げ、とうとう激しい血の争いを招くことになった。

首陽大君は一四五三年十月、「癸酉靖難《ケユジョンナン》」を起こした。首陽は文宗が死ぬと、幼い王を補弼《ほひつ》するとの名目で政界に乗り出し、その過程で皇甫仁、金宗瑞などの大臣たちが安平大君の周辺に集まると、彼らを警戒しはじめた。そして、自分の部下の韓明澮《ハンミョンフェ》、権擥《クォンラム》などが練った策略でとうとう金宗瑞を殺し、皇甫仁をはじめ朝廷の大臣たちも宮殿に呼び寄せて殺した。彼らの罪名は安平大君を推戴して宗社（歴代の王や王妃の位牌を祀った宗廟《チョンミョ》と、王が国家の繁栄のため土地の神と穀物の神に祭事を行った社稷《サジク》のこと。すなわち国のことを指す）を危険に陥れたということだった。

癸酉靖難で、顧命大臣たちがほぼ惨殺されると、朝廷は首陽大君の手中に入った。首陽大君は領議政《ヨンイジョン》に即位し、また、王に代わって庶務を管轄するなど王権と臣権を同時に握った。首陽大君は自身の執権クーデターに参加した者たちを靖難功臣《チョンナンコンシン》に封じ、彼らが乱の張本人と称した安平大君と彼の子供・友直《ウジク》を江華島《カンファド》へ配流し、その後、安平大君には賜薬を下して自決を命じ、友直は全羅南道《チョルラナムド》珍島《チンド》へ流した。

中央を掌握した首陽は辺境に自分の勢力を植えつけるために、咸鏡道都節制使《ハムギョンドトチョルチェサ》を交替させた。当時、咸鏡道都節制使だった李澄玉《イジンオク》は、この知らせを聞いて、新任節制使として赴任した朴好問《パクホムン》を殺し、乱を起こした。李澄玉は、もともと四郡（世宗時代に北方の女真族《じょしん》の侵入を防ぐために鴨緑江《アムノッカン》上流に設置した閭延《ヨヨン》、慈城《チャソン》、茂昌《ムチャン》、虞芮《ウイェ》の四郡）と六鎮（世宗時代に咸鏡北道《ハムギョンブクト》の辺境に設置した慶源《キョンウォン》、慶興《キョンフン》、富寧《プリョン》、穏城《オンソン》、鐘城《チョンソン》、会寧《フェリョン》の六鎮営）の開拓に大きな功績を立て、金宗瑞の信任を得ていた。そのため、首陽が朝廷の大臣たちを殺し、政権を掌握したとの知らせに接して、周りの者たちとともに首陽を討つことに決めた。しかし、鍾城判官《チョンソンパングアン》・鄭種《チョンジョン》、護軍《ホグン》・李行倹《イヘンゴム》などに殺されてしまい、「李澄玉の乱」は実らずに終わった。

このように政治的な実権が完全に首陽大君に掌握される中、一四五四年正月、端宗は敦寧府判事《トンニョンブパンサ》・宋玹寿《ソンヒョンス》の娘を王妃に迎えた。しかし、翌年閏六月に首陽大君が自分の部下の臣下たちと論議して、王の側近錦城大君《クムソンデグン》（首陽大君の弟）以下数人の宗親《チョンチン》、宮人、臣下たちをすべて罪

第6代　端宗　家系図

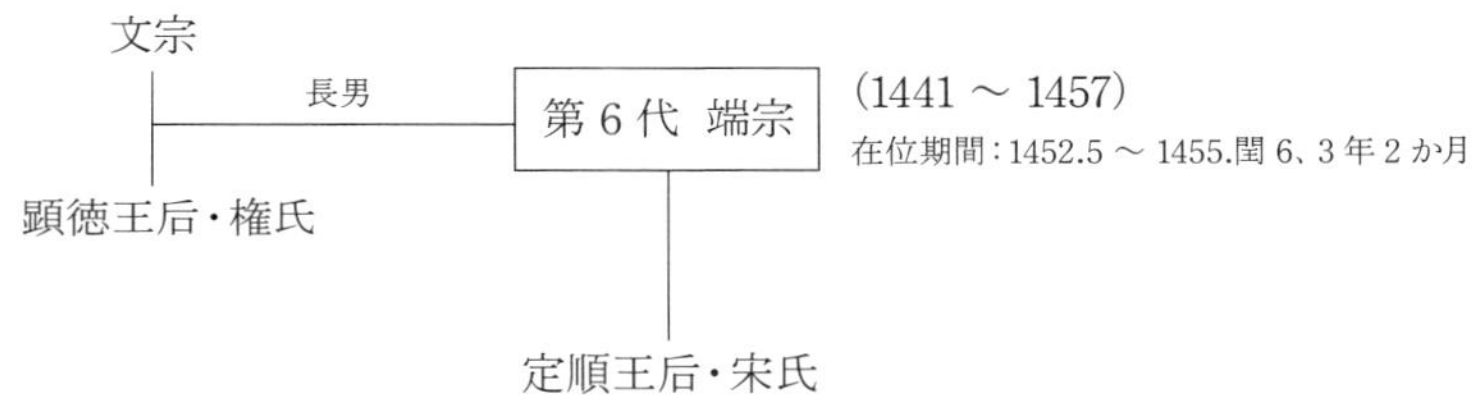

人の濡れ衣を着せて配流すると、危険を感じた端宗は王位を退いて上王となり、寿康宮《スガングン》に移った。

以後、一四五六年六月に上王の復位事件が起こると、成三問、朴彭年など集賢殿の学士出身者と成勝《ソンスン》、兪応孚《ユウンブ》など文臣が処刑され、翌年、端宗も魯山君《ノサングン》に降封され、江原道寧越《カンウォンドヨンウォル》に流された。しかし一四五七年九月、慶尚《キョンサン》北道順興《ブクトスヌン》に配流されていた錦城大君が端宗復位を計画し、発覚する事件が発生し、端宗は再び庶人に落とされ、一か月後の十月に十六歳で賜薬を下された。

端宗の夫人は宋玹寿の娘・定順王后《チョンスンワンフ》で、二人の間には後嗣がなかった。端宗は一六八一年（粛宗《スクチョン》七年）に魯山大君に追封され、一六九八年に端宗として復位した。彼の陵は荘陵《チャンヌン》で、寧越にあり、定順王后の陵は思陵《サルン》で、京畿道南陽州市《キョンギドナミャンジュシ》にある。

三、癸酉靖難の背景と事件の分析

十一歳の幼い年で端宗が朝鮮第六代王に即位すると、朝廷は顧命大臣に掌握された。これは、朝廷が臣権により完全に掌握されたことを意味する。しかし、こうした臣権の強化が王権自体を脅かすことはなかった。むしろ、王権を脅かしたのは首陽をはじめとして虎視眈々と王位を狙っていた世宗の王子たちだった。

当時、朝廷は領議政に皇甫仁、左議政《チャイジョン》に南智《ナムジ》、右議政《ウイジョン》に金宗瑞が布陣していた。しかし、南智は健康が優れず、この年の十月に左議政を退き、左議政に金宗瑞、右議政に鄭苯《チョンブン》が就いた。当時は議政府署事制《ウィジョンブソサジェ》であったため、朝廷の権力は議政府の三政丞《サムジョンスン》(領議政、左議政、右議政の総称。三公《サムゴン》、三事《サムサ》ともいう)が握っており、健康が悪化した南智が政治に積極的に参与できなくなると、朝廷は皇甫仁と金宗瑞が左右する状況となり、鄭苯が右議政になっても、継続して二人が権力を握っていた。

『端宗実録《タンジョンシルロク》』には、彼ら大臣が安平大君など宗親だけでなく、恵嬪・楊氏、宦官などと謀議して宮中にまで勢力を広げる一方、黄票政事を利用して自分の勢力下にある者を要職に就け、朋党《プンダン》を作り出し、ついには宗室《チョンシル》を覆し、首陽大君に脅威を与えたことが癸酉靖難の原因だと記録されている。

しかし、『端宗実録』が世祖時代に編纂された点を考えれば、この記録は歪曲された可能性が高い。皇甫仁など顧命大臣は文宗の遺志を受けて、幼い王を補弼するのに最善を尽くしただけで、朋党を作り出そうとした痕跡はほとんどない。ただ、大臣たちの協議体である議政府が本来の権限を超えて王権を弱めていた点だけは明らかであった。

ある史官の記録によると、「王は手一つ動かせられない操り人形に転落し、百官は、議政府のことは知っているものの、君主がいることを忘れて久しい」とある。また、宰相中心体制を主張した成三問をはじめ集賢殿の学者たちも金宗瑞の行き過ぎた権力増大に批判的な姿勢を取った。こうした二つの例は、議政府が権力を乱用したということを示し、一方では王権が地に落ちたことを証明してもいる。

しかし、大臣たちの合議体である議政府が勢力を大きくし、首陽大君を排除しようとしたわけではない。首陽は自ら明《みん》に誥命謝恩使《コミョンサウンサ》として行ったことがあるが、万一、議政府が彼を排除しようとしたなら、この期間に十分可能だったわけだ。しかし、首陽は彼の部下が引き止めたにもかかわらず、明に行った。これは当時、金宗瑞などが首陽の行動に対して別に関心を抱かなかったことを示している。むしろ、首陽は明に行ったことで、議政府の大臣たちに自分が政権に対して野心がないと見せかけようとしたと考えなければならない。議政府の大臣たちを安心させて、不意を突くという計算だったのだ。これは首陽大君のクーデター計画が、明から帰ってきてから急進展した点を見てもわかる。

首陽大君は明から帰った一四五三年四月に申叔舟を配下に取り込む一方、洪達孫《ホンダルソン》、楊汀《ヤンジョン》などの腹心武士を養成しはじめ、六か月後についにクーデターを敢行した。

彼は、まず金宗瑞を排除した。当時、金宗瑞は兵権を握っており、朝廷の大臣の中心でもあったため、彼を排除しなければ、クーデターを成功させるのは難しかった。そこで、その年の十月十日夜、楊汀などを率いて金宗瑞のもとへ行き、奸計を弄し、彼を鉄鎚で殺し、領議政・皇甫仁、兵曹判書《ピョンジョパンソ》・趙克寛《チョグックァン》、吏曹判書《イジョパンソ》・閔伸《ミンシン》、右賛成《ウチャンソン》・李穰《イヤン》(太祖の異母弟である義安大君《ウィアンデグン》・李和《イファ》の孫で、六宗英の一人)などは王命を口実に宮殿に呼び出し惨殺した。

また、実弟の安平大君を朋党謀議の主役として江華島へ配流とした後、賜薬を下して自決を命じた。それに、自分の兄弟の中で意見を異にした錦城大君をも配流とした後、殺した。

こうした一連の過程は首陽大君が王権に対する野心がなかったら起こり得ないことだった。また、たとえ議政府の大臣たちが朝廷を支配していたといっても、これは少なくとも王権に対する野心から始まったものではなく、王が権限を振るう能力がない状況で行われた一時的なものだった。

朝鮮が開国初期から宰相中心制を政治理念に定めていた点を踏まえれば、王が象徴的な存在として残っていても、統治面では別に問題はなかったのだ。したがって、癸酉靖難は首陽と彼の周りが王権を欲張ったあまり犯した背徳的な謀叛と見るのが正しい評価だろう。

四、端宗復位運動を繰り広げた人たち

端宗が上王に退くと、首陽大君の王位簒奪を謀叛と断定した者たちは端宗の復位運動を繰り広げた。その代表的なものは、世祖が即位してから四か月にしかならない時から進められ、集賢殿の学士出身の大臣たちと一部の武人たちが主導した事件だった。

一四五五年閏六月、首陽大君が錦城大君をはじめ宗親とその臣下たちを島流しにして王に即位すると、世宗と文宗から特別な信任を受けていた集賢殿の学士出身である成三問、朴彭年などの文官たちは兪応孚、成勝などの武官たちと謀議して、上王に退いた端宗を復位させる計画を立てた。

この計画は、明の策命使が朝鮮に来るとの通報があり、

兪応孚が王を保護する別雲剣《ピョルンゴム》に任命されたことで具体化する。当時、世祖は明の策命使を迎えるために、上王・端宗とともに昌徳宮《チャンドックン》に行くことになっており、その時に兪応孚が世祖を殺害する計画だった。

しかし、この計画は失敗に終わってしまった。世祖が別雲剣を従えて宴会場に出るのは危険だと判断した韓明澮が、昌徳宮の宴会場があまりにも狭く、当日になって別雲剣を廃止しなければならないと主張、世祖がこの意見を受け入れたため、暗殺計画を延ばすほかなかったのだ。しかし、謀叛に参加することになっていた成均館《ソンギュングアン》司芸《サイエ》・金礩《キムジル》が義父の議政府右賛成・鄭昌孫《チョンチャンソン》にこの事実を知らせ、結局、端宗復位計画に加担した者たちはすべて捕まってしまった。

実際、この端宗復位事件の正確な首謀者を把握できるだけの史料はまだない。ただ、金礩が告発した時、成三問に聞いた話だとし、成三問は朴彭年、李塏、河緯地、柳誠源などがともに謀議したと言った。さらに問いただすと、兪応孚などもこの計画を知っていたと言う。結局、この事件で集賢殿の学士出身の成三問、朴彭年などと、これに関係した十七人が投獄された。彼らはすべて事件が起こってから七日目の六月九日、軍器監《クンギガム》の前で処刑された。その後、中宗《チュンジョン》時代になって、彼らのうち、朴彭年、成三問、李塏、河緯地、柳誠源、兪応孚は「死六臣《サユクシン》」として記録された。

二番目の端宗復位運動は、首陽の弟であり、世宗の六番目の息子である錦城大君《クムソンデグン》が起こした。錦城大君は首陽の実の弟ではあるが、親等数で言えば六親等にあたる。彼は世宗により、太祖の八番目の息子であり、太宗の腹違いの弟でもある芳碩《バンソク》の奉祀孫《ポンサソン》(祖先の祭祀を受け継ぐ子孫で、祀孫《サソン》ともいう)として籍を入れられたためだ。そのため、彼は宗親として首陽大君とともに端宗を輔弼することになったが、首陽が端宗を上王に退かせると、これに抗議し、配流の身となってしまう。配流地を転々としていた錦城大君は、慶尚北道順興に流された時、その地の府使《プサ》である李甫欽《イボフム》と謀議し、端宗を復位させる計画を立てるが、決起の直前に官奴の告発で失敗し、反逆罪で処刑されてしまう。

彼は、兄弟のうち、世祖の即位に反旗を翻した唯一の人物だった。そのため、正祖の時代、死六臣をはじめとし、端宗に忠誠を誓った臣下の御定配食録《オジョンベシンノク》を定める際に「六宗英《ユクチョンヨン》」(端宗を守ろうとした六人の宗親で、安平大君《アンピョンデグン》、錦城大君、永豊君《ヨンプングン》、漢南君《ハンナムグン》、和義君《ホアウィグン》、李穰《イヤン》)の一人となった。

端宗復位の動きは、単に彼らによってだけ行われたわけではなかった。癸酉靖難直後に起こった「李澄玉の乱」も突き詰めてみると、首陽大君の王位簒奪《さんだつ》を妨害しよう

官服の胸や背につけられ、位を表した胸背。端宗時代に初めて実施された。〔国立中央博物館 所蔵〕

とした試みと見ることができ、世祖執権後、金時習《キムシスプ》などの「生六臣《センユクシン》」をはじめ、儒生たちが王位を簒奪した世祖を批判したのも、この延長線上で捉えられる。

こうしたことから、首陽大君の王権継承を、当時の朝鮮の人たちが、王位簒奪だと認識していたことがわかる。そして、後代、端宗のために忠節を見せた臣下たちを高く評価した点から推して、首陽大君の王位簒奪に対し、数百年間、論争が続いていたこともわかるのだ。

五、『端宗実録』編纂経緯

『端宗実録』は十四巻から成り、原名は、『魯山君日記《ノサングンイルギ》』だった。それゆえ、表紙には『端宗大王実録』となっているが、本文の各面には『魯山君日記』という表題が付けられている。これは端宗が上王に退き、さらに魯山君に降格され、庶人に転落させられたうえ、殺害されたためだ。この本には一四五二年五月から一四五五年閏六月まで、端宗在位三年二か月の間の各方面に関する歴史的な事実が編年体で記録されている。

『端宗実録』については一四五五年八月二十九日に「春秋館《チュンチュグァン》の建議で魯山君即位以後の時政記《シジョンギ》（当時の政治で歴史的史料になりそうなものを史官が記録したもの）を編纂することになった」という記録があるだけで、その過程や参与した人物に関する正確な記録はない。

一四六四年十月十四日、世祖が『靖難日記』の編纂を命じたが、その内容が『魯山君日記』に編入されたものと推定されている。その後、一四六九年（睿宗《イェジョン》元年）に王が春秋館に命じて、魯山君時代の日記と癸酉靖難の際の史草を提出させ、その事例を調べることになったが、これは、当時すでに『魯山君日記』の編纂作業が締めくくられていたことを証明している。しかし、現存する『魯山君日記』で首陽大君を世祖と呼んでいるところを見ると、世祖が死んだ後に作成されたことだけは明らかだ。

『魯山君日記』の構成はほぼ他の実録と同様だが、叙述方法で多少の違いがある。最初は王の出生と即位までの過程を簡単に記述し、即位後の事件は実録の記載方法を取っている。しかし、他の実録が巻末に編纂者の名簿を付けているのに対して、『魯山君日記』にはその名簿がないのが特徴だ。その代わりに粛宗時代に作った付録が付いている。

端宗として復位されたのは一六九八年で、粛宗二十四年十一月のこと。『端宗実録』という表題を付けたのもこの時で、粛宗時代に付けた付録にはその経緯が記されている。

『端宗実録』は端宗の治世に関する重要な史料だが、記録をそのまま受け取るわけにはいかない。特に、世祖の簒奪経緯が美化されており、ややもすれば歴史を歪曲した視線で捉えてしまう素地がある。

『魯山君日記』は一四七三年(成宗四年)、歴代の実録を印刷する際に、初めて印刷されたと推測されており、この後、一六〇三年(宣祖《ソンジョ》三十六年)にいくつかの実録をともに筆写したが、この時、『魯山君日記』も一緒に刊行されたものと見られる。

第七代　世祖実録

一、首陽大君の政権転覆と王位簒奪

端宗《タンジョン》が十一歳の幼い年で即位すると、朝鮮の政局の構図は王族の代表格である首陽大君《スヤンデグン》派と文宗《ムンジョン》の遺言を受けた顧命大臣《コミョンデシン》派とに分かれた。しかし、この両派の内部では、またそれぞれ異なる小さな勢力圏が形成されていた。王権強化を目ざしていた王族の中には首陽大君を牽制する安平大君《アンピョンデグン》が、また宰相政治を目ざしていた大臣の中には金宗瑞《キムジョンソ》、皇甫仁《ファンボイン》の権力独占を批判する集賢殿《チピョンジョン》学士出身者がそれなりに独自の勢力を形成していた。

朝鮮は根本的に王を中心とする王道政治を標榜する国だった。そのために、政治勢力は常に王族を後ろ盾にするか、あるいは彼らの誰かを前面に立たせないと、大義名分を得るのが困難だった。特に端宗時代は王があまりにも幼いために王権自体が有名無実化していた。王に代わる実質的な宮中の年長者がいなかったために、大臣たちは自分たちの政治的な大義名分を得るためにも、王族の一人を前面に立たせる必要性を感じていた。そこで選ばれたのが安平大君だった。

顧命大臣たちが安平大君を選んだ理由は、一言で言って首陽大君を牽制するためだった。王権が有名無実化するにつれて臣権が強まり、一方で王位を狙う王族たちの力も強まっていった。その状況に大臣たちは力を分散させる必要性を感じ、比較的力の弱い安平大君を引き入れたのだ。

当時、王位を狙えそうな力を持った人物は、王族の首陽、安平の二人で、彼らはすでに王の健康が悪化していた世宗《セジョン》の後半期から次第に力をつけはじめ、文宗時代に入ると、自分たちの勢力を表に出しはじめた。そして、力のない端宗が即位すると、これをさらに露《あらわ》にした。特に首陽大君の力は大変なもので、顧命大臣たちが脅威を覚えるほどだった。

首陽大君の威勢が強まったのは、彼が王族の代表として端宗を補弼《ほひつ》する任務を担っていたからだ。端宗は王に即位した後、王族の代表二人に自分を補弼するように依頼したが、最も近い直系血族の最年長者の首陽と、首陽の実弟で、かつて太祖《テジョ》の八男・芳碩《バンソク》の奉祀孫《ポンサソン》に入った錦城大君《クムソンデグン》が選ばれた。錦城大君は律儀だったが、勢力を持たず、政権欲もない人物だった。このため、王をコントロールすることができるのは、首陽大君を差し置いてはだれもいなかった。

顧命大臣たちは、こうした首陽大君の勢力拡大に脅威を覚えた。首陽は、もともと剛直な人物だが、独占欲の強い人でもあった。それに王権中心主義を標榜していたために、彼の権力が強化されることは、大臣たちの権力が弱まることを意味した。

金宗瑞と皇甫仁をはじめとする顧命大臣たちは熟考した末に、首陽大君の勢力拡張を防ぐため、安平大君と手を組んだ。安平は六鎮を開拓する時に、金宗瑞とともに女真《じょしん》族を討伐した人物であり、朝廷の大臣たちとも比較的親密な関係を維持していた。また、学問と文芸にも優れ、ソンビの浪漫的な面も持ち合わせていた。いわば豪放な性格の持ち主である首陽に比べ、王権を横取りする確率の低い人物と見なされたのだ。

顧命大臣たちが安平と手を組むと、首陽大君の勢いは再び萎縮した。黄票政事《ファンピョジョンサ》を通して朝廷を掌握していた彼らが、自分たちと競えそうな王族勢力の安平大君と力を合わせることで、それこそ力と大義名分をともに握るようになったためだった。

そこで、首陽大君は打開策を模索し、結局、顧命大臣たちを武力で取り除く計画を立てた。

首陽のこの反乱は、端宗即位当初から慎重に準備されていたようだ。首陽は一四五二年七月、集賢殿で『歴代兵要《ヨクテビョンヨ》』をともに編纂していた集賢殿校理《キョリ》・権擥《クォンラム》を配下に引き入れ、以後、韓明澮《ハンミョンフェ》、洪允成《ホンユンソン》などをも腹心にしていた。このことから本格的に勢力を拡大していったことがわかる。

首陽は、実行の六か月前に意外な行動を取るが、それは自ら明《みん》に赴くことを願い出たことだ。一四五二年九月、端宗即位を承認する明からの「誥命冊印《コミョンチェギン》」(中国が大国として諸隣国に送った王位を承認する文書と金印)に対して、朝廷では返礼として謝恩使《サウンサ》を派遣することになった。首陽は、こうしたことは宗親《チョンチン》の義務であると主張し、自分が行くと意地を張った。しかし、首陽の部下たちはこれを止めた。首陽のいない間に大臣たちが勢力を拡張することを恐れたからだ。それでも、首陽は中国行きを強行した。

その後、明から帰った一四五三年四月から首陽の計画は急速に進む。部下に申叔舟《シンスクチュ》を引き入れたかと思えば、洪達孫《ホンダルソン》、楊汀《ヤンジョン》など当代に名を上げた武士たちを部下にして本格的に兵力を養成しはじめる。こうしたことから考えると、首陽の中国行きは多分に意図的な行動だったと見なさざるを得ない。まさに金宗瑞一派の目の届かないところで、より自由に計画を練り上げる一方、彼らの警戒を緩める効果をも狙ったのだ。

首陽が金宗瑞、皇甫仁などの朝廷の大臣たちを殺して政権を掌握したいわゆる「癸酉靖難《ケユジョンナン》」は、一四五三年十月十日の夜に行われた。首陽は、それまで進めてきた計画を実行する決心をし、ひとまず朝廷最大の権力家で、政敵でもある金宗瑞を排除するために、彼の家を襲撃した。

金宗瑞は十五歳の時に文科に合格して官職に就いた文人政治家だが、北方に六鎮を開拓するなど武人的な力も発揮した非凡な人物だった。首陽は、計画通りに金宗瑞を暗殺してから、その足で宮殿に入り、王命にかこつけて領議政《ヨンイジョン》の皇甫仁をはじめとする大臣たちを呼びつけた。その席で、すでに作成されていた「生殺符《センサルブ》」に従って政敵たちを次々に殺し、ついに政権を掌握した。彼ら大臣を殺害した名目は「金宗瑞が皇甫仁、鄭笨《チョンブン》などと謀って、将来、安平大君を推戴しようという謀叛を計画した」ということだった。

クーデターに成功した首陽は、実弟の安平大君を江華島《カンファド》に流し、さらに喬洞《キョドン》へ移して、そこへ賜薬を下し殺害した。そして、自ら領議政府使《ヨンイジョンブサ》、領集賢殿事《ヨンチピョンジョンサ》、書雲観事《ソウングァンサ》、内外兵馬都統使《ネウエピョンマドトンサ》などさまざまな要職を兼ねて兵権と政権を独占し、蜂起に直接、間接的に加担した鄭麟趾《チョンインジ》、権擥、韓明澮、楊汀など自分を含めた四十三人を靖難功臣《チョンナンコンシン》に冊封した。

首陽の、こうした靖難が繰り広げられていた時、集賢殿学士出身の成三問《ソンサムムン》、鄭麟趾、崔恒《チェハン》、申叔舟、河緯地《ハウィジ》などは中立を守るか、首陽大君に同調するかした。彼らは、儒教的非専制政治を打ち立てて宰相中心体制を主張していたものの、議政府の核心である金宗瑞、皇甫仁などの勢力が拡大しすぎているのを不満に思っていたためだ。首陽も彼らを敢えて敵と見なそうとはしなかった。むしろ、首陽が執権した後に、集賢殿学士出身者たちは朝廷の要職を占めるまでになった。

ところが、成三問、河緯地などは首陽が王位を簒奪《さんだつ》した後、端宗復位を繰り広げた。また、当代最高の文人であり、学者でもあった金時習《キムシスプ》をはじめ、元昊《ウォンホ》、李孟専《イメンジョン》などは首陽の王位簒奪の知らせに接すると、自ら官職を辞して隠居生活に入るなど、首陽の不当な王位簒奪に対する儒生の反発も強かった。

端宗復位運動を繰り広げた成三問、河緯地、李塏《イゲ》、朴彭年《パクペンニョン》、柳誠源《ユソンウォン》、兪応孚《ユウンブ》の六人に対しては中宗《チュンジョン》時代の士林派《サリムパ》が王のために忠節を守った「死六臣《サユクシン》」として仰ぎ、この時、端宗に対する節義を守って、生涯官職に就かなかった金時習、元昊、李孟専、趙旅《チョリョ》、成聃寿《ソンダムス》、南孝温《ナムヒョオン》を「生六臣《センユクシン》」と称えた。その中で南孝温は事件当時、わずか二歳だったが、成長して世祖の不当な簒奪行為を非難することで「生六臣」の一人となった。

二、世祖の強権政治と文治の後退

生年一四一七―没年一四六八
在位期間一四五五年閏六月―六八年九月、十三年三か月

一四五三年、癸酉靖難で政権を手にした首陽大君は、間もなく王位を奪い取ろうと、事を露骨に進めた。そして、ついに死の恐怖に脅えていた幼い甥の端宗を上王に押しやり、自ら王位に就いた。その前に、首陽は自分の王位就任に反対していた錦城大君をはじめとする王族たちを配流とし、自分に従わない臣下はすべて取り除いた。そのため、朝廷の大臣の中には誰一人として彼の王位継承に反対するものはいなかった。

彼は兄の文宗とは三歳違いで、一四一七年に、世宗と昭憲王后《ソホンワンフ》の次男として生まれた。名は瑈《ユ》、字は粋之《スジ》。幼い時から資質英明、明敏で、学問にも優れ、実兄の文宗とは違って武芸にも長じ、大胆な性格の持ち主だった。

彼は初めは晋平大君《チンピョンデグン》に封じられていたが、一四四五年(世宗二十七年)、首陽大君と改められた。大君時代には、世宗の命令で宮殿の中に仏堂を築き、金守温《キムスオン》とともに仏教書の翻訳を管轄し、郷楽《ヒャンアク》の楽譜整理にも力を注いだ。また、文宗二年の一四五二年には慣習都監都提調《クァンスプトガムトジェジョ》に任命され、初めて国の実務に携わった。

そして、端宗が即位すると、王を補佐する役割を担っていたが、一四五三年十月に癸酉靖難を起こして、政権を掌握し、その後一四五五年閏六月、端宗を脅して王位を簒奪し、朝鮮第七代王に就いた。この時三十八歳だった。

世祖は即位とともに、端宗を上王の座に座らせたものの、翌年、成三問などいわゆる死六臣と呼ばれる集賢殿学士出身の大臣たちが端宗復位を計画していたことが発覚すると、端宗を魯山君に降格し、江原道寧越《カンウォンドヨンウォル》へ配流とした。そして一四五七年九月、実弟の錦城大君が再び端宗復位事件を起こすと、彼に賜薬を下し、端宗をも殺してしまった。

世祖は自分の王権に挑戦する勢力を次々に取り除いた後、王権強化政策を進めた。まず、一種の内閣制である議政府署事制《ウィジョンブソサジェ》を廃止し、専制王権制に近い六曹直啓制《ユクチョチクケジェ》を断行し、成三問、朴彭年などの端宗復位事件を口実に、世宗以後、代表的な学者の輩出機関だった集賢殿を廃止した。また、経書を講義し、政治問題を討論する場でもあった経筵《キョンヨン》(御前で儒学の経書と史書を講義し、論議すること。またはその席)をなくして、そこにあった書籍をすべて芸文館《イェムングァン》に移した。そのため、国政を建議し規

制していた台諫《テガン》(司憲府、司諫院《サガヌォン》の官員の総称)の機能が弱まり、反面、王命を扱う役所・承政院《スンジョンウォン》の機能が強化された。そのため、この時期、承政院は六曹機関の事務以外に、国のすべての重大事務の出納も管轄するようになった。

この他の王権強化策として、民衆の動向を把握するために、太宗《テジョン》時代に実施していた号牌法《ホペポプ》を再び復活し、また『東国通鑑《トングクトンガム》』を編纂して、前代の歴史を朝鮮王朝の見地から再評価する一方、『国朝宝鑑《ククチョボガム》』を編修して、太祖から文宗に至る五代の治世を後代の統治原則とした。

こうした一連の王権強化策を通じて安定期に入ると、世祖は王道政治の基準となる法制作りに拍車をかけた。その一環として崔恒に『経済六典《キョンジェユクチョン》』を整備させ、王朝の総体的な法典である『経国大典《キョングクテジョン》』の編纂に取りかからせた。また、一四六〇年には人口動向を把握し、戸の規模を規制するため「戸典《ホジョン》」を復活させ、翌年一四六一年には量刑を規定した「刑典《ヒョンジョン》」を改編し、完成させた。

世祖は国内の謀叛と国外からの侵入に対処するため軍政整備にも努め、一四六二年には各村に命じて兵器を製造させ、翌年にはすべての邑と兵営の屯田(各駐屯地の兵営に属する田畑)を把握して、全道に軍籍使《クンジョクサ》を派遣して軍丁《クンジョン》(軍籍にある地方の青年)に漏れがないかを調べさせた。

また、官制も大幅に改めた。領議政府事《ヨンイジョンブサ》は領議政に、司諫大夫《サガンデブ》は大司諫《テサガン》に、道観察黜陟使《トクァンチャルチュルチョクサ》は観察使《クァンチャルサ》に、五衛鎮撫所《オウィジンムソ》は五衛都摠府《オウィドチョンブ》に、兵馬都節制使《ピョンマトチョルチェサ》は兵馬節度使《ピョンマチョルトサ》に、それぞれ名称を簡素化した。そして、従来は現職、休職または停職官員に与えられていた科田(文武両班《ヤンバン》など、官僚の位に従って支給された田畑)を現職の官員に限って与える直田制を実施して、国費を減らし、地方官吏たちの謀叛を防止するため、地方の兵馬節度使は、その地方の出身者を抑えて中央の文臣で代替させるようにした。こうした中央文臣中心の政策に地方豪族が不満を覚え、ついに「李施愛《イシエ》の乱」のような反乱が起きた。咸鏡道吉州《ハムギョンドキルチュ》で起きたこの乱で、一時期、朝鮮は戦乱に巻き込まれたが、世祖は、この乱を平定し、中央集権体制をさらに固めるのに成功した。

世祖は庶民生活の安定にも力を入れた。まず、民間に蔓延していた貢ぎ物を代納する行為を厳しく禁じ、また、養蚕農業の振興のために『蚕書』をハングル文字で解説した本を出し、一般民衆の倫理教科書としての『五倫録《オリュンロク》』を編纂して倫理紀綱を正した。

明、倭などの外国とは、宥和政策を通じて辺境の安定を図り、文化事業も活発に展開して、『易学啓蒙』『周易口訣』『大明律講解』『金剛経講解』『大蔵経《だいぞうきょう》』などを印刷、刊行し、太祖から文宗までの各王が作った詩を結集した

『御製詩文《オジェシムン》』を編集発刊した。

このように世祖は官制改編と官吏の紀綱構築を通して中央集権体制を確立し、庶民生活安定策と宥和的な外交活動を通して民衆生活の利便を図り、法典編纂と文化事業で社会を一新させた。しかし、政治運営では「文治」ではなく「強権」であった。人材の登用でも実力中心ではなく、決まって側近中心の人事であったため、それによる弊害が深刻化した。

世祖は、内容に関係なく、自分を批判する勢力を容赦なく除去し、反対に、自分に服従する者たちには度が過ぎるほど寛大だった。その例として、癸酉靖難の功臣であり、辺境の安定に貢献した楊汀は、世祖の退位を申し入れたため処刑されたが、同じく癸酉靖難の功臣だった洪允成は、部下を使って人を殺させたにもかかわらず、自分に従順だとの理由で、一言注意しただけで断罪しなかった。

世祖は、台諫と議政府の機能を縮小し、承政院を中心に国事を運営したが、この承政院と六曹は、みな彼の腹心の癸酉靖難の功臣たちが掌握していた。外交通の申叔舟は礼曹判書《イェジョパンソ》、軍事通の韓明澮は兵曹判書《ピョンジョパンソ》、財政通の曹錫文《チョソンムン》は戸曹判書《ホジョパンソ》に就いていたが、彼らは同時に王命を取り扱う承政院にも奉職していた。また、彼ら功臣たちは現職を退いてからも、府院君《プウォングン》の資格で朝廷の政務に参加できた。

このように世祖は承政院を中心にした徹底した側近政治を展開した。これはすべての政務を世祖自身が直接処理するためだったが、このため、国王の左右で王命を司る承政院の力は一層強化された。

その結果、一四六八年に作られたのが、院相制《ウォンサンジェ》だった。この制度は世祖が晩年になって体力の限界を覚えたために考案したもので、王が指名した三重臣（韓明澮、申叔舟、具致寛《クチグァン》）が承政院に常時出勤して、世子とともにすべての国政を相談して決める一種の代理庶務制だった。

世祖が三人の重臣にこのように依頼したのは、すでに自分の健康状態が芳しくなかったためだ。彼は院相制を導入した一四六八年九月、臣下の反対にもかかわらず、王世子に王位を渡し、その翌日に死去した。これは世祖が王権の安定にいかに注意を払っていたかを示している。

世祖時代は、朝鮮史上、その類を見ないほど、王権が強化された時期だったが、彼の上意下達式の国政運営は政局の硬化を招き、功臣たちの職権乱用で腐敗が進んだ。世祖の政治は王権強化に寄与したが、政治文化的には「文治対話政治」を遠ざけて、力を前面に押し出した「武断強権政治」を実現したという点で低級だったと言える。

世祖は在位期間中、甥の端宗を殺した罪悪感に悩まされたと伝えられている。特に晩年になると、端宗の母で、自分にとって義理の姉に当たる顕徳王后《ヒョンドクワンフ》の霊魂に責められ、息子の懿敬世子《ウィギョンセジャ》が死ぬと、彼女の墓を暴いたりもした。また、顕徳王后が自分の体に唾を吐く夢を見てから、皮膚病にかかって苦しんだという話や、その皮膚病を治してもらおうと江原道にある上院寺《サンウォンサ》を訪ねて行き、そこで文殊菩薩によって癒されたという伝説も残っている。

世祖は仏教を隆盛させた王でもあった。宮殿内に寺刹を建立するかと思えば、僧侶を宮殿内に呼び入れたりもした。彼は王子の時に、仏経諺解（ハングル翻訳）の作業に参加した経験があるため、教学にも明るい方だった。しかし、彼の仏教隆盛策は儒教的立場の弱い彼の現実的な選択だったと見る見方もある。すなわち、兄弟を殺し、甥から王位を奪い取ったばかりか、結局、その甥まで殺してしまう背徳的な行動が、名分と礼を重んじる儒教的な立場からは決して受け入れてもらえなかったのだ。結局、世祖の親仏政策は儒教理念に透徹した性理学者たちを牽制する手段にもなった。

こうした波瀾万丈の生涯を送った世祖は一四六八年、王世子に王位を譲り、五十一歳で死去した。彼は貞熹王后《チョンヒワンフ》・尹氏《ユンシ》ともう一人の夫人との間に四男一女を得た。陵は光陵《クァンヌン》で、現在、京畿道南陽州市《キョンギドナミャンジュシ》にある。光陵は、世祖が生前、石室の有害無益さを主張するあまり、石室と屏石は使わないようにとの遺言を残したため、屏石はなくし、石室は灰隔に替え、十二支像は欄干童子石柱に移して刻んだ。石室を灰隔に替えることで、費用を節約でき、陵の配置相として、同じ墓域に二つの陵（左側に世祖、右側に貞熹王后）を造り、陵の前面に建てる丁字形の閣は一つにする「同原異岡」の形式を取ったが、これは初めての王陵制の一大改革として評価されている。

三、世祖の家族たち

世祖は遅くに王位に就いたこともあって、後宮を多く娶らなかった。そして、そのため子供も少なかった。彼は貞熹王后・尹氏と謹嬪《クンビン》・朴氏《パクシ》との間にそれぞれ二男一女と二男をもうけた。貞熹王后・尹氏は、懿敬世子（追尊王・徳宗《トクチョン》）、海陽大君《ヘヤンデグン》（睿宗《イエジョン》）、懿淑公主《ウィスクコンジュ》を生み、謹嬪・朴氏は徳源君《トグォングン》と昌原君《チャンウォングン》を生んだ。

○貞熹王后《チョンヒワンフ》・尹氏《ユンシ》（一四一八―八三）

第7代　世祖　家系図

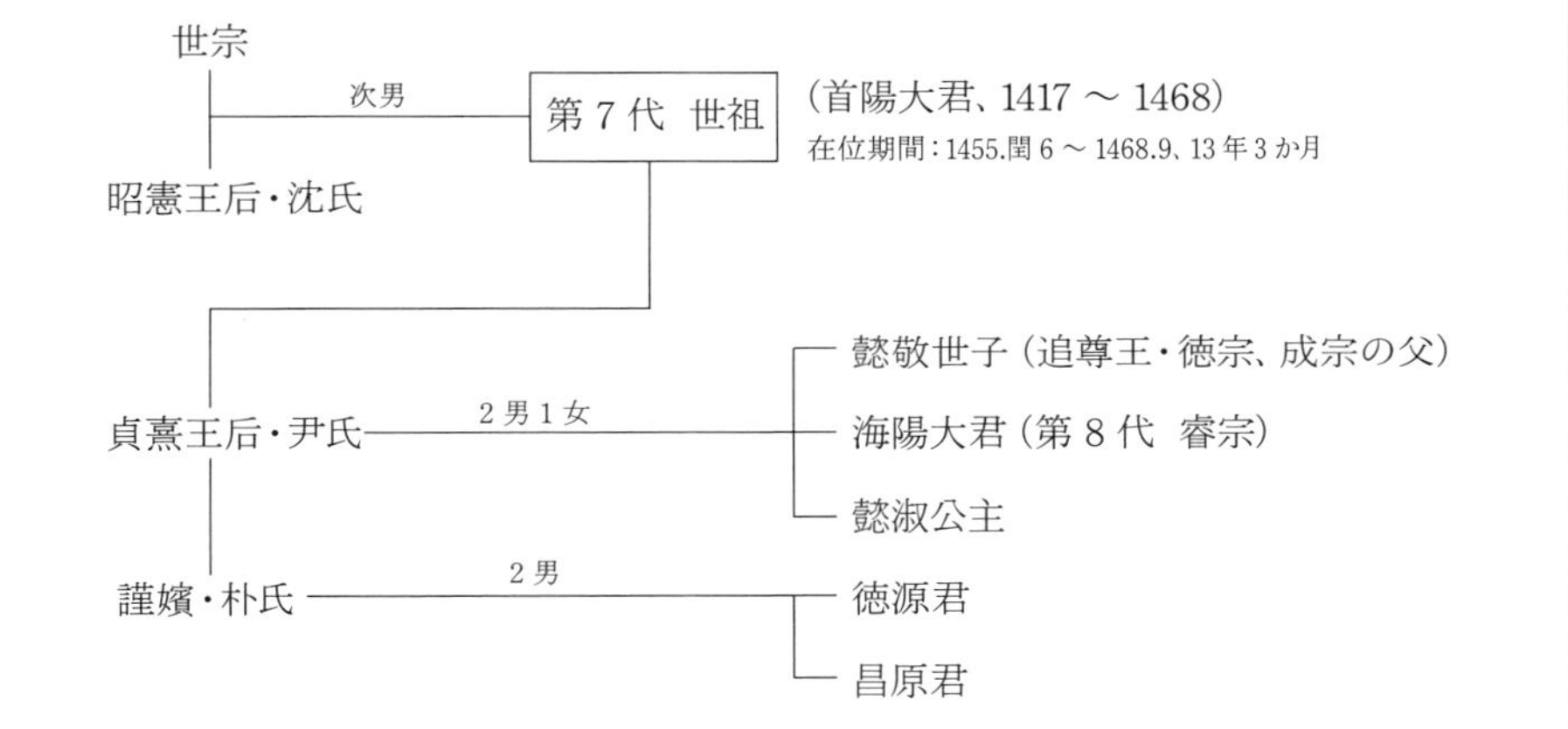

貞熹王后は判中枢府事《パンチュンチュブサ》・尹璠《ユンボン》の娘で、本貫《ポングアン》は京畿道坡平《パピョン》。一四一八年、忠清南道洪州郡《チュンチョンナムドホンジュグン》で生まれ、一四二八年、結婚式を行い、初めは楽浪府大夫人《ナンナンブデブイン》に封じられていたが、首陽大君が王位に就くとともに、王妃に冊封された。

彼女は癸酉靖難当時、情報漏洩で首陽大君が実行をためらうと、自ら鎧を着せて兵を挙げさせるほど、決断力に富む女傑だった。また、一四六八年、睿宗が十八歳で王位に就くと、朝鮮最初の垂簾聴政を行い、睿宗が在位一年二か月で死ぬと、夭逝した長男(懿敬世子)の息子・者乙山君《チャウルサングン》(成宗《ソンジョン》)をその日に即位させて、摂政を行った。

睿宗が死んだ時、継妃《ケビ》・安順王后《アンスンワンフ》から生まれた斉安君《チェアングン》がいたが、まだ幼いとの理由で、彼女は王位を継がせなかった。懿敬世子にも長男・月山大君《ウォルサンデグン》がいたが、次男の者乙山君を即位させたのは、もっぱら貞熹王后個人の決断によるものだった。貞熹王后は、十二歳で王位に就いた成宗に代わって七年間も政治を執っていたが、その摂政期間中、果敢で決断力ある性格を思う存分に発揮して、王権を安定させた。そして、その後、成宗が成人すると摂政を終え、一四七六年、政治の第一線から退いた。

このように果断な性格で朝廷を安定させた彼女は、一四八三年三月、六十五歳で死去した。陵は光陵で、世祖の陵の東側に位置している。

○懿敬世子《ウィギョンセジャ》（一四三八—五七）

世祖の長男で、成宗の父でもある懿敬世子は名が暲《チャン》、字は原明《ウォンミョン》だ。一四四五年に桃源君《トウォングン》に封じられ、一四五五年、首陽大君が王位に就くと、世子に冊封された。そして、韓確《ハンファク》の娘の昭恵王后《ソヘワンフ》・韓氏《ハンシ》を迎えて月山大君と成宗をもうけた。

彼は幼い時から礼儀正しく、学問を好み、楷書に長けていた。しかし、病弱だった。一四五七年（世祖三年）には病状がさらに悪化し、慶会楼《キョンフェル》に孔雀齋《コンジャクチェ》を設けて二十一人の僧侶が病気治癒のために祈禱を行ったが、その願いは届かず、ついに十九歳の若さで死去した。彼の次男（成宗）が王位に就くと、一四七一年、徳宗に追尊された。陵は敬陵《キョンヌン》で、現在、京畿道高陽市《コヤンシ》西五陵《ソオルン》にある。

四、世祖の武断政治を遂行した人たち

世祖の政治は、一言で言って、武断（強権）政治だった。これは王権を安定させるという一つの目標を達成するために行われた世祖特有の専制政治で、朝鮮性理学者たちの王道政治の概念とはかけ離れたものだった。

世祖が、こうした武断政治を選ぶほかなかったのは、彼の即位が大義名分の立たないものだったためだ。大義名分を政治的行為の最上の根拠と見なしていた朝鮮社会で、背徳的な行動で得られた王位を守ってくれるものは、もっぱら物理的な力だけだった。そのため世祖は、その物理的な力を集中させるために、前例のない武断政治を行ったのであり、その方法として徹底した側近政治を選んだのだ。

側近政治とは、その言葉通り、自分の腹心ないしは側近たちを中心にして政治を執ることを意味する。世祖のこうした側近政治を可能にしたのは、彼とともに癸酉靖難を起こした、いわゆる靖難功臣勢力のお陰だった。

靖難功臣勢力は権擥、韓明澮を主軸にした世祖の腹心勢力と、鄭麟趾、申叔舟、崔恒を主軸にした集賢殿学士勢力とに分けられる。腹心勢力は政権獲得を目的に首陽大君とともに癸酉靖難を直接遂行した人物たちであり、集賢殿学士勢力は癸酉靖難を間接的に支援し、この挙兵に大義名分を与えてくれた人物たちだった。

彼ら二つの勢力に共通しているのは、金宗瑞、皇甫仁などの顧命大臣たちから排斥されたか、または彼らの政権独占に不満を抱いていたということだった。しかし、

彼らが癸酉靖難に協力した理由は全く異なっていた。腹心勢力の目的は首陽大君を王に擁立して政権を握ることだったが、学士勢力は自分たちの政治的立場を強化するのが目的だった。

そうはいうものの、学士勢力も、結局は首陽大君の王位簒奪に同調し、その代価として、世祖時代を導く主役として成長できた。

首陽の座長・権擥(一四一六―六五)

世祖の腹心のうち、首陽大君に最も先に接近した人物は権擥だった。彼は韓明澮とは同じ師の下でともに学んだ間柄で、端宗即位後、金宗瑞などが権力を独占することに不満を抱き、集賢殿にいた時から親交のあった首陽大君を訪ねて行ってクーデターを企てた。

権擥は『東国史略《トングクサリャク》』を著した権近《クォングン》の孫で、『高麗史《コリョサ》』の編纂に参加した権踶《クォンジェ》の息子だ。一四一六年に生まれた彼は幼い時から広く学び、大志を抱いていた。そのため、本箱を馬に載せては名勝旧跡を訪ね、学問を積んだ。その時、韓明澮に出会って、生涯の友となった。

彼は韓明澮に「男として生まれて辺境で武功を立てられないのなら、万巻の書を読んで、不朽の名を残そう」と約束するほどの親交を結び、その韓明澮を首陽大君に紹介した人物でもあった。

一四五〇年、三十四歳という遅い年齢で、彼は郷試《ヒャンシ》(各地方の儒生を対象に実施していた科挙の一つで、初試に当たる)と会試《フェシ》(文武科の科挙に初試合格した者に限って上京して再度受けさせていた科挙)に首席合格し、殿試《チョンシ》(会試に合格した文武科の者たちを殿中に召して王が親臨して行った試験)では首席合格者の出身が良くなかったため、彼に代わって首席合格となった。同年、司憲府監察《サホンブカムチャル》となり、翌年、集賢殿の校理として首陽大君とともに『歴代兵要』を編纂し、これがきっかけとなって首陽大君と親しくなった。

文宗の死後、まだ幼い端宗が即位すると、朝廷の権力は金宗瑞、皇甫仁などが独占した。また、安平大君が彼ら大臣たちと結託して勢力を強化していく一方で、首陽大君がこれに不安を覚えながら同志を探し求めていた時、権擥は韓明澮に勧められて首陽大君に近づきクーデターを謀議する。

以後、権擥は首陽大君の指示にしたがって、楊汀、洪達孫、柳洙《ユス》などの武士たちを集め、首陽大君とともに癸酉靖難を起こして成功する(一四五三年十月)。靖難の成功で、靖難功臣一等に記録された彼は集賢殿校理から一躍、承政院同副承旨《トンブスンジ》(正三品の官職)に昇格し、翌年二月には副承旨となった。続いて一四五五年、世祖が即位すると吏曹参判《イジョチャムパン》に任命され、さらに一年後には吏曹判書に昇格して、芸文館大提学《テジェハク》、知経筵春秋館事《チギョンヨンチュンチュグァンサ》を兼ねた。

一四五八年、申叔舟とともに『国朝宝鑑』を編纂し、同年十二月、議政府右賛成《ウチャンソン》、翌年左賛成《チャチャンソン》と右議政《ウイジョン》を経て、一四六二年には左議政《チャイジョン》に至った。

このように昇進を重ねた彼は一四六三年、病気を理由にして官職から退き、府院君に進封されていたが、翌年から病に苦しみ、一四六五年、四十九歳で死去した。

彼は文章に長じ、豪放磊落《ごうほうらいらく》な気概に相応しく、弓などの武芸にも優れ、文武を兼ねた人物だった。青年時代、科挙に志を置かず、全国を放浪したが、その時に韓明澮に出会って権力を夢見るようになり、ついに首陽大君とともに靖難を起こして、彼の座長としての役割を果たした。

首陽の「張良」韓明澮（一四一五―八七）

権擥が首陽大君の座長役を果たしたとすれば、韓明澮は漢《かん》の張良《ちょうりょう》に例えられよう。いわば、首陽大君を補佐した最高の策士だった。

韓明澮は朝鮮開国当時の明に派遣されて「朝鮮」の国号を定めてもらい帰国した韓尚質《ハンサンジル》の孫で、韓起《ハンギ》の息子だ。一四一五年生まれの彼は幼い時に親に先立たれ、不遇な少年時代を過ごさなければならず、そのため、科挙にことごとく失敗して、三十七歳になった一四五二年になって、初めて蔭補《ウムボ》で敬徳宮直《キョンドックンジク》（太祖・李成桂《イソンゲ》が即位前に住んでいた邸を改修した敬徳宮の番人）となった。

しかし彼は謀事に優れ、策略に長じた大胆な人物だった。それで、科挙では到底、官職に就くのは難しいと判断し、友人の権擥の紹介で首陽大君を訪ね、挙兵を謀議することになる。その後、権擥の推薦で首陽大君の策士として自身の能力を思う存分に発揮する。

韓明澮がいなかったら、癸酉靖難は成功しなかっただろうと言われる。それほど彼は挙兵の際に際立った役割を果たした。彼は一四五三年の癸酉靖難の時、自身が引き入れた洪達孫などの武士たちを使って金宗瑞を殺害し、いわゆる生殺符を作成して、朝廷の大臣たちの生死を分けた人物でもあった。

靖難が成功したことで彼は一等功臣となり、一四五五年、世祖が即位すると左副承旨《チャブスンジ》となり、一四五六年、成三問などが企てていた端宗復位運動をうまく阻止した功績で、左承旨を経て承政院の首席官職である都承旨《トスンジ》にまで出世した。それればかりか、その後も昇進し、一四五七年には吏曹判書、続いて兵曹判書となり、一四五九年、黄海《ファンヘ》、平安《ピョンアン》、咸鏡、江原の四道の兵権と管轄権を持つ四道道体察使《サドドチェチャルサ》（地方で軍乱が起こった時に、王に代わってその地に赴き軍隊を統括した官職で、宰相が兼任した)を歴任した。

このように彼は、当時、役割が強化されていた承政院と六曹、辺境防衛などで王命出納権、人事権、兵権および監察権などを一挙に手にした後、一四六三年左議政を経て、一四六六年領議政となった。一介の宮直だった彼が、わずか十四年間で、しかも五十一歳で朝廷を完全に掌握するようになったのだ。

彼は自分とともに靖難に加担した者たちと姻戚関係を結ぶことで、権力基盤をさらに強固にしていった。まず、彼は病弱だった世子(追尊王・徳宗)が死に、世祖の次男(睿宗)が王世子に冊封されると、自分の娘を世子嬪《セジャビン》にすることで世祖と姻戚関係を結び、その後は、もう一人の娘を世祖の孫で徳宗の次男である娎《ヒョル》(成宗)と結婚させ、世祖と二重の姻戚関係を結んだ。そうして、二人の娘を二代にわたって王后にした。また、集賢殿の学士出身の中で、世祖の寵愛を一身に受けた申叔舟や自分の親友・権擥とも姻戚関係を結び、世祖時代の政治に大きな影響力を行使した。

しかし、彼にも試練は訪れた。一四六六年、領議政に任命された際、咸鏡道で李施愛の乱が起きた。この時、彼は申叔舟とともに投獄された。その理由は、彼らが咸鏡道節制使・康孝文《カンヒョムン》とともに反乱を計画したというものだった。これは李施愛の計略だった。李施愛は朝廷を混乱させる目的で反乱を起こしたが、その際に、「韓明澮、申叔舟などが康孝文と組んで反乱を計画したため、これを懲らしめるために立ち上がった」と、もっともらしい名分を掲げていたのだ。

李施愛の乱は、世祖の執権中、最も大きな反乱だった。即位以後、絶えず王位に対する不安感にさいなまれていた世祖は、李施愛からの報告文を信じて、いったん韓明澮、申叔舟を投獄し、事件の真相を取り調べさせた。その過程で、世祖が最も信頼をおく二人の臣下は拷問を受けるなど苦しい目に遭った。とはいえ結局、嫌疑が晴れて、釈放された。

一四六八年、世祖の死後、韓明澮は世祖の遺志にしたがって、申叔舟などとともに院相《ウォンサン》として政事の庶務を決裁した。そして、一四六九年(睿宗一年)に再び領議政に復帰したが、この年、睿宗が死去し成宗が即位すると、兵曹判書を兼任した。以後、佐理功臣《チャリコンシン》一等に記録され、老年になっても府院君の資格で政治に参与した。彼の権勢は天を衝くほどだったと伝えられるが、王后となった娘たちは二人とも、二十歳を越えることなく夭逝した。彼は七十二歳で世を去った。

韓明澮は世祖から成宗まで、功臣たちとともに高官要職を独占していたが、世祖は「私の張良」と呼ぶほどに彼を寵愛し、その王を後ろ盾にしておびただしい富も蓄えた。

彼は晩年、権力の座から退き、「閑暇に鷗を友にしながら暮らしたい」と言って、亭を建て、それに自分の号を付けて「鴨鷗亭《アプクジョン》」と呼んだという。しかし、彼は晩年にも府院君の身分で、相変わらず政治に参与して、権力の座を守った人物だった。このため、当時の民衆からは、鴨鷗亭は自然を友にするところでなく、権力を友にするところだと皮肉っぽく言われていたと伝えられる。

彼が死んだ後、燕山君が即位して「甲子士禍《カプチャサファ》」が起こるが、この時、彼は燕山君の生母・尹氏の廃妃事件に関与したと見なされ、「剖棺斬屍《プグァンチャムシ》」(死後に大罪が暴かれた人に極刑を下すことで、棺を暴き、屍体の首を切ること)とされたが、中宗時代に罪を許され、名誉を回復した。

世祖の「魏徴」申叔舟（一四一七―七五）

世祖は死の目前、「唐《とう》の太宗には魏徴《ぎちょう》、私には叔舟」とよく言ったと伝えられている。魏徴は唐の太宗《たいそう》の文化統治を遂行して太宗の寵愛を一身に受けた人物だった。世祖が申叔舟を唐の太宗の魏徴に例えていたことは自身も太宗のように申叔舟を通じて文化統治を成し遂げたことを意味し、その一方で、それほど申叔舟を信頼していたということになる。実際に、申叔舟は癸酉靖難の功績の面では韓明澮に遅れを取ったかもしれないが、世祖に及ぼした政治的な影響力と個人的な親交は誰にも負けなかった。そのため、政治を論じる相手としては申叔舟は断然、世祖の右腕的な存在だった。

申叔舟は一四一七年生まれで、世祖とは同じ年だ。彼の父親は工曹参判《コンジョチャムパン》を務めた申檣《シンジャン》で、母親は知成州事《チソンジュサ》・鄭有《チョンユ》の娘だ。彼は韓明澮とは違って、若い時から官職に就いていた。一四三八年、生員《センウォン》、進士試《チンサシ》などに合格し、翌年、進士文科に合格して典農寺直長《チョンノンシチクチャン》となった。

以後、彼は主に集賢殿で活動したが、この時、世宗の命を受けて「訓民正音《フンミンジョンウム》」の整理作業に参加した。この過程で明の翰林学士《かんりんがくし》・黄瓚《こうさん》の支援を得るために成三問とともに十三回も遼東を往復した。そして、当代、最高の言語学者だった黄瓚が彼の優れた理解力に感嘆するほど聡明な人物だった。

一四四七年、彼は文科重試《ムンクァチュンシ》(堂下官《タンハグァン》の文臣を対象に十年ごとに実施していた一種の昇進試験)に合格して、集賢殿の応教《ウンギョ》となり、一四五一年、明の使臣・倪謙《げいけん》などが朝鮮に来ると、王命で成三問とともに詩を作り、「東方巨擘《トンバンコビョク》」(東方で最も学識の優れた人)という賛辞を得た。この年、司憲府の掌令《チャンニョン》、執義《チビ》を経て、直提学《チクチェハク》に昇進する。

申叔舟が首陽大君と親しくなったのは、一四五二年、彼とともに明に行ってからだ。当時、首陽大君は謝恩使として明に渡ったが、申叔舟はその時、書状官《ソジャングアン》(外国へ送る使臣に随行する臨時の官職)として彼に随行した。翌年四月に帰国した後、二人の間は急速に近づき、結局、首陽大君のクーデターに対して申叔舟は間接支援の形で加担した。

一四五三年、申叔舟は承政院で同副承旨、右副承旨《ウブスンジ》、左副承旨を経たものの、金宗瑞などの権臣たちに警戒され、癸酉靖難が起きた十月には外職《ウェジク》(地方官衙の官職。外官職《ウェグァンジク》ともいう)に出ていた。集賢殿学士出身の中で最も早い出世をしていた申叔舟が、そうした時期に外職にあったということは、彼と首陽大君の関係を金宗瑞の側で気づいていたことを意味する。そうした事情が、申叔舟をして首陽大君のクーデターに参加せざるを得なくしたとも言える。癸酉靖難が成功すると、申叔舟は靖難功臣一等に冊録された後、間もなく、都承旨に就いた。首陽大君が権力を握ってすぐに秘書室長格の都承旨に申叔舟を抜擢したことは、それほど彼を信頼していたということだ。申叔舟はこれに報いるために、都承旨の職にありながら、端宗の一挙手一投足を綿密に監視して首陽大君に報告した。

一四五五年、首陽大君が王位に就くと、彼は芸文館大提学となり、奏聞使《チュムンサ》として明へ赴き、新王の誥命冊印を求め、認証をもらってきた。これで世祖は明が認める公式の朝鮮第七代王となった。

以後、申叔舟は一四五六年に兵曹判書、翌年には左賛成《チャチャンソン》を経て右議政になり、一四五九年、左議政となる。そして、三年後の一四六二年、ついに領議政に任命された。この時、彼は四十五歳だった。

しかし、彼は地位があまりにも高くなったことを憂慮して、一四六四年に領議政を辞職する。その後、一四六八年に睿宗が即位すると、世祖の遺命で韓明澮とともに院相として庶務を決裁するようになり、翌年、睿宗が死去すると、世祖妃・貞熹王后に徳宗の次男・者乙山君(成宗)を王に推薦して、結局、彼に王位を継がせるのに成功する。

一四六九年、成宗が即位すると、彼は再び領議政に任命された。彼はこの時、高齢を理由に数回にわたって辞職を願い出るものの、成宗の許しを得られず、以後、政治的、学問的な影響力を発揮しながら政界に残り、一四七五年、五十八歳で世を去った。彼に対する当代の評価は「大義に従う果断な人物」だったが、後代には「死六臣」「生六臣」などを慕う道学的な雰囲気が作り出され、「機を見ることに長けた変節者」と評価された。

死六臣の一人だった成三問とは親しい間柄だったが、

成三問は端宗復位運動を繰り広げた時、「申叔舟は私の生涯の友人ではあるが、罪が重いため、殺さざるを得ない」と言ったと伝えられる。それは申叔舟が集賢殿学士出身の友人たちから変節者の烙印を押されていたことを意味する。

こうした変節者との見方があるものの、彼は朝鮮王朝に多大な業績を残した人物であった。彼は世祖の文化政治を実現させるために、王の亀鑑となるべき『国朝宝鑑』を編纂し、国家秩序の基本を書いた『国朝五礼儀《ククチョオイエウィ》』を校正、刊行し、四書五経《サソオギョン》の口訣字（漢文を読みやすくするために、文章のくぎり目に固有語と同音の漢字を当てた当て字）を新たに作った。また、訓民正音の普及事業にも参加し、数多くの古典と仏経のハングル訳本を作った。彼は、特に外交と国防に卓越した能力を発揮し、当時、この分野に関連した著作に彼の手が及ばなかったものはないほどだ。また、彼は書道にも優れた才能を発揮して、安堅《アンギョン》の描いた「夢遊桃源図《モンユドウォンド》」に賛文を寄せ、楷書体の「和明使倪謙詩稿《ファミョンサイエギョムシゴ》」などの優れた作品を残した。

五、『世祖実録』編纂経緯

『世祖実録《セジョシルロク》』は四十八巻で、本文四十七巻と付録一巻から成り、付録に宗廟《チョンミョ》と祭礼に使った音楽の楽譜を収録した点が特徴だ。この書の正式名称は『世祖恵荘大王《セジョヘジャンデワン》実録《シルロク》』で、一四五五年閏六月から一四六八年九月までの十三年三か月の間の歴史的な事実を編年体で記録している

『世祖実録』の編纂作業は一四六九年（睿宗元年）四月に始まり、一四七一年（成宗二年）に完了した。この作業は、すでにそれ以前から予備作業を経ており、始まっていくらも経たない四月初旬に一巻が完成した。しかし、この時いわゆる「閔粹史獄《ミンスサオク》」が起こり、編纂作業は大きな難関にぶちあたった。

事件の発端は、史草を集める際に、史官の名前を書くようにしたところから始まった。台諫では、史草に署名するのを反対していたが、それは、署名をすると、史官が思った通りのことを書けないという理由からだった。

しかし、史官たちは王命により署名をすることになる。そんななか、閔粋は史官だった時に、大臣たちに対して批判的だったことが気にかかり、史草を数か所書き直した。これが発覚すると、睿宗は閔粋を済州島《チェジュド》に官奴として送り、署名に反対した史官二人も死刑とした。この事件が起こった後にも、実録編纂は続けられ、その過程で睿宗が死去し、成宗が王位を継いだ。そして、二年後の一四七一年十二月十五日に実録は完成し、成宗に捧げられた。

　この編纂作業に参与した主な人物は領春秋館事《ヨンチュンチュグァンサ》に申叔舟と韓明澮、監修に姜希孟《カンヒメン》と梁誠之《ヤンソンジ》などで、残り五十八人が実務を担当した。

第八代　睿宗実録

一、貞熹王后の垂簾聴政と睿宗の短い在位

生年一四五〇―没年一四六九
在位期間一四六八年九月―六九年十一月、一年二か月

世祖の子供たちはみな体が弱かったため、長生きできなかった。それについて当時の人たちは、幼い甥を殺害して王位を奪った世祖がその罪の報いを受けているのだとも言った。

世祖の長男は懿敬世子《ウィギョンセジャ》（追尊王・徳宗《トクチョン》）だった。彼は世祖の即位とともに十七歳で世子に冊封され、王位継承の修行に入った。ところが二年後、どうしたことか、原因不明の病に臥し死んでしまった。一説には、彼が昼寝をしている時に金縛りに襲われて死んだという。当時の人たちからは、端宗《タンジョン》の母・顕徳王后《ヒョンドクワンフ》の祟りだと言われていた。

そこで世子の座を受け継いだのが睿宗《イエジョン》だった。しかし、睿宗も寿命は長くなかった。

睿宗は一四五〇年生まれで、名は晄《ファン》、字は明照《ミョンジョ》。世祖と貞熹王后《チョンヒワンフ》・尹氏《ユンシ》との間に次男として生まれた。彼は初めは海陽大君《ヘヤンデグン》に封じられていたが、一四五七年、兄の懿敬世子が死去すると、七歳の幼い年で世子に冊封された。そして、一四六八年九月七日に世祖から王位を受け継ぎ、寿康宮《スガングン》で即位した。その時、十八歳だった。

睿宗は即位はしたものの、実質的に王権を行使するわけにはいかなかった。まだ成人になっておらず、健康にも問題があった。そこで、摂政と院相制《ウォンサンジェ》という二つの後ろ盾の下で、王権を行使しなければならなかった。

摂政は母后・貞熹王后の垂簾聴政により行われたが、これは朝鮮王朝で初めての垂簾聴政だった。貞熹王后は性格が大胆で、決断力に富む女性だった。柔弱な性格の睿宗を支えるにはもってこいの後見人だった。また、睿宗も世子時代に王の政務に関わったことがあったため、国事処理に疎いわけではなかった。そのため、睿宗時代の朝廷は比較的安定していたと言えるが、王権そのものは弱かった。

また、王の業務決裁能力が未熟だったため、これを補助するために院相制が敷かれた。この院相制は、睿宗の政治運営が円滑に行われるために、世祖が死去する前に設けられたもので、いわば臣下たちによる摂政制度だった。というのも、王が指名した元老重臣たちが承政院《スンジョンウォン》に常時出勤して、すべての国政を相談し、諸事を議決し、王は形式的な決裁だけを行う制度だったからだ。世祖が院相として指名した重臣は韓明澮《ハンミョンフェ》、申叔舟《シンスクチュ》、具致寛《クチグァン》な

どの側近たちだった。

こうした二重の政治補助に基づいて、睿宗の一年二か月という短い治世が成された。一四六八年に柳子光《ユジャグアン》の計略で「南怡《ナミ》の謀叛事件」が起こると、南怡をはじめ康純《カンスン》、曹敬治《チョギョンチ》、卞永寿《ピョンヨンス》、文孝良《ムンヒョリャン》、高福老《コボンノ》、呉致権《オチグォン》、朴自河《パクチャハ》などを処刑した。翌年には三浦《サムポ》（第四代世宗《セジョン》の時、倭人に対する懐柔策として開港した熊川《ウンチョン》の薺浦《チェポ》、東莱《トンネ》の釜山浦《プサンポ》、蔚山《ウルサン》の塩浦《ヨムポ》）での倭との個別貿易を禁止した。また、同年六月には各道に設けられた屯田を一般農民が耕作できるようにした。そして、九月に崔恒《チェハン》などが『経国大典《キョングクテジョン》』を編修したが、頒布される前に十九歳の若さで世を去った。

このように、睿宗の治世は短く、さらに貞熹王后の垂簾聴政と院相による代理政務が行われたため、王権をまともに行使できなかった王として記録されている。しかし、この時期にも世祖の時と同じく言官《オングアン》たちに対する王の態度は強硬なものだった。それは貞熹王后の垂簾聴政の結果でもあったが、言い換えれば、王権は微弱でも、貞熹王后の力は強力だったということだ。

睿宗の正妃は、韓明澮の娘・章順王后《チャンスンワンフ》だった。ところが、彼女が十六歳で死去したため、継妃《ケビ》として右議政《ウイジョン》・韓伯倫《ハンベンニュン》の娘・安順王后《アンスンワンフ》を迎え入れた。睿宗の陵は昌陵《チャンヌン》で、現在、京畿道高陽市《キョンギドコヤンシ》にある。

二、睿宗の家族たち

睿宗は正妃・章順王后と継妃・安順王后の二人の夫人を娶《めと》り、二男一女を得た。世子嬪《セジャビン》の時に死去した章順王后・韓氏からは仁城大君《インソンデグン》が生まれ、安順王后からは斉安大君《チェアンデグン》と顕粛公主《ヒョンスクコンジュ》が生まれた。しかし、貞熹王后らの意思で徳宗の次男・者乙山君《チャウルサングン》（成宗《ソンジョン》）が睿宗の後を継いだため、睿宗の息子たちは誰も世子になれなかった。仁城大君に関する記録がほとんどないことから見て、彼は幼くして死んだものと思われる。

○章順王后《チャンスンワンフ》・韓氏《ハンシ》（一四四五―六一）

章順王后・韓氏《ハンシ》は領議政《ヨンイジョン》・韓明澮《ハンミョンフェ》の長女。成宗の妃・恭恵王后《コンヘワンフ》の実姉でもあるが、親等で数えると、彼女の小姑に当たる。

彼女は一四六〇年に、当時、世子に冊封されていた睿宗と結婚し、世子嬪として迎え入れられたが、翌年、元孫《ウォンソン》（王世子《ワンセジャ》の長男）・仁城大君を生み、産後の健康が悪化して、十六歳で死去した。その後、一四七二年(成宗三年)に章順王后に追尊された。陵は恭陵《コンヌン》で、京畿道坡州市《キョンギドパジュシ》にある。

恭陵は造成当時、世子嬪墓として造られたため、欄干がなく、墳墓の前に長明灯と魂遊石だけが設けられた。そして陵前の両側に文臣、馬、羊、虎の石像が追加して建てられて陵を護衛する形となっている。

○安順王后《アンスンワンフ》・韓氏《ハンシ》(?―一四九八)

安順王后・韓氏は清川府院君《チョンチョンブウォングン》・韓伯倫の娘で、一四六〇年、韓明澮の娘だった世子嬪が病死すると、一四六二年、世子(睿宗)と結婚し、世子嬪に封じられた。そして、一四六二年、睿宗が即位すると同時に王妃に冊封されたが、翌年、睿宗が病死したため、一四七一年、仁恵大妃《イネデビ》に封じられた。その後、一四九七年(燕山君《ヨンサングン》三年)に再び明懿大妃《ミョンウィデビ》に改封され、翌年、死去した。彼女は斉安大君と顕粛公主を生んだが、斉安大君は極めて親孝行だったと伝えられている。彼女の陵は昌陵で、睿宗とともに京畿道高陽市西五陵《ソオルン》の墓域に合葬されている。

○斉安大君《チェアンデグン》(一四六六―一五二五)

斉安大君は睿宗の次男で、安順王后・韓氏が母后だ。三歳の時に父の睿宗が死去すると、王位継承の第一番目の候補に挙がったものの、世祖妃・貞熹王后の反対で世子に冊封されなかった。

以後、一四七〇年、四歳で斉安大君に封じられ、世宗の七男の平原大君《ピョンウォンデグン》の養子に入った。その後、十一歳の時に司瀆寺正《サドシジョン》・金守末《キムスマル》の娘と結婚したものの、母の安順王后が彼女を追い出したため、十三歳の時に朴仲善《パクチュンソン》の娘と再婚した。ところが、彼は追い出された金氏を忘れることができず、一四八五年、十九歳の時に成宗の配慮で彼女と再び結ばれた。

しかし、一四九八年、母の安順王后が死去すると、一人住まいを始め、生涯、女性を近づかせなかった。彼は詩歌を好み、絲竹(管弦楽器)の演奏に長け、そのため、燕山君が四回にわたって、音律に長じた女性を宮中に呼び入れて彼に与えたが、彼はこれを受け入れなかった。

『稗官雑記《ペグァンジャプキ》』(魚叔権《オスックォン》の著した随筆集で、各種の逸話、詩話などを集めて解説している)では「彼は愚かしかった」と記す一方、「それは身を守るために、愚かしいふりをしたのだ」とも書き記している。つまり王位継承争いで弾かれた者は常に死の恐怖に苛まれなければならないのだが、それから免れるため、わざと愚かしい振る舞いをして見せたというのだ。こうした保身策のお陰なのか、彼は殺されることもなく、五十九歳まで生きて、一五二五年に世を去った。

第8代　睿宗　家系図

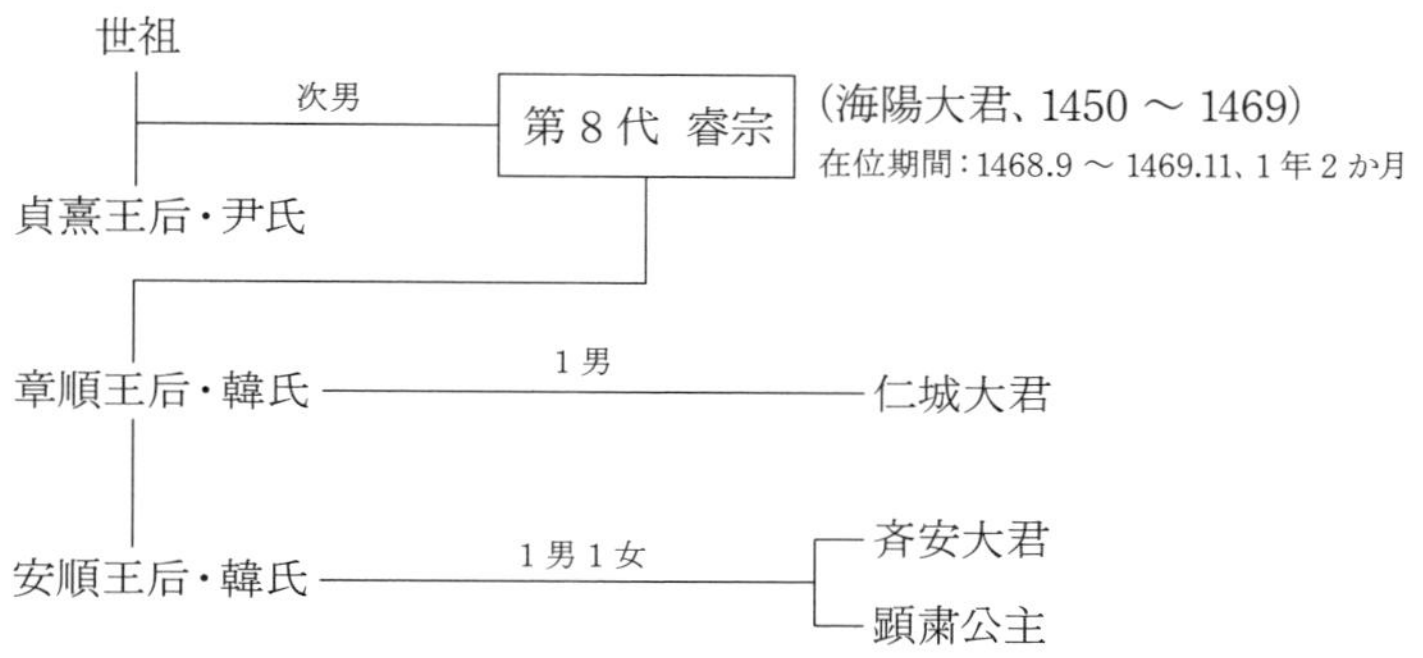

三、睿宗時代、最大の獄事「南怡将軍の謀叛事件」

在位期間が十四か月にしかならない睿宗時代にも大々的な粛清があった。この粛清は韓明澮、申叔舟など承政院の院相勢力が李施愛《イシエ》の乱を平定して登場した新勢力を除去するためだった。当時、「南怡、康純の謀叛事件」とも呼ばれたこの事件で約三十人の武人官僚が死に、その一族が奴婢の身分に落とされた。

　この事件の首謀者の南怡（一四四一―六八）は、世祖時代、最大の危機をもたらした李施愛の乱（一四六七年）を平定した功で「敵愾功臣《チョクケコンシン》」（李施愛の乱を平定した功臣に与えた勲号）一等に記録され、続いて建州野人《コンジュヤイン》（満州地方に住んでいた女真《じょしん》族）を討伐した功で、世祖の寵愛を受けるとともに、工曹判書《コンジョパンソ》となった。翌年、五衛都摠府《オウィドチョンブ》都摠管《トチョングアン》を兼ね、兵権の長である兵曹《ピョンジョ》判書に就いた。

　ところが、一四六八年に世祖が死去すると、彼は韓明澮、申叔舟などから露骨に牽制を受けはじめた。韓明澮らが、姜希孟《カンヒメン》、韓継禧《ハンゲヒ》など勲旧大臣たちに南怡には兵曹判書を遂行する能力はないと批判させると、睿宗は彼の兵曹判書の職を解き、兼司僕将《キョムサボクチャン》(従二品の武官職)に任命した。

睿宗はもともと南怡を嫌っていた。武芸に優れ、性格が剛直なだけでなく、世祖の寵愛を受けていた彼に比べると、睿宗は柔弱であり、政事処理に長けていたわけでもなく、世祖の信頼も厚くなかった。このため睿宗は、親等で数えると父の従兄弟に当たる南怡を妬んでいた。そこで、勲旧大臣が彼を批判すると、ただちに兵曹判書から解任してしまったのだ。

南怡が兵曹判書から兼司僕将へと降格されていた時、たまたま彗星が流れる光景を見ながら、「彗星が出るということは古いものを追い払い、新しいものを受け入れる兆しだ」とつぶやいたが、これが災いの元になった。当時、兵曹参知《チャムジ》だった柳子光がこれを耳にして、睿宗に南怡が謀叛を企んでいると告発し、彼に逆臣のレッテルを貼ってしまったのだ。

柳子光は庶子出身で、南怡と同じく李施愛の乱で功を立てて登用された人物だった。彼は謀議に長け、計略にも秀でていたが、自分とともに功を立てた南怡が世祖に贔屓にされたことを妬んでいた。そこで、南怡が兵曹から追い出されると、彼を完全に排除する計画を企てたのだ。

柳子光の計略で、いきなり謀叛人に転落した南怡は、即時、義禁府《ウィグムブ》へ捕らえられ、尋問された。この時、証人として出頭した柳子光は、南怡が「彗星の出現は新王朝が現れる兆しであり、この機に王が昌徳宮《チャンドックン》へ移る時を待って挙兵する」と語ったと陳述した。柳子光はまた、南怡の側近の閔叙《ミンソ》に対しても、南怡の家で北方野人に対する防御計画を論議する際、閔叙が「最近の天の変化は、明らかに奸臣が立つ兆しだが、私の方が先に告発されるのではないかと恐れている」と語り、「その奸臣とは韓明澮のことだ」と付け加えたと、さらに陳述した。

事態がここまでくると、南怡の側近たちに対する尋問は厳しくならざるを得ない。この過程で、当時、南怡とともに兼司僕将の職に就いていた文孝良が謀叛を認めた。文孝良は女真族出身の将軍で、南怡とともに李施愛の乱を平定した人物だった。

文孝良は「ある時、南怡の寝所を訪れたが、そこで南怡は、天の変化に乗じて奸臣たちが謀叛を引き起こす可能性があるから、自分とともに彼らを追い出して、国への恩返しをしようと提議した。そして、その計画には領議政・康純も志を同じくしているから、王が山陵へ出掛ける際に、途中で頭目格の韓明澮などを排除し、永順君《ヨンスングン》(世宗の五男である広平大君の長男)、亀城君《クソングン》(世宗の四男である臨瀛大君の次男)を追放してから、自分が王になるつもりだと語った」と陳述した。

文孝良の陳述で南怡は謀叛を認めざるを得なくなった。ねばってみたところで、さらに厳しい拷問が待ち受けるだけだった。そこで、南怡は謀叛内容をすべて認め、領議政・康純も同様に認めた。

この事件に関連した者は、南怡をはじめ康純、曹敬治、卞永寿、卞自義《ピョンジャウィ》、文孝良、高福老、呉致権、朴自河などで、全員処刑された。また、曹敬治の義父の金漑《キムゲ》が官職から退かせられ、彼らの側近三十人余りもともに処刑された。そして、その家族と親交のある者は全員、功臣禄権が没収され、奴婢の身分に落とされたり、辺境で従軍させられたりした。

南怡の気質と経歴から見て、この時の謀叛事件が完全な作り話とは言えないかもしれない。世祖の寵愛を受けて、二十七歳で兵曹判書に就いた彼が、睿宗の即位後間もなく兵曹判書から降格された、その恨みは大きかっただろう。それに、南怡は武人であり、謀叛事件が起きた当時、親しくしていた領議政・康純をはじめとするすべての人物が武人だった点を考えると、韓明澮、盧思慎《ノサシン》などの勲旧大臣を取り除こうとする動きを見せたとしても不思議なことではないと思われる。

しかし、この事件は壬辰倭乱《イムジンウェラン》の前までは謀叛事件と見なされていたが、以後、一部の野史が、柳子光の計略により捏造された獄事だと規定し、南怡のことを、若くして濡れ衣を着せられ、惜しくも殺害された英雄的人物だと記述しているのが注目される。南怡の獄を捏造事件として記録した代表的な書は『燃藜室記述《ヨルリョシルギスル》』（正祖の時に朝鮮後期の実学者である李肯翊《イグンイク》が、父・李匡師《イグァンサ》の流配地であった全羅南道《チョルラナムド》の薪智島《シンジド》にて約三十年間にわたって書いた歴史書で、朝鮮王朝の太祖《テジョ》から粛宗《スクチョン》までの重要な歴史的事件を各種の野史から史料を収集、分類して、私見を交えずに公正な見地から編纂したもの。五十九巻四十二冊）だが、ここでは柳子光の計略によるものだったと記されている。

このように壬辰倭乱の後、一部の野史で南怡を悲劇の英雄と述べているのは、朝鮮中期の「戊午士禍《ムオサファ》」「甲子士禍《カプチャサファ》」の責任が、柳子光にあるという見方が支配的だったからだ。言い換えると、勧善懲悪的な価値観の強い朝鮮史学者たちは、柳子光のことを惨事を画策する極悪非道な奸臣として認識しており、その延長線上で「南怡の謀叛」も奸臣・柳子光の単なる捏造劇と信じたかったのだろう。

こうした理由のためか、南怡は純祖《スンジョ》時代に彼の子孫の右議政・南公轍《ナムゴンチョル》の上疏で名誉を回復した。

今日でも、南怡に関連した逸話が多く残っているが、こうした逸話や伝説は、彼の出生、婚姻、出世、死と段階ごとに分けられ、それらはすべて霊や魂と関連付けられている。例えば、南怡が鬼を追い払うことで、死にかかっていた若い娘が生き返ったという話など、彼に神通力があったと伝えるものだ。これは勇猛だった南怡の威力で悪霊を追い払えるとの信仰から始まっている。そのため、民衆とシャーマニズムの間では、南怡将軍神を崇拝する信仰が形成され、今も伝承されている。

四、『睿宗実録』編纂経緯

『睿宗実録《イエジョンシルロク》』は八巻五冊から成り、原名は『睿宗襄悼《イエジョンヤンド》大王実録《デワンシルロク》』だ。ここには一四六八年九月から一四六九年十一月までの睿宗在位一年二か月の間に起こった各方面の事件が編年体で記録されている。

他の実録とともに現在、国宝第百五十一号として指定されている『睿宗実録』は、睿宗が即位した翌年の一四七〇年二月に下された王命によって史草を集めたが、当時、『世祖実録《セジョシルロク》』がまだ編纂できていなかった関係で、編纂作業が延期された。そして、一四七一年十二月、『世祖実録』が完成するとただちに取りかかり、半年後の一四七二年五月に完成した。『睿宗実録』編纂作業は申叔舟と韓明澮を領春秋館事《ヨンチュンチュグアンサ》とし、崔恒の監修下に姜希孟、梁誠之《ヤンソンジ》などの主導で成された。

当時、作成されたものの中で、現在残っている『睿宗実録』は全州史庫《チョンジュサゴ》に保管されたものだ。そして、壬辰倭乱以後、筆写されたものが五部あったが、一六二四年(仁祖《インジョ》二年)、李适《イグアル》の乱の時、春秋館本は焼けてなくなり、残りの四部だけが伝えられている。

第九代　成宗実録

一、貞熹王后と韓明澮の政治的結託による王位継承

睿宗《イエジョン》は、在位わずか十四か月という短い治世で夭逝してしまった。ところで、睿宗が死去した日、世祖妃《セジョビ》・尹氏《ユンシ》(貞熹王后《チョンヒワンフ》)は自分の長子(懿敬世子《ウィギョンセジャ》)の次男を王位に就けた。朝鮮の歴史上、王が死去した日に後継者を玉座に就けた例はなかった。このため、朝廷の大臣たちの間で論議が起こった。しかし、尹妃の意志を曲げることはできなかった。それに彼女の背後には韓明澮《ハンミョンフェ》、申叔舟《シンスクチュ》などの権力者たちがひかえていたため、大臣たちが手を回す隙も与えずに、朝鮮第九代王として十二歳の者乙山君《チャウルサングン》(成宗《ソンジョン》)が決まったのだ。

者乙山君が王位を継承するようになった理由は政治的なものだった。睿宗の息子・斉安君《チェアングン》がれっきとして存在し、また、者乙山君の兄・月山君《ウォルサングン》もいた。斉安君は三歳にしかならない子供だったため、除外されても無理はないが、十五歳の月山君を除いたのは納得のいかない措置だった。

月山君は誰もが認める世祖の長男の長男であり、世祖の寵愛を受けていた。これに対して、貞熹王后は世祖の遺命によるものだと言ったものの、説得力に欠けていた。そこで並べた言い訳は、月山君は健康に問題があるということだった。しかし、その根拠はどこにもなく、考えられるのはただ一つ、政治的な結託だった。

貞熹王后と手を組んだのは韓明澮だった。彼は当代最高の権力者であると同時に、ほかでもない者乙山君の義父でもあった。もちろん、申叔舟、具致寛《クチグァン》などの院相《ウォンサン》(幼い王を補佐して政治を執る地位)もこれに同調した。これは貞熹王后の立場からいっても損ではなかった。十二歳の幼い者乙山君が王になった場合、彼女としては垂簾聴政で王権を操ることができ、また、それが王権を安定させる道でもあった。

実際、睿宗の病弱な体では王位を長く保つことは難しいとの判断を下すとともに、貞熹王后は内心、王権が簒《さん》奪《だつ》されるのを憂慮していた。そこで下した結論が、世祖の遺命を承った院相たちと結託することだった。この過程で彼女は、一番上の孫である月山君を王位に就けようとし、韓明澮は、自分の婿に当たる者乙山君を後押しした。結局、韓明澮の反対にあい、者乙山君を王位に就けることで落着した。彼らは、こうした選択が宗室《チョンシル》の反発を呼び起こすだろうという判断の下に、睿宗が死んだ

日に、直ちに者乙山君を王位に就けた。それから王室勢力の中心だった亀城君《クソングン》を配流とした。

亀城君は、世宗《セジョン》の四男・臨瀛大君《イミョンデグン》の息子で、文武を兼備した優れた人物だった。彼を気に入っていた世祖は李施愛《イシエ》の乱が起こると、四道兵馬都摠使《サドピョンマトチョンサ》に任命した。亀城君は李施愛の乱を平定して都に戻り、五衛都摠府摠管《オウィドチョンブチョングアン》に任命され、翌年、領議政《ヨンイジョン》となった。この時、彼はまだ二十七歳だった。ところが、睿宗が死に、成宗が即位すると、彼の存在は成宗政権にとって危険な人物として浮上した。

成宗が十二歳という幼い年で即位すると、若く、才能と人望のあった宗親は王権を脅かす者と見なされ、摂政を行っていた貞熹王后や元老大臣たちは世祖が端宗《タンジョン》の王位を奪った経緯があったため、亀城君の存在に恐れを抱いた。こうした状況に敏感に反応した大臣や台諫《テガン》たちは亀城君を執拗に弾劾しはじめ、一四七〇年(成宗元年)、ついに貞熹王后は彼を配流とした。亀城君は、十年後、配流地の慶尚道寧海《キョンサンドヨンヘ》で死去した。

この事件は、成宗時代初めの王権が不安定だった時期に元老大臣たちの影響力によって起こったもので、以後、王族の官僚への登用を法で禁止し、『経国大典《キョングクテジョン》』完成後、この法は定着した。いわば、亀城君事件は臣権牽制のための王族重用政策が終わりを告げるとともに、臣権が政治を主導するようになったきっかけともなった。

ともあれ、王権安定を試みた貞熹王后の政治的な決断は成功し、韓明澮、申叔舟などの権臣たちは世祖時代から享受していた自分たちの権勢をそのまま維持できた。しかしその陰で、月山君や斉安君などは彼らの政治的結託の犠牲者となって取り残された。

二、成宗の道学政治と朝鮮の太平の世

生年一四五七—没年一四九四
在位期間一四六九年十一月—九四年十二月、二十五年一か月

成宗は十二歳で王位に就き、間もなく貞熹王后の垂簾聴政も始まった。貞熹王后は成宗が成人になるまでの七年間、摂政を続けた。垂簾聴政で築かれた王権ではあったが、成宗は治世に長けていた。彼は権臣を牽制するために、士林《サリム》勢力を引き入れて権力の均衡を図るとともに、儒教思想をさらに定着させて王道政治を実現していった。その結果として、彼はすべての基礎を完成させたという意味の「成宗」という廟号を得るほど、朝鮮開国以来、最も平和な時代を導いていった。

成宗は一四五七年、世祖の長男・懿敬世子と世子嬪《セジャビン》・

韓氏《ハンシ》(昭恵王后《ソヘワンフ》)の次男として生まれた。名は娎《ヒョル》。生まれて二か月も経たないうちに父の懿敬世子が死去したため、祖父の世祖の下、宮殿内で育てられた。生まれつき聡明で度量が大きく、射芸、書画にも秀でていたため、世祖の寵愛を受けた。

ある雷雨の日、側にいた宦官が雷に打たれて死んだため、周りの者がみな驚いて肝をつぶした。しかし、彼は顔色一つ変えなかった。世祖はそれを見て、彼は太祖《テジョ》に似ていると言って、その気性と品性、学識ともに優れた人物になるだろうと予言したという逸話が伝えられている。

成宗は四歳になった一四六一年、世祖によって者山君《チャサングン》に封じられ、一四六八年、者乙山君《チャウルサングン》に改封された。十歳になった一四六七年、韓明澮の次女と結婚した。そして、一四六九年十一月、叔父の睿宗が死去すると、十二歳で王位に就き、七年間、祖母の貞熹王后の摂政を受けた。

貞熹王后は成宗が王位に就くと間もなく、王位継承権からはずされた睿宗の息子・斉安君と成宗の兄・月山君を大君に格上げした。また、配流していた亀城君に対しても王族であることを考慮して、家産を没収しないで、朝廷からは糧米などを支給した。特に、月山大君に対しては、成長して十八歳になった時、佐理功臣《チャリコンシン》二等に冊封し、不満の解消を図った。

彼女のこうした措置は、宗室の権威を高め、王権を安定させるために行われた。権臣たちと結託を図って王位を成宗に継がせたものの、彼女は大義名分のない自分の行動に対する反発を多少とも和らげようとしたのだ。

貞熹王后による七年間の摂政期間に起こった主な事件を見てみると、まず、成宗即位直後の一四六九年十二月、号牌法《ホペポプ》を廃止して、民衆への監視を緩めたことが挙げられる。また、統治規範の『経国大典』の校正作業を完了し、二品以上の官員が都城外に居住することを禁じて、朝廷の政策決定の迅速化を図った。

そして、崇儒抑仏《スンユオクプル》政策を強化して、仏教の葬儀制度である火葬の風習をなくし、都城内の念仏所を廃止して、僧侶の都城への出入りを禁じた。また、士大夫《サデブ》の家の婦女たちが尼になることも禁じた。一方、母方の又従兄弟同士の結婚も禁じ、士大夫と平民との祭祀の行い方にも差を設けた。また、全国の郷校《ヒャンギョ》の儒生に対して義務的に『三綱行実図《サムガンヘンシルト》』(一四三一年に集賢殿副提学《チピョンジョンブジェハク》・偰循《ソルスン》などが王命によって著述した本。中国や朝鮮の書籍から君臣、孝子、烈女の物語を選んで編集、刊行した)を講習するようにさせるなど、一連の儒教文化の強化政策を実施した。

民間経済の安定のためには、高利貸し業をも担当していた内需司《ネスサ》(宮中で使う米穀、布綿、雑貨、奴婢《ノビ》などに関する事務を受け持った官庁)の長利所《チャンニソ》(長利は年五割の利子を言い、朝鮮初期から、この制度を設置して農民に貸して宮中の費用に充てていた)を五百六十か所から二百三十五か所に減らした。各道に蚕室を設けて、農産、養蚕を奨励し、永安《ヨンアン》(咸鏡道《ハムギョンド》のこと)、平安《ピョンアン》、黄海道《ファンヘド》に大々的な木綿畑を造成する一方、慶尚、全羅道《チョルラド》に桑の木を栽培させて、衣類業の発達を促進した。

尹大妃(貞熹王后)の、こうした一連の儒教文化強化策と民生安定策は、当時領議政であった申叔舟、韓明澮たちが主導したものと推測される。亀城君事件以後、王族たちの登用が禁止され、成宗が幼い年で摂政を受ける立場だったため、政治は臣権中心にならざるを得なかった。

しかし、一四七六年、貞熹王后の垂簾聴政が終わり、成宗が便殿《ピョンジョン》を掌握することで、状況は一変した。成宗は、まず朝廷の庶務決裁に元老大臣たちが参加していた院相制を廃止し、王命伝達と庶務決裁権を取り戻し、金宗直《キムジョンジク》など若い士林出身の文臣たちを側に置いて、権臣たちを牽制した。また、二年後の一四七八年には六曹《ユクチョ》の従二品である参判《チャムパン》以下の文武臣を交代させて、権力の集中を防ぎ、任士洪《イムサホン》、柳子光《ユジャグァン》などの功臣勢力を配流とし、士林出身の新進勢力の進路を開いた。

成宗の勢力均衡政策は一四八〇年代に入るとともに、さらに明らかになった。高麗《コリョ》時代末期の代表的学者の一人、鄭夢周《チョンモンジュ》、吉再《キルチェ》の子孫たちに禄を与える一方、彼らの学脈を受け継ぐ士林勢力を大々的に登用して、勲旧勢力を徹底的に牽制した。こうして士林出身の新進勢力は王を護衛する近衛勢力に成長し、世祖時代の功臣が主軸となった勲旧勢力は、政治の一線から少しずつ後退していった。成宗は勲旧派と士林派の勢力均衡を図ることで王権を安定させ、また朝鮮中期以後の士林政治の基盤を作った。

成宗は、こうした政治的な基盤に基づいて本格的な道学政治の基礎を固めていった。その一環として仏教に対する抑圧を強化する一方、性理学の発展にさらに拍車をかけた。そのため、一四八九年には郷試《ヒャンシ》の答案用紙に「仏教を信じることで災難を治めるべきだ」との内容の答案を作成した儒生を島流しにし、一四九二年には度僧《トスン》(官から僧侶の身分証を与えられた僧。禅宗や教宗の仏典の暗唱試験に合格した後、礼曹《イェジョ》に報告して、軍役の代わりに金銭を納めるだけで僧侶の身分証が与えられた)を廃止し、僧侶を厳しく統制した。また、一定の数の寺を除いて、全国のほとんどの寺を閉鎖した。その一方、成宗は性理学に心酔して、道学的な造詣が深く、経筵《キョンヨン》を通じて学者たちとしばしば討論の席を設け、学問と教育を奨励した。彼は、経学や講義に優れているというだけで学者たちを官吏に登用したこともあった。

成宗はこうした道学政治思想に立脚して、一四七五年には成均館《ソンギュングアン》に尊経閣《チョンギョンガク》を建てて、経典を収蔵するようにし、養賢庫《ヤンヒョンゴ》(一種の奨学財団)に関心を持ち、学問研究を後援し、一四八四年、一四八九年の二回、成均館と郷校に学田《ハクチョン》(教育機関の経費に充てるために支給された田畑)と書籍を与えて、官学の振興を図った。また、弘文館《ホンムングアン》を拡充し、龍山《ヨンサン》に読書堂を設置して、若い官僚に休暇を与えて読書、著述に専念させた(賜暇読書《サガドクソ》)。

こうした政策は編纂事業を盛んにしたが、その結果、盧思慎《ノサシン》に『東国輿地勝覧《トングンニョジスンナム》』を、徐居正《ソゴジョン》に『東国通鑑《トングクトンガム》』『東文選《トンムンソン》』『三国史節要《サムグクサチョリョ》』を、姜希孟《カンヒメン》に『国朝五礼儀《ククチョオレウィ》』を、そして、成俔《ソンヒョン》に『楽学軌範《アカククエボム》』をそれぞれ作らせるなど、多様な書籍が刊行された。

成宗は、一四七九年、左議政《チャイジョン》・尹弼商《ユンピルサン》を都元帥《トウォンス》に任命して鴨緑江《アムノッカン》を渡って、建州女真《けんしゅうじょしん》の本拠地を征伐させ、一四九一年には咸鏡道観察使《クァンチャルサ》・許琮《ホジョン》を都元帥に任命して豆満江《トゥマンガン》を渡らせ、兀狄哈《ウディゴ》(朝鮮時代、豆満江辺に住んでいた海西女真《かいせいじょしん》を指すことば)の集落を征伐した。その結果、朝鮮時代初期から絶えず辺境を脅かしていた野人勢力を一掃でき、辺境が安定した。

こうして成宗は、太祖以来築き上げてきた朝鮮王朝体制を安定させ、朝鮮の民衆も開国以来、最も平和な世を迎えることができた。

しかし、こうした太平の世は社会の片隅に頽廃的風潮も生んだ。成宗自身も治世の後期に入っては、遊興に溺れ、それが拡大して、社会全般に遊興を謳歌する頽廃的な風潮が拡がっていった。成宗は宮殿を抜け出して歓楽街に出入りすることもあった。そのため、王妃・尹氏が彼の顔に引っかき傷を作るという事件が起きて、結局、尹氏の廃妃事件へと発展してしまった。その廃妃事件が燕山君《ヨンサングン》時代になって政争の火種となり、「甲子士禍《カプチャサファ》」を引き起こすことになる。

野史に登場する「於于同《オウドン》」(良家の娘に生まれ、王族の妻になったが、行動が乱れて、社会に大変な物議をかもしたという罪で死刑となった人物)に関する話も、この時期に作られた。於于同野史には、成宗が於于同とともに遊興を楽しんだという話があるが、当時、成宗がいかに頻繁に夜遊びを楽しんでいたかがわかる。

とはいうものの、成宗時代後期のこうした部分的な弊害は、玉についた疵でしかなかった。高麗時代末期から朝鮮時代初期にかけて百年間にわたって頒布されたさまざまな法典、教旨、条例、慣例などを網羅して、世祖時代から編纂を始めていた『経国大典』が一四八五年に完成した。各種の文化的書籍を編纂することで、民衆生活の質を高めた。また、性理学者を政界に進出させ、学問と政治を一つに束ね、朝鮮の政治理念である儒教を定着させて、民衆の教化にも成功した。さらに、辺境の野人を討伐して戦争の脅威をなくし、南方の倭寇に対しても外交的に管理し、支配した。この結果、民衆の生活は安定し、世は太平を謳歌した。

成宗は一四九四年、三十七歳で世を去った。陵は宣陵《ソンヌン》で、ソウル市江南区三成洞《カンナムグサムソンドン》にあり、継妃《ケビ》・貞顕王后の陵と隣り合わせになっている。

三、成宗の家族たち

成宗は正妃・恭恵王后《コンヘワンフ》をはじめ十二人の夫人を娶《めと》り、十六男十二女を得た。彼女らのうち恭恵王后・韓氏《ハンシ》は子供も生まずに十八歳で夭逝し、廃妃《ペビ》・尹氏《ユンシ》が㦕《ユン》(燕山君)、貞顕王后《チョンヒョンワンフ》・尹氏が晋城大君《チンソンデグン》(中宗《チュンジョン》)を含めて一男一女、明嬪《ミョンビン》・金氏《キムシ》が一男、貴人《クィイン》・鄭氏《チョンシ》が二男一女、貴人・権氏《クォンシ》が一男、貴人・厳氏《オムシ》が一女、淑儀《スグィ》・河氏《ハシ》が一男、淑儀・洪氏《ホンシ》が七男三女、淑儀・金氏が三女、淑容《スギョン》・沈氏《シムシ》が二男二女、淑容・権氏が一女を生んだ。

○昭恵王后《ソヘワンフ》・韓氏《ハンシ》(一四三七—一五〇四)

世祖の長男・懿敬世子(追尊王・徳宗《トクチョン》)の妃・昭恵王后は西原府院君《ソウォンブウォングン》・韓確《ハンファク》の娘で、佐理功臣・韓致仁《ハンチイン》の妹。彼女は一四五五年、世子嬪に選ばれ粋嬪《スビン》に冊封されたが、懿敬世子が十九歳で夭逝したため王妃に上がれず、私家に退いた。

以後、一四六九年十一月、次男の成宗が即位して、夫の懿敬世子が徳宗に追尊されると、王后に封じられ、続いて仁粋大妃《インスデビ》に冊封された。徳宗との間に月山大君と成宗を生み、律儀で学識が深いため、成宗の政治に関する多くの諮問に応じたと伝えられている。また、経典に造詣が深く、仏典のハングル訳も試み、婦女子の道理を記録した『内訓《ネフン》』を刊行した。

成宗の継妃・尹氏を廃妃させるのに一役買ったため、その事件で後に燕山君が廃妃事件に関係した人たちを迫害しようとした時、病床にあった彼女はそれを叱り飛ばして引き止めた。ところが、その叱責に耐えられなかった燕山君は頭で彼女を突き、その数日後、彼女は六十七歳で死去した。

陵は敬陵《キョンヌン》で、徳宗の陵に合葬された。

○恭恵王后《コンヘワンフ》・韓氏《ハンシ》(一四五六—七四)

成宗の正妃・恭恵王后は韓明澮の次女。韓明澮は長女を睿宗に嫁がせ、次女を成宗妃にしたが、そのためこの姉妹は、小姑と甥の妻という奇妙な関係にあった。

一四六七年、十一歳で一歳下の者乙山君(成宗)と結婚し、者乙山君が王位に就くと、王妃に冊封された。しかし、一四七四年、十八歳の若さで死に、恭恵王后に追贈された。陵は順陵《スンヌン》で、京畿道坡州市《キョンギドパジュシ》にある。

○廃妃《ペビ》・尹氏《ユンシ》(?—一四八二)

判奉常寺事《パンボンサンシサ》・尹起畎《ユンギギョン》の娘。一四七三年、成宗の後宮に選ばれ、淑儀に封じられ、成宗の寵愛を受けていた。一四七四年、恭恵王后・韓氏が死去すると、王妃に冊封された。

王妃に冊封された年に世子・㦕(燕山君)を生んだが、嫉妬深く、成宗をしばしば困らせた。

一四七七年、劇薬の砒素を隠していたことが発覚し、王の周囲の後宮を毒殺しようとしたと嫌疑をかけられ、降格されそうになったが、成宗の取り計らいで助かった。ところが一四七九年、王の顔に爪で傷を付け、成宗と母后の仁粋大妃が激怒し、廃妃された。

世子の母親であるとの理由で大臣が廃妃に反対したが、大妃と成宗は許さなかった。そのため、尹氏は実家に戻され、外部との接触を禁じられた。そうした境遇に陥ると、彼女は自分の行動を反省し、謹慎していたが、一四八二年、朝廷では彼女の問題が新たな政治の懸案となった。王となる世子の母親を一般人のように暮らさせるわけにはいかないという上疏が相次いだのだ。一方で、これに反対する者たちが尹氏を誹謗しはじめた。

廃妃を擁護する者たちは、朝廷から彼女のために住むところを提供して、生活費一切を宮府から支給すべきだと主張した。しかし、これに反対する側の態度も頑強で、特に、成宗の母后・仁粋大妃と継妃・貞顕王后の反発が強かったため、成宗も簡単には廃妃の住む家を提供するわけにはいかなかった。しかし、成宗は内心、世子が成長するにつれて、廃妃・尹氏に同情心を抱きはじめ、内侍と宮女たちを派遣して彼女の動静を探らせた。ところが、彼ら宮人は仁粋大妃(昭恵王后・韓氏)の指図によって、廃妃・尹氏には全く反省の様子がないと王に偽りの報告をした。

成宗は、その言葉を聞き、大臣たちに廃妃・尹氏に対する問題を論議させて、賜薬を下すことに決め、彼女に死を賜った。

廃妃・尹氏の墓には墓碑も建てなかったが、成宗は世子の将来を考慮して、「尹氏之墓」という墓碑銘を与えた。そして、成宗は自分の死後百年間は廃妃問題に関して論じないようにとの遺言を残した。しかし、燕山君は即位してから、遠からずして母の廃妃事件を知り、その事件

第9代　成宗　家系図

世祖 ― 貞熹王后・尹氏
- 長男：追尊王・徳宗 ― 昭恵王后・韓氏
  - 次男：**第9代 成宗**（者乙山君、1457 ～ 1494）
    在位期間：1469.11 ～ 1494.12、25年1か月

第9代 成宗
- 恭恵王后・韓氏（子供なし）
- 斉献王后・尹氏（廃妃）― 1男
  - 世子・㦕（第10代 燕山君）
- 貞顕王后・尹氏 ― 1男1女
  - 晋城大君（第11代 中宗）
  - 慎淑公主
- 明嬪・金氏 ― 1男
  - 茂山君
- 貴人・鄭氏 ― 2男1女
  - 安陽君
  - 鳳安君
  - 静恵翁主
- 貴人・権氏 ― 1男
  - 全城君
- 貴人・厳氏 ― 1女
  - 恭慎翁主
- 淑儀・河氏 ― 1男
  - 桂城君
- 淑儀・洪氏 ― 7男3女
  - 完原君
  - 檜山君
  - 甄城君
  - 益陽君
  - 景明君
  - 雲川君
  - 楊原君
  - 恵淑翁主
  - 静順翁主
  - 静淑翁主
- 淑儀・金氏 ― 3女
  - 徽淑翁主
  - 敬淑翁主
  - 徽静翁主
- 淑容・沈氏 ― 2男2女
  - 利城君
  - 寧山君
  - 慶順翁主
  - 淑恵翁主
- 淑容・権氏 ― 1女
  - 慶徽翁主

の真相を調べさせた。その結果、尹氏廃妃事件の関連者と尹氏の王后追尊に反対した人たちが処刑される「甲子士禍」が起こった。一五〇四年には、成宗の遺命も守らず、母の尹氏を斉献王后《チェホンワンフ》に追崇(追尊)し、墓も懐陵《フェルン》と改称した。しかし一五〇六年、「中宗反正《チュンジョンパンジョン》」で燕山君が廃位されると、尹氏の冠爵も追奪されて、二度と名誉回復されなかった。

廃妃・尹氏は世子を生んだ王妃でありながら、嫉妬心と不徳から廃妃となり、結局、非業の死を遂げた。こうした廃妃尹氏事件は燕山君の暴政につながり、あげくの果てに朝鮮の朝廷に思いもよらない殺傷劇を引き起こす原因ともなった。

○貞顕王后《チョンヒョンワンフ》・尹氏《ユンシ》(一四六二—一五三〇)

成宗の三番目の夫人で、中宗(晋城大君)の母后。右議政・尹壕《ユンホ》の娘。一四七三年、成宗の後宮に入り、淑儀に封じられた。一四七九年、成宗の二番目の夫人で燕山君の母である尹氏が廃妃されると、翌年十一月、王妃に冊封された。一四九七年、慈順大妃《チャスンデビ》に封じられ、一五三〇年、六十八歳で死去した。成宗との間に中宗と慎淑公主《シンスクコンジュ》が生まれた。陵は成宗の陵と同じ宣陵で、ソウル市江南区三成洞にある。

四、士林派の登場と朝廷の勢力均衡

成宗時代の政治勢力は勲旧《フング》勢力と勤王《クノアン》勢力とに分けられる。勲旧勢力は世祖時代の功臣を中心に形成され、勤王勢力は、いわゆる道学政治を打ち立てた士林勢力から成っていた。成宗は彼ら勢力間の力の均衡を通して王権の中心をしっかりと固めていった。

亀城君事件の後、王族の登用が法律で禁止されると、成宗は朝廷を掌握している勲旧勢力を牽制する必要性を覚えた。成宗が貞熹王后から王権を引き渡された一四七六年当時、世祖の右腕だった申叔舟はすでに故人となっており、韓明澮も高齢のため政治の一線からは退いていた。その代わりに、柳子光など「南怡の獄」に関連した功臣たちと仁粋大妃の実弟・韓致仁を主軸にした戚臣勢力が朝廷の重役として台頭していたが、彼らは勢力圏が異なっていたため、力を合わせることはできなかった。そのため成宗は、こうした力学的構図を利用して、自分の力を蓄え、その後、勲旧勢力を牽制する士林勢力を急速に引き入れはじめた。

士林の巨頭は金宗直だった。彼は、高麗時代末期の吉再《キルチェ》の学風を受け継いだ嶺南《ヨンナム》学派（朝鮮中期、李滉《イファン》を祖とした性理学の学派。李滉の理気二元論を支持する嶺南出身の学者たちのこと。李珥《イイ》の畿湖《キホ》学派と双璧をなす）の指導者だった。成宗が成年となり、初めて便殿を引き渡された時、金宗直は慶尚北道の善山府使《ソンサンプサ》として赴任中だった。成宗は彼が学識と文章に秀で、彼の門下生たちが名声を轟かせていることをよく知っていた。そこで成宗は彼の学問と思想を慕い、母后・貞喜王后の垂簾聴政から解放されると、間もなくして彼を中央へ呼んだ。

士林派は三司（司憲府《サホンブ》、司諫院《サガヌオン》、弘文館《ホンムングァン》）を中心に勢力を築き上げ、自分たちが朱子学の正統な継承者であることを自負していた。また、堯舜《ぎょうしゅん》の政治を理想とする道学的実践を標榜して、君子であることを自任しながら、勲旧派に対しては不義と妥協で権勢を握った小人の輩たちだと蔑視し、排斥した。これに対して勲旧派は、士林派を偉そうな野心家たちだと指弾し、彼らを排撃した。二つの勢力は、主義と思想が異なっているためことごとく対立し、こうした葛藤は日増しに深まって、政治的、学問的に妥協できない状況に陥ってしまった。

金宗直の門下には、金馹孫《キムイルソン》、金宏弼《キムグエンピル》、鄭汝昌《チョンヨチャン》、兪《ユ》好仁《ホイン》、南孝温《ナムヒョオン》、曹偉《チョウィ》など、当代の名高い文章家が集まっていた。そのため、金宗直を重用することは彼らをみな重用するのと同じような効果を狙えた。こうした成宗の士林派重用策で、一四八〇年代半ばに入ると、朝廷では士林派と勲旧派の勢力均衡が可能となった。

中央に進出した士林派の一次的な批判対象は柳子光、李克墩《イグクトン》などの勲旧、戚臣勢力だった。彼らはすでに自分たちの権力を乱用して腐敗へと走り、こうした不正腐敗が新進士林勢力にとって政治的攻撃の対象となった。

士林の攻撃に対する勲旧勢力の反発もなかなかのものだったが、成宗が支援しているため、勲旧勢力が士林勢力に押される現象が現れはじめた。そのため、士林勢力の拡大に危機感を覚えた勲旧勢力は、燕山君が即位した後、自衛策の一環として「戊午士禍《ムオサファ》」を画策することになる。

成宗の後押しにより、勢力が拡大した士林派は、世祖時代末期に廃止されていた留郷所《ユヒャンソ》（地方官の守令《スリョン》を補佐する諮問機関で、地域の風俗と郷吏の不正を取り締まりながら、住民を代表していた民間地方自治機関）制度を復活させた。留郷所の復活は、当時、腐敗していた官僚中心の農村社会に新風を巻き起こした。朝鮮開国以来、農村社会の一部には富が蓄積していたが、それは官僚たちの腐敗へとつながった。留郷所は、こうした腐敗した郷里を糾察し、風紀を正すために組織された地方の自治機構だった。

留郷所は高麗時代末期に設けられたが、その後、太宗の時に王権を弱めるとの理由で廃止された。それが、世宗時代には留郷所の権限を風紀更正に限定して復活させた。ところが、世祖が即位した後、権力の中央集権化を図るのに留郷所は妨げになるとの理由で、再び廃止された。一四八八年、成宗はこれを再度復活させたわけだ。

成宗が復活させた留郷所制度は中央集権体制の補助機構に過ぎなかったが、士林には政治的な基盤となった。これは、朝廷内で士林の力を育て、勢力の均衡を図ろうとしていた成宗にとっては大きな助けとなった。このため、士林勢力が中央の批判勢力として成長する上で困難はなく、ついに、成宗が狙った「力の均衡」を実現する重要な手段ともなった。成宗が王道政治を標榜したのは学問を好む彼の天性によるものだが、社会的な矛盾と病弊を排除すべきだという時代的な要求でもあったのだ。

五、士林派の巨頭・金宗直

朝鮮中期、政界の最も大きな変化は中央政界に士林勢力が進出したことだ。高麗末期の鄭夢周《チョンモンジュ》や吉再の学風を継ぐ彼らは、自ら道学的実践を実現しようと君子であることを標榜し、社会の一大改革を求めていた。この士林の代表的な人物が金宗直(一四三一―九二)だった。

金宗直は、慶尚南道密陽《キョンサンナムドミリャン》出身で、一四五三年に進士となり、一四五九年に文科に及第し、一四六二年には承文院《スンムヌォン》博士となった。以後、慶尚道兵馬評事《ピョンマピョンサ》、吏曹佐郎《イジョチャラン》、咸陽郡守《ハミャングンス》などを務め、成宗が成年になった一四七六年には故郷近くの善山の府使として在職中だった。

貞熹王后の垂簾聴政が終わり、成宗が政治を自ら執るようになると、中央に進出し、この時から嶺南私学の巨頭として、また成宗の近衛勢力として成長していった。成宗は学問を尊び、道学政治を夢見ており、金宗直を自分のこうした政治的な理念を支えてくれる責任者として考えた。特に、金宗直の門下には当代一の文章家が揃っていて、成宗は彼らと力を合わせて、勲旧、戚臣勢力の独走を阻止しようとした。

一四八三年に右副承知《ウブスンジ》に就いた金宗直は、続いて左副承知《チャブスンジ》、吏曹参判《イジョチャムパン》、芸文館提学《イエムングァンチェハク》、兵曹参判などの要職を歴任した。これとともに、彼の弟子の金宏弼、兪好仁、金馹孫なども登用された。

大義名分を重視した金宗直は端宗を廃位、殺害して即位した世祖を批判し、世祖の不義に同調した申叔舟、鄭麟趾《チョンインジ》ら功臣たちを蔑視した。そのため、台諫となって勤めていた時、世祖の不道徳さを叱責し、世祖時代の功臣たちを攻撃する上疏を続け、勲旧勢力を刺激した。

世祖に対する彼の批判は単純な上疏だけでは終わらず、世祖が端宗を廃位したことに対する反発から「弔義帝文《チョウィジェムン》」を残した。「弔義帝文」は、中国の秦《しん》時代に、項羽《こうう》が楚《そ》の義帝《ぎてい》を廃したことに擬《なぞら》えて、世祖により廃された端宗を弔慰した文章だった。この文章は『成宗《ソンジョン》実録《シルロク》』編纂過程で金宗直の弟子により史草に上げられ、これが発端となって、後に戊午士禍が起こった。

金宗直は南怡を殺した柳子光を蔑視したが、たまたま慶尚南道の咸陽郡守に赴任した時、柳子光の詩が掲げてあるのを見て、それを撤去して燃やしてしまったことがある。そのため、柳子光は金宗直に対して私的な恨みを抱くようになり、後日、李克墩と手を組んで戊午士禍を謀った。

金宗直の「弔義帝文」と勲旧勢力に対する批判的な上疏は、彼の道学的な識見と節義をよく表現している。たとえ王だとしても道理や徳を守らないならば、当然、批判されなければならないというのが、彼の立場だった。成宗もやはり金宗直の見解に同調し、自ら道学的な姿勢で国事に臨もうとした。

高麗時代末の鄭夢周と吉再の学風を受け継いだ父・金叔滋《キムスクチャ》に文を習った金宗直は、文章に秀で、史学にも広く通じて、朝鮮時代の道学の正統を受け継ぐ中心的な役割を果たした。彼の道学を正統に受け継いだ弟子・金宏弼は趙光祖《チョグァンジョ》のような傑出した人物を輩出し、その学統をそのまま継承した。

このように、彼の道学が朝鮮王朝の道通（道学を伝える系統）の静脈へとつながったのは、「弔義帝文」で見られるように、彼が華麗な文章や詩文を追求するよりは、節義を基に究極的に正義を崇めて是非を弁じようとする義理に固い性向を見せたという点からもわかる。こうした精神は弟子たちに伝えられ、弟子たちは節義と義理を打ち立てながら、これに背いた勲旧、戚臣勢力の不正と不道徳を批判した。

金宗直は一四九二年、六十一歳で死んだが、「弔義帝文」

が発端となって起きた戊午士禍（一四九八年）の時に「部棺斬屍《ブグァンチャムシ》」された。しかし、中宗の時に再び名誉が回復された。彼の著書としては、『青丘風雅《チョングプンア》』『佔畢斉集《チョムピルジェチプ》』『堂後日記《タンフィルギ》』などが伝えられているが、この他の多くの著述は戊午士禍の時に勲旧勢力により焼失された。

六、『経国大典』完成の意味と形成過程

世祖の時から編纂を続けていた『経国大典』が数回の改訂の末、二十五年目の一四八五年に完成し、頒布された。これは朝鮮時代の統治の基本法典で、現在まで伝わる法典の中で最も古いものだという点で歴史的、文献的価値が非常に大きい。

この本の編纂沿革は世祖時代に遡る。世祖は、即位するやいなや、それまで散らばっていた各種の法典を結合して新法典を作る必要性を覚え、「六典詳定所《ユクチョンサンジョンソ》」を設置し、統一された法典作りに精魂を注いだ。当時、朝鮮の法典は臨時法の形態を帯びていた。王が即位する場合や大きな事件が起こる度に新法令が生じるため、法令ばかりが次々と積もり続け、それに対する欠陥が見つかる度に続典を刊行して補完するのが精一杯だった。

統一法典の編纂作業は一四六〇年（世祖六年）七月に始まった。まず、財政経済の基本となる「戸典《ホジョン》」と「戸典謄録《ホジョントウンノク》」を完成して、これを「経国大典戸典」と名付けた。翌年の七月には「刑典《ヒョンジョン》」を完成して公布施行した。一四六六年には残りの「吏典《イジョン》」「礼典《イェジョン》」「兵典《ピョンジョン》」「工典《コンジョン》」などを完成し、すでにでき上がっている「戸典」と「刑典」も再び全面的に再検討して一四六八年一月一日から施行した。しかし世祖は、この時作られた法典を最終的なものと確定はしなかった。まだ不備なものだと判断していたからだ。そのため、世祖時代には統一法典の編纂作業がそこで一旦止まり、残りの作業は睿宗代に持ち越された。

睿宗も六典詳定所を設置し、一四六九年九月までに作業を終わらせて翌年の一月に頒布することに決めてはいたものの、睿宗の急死により、そのまま成宗代に持ち越された。

成宗は、即位すると『経国大典』を修正して、一四七一年一月一日から公布して施行するようにした（『辛卯大典《シンミョテジョン》』）。しかし、この本は記入漏れの条文が多いため再び改修して、三年後の一四七四年二月一日から施行した（『甲午大典《カボテジョン》』）。その大典に収録されていない法令の中から施行すべき七十二条文は別に続録を作って、と

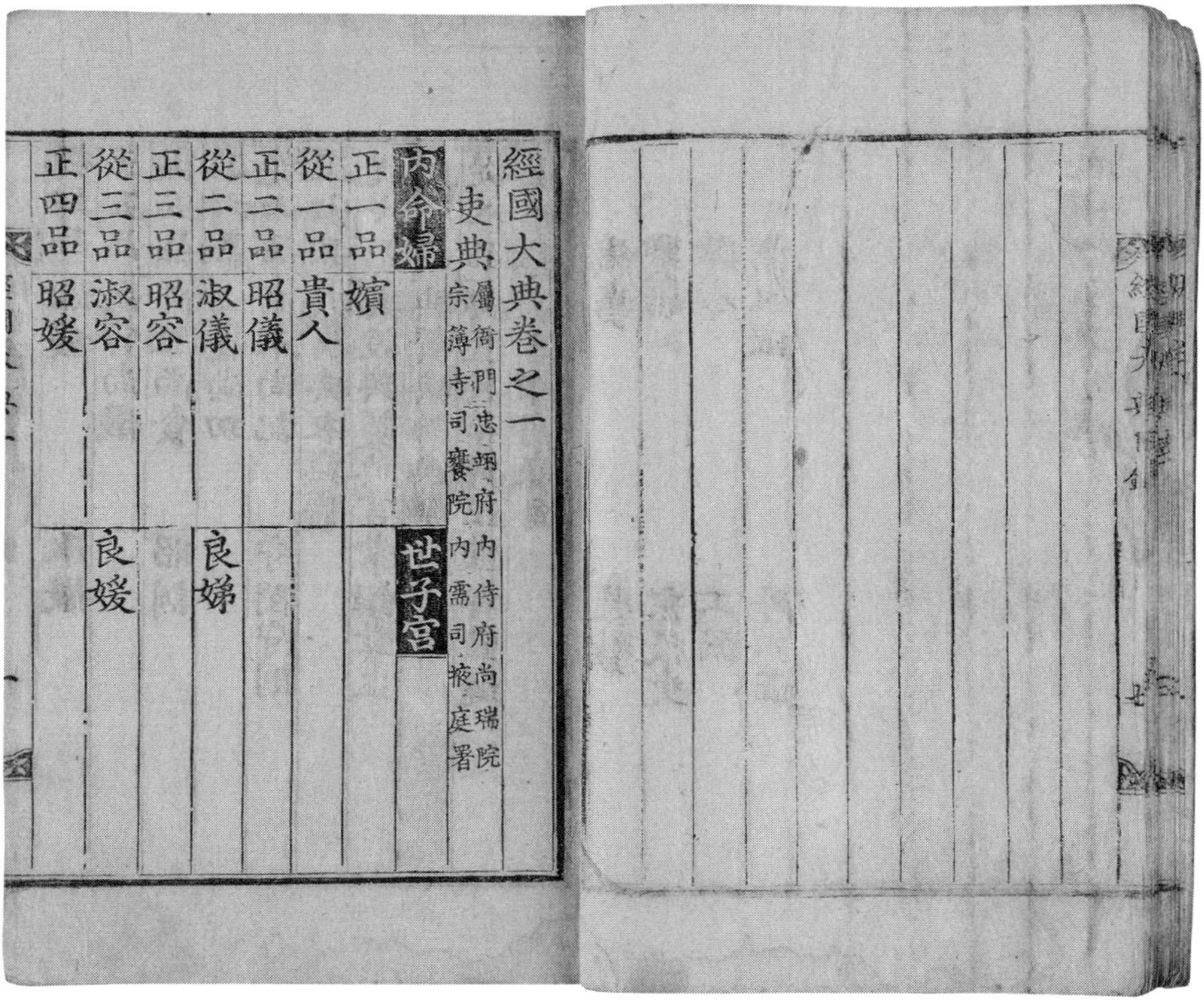
經國大典卷之一

吏典 屬衙門 忠翊府 内侍府 尚瑞院 宗簿寺 司饔院 内需司 掖庭署

内命婦

正一品 嬪

從一品 貴人

正二品 昭儀

從二品 淑儀

正三品 昭容

從三品 淑容

正四品 昭媛

世子宮

良娣

良媛

朝鮮初の法典『経国大典』。写真は内命婦と世子宮の品階を示した部分。〔国立中央博物館 所蔵〕

もに施行した。しかし、一四八一年に、再検討する必要があるという論議が起こると、「勘校庁《カムギョチョン》」を設置して大典と続録を大々的に改修し、一四八五年（乙巳《ウルサ》年）一月一日から施行した。これが『乙巳大典』だ。

『乙巳大典』を施行する際に、今後の改修はしないことに決めていたため、この『乙巳大典』が最終的に確定した朝鮮王朝の成典となった。二十五年間の絶え間ない努力の実りだった。

今日まで完全な形で伝わる『経国大典』は、この『乙巳大典』を指し、『辛卯大典』『甲午大典』をはじめとするそれ以前の法典は伝わっていない。そのため、『乙巳大典』は、現在まで伝えられている法典の中で最も古い、唯一の法典になるわけだ。

『経国大典』は、『経済六典』（太祖《テジョ》六年の一三九七年に鄭道伝《チョンドジョン》、趙浚《チョジュン》などが六典の形を整えて作った法典で、朝鮮初の成文法典）と同じく六分方式によって「吏典」「戸典」「礼典」「兵典」「刑典」「工典」の順になっており、各法典ごとに、必要な項目に分けて規定している。また、条文は経済六典とは異なって抽象化、一般化されているため、公権的解釈が可能になっている。これは、二十年余りにわたる努力の賜として何物にも劣らず、名実ともに朝鮮の最高の法典としての形を整えたものだと言えよう。

各法典の内容を見ると、「吏典」には統治の基本となる中央と地方の官制、官吏の種別、官吏の任免、辞令などに関する事項が設けられている。

「戸典」には財政経済と、それに関連した戸籍、租税制度をはじめ、禄俸、通貨、負債、商業と蚕業、倉庫と還穀《ファンゴク》（春の端境期に民に貸し、秋に一割の利子をつけて回収した官の穀物）、漁場、塩田などに関する規定と、土地、家屋、奴婢、牛馬の売買と今日の登記制度に該当する立案、そして、債務の返済と利子率に関する規定が設けられている。

「礼典」には文科、武科、雑科などの科挙に関する規定と、官吏の儀仗および外交、祭礼、喪葬、墓地、官印、その他に公文書の書式に関する規定をはじめ、喪服制度、奉祀、立後（養子縁組）、婚姻など親族法の規範が設けられている。

「兵典」には軍制と軍事に関する規定が、「刑典」には刑罰、裁判、公奴婢・私奴婢に関する規定と財産相続法に関する規定が、「工典」には道路、橋梁、度量衡、殖産に関する規定が設けられている。

こうした『経国大典』の編纂、施行を通して、朝鮮は法治主義に立脚した王朝統治の法的基礎である統治規範体系を確立し、中国法に無批判的に依存していた慣行をなくすことで法治主義の自主性を獲得した。

『経国大典』の施行後も、『大典続録《テジョンソンノク》』『大典会通《テジョンフェトン》』『大典通編《テジョントンピョン》』などのような法典が編纂されて、その中の条文が改定されたり、廃止されたりすることもあったが、その基本理念は消えることなく綿々と伝わり、朝鮮法治主義の根幹となった。そのため、『経国大典』は朝鮮の人の統治観と人間観、歴史観を一つにまとめた偉大な歴史的産物であると同時に、彼らの法治主義への願いがうかがえる貴重な文化的資産でもあると言える。

七、活発な文化書籍の編纂

成宗時代の業績の中でもう一つ注目すべきことは歴史、地理、文学、音楽などの書籍を編纂したことで、その代表的なものとしては『東国與地勝覧』『東国通鑑』『東文選』『楽学軌範』などがある。

成宗は、こうした書籍の編纂を通して自身が追求していた道学政治の理念を確立しようとした。特に『東国通鑑』は成宗も自ら介入し、新進士林が参加して作ったもので、成宗と士林の歴史認識がよく反映された歴史書として評価されている。

『東国與地勝覧』

この本は一四八一年（成宗一二年）、五十巻で編纂された。内容は一四七七年に編纂した『八道地理志《パルトチリジ》』に、『東文選』に収録された東国文士（新羅時代から朝鮮時代までの文士）の詩文を加えたものだ。編纂体裁は、南宋《なんそう》の『方《ほう》與勝覧《よしょうらん》』と明《みん》の『大明一統志《だいみんいっとうし》』を参考にしている。

『東国與地勝覧』の第一次校正は、一四八五年に金宗直などにより行われたが、この時、詩文に対する整理と沿革、風俗、人物編目（書物などの編や章を題目別に分けたもの）に対する校正、そして『大明一統志』の構成により古跡編目が付け加えられ、中国の地理志にはない苗字、烽火の製造などが新設された。その後、一四九九年に任士洪、成俔らが部分的な校正と補充を加えたものの、内容的に大きな変動はなかった。第三次修正は増補のためのもので、一五二八年（中宗二三年）に着手し、一五三〇年に続編五巻を合わせて全五十五巻として完成した。そしてこれに「新増」という二文字を入れ、『新増東国與《シンジュントングンニョ》地勝覧《ジスンナム》』と名付けた。この中宗時代本は、壬辰倭乱《イムジンウェラン》を経て数が大幅に減り、現在は日本の京都大学所蔵本が残っているだけである。一六一一年（光海君《クァンヘグン》三年）に復刊した木版本は、奎章閣《キュジャンガク》図書など韓国内に所蔵されている。

『新増東国與地勝覧』の巻頭には進箋文、序文、教修官員職名と、旧本『東国與地勝覧』に収録されていた盧思慎の進箋文、徐居正の序文および教修官職員名、纂修官職員名、目録などが収録されている。また、巻末には洪彦弼《ホンオンピル》、任士洪、金宗直の跋文が載せられているため、本の刊行過程とその意図を知ることができる。

この書の中には京都《キョンド》(現・ソウル)、漢城府《ハンソンブ》、京畿道、開城府《ケソンブ》、忠清道《チュンチョンド》、慶尚道、全羅道、黄海道、江原道《カンウォンド》、咸鏡道、平安道といった各地方の郡県が収録されているが、京都の前には朝鮮全道の八道総図が載せられ、各道の初めには道別地図が入っている。

これらの地図は実測地図とは言い難いもので、極めて単純な形をしている。そして、どれも等しく東西の幅は広くて南北の長さは短くなっているため、実際の地形を上から押しつぶしたようないびつな恰好となっている。当時の地図がこのような形をしているのは、南北の交通路に比べて東西の交通路の発達が遅れていたためではないかと思われる。韓半島(朝鮮半島)の地形が東高西低、すなわち西側に平野が多くて東側に山岳が集中しているため、東西の距離は遠く感じられ、南北の距離は近く感じられたのかもしれない。

地図の正確性の如何は別として、地理志に地図を添付したことは、当時としては画期的な編集だった。また、内容でも、各道の沿革や総論をはじめ苗字、人物、風俗、烽火、陵墓、橋梁の位置など細かい部分に至るまで子細に記録されている。特に人物の中には官吏だけでなく、親孝行、烈女などが含まれており、行政区域でも地域の変遷過程を含めて記録している点が注目に値する。

この書は世宗時代の地理志の長所である土地の面積、租税、人口など経済、軍事、行政的な側面が弱い反面、人物、礼俗、詩文などが強調されており、これは世宗時代に比べて、成宗時代がそれだけ平和だったことを証明している。

『東国通鑑』

成宗の命令で、徐居正などが新羅《シルラ》の初めから高麗末までの歴史を編纂した史書で、五十六巻二十八冊から成る。

この本の編纂作業は一四五八年、世祖により始められ、一四七六年、成宗時代になって初めて古代史部分が完成した。この古代史部分は、『三国史節要』という名前で別に刊行されたが、その後一四八四年に高麗史を完成し、『東国通鑑』としてまとめられた。しかし、この本は現在は残存しておらず、一四八五年、成宗と士林勢力が中心となって改撰した『東国通鑑』だけが残っている。

この本の編纂作業に対して、世祖のもともとの意図は金富軾《キムブシク》の『三国史記《サムグクサギ》』と権近《クォングン》の『東国史略《トングクサリャク》』に代表される古代史関連史書で抜けているところが多く、それを補完することだった。このため、『三国史節要』は世祖時代にすでに骨格が形成された古代史部分にもう一度手を加えたものと見るべきだ。

この『三国史節要』は、もともと申叔舟がほぼ完成させていたが、彼が完成を前にして亡くなったため、盧思慎を中心に徐居正、李坡《イパ》、金季昌《キムゲチャン》、崔淑精《チェスクチョン》が完成させた。その名称から考えれば『高麗史節要』につなげようとしたものと思われるが、この中には『三国史記』で漏れた多くの説話、伝説が『三国遺事《サムグクユサ》』『殊異伝《スイジョン》』『東国李相国集《トングクイサングクチプ》』などから採録され、また『東国史略』の史論が収録されている。

一方、『東国通鑑』は編年体になっており、檀君朝鮮《タングンチョソン》から三韓《サマン》までを外記、三国の建国から新羅・文武王《ムンムワン》九年（六六九年）までを三国記、六六九年から高麗・太祖十八年（九三五年）までを新羅記、それ以後から一三九二年までを高麗記として編纂している。

三国以前を外記として処理したのは、史料が不足し、体系的な王朝史を叙述できなかったためだ。また、新羅記を独立させたのは新羅統一の意味を浮き彫りにするためのものだった。しかし、三国が対等だという均敵論を唱え、特定の国を正統国家として扱わなかったのは、権近の『東国史略』で新羅を正統としているのと対比される点だ。また、王の年代表記も『東国史略』では踰年称元法《ユニョンチンウォンポプ》を使っているが、ここでは即位年称元法《チュグィニョンチンウォンポプ》を使っている。しかし、『東国通鑑』の史論が性理学的観点に偏っているのが限界だという指摘もある。中国に対して事大主義を取った形跡があれば称賛する一方、事大主義に対抗したりおろそかにした形跡があれば、徹底的に批判している。また、仏教、道教、民間信仰などを異端として排斥する傾向も甚だしい。また、箕子朝鮮《キジャチョソン》とその後継者の馬韓《マハン》、新羅などの歴史的地位を高め、その反面、檀君朝鮮、高句麗《コグリョ》、百済《ペクチェ》、渤海《パレ》、高麗の地位を相対的に低く設定している。こうした、度を越した儒教的、事大主義的歴史観は、浪漫的で神話的な歴史観を受け入れて朝鮮史を再構成しようとしていた世祖の意図に反するものだった。これに対し、申叔舟主導の下に作られた『三国史節要』には浪漫的で神話的な叙述体が残っているため、多少なりとも世祖の民族主義的観点の一面をうかがわせてくれる。そのため、一四八四年に徐居正が中心となって編修された『東国通鑑』は編者たちが勲臣だったことから考えると、行き過ぎた名分論に立脚した史書ではなかったはずだ。しかし、成宗と士林勢力によって改修されて現在まで伝えられている一四八五年版『東国通鑑』は、厳格な儒教的名分論に立脚しているため、厳しい毀誉褒貶を持つのが特徴である。

これは世祖および彼を補佐していた勲臣たちへの攻撃であると捉えられるとともに、朝鮮初期に進められていた富国強兵策への間接的な批判とも捉えられている。こうした批判は、相対的に士林勢力の立場を強化する役割を果たしただろう。また、それは勲臣の圧力からのがれ、王権の強化を図ろうとする成宗の政策にも利用されたと思われる。

確かに、『東国通鑑』の基礎は勲臣たちが確立したものであるため、名分論中心の史論が加わっている。それでも、この本は勲臣と士林、そして成宗の合作の成果であることだけは否定できない。それまでの朝廷勢力の対立的な様相のために、歴史観が一つにまとまらなかった点を考えると、『東国通鑑』は朝鮮初期の歴史叙述の完成品だとも言えよう。

八、徴税制度の変化と貢法

朝鮮の租税規定は、太祖の時に確立された科田法に基づいていた。科田法の規定によれば、田地の所有主に納める租は公田・私田を問わず、十分の一租である一結当たり三十斗で、国に納める税は一結当たり二斗だった。私田を耕作する者は田地の所有主に一結当たり三十斗を納め、公田を耕作する者は役所に一結当たり三十斗を納めなければならず、租のほかに一結当たり二斗の税を納めていた。このため朝廷は、官員が豊作か凶作かによる収穫の得失を実地調査して、納めるべき租税を決める踏験損失法《タポムソンシルポプ》を用いていた。

しかし、この踏験損失法には多くの問題があった。公田においては、村の守令が直接、農地の作柄を調査することになっていたものの、それは不可能だった。そのため、郷吏や指名された下級官吏が作柄を調べたが、彼らによる贈収賄が頻繁に行われ、調査官が小細工を弄する隠結《ウンギョル》(租税を負担しないようにするため、故意に記入漏れを行った土地)が増える傾向を見せた。また、私田では、土地の所有者が作柄を高めに評価することが多く、農民の負担を重くしていた。朝廷はこの問題を解決するために、私田に対しても、官吏が実地調査するようにする措置を講じるなどの努力をしたが、根本的な解決策とはならなかった。

一方、朝廷は、こうした田畑を生産量によって上中下に分ける三等田制を実施していたが、こうした量田(耕作状況を把握するために田畑を測量すること）制度も限界を見せていた。大部分の地主たちが租税をより少なくするために、自分たちの土地を下等田として申告するため、三等田制は有名無実化した。そのために実際は、量田の基準がないのと変わりがなかった。

こうした租税問題は世宗時代を基点にして画期的な改革が行われる。世宗は租税制度を改革するために全国の高官および農民十七万人に聞き取り調査を行い、一四三六年（世宗十八年）に貢法詳定所《コンポプサンジョンソ》を設置し、一四四四年、新しい田税制度である貢法を確定する。

貢法は第一に、田畑の評価について、従来の三等田を廃止し、田分六等法《チョンブンユクトウンポプ》を実施し、量田尺も、従来の随等異尺指尺《スドウンイチョクジチョク》から随等異尺周尺《スドウンイチョクチュチョク》へと変えた。第二に、税額は二十分の一税である、最高二十斗最低四斗とする年分九等法《ヨンブンクドウンポプ》による定額税に改正した。第三に、減免については、土地台帳に正田（常に耕作する土地）と続田（土地の状態により耕作する場合にのみ課税する土地）とに分けて、正田のうち陳荒田（休耕田）は免税としないが、災傷田（災害により耕作できない土地）は減免する。ただし、災害の被害を受けた相接田地が十結（後に五結に変更）以上でなければならないというものだった。

田分六等法は、土地の質によって農地を六つの等級に分け、この等級によって税額に差をつけて適用する方法だ。また、随等異尺周尺とは、その土地を測定する際、従来の尺の代わりに周尺（中国の周で考案された尺）を用いるようにしたものである。そして、踏験損失法の弊害を根絶するために作られた年分九等法とはその言葉通り、農作の豊凶を九つの等級に分けて税額を決める定額税法だった。

貢法によって作られたこうした年分九等法は、制度的に客観的な基準と妥当性とを確保した税法だったようだ。そのため、科田法の限界を克服できただけでなく、さまざまな面で画期的な成果が得られた。科田法で、一結当たり十分の一租（税）で三十斗となっていたのは、一結の生産量を約三百斗（二十石）と算定したものだが、これに対して、貢法では一結当たりの生産高を四百斗として計算している。貢法は科田法に比べて一結当たりの生産量を一段と高く見なしていたのだ。

その反面、税額を十分の一から二十分の一に下げ、農民の負担を減らした。それにもかかわらず、貢法実施以後の税収は、それ以前の税収をはるかに上回った。これは、貢法が隠結の数を減らし、実地調査の官吏や地主の収奪行為を大幅に減少させたことを意味する。

こうした貢法は一四四四年（世宗二十六年）に初めて作られ、ひとまず六県でのみ試験的に実施されていたが、一四五〇年には全羅道全体で実施され、その後、世祖時代に京畿道、忠清道、慶尚道、成宗時代に黄海道、江原道、平安道、永安道と、全国に拡大実施された。

全国的に拡大実施された貢法による田税は、収穫後に徴収を始め、十一月初めから漢城へ輸送され、翌年一月までに収税を終え、六月までには上納を完了した。

地主の強い反発にもかかわらず、成宗時代に、こうした貢法が全国的に実施されたことは、朝廷が全国を掌握していたということをも意味する。

とはいうものの、いかなる制度でも国家体制が安定している時に効力を発揮し得るものだ。燕山君以後、政治の不安定化が加速し、国の紀綱が乱れるとともに、再び賄賂が横行するようになった。これによって、地主たちの収奪が次第に激しくなり、民間経済は疲弊し、年分九等法も三等田制の場合と同じく、名ばかりの法に転落してしまった。年分九等法による税法は六斗ないし四斗に固定され、貢法による田税納付も田税負担者の社会的な力に左右される傾向を見せるようになったのだ。

九、『成宗実録』編纂経緯

『成宗実録』は二百九十七巻百五十冊から成り、一四六九年十一月から一四九四年十二月までの成宗在位二十五年間の歴史的な事実を編年体で記録している。

成宗の死から四か月後の一四九五年(燕山君元年)四月、領議政・盧思慎などの建議で春秋館《チュンチュグァン》の中に実録庁《シルロクチョン》を設置し、編纂作業に取りかかった。しかし、編纂過程で成宗時代に史官を務めた金馹孫が提出した史草で、世祖が端宗を廃し、王位を簒奪した事実を批判しながら、暗に端宗を慕う「弔義帝文」が載っているのが直接的な原因となり、戊午士禍が起こった。

「弔義帝文」は金宗直の文で、これを史草に載せた金馹孫は彼の弟子だった。このため、金宗直門下生が中心となった士林勢力が一挙に粛清される士禍が起こったのだ。

しかし、戊午士禍が起こったことは確かだが、実録編纂作業に別に支障はなく、作業を始めて四年後の一四九九年三月、印刷を完了し、四か所の史庫に分けて保管された。

実録編纂は領議政・慎承善《シンスンソン》と右議政《ウィジョン》・成俊《ソンジュン》が総裁官《チョンジェグアン》を、知館事《チグアンサ》・李克墩と安琛《アンチム》など十五人が実録庁堂上《タンサン》を任され、その他、七十四人が実録庁郎庁《ナンチョン》となって実務を担当した。

第十代　燕山君日記

一、王位を継ぐ廃妃の息子

成宗《ソンジョン》時代は朝鮮時代を通じて最も平和な時期だった。それは何よりも成宗の政治力で朝廷が安定していたからだ。しかし、その平和の裏では徐々に頽廃的な風潮が首をもたげていた。成宗は道学を崇め尊び、自ら聖人君子を自負する人物だったが、もう一方では豪気溢れた行動に出る傾向があった。それは彼の家族関係にも如実に表れる。彼は十二人の夫人を娶《めと》って三十人近い子供たちを得た。結局、こうした豪放な性格が火種を撒いてしまった。その火種とは、ほかでもない、稀代の暴君・燕山君《ヨンサングン》のことだ。

　一時、成宗の寵愛を独り占めにしていた王妃・尹氏《ユンシ》は、成宗が後宮たちと夜を過ごすことが多くなると、王の周囲にいる彼女たちを毒殺するつもりで砒素を隠し持つようになった。これが発覚すると、彼女は嬪《ピン》に降ろされそうになり、窮地に陥る。淑儀《スグィ》の身分から、内殿最高の地位であり、国母でもある王妃の座に就いたのに、再び嬪に降格されることは死刑宣告を受けるようなものだった。しかし、尹氏は成宗の配慮により辛うじて降格されずに、いったんはことなきを得た。

　ところが、彼女の嫉妬はそこでとどまらず、あげくの果てに、万民の父親である王の顔を引っかいて爪痕を残すという事件を起こしてしまった。国母としてあり得ない大罪を犯したのだ。王妃から顔に傷を付けられた王の立場は丸つぶれだった。王の怒りも大きかったが、彼女の義母に当たる仁粋大妃《インスデビ》(昭恵王后)の怒りは大変なものだった。

　この一件で、朝廷では廃妃論が台頭した。しかし、臣下の多くは敢えて王妃を廃する気にはならなかった。彼女は単なる王妃ではなく、次の王となるべき王子の母后でもあったためだ。そのため、廃妃論を唱えれば、次の王によって報復されるのは火を見るより明らかだった。なのに、誰が命がけで世子の母を廃そうと言えようか。成宗としてもおそらく、夫婦の情のため王妃を廃することまでは考えなかっただろう。ところが、仁粋大妃は廃妃論を曲げようとしなかった。そこに韓明澮《ハンミョンフェ》の勲旧《フング》勢力と金宗直《キムジョンジク》などの士林《サリム》勢力が加勢した。

　そのため、成宗は一部の重臣が反対したにもかかわらず、尹妃を廃妃としてしまった。私家へ追い出された尹氏の受難は単に庶人に転落したことにとどまらなかった。廃妃されて三年が経った一四八二年に、王子・㦕《ユン》を世子《セジャ》に冊封すべきだとの論議が上がると、朝廷の大臣たちの間では廃妃・尹氏に対する同情論が持ち上がった。しかし、これがかえって尹氏の寿命を縮める結果となった。

廃妃・尹氏は王位を継ぐべき世子の母親であるため、決して私家に放置してはならないという尹氏同情論に危機感を覚えた仁粋大妃は、何人かの後宮たちと組んで、彼女をさらに追い詰めていった。ついには、尹氏は私家へ戻ってからも自分の取った行動に対して一向に反省の気配がないという内容をでっち上げて王に報告し、これに憤慨した王は、とうとう賜薬を下したのだ。

王子・㦕は自分の実母が賜薬を下されたという事実を知らずに育った。母が廃妃となった当時、彼はわずか三歳に過ぎず、また、成宗も廃妃・尹氏の事件に関しては一切持ち出さないように厳命を下していたためだった。そのため、㦕は母が追い出された後に王妃に封じられた貞顕王后《チョンヒョンワンフ》・尹氏を実の母親と思って育った。とはいうものの、㦕は貞顕王后・尹氏にはあまりなつかなかった。もちろん、貞顕王后の方も立場が立場だけに、廃妃の息子に愛情を注げなかっただろう。それに、祖母の仁粋大妃は、㦕に対して、度を越すほど辛く当たっていたと伝えられる。自らの手で追い出した嫁の生んだ孫を可愛がれるはずはない。その反面、貞顕王后の生んだ晋城大君《チンソンデグン》には対照的な態度を示した。それが㦕の心にわだかまりを残したのかもしれない。

こうして成長したせいか、㦕は決して善良従順な子供には育たなかった。自分の気持ちを素直に表さない陰険なところがあり、偏屈で気紛れな性質の持ち主だった。また、学問を嫌い、学者のことをよく思わないばかりか、頑固で独断的な性向もあった。

成宗はこうした性格の㦕を好ましく思わなかったものの、一四八三年の二月六日、彼を世子に封じる。この時、仁粋大妃は、廃妃の息子を世子に冊封することは後に災いを招くと強く反対した。しかし、この時はまだ、晋城大君も生まれる前だったため、王妃から生まれた王子は㦕一人しかいなかった。そのため成宗も、選択の余地もなく、彼を世子として冊封するほかなかった。

成宗を含む周囲の者たちが世子の乱暴気味な性格を憂慮していたという逸話が野史を通して伝わっているが、その代表的なものが次の二つだ。

ある日、成宗が世子を呼び、王たる者の道理について教えようとしていた時のこと。父王からの呼び出しを受けてやってきた㦕が成宗の方へ近づこうとした時、いきなり一匹の鹿が飛び込んできて、彼の着物や手の甲をなめつけた。その鹿は成宗が最も可愛がっていた動物だった。ところが、世子の㦕は自分の服が鹿に汚されたことに腹を立て、憤激したあまり、父王の目の前でその鹿を足蹴にした。この光景を目にした成宗は非常に怒って、息子を叱った。そのため、成宗が死去し、彼が王に即位すると、何よりも先にその鹿を矢で撃ち殺したという。

もう一つの話は、彼と彼の師匠に関してのものだ。世子の㦕には許琛《ホチム》と趙之瑞《チョジソ》という二人の師匠が当てられた。彼らは当時、学問に優れ、人望が厚く、成宗自ら世子を受け持ってくれるようにと頼み込んだ人たちだった。ところが、彼ら二人の性格は全く違っていた。趙之瑞は厳しくて気難しいのに対し、許琛の方は度量が大きくて包容力のある人だった。

㦕は悪戯気のある子供だった。そのため、しばしば授業をサボっていたが、それに対して趙師匠の方は、その事実を王に報告すると脅していた。だが許師匠は、常に笑顔で優しく言い聞かせていた。

幼い世子は、当然のことながら趙師匠を嫌い、許師匠の方を慕った。勉強部屋の壁に「趙之瑞は大小人輩で、許琛は大聖人だ」と落書きしたこともあった。㦕のこうした落書きは単なる落書きにとどまらなかった。彼は王位に就くと、趙之瑞を殺してしまったのだ。

世子・㦕のこうした二つの逸話を通して、彼が執拗で、自分の善し悪しに関係なく自分を叱責し脅す存在を決して許さない性格の持ち主だということがわかる。そしてこうした性格は、彼が王になってから起こした二度の士禍《サファ》を通しても赤裸々に表れた。

二、燕山君の即位と暴政

生年一四七六―没年一五〇六
在位期間一四九四年十二月―一五〇六年九月、十一年九か月

幼年期を孤独に過ごした燕山君は、王に即位すると、自分の内面に隠されていた凶暴な性格を表に出しはじめた。十二年の執権期間中、二度にわたる士禍を通しておびただしい数の人命を奪うかと思えば、自分を批判する者はただの一人も側近にしない典型的な独裁君主として君臨した。

さらに人妻を奪い、自分の狩りの邪魔になるとの理由で民家を撤去するなど極悪非道の背徳的な行為をためらわなかった。こうした暴政の結果、彼は民衆の抵抗を受けた希代の暴君として、ついに朴元宗《パクウォンジョン》の乱で王位から追放される羽目に陥る。

燕山君は一四七六年、成宗と淑儀《スグィ》・尹氏との間に生まれた。同年、尹氏が王妃に封じられると、彼は燕山君と

なり、一四七九年に尹氏が廃位されてから四年目の一四八三年、七歳で世子に封じられた。一四九四年十二月、成宗の死去に伴い、第十代王として即位した。彼は満十八歳で即位したが、摂政は置かなかった。彼が王に就いたのが十二月のことで、数日後に数え年で二十歳になるためだった。

一四九四年十二月に王位を継いだ燕山君は、少なくとも「戊午士禍《ムオサフア》」を引き起こすまでは暴君ではなかった。即位当初は、成宗時代の平和な雰囲気がそのまま引き継がれ、大勢の人材がいたため、社会も秩序を維持していた。

燕山君の初めの四年間の治世は、むしろ成宗時代末期に現れはじめた頽廃的な風潮と不正腐敗を一掃する期間でもあった。そのため、即位六か月後には全国の各道に暗行御使《アメンオサ》（地方へ派遣され、その地方の官僚に対する監察と、庶民の事情を調べる任務を秘密裡に遂行していた国王直属の臨時官職で、直指使《チクチサ》とも言う）を派遣して、民間の動静を探り、官僚の紀綱を正した。また、人材を拡充するために、別試文科《ピョルシムンクア》を実施して三十三人を合格させ、辺境で女真《じょしん》族の侵入が続くと、帰化した女真族に彼らを懐柔させるようにして、辺境の安定を図ったりもした。

文化政策でも、文臣の賜暇読書《サガドクソ》（若くて有能な文臣たちが読書堂で勉強できるように休暇を与えること）を再び実施して学問の質を高めた。また、朝廷の学問風土を改めて、世祖《セジョ》以来、成宗までの『国朝宝鑑《ククチョボガム》』を編纂して後代の王たちの帝王教育の亀鑑とするようにもした。

とはいうものの、この四年間、燕山君はたびたび士林派官僚たちと神経戦を繰り広げていた。名分と道義を重視する士林たちはことあるごとに諫言するかと思えば、燕山君に学問に励むことを強く求めたりもした。しかし、もともと学問に対する志がなく、学者や文人たちを敬遠していた彼は、士林たちの存在を煩わしく思いはじめた。

そうした時に起こったのが、一四九八年（戊午の年）の、いわゆる戊午士禍だ。士林派の巨頭・金宗直に対する個人的な恨みが極に達していた柳子光《ユジャグアン》、李克墩《イグクトン》の上疏から始まったこの事件は、そうでなくても士林勢力を目の敵にしていた燕山君にとっては、士林勢力を取り除く絶好の機会だった。

燕山君は戊午士禍を通して、執拗な諫言で自分を悩ませていた士林勢力を追放する一方、一部の勲臣勢力をも除去し、これは王権強化の契機にもなった。以後、彼は急速に独裁を振るうようになる。

朝廷を掌握した後の燕山君は、妓生たちを宮殿に招いて毎日のように宴を開くかと思えば、人妻を襲ったりするなど背徳的な行動を行った。

燕山君の、こうした贅を極めた行いで国庫は破産したが、彼は国家財政を埋めるために、民衆に重い税金を課し、また、功臣に支給していた功臣田を没収しようとした。朝廷の大臣たちはこれに反発し、王と対立したが、そうした対立を巧みに利用して朝廷を掌握しようとしたのが任士洪《イムサホン》という者だった。彼は燕山君の実母である廃妃・尹氏のことを燕山君に密告した。燕山君は実母が廃妃されたことは知っていたが、その他の詳しい事情は知らなかった。ところが、任士洪の密告で、事件の内幕を知り、その事件に関連した者を皆殺しにする大殺戮劇を敢行した。これが「甲子士禍《カプチャサファ》」だ。

甲子士禍は、表面的には実母・尹氏に対する燕山君の復讐のように見られるが、実際は燕山君と任士洪一派が政権掌握を目論んで展開した意図的な殺戮劇だった。

すべての権力を手に入れた燕山君は、文臣たちの諫言が煩わしいという理由で経筵《キョンヨン》と司諫院《サガヌオン》、弘文館《ホンムングアン》などを廃止し、正言《チョンオン》(司諫院の正六品の官職)などの言官《オングアン》も免職ないし減員とし、その他の上疏、上言、撃鼓(行幸の際、王に直訴するために太鼓を打ち、その下問を待つこと)など世論と関連した制度を残らず撤廃してしまった。また、成均館《ソンギュングアン》、円覚寺《ウォンガクサ》などを酒色の場にし、禅宗の本山である興天寺《フンチョンサ》を馬屋に換え、民間からのハングルによる投書が増えるとハングルの使用を禁止するなどの暴政を行った。宦官・金処善《キムチョソン》の直言を嫌い、自ら矢を射て殺すという残酷な行動を取ったりもした。彼は金処善に対する憎悪が頂点に達し、全ての文書で金処善の「処」の字を使うことを禁じた。そのため、二十四節気の一つである「処暑《チョソ》」も「徂暑《ジョソ》」に変えてしまった。

このように燕山君の暴政が続くと、民心は離れ、全国各地で「反正《パンジョン》」(失政をした王を廃し、新たに王を推戴すること)を企てる集団が増え、ついに一五〇六年、朴元宗一派が兵を挙げて、燕山君を廃し、成宗の次男・晋城大君を王に擁立する事態となった。

朴元宗一派は、燕山君の廃位に成功すると、燕山君を王子の身分に落とし、江華島《カンファド》へ流した。二か月後の一五〇六年十一月、彼はそこで死去した。三十歳だった。

燕山君は慎承善《シンスンソン》の娘・慎氏の他に多くの後宮を娶り、彼らから四男二女を得た。後宮の中には張緑水《チャンノクス》のように子連れの妓生出身もいた(燕山君には数え切れないほどの後宮がいたが、子供のいる後宮だけを家系図に載せる)。

陵はソウル市道峰区放鶴洞《トボングパンハクトン》にあり、陵には「燕山君之墓」という碑石が立てられている。

燕山君については、反正によって追放された王という理由で、彼に関する史料の大部分が彼の悪行だけを記録している。そのため、燕山君に対する後世の評価は「専

第10代　燕山君　家系図

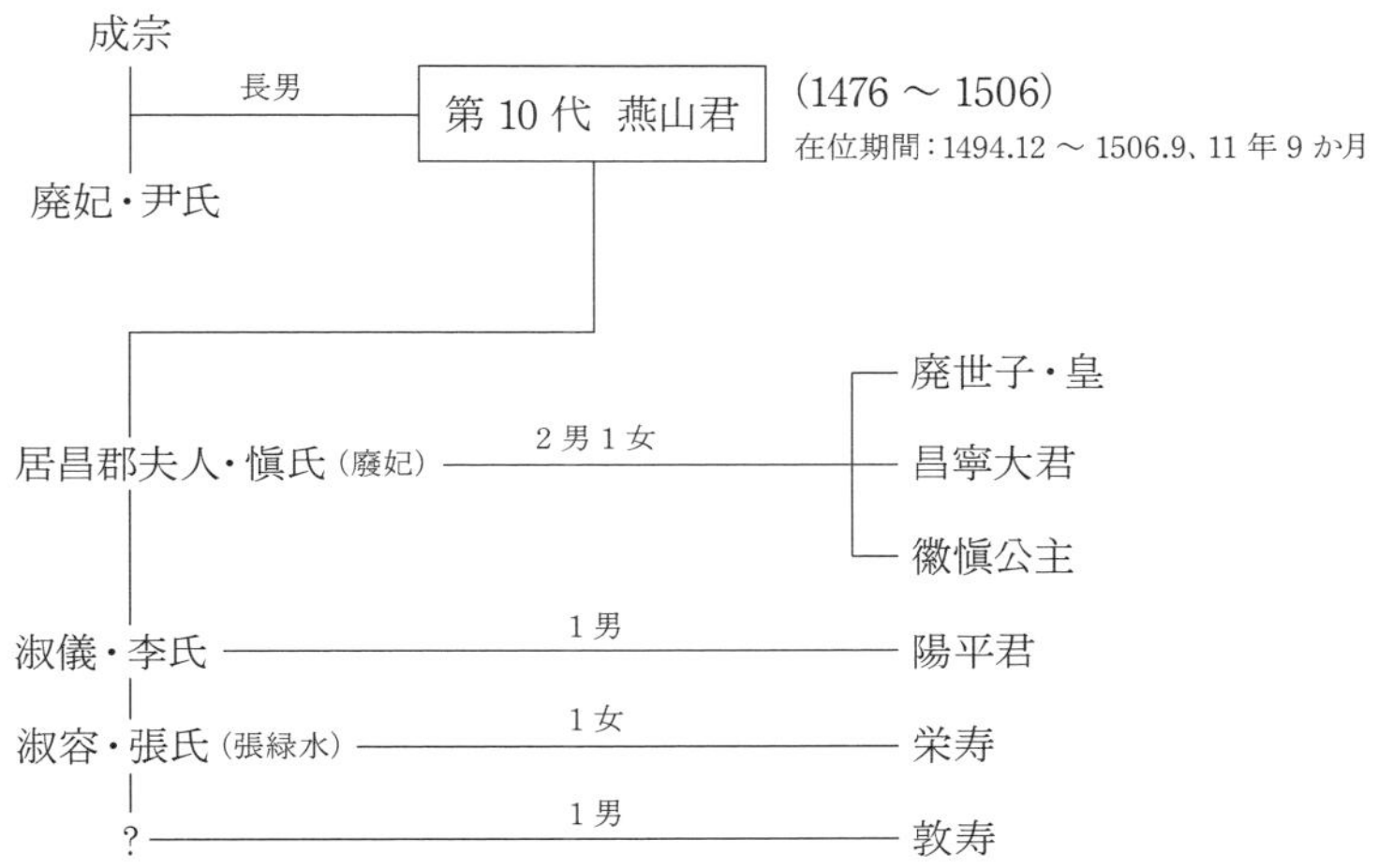

ら背徳的な行為をした暴君」となっている。しかし最近になって、彼の行為を王権強化のための燕山君なりの自救策として解釈する人や、彼の人間的な苦痛と浪漫的な性格を浮き彫りにして同情論を展開する人もいる。

もちろん、歴史を単純に実録的な視覚だけで見るべきだとは思わない。そうした意味では、燕山君に対するこうした評価は、それなりに価値があろう。しかし、彼の狂的な暴政まで人間的な同情論でかばうのは危険な見方だろう。朝鮮時代中期の思考体系と生き方を考えれば、燕山君の行動は桁外れの犯罪行為だった。燕山君の行動を王権強化策と理解するとしても、王権が強化されるということは、単に民衆と臣下たちの上に君臨するというだけではなく、王たる者が民衆と臣下を一つに束ねる求心的な役割を果たすということだ。そのため、燕山君の暴政は王権の強化策というより、王権を利用した独裁と見るべきだろう。

また、燕山君への同情論を展開する人は、しばしば朝鮮王朝史の、もう一人の暴君として記録された光海君と比較しようとするが、それにも問題がある。というのも、光海君は政治力学の犠牲者だったのに対して、燕山君は人倫と民心を裏切った独裁者だったからだ。

三、士林派の概念と存在意義

士林派とは一般的に、十六世紀に勲旧派ないし勲臣、戚臣系列と対立した在野士類を背景にして形成された政治勢力のことをいう。

士林という言葉は、高麗末期、朝鮮初期にも時どき使われていたが、戊午士禍以後、士禍が繰り返されるにつれて、士禍に見舞われたソンビ集団を総称する用語として定着した。しかし、士林派という言葉は近代歴史学が成立した後に、初めて使われた。

ある史学者の著作の中では、朝鮮前期の文人、学者の流派を勲旧派、節義《チョリ》派、士林派、清談《チョンダム》派などに分類されているが、こうした分け方の中で、士林派は勲旧派と対比される存在として、その対象がさらに二つに分かれている。

まず、成宗時代には、文章、経術(経書に関する学問)と関連して嶺南《ヨンナム》一帯の宗主格だった金宗直の門下を言い、次いで金宗直の弟子・金宏弼《キムグエンピル》の下で修業した中宗《チュンジョン》時代の趙光祖《チョグァンジョ》一派を指した。金宗直一派が主に文芸を重んじた嶺南学派だとすれば、趙光祖一派は道学の比重を絶対視した嶺南・畿湖《キホ》学派の学者グループだという点が両者の違いだ。

朝鮮初期にはまだ、儒学を学ぶソンビたちを称して士類または士族と呼んだが、金宗直以後、道学を重視する集団的な学派を形成した人たちのことを士林と呼んだりもした。そのため士林とは、現職官吏よりは在野の知識人を中心に形成された道学者のことを言う。彼らの学習は官学の四部学堂《サブハクタン》や郷校《ヒャンギョ》よりは、書院や書斎を通してなされた場合が多く、士林派は新儒学(性理学)の中でも中国の宋《そう》時代の程顥《ていこう》、程頤《ていい》兄弟と朱熹《しゅき》が体系化した程朱性理学をより好む傾向を見せた。

性理学は宋学、程朱学、理学、道学が一つの系統で、もう一つは、明学、陸王学、陽明学、心学の系統だ。朝鮮時代には前者の程朱系の理学が発達し、相対的に陸《りく》九淵《きゅうめい》、王陽明《おうようめい》などが体系化した陸王系の心学はそれほど発達しなかった。そのため、今日の韓国では性理学と言えば程朱系の理学を指す。

性理学史から見て、十五世紀半ばから十六世紀末までは士林派時代と言える。いわゆる、士禍時代と言われるほど、数多くの士禍に見舞われ、士林派学者たちは十五世紀半ばから約一世紀の間、性理学特有の義理の実践に重点を置いて成長した。

このように朝鮮時代の性理学は一種の実践性理学としての道学的な特色を持つが、士林派学者たちが性理学の義理観を実践に移そうとする傾向を士林派精神と呼ぶ。そして、これは社会運動ないしは政治思想へとつながる。そのために、当時の士林派学者たちの性理学の規範は道徳的性格が強かったが、同時に政治的な性格をも帯びていた。

士林派の政治的な活動として最も注目されるのは郷村秩序の再確立と関連する社会運動で、一種の地方自治機構である「留郷所《ユヒャンソ》」（観察使《カンチャルサ》などの地方官を補佐する諮問機関で、地方の風俗と郷吏《ヒャンリ》の不正を取り締まり、住民を代表していた民間自治機関）および「郷約《ヒャンヤク》」（勧善懲悪を目的とする村の自治規約）の制度化と言える。この社会運動は官僚制において現れる矛盾を解消することを目標としていた。

士林派は君主政治に対する認識でも、それ以前の程朱学者たちと著しい違いを見せた。朝鮮初期の政治主体は君主だと認識されていたが、十六世紀以後の士林派精神では、君主も臣下と同じく自己修錬の努力がなくてはならないということだった。そのために、君主が道学的な人格を備えていなければ、君主としての資格がないという見方が成り立っていた。朱熹の『大学《だいがく》』精神から始まった、こうした認識の転換は、君主制そのものを否定するというよりは、君主の絶対権を否定するもので、道学的な理念の実践を君主に求めていた。

士林派は人材の登用でも科挙制度よりは推薦制度を好んだ。それは科挙が、人間を治める能力を測定するには不十分だという判断からだった。そのために、士林が公認する人材を推挙という形で登用するべきだと主張して、実際に中宗時代の趙光祖などは賢良科《ヒョルリャンクァ》（経学に優れ、徳行の高い者を主に推薦により選抜した人材登用制度）を通して、これを実践に移したこともある。

十六世紀の士林は、政治的に勲戚勢力と対立する中で、一つの政治勢力としてまとまっていった。しかし、十六世紀末、宣祖《ソンジョ》の即位を契機に戚臣政治が終わると、士林が学縁と派閥とに分かれて、「朋党《プンダン》」の形態に発展するようになる。こうした朋党現象は、ある一方の派閥が政権を掌握しないかぎり、均衡を取りながら朝鮮朝廷を導いていく動力として作用した。これは、朝鮮後期の政治において王たる者は朋党の調整者として位置付けられていたという意味でもある。

四、二大士禍による燕山君の権力独占

士禍は「士林の禍」の略語で、文字通り、士林勢力が災禍を被ったことを言う。士禍は、当初、引き起こした側の勲戚勢力からは「乱」として規定されたが、被害者の士林側は無実の者たちが罪もないのに被った災禍だと主張し、「士林の禍」という表現を用いていた。その後、士林側が政治的に優勢に転じた宣祖時代から士禍という言葉がそのまま使われた。

朝鮮王朝では、士禍は燕山君時代の「戊午士禍」「甲子士禍」、中宗時代の「己卯士禍《キミョサファ》」、明宗《ミョンジョン》時代の「乙巳士禍《ウルササファ》」の四回にわたって起きた。これらの士禍は、主に、世祖時代に形成された功臣と外戚、姻戚勢力が道学的思想に基盤を置いた士林勢力の政権掌握を阻止する政治的な事件だった。

士林勢力の政界進出は成宗時代に入って本格化するが、これは成宗の勲戚勢力に対する牽制政策の一環として行われたものだった。当時、成宗が登用した代表的な士林勢力は金宗直門下の金宏弼、鄭汝昌《チョンヨチャン》、金馹孫《キムイルソン》などの嶺南士林派だった。彼ら士林勢力は司憲府《サホンブ》、司諫院、弘文館の、主に言論を担当していた三司《サムサ》で活動していた。これらの部署の役割を見ると、士林たちの活動範囲がわかる。司憲府は官僚に対する監察、弾劾および政治に対する言論を、司諫院は国王に対する諫争（強く諫めること）と政治一般に対する言論を担当した。そのため、以前はこの両機関に勤める官員を言論両司《オルロンヤンサ》、または台諫《テガン》と呼んだ。一方、弘文館は宮中の書籍と文献を所轄し、王と政治対話を交える経筵官《キョンヨングァン》として王の学問的、政治的な諮問に応じる学術的な職務を任された。世祖時代に集賢殿《チピョンジョン》が廃止されてからは、その機能をも担った。

士林勢力は朱子学の正統継承者であることを自負するとともに、堯舜《ぎょうしゅん》の政治を理想として設定し、道学（程朱理学）的実践を標榜した。そのため、勲臣、戚臣勢力のことを、不義と妥協しながら権勢を握った不当な輩と見なし、自分たちの属する三司の力を十分活用することで、彼らを弾劾した。

士林勢力が言論と経筵を独占して勲臣、戚臣勢力を非難すると、勲臣、戚臣勢力は士林たちを「偉そうな連中」と誹謗し、反撃した。そのため、この両勢力は政治的、思想的に到底妥協できない状況に達し、ついには敵対関係にまで及んだ。

表面的には彼ら両勢力の対立は、単純な思想的、政治的対立や感情的な反目と映るかもしれないが、実際には当時の社会状況の必然的な帰結だった。

世宗《セジョン》時代以後、私田の増加に伴う土地の私有化は、科田法の矛盾から支配層の土地兼併現象となって現れ、こうした現象の拡大化は民衆の経済生活を圧迫するようになった。しかし、既得権勢力の勲旧、戚臣勢力は姻戚と閥族を形成して政権を独占し、新進士林の政界進出を妨げた。そのため、士林派はこうした社会構造の革新なしには自分たちの立場を固めることはできないと思い、旧秩序を改革して新しい秩序を実現することを試み、その過程で勲戚勢力との対立が必至となった。

成宗が金宗直一派を登用して、儒教的な王道政治を展開しようとしたのも、表面的には学問的な見地から行われたかのように見られるが、実際は、社会のさまざまな矛盾と不合理性を排除しようとしたからであった。

このように成宗の意図的な支援を受けた士林派の攻撃に、勲戚勢力は成すすべもなく、やられるままだった。士林が言論を独占し、また王の顧問役を果たしている以上、勲戚勢力は力だけでは彼らを押さえ込めない状況に置かれていたのだ。

戊午士禍

ところが、成宗が死去すると状況は急変した。成宗の後を継いで即位した燕山君は学問を嫌い、言論を煩わしく思う人物だった。そこで自然と、柳子光を中心とした勲戚勢力が士林を排斥していた燕山君に近づき、煽り立てるようになった。

事件は、一四九八年、戊午の年、『成宗実録《ソンジョンシルロク》』を編纂する過程で起こった。同年、実録庁《シルロクチョン》が開設され、李克墩が実録作業の堂上官《タンサングァン》に任命された。彼は金馹孫が作成した史草の点検過程で、金宗直の書いた「弔義帝文《チョウィジェムン》」と自分(李克墩)を批判する上疏文を見つけた。

「弔義帝文」は、秦《しん》の項羽《こうう》が楚《そ》の義帝《ぎてい》を廃したことについてのものだったが、この文を通して金宗直は、義帝を弔意する形式で、義帝を廃した項羽の仕打ちを批判していた。これはすなわち、世祖の端宗《タンジョン》廃位に当てつけたもので、暗に世祖の王位簒奪《さんだつ》を非難したものと解釈された。

上疏文には、世祖妃・貞熹王后《チョンヒワンフ》の喪中に全羅監事《チョルラカムサ》だった李克墩が、自粛することなく長興《チャンフン》の妓生《キセン》を侍らせたという内容も書いてあった。当時、その上疏事件以来、李克墩は金宗直のことを仇のように憎んでいたが、それが史草にまで載せられていることを知り、彼は沸き上がる怒りを抑えきれなかった。そこで、彼が駆けつけた所が、柳子光の家だった。柳子光も彼と同じく、以前に、慶尚南道咸安《キョンサンナムドハマン》の官庁に飾ってあった自分の文を燃やされたことがあったため、金宗直とは犬猿の仲だった。その上、金宗直は柳子光のことを無実の南怡《ナミ》を死に至らせた不当な輩だと言い、軽蔑していた。

「弔義帝文」を読み終わった柳子光は、ただちに行動を起こし、世祖の信任を受けていた盧思慎《ノサシン》、尹弼商《ユンピルサン》などの勲戚勢力と共謀して、燕山君に上疏した。内容は、「弔義帝文」が世祖を誹謗する文であるため、金宗直は大逆非道な行為を行ったことになり、これを史草に載せた金馹孫も同罪だという論理だった。

そうでなくとも士林派を嫌っていた燕山君は、すぐに金馹孫を捕らえて、取り調べさせた。「弔義帝文」を史草に載せたのは金宗直の指示によるものとの陳述を得るためだった。そして望んだ通りの陳述を得、燕山君は金馹孫をはじめとする金宗直門下を除去しはじめた。まず、すでに故人となった金宗直には棺を破って遺体の首を切る「剖棺斬屍刑《プグァンチャムシ》」に処し、金馹孫、権五福《クォンオボク》、権景裕《クォンギョンユ》、李穆《イモク》、許磐《ホバン》などには、邪魔な党派を成して世祖を辱めたとの理由で「陵遅処斬《ヌンジチョチャム》」(処刑した後、頭、胴体、手足を、さらに切断する極刑)などの刑に処し、同じ罪名で裁かれた姜謙《カンギョム》には棍杖(平たい棍棒で罪人の尻を叩く刑罰)百回と家産没収とし、さらに辺境の官奴とした。

その他、洪瀚《ホンハン》、鄭汝昌、姜景叙《カンギョンソ》、李守恭《イスゴン》、鄭希良《チョンヒリャン》などは「不告之罪」で棍杖百回と、都から三千里以上離れた辺地へ配流となり、金宏弼、李宗準《イジョンジュン》、任煕載《イムヒジェ》などは金宗直の弟子として朋党を作って国政を誹謗し、「弔義帝文」の挿入を助けたとの罪名で棍杖と配流とし、配流地で烽火台の建設作業に当たらせた。一方、魚世謙《オセギョム》、李克墩などは修史官《スサグァン》(実録資料の史草を管轄する官吏)として問題の史草を目にしていながら報告しなかったという罪で罷免され、洪貴達《ホングィダル》、許琛なども同じ罪で左遷された。

この事件で大部分の新進士林たちが殺されたり、流されたりし、李克墩まで免職となったものの、柳子光だけは燕山君の信任を受けて、朝廷の大勢を掌握した。そのため、政局は盧思慎などの勲旧、戚臣勢力が主導することになった。

このように戊午の年に史草が原因となって大々的な禍を被った事件だったため、これを「戊午士禍《ムオサファ》」というが、この事件を他の事件と区別して、敢えて「戊午史禍《ムオサファ》」とも表記するのは、史草が原因となったことを強調する意図からだ。

甲子士禍

戊午士禍で言論機関の機能が喪失した状況で、燕山君の国政運営は放漫に行われていた。もはや士林が除去された状況だったため、燕山君に学問を勧める者もいなければ、諫言する者もいなかった。その上、大臣といえば、みな同じように燕山君のご機嫌を伺う人物ばかりだった。

朝廷を完全に手中に収めた燕山君は、享楽的、背徳的な行為を繰り返した。宮中では毎日のように宴会が開かれ、全国各地から選び抜かれた数百人の妓生たちが動員されるかと思えば、人妻まで宮殿に呼び入れられた。

燕山君の贅沢と享楽が続くにつれて、国家財政は苦しくなっていった。そうした中でも権臣たちは彼の行動を批判できず、自分の利益を取り込むのに余念がなかった。ところが、燕山君が国庫が空になっていることを知り、それを解決するため、功臣に支給していた功臣田と奴婢を没収しようとすると、彼らの態度は急変した。王が享楽と贅沢に気を取られて、あげくの果てに自分たちの経済基盤まで没収するのを、これ以上黙認できないと判断したためだ。

彼らは、いざ王の要求が自分たちの利害関係に絡むと、王の仕打ちは不当だとし、それまで不満に思っていた王の享楽に対して、自制するように申し入れた。もっとも、臣下のすべてが燕山君に反発したわけではなかった。戊午士禍以後、朝廷は、再び外戚中心の宮中派と議政府《ウィジョンブ》および六曹《ユクチョ》中心の府中派とに分かれていた。そのため、功臣田を所有していた府中派官僚たちは燕山君の功臣田没収に反発していたが、宮中派は王の意図に沿った形で意見を述べていた。

こうした対立を利用して政権を握ろうとした者がいた。任士洪だった。二人の息子を睿宗《イェジョン》と成宗の娘婿にした戚臣勢力の一人だった。任士洪は成宗時代に士林派の新官僚たちから弾劾されて配流となったこともあった。そのため、個人的に士林派を嫌い、さらに燕山君と大臣たちとの対立を利用して、勲旧勢力と残っていた士林勢力を一挙に除去しようとする陰謀を企むようになった。

任士洪はまず、燕山君の妃・慎氏の実兄である慎守勤《シンスグン》と手を組んで、成宗の二番目の夫人で、燕山君の実母でもある尹氏の廃妃事件を暴き出す。廃妃・尹氏の件については、議論してはならないとの成宗の遺命があったため、それまで、誰もそのことを口にしなかった。しかし任士洪は、その事件の内幕を燕山君が知ることになった場合、尹氏の廃位を主導した勲旧勢力と士林勢力とを同時に除去できると考えた。

任士洪の密告で実母の廃妃経緯を知った燕山君は、常識外の殺人劇を繰り広げるが、まず、尹氏の廃妃に関与した成宗の二人の後宮、厳貴人《オムグィイン》と鄭貴人《チョングィイン》を宮中の庭で、自分の目の前で斬殺させた。そして、鄭貴人から生まれた安陽君《アニャングン》と鳳安君《ポンアングン》を配流とし、配流地へ賜薬を送った。また、廃妃事件の主導者だった祖母の仁粋大妃に頭突きを加え、死に至らせてしまった。そして、非業の死を遂げた実母・尹氏には、その霊を慰めるため王后に追崇し、成宗の廟に配祀（宗廟に合祀すること）しようとした。

この時、燕山君の行動を敢えて止めようとする者はいなかった。ただ応教《ウンギョ》・権達手《クォンダルス》と李荇《イヘン》、二人だけが成宗の廟に配祀するのはあってはならないと反論したものの、権達手は殺害され、李荇は配流となった。しかし、燕山君の復讐は、そこで終わることはなかった。臣下が自分の行動を阻止しないと見なした彼は、尹氏廃位に加担したり、傍観していたりした者をすべて捜し出して追及しはじめた。

その結果、尹氏廃位と賜死に賛成していた尹弼商、金宏弼など十人余りが死刑となり、すでに故人となっていた韓明澮、鄭汝昌、南孝温《ナムヒョオン》などは「剖棺斬屍刑」に処せられた。この他にも、洪貴達、李䆓《イウォン》、金処善など二十六人が残酷な刑に処せられ、子供たちも含む彼らの家族まで巻き添えとなった。

一五〇四年の三月から十月まで七か月間にわたったこの甲子士禍は、犠牲者の規模だけでなく、その刑罰の残忍さでも戊午士禍の比ではなかった。戊午士禍は新進士林と勲旧勢力間の政治闘争だったが、甲子士禍は、王を中心にした宮中勢力と勲旧、士林で構成された府中勢力との力の対決だったからだ。

五、『燕山君日記』編纂経緯

『燕山君日記《ヨンサングンイルギ》』は六十三巻四十三冊から成り、一四九四年十二月から一五〇六年九月までの燕山君の在位十一年九か月間の歴史的な事実を編年体で記録している。

編纂事業は燕山君死去直後の一五〇六年十一月に始められたが、廃位された王の史実を編纂するため、日記修撰という名目で日記庁《イルギチョン》を設けた。この作業には大提学《テジェハク》・金勘《キムガム》が監春秋館事《カムチュンチュグアンサ》に任命されたものの、翌年一月、金勘が大臣暗殺事件に関与して配流となったため、編纂事業が一時中断されたりした。その後、大提学・申用漑《シンヨンゲ》が監春秋館事になるとともに再開された。しかし、その三か月後、編纂作業に公正を期するため、燕山君時代に信任を受けていた人物は交代すべきだとの主張で編纂官が交代した。

新たに任命された編纂責任者は総裁官《チョンジエグァン》・成希顔《ソンヒアン》以下都庁堂上《トチョンタンサン》二人、各房堂上《カクパンタンサン》四人などで、本格的な作業が行われた。この時に参加した編纂実務者の名前は記録されなかったが、当時、記事官《キサグァン》として参加した権撥《クォンボル》の子孫が所有し、現存する『日記洗草之図《イルギセチョジド》』によってその全貌が把握されている。

それによると、編纂過程で、再三にわたり責任者の交代があったことがわかる。監修責任者が成希顔であることには変わりないが、知春秋館事《チチュンチュグァンサ》が成世明《ソンセミョン》、申用漑など六人、同知春秋館事が曺継商《チョゲサン》、李惟清《イユチョン》など八人になっている。そして、修撰官《スチャングァン》として姜景叙、李世仁《イセイン》など五人、編修官《ピョンスグァン》として金謹思《キムグンサ》など二十四人、記注官《キジュグァン》として李賢輔《イヒョンボ》など七人、記事官として成世昌《ソンセチャン》など十六人が参加して、『燕山君日記』編纂作業には全部で六十六人が動員されたとある。しかし、こうした編纂作業には困難な点が多かったようだ。それは、何よりも当代の史料が足りず、また、作成された史料の信憑性が問題になったためだ。

燕山君時代の時政記《シジョンギ》は、しばしば検閲を受けていたため、どの立場の人であれ、簡単に直筆するわけにはいかず、史官が経筵や聴政に参加できないことが日常茶飯事だった。また、史官として任命された人物の中には燕山君の側近が多かったため、史料は信憑性に欠けていた。さらに、燕山君の廃位以後、史官たちは萎縮し、『燕山君日記』編纂作業の基礎になる史草を提出しない場合が多かった。これは戊午士禍による余波で、史草提出後に迫る災いを恐れたためだ。

こうした中で、『燕山君日記』の編纂作業は行われ、三年後の一五〇九年九月に完了した。実録ではないとの理由から、外史庫に保管された。

『燕山君日記』は保管、管理という点では他の実録と大差はないが、内容、体裁は実録と格段の差がある。

この本は、ほとんど一巻に一、二か月分の史実を収録しているが、部分的に六、七か月分を収録したものもある。特に内容では、戊午士禍の後遺症で、史草がほとんどない状態で作成されたため、不十分なものとなっている。

用いた史草は鄭希良と李宗準が作成したものが大部分で、その他の史草は初めから提出されもしなかった。そのため、各事件は正確に叙述されておらず、事件そのものも、まともに把握されないままに掲載されたものがほとんどだ。史草の内容も編者の手で脚色されたものが多く、その痕跡が残っているが、これは燕山君が暴政を行った部分を強調しようとする意図から始まったようだ。また、実録には当然、事件に対する観点、評価、意義などを記した史論が付け加えられることになっているが、『燕山君日記』には史論が二十五編しか収録されておらず、実録としての価値を落としている。それに、これらの史論も燕山君の背徳的な非行に関するものばかりで、その客観性を疑わざるを得ない。

内容を部分的に見てみると、戊午士禍以前までは、王道政治、寺院田《サウオンジョン》、内需司《ネスサ》の整理などに対する台諫の上疏が大部分を占めているのに対して、それ以後、甲子士禍が起こった一五〇四年までは、台諫の上疏と王命がほぼ半々で、その後の廃位までは、戊午士禍と甲子士禍に関係した人物の断罪と、宴会に対する王からの指示が大部分となっている。

対外関係を見ると、対明《みん》関係については、ほとんど言及されていないのに対して、北方野人に対する懐柔問題と、倭人の土産物進奉に関しては詳細に扱っている。また、王の詩文およびそれに応える官僚の詩が多く載せられていることなどが一つの特徴だ。

個人に関する記録では、士林派的傾向の人物については簡略に記述し、王の寵愛を受けた宮中派臣下については具体的に記録しながら、比較的多くの史論を付け加えている。

こうした内容を総合すると、『燕山君日記』は、正確な史料に基づいて作成されたものとは言いがたいという点と、燕山君の暴政に対して多少誇張された可能性が高いという点が指摘できる。また、燕山君の暴政に多くを割いたので記録すべき他の具体的な事件をおろそかに扱ったという印象も否めない。そして、他の実録編纂過程とは違って、朝廷側が『燕山君日記』編纂にあまりにも消極的だったことも指摘できる。

第十一代　中宗実録

一、燕山君の廃位と晋城大君の即位

甲子士禍《カプチャサフア》後、燕山君《ヨンサングン》の暴政はさらに露骨化していった。それまで彼の行動に歯止めをかけていた勢力がみななくなっただけに、彼にできないことはなかった。まず、自分の過ちを指摘する臣下は殺すか島流しにし、言論の主軸となっていた司諫院《サガヌオン》をなくしてしまい、政治論争を禁ずるために経筵《キョンヨン》を廃止した。

学問を嫌い、学者を排斥していた彼は、朝鮮時代の学問の殿堂とも言える成均館《ソンギュングアン》を廃止して自分の遊興の場とし、朝鮮仏教の発祥地でもある円覚寺《ウォンガクサ》をなくし、その跡地に掌楽院《チャンアグオン》を改称した聯芳院《ヨンバンウオン》を設けて、妓女たちの集会場として用いた。

それればかりか、全国に採青採紅使《チェチョンチエホンサ》を派遣して各地の美女を選抜して上京させ(これを「運平《ウンピョン》」という)、そうして選ばれた妓女を「興青《フンチョン》」と呼び、次々と宮殿に呼び入れては宴会を開いた。また、狩りを楽しむために、都城を起点にして三十里内にある民家を撤去させた。

王の暴政がここまで来ると、全国各地からハングルで書かれた投書が上がってきたが、燕山君は民衆がハングルを使って王を愚弄していると、むしろハングル使用禁止令を下して、『諺文口訣《オンムングギョル》』などハングル関係の書籍を燃やした。

燕山君の行動がこのように狂的な様相を帯びるにつれて、民の暮らしと国政は次第に後回しにされ、全国各地で彼を追放しようとの動きが起きはじめた。

クーデター計画を最も早く準備していたのは、成希顔《ソンヒアン》だった。彼は成宗《ソンジョン》の寵愛を受けていた人物で、学識が深く緻密かつ大胆な性格の持ち主だった。彼の官職は従二品の刑曹参判《ヒョンジョチャムパン》を経て一五〇四年には吏曹参判《イジョチャムパン》になっていた。ところが、燕山君が望遠亭《マンウオンジョン》で宴会を楽しんでいる時、彼の放蕩な国政運営を批判する詩を献じたため、副司勇《プサヨン》という従九品の職に左遷された。

成希顔が最初に声をかけたのは朴元宗《パクウォンジョン》だった。朴元宗は一時期、燕山君の信任を受けて同副承旨《トンブスンジ》、左副承旨《チャプスンジ》を経て、主に国の財政問題を担当していた人物だった。そのため、燕山君の贅沢行脚に諫言する立場にもあったが、その過程で燕山君の怒りを買い、平安道兵馬節度使《ピョンアンドピョンマチョルトサ》に左遷された。その後、同知中枢府事《トンジチュンチュブサ》、漢城府尹《ハンソンブユン》を歴任し、一五〇六年には京畿道観察使《キョンギドクアンチャルサ》にまでなったが、再び燕山君に嫌われ、官職を剝奪された。

妓女たちの自然な姿を描いている「端午図」。金弘道とともに図画署の絵師として有名な申潤福の代表作だ。

朴元宗と燕山君との仲が悪くなったのは、彼の姉・朴氏夫人の事件のためだった。朴元宗の姉は、成宗の兄・月山大君《ウォルサンデグン》の夫人でもあるが、なかなかの美人だったようだ。朴氏夫人のその綺麗な容貌が禍いを招き、彼女に対して下心を抱いた燕山君が自分の伯母に当たる彼女を宮中に呼んだという噂が立った。それが原因で、朴元宗の燕山君に対する感情も極度に悪化して、結局、官職を剝奪されてしまったのだ。(訳注　朴氏夫人と燕山君の関係については、これと異なった意見を持つ史学者もいる)。

成希顔は、そうした朴元宗の恨みと不満を利用して、軍事力を手にしようとした。成希顔にはクーデターを計画する知略はあるものの、兵力を動員する力はなかった。しかし、朴元宗はもともと武臣出身だったこともあり、兵力を動員できる人脈を持っていた。その後、彼らはクーデターに参加させる人物を物色しはじめた。まず、当時、人望が厚かった吏曹判書《イジョパンソ》・柳順汀《ユスンジョン》を引き入れ、それから燕山君の信任を受けている申允武《シンユンム》と武臣出身の朴永文《パクヨンムン》などの支持を得た。クーデターの日は一五〇六年九月、燕山君が京畿道長湍《チャンダン》の石壁へ遊覧に出掛ける日と決まった。ところが、燕山君の石壁遊覧が突然中止となってしまった。そのため、計画を一時保留することにしたが、その時、湖南《ホナム》地方で配流生活を強いられていた柳濱《ユビン》、李顆《イグァ》などから挙兵を知らせる檄文が届いた。そこで、朴元宗、成希顔などは先手を打たれまいと、急いで兵を集めてクーデターを決行した。

反乱軍は、まず、晋城大君《チンソンデグン》に挙兵の事実を知らせ、燕山君の側近である慎守勤《シンスグン》、慎守英《シンスヨン》兄弟と任士洪《イムサホン》を排除するのに成功した。反乱軍は事前に宮城内に進入して、内通していた辛允武《シンユンム》などの助けを借りて、簡単に宮城を掌握できた。

クーデターに成功すると、成希顔などは成宗の継妃《ケビ》で、晋城大君の母后でもある貞顕王后《チョンヒョンワンフ》・尹氏《ユンシ》のところへ行き、燕山君を廃位して、晋城大君に王位を継がせるとの教旨を下すように求めた。貞顕王后は、初めは彼らの要求を拒んでいたものの、結局、燕山君を降ろして、江華島《カンファド》の喬洞《キョドン》に移すようにした。そして、翌日、晋城大君が勤政殿《クンジョンジョン》(景福宮《キョンボックン》の中にある政殿で、王の即位式や大礼などを挙行した)で即位し、クーデターは完了した。

野史は、この挙兵の前に、朴元宗が慎守勤を訪ねて行ったと伝える。というのも、慎守勤は燕山君の義兄だが、その一方で、晋城大君の義父でもあったからだ。朴元宗が慎守勤に会ったのは、彼をクーデターに引き入れるためというよりは、彼の意向を探るためだった。そして、もしも慎守勤が挙兵に賛成すれば、無血入城の可能性も否定できないため、彼が協力することに期待はしていなかったものの最後の直談判に出たのだ。

朴元宗は慎守勤に妹(燕山君の夫人)と娘(晋城大君の夫人)のどちらが大切かを尋ねた。頭の回転の速い慎守勤は、その意図をわからないはずはなかった。しかし、慎守勤はいきなり怒って、「たとえ、王の気性が乱暴だとしても、世子《セジャ》が聡明だから心配には及ばない」とクギを刺した。その言葉を聞いた朴元宗は、挙兵前に慎守勤をまず取り除かなければならないと決心した。

成希顔、朴元宗などが中心となったこの反正は、予想以上に簡単に成功し、これでもって十二年間に及ぶ燕山君と宮中勢力の独裁政治は終息した。虐政は終わりを告げ、政治の主導権は勲旧《フング》勢力の方に渡った。これは朝鮮の政治形態が成宗以前に戻ったことを意味する。

二、中宗の改革政策の失敗と政局の混乱

生年一四八八―没年一五四四
在位期間一五〇六年九月―四四年十一月、三十八年二か月

中宗《チュンジョン》は、朴元宗一派のクーデターで王位に就いたものの、反正功臣勢力に抑えられて、朝廷の主導権を握るまでにはならなかった。そのため、中宗は彼ら功臣勢力を牽制するために、新進士林《サリム》勢力であり、急進的な改革論者でもあった趙光祖《チョグァンジョ》を引き入れる。ところが、趙光祖の急進的な改革に嫌気がさした中宗は、勲臣、戚臣勢力の諫言を受け入れて、彼を粛清してしまう。以後、朝廷は勲臣、戚臣勢力の間の熾烈な権力争いが展開され、政局はすさまじい混乱に陥った。

中宗は一四八八年、成宗と彼の継妃である貞顕王后・尹氏との間に生まれた。名は懌《ヨク》、字は楽天《ナクチョン》。一四九四年、晋城大君に封じられ、一五〇六年九月、朴元宗、成希顔などの擁立で朝鮮第十一代王として即位した。この時、十八歳だった。

中宗は即位後、まず、燕山君の政治で乱れた国の紀綱を正し、政治水準を引き上げることに力を入れた。王の諮問機関を担っていた弘文館《ホンムングァン》の機能を強化し、経筵を重視して、政策論争を活性化させ、文臣の月課(賜暇《サガ》読書《ドクソ》を許された文臣が、読書堂での研究休暇中に提出していた課題)、春秋科試《チュンチュクァシ》、賜暇読書などを厳しく実行することで門閥勢家を牽制しようとした。

中宗のこうした政策は、王道政治を打ち出して勲臣、戚臣たちの勢力膨張を抑えようとする意図から行われたが、初めのうちはほとんど効果を得られなかった。これは、中宗反正に成功した功臣勢力の力があまりにも強く、王の立場が弱かったからだ。それに功臣の大部分が既得権を享受しようとする勲臣勢力だったため、中宗の士林

的王道政治の追求は、彼らの阻止と挑戦に常に直面しなければならなかった。

しかし、時間が経つにつれて、状況は少しずつ変わっていった。中宗即位四年後の一五一〇年には、領議政《ヨンイジョン》に就いていた朴元宗が死去し、それとともに功臣勢力の力も大きく萎縮した。その一方で、反正以後、持続していた改革的な雰囲気が次第に社会へ拡がるとともに、政治も新しく変わるべきだという世論が高まった。

改革を望む声は、甲子士禍で政治の一線から退けられていた士林派を中心に形成された。当時、士林派の代表的な人物は趙光祖だった。彼は戊午士禍《ムオサファ》で配流中だった金宏弼《キムグエンピル》から学問を学び、一五一〇年、司馬試《サマシ》に首席合格して、成均館に入った人物で、当時の急進改革勢力の代表的な人物だった。

中宗は功臣勢力を牽制する方法を模索していたが、一五一五年、ついに趙光祖を政治の第一線に引き入れた。厳格な道学思想家の趙光祖を表に立たせた中宗は、その時から道学的思想に基づく哲人君主政治を標榜することで、朝廷を掌握している功臣勢力を牽制するとともに、徹底した儒教政治を展開しはじめた。

趙光祖の主張に従って中宗は民間に儒教的な道徳観を植えつけるために「呂氏郷約《ヨシヒャンヤク》」を全国的に実施した。「呂氏郷約」とは、もともとは宋《そう》の学者・呂大忠《ろたいちゅう》の郷里である藍田で実施した自治的な規約だったが、後には朱熹《しゅき》がそれに手を入れた「朱子増損呂氏郷約」が広く流布した。これは儒教思想を基盤とした一種の民間自治規律だった。

また、科挙制は人材を登用するのに限界があり、士林たちの推挙で人材を登用すべきだとの主張により、推薦登用制の賢良科《ヒョルリャンクア》が実施され、新進士類(学問を研究し、徳を修めるソンビ集団)二十八人が要職に配置された。

趙光祖のこうした政策は、いわゆる士林派を中心とした至治主義的な理想政治を実現しようという試みから始まった。しかし、趙光祖一派の改革政策は、あまりにも急進的で過激だったため、勲旧勢力の激しい反発を呼んだ。さらに、趙光祖一派が道学的政治理念を打ち出して、王にまで圧迫を加えはじめると、中宗も同様に彼らの急進的な傾向に嫌気を覚えるようになった。

中宗のこうした心中を察した勲旧派の南袞《ナムゴン》、沈貞《シムジョン》、洪景舟《ホンギョンジュ》などは、一五一九年の反正功臣偽勲削除事件を契機に趙光祖一派を追放する計画を立て、王に上疏した。それは、趙光祖一派が朋党《プンダン》を作って国の要職を占め、王をだまして国政を乱しているため、その罪を明らかにして正すべきだという内容だった。たまたま趙光祖らの度を越した道学的な言行に嫌気が差していた中宗は、彼ら勲臣たちの上疏を受け入れ、趙光祖、金浄《キムジョン》、金湜《キムシク》など新進士林勢力を粛清した。これを「己卯士禍《キミョサファ》」という。

こうして、趙光祖などを通じた四年間の中宗の改革政治は終わりを告げた。以後、沈貞など勲旧派の専横が続くとともに、中宗時代の後半期は政治的な混乱が繰り返され、様々な獄事が絶え間なく起きた。一五二一年には、己卯士禍の余波で、宋祀連《ソンサリョン》の「辛巳誣獄《シンサムオク》」が起き、安処謙《アンチョギョム》などの士林派が再び粛清された。一五二四年には、沈貞、南袞などに追放された後、己卯士禍以後に再び政界に復帰していた権臣・金安老《キムアルロ》が免職され、翌年三月、柳世昌《ユセチャン》などの謀叛事件が起きるかと思えば、一五二七年には金安老の息子・金禧《キムヒ》が沈貞、柳子光《ユジャグァン》を排除する目的で引き起こした東宮の「灼鼠《チャクソ》の変」で、無実の敬嬪・朴氏と彼女の息子である福城君《ポクソングン》が殺されたりした。

このように政局の混乱が加速化する中で、一五三一年には、それまで政権から疎外されていた金安老が再び執権し、政界は一寸先が闇の予測不能な状況となった。これに対して中宗の外戚・尹元老《ユンウォルロ》兄弟が登場して、金安老と対立するようになると、政界は再び勲臣と戚臣との間の政権争奪戦へ移っていった。

こうした政局不安は国防政策にも多くの混乱を引き起こした。成宗、燕山君時代は比較的静かだった倭寇が対馬島の支援を受けて勢力圏を拡げ、とうとう暴動を起こして、一時は薺浦《チェポ》、釜山浦《プサンポ》を陥落させ、熊川《ウンチョン》を攻撃するなどの「三浦倭乱《サムポウェラン》」が起きた。これは慶尚道《キョンサンド》一帯に大きな被害を出した。この乱で朝鮮と日本の通交は中断したが、日本の足利幕府の要請で一五一二年、「壬申《イムシン》条約」を結んだ。条約締結後、朝鮮は世宗《セジョン》以来、対馬に送っていた歳賜米豆を半減するとともに、常駐していた倭人たちの三浦居住を禁じ、薺浦一か所だけを開港するなど倭人の出入りを厳しく制限した。

しかし、こうした統制にもかかわらず倭人たちの変乱が頻発した。一五二二年五月には「楸子島倭変《チュジャドウェビョン》」「東莱《トンネ》塩場倭変《ヨムジャンウェビョン》」などがあり、一五二九年には「全羅道倭変《チョルラドウェビョン》」、一五四四年には「蛇梁鎮倭変《サリャンジンウェビョン》」が起こった。そして、この蛇梁津倭変で、朝鮮は倭人の往来を完全に禁止した。

一方、北方では野人たちの内侵が頻繁に発生した。一五一二年、彼らは咸鏡南道甲山《ハムギョンナムドカプサン》、平安北道昌城《ピョンアンプクトチャンソン》などに侵入して人馬を殺傷したが、これを契機に朝廷では四郡《サグン》地帯に居住する野人たちの退去を求め、六鎮《ユクチン》地帯に巡辺使《スンビョンサ》(軍事的目的で辺境を巡視していた特使)を派遣し、同時に義州山城《ウィジュサンソン》を修築して、北方の防壁と成した。しかし、その後も野人たちの四郡、六鎮地域への略奪行為は続いた。そのため平安北道の満浦僉事《マンポチョムサ》が殺害される事件が発生するなど紛争が絶えなかった。

このように南方では倭寇が、北方では野人が猛威を振るうと、朝廷では王権の護衛を強化するために、定虜衛《チョンノウィ》を設置し、一方、倭寇に対応するため、外侵に備えて文武官が臨時に合同会議をする機関として備辺司《ピビョンサ》(軍事と国政を司った官庁)を設けた。

備辺司は、以後、常設機関として発展し、軍事的機能だけでなく、政治的な性格も帯びるようになった。そして、その他にも武術を教える武学科を設置し、霹靂砲《ピョンニョクポ》などの武器を製造して国防力の強化に努めたが、政治的な不安のため軍の紀綱は乱れて、それほど大きな効果を収められなかった。

社会面では、趙光祖の改革政治の影響で、儒教主義的な道徳倫理がさらに定着していった。迷信を打破するとの理由で、道教的な要素の強い昭格署《ソギョクソ》を廃止し、仏教の度僧制度を撤廃し、都城の中での巫女たちの活動を取り締まる一方、寺の新築を禁じた。

こうした一連の儒教的な措置に続いて、郷約を実施して儒教主義的郷村秩序を作ったりもした。趙光祖一派が粛清されることで、こうした様相は一時、停滞する傾向にあったものの、その後、再び強力に推進されて『小学《ソハク》』『二倫行実図《イリュンヘンシルト》』『続三綱行実図《ソクサムガンヘンシルト》』などを刊行し、民間に流布することで儒教的な教化を試み、後半期に入ってからは、高麗時代の文臣で初の朱子学者・安珦《アンヒャン》を祭る白雲洞書院《ペグンドンソウォン》を建てて、儒教精神の定着に力を注いだ。

文化面では、印刷術の発達とともに、多くの編纂事業を行い、一五一六年には鋳字都監《チュジャトガム》を設置して、数多くの銅活字を鋳造し、これを基にしてさまざまな書籍を編纂した。崔世珍《チェセジン》、申用漑《シンヨンゲ》、李荇《イヘン》が中心になって『四声通解《サソントンヘ》』『続東文選《ソクトンムンソン》』『新増東国輿地勝覧《シンジュントングンニョジスンナム》』などを編纂刊行し、一五三六年には撰集庁《チャンジプチョン》を設置して、勧善懲悪をテーマにした書籍を撰修したり翻訳したりもした。

経済面では、楮貨《チョファ》と銅銭の使用を積極的に進め、度量衡の統一を図った。また、衣服、飲食、結婚などにかかわる贅沢を禁じ、新任官吏に対する歓迎の拝礼を禁じるなど、民生安定のための努力を傾けた。

この他、一五三〇年から始まった西洋との細綿布(平織りの木綿)貿易が支配層の衣生活に大きな変化をもたらした。また、農業関連技術も発達したが、「観天器目輪《クァンチョンギモンニュン》」「簡儀渾象《カニホンサン》」などを新しく製作して備えつけ、一五三四年には明《みん》に技術者を派遣して燻金術を習得させた。一五三六年には昌徳宮《チャンドックン》内に「報漏閣《ポルガク》」を設置し、時刻を報告させるようにし、一五三八年には天文、地理などに関する書籍を明から購入して、この分野での研究開発に拍車をかけた。

しかし、こうした各方面の振興政策は政治的な混乱の影響を受けて、これといった成果を挙げることができなかった。これは中宗の改革政治が失敗に終わったことを意味する。それは人材活用の未熟さと明確な政治哲学の不在によるものだった。

中宗の陵である靖陵。両脇に文臣の姿をした文人石と武臣の姿をした武人石が立ち、王を守っている。

中宗は趙光祖のような急進改革派を登用して、短期間で社会改革を断行し、政治革新を図ろうとしたが、当時の状況では無理な措置だった。改革が急進展するためには、何よりも王自身が改革の方向に対して明確な立場を固守しなければならないのに、王は趙光祖に従うのに汲々とし、ついには、趙光祖の道学的言行に嫌気を覚え、勲旧派による趙光祖粛清に同調してしまった。これは、趙光祖からしてみれば、当てにした中宗に裏切られたわけで、むしろ改革を始める前より悪い結果をもたらしてしまったことになる。

たとえ、趙光祖が急進的な性向を見せたとしても、中宗はある程度改革の度合いを調節し、もう一方で、勲旧大臣たちの立場を考慮するという政治能力を発揮すべきだったと思われる。ところが、彼は父王である成宗の政治形態を模倣しながら、均衡政治による朝鮮の繁栄期を夢見ていたものの、成宗ほど優れた政治力を持ち合わせてはいなかった。

三十八年二か月という長い期間、王位にとどまっていた中宗は、一五四四年十一月十四日、世子に王位を譲った翌日、五十六歳で世を去った。

陵は靖陵《チョンヌン》で、現在、ソウル市江南区《カンナムグ》三成洞《サムソンドン》にある。

三、中宗の家族たち

中宗は、最初、慎守勤の娘・端敬王后《タンギョンワンフ》と結婚したが、クーデターに成功して即位した後は、功臣たちの反対で、彼女を廃位しなければならなかった。その後、二人の王后と九人の後宮を娶《めと》り、彼女らから九男十一女を得た。

章敬王后《チャンギョンワンフ》・尹氏《ユンシ》が仁宗《インジョン》と孝恵公主《ヒョヘコンジュ》を、継妃・文定王后《ムンジョンワンフ》・尹氏が明宗《ミョンジョン》をはじめとする一男四女を、敬嬪《キョンビン》・朴氏が福城君など一男二女を、熙嬪《ヒビン》・洪氏《ホンシ》が二男を、昌嬪《チャンビン》・安氏《アンシ》が徳興君《トクングン》(宣祖《ソンジョ》の父親)など二男一女を、淑儀《スグィ》・洪氏が一男を、淑儀・李氏が一男を、淑媛《スグォン》・李氏が二女を、淑媛・金氏が一女を生んだ。

○端敬王后《タンギョンワンフ》・慎氏《シンシ》(一四八七―一五五七)

端敬王后・慎氏は益昌府院君《イクチャンブウォングン》・慎守勤の娘で、燕山君の妃・慎氏の姪でもある。彼女は一四八七年に生まれ、一四九九年、十二歳で普城大君と結婚し、一五〇六年、普城大君が王に推戴されるとともに王妃に就いたが、父方の叔母が燕山君の妃だという理由で廃位された。

反正勢力からは、慎氏が王后となった場合、自分たちの手で殺した父親の慎守勤の仇討ちに乗り出すことを恐れ、中宗(普城大君)の懇請にもかかわらず、慎氏を廃位すべきだと主張し、結局、中宗も功臣たちの圧力に押されて彼女を廃してしまった。

彼女は、最初、河城尉《ハソンウィ》・鄭顕祖《チョンヒョンジョ》の家に追い出されたが、その後、実家へ戻って行った。一五一五年に章敬王后・尹氏が亡くなった時、一時、彼女を復位させるべきだとの世論が持ち上がったものの、李荇、権敏手《クォンミンス》の反対で実現しなかった。

慎氏の廃位については、「チマ(韓服のスカート)岩《バウィ》」の話が伝えられている。功臣たちの圧力に負けて慎氏を廃位したものの、彼女への中宗の愛情は特別だったようだ。そのため中宗は、彼女に逢いたくなると、高い楼閣に上って、彼女の実家のある方を眺めていたという。そうした事実を耳にした慎家の人たちは、中宗の切ない恋心を慰めるために、家の裏山にある岩の上に、慎氏が宮中にいた時によく着ていた薄紅のチマを拡げて置いた。王は、その岩に拡げられた薄紅のチマを眺めながら、愛しい慎氏への思いをなだめていたというのだ。

こうしたチマ岩の伝説を残した慎氏からは子供が生まれず、生涯独りで寂しく暮らし、一五五七年、七十歳で

第11代　中宗　家系図

成宗
- 貞顕王后・尹氏
  - 次男：第11代 中宗（晋城大君、1488 ～ 1544）
    在位期間：1506.9 ～ 1544.11、38年2か月

第11代 中宗
- 端敬王后・慎氏（子供なし）
- 章敬王后・尹氏 —— 1男1女
  - 世子・峼（第12代 仁宗）
  - 孝恵公主
- 文定王后・尹氏 —— 1男4女
  - 慶源大君（第13代 明宗）
  - 懿恵公主
  - 孝順公主
  - 敬顕公主
  - 仁順公主
- 敬嬪・朴氏 —— 1男2女
  - 福城君
  - 恵順翁主
  - 恵静翁主
- 熙嬪・洪氏 —— 2男
  - 錦原君
  - 鳳城君
- 昌嬪・安氏 —— 2男1女
  - 永陽君
  - 徳興君（追尊・徳興大院君[※1]、宣祖の父）
  - 静慎翁主
- 貴人・韓氏
- 淑儀・洪氏 —— 1男
  - 海安君
- 淑儀・李氏 —— 1男
  - 徳陽君
- 淑儀・羅氏
- 淑媛・李氏 —— 2女
  - 貞順翁主
  - 孝静翁主
- 淑媛・金氏 —— 1女
  - 淑静翁主

※1 大院君：嫡統ではなく、傍系の宗親に王位を継がせざるをえなくなった場合、その王の父に与える称号

世を去った。英祖《ヨンジョ》時代に復位されて端敬王后という諡号を受けた。陵は温陵《オンヌン》で、現在、京畿道楊州市長興面《キョンギドヤンジュシチャンフンミョン》にある。

○章敬王后《チャンギョンワンフ》・尹氏《ユンシ》（一四九一—一五一五）

章敬王后・尹氏は、判敦寧府事《パントンニョンブサ》・尹汝弼《ユンヨピル》の娘で、一四九一年（成宗二十二年）、漢城南部の好賢坊《ホヒョンバン》の私邸で生まれた。本貫《ポングァン》は京畿道坡平《パピョン》で、七歳の時に母親に死なれたため、外従母（母方の伯母）に当たる月山大君の夫人・朴氏により養育された。一五〇六年に中宗の後宮となって淑儀に封じられ、一五〇七年、中宗妃・慎氏が廃位されると、王妃に冊封された。

以後、一五一五年に世子（仁宗）を生んだが、産後病のため、景福宮の別殿で産後六日目に二十四歳で亡くなった。中宗との間に孝恵公主と仁宗をもうけたが、仁宗は即位後一年も経たずして死去し、金安老の息子・禧と結婚した孝恵公主も夭逝してしまった。陵は禧陵《ヒルン》で、京畿道高陽市西三陵《コヤンシソサムヌン》にある。

○文定王后《ムンジョンワンフ》・尹氏《ユンシ》（一五〇一—六五）

文定王后・尹氏は、領敦寧府事《ヨンドンニョンブサ》・尹之任《ユンジイム》の娘で、一五〇一年（燕山君七年）に生まれた。本貫は坡平で、一五一七年（中宗十二年）に王妃に封じられた。一五四五年、息子の明宗が十一歳の幼い年で王位に就くと、それから八年間、垂簾聴政を行いながら強大な権力を行使した。彼女は、弟の尹元衡《ユンウォニョン》に政権を握らせて、仁宗の外戚・尹任《ユンイム》（章敬王后・尹氏の兄）一派を除去するために乙巳士禍《ウルササファ》を起こして尹任を殺し、尹汝弼を配流とした。

明宗に代わって摂政を執る際には、王権を掌握して、王を傀儡とし、垂簾聴政から退いた後も、明宗の政事運営に干渉しすぎたため、朝廷を揺るがした。彼女のこうした執権欲は、結局、明宗時代の混乱に拍車をかける原因にもなった。

明宗は、彼女のこうした執権に不満を抱いて、一時、乙巳士禍で死んだソンビたちの名誉回復を図り、新進士林を登用して、外戚勢力を牽制しようと試みたものの、彼女の妨害で失敗してしまった。

このように、朝廷を覇権争いの場へと追い込んだ稀代の悪后・文定王后は、一五六五年、六十四歳で死去した。彼女は中宗との間に明宗をはじめ懿恵《ウィヘ》、孝順《ヒョスン》、敬顕《キョンヒョン》、仁順公主《インスンコンジュ》など一男四女をもうけた。

陵は泰陵《テルン》で、現在、ソウル市蘆原区孔陵洞《ノウォングコンヌンドン》にある。

四、新進士林の再登用と趙光祖一派の改革政治

反正により王位に就いた中宗は、燕山君の悪政を改革し、勲旧派の過大な勢力拡大を防ぐために新進士林勢力を再び登用する。これは、成宗の均衡政治に倣ったもので、士林派を近衛勢力に養成して王の立場を高め、朝廷の力が片方へ傾くことのないようにするための政治的計算によるものだった。

　中宗が引き入れた士林派の巨頭は趙光祖だった。趙光祖は金宏弼の門下で修学した正統道学者として、まだ若かったにもかかわらず、当時の士林学者たちの間では最も尊敬された人物だった。

　趙光祖が金宏弼に出会ったのは十六歳の時だった。地方官吏として赴く父親について平安北道熙川《ヒチョン》へ行ったが、たまたまそこで戊午士禍により熙川に配流中の金宏弼に初めて会う。それから金宏弼は、全羅南道順川《チョルラナムドスンチョン》へ移配されるまでの二年間、彼に徹底した道学主義的実践思想を教え込んだ。趙光祖は金宏弼の道学的見識に魅了されて道学にのめり込み、その結果、ついに士林派の領袖として名を上げるようになったのだ。

　とはいうものの、当時はまだ戊午士禍の後遺症が残っていたため、大部分の人たちは性理学を忌み嫌っていた時だった。そのため、周囲の人たちは、性理学に心酔している趙光祖を見て、「気違い」とか、禍を孕んでいる者という意味で「禍胎《ファテ》」と後ろ指をさしていた。他人から何と言われようが、趙光祖の性理学に対する情熱が冷めることはなかった。彼は、自分の悪口を言う友人たちとの交流を断ったまま、道学的実践運動に邁進した。身なりを正すのはもちろんのこと、行動においても節制して節度を厳しく守り、言語生活においても規範を設けて、それに反したことは行わなかった。

　彼は、こうした実践に慣れてくると、ようやく世の中に出た。二十八歳になる一五一〇年、司馬試に合格して進士となり、その年に成均館に入った。そして、一五一五年には、成均館儒生二百人の推挙と吏曹判書・安塘《アンダン》の推薦を受けて、造紙署司紙《チョジソサジ》という従六品の官職に任用され、その年の秋、増広試《チュングァンシ》(国家の慶祝に当たって行う科挙)の文科に合格して、典籍《チョンジョク》、監察《カムチャル》、礼曹佐郎《イエジョチャラン》を歴任する。

　そうした過程を経ながら、趙光祖は中宗の厚い信任を受けるようになり、それから四年間、中宗は趙光祖を先

頭に立てて、急進的な改革政治を繰り広げた。
趙光祖は中宗に、性理学を政治と民衆教化の基本にすべきだと強調するとともに、徹底した道学思想に立脚した王道政治を実現することを力説した。こうした趙光祖の言葉を受け入れた中宗は彼を正言《チョンオン》に就かせ、言論を通じて勲旧勢力の牽制を試みた。

趙光祖に対する中宗の信任は単純な君臣関係を超えて、一種の同志的な性格を帯びた。中宗は趙光祖の明確な事理判断と節度ある行動、そして人の機嫌を取ろうとしない直言を良しとし、自らも道学政治の実現のために努力を惜しまなかった。

中宗の信任を基に、趙光祖は、まず勲旧勢力に向けて砲門を開いた。彼自身も、金宗直《キムジョンジク》の考えと同じく、勲旧勢力を自分たちの利益のために不義と妥協する輩だと認識していたため、勲旧勢力を抉《えぐ》り出すことが、まさに政治改革の基礎だと見なしていたからだ。

このため朝廷は、いつの間にか反正功臣派と新進士林派とが対立する様相を見せはじめ、一五一七年、趙光祖はついに、その間形成した勢力を基盤に中宗とともに本格的な改革を断行した。

まず、最初の改革は、「郷約」の実施だった。郷約は性理学的理想社会、すなわち中国の夏《か》、殷《いん》、周《しゅう》の三代にわたった理想社会を民衆の中に建設することを目標としていた。郷約は地方の自治を定めた民間規約で、儒学的道徳観の実践と道学的な生活を身につけることがその目的だった。いわば、全民衆を性理学的規範でもって教化し、王道政治の基盤になるようにするということだった。

第二の改革は「賢良科」の導入だった。趙光祖は、従来の科挙制度は、本質的な矛盾により、学業のすべてが試験準備に限られる弊害を露呈しているだけでなく、各個人の品格や徳行を測る方法がないため、これを廃止し、学問と徳行とがともに優れた人を推薦する制度を通して人材を登用すべきだと主張した。こうした推薦制度が、まさに賢良科だった。趙光祖が申光漢《シングアンハン》、申用漑、安塘などの賛成を得て推進した賢良科は、勲旧派のすさまじい反対にぶつかった。しかし中宗の支援を受けて、一五一九年、電撃的に実施された。賢良科は中央では成均館をはじめとする三司《サムサ》、六曹《ユクチョ》に推薦権を与え、地方では留郷所《ユヒャンソ》で推薦して守令《スリョン》と観察使を通して礼曹に報告するようにさせた。推薦の根拠としては、「気質と品格」「器量」「才能」「学識」「品行と業績」「志操」「生活態度と現実対応意識」の七項目があった。

こうした過程を経て、推薦された人を殿庭に集め、王が同席した場所で試験を受けさせた後、選抜した。候補者百二十人のうち、賢良科を通じて合格した者は二十八人だったが、彼らの推薦事項をまとめてみると、学識と品行が最も大きな比重を占めた。

また、彼ら二十八人の縁故地を調べてみると、慶尚道五人、江原道《カンウォンド》一人、その他一人の七人を除いて、残り二十一人がすべて畿湖《キホ》(京畿、黄海道《ファンヘド》の南部と忠清南道《チュンチョンナムド》の北部地域)出身だった。彼らは趙光祖の追従者で、学脈、もしくは人脈でつながっており、強い連帯意識を持った新進士林派だった。

郷約と賢良科の実施以外にも、趙光祖は伝統的な因習と旧態依然の制度を改革し、宮中の女楽を廃止した。また、内需司《ネスサ》の高利貸し業を中止させた。その一方で、性理学的倫理秩序と統治秩序とを確立するために朱子《しゅし》(朱熹の尊称)の『家礼《かれい》』と『三綱行実』を普及させ、『小学《しょうがく》』教育を奨励することで儒教社会の秩序を樹立しようとした。

しかし、趙光祖のこうした一連の改革政治は、あまりにも過激で性急に実施されたため、副作用が現れはじめた。

性理学的王道政治実現の前哨基地になるとともに、士林勢力の政治的な基盤にもなると予想されていた郷約は、実施当初から難関にぶちあたった。当時実施された郷約は、伝統と調和した自主的なものではなく、理想に偏った当局者に指導される官主導の性格を帯びていたのが問題だった。趙光祖も自ら指摘したが、郷約の実施を行政が強制したことは、郷約の根本的な趣旨にそぐわないものだった。また、そうした強制は、むしろ民衆の反発を買う原因にもなった。さらに問題なのは、郷約が流布されたとはいえ、それを指導する人材を養成していなかった点だ。

そして、別の問題は、地方の自治が加速し郷約が絶対的な規範として定着する場合、逆に、官吏たちの統治力が弱められ、民衆を治めきれなくなるという点だった。

郷約の実施にともなうこうした問題点は、あまりにも急に民衆に流布しようとしたところから始まった。そのため趙光祖は、官が主導する方法を批判するとともに、民間主導の郷約のための補完策を設けようとしたものの、己卯士禍の発生で、実現できなかった。

郷約の他、賢良科でも副作用は現れた。賢良科の実施で登用された人物がいずれも趙光祖に追従する新進士林派だったために、登用の基準が公平でないとの理由で勲旧勢力の反発を呼び、もう一方では、士林勢力の力が強化されるにつれて、趙光祖の改革の方向がさらに極端に向かっていったことだ。

こうした極端な改革の傾向は、ついに中宗の政治行為にまで干渉し、王個人に対しても徹底して性理学的規範に沿って生活するよう、強く勧めるようになった。そのため中宗は、次第に趙光祖の硬直した道学思想に嫌気を覚えたのだ。

　しかし、趙光祖の圧迫はとどまるところを知らなかった。そしてそれは、中宗時代初期に作られた靖国功臣《チョングクコンシン》の数が多すぎるという批判にまで及んだ。これは士林派が、勲旧勢力を追放するために展開した正面対決だった。そのため、朝廷で一大波乱が生じるのは必至だった。そこで士林勢力が勝ち抜いた場合、朝廷は完全に士林派に掌握されるはずだったが、実はこれは中宗自身も望むことではなかった。中宗は士林、勲旧勢力のどちらにも権力が独占されることを望んではいなかったのだ。

　ところが、士林派は中宗を追い込みながら、自分たちの思惑通りに物事を運び、結局、中宗が負けてしまった。勲旧大臣の強い反発にもかかわらず、全功臣の四分の三に当たる七十六人の勲爵を削奪したのだ。

　状況がこうなると、勲旧派は、士林派の急進的な性向をこのまま見過ごすわけにはいかないと判断し、中宗に、趙光祖一派は朋党を組織して朝廷を乱していると弾劾した。恐ろしい勢いで権力を拡大させている士林派に対して中宗自らも危機感を覚え、勲臣たちの弾劾を受け入れて、大々的な士林派粛清を断行した。これが己卯士禍だ。

　これで四年間の趙光祖の改革政治は幕を降ろしたが、彼の道学的王道政治は後代に大きな影響を及ぼした。彼の改革に対する評価は後の名宰相・李栗谷《イユルゴク》(李珥《イイ》)が書いた『石潭日記《ソクタムイルギ》』によく表れている。李栗谷はその中で、趙光祖をはじめとする新進士林派の政治的な失敗の原因を次のように述べている。

「彼は賢くて明るい資質と国を治める才能を持って生まれてきたにもかかわらず、学問をすべて習得する前に政治の第一線に出てしまったため、上には王の過ちを是正できず、下には旧勢力の誹謗を防ぐことができなかった」

　このように、後代の学者は、彼の思想よりは未熟な政治力と急進的すぎた改革を批判している。いわば、急進的な改革は認めないにしても、彼の思想には同調できるものがあったことを意味する。趙光祖の改革政治は失敗に終わったものの、彼の改革の方向性だけは正しく評価され、明宗時代を経て、宣祖時代に入ると、士林が政治勢力の中心となるのに大きな役割を果たすようになる。

五、己卯士禍と士林勢力の後退

賢良科を通じて道学政治実現の基礎を築いた趙光祖一

派は、本格的な勲臣排除の作業に取りかかるが、そのために勲旧勢力の強い反発を招き、ついに一五一九年、いわゆる反正功臣偽勲削除事件をきっかけに、その反発が爆発してしまった。

趙光祖は反正功臣となった人物の中に、その資格のない者が多くいると指摘し、そうした者たちの功臣資格を剝奪すべきだと主張した。彼のこうした主張は、まったく根拠のないものではなかった。クーデター初期に大司憲《テサホン》・李継孟《イゲメン》などが「原従功臣《ウォンジョンコンシン》」（正式な功臣以外に小さな功労を立てた人たちに与えた功臣の称号）の多さに対して、その真偽を明らかにするべきことを申し立てたことがあった。ところが、この主張は、反正功臣たちに黙殺されてしまった。

趙光祖は勲旧勢力を追放するためには、まず功臣たちの勢力を萎縮させる必要があると判断し、過去の原従功臣の是非を再び持ち出したのだ。反正功臣の偽勲を削除すべきだという主張とともに、趙光祖は成希顔、柳子光などを辛辣に非難した。成希顔には、反正に加わりもしなかったのに功臣として記録されていると指摘し、柳子光には、戚族の権力と富貴のために反正に加わったとし、こうした類の反正は小人の輩であるが故の企みだと非難した。

趙光祖のこうした偽勲削除の主張に対して、中宗は、反正功臣は一度決めたことだから修正するわけにはいかないと言い返した。しかし、趙光祖は執拗に説得した。すなわち、反正功臣の大多数が個人的な利益と権力のために挙兵を計画したのだから、彼らが引き続き功臣としてとどまる限り、朝廷は絶えず利益と権力だけを追求する小人の輩に占有されてしまうだろうし、そうした現実を打破しない限り、国を維持するのは難しいと主張した。

趙光祖の強い説得に中宗も疲れてしまった。改革という大義名分を前にした趙光祖の論理にはかなわなかったためだ。

趙光祖は、偽勲削除の実践案を簡単にまとめて提出した。まず、反正功臣二、三等のうち、一部を三、四等に改め、四等の五十人余りは、これといった功もなく禄を受けているとして、すべて削除するという内容だった。

事態がここまでくると、勲旧勢力も反発し、また中宗も戸惑ってしまった。現実的に政界の元老として君臨している功臣勢力を一挙に追放することは、まかり間違えば、極度の混乱をもたらしかねないという判断を下し、これ以上、趙光祖一派の動きを放置するわけにはいかないという考えになった。

中宗のこうした内面の変化を素早く読み取った勲旧勢力は、煕嬪《フィビン》・洪《ホン》氏（洪景舟の娘）などの後宮を利用して、中宗に「全国の民心がすべて趙光祖に移ってしまった」と告げさせ、趙光祖が王位を狙っていると匂わせた。そして、宮殿の木の葉に果汁で「走肖為王《チュチョウィワン》」と書いた後、その葉を虫に蝕ませ、それを宮女を使って王のところへ持って行かせた。走肖は趙の字を二つに分けた文字で、「趙が王になる」という意味だった。これを見た中宗は非常に不愉快になった。

一方、趙光祖の弾劾を受けて失脚しそうになった熙嬪・洪氏の父である洪景舟は、南袞、沈貞らとともにある夜、王の元を訪ねて、趙光祖一派が朋党を組織して要職を占め、王をだまして国政を乱しているため、これを厳しく取り締まるべきだと上疏した。彼らの上疏を基に中宗は、趙光祖をはじめとする士林勢力を断罪することにした。その結果、趙光祖、金浄、金湜などが投獄された。南袞などの勲旧勢力は、彼らをただちに処罰すべきだと申し入れたが、安塘、李長坤《イチャンゴン》(一四七四—?)。甲子士禍の時、巨済島《コジェド》へ流されたが、咸興《ハムン》へ逃走し、中宗反正の後、再び起用されて左賛成《チャチャンソン》に就く)などが反対し、成均館儒生一千人も光化門《クァンファムン》前に集まって、趙光祖などの無実を訴えた。

断罪の結果、趙光祖は全羅南道綾州《ヌンジュ》に流され、その後、勲旧派の金詮《キムジョン》、南袞、李惟清《イユチョン》が領議政、左議政《チャイジョン》、右議政《ウイジョン》に任命されると、間もなく自決させられた。金浄、奇遵《キジュン》、韓忠《ハンチュン》、金湜なども配流地で自決したり、死刑となったりした。その他、金絿《キムグ》、朴世熹《パクセヒ》、朴薫《パクフン》、洪彦弼《ホンオンピル》、李耔《イジャ》、柳仁淑《ユインスク》など数十人が配流となった。また、彼らのことを庇った安塘、金安国《キムアングク》、金正国《キムジョングク》兄弟が罷免された。

この士禍が起きた年が己卯の年だったため、これを己卯士禍といい、この時に犠牲となった朝臣を「己卯名賢《キミョミョンヒョン》」という。この士禍の発端は一五一五年、廃妃(端敬王后)・慎氏の復位問題が朝臣の間に軋轢をもたらしたところから始まった。その後、趙光祖一派は道義論を打ち出して、詞章派《サジャンパ》(文章と詩賦を重視する学派で、道学を重んじる趙光祖一派に対抗して漢文学の重要性を力説した)を小人の輩とあしらうような排他的な態度を示し、その結果、両者間の感情的な対立が激化し、それに削勲事件が直接的な原因となって起こった事件だった。しかし、己卯士禍は勲旧勢力と中宗が共同謀議して展開した一種の親衛クーデター的性格も濃い。

趙光祖の改革の失敗は、政治理念の進歩性と実現方法の過激さにあるとする人が多い。しかし、さらに本質的な原因は、当時の政治体制が王道政治を実現できるほど成熟していなかった点にあると見た方が正しい。それは、中宗が未熟な判断で己卯士禍のような親衛クーデターを起こしたことと、趙光祖の改革政治が失敗に終わった後、むしろ性理学が学問的に一層発展したという事実などからもわかる。

六、中宗時代に活躍した人たち

森の中の大学者・徐敬徳（一四八九―一五四六）

徐敬徳《ソギョンドク》は地方の下層官吏職の修義副尉《スウィブウィ》（従八品の武官）に就いていた徐好蕃《ソホボン》の息子で、字は可久《カグ》、号は花潭《ファダム》。母が孔子の祠堂に入る夢を見て、彼を生んだという話が伝えられており、十九歳の時、宣教郎《ソンギョラン》（従六品の文官）・李継従《イゲジョン》の娘を妻に迎え、生涯、隠遁生活を送りながら、学問を好み、五十七歳で死去した。

彼の幼年時代の記録はあまりない。英明だったが、家が貧しく、まともな教育を受けられずに、十四歳で初めて儒学の経典である『尚書《しょうしょ》』に接したと言われる。

幼い時から非常に思索に耽りがちだったようだ。彼が『尚書』を学ぶ時、書堂《ソダン》（日本の寺子屋のような私塾）の先生が「教える私にもよくわからないものを、お前は一人で深く考えて、十五日でわかったのだから、お前は『尚書』を思索することで悟ったのだ」と言ったほどだったと言われる。また、ある日、母から畑で青菜を竹籠一杯に摘んでくるように言われ、菜畑に出たものの、彼が摘んできたのは竹籠の半分にも満たなかった。母が彼にその訳を聞くと、こう答えたという。

「目の前で一羽の鳥が飛び去るのを見て、一日中その理由を考えていたら、摘むのを忘れてしまいました」

『花潭集《ファダムジプ》』の序文に出てくるこの話は、彼の突拍子もない一面を窺わせる部分だが、このようなところから、その後の彼が展開した独特な学問修業の方法の起点を確認できる。こうした彼の学問修業の方法は「年譜」に伝えられる次の記録にも端的に表れている。

「先生は十八歳になった時、『大学《だいがく》』の『格物致知《かくぶっちち》』の章を読み、そこで大きな悟りを得て、涙を流しながらつぶやいた。『学問を修めるには、まず格物（物事の理を究めること）をしないなら、本を読んだところで役には立たない』。その後は世の中の事物の名前を書いて壁に張り付けては、毎日それを一つ一つ究明するのをこととした」

この記録は、彼がいかに実験的で科学的な人物なのかをよく表しており、また、生涯をかけて掘り起こした唯物論的な主気哲学の方法論がどんなものであったかを物語っている。彼はこの学習方法と度の過ぎた読書や思索による過労で、本を手にすることができないほど健康を損ねてしまった。そのため、二十歳になった時、仕方なしに学業を中断し、一年余り全国の名山を巡りながら、健康の回復に努めた。

以後、彼は三十一歳で、趙光祖によって採択された賢良科を受け、一番目に推薦されたが、これを辞退し、開城《ケソン》の花潭に書斎を設けて、学問研究と教育に専念した。一五三一年、母のたっての願いで、四十二歳で生員試《センウォンシ》を受験し、首席合格したが、官職には就かなかった。一五四四年(仁宗元年)、金安国などにより厚陵《フルン》(定宗《チョンジョン》と定安王后《チョンアンワンフ》の墓)の参奉《チャムボン》(各陵、宗親府、その他の官衙《クアナ》に属した従九品の官職)に推薦されたが、これも辞退して、引き続き花潭にとどまった。

彼がこのように隠居生活に固執したのは、当時の時代状況と無関係ではない。彼が生きていた十五世紀末から十六世紀半ばは、社会がひどい混乱期にあり、政治的にも士林勢力と勲戚勢力との対立が極に達していた。

官僚と地主階級は土地の兼併と贅沢三昧に耽り、そのため農民は土地を失い、苦しい生活を強いられていた。また、統治階級の内部でも土地と政権のための大々的な流血闘争が繰り広げられ、士林たちが大挙粛清される四大士禍が起きたのも、ちょうど徐敬徳が生きていた五十年間のことだった。

しかし、そうした社会的な不安が彼を不幸な道に追い込んだわけでは決してなかった。むしろ、彼は社会に出ず、隠遁生活に固執したお陰で、多くの学問的な業績を積むことができ、学問修業の結果、『花潭集』のような名著を生み、朝鮮性理学の発展に大きく貢献することができた。それに晩年には、天下の名妓であり、詩人でもある黄眞伊《ファンジニ》とともに自然を享有しながら、ソンビとしての人格を失わない孤高の学者として名を轟かすことができた。後代の人たちは、彼と黄眞伊、朴淵瀑布《パギョンポッポ》を「松都《ソンド》(開京《ケギョン》)の三絶」と呼んだ。

彼は朝鮮の数多くの性理学者の中でも、師匠のいない特異な人物で、書堂で漢文を読める程度の教育しか受けなかった。彼の師匠は自然と書籍だけだった。そのため、徐敬徳は非常に独特で珍しい学問的な業績を残すことができた。

彼の学問的な要諦は、物質に対する絶え間ない思索にあった。彼は物質の力は永遠だと信じ、物質の分離は単に形体の分離に過ぎず、力の分離ではないと考えた。それは、まさに西欧物理学で言うエネルギー保存の法則と比べられる。さらに彼は死をも生物に一時的にとどまっていた気(エネルギー)が宇宙の気に還元されるものだと受け止めていた。いわば、「生死一如」を主張することにより宇宙と人間、宇宙と万物は一つだという理論を確立させたのだ。彼の独特な学問と思想は、李退渓《イテゲ》、李栗谷といった学者によってその独創性を認められ、朝鮮の気哲学の中心に立つことになった。

彼は一五四六年(明宗元年)、五十七歳で死去した。しかし、一五七五年に右議政に追贈(国家に功労のあった官員の死後、官職の品階を上げること)され、一五八五年には神道碑《シンドペ》(王や高官の墓の前または墓地へ行く道の通りに沿って建てられた、故人の業績を称える碑石)が建てられた。彼を祭る書院としては開城の崧陽《スンヤン》書院、花谷《ファゴク》書院などがある。

著書として『花潭集』があるが、その中の「原理気」「理気説」「太虚説」などを通して自分の学問と思想を明らかにしている。

時代を先取りした女流詩人・黄眞伊

黄眞伊のはっきりした生存年代はわからない。しかし、徐敬徳、碧溪守《ピョクケス》などと交流していたことからして、中宗時代の人物であることは確かだ。本名は眞、妓名は名月《ミョンウォル》で開城出身だ。

彼女の伝記について参考にできる直接的な史料がないため、野史によるほかない。ところが、野史に伝わる彼女の記録は分量は多いが、それぞれ異なっていて、内容の信憑性に欠けるのが残念だ。時代が経つにつれてさまざまな人の話が加わって、神秘化された痕跡が多く、その真偽を確かめるのが極めて難しい。

記録によると、彼女は黄進士《チンサ》と呼ばれる両班《ヤンバン》と陳《チン》氏姓を持つ玄琴《ヒョングム》という女性との間に生まれたという説や、盲人の娘として生まれたという説もある。このうち、黄進士の庶女とする記録が数から見ると優勢だが、彼女が妓女として暮らしていたことからすれば、盲人の娘として生まれたという説も、時代的背景からいって無視できない。

彼女は母子家庭で育てられたものの、両班の娘に劣らない学問を修め、礼儀を身につけていたとの話から推量すると、経済的には余裕のある家柄だったようだ。七歳の時から千字文《チョンジャムン》を学びはじめたが、九歳の時にはすでに漢文の古典を読みこなして、漢詩が作れるほどの才能を見せていた。また書画にも伽耶琴《カヤグム》(新羅《シルラ》時代から伝わる桐で作られた弦楽器)にも長けていたという。

容貌も優れ、才色兼備の女性として育てられた彼女が妓女に転じた理由を、野史では、同じ村に住む一人の独身青年が彼女に片思いし、その恋煩いで死んでしまったためだと記している。

綺麗な女性と評判の黄眞伊のことを恋い慕った純真な若者が、彼女に胸のうちを打ち明けられないまま恋の病に倒れ、床に臥してしまった。それを見かねた若者の母が黄眞伊の母を訪ねて、自分の息子を婿として迎えてもらえないかと頼み込んだが、陳氏はその哀願を冷たく拒絶し、娘の眞伊には一切話さなかった。自分の思いが遂げられないのを知らされたその若者は、ついに恋煩いで死んでしまった。後にこの事実を知った黄眞伊は、自ら妓生になることを決心し、妓生になるための稽古に励んだという。そして、妓界に身を投じてから、間もなく名声を得るようになり、都にまでこの噂が広まった。

容貌が際立ち、歌、踊り、楽器、漢詩などすべてに優れていたため、当時のソンビたちは彼女と一席をともにすることを大変自慢にした。そこで、彼女と当代の名だたるソンビたちとの逸話が生まれた。

当時、生き仏と呼ばれた知足禅師《チジョクソンサ》に十年間の面壁参禅修行を断念させるかと思えば、豪気で名を轟かせていた碧渓守という王族の高慢な鼻っ柱をへし折ったり、当代最高の隠遁学者・徐敬徳を誘惑したりもした。ところが、それまでとは違って、彼女は徐敬徳を惑わすのに失敗し、むしろ、彼の学問と孤高の人柄に魅了されて、師弟関係を結んだ。

彼女は、全国を巡りながら、著名なソンビたちと交際し、数多くの詩を残した。『海東歌謡《ヘドンガヨ》』『青丘永言《チョングヨンオン》』に「青山里の碧渓水《ピョクケス》よ」「霜月の長い夜を」など珠玉の詩編が伝えられている。

彼女の没年についての正確な記録はない。四十歳前後で死去したものと伝えられ、死去直前に、「私が死んだら、棺に入れずに、アリ、カラス、トビの餌になるようにしてくれ」と頼んだとの話が伝わる。この話は、後代の女性たちの教訓とするために言い残した言葉だと言う人もいるが、黄眞伊の自由な生き方を考えれば、それよりはむしろ、彼女自身の詩的な心情をよく表していると思われる。

そう言い残したとはいえ、人々は彼女を開城に近い長端《チャンダン》に埋葬した。現在も長端の板橋里《パンギョリ》には黄眞伊の墓があり、彼女が住んでいたところの峠には薬水の出る泉がある。

医女・大長今

朝鮮時代の医女《ウィニョ》は、世界で例を見ない王朝時代の専門医師たちだった。彼女たちの主な任務は婦人病を治療することだったが、医女の中には他の分野においても卓越した能力を有する者たちがいた。特に、中宗時代の大長今《テジャングム》、成宗時代の長徳《チャンドク》などは王朝実録でも数回にわたって言及されている女医たちだ。

大長今は、医女としては唯一、王の主治医の役割を果たし、中宗が最後まで自分の健康状態を任せるほど信頼されていた医師でもあった。

　大長今が実録に最初に登場するのは、中宗十年（一五一五年）三月八日である。これは中宗の継妃・章敬王后が、その年の二月二十五日に王子（仁宗）を出産後、間もなくして、三月二日に死亡したことに対する問責だった。

　司憲府《サホンブ》は、大長今の不適切な治療の結果であるため、彼女の責任を追及し、当然、罰しなければならないと主張した。これに対して中宗は、三月二十二日、大長今は元子《ウォンジャ》（王の長男、仁宗のこと）の誕生に大きな功を立てたために賞を与えるべきであると言い、このたびの大故（王や王妃の死去）のため賞与は授けられないにしても、彼女に刑を科すことはできないと答えた。

　この事件後、大長今が再び実録に登場するのは、七年後の一五二二年八月十五日である。中風の症状がある大妃《テビ》（貞顕王后）が風邪を引いたため、宮内の医員《ウィウォン》や医女たちに命じ、その治療に当たらせるようにした。

　九月五日、大妃の病状が好転すると、王は、医員・河宗海《ハジョンヘ》と金順蒙《キムスンモン》、医女・信非《シンビ》と長今に賞を与えた。この時、彼女たちに与えられた報奨は、それぞれ米と豆が十石ずつだった。

　このことが契機となって大長今は御医女《オウィニョ》となり、中宗の主治医にもなるのだが、一五二四年二月十五日、大長今に逓兒職《チェアジク》（俸禄を与えるために特別に設けた官職）を与え、王の看病に専念するように命じた。

　中宗二十七年（一五三二年）十月二十一日、内医院提調《ネウィウォンチェジョ》の金安老などが、医女の医術は医員より劣っていることを理由に、医女（大長今）に診脈をさせることは適当ではないと訴え出たものの、大長今に対する王の信頼は揺れ動くものではなかった。翌年の二月には、王自ら、それまで病んでいた腫れ物が医女たちの処方で治ったことを話し、その治療に当たっていた大長今、戒今《ケグム》などに米や豆を十五石ずつ与えた。

　一五四四年二月三日、大長今の名が実録に登場するが、中宗はすでに五十六歳の高齢で、持病の中風と、それに伴う合併症により、病状が重かった。中宗は、「用いるべき薬に関する細かい事項は医女（大長今）を通して伝える」と言い、自分の病気のことをすべて彼女に任せていた。こうしたことは、朝鮮王朝史上、例のないことだった。

　同年十月二十九日、中宗は、病状が治まらない中、七日ぶりに便通があったことを、医女の長今を通して医員たちに伝えた。

　その後、十一月十二日、大長今が大殿から出、王の病状が深刻な状態であることを医員たちに告げ、三日後の十五日の夕方、大長今から王が危篤であると伝えられた。

　中宗の死去とともに、大長今の記録もそれ以上続くことはなかった。王の治療に当たっていたため、それに対する立場上の処罰は受けたと思われるが、彼女が医女として大きな失敗をしたわけではないため、医女の身分はその後も維持できたのではないかと推測される。ただ、長らく王の特別な信頼と寵愛を受けていたことが問題となり、内医院提調にそのまま留まることはできなかっただろう。

七、『中宗実録』編纂経緯

『中宗実録《チュンジョンシルロク》』は百五巻百二冊から成り、一五〇六年九月から一五四四年十一月まで、中宗在位三十八年二か月間の歴史的な事実を編年体で記録している。もともとの名称は『中宗恭僖徽文昭武欽仁誠孝大王実録《チュンジョンコンヒフィムンソムフミンソンヒョデワンシルロク》』だ。

編纂作業は一五四五年二月、台諫《テガン》の建議で実録庁《シルロクチョン》を設置して、堂上《タンサン》と郎官《ナングァン》を決めて着手しようとしたが、順調に進まず、同年七月、仁宗が在位九か月で死去したため中断した。

明宗の即位後、一五四六年秋になって春秋館《チュンチュグァン》に実録庁を設置し、『仁宗実録《インジョンシルロク》』とともに編纂に着手したが、この時も己卯士禍と関連し総裁官《チョンジェグァン》が自ら解任を申し出、困難な状況となってしまった。

実録編纂総裁官に任命された右議政・鄭順朋《チョンスンブン》が翌年二月、辞職を表明したが、その理由は、己卯士禍以後の史実に対する意見がさまざまで争いが絶えず、編纂官《ピョンチャングァン》たちの間で意見対立がひどくなってきたためだった。そこで再び、沈連源《シムヨヌォン》が総裁官に任命されたが、彼も長く持たず、李芑《イギ》に交替しなければならなかった。

こうした紆余曲折を経て、辛うじて編纂作業に取りかかった結果、一五五〇年十月に完成し、翌年三月、『仁宗実録』とともに最終的な仕上げ作業を終え、史草の洗草《セチョ》(史草を処分すること)と実録保管が行われた。

編纂作業に参加したのは監春秋館事総裁官《カムチュンチュグァンサチョンジェグァン》を担当した鄭順朋、沈連源、李芑などで、知春秋館事《チチュンチュグァンサ》は尹漑《ユンゲ》など十二人、同知春秋館事《トンジチュンチュグァンサ》は朴守良《パクスリャン》など二十五人、編修官《ピョンスグァン》は沈通源《シムトンウォン》など四十五人、記注官《キジュグァン》は尹潛《ユンジャム》など十七人、記事官《キサグァン》は鄭純祐《チョンスヌ》など三十七人で計百三十六人だった。しかし、『中宗実録』は完成後も史実の公正性が疑われていたため、『燃藜室記述《ヨルリョシルギスル》』は、己卯士禍に関する記録が、当時の実状と大差があると記している。というのも、己卯士禍の際、史官たちが秘密の政事に入侍(王宮に入り王に謁見すること)できなくなっていたため、勲旧勢力により歪曲された可能性が高いというのが、中宗時代以後の一般的な見解だったからだ。

第十二代　仁宗実録

一、仁宗の短い治世

生年一五一五─没年一五四五
在位期間一五四四年十一月─四五年七月、
閏正月を含め九か月間

仁宗《インジョン》は、朝鮮の歴代王のうち、最も治世の短い王で、王位に就いていたのは、わずか八か月と十五日だった。在位中、原因不明の病気に臥して、良くも悪くもならず、跡継ぎも残さずにあっけなく世を去った。しかし、当時の人たちは彼を聖君と呼んだ。大変な孝行者で、寛大で、禁欲的な生活を送るなど、典型的なソンビの姿を示していたためだ。

仁宗は一五一五年、中宗《チュンジョン》と章敬王后《チャンギョンワンフ》の長男として生まれた。名は皓《ホ》、字は天胤《チョニュン》。一五二〇年、五歳で世子《セジャ》に冊封され、二十四年間、世子としてとどまっていたが、一五四四年、中宗が死去すると、王位に就いた。

彼は静かな性格で、孝行心に厚く、兄弟愛も深かったと伝えられる。姉の孝恵公主《ヒョヘコンジュ》に死なれた時には、悲しみのあまり病床に臥したこともあり、また、中宗が病気になると、仁宗は、自ら毒味をし、冬の寒さにもかかわらず沐浴斎戒しては、夕方から明け方まで天に父親の回復を祈った。その祈りが天に届かず中宗が死去すると、飲まず食わずの日が六日で、泣き声が止まなかったのが五か月に至ったと記録は伝える。

また、彼はわずか三歳で文字が読めるほど聡明で、一五二二年、七歳で成均館《ソンギュングァン》に入り、毎日、三度、学びの時を設けた。さらに、徹底した禁欲生活を求めた。東宮にいた当時、華やかに着飾った宮女は追い出し、女性を一切近づかせなかったという。これは彼が道学思想に深く魅了されていたことを示している。

しかし、彼のこうした性格は、継母・文定王后《ムンジョンワンフ》の毒々しい邪悪な性格を野放しにしたばかりか、自分の命をも短くする原因ともなった。

生母の章敬王后・尹氏《ユンシ》が彼を生んで、六日で死去したため、彼は文定王后・尹氏の手で育てられた。ところが、文定王后・尹氏は意地悪く猜疑心の強い女性だったために、前妻から生まれた仁宗を非常に苦しめた。

野史によると、尹氏が何度も仁宗を殺そうとしたことがわかる。仁宗が世子だった頃、彼と嬪宮《ピングン》(世子嬪《セジャビン》)が寝ている時、周辺から熱気が感じられたため、起き上がってみると、東宮が火事になっていた。しかし彼は、あわてずに嬪宮を起こして先に逃げるように促した。そして自分は静かに座って、焼け死ぬつもりだと言ったという。彼がそう言ったのは、誰が火を付けたのか知っていたか

第12代　仁宗　家系図

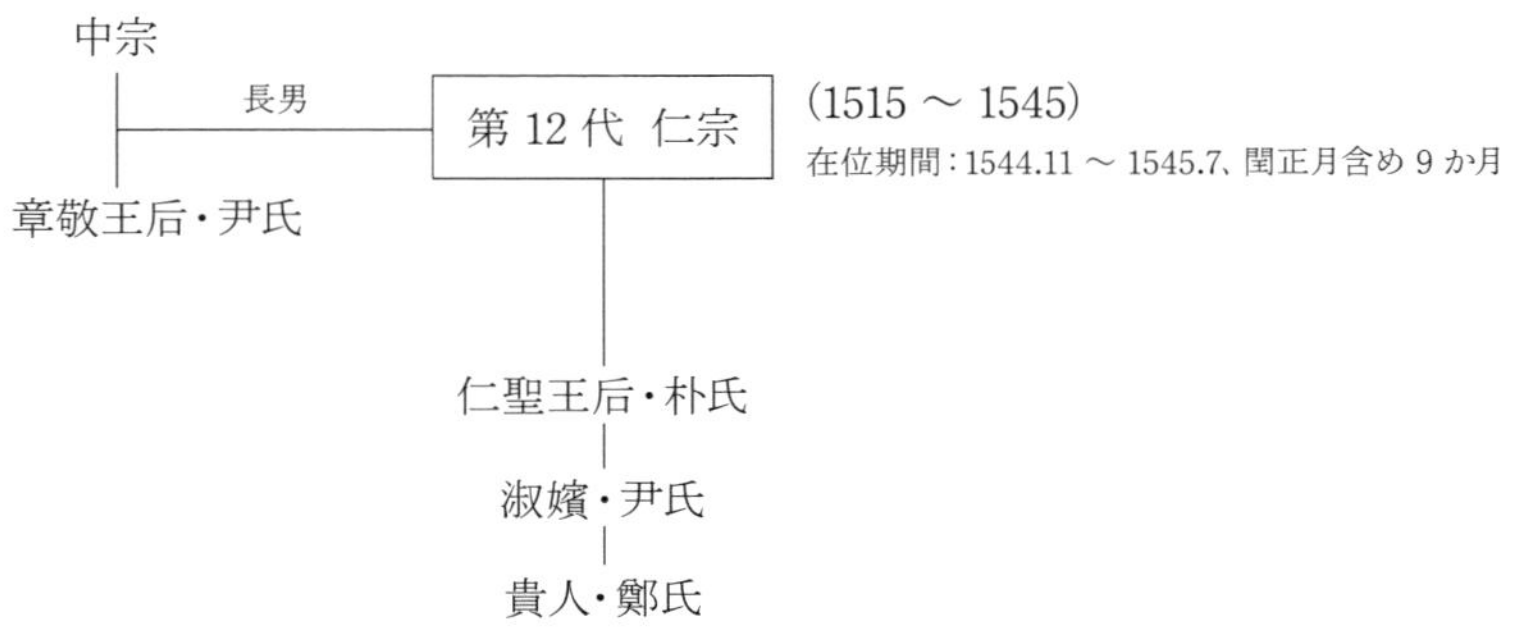

らだ。たとえ継母であっても、母である文定王后が自分をそれほど嫌って殺そうとするのであれば、子としての道理からも、自分が死ぬのが親孝行だと考えた彼は、そのまま焼け死のうと決めたのだ。世子の話を聞いた嬪宮は、決して一人で逃げるわけにはいかないと言って、そこを動かなかった。それで二人とも焼け死ぬところだったが、その時、外から必死に彼を呼ぶ声が聞こえた。中宗の声だった。仁宗はその声を聞き、自分が死ぬことは文定王后には孝行になっても、父王に対しては親不孝であり不忠だと言いながら、嬪宮とともに火の中から出てきたと言われる。

　この火事は、誰かが数匹のねずみの尾に火を付けて東宮に入れて放火したものと伝えられている。火を付けた張本人は敢えて調べなくてもわかりきっていた。しかし仁宗は犯人を知っていても口を固く閉ざし、時間が経つにつれて、この事件はうやむやになってしまった。

　このように何度も死の危険をくぐり抜け、仁宗は、一五四四年十一月二十日に即位した。王位に就いた時、彼は二十九歳だった。彼は即位すると、ただちに趙光祖《チョグアンジョ》をはじめ己卯士禍《キミョサファ》の際に、被害にあった士林《サリム》勢力の名誉を回復し、賢良科《ヒョルリャンクァ》も復活させた。そして、それまで自分が学んで身につけていた道学思想を現実政治に応用しようという意図から、再び士林を登用しはじめた。そうして政界に進出したのが李彦迪《イオンジョク》、柳灌《ユグァン》など士林の大学者たちだった。

しかし、仁宗はまだ志を遂げられないうちに、在位九か月の一五四五年七月、三十歳の若さで世を去った。

仁宗がこのように早く死去したのは、文定王后・尹氏の猜疑心のためだという。仁宗は継母ではあるが、自分を育ててくれた母でもある文定王后に孝行するために、常に努力を惜しまなかった。しかし、尹氏はいつも仁宗のことを仇にでも対するかのように接し、ご機嫌伺いに来る仁宗に、自分と息子の慶源大君《キョンウォンデグン》(明宗《ミョンジョン》)をいつ殺すつもりなのかと言うほどだった。しかし、仁宗は彼女を憎んだり、嫌ったりせず、むしろ自分の孝行が足りないことを嘆いて、罪の意識に捕らわれて過ごしていた。そして、文定王后の意に沿おうと、自分の異母弟で、文定王后の息子の慶源大君(明宗)に王位を譲るために自分の子をもうけなかったとも伝えられている。

仁宗が病に臥して死に至ったのも、文定王后が毒入りの餅を与えたのがその原因だったと野史は伝えている。ある日、仁宗がご機嫌伺いに大妃殿《テビジョン》を訪ねて行くと、その日に限って文定王后は普段とは異なり、口許に笑みを浮かばせて、仁宗を迎え入れた。そして、王に餅を差し出した。仁宗は生まれて初めて継母が自分を喜んで迎える姿を見て機嫌がよくなり、何の疑いもなくその餅を食べた。ところがその後、仁宗は急に具合を悪くし、間もなく死去してしまったという。

事実がどうだったかはわからないが、この野史は、文定王后の仁宗に対する蔑視と嫉妬がいかにひどかったかをよく示している。文定王后のあくどさが通ったのは、仁宗があまりにも柔弱で善人だったためだろう。

陵は京畿道高陽市西三陵《キョンギドコヤンシソサムヌン》にあり、彼の孝行さを讃える意味で陵号は孝陵《ヒョルン》という。

仁宗は仁聖王后《インソンワンフ》・朴氏《パクシ》、淑嬪《スクピン》・尹氏と貴人《クィイン》・鄭氏《チョンシ》の三人の夫人を娶《めと》った。仁聖王后・朴氏は錦城府院君《クムソンブウォングン》・朴墉《パクヨン》の娘で、一五一四年に生まれた。一五二四年、十歳の時に世子嬪に冊封され、一五四四年、仁宗が即位すると王妃となった。子供はなく、仁宗が死去した後、三十二年間さらに生きて、一五七七年、六十三歳で世を去った。死去後、仁宗とともに孝陵に埋葬された。淑嬪・尹氏は尹元亮《ユンウォルリャン》の娘で、文貞王后の姪でもある。貴人・鄭氏は鄭惟沈《チョンユチム》の娘で、詩人・鄭徹《チョンチョル》の長姉だ。子供もなく、生没年に関する正確な記録もない。

二、『仁宗実録』編纂経緯

『仁宗実録《インジョンシルロク》』は二巻一冊から成り、一五四四年十一月から一五四五年七月までの九か月の歴史的な事実を編年体で記録している。

仁宗の死後、乙巳士禍《ウルササファ》が起こり、彼の母方と妻の実家、および側近たちが過酷な犠牲と弾圧を受け、その結果、『仁宗実録』は編纂計画すら立てられなかった。しかし一五四六年、『中宗実録《チュンジョンシルロク》』編纂に付随して編纂が始まり、四年後に辛うじて完成した。このため、編纂に参加した人物はすべて『中宗実録』の編纂者たちだった。また、即位年の十一月、十二月の記事は『中宗実録』に掲載されており、『仁宗実録』には、わずか七か月間の歴史が掲載されているだけとなっている。

第十三代　明宗実録

一、涙の王・明宗の即位と終わりなき混乱

生年一五三四—没年一五六七
在位期間一五四五年七月—六七年六月、二十一年十一か月

仁宗《インジョン》が死ぬと、十一歳の慶源大君《キョンウォンデグン》が王位を継いだ。彼は、年は幼かったが、学問を好み、聡明な人物だった。しかし、母后・文定王后《ムンジョンワンフ》のあくどさに押され、いつも泣き顔で王位を守らなければならなかった。

明宗《ミョンジョン》は、中宗《チュンジョン》の二番目の継妃《ケビ》である文定王后・尹氏《ユンシ》の子だ。名は峘《ファン》、字は対陽《テヤン》で、生まれるとすぐに慶源君に冊封された。その後、仁宗が即位すると、一五四四年慶源大君に冊封され、翌年、仁宗が即位九か月で病死すると王位に就いた。

文定王后は子を五人生んだが、そのうち息子は明宗一人だった。それも三十三歳という年で辛うじて得た息子だった。彼女が明宗を生んだ時、中宗の第一の継妃・章敬王后《チャンギョンワンフ》の息子・仁宗の年は、すでに十九歳だった。このため、明宗が王となれる確率は低かった。ところが、仁宗には後継者がなく、万一、仁宗がそのまま死んだら、明宗の王位継承が可能となる状況でもあった。文定王后はそうした結果を狙い、ついに叶ったのだ。

明宗は、十一歳という幼さで即位したため、八年間、母后・文定王后の垂簾聴政を受けなければならなかった。文定王后が垂簾聴政で王権を代わりに握ると、朝廷の大勢は実弟の尹元衡《ユンウォニョン》一派の手に渡った。尹元衡は一五三七年(中宗三十二年)、金安老《キムアルロ》が失脚した後、登用された人物だ。彼は中宗時代から章敬王后の兄・尹任《ユンイム》一派と王位継承権をめぐって熾烈な権力争いを繰り広げていた。世間では、尹任一派を大尹《テユン》、尹元衡一派を小尹《ソユン》と呼んだ。

仁宗の即位当時は一時、大尹派が勢力を得て李彦迪《イオンジョク》など士林勢力を登用し、気勢を上げたが、明宗が即位し、文定王后が垂簾聴政をするようになると事態は逆転した。尹元衡は明宗が即位するやいなや、ただちに尹任勢力の除去に着手した。尹元衡は尹任が中宗の八男・鳳城君《ポンソングン》に王位を継がせようとしたという無実の罪を着せる一方、仁宗が死去した際には、尹任が成宗《ソンジョン》の三男・桂城君《ケソングン》を擁立しようとしたという噂を広めた。そして、これを口実に、文定王后に彼らの粛清を強く求め、尹任、柳灌《ユグァン》、柳仁淑《ユインスク》などを自決させ、彼らの家族とその一派の士林勢力を配流とした。明宗即位年の一五四五年に起きたこの事件が、「乙巳士禍《ウルササファ》」だ。

乙巳士禍で朝廷を掌握した尹元衡は、まだ除去できていない政敵を取り除くため、再び「良才駅壁書事件《ヤンジェヨクピョクソサコン》」を起

こした。この事件で、尹元衡を弾劾して官職を奪った宋麟寿《ソンインス》、尹任の家と姻戚関係にあった李若水《イヤクス》などに賜薬を下し、李彦迪、白仁傑《ペクインゴル》など士林勢力二十人余りが配流となった。また、尹元衡は自分の愛妾・鄭蘭貞《チョンナンジョン》を宮中に送り込み、鳳城君が反逆に関係したとの偽証をさせて彼を自決させるなど、事件調査過程でも多くの人を犠牲にした。

尹元衡一派が、こうして政敵をすべて除去し、朝廷を掌握するようになると、いわゆる「外戚専横時代」が到来し、この時から明宗は彼らの横暴に悩まされて、涙の日々を送らなければならなかった。

尹元衡は、権力を独占するようになると、それまで自分に不満を述べた実兄・尹元老《ユンウォルロ》を配流して、自決させるかと思えば、自分の愛妾・鄭蘭貞と共謀して、正妻の金氏《キムシ》を毒殺し、奴婢《ノビ》出身の彼女を貞敬夫人《チョンギョンブイン》(正・従一品の文武官の妻に与えた爵号)の座に就かせた。

また、鄭蘭貞は尹元衡の権勢を背景に、商権を掌握し、専売、暴利行為で巨富を蓄えた。このため、尹元衡の家には賄賂が集まり、漢城《ハンソン》内に家が十五棟にもなり、他人の奴隷や田畑を奪うことなど数限りなく、生死が彼の手にかかっているとの言葉が交わされるほどだった。当時、権力を貪っていた朝臣たちは鄭蘭貞の生んだ子供たちと結婚させるために先を争ったと伝えられている。また鄭蘭貞は奉恩寺《ポンウンサ》の僧侶・普雨《ポウ》を文定王后に紹介し、そのため一時的に仏教が隆盛した。

尹元衡のこうした勢道が、明宗が親政を執った後も続くと、明宗も事態の深刻さを悟り、ついに尹元衡を牽制するための親衛勢力を固めはじめた。そのために重用した人物が李樑《イリャン》だった。

李樑は、明宗の妃である仁順王后《インスンワンフ》・沈氏《シムシ》の外戚(母方の叔父)だった。しかし、李樑もやはり、清廉な人物ではなかった。明宗が自分を信任すると、彼は慎思献《シンサホン》、権信《クォンシン》などと党を組んで勢力を伸ばし、政治を独占しはじめた。一時は、自分の味方だった金明胤《キムミョンユン》を宰相にして、自分の勢力を伸ばそうと右議政《ウイジョン》・李浚慶《イジュンギョン》の辞職を建議した。さらに、蓄財にも熱を上げ、彼の家の前にはいつも市場のように人が集まった。それで、当時の人たちは彼を尹元衡、沈通源《シムトンウォン》とともに「朝鮮の三凶」と呼ぶまでになった。

虎を追い出そうとしたのに虎一頭をさらに育てることになった明宗は、彼を一時、平安道観察使《ピョンアンドクァンチャルサ》にして地方へ飛ばした。しかし、尹元衡の権力独占を心配するあまり、一五六二年、再び吏曹参判《イジョチャムパン》にし、中央に呼び寄せた。すると、李樑は一層勢道を振りかざして、礼曹《イエジョ》、工曹判書《コンジョパンソ》を経て、吏曹判書となると、彼の権力乱用は極に達した。

李樑の不正腐敗が極に達すると、士林勢力は彼を弾劾しはじめたが、彼はむしろ奇大升《キデスン》、許曄《ホヨプ》、尹根寿《ユングンス》などの士林勢力を取り除く陰謀をめぐらした。しかし、この陰謀は彼の甥の沈義謙《シムウィギョム》(明宗妃・仁順王后の弟)に気づかれ、士禍を画策しようとしたという罪名で官職を奪われてしまった。一五六三年のことである。

このように権臣たちの横暴に苦しんでいた明宗に、文定王后はことあるごとに無理を言って、王を困らせた。文定王后は自分が望むことを紙に書いて王の元へ送っていたが、それが受け入れられないと、王を呼びつけて、面と向かってぞんざいな言葉で悪口を言うかと思えば、自分の言うことを聞き入れてくれないと言って、王のふくらはぎや頰を叩いたりもした。

文定王后は仏教信者で、奉恩寺の僧侶・普雨の助言に従い禅宗と教宗を復活させ、僧科《スンクア》を復活させる一方、普雨を道詵寺《トソンサ》住職に決め、都大禅師《トデソンサ》に昇進させた。

王の権威はこのように地に落ち、朝廷の大臣たちは権力を独占し、私利私欲を満たすのに忙しく、自ずから社会は騒然とし、民心は病むほかなかった。さらに、弱り目に祟り目で、凶作が続いていた。当時、民衆の大半が飢餓に苦しみ、国の至るところで盗賊が出没した。

社会がこのように混乱に陥ると、自ずと、国防面もおろそかになり、その隙に乗じて倭寇が押し寄せてきた。中宗時代の三浦倭乱《サムポウエラン》以来、歳遣船《セギョンソン》(朝鮮朝廷が対馬の島主に来往を許可した貿易船)の減少で苦しめられていた倭人たちは、一五五五年、船七十隻余りを率いて全羅道《チョルラド》に侵入し、一時は全羅道の一部を占領する事態が発生した。彼らは結局、李浚慶、南致熏《ナムチフン》などが率いる軍により撃退された。しかし、「乙卯倭変《ウルミョウエビョン》」と呼ばれるこの事件で、民衆は多大な被害を受けた。そこで朝廷では、中宗時代に臨時に設けていた備辺司《ピビョンサ》を常設機構化し、外侵への防備策を取った。

このような混乱の根本原因は文定王后にあった。彼女は「女王」と呼ばれるほど王権を気ままに振りかざした。自分の権力を利用して、実弟・尹元衡の横暴な権力独占と乱用を支援し、儒教社会を標榜している朝鮮で袈裟を着た僧侶を兵曹《ピョンジョ》判書に昇格させるなど、政治を個人的な感情で処理していた。

そうした彼女が生きている間は朝鮮社会が安定する見込みはまずなかった。そのため、明宗を含めほとんどの臣下と民衆は彼女の死を待ち望み、ついに一五六五年、彼女が死ぬと、朝鮮は急速に平和を取り戻しはじめた。

彼女の死でまず最初に撤退することになったのは、僧侶・普雨と尹元衡一派だった。僧侶・普雨は儒林たちの弾劾を受けて兵曹判書から追放された。さらに僧職を剝奪され、済州島《チェジュド》へ配流された後、死んだ。尹元衡も彼の愛妾・鄭蘭貞とともに黄海道江陰《ファンヘドカンウム》へ流されたが、その後

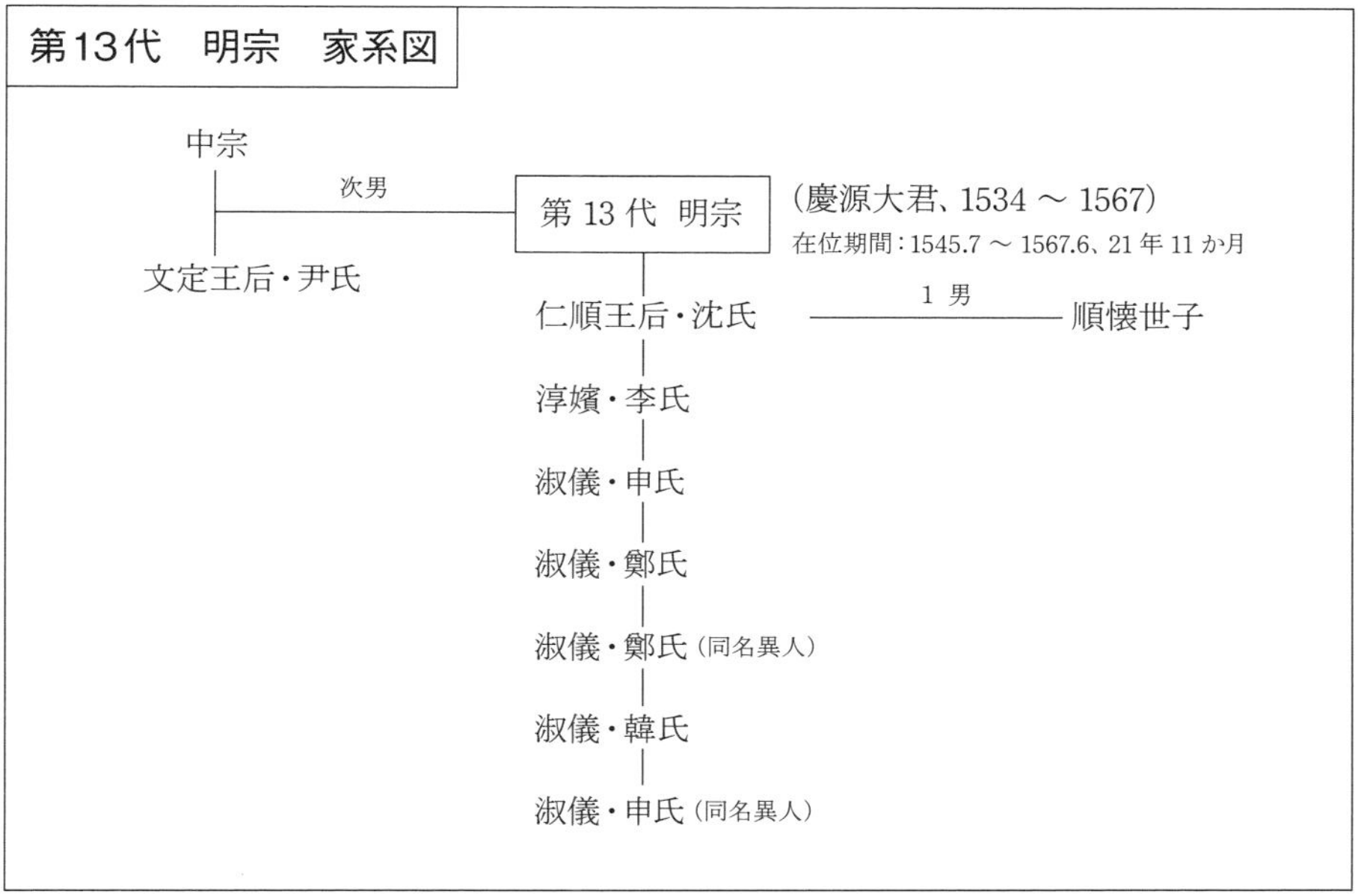

自殺した。

文定王后と尹元衡一派が去ると、明宗は人材を均等に登用し、善政を施すのに全力を挙げた。すると朝廷は安定し、社会も次第に秩序を取り戻した。しかし、明宗はそれまであまりにも国政に悩まされたせいか、病にかかり、文定王后が死んだ二年後に世を去った。この時、明宗はわずか三十三歳だった。

明宗は仁順王后・沈氏との間に順懐世子《スネセジャ》をもうけたが、彼は十二歳の幼い年で死んでしまった。このため、後嗣を一人も残さないまま死に、王位は中宗の九男・徳興君《トクングン》（後宮・安氏との間に生まれた子）の三男・河城君《ハソングン》（宣祖《ソンジョ》）が継いだ。河城君の即位で、朝鮮は後宮から生まれた庶子出身の傍系血族が王位を継ぐ事態となり、これ以後、王の権威は一層低下した。

明宗の陵は康陵《カンヌン》で、現在ソウル市蘆原区孔陵洞《ノウォングコンヌンドン》にある。

二、明宗の家族たち

明宗の正妃は仁順王后・沈氏だけで、子供も順懐世子一人だけ。しかも彼は夭逝し、結局、後を継げなかった。

○仁順王后《インスンワンフ》・沈氏《シムシ》(一五三二―七五)

仁順王后・沈氏は青陵府院君《チョンヌンブウォングン》・沈鋼《シムガン》の娘で、一五三二年に生まれ、十三歳だった一五四五年、王妃に冊封された。

一五五一年、順懐世子を生んだが、彼は十二歳で死に、以後王子を生めなかった。一五六七年、明宗が死去すると大妃《テビ》となり、十五歳であった宣祖の代わりに垂簾聴政を行った。しかし、翌年一五六八年、宣祖に親政をさせて自身は退き、一五七五年、四十三歳で世を去った。死後、明宗の陵である康陵に葬られた。

○順懐世子《スネセジャ》(一五五一―六三)

順懐世子は一五五一年、明宗と仁順王后との間に生まれ、名は暊《ブ》、字は重明《チュンミョン》。一五五七年、六歳で世子に冊封された。尹元衡の推薦で参奉《チャムボン》・黄大任《ファンデイム》の娘との縁談があったが、彼女が病弱だったために、一年以上も結婚式が延ばされると、世子嬪《セジャビン》が交替となり、一五五九年、護軍《ホグン》・尹玉《ユンオク》の娘と結婚式を挙げた。

しかし、順懐世子は結婚して間もなく、後嗣もないまま一五六三年に世を去った。そのため、中宗の庶孫・河城君が明宗の後を継がなければならなかった。

三、明宗時代の主な事件

乙巳士禍

乙巳士禍は戊午《ムオ》、甲子《カプチャ》、己卯《キミョ》とともに朝鮮四大士禍の一つで、一五四五年(明宗元年)、王室の外戚である大尹派の尹任と小尹派の尹元衡の反目から起こり、小尹派が大尹派を追放し、政権を掌握した事件だ。

己卯士禍以後、士林が政界の第一線から後退すると、沈貞《シムジョン》、李恒《イハン》などの勢力と金安老勢力が激しい権力闘争を始めた。この時、金安老は沈貞の弾劾で流されていたが、自分を支持する勢力と内通して、沈貞一派が配流中の中宗の後宮、敬嬪《キョンビン》・朴氏《パクシ》を王妃に擁立する陰謀を企んでいると弾劾し、彼らを処刑し、再び政界に復帰した。

政権掌握に成功した金安老一派は反対派を追放し、許沆《ホハン》、蔡無択《チェムテク》などと結託して権勢を振るい、意に沿わない者は、その地位の高低を問わず追い出すと脅かし、朝廷を恐怖に陥れた。彼らは文定王后を追い出そうと陰謀を企んだが、文定王后の叔父・尹安任《ユンアニム》の密告で発覚し、配流となった後、自決させられた。この時、許沆、蔡無択なども一緒に処刑されたが、金安老を含む彼ら三人を「丁酉三凶《チョンユサミュン》」と呼んだ。

金安老が失脚した後、政権争奪戦は権臣から戚臣に移行した。彼ら戚臣たちの勢力争いは、まず世子冊封問題で起こった。

中宗には王妃が三人おり、正妃・愼氏《シンシ》は中宗即位直後、奸臣の娘ということで、後嗣もなく廃位された。最初の継妃である章敬王后・尹氏は世子・峼《ホ》(仁宗)を生んで、六日目に死んだ。その後、王妃冊封問題で朝臣たちの間で一大論争が繰り広げられ、その結果、一五一七年、尹之任《ユンジイム》の娘が二番目の継妃に冊封された。彼女がすなわち文定王后で、慶源大君(明宗)の母だ。

文定王后が慶源大君を生むと、彼女の実の兄弟の尹元老、尹元衡は慶源大君を世子として冊封する計略を立てた。しかし、世子(後の仁宗)の母方の叔父・尹任がこれを阻止し、彼らは目的を達成することができなかった。ここから尹任と尹元衡の対立が不可避となった。そのため朝臣たちも、それぞれ大尹派と小尹派に分かれ、この両勢力の争いは日増しに深刻化した。

中宗が死去し、仁宗が即位すると、仁宗の外戚の大尹派が勢力を握るようになった。尹任を中心としたこの勢力は李彦迪などの士林派が多かったため、仁宗在位期間中は、再び士林派が頭をもたげはじめた。しかし、仁宗は即位九か月で世を去り、十一歳の明宗が王位を継いだ。明宗が幼いために、文定王后の垂簾聴政を受けねばならず、そのため、朝廷の権力は自然と小尹派に移っていった。

小尹派は、尹任などが謀叛を画策していると虚偽の訴えを起こして大尹派を窮地に追いやり、除去するのに成功する。その結果、尹任およびその一派の柳灌、柳仁淑などをはじめ、桂城君(成宗の三男)の養子の桂林君《ケリムグン》(名は瑠、実父は月山大君《ウォルサンデグン》の庶子・徳豊君《トクプングン》)、鄭希登《チョンヒドゥン》、李文楗《イムンゴン》などが処刑された。この時の事件を乙巳士禍というが、これは尹任一派に集中していた士林勢力が一度に粛清に遭ったためだ。

尹元衡は、この事件で政権を握った後も、残りの士林勢力と尹任勢力を取り除くため、良才駅壁書事件をきっかけに再び「丁未士禍《チョンミサファ》」を起こし、朝廷を掌握した。

その後、尹元衡は文定王后が死ぬ一五六五年まで約二十年間、王権を凌駕する権勢を振るい、あらゆる虐政を繰り広げた。

良才駅壁書事件

良才駅壁書事件は乙巳士禍の二年後の一五四七年に起こったもので、尹元衡勢力が尹任一派の残党を追放するために、故意に政治問題化した政敵粛清事件だった。

一五四七年九月、副提学《プジェハク》・鄭彦愨《チョンオンガク》と宣伝官《ソンジョングアン》・李櫓《イロ》が京畿道果川《キョンギドクァチョン》の良才駅で「上では女主（文定王后）が、下では奸臣の李芑《イギ》が権力を振りかざしているため、間もなく国は滅びるだろう」という匿名の壁書（張り紙）を発見し、王に報告した。尹元衡一派はこの事件が尹任一派に対する処分が不十分だったために生じた事件だと主張して、その残党を一掃することを進言した。

これを聞いた文定王后は、明宗に尹任の残党勢力を除去させた。その結果、宋麟寿と李若水に賜薬を下し、李彦迪、丁熿《チョンファン》など二十人余りを配流にした。その中には、特に士林系の人物が多かった。また、中宗の庶子・鳳城君も謀叛の口実になるとの理由で自決を命じられ、その他にも曖昧な理由で多くの人たちが犠牲となった。しかし、一五六五年に文定王后が死に、小尹派が没落すると、この時犠牲となった人たちはみな名誉を回復し、この事件自体も小尹派のでっち上げとされ、盧守慎《ノスシン》、柳希春《ユヒチュン》、白仁傑など配流されていた人たちが、再び登用された。

この事件は事実、匿名で書かれた壁書を、小尹派が政治的目的を達成するために故意に拡大させた事件だった。

林巨正の乱

林巨正《イムコッチョン》は、社会が乱れて民心がすさみ、盗賊が徘徊した明宗時代の代表的な盗賊の頭目で、民衆の間では義賊と称された。京畿道楊州《ヤンジュ》の白丁《ペクチョン》出身の林巨正の出生に関する記録は残っていない。ただ、大変な力持ちである上に、敏捷で勇猛な、当時の両班《ヤンバン》中心の社会に不満を持っていた者と記録されている。

林巨正が出没しはじめた一五五九年は、王の戚族・尹元衡一派と李樑一派が跋扈して国全体が彼らの勢道に抑圧され、反対に王の権威は地に落ちた状況だった。そのため、社会には不正腐敗がはびこり、民衆は虐政と収奪に苦しめられ、苦痛を訴えざるを得なかった。そこに弱り目に祟り目で、数年に及ぶ凶作が続いたことで、貧困層が増え、盗賊が割拠し、南では倭寇が侵入して民家を焼き、略奪をほしいままにした。文字通り朝鮮社会は修羅場と化した。

林巨正は、この修羅場を利用して、自身の立場を打開しようとする者のうちの一人だった。初め、彼は徒党数人と民家を渡り歩き、盗みを働いていた。しかし、勢力が大きくなると、黄海道へ進出して、九月山《クウォルサン》などに本拠地を置き、周辺の村を略奪しはじめた。そしてついに、京畿道と黄海道一帯の官衙(役所)を襲撃し、倉庫の物資を奪い、民衆に分配する義賊に化したのだ。

　こうした義賊行脚は民衆と下級官吏に受け入れられ、民衆が官衙を避け、むしろ林巨正一味と結託するありさまとなった。そのため、官衙で彼らを捕らえようとして兵を動員すれば、民衆は彼らをかくまったり逃げるのを助けたりした。こうなると朝廷は宣伝官(軍隊の行動を号令したり、警護、伝令、割符の出納などを担当していた宣伝官庁の武官)を送って、彼らを捜索したが、かえって宣伝官が彼らに捕まって殺される事件も起きた。

　この時から朝廷では林巨正の逮捕が懸案となった。しかし、当時、官衙では林巨正が盗賊の領袖という事実さえも把握できていない状態だった。そうした中で、林巨正一味は開城《ケソン》に現れ、一五六〇年にはとうとう漢陽《ハニャン》にまで出没した。

　一五六〇年八月、林巨正一味を追う官員たちは彼の妻を捕らえるのに成功し、彼女を刑曹《ヒョンジョ》所属の奴婢とした。そしてこの年十月に、漢陽に入る道を封鎖して、厳重な警備網を敷いた。

　しかし、これら盗賊一味は黄海道鳳山《ポンサン》に中心的な拠点を置いて、平安道の成川《ソンチョン》、陽徳《ヤンドク》、孟山《メンサン》と江原道《カンウォンド》の伊川《イチョン》などの地に出没し、さらに活発に活動した。彼らは黄海道で奪った財宝を開城に運んでいって売ったり、漢陽にも根拠地を作って、略奪したりした。このため、黄海道一帯は安心して旅ができない状況に陥った。

　こうなると、全兵力が林巨正一味を捕らえるために乗り出した。この年十二月には厳加伊《オムガイ》という盗賊の頭目が捕らえられたが、彼は林巨正の参謀の徐林《ソリム》という者だった。官衙は徐林の口を通じて、林巨正一味が長水院《チャンスウォン》に集まり、典獄署《チョノクソ》を破壊して林巨正の妻を救出する計画を立てていることを知った。そして、彼らが平山《ピョンサン》の南面に集まり、自分たちの仲間を数回にわたって捕らえた功で栄転した鳳山郡守《クンス》・李欽礼《イフムネ》を殺害する計画を立てていることも知った。

　そこで朝廷では黄海道平山府と鳳山郡の軍士五百人を集め、平山の馬山里《マサンリ》に進撃させた。しかし、官軍はむしろ彼らに敗れて後退し、部将(五衛に所属された従六品の武官)・延千齢《ヨンチョルリョン》が戦死し、軍馬も奪われてしまった。

　事件がこのように大きくなると、王は直接、黄海道、京畿道、平安道、江原道、咸鏡道《ハムギョンド》の各道に大将一人一人を定め、責任をもって盗賊を捕らえるように厳命を下した。この結果、黄海道瑞興府使《ソフンブサ》・辛商輔《シンサンボ》が盗賊一味の妻子数人を捕らえ、瑞興監獄に入れた。しかしその後、盗賊たちが押し寄せて、獄舎を壊し、彼らの妻子を救出する事件が起こった。そこで、官軍も本格的な盗賊掃討作戦に突入し、その年十二月、黄海道巡警使《スンギョンサ》・李思曾《イサジュン》が林巨正を捕らえたと報告した。しかし、彼が捕らえたのは林巨正ではなく、彼の兄・加道致《カドチ》だった。そこで、朝廷は李思曾をこの虚偽報告の責任を取らせて免職し、投獄してしまった。

こうして五道の軍がすべて林巨正を捕らえるために出動したが、常に失敗した。一五六一年九月、平安監司《カムサ》(観察使)・李櫟から、義州牧使《ウィジュモクサ》・李寿鐵《イスチョル》が林巨正を捕らえたとの報告が上がったが、それもまた林巨正を装った偽物だった。このため、李寿鐵も虚偽報告で免職された。

その年十月、林巨正一味により平山《ピョンサン》の民家三十戸が焼かれる放火事件が起こり、この時から官軍は林巨正を捕らえるために徐林を先頭に立たせて出動した。そして怪しい人物は一人残らず逮捕し、獄につなぎ、殴打した。このため、漢陽では一日中、号泣する声が絶えなかったという。すべての官庁が仕事を中断して林巨正の捜索に投入され、五道の全市場を休業させた。また、黄海道では良民が盗賊に加担することがないように田税を帳消しにし、平安道では田税を半分に減らしたりもした。

このように騒ぎが深刻化すると、軍と民は疲れ、恐怖に震えた。それで、朝廷では討伐大将の討捕使《トポサ》(盗賊を捕まえるための官職で、地方官である守令《スリョン》または鎮営将《ジンヨンサ》が兼ねる)を再び漢陽に上らせ、林巨正一味を捕らえるのは平安道、黄海道の兵使《ピョンサ》(兵馬節度使《ピョンマチョルトサ》)と監司に任せた。

一五六二年正月、軍官《クングァン》・郭舜寿《クァクスンス》と洪彦誠《ホンオンソン》が林巨正を逮捕したとの報告がなされた。今度は本物の林巨正だった。『寄斉雑記《キジェジャプキ》』は林巨正が捕まった当時の状況をこう記している。「民家に隠れていた林巨正は主人の老婆を脅して、『盗賊だ』と叫ばせた後、自分が飛び出して、『盗賊が逃げた』と叫んだ。これを信じて、兵士たちが林巨正が指し示す方向へ走り出すと、彼は兵士たちの馬を奪って逃げ出した。この時、徐林が、『あいつが林巨正だ』と叫び、林巨正はとうとう傷を負って生け捕りになってしまった」

林巨正は、朝廷で逮捕令を下してから三年目に捕らえられ、逮捕されてから十五日目に処刑された。

『明宗実録《ミョンジョンシルロク》』は、林巨正一味に対して「彼らが盗賊となったのは王政の誤りであり、彼らの罪ではない」と書いている。

この記録は、当時の人たちが林巨正を単なる盗賊の頭目とは考えず、民の心を代弁する義人と認めていたことを証明している。それで、人々は彼を義賊と崇拝し、数多くの逸話や小説に描かれた。

李瀷《イイク》は『星湖僿説《ソンホサソル》』で、林巨正を指して、洪吉童《ホンギルトン》と

新しく監司が赴任する時には、民衆の生活とはかけ離れた盛大な宴が開かれた。
上は、正祖時代の画家・金弘道が描いた「平安監司饗宴図―月夜船遊図」。〔国立中央博物館 所蔵〕

張吉山《チャンギルサン》（粛宗《スクチョン》時代に山賊の頭として名を轟かせた実在人物）とともに朝鮮の三大盗賊と呼んだ。

林巨正は平民と没落した両班たちには義人として、そして、両班たちには単に盗賊と見なされた。ともあれ、彼の盗賊行為が単純な私利私欲だけのものでなかったことは事実だった。また、彼の活動が三年間、朝鮮の行政を麻痺させた点から「林巨正の乱」と呼ぶこともできる。

乙卯倭変

乙卯倭変は一五五五年に起こった事件で、倭寇が全羅南道《チョルラナムド》の康津《カンジン》、珍島《チンド》一帯に侵入し、略奪を通じて民衆に甚大な被害と苦痛を与えた事件だ。

この事件は、朝鮮と日本の外交関係が円滑でなく、日本国内も混乱していたため発生した。

一五四四年、蛇梁鎮倭変《サリャンジンウエビョン》の後、朝鮮では倭人の来往を禁止していたが、対馬島主の謝罪と通交再開許可願いを受け入れて、一五四七年、丁未約条《チョンミヤクチョ》を結び、倭人の交易を許可した。しかし、丁未約条は倭人たちに対する統制を強化していた。そのため、倭人たちは朝鮮との貿易でさまざまな規制を受け、さらに日本全域が戦乱状態に置かれていたため、内部の貿易事情も悪く、結局、明《みん》の沿海と朝鮮の沿海地域で略奪行為を行うようになった。

一五五五年五月、倭寇は船六十隻余りで全羅南道の南海岸に侵入し、城を包囲し、また長興《チャンフン》、康津、霊岩《ヨンアム》一帯を横行しながら、荒し回った。

これに対して朝鮮は倭寇討伐隊を全羅南道に急派したが、節度使《チョルトサ》・元 績《ウォンジョク》、長興府使《チャンフンブサ》・韓蘊《ハンオン》などが戦死し、霊岩郡守・李徳堅《イドッキョン》が捕虜になるなどして敗れてしまった。事態の深刻さに気づいた朝廷は戸曹《ホジョ》判書・李浚慶を都巡察使《トスンチャルサ》に、金慶錫《キムギョンソク》、南致熏を防禦使《パンオサ》(各道に配置されて要地を防御する兵権を持った従二品の地方官職で、兵馬節度使《ピョンマチョルトサ》に次ぐ軍職)に任命し、討伐隊を再び派遣した。彼らが倭寇を殲滅すると、対馬島との貿易関係はさらに悪化した。

朝鮮との貿易関係が悪化し、立場が苦しくなった対馬島主は、朝鮮を略奪し蛮行に出た倭寇の首を切ってきて謝罪し、歳遣船の増加を願った。これに対して朝鮮では対馬島を生活必需品や食糧の調達において支援するため、歳遣船五隻を許可した。しかし、この事件以後も、日本国内の混乱はさらに悪化し、倭寇の侵入も減少しなかった。そして豊臣秀吉が日本を統一すると、倭人たちは単なる略奪の次元を超えて、大規模な戦争を敢行した。これが「壬辰倭乱《イムジンウェラン》」だ。この乱以後、朝鮮と日本の両国間の貿易はほぼ中断してしまった。

四、明宗時代を導いた人たち

主理哲学の先駆者・李彦迪(一四九一―一五五三)

訓錬院参軍《フルリョヌウォンチャムグン》李寿会《イスフェ》の孫で、李蕃《イボン》の息子の李彦迪は一四九一年(成宗二十二年)に生まれた。本名は「迪《チョク》」だったが、中宗の命令で「彦《オン》」の字が付け加えられ、彦迪となった。号は晦庵《フェアム》・朱熹《しゅき》の学問に従うという意味で晦斉《フェジェ》とした。

彼は二十三歳で文科に合格し、官職に就いた。吏曹正郎《チョンナン》、司憲府掌令《サホンブチャンニョン》、密陽府使《ミリャンブサ》を経て、一五三〇年に司諫院司諫《サガン》となった。この時、金安老の登用に反対して官職を奪われ、慶州《キョンジュ》の紫玉山《チャオクサン》に入って性理学の研究に専念した。一五三七年、金安老一党が没落した後、宗簿寺僉正《チョンブシチョムジョン》として呼び出され、弘文館校理《ホンムングァンキョリ》、応教《ウンギョ》、直提学《チクチェハク》となり、全州府尹《チョンジュブユン》に就任してからは、善政を施して頌徳婢が建てられた。

中央に戻ってきた後、一五三二年十二月、兵曹参判《ピョンジョチャムパン》兼世子右副賓客《セジャウブビンケク》となって王世子《ワンセジャ》(のちの仁宗《インジョン》)を教えた。その後、再び吏曹、礼曹、刑曹判書を歴任し、一五四五年に左賛成《チャチャンソン》となった。この年、尹元衡などの戚臣勢力が乙巳士禍を起こすと、士林たちを尋問する担当となったが、彼自身も、この時官職から追放された。

一五四七年、尹元衡一派が捏造した良才駅壁書事件に関係して平安北道の江界《カンゲ》に配流とされ、そこで六年間過ごし、一五五三年、六十二歳で世を去った。

乙巳士禍のような試練期に、李彦迪は判義禁府事《パニグムブサ》という重責を任されながら、尹元衡一派による士林への弾圧を防ぐために絶え間ない努力を傾けたが力及ばず、自身も結局は士禍の犠牲者となってしまった。これに対して李珥《イイ》は、彼が乙巳士禍の時に正しく抗議できなかった点を挙げて、節義を守れない優柔不断な学者だと批判している。しかし、彼は不義と妥協することなく、穏健な解決策を求めた緻密な人物だった。

彼は朝鮮王朝時代の性理学を定立した先駆的な人物として儒学の方向性と性格を明らかにする上で重要な役割を果たした。師匠もいなかったが、朱熹の主理論(理は気の活動の根底となり、気を統制する実在だと見なし、これを強調した思想)的な立場を確立し、李滉《イファン》の性理学研究に多大な影響を及ぼした。

二十六歳の時、当時、嶺南《ヨンナム》地方の先輩学者である孫叔暾《ソンスクトン》と曺漢輔《チョハンボ》の間で討論された性理学の基本争点である無極、太極の論争に飛び込み、朱熹の主理論的な見解で孫叔暾と曺漢輔とを同時に批判して、自分の学問的な見解を明らかにした。彼の見解は李滉に継承され、嶺南学派性理説の基礎となった。

彼は晩年の配流生活の間、自らの一生で最も大きな業績となる重要な著書を残した。『求仁録《クインノク》』『大学章句補遺《テハクチャングボユ》』『中庸九経衍義《チュンヨンクギョンヨニ》』『奉先雑儀《ボンソンチャビ》』などで、『求仁録』は儒教経典の核心概念としての「仁」に対する彼の関心が集約されている本だ。この本で、彼は儒教のいくつかの経典と中国の宋《そう》時代の道学者の説を調べながら、「仁」の本体と実現方法に関する儒学の根本精神を探究している。その内容を見ると、彼は朱熹に従ってはいるが、朱熹が強調した「格物致知《かくぶつちち》」の内容を拒否して、徹底した主理論的な立場を固守していることがわかる。

こうした彼の学問的な観点は李滉によって集大成され、嶺南学派を成す根拠となった。道学的な修養論と実践を強調した彼は、君子の道を磨くことが、すなわち学問だと強調し、朝鮮性理学の巨頭の一人となった。

朝鮮性理学の太山・李滉(一五〇一―七〇)

李滉は慶尚道礼安県《キョンサンドイエアンヒョン》(現・慶尚北道安東市《キョンサンブクトアンドンシ》)で、進子・

議政府左賛成を務めた李埴《イシク》の七男一女の末っ子に生まれた。

彼は生まれて七か月目に父に先立たれた。しかし、後妻だったものの賢婦だった生母・朴氏の教えで、聡明な資質を育んだ。十一歳で安東府使を歴任した叔父・李堣《イウ》から『論語《ろんご》』を学び、十三歳から一人での読書を好み、陶淵明《とうえんめい》の詩を好んで覚え、二十歳になると寝食を忘れて『周易《しゅうえき》』に没頭し、体を壊して病弱な体質になってしまった。

二十七歳で進士試《チンサシ》に合格し、母の願いで続けて科挙を受験するため成均館《ソンギュングァン》に入り、翌年、司馬試《サマシ》に合格した。そして三十二歳で再び成均館に入り、金麟厚《キムイヌ》などと交流し、『心経附註』を入手して耽読し、心酔した。

三十三歳になった年（一五三四年）、文科に及第し、承文院副正事《スンムヌオンプジョンサ》となり、官界に足を踏み入れ、三十六歳の時に母が死去すると、数えで三年間、故郷で服喪し、三十八歳で弘文館修撰《スチャン》となったが、すぐに賜暇読書《サガドクソ》を許された。

中宗時代末期に朝廷が乱れ、金麟厚が都落ちするのを見て、墓参りを口実に暇乞いをし、故郷に戻ってきた。そして、乙巳士禍の後、病弱なのを口実に官職を辞退し、故郷の洛東江《ナクトンガン》上流の兎渓《トゲ》に養眞庵《ヤンジナム》を建て、山雲野鶴（自然）を友に読書に専念する求道生活に入った。この時、兎渓を退渓《テゲ》と改称し、自分の雅号とした。四十五歳だった。

その後も、彼は数回にわたり任官の命を受けると、中央から離れた地方の外職《ウェジク》を志望し、四十七歳で忠清道《チュンチョンド》の丹陽《タニャン》郡守、慶尚道の豊基《プンギ》郡守などを務めた。豊基郡守時代には先任郡守の周世鵬《チュセブン》が創立した白雲洞書院《ペグンドンソウォン》に書籍、扁額（王が書院などに名を付けた額縁）、学田などを賜ることを朝廷に請願し、許可された。四十八歳になった年に、彼は再び官職から離れて、退渓の西側に寒棲庵《ハンソアム》を建てて、再び求道生活に入ったが、五十一歳で成均館大司成《テサソン》に任命されると、就任した。以後、弘文館副提学、工曹参判などに任命されたが、固辞し、故郷に戻って陶山書堂《トサンソダン》を建て、学問に専念した。この時、彼は雅号を陶翁《トオン》と改称し、七年間、書堂で起居しながら、読書、修養、著述に邁進し、一方、多くの弟子を育てた。

明宗は彼の学問と人格を高く評価し、しばしば彼に朝廷に出るように勧めたが、彼が聞き入れないため、側近たちとともに「招賢不至嘆」（賢人を招請するが、来ない。嘆かわしいことだ）との題目で詩を作り、秘かに画工を陶山に送って、そこの風景を描かせた。そして、その上に、宋寅《ソンイン》に「陶山記」および「陶山雑詠《トサンジャビョン》」を書かせて屏風として、それを日夜眺めては李滉のことを欽慕していたと言われる。

明宗はそれ以後も、工曹判書、大提学《テジェハク》などの要職に任命し、李滉を招聘しようとしたが、彼はその都度、固辞し、故郷を離れなかった。しかし、六十六歳の時、明の新帝(第十二代隆慶帝《りゅうけいてい》)の使節が到着し、朝廷から上京を強く求められると、彼は仕方なく漢陽へ向かった。

以後、明宗が突然病死して、宣祖が即位し、彼を父王の行状修撰庁堂上卿《ヘンジャンスチャンチョンタンサンギョン》および礼曹判書に任命したが、病気のため、帰郷した。しかし、李滉の名声は朝野に高く、宣祖は彼を崇政大夫議政府右賛成《スンジョンデブウィジョンブウチャンソン》に任命した。彼は数回にわたり固辞したものの、結局宣祖の懇請を拒否できず、六十七歳の老躯で大提学、知経筵《チギョンヨン》の重責を担って、宣祖に統治哲学となる『戊辰六條疏《ムジンユクチョソ》』を上げた。宣祖はこの疏を千古不易の真理、目下の急務として、一瞬なりとも忘れまいと誓ったという。

その後、李滉は宣祖に『論語集註《ろんごしっちゅう》』『周易』などを講義し、老衰のため幾度も辞職を請願しながらも、王に対する最後の奉公として『聖学十図《ソンハクシプト》』を著述し、宣祖に捧げた。翌年、六十八歳で吏曹判書に任命されたが、辞職を願い出て、ついに故郷へ帰ることを許された。故郷へ帰った翌年十一月、平素、大事にしている梅に水をやり、寝床を整頓させた後、体を起こしてほしいと言って、毅然と座った姿勢で世を去ったという。六十九歳だった。

彼が死去すると、宣祖は三日間、政事を執らず、哀悼しながら、領議政《ヨンイジョン》の待遇で葬儀を行わせた。

李滉が学問に本格的に精進したのは『朱子大全《しゅしたいぜん》』を読んだ後からだった。彼がこの本を入手したのは四十二歳の時だった。しかし、彼は豊基郡守を辞退し、退渓に隠居していた四十八歳の時に、初めてこの本を耽読しはじめた。この時、彼はすでに『心経附註』『太極図説《たいきょくずせつ》』『周易』『論語集』などを学んだ後だったため、朱子学の大綱を理解していたわけだが、『朱子大全』を読んだことで性理学に対する深く、新しい視点に目覚めた。

彼の本格的な学問探究は五十歳以後から始まった。李滉は五十二歳に鄭之雲《チョンジウン》の『天命図説《チョンミョンドソル》』を改訂し、『延平答問《えんぺいとうもん》』を校訂した。五十三歳で盧守慎《ノスシン》の『夙興夜寝箴註《スクンヤメジャムジュ》』に関する論文を著し、五十五歳で「郷約《ヒャンヤク》」を起草し、五十六歳で『易学啓蒙伝疑《ヨカクケモンジョニ》』を完成させた。また、五十七歳で『朱子書節要《チュジャソチョリョ》』および『自省録《チャソンノク》』をほぼ完結させ、序文を書き、五十八歳で黄仲挙《ファンジュンゴ》の質問に答えて『百鹿洞規集解《ペンノクトンギュチベ》』に関して論議した。また、奇大升とともに四端七情に関する質疑に応答し、六十歳で李彦迪の著書を読んでいたく感動した。その後彼は六十九歳でこの世を去るまで、李彦迪の遺稿や業績を整理する一方、性理学に関する多くの論文を書いた。

李滉はこうした晩学を通じて朝鮮性理学の最高峰に上りつめる一方、東洋儒学の一つの山脈を形成することができた。若い時には学問のための準備を怠ることなく、中年になってからは自らの価値観を実践し、老年期にはこれを基に学問を積み、弟子を育て、孟子《もうし》が言った君子三楽を徹底して楽しんだ人物だった。

彼の学風に従った学者は、当代の柳成龍《ユソンニョン》をはじめ、金成一《キムソンイル》、奇大升、趙穆《チョモク》、李山海《イサネ》など二百余人に達し、さらには成渾《ソンフン》、丁時翰《チョンシハン》、李玄逸《イヒョニル》、李縡《イジェ》、李瀷、李恒老《イハンノ》などを結ぶ嶺南学派および親嶺南学派らすべてに及ぶ。この学風は朝鮮主理哲学の一大山脈を形成したが、それはまさに朝鮮儒学史上の一大壮観と言わざるを得ない。

山が高くてこそ谷が深く、谷が深くてこそ広い江を作り出せるという節理が、まさしく李滉に適した言葉だろう。

五、『明宗実録』編纂経緯

『明宗実録』は三十四巻三十四冊から成り、一五四五年七月から一五六七年六月まで二十一年十一か月間の歴史的な事実を編年体で記録している。

『明宗実録』の編纂過程については、実録に正確に記されておらず、ただ、『宣祖実録《ソンジョシルロク》』に、一五六八年八月、春秋館《チュンチュグァン》で領議政・李浚慶、右議政・洪暹《ホンソム》の主宰で編纂会議が開催され、総裁官・洪暹以下の堂上《タンサン》、郎舎《ナンサ》の任命が行われた三年後の一五七一年四月に完成したと記録されている。

しかし、当時、編修官《ピョンスグァン》として編纂作業に参加した柳希春の『眉巌日記《ミアムイルギ》』にはさらに詳しい内容が掲載されており、当時の編纂過程が把握されている。

編纂作業に参加した人物は監春秋館事《カムチュンチュグァンサ》・洪暹、知春秋館事《チチュンチュグァンサ》・李滉など九人、同知春秋館事《トンジチュンチュグァンサ》・朴淳《パクスン》など十人、編修官は李斉閔《イジェミン》など二十人、記注官《キジュグァン》は柳濤《ユド》など十七人、記事官《キサグァン》は洪聖民《ホンソンミン》など二十人の全部で七十六人だった。

『明宗実録』の特徴は、他の実録と違って、読みやすいように編纂されていることである。例を挙げると、事実の記録を年代順に配列し、日付が変わると行を変えて記録している点や、また、同じ日の記事も、国王および王室関係、対外関係、国政執行およびこれに対する議政府、三司《サムサ》、六曹《ユクチョ》の上疏、地方行政、天文地理学などの順に配列した点、そして、序論を本文と分離してその位置を明白にした点などだ。

第十四代　宣祖実録

一、文治主義者・宣祖の即位と朋党政治時代の到来

生年一五五二—没年一六〇八
在位期間一五六七年七月—一六〇八年二月、四十年七か月

明宗《ミョンジョン》が死に、彼の後を継ぐ嫡子、嫡孫がいないため、中宗《チュンジョン》の庶孫の河城君《ハソングン》が王位を継承することで、朝鮮はいわゆる傍系承統時代を開いた。これによって外戚中心の戚臣政治が終わり、士林《サリム》勢力が重用され、朋党《プンダン》政治時代が到来した。これはまさに臣権中心の政治時代を意味することで、朝鮮政局に新たな風を巻き起こしたことになる。

宣祖《ソンジョ》は、中宗の後宮である昌嬪《チャンビン》・安氏《アンシ》の生んだ徳興君《トクングン》・李昭《イチョ》の三男だ。中宗は九男をもうけたが、章敬王后《チャンギョンワンフ》や文定王后《ムンジョンワンフ》など正室から仁宗《インジョン》と明宗《ミョンジョン》を得て、それ以外の後宮から七人の王子を得た。徳興君は彼らの末っ子で、中宗の九男だった。

徳興君には河城君以外にも河源君《ハウォングン》、河陵君《ハルングン》の二人の息子がいたが、明宗は三男の河城君をとりわけ可愛がり、常に宮殿に呼んでいたという。そして、明宗が後継ぎを残さずに死ぬと、彼の夫人・仁順王后《インスンワンフ》・沈氏《シムシ》は明宗の遺命と宗室《チョンシル》の推挙とで河城君を養子にし、即位させた。

宣祖は、一五五二年(明宗七年)、徳興大院君《トクンデウォングン》と河東府大夫人《ハドンプデブイン》・鄭氏《チョンシ》の三男として生まれた。幼名は鈞《ギュン》だが、改名して昖《コン》に変え、河城君に封じられた。明宗が死ぬと、一五六七年六月、十五歳で朝鮮第十四代王に即位した。

まだ幼い年で王位に就いたため、即位当初は明宗妃の仁順王后・沈氏が垂簾聴政を行ったが、宣祖が政事処理に慣れると、親政する能力があるとの判断により、翌年、十六歳になった時に、便殿《ピョンジョン》が明け渡された。

彼は即位当初、一途に学問に精進し、毎日のように経筵《キョンヨン》に出て、政治と経史を論じ、諸氏百家書物の大部分を渉猟した。そのため、性理学的王道政治の信奉者となり、政界から勲旧、戚臣勢力を追放して、士林の名士たちを大挙登用した。

また当時、性理学の巨頭と称されていた李滉《イファン》と李珥《イイ》を国師として手厚く待遇し、特に李滉が死んだ時には三日間政事を休み、哀悼したほどだった。

宣祖は親政するようになると、まず手始めに、科挙制度を改編し、賢良科《ヒョルリャンクァ》を再開した。そして、己卯士禍《キミョサファ》の際に災いを被った趙光祖《チョグァンジョ》に領議政《ヨンイジョン》を贈職(国家に功労のあった人の死後、従二品以上の場合には、その人の三代祖先および妻にまで品階と官職を与えたこと)し、以後、

無実の罪を着せられた士林たちの身分を回復した。反面、彼らに災いをもたらした南袞《ナムゴン》たちの官爵を追奪した。また、乙巳士禍《ウルササファ》を起こして尹任《ユンイム》、柳灌《ユグァン》などを殺害し、「録勲」（勲功が帳簿に記録されること）の栄誉を受けていた李芑《イギ》、尹元衡《ユンウォニョン》などの勲功を削除した。これ以後、世の中は安定し、政界は士林が勢いを得て、一時、文治の旗の下に朝廷は平和を取り戻した。

しかし、政局の平和は長く続かなかった。戚臣たちが朝廷から去ると、政権を掌握した士林派は再び文名の高いソンビ・金孝元《キムヒョウォン》と明宗妃・仁順王后の弟・沈義謙《シムウィギョム》の対立で分党の危機に直面し、以後、東人《トンイン》と西人《ソイン》とに分かれて党派争いを続けるようになった。

東人には主に主理哲学的道学を広げた曺植《チョシク》と李滉の弟子たちから成る嶺南《ヨンナム》学派が、西人には主気哲学を主張した李珥と成渾《ソンホン》に追従する畿湖《キホ》学派の人たちが参加した。

士林の分党事態が朝廷を混乱させると、李珥は彼らの仲裁を任されたが、解決の糸口を見つけることができなかった。その後、李珥が死ぬと、党派による対立は次第に熾烈な様相を帯び、そうした中、一五九一年、世子《セジャ》冊封問題で西人が失脚し、東人が勢いを得るようになった。

宣祖妃・懿仁王后《ウィインワンフ》から息子が生まれないため、朝廷は仕方なく、後宮出の中から世子を冊封しなければならなくなった。その時、左議政《チャイジョン》だった西人の巨頭・鄭澈《チョンチョル》は、東人の領議政・李山海《イサネ》の計略にかかり、光海君《クァンヘグン》を世子として冊封すべきだと発言して宣祖の怒りを買い、官爵を剥奪された。

この事件で、西人勢力は失脚することになり、政権を握った東人は失脚した西人たちに対して流血の粛清を敢行した。しかし、この粛清過程で東人は再び二派に分かれた。西人・鄭澈を裁く過程で、死刑を求める過激派と配流すべしとする穏健派とに分かれたのだ。過激派を北人《プギン》、穏健派を南人《ナミン》と呼んだ。

こうした分党事態で政界が党派争いに巻き込まれると、朝廷はさらに不安定となり、国力が次第に弱体化し、辺境の野人たちの侵略もさらに旺盛となった。

野人たちは一五八三年と一五八七年の二度にわたり国境地域で大々的な反乱を起こした。朝鮮に帰化していた女真族《じょしんぞく》の尼蕩介《ニタンゲ》が主導したこの事件で、一時、慶源府《キョンウォンブ》（咸鏡北道《ハムギョンブクト》の北辺に設置された六鎮《ユクチン》の一つ）が陥落し、府内の管轄権が握られると、朝廷は穏城府使《オンソンブサ》・申砬《シンリプ》と僉使《チョムサ》・申尚節《シンサンジョル》に豆満江《トウマンガン》を越えて彼らの巣窟を討伐させた。

一方、一五九〇年、倭国の様子が怪しいとの判断により通信正使《トンシンチョンサ》・黄允吉《ファンユンギル》、副使《プサ》・金誠一《キムソンイル》などを倭国へ派遣し、その動静を探らせた。しかし、翌一五九一年、帰国した二人は互いに相反した報告をした。

通信正使・黄允吉は倭国が戦争準備の最中であり、彼らの侵略に備えなければならないと述べ、通信副使・金誠一は豊臣秀吉はそれほどの人物でもなく、軍備を進めているようにも見えないのに、戦争に備えることは社会を混乱させるだけだと述べた。こうした意見の対立は西人と東人の政治的対決に発展し、結局、東人の勢力が優勢だったために、東人派の金誠一の主張が受け入れられる結果となった。

しかし、金誠一の主張と異なって、翌年四月、倭国は大々的な侵略に乗り出してきた。これが「壬辰倭乱《イムジンウェラン》」だ。

一五九二年四月十三日午後五時に襲った小西行長の部隊により釜山浦《プサンポ》が陥落してから、倭軍は恐ろしい速さで北上し、十五日後の四月二十九日には忠清南道忠州《チュンチョンナムドチュンジュ》を、五月二日には首都・漢陽《ハニャン》を陥落させた。以後、開城《ケソン》、平壌《ピョンヤン》などが次々と陥落し、宣祖は明《みん》との国境の町・義州《ウィジュ》まで避難しなければならなかった。そして、ついに王が避難していた義州城の周囲だけを残して咸鏡道《ハムギョンド》一帯まで占領され、明に援軍を請わなければならなくなった。

幸いにも水軍・李舜臣《イスンシン》の活躍と義兵の蜂起、明の援軍に助けられ、再び倭軍を南方へと撃退し、一五九三年四月に漢城を奪還した。そして、しばらくの間小康状態が続いたが、明と倭の和議が破れると、今度は一五九七年に「丁酉再乱《チョンユジェラン》」が起こり、一五九八年八月に豊臣秀吉が病死するとようやく、倭軍は本国へ撤収しはじめた。

七年間続いた壬辰倭乱が終わると、宣祖は戦乱による被害を復旧し民心を落ち着かせるために、全力を注いだ。それで自ら食物と衣服を節制し、贅沢を排する一方、農地を開墾し、食糧を節約する政策を実施して、民間の経済を建て直そうとした。また、民間の士気を鼓舞し、愛国心を高めようと、戦乱中に功を立てた人々は身分を問わず、功績を記録して賞を与えた。

しかし、戦乱復旧の努力は度重なる凶作により容易に効果を挙げられず、朝廷は党争がさらに悪化し、混乱が次第に深刻化した。結局、宣祖は戦乱の後始末をすることができないまま、一六〇八年、五十六歳で四十年間の治世を終えた。陵は穆陵《モンヌン》で、京畿道九里市東九陵《キョンギドクリシトングルン》にある。

宣祖は息を引き取る直前に一部の臣下たちを呼び寄せて、自分の継妃《ケビ》から生まれた永昌大君《ヨンチャンデグン》を頼むという言葉を残した。ところが、宣祖の後を継いで世子の光海君が即位することで、彼の遺言は、かえって永昌大君の寿命を縮める原因となってしまった。

宣祖は、壬辰倭乱を防げなかったという理由で、柔弱で優柔不断な王と言われている。しかし、彼は明宗時代の難局を収拾し、外戚政治をなくし、臣権中心の政治を具現化した優れた王だった。

明宗時代までは謀叛に次ぐ行為と見なされていた朋党

政治を、宣祖は、政治的概念として積極的に受け入れ、より発展的な党派政治へと導こうとした。確かに、当時の状況はこうした朋党政治が過渡期的な様相を帯びていたために、多分に混乱を生じさせ、それに壬辰倭乱などが重なって、彼の意図は失敗に終わってしまった。しかし、宣祖が構想していた党派中心の臣権政治は近代的政治形態である議会政治を導き出せる基盤となり得るものだった。

そして、壬辰倭乱が党派争いによる国力の弱体化から生じたとの見方も、当時の朝鮮社会と国際情勢を正確に読み取っていない解釈上の間違いと言えよう。なぜなら、宣祖の政治的安定のための努力により、当時の社会は明宗時代に比べて比較的安定した状況だったからだ。そのため、壬辰倭乱の根本原因は朝鮮国内に求めるよりも、日本の国内状況に求める方が正しいと思われる。

壬辰倭乱は、本質的に朝鮮の国防力と関係なく、日本国内の政治的な目的によって発生したものだと見ることができる。ただ、朝鮮が日本の侵略意図を正確につかめなかったことは、当時の朝鮮朝廷の限界を示していると言えよう。

二、宣祖の家族たち

宣祖は八人の妻から十四男十一女の子供を得たが、正室の懿仁王后は子供を生めず、継妃の仁穆王后《インモクワンフ》が永昌大君を含む一男一女、恭嬪《コンビン》・金氏《キムシ》が光海君、臨海君《イメグン》を生み、仁嬪《インビン》・金氏《キムシ》が四男五女、順嬪《スンビン》・金氏《キムシ》が一男、静嬪《チョンビン》・閔氏《ミンシ》が二男三女、貞嬪《チョンビン》・洪氏《ホンシ》が一男一女、温嬪《オンビン》・韓氏《ハンシ》が三男一女を生んだ。

○徳興大院君《トクンデウォングン》・李昭《イチョ》（一五三〇―五九）

中宗の九男で、昌嬪《チャンビン》・安氏《アンシ》との子供。名前は昭、字は景佈《キョンペ》。一五三八年、徳興君に封じられ、一五四二年、鄭麟趾《チョンインジ》の孫・判中枢府事《パンチュンチュブサ》の鄭世虎《チョンセホ》の娘と結婚した。河源君、河陵君、河城君の三人の息子をもうけ、一五五九年、二十九歳で病死した。

明宗が跡継ぎがないまま死んだため、一五六七年、彼の三男である河城君・鈞が即位して、朝鮮第十四代王の宣祖となり、一五七〇年徳興大院君《トクンデウォングン》に追贈された。陵は徳陵《トンヌン》で、京畿道議政府市《ウィジョンブシ》にある。

○懿仁王后《ウィインワンフ》・朴氏《パクシ》（一五五五―一六〇〇）

潘城府院君《パンソンブウォングン》・朴応順《パクウンスン》の娘で、一五六九年王妃となった。しかし病弱で子供を生めず、一六〇〇年、四十五歳で世を去った。陵は穆陵で、宣祖とともに埋葬されている。

○仁穆王后《インモクワンフ》・金氏《キムシ》（一五八四―一六三二）

延興府院君《ヨヌンブウォングン》・金悌南《キムジェナム》の娘で、一六〇〇年に懿仁王后が死ぬと、一六〇二年に十八歳で王妃となり、一六〇六年、永昌大君を生んだ。

当時、光海君が世子の地位にあったが、当時の実権者である柳永慶《ユヨンギョン》は「嫡統論《チョクトンノン》」に立脚して永昌大君を世子に推戴しようとした。しかし、宣祖が急死して光海君が即位すると、柳永慶一派は没落し、大北派《テブク》が政権を握るようになった。

大北派は王統の脆弱性を隠蔽するために、宣祖の第一王子の臨海君を排除し、続いて永昌大君を庶人に落として殺害した。また、仁穆王后の父・金悌南に自決を命じ、仁穆王后を廃妃とした後、西宮《ソグン》（徳寿宮《トクスグン》）に幽閉した。

大北派の意見にしたがって実行したとはいえ、光海君のこうした背徳行為は政変の口実を与えることになり、「仁祖反正《インジョパンジョン》」が起こった。それに続いて、光海君は廃位され、仁穆王后は復号し、大王大妃《テワンデビ》となった。

その後、彼女は仁祖の王統を承認した王室最高の地位においてしばしば国政に関心を示し、ハングル文字での指示を下した。一六三二年、四十八歳で死去した。彼女の生んだ子供は永昌大君の他に貞明公主《チョンミョンコンジュ》がいる。金剛山《クムガンサン》の楡岾寺《ユジョムサ》には彼女の親筆である「普門経《ポムンギョン》」の一部が伝えられ、筆跡が残っている。死後、宣祖と懿仁王后が眠る穆陵に埋葬された。

○永昌大君《ヨンチャンデグン》（一六〇六―一四）

宣祖の十四人の子供の中で唯一の嫡子で、仁穆王后・金氏から生まれた。名前は㼂《ウィ》。宣祖が五十四歳の時に生まれたため、父王の寵愛を受けた。そこで宣祖は、すでに世子として冊封されていた光海君を廃して、彼を世子として冊封しようと考えた。当時、政権を掌握していた小北派《ソブク》の柳永慶などは宣祖の考えに応じた。しかし、宣祖が急死したため、この計画は成し遂げられなかった。宣祖は臨終の場で、大臣たちに永昌大君のことを頼むという遺言を残すが、この遺言はかえって永昌大君を窮地に追い込み、結局、死に至らしめた。光海君が即位すると、李爾瞻《イイチョム》の率いる大北派が政権を掌握することになるが、彼らは宣祖の遺言があったため、永昌大君の周囲の者たちを警戒した。そうしているうちに、一六一三年、

第14代　宣祖　家系図

中宗 ― 昌嬪・安氏
- 9男 ― 追尊・徳興大院君
  - 3男 ― **第14代 宣祖**（河城君、1552 ～ 1608）
    在位期間：1567.7～1608.2、40年7か月

宣祖の后妃と子女

- 懿仁王后・朴氏（子供なし）
- 仁穆王后・金氏 ― 1男1女
  - 永昌大君
  - 貞明公主
- 恭嬪・金氏 ― 2男
  - 臨海君
  - 世子・琿（第15代 光海君）
- 仁嬪・金氏 ― 4男5女
  - 義安君
  - 信城君
  - 定遠君（追尊王・元宗、仁祖の父）
  - 義昌君
  - 貞愼翁主
  - 貞恵翁主
  - 貞淑翁主
  - 貞安翁主
  - 貞徽翁主
- 順嬪・金氏 ― 1男
  - 順和君
- 静嬪・閔氏 ― 2男3女
  - 仁城君
  - 仁興君
  - 貞仁翁主
  - 貞善翁主
  - 貞勤翁主
- 貞嬪・洪氏 ― 1男1女
  - 慶昌君
  - 貞正翁主
- 温嬪・韓氏 ― 3男1女
  - 興安君
  - 慶平君
  - 寧城君
  - 貞和翁主

江原道《カンウォンド》の昭陽江《ソヤンガン》の川辺で酒盛りをしていた朴応犀《パクウンソ》など七人の庶子たちが、謀叛を企んだという理由で獄に閉じ込められる、いわゆる「七庶の獄」が起こった。この時、李爾瞻などは彼らが謀叛のため永昌大君を擁立し、金悌南がこれを指導したという陳述を誘導した後、永昌大君を庶人に落として配流する一方、金悌南を自決させた。

永昌大君が江華島《カンファド》に流された後、朝野から彼を救おうとする奏書が相次いだ。しかし一六一四年春、李爾瞻などの命を受けた江華府使の鄭沆《チョンハン》が永昌大君を殺害した。八歳だった。

その後、一六二三年、仁祖反正が起きて、官爵を元に戻された。

○臨海君《イメグン》（一五七四―一六〇九）

宣祖の庶出の長男で、母は恭嬪・金氏。名前は珒《ジン》。

嫡出ではなかったが、世子冊封当時、宣祖に嫡子がいなかったため、世子には当然彼がなるべき位置にいたものの、性格が乱暴で君王の気質がないとして、冊封されなかった。一五九二年、壬辰倭乱が起きると、王命により、王の警護兵を募集する目的で咸鏡道に出掛けたが、反乱軍により抑留された後、倭将の加藤清正に引き渡された。その後、数回にわたって移送されたが、釈放され、漢陽に戻った。

彼はもともと激しやすい性質だったが、その上、捕虜になっていたという屈辱感にとらわれて、日増しに感情的になった。それで、その怒りを発散するために酒に浸り、ことあるごとに民衆に乱暴を働き、他人の物を略奪するなどの悪事を働いた。

一方、倭将の加藤清正は、彼が捕虜となっていた時の親しい関係を利用して、数回にわたり彼に手紙を送って、内情を探ろうとした。

壬辰倭乱後は、一六〇三年に、宮中の食事を取り扱う司饔院《サオンウォン》の責任者となっている。

一六〇八年、宣祖が死ぬと、世子冊封に関する庶子の問題が明で論議され、実情調査のために明から使臣が派遣されたが、この時、臨海君が問題を起こす可能性があるとの理由で、大北派の奏請により配流となり、翌年、李爾瞻一派により殺害された。仁祖反正で光海君が配流された後、名誉を回復した。

○信城君《シンソングン》（一五七四―九二）

宣祖の四男で、母は仁嬪・金氏。名前は珝《フ》。漢城府《ハンソンブ》右尹《ウユン》・申砬の娘と結婚した。

信城君《シンソングン》は、母親の仁嬪・金氏とともに宣祖の寵愛を受け、世子候補にもされたが、壬辰倭乱の際、避難する途中に病死した。

○定遠君《チョンウォングン》（一五八〇―一六一九）

宣祖の五男で、母は仁嬪・金氏。信城君の実弟。一五八七年、定遠君《チョンウォングン》に封じられ、左賛成《チャチャンソン》・具思孟《クサメン》の娘と結婚し、綾陽大君《ヌンヤンデグン》(仁祖)、綾原大君《ヌンウォンデグン》、綾昌大君《ヌンチャンデグン》をもうけた。壬辰倭乱中、王に追従した功労で、扈聖功臣《ホソンコンシン》二等に封じられ、彼の死後、仁祖反正(一六二三年)で子の綾陽大君が王になると大院君に、そして多くの論議の末にさらに王に追尊され、元宗《ウォンジョン》とされた。そしてこの時、彼の夫人・具氏は仁憲王后《イノンワンフ》に追封された。陵は章陵《チャンヌン》で、京畿道金浦市にある。

三、士林の分裂と朋党政治の展開

十六世紀に入って朝鮮の政治は党派を形成し、集団的な論争を伴う闘争に発展した。これは、外戚政治が終息した宣祖時代に、政権を独占した士林勢力が再び学派と思想的な差でもって朋党を形成した結果だった。

士林分裂の直接的な要因は、一五七五年に起こった明宗妃・仁順王后の実弟・沈義謙と新進士類の金孝元の暗闘だった。

金孝元が人事権を握る銓郎《チョルラン》職(吏曹の正郎《チョンナン》と佐郎とを指す語。正五品と正六品の官職であるが、その品階にしてはかなりの権限が与えられ、実権を握った。この要職を経て大きな過失がない場合には宰相の地位にまで上り詰めることができた)に推挙されると、沈義謙は「彼は尹元衡の食客(勢力家らが助けを得ることを見返りに養う才能のある人物)であり、権勢に追従する小人の輩だ」と言って、そのような要職の適任者に相応しくないと非難した。それにもかかわらず、金孝元は銓郎職に就任した。しかし、しばらくすると金孝元は他の職に移り、今度は沈義謙の実弟の沈忠謙《シムチュンギョム》が金孝元の後任に推挙された。すると金孝元は、王の外戚が人事権を掌握する銓郎職に就くのは不当だと、沈忠謙の銓郎就任に反対した。

こうした銓郎職をめぐる二人の対立が激化し、さらには彼らを中心に当時の官僚と士林派が両派に分かれてしまった。そして政治的、理念的性格を帯びた朋党として発展していった。これら派閥を東と西とに区分して東人、西人と呼んだが、それは沈義謙の家が都の西側の貞洞《チョンドン》にあり、金孝元の家が都の東側の洛山《ナクサン》のふもとにあったためだ。

これらの分派は、単なる感情的対立から始まったとはいえ、その内部では多少複雑な様相を帯びた。というのも、彼らは互いに学派と思想を異にしていたためだ。

東人は、主理哲学的道学を思想的背景として形成された李滉、曺植門下の嶺南学派であり、西人は主気哲学に基づいて形成された李珥、成渾門下の畿湖学派だった。こうした学派と思想の違いは朋党政治にともなう党争時代を予告するものだった。

儒教政治思想では、もともと朋党政治はタブーだった。しかし、中国の宋代に入ると、政治参与資格層ないしは政治参与意識層が拡大し、それにつれて伝統的な朋党観は大きく変貌を遂げる。すなわち、欧陽脩《おうようしゅう》は朋党を公道の実現を求める者たちの集まりとしての「君子の党」と、個人的利益を図る「小人の党」の二つに分け、前者を「真朋」、後者を「偽朋」と規定し、君主が真朋の勝勢を維持できれば、政治は自然に正しく導かれると説いた。性理学の大家・朱熹も、やはり基本的に欧陽脩の見解と同じで、さらに進んで、朋党の存在を憂慮するのではなく、君主までも「君子の党」に引き込まなければならないと、積極的な意見を打ち出した。

十六世紀の朝鮮では、伝統的な朋党観と性理学の朋党観が対立していた。王の親族勢力は漢《かん》、唐《とう》代の朋党観に基づき、士林の勢力の結集を批判すると同時に弾圧の口実としていたが、士林系は欧陽脩の朋党論に基づいて、権力でもって政権を独占する王の親族勢力系列を「小人の党」と非難した。

士林勢力は、宣祖の時代になってついに政権を掌握し、欧陽脩の朋党観によって党派を形成するようになる。その始祖が、まさに東人と西人だった。主理論者で構成された東人と主気論(宇宙の根源的な存在を神秘的な理よりは物質的な気に求める立場)者で構成された西人との政争は、時が経つにつれて極度の対立状態に陥る。

東西に分かれた後、大司憲《テサホン》・李珥は、これら両党の衝突を避けるため、沈義謙と金孝元をそれぞれ地方の官職である開城留守《ユス》と咸鏡北道富寧《プリョン》府使に退かせた。その後、一五八〇年に都落ちしていた沈義謙が礼曹判書《イエジョパンソ》に就任すると、東人の領袖・鄭仁弘《チョンイノン》が彼を弾劾する事件を起こしたりしたが、李珥の仲裁で政治問題へ拡大することはなかった。しかし、一五八四年、仲裁役を果たしていた李珥が死ぬと、東人と西人は本格的な政治闘争を始めた。

李珥が死ぬと、李潑《イバル》、白惟譲《ペクユヤン》などの中道派勢力が東人に加勢して、西人の巨頭・沈義謙を弾劾し、さらに西人派の中に脱落者が生まれ、沈義謙は辞任させられた。こうして朝廷は、次第に東人に掌握されていったが、東人が朝廷をほとんど掌握したと思われたところで、鄭汝立《チョンヨリプ》の謀叛事件が起こり、朝廷は再び西人の手に渡る。

鄭汝立は本来、西人勢力だったが、修撰《スチャン》(弘文館《ホンムングアン》の正六品の官職で、主に文科に合格した人が就いた)となった後、当時の執権勢力だった東人側に移って李珥を裏切り、成渾、朴淳《パクスン》を批判した人物だった。しかし、宣祖が彼の移党に対して不快感を示すと、官職を投げ出して、故郷に帰ってしまった。

彼が西人を攻撃するようになった原因ははっきりしない。彼が吏曹《イジョ》銓郎として浮上した時、李珥が反対したことはあったが、これが直接的な原因ではなかったようだ。むしろ、彼のまっすぐで積極的な性格が東人の領袖・李潑の性格と一致したのが、東人に同調することになった理由だったと思われる。

ともあれ、彼が李珥を攻撃したという理由から、西人の憎しみが彼に集中し、そのため彼は東人の後押しにもかかわらず、中央の官職を退いて、故郷へ帰ってしまった。彼は故郷に戻った身ではあったが、東人の間では、名声が高かった。それで、全羅北道鎮安《チョルラブクトチナン》に書斎を建てて、大同契《テドンゲ》という謀反団体を組織し、毎月集まるなどして勢力を拡張していった。

一五八七年、倭船が全羅道の巽竹島《ソンジュクト》に侵攻した時には、大同契の人員を動員してこれを追い払ったりもした。大同契の組織はさらに拡大して、黄海道安岳《ファンヘドアナク》の辺崇福《ピョンスンボク》、朴延齢《パクヨルリョン》、海州《ヘジュ》の池涵斗《チハムドゥ》、雲峰《ウンボン》の僧侶・義衍《ウィヨン》など、身分を問わず無法者や策士勢力までも含まれるようになった。しかし、彼らの動静が注目され、やがて謀叛を企てているという黄海道観察使《クァンチャルサ》・韓準《ハンジュン》の報告が王に伝えられると、朝廷は大騒ぎとなった。報告の内容は、鄭汝立の大同契の者たちが漢江《ハンガン》の結氷期を利用して黄海道と全羅道で同時に蜂起し、入京して大将・申砬と兵曹《ピョンジョ》判書を殺害し、兵権を掌握しようと企てているとのことだった。

このため、鄭汝立は息子とともに鎮安へ身を隠したが、官軍の包囲網が狭まると自殺してしまった。こうしたことから彼の謀叛は事実として受け止められ、西人の鄭澈が委官《ウィグァン》(重罪人を訊問するために議政大臣から選ばれた臨時の裁判長)となって、事件を調査しながら、東人の精鋭たちを排除した。この時、粛清された者たちは「杖殺」(刑杖で打ち殺すこと)で死んだ李潑をはじめ、約千人に上った。これを「己丑獄事《キチュクオクサ》」という。

この獄事で一時、西人が朝廷を掌握したが、長くは持たなかった。一五九一年、鄭澈が世子冊封に関する意見の問題で失脚すると、再び東人が勢力を得たためだ。この問題は、根本的にはそれまで宣祖に嫡子がなかったために起こった。宣祖の王妃・懿仁王后は病弱で、子を生めなかったのだ。そこで、後宮から生まれた王子たちの中から王世子《ワンセジャ》を冊封しなければならなかったが、さまざまな複雑な事情が絡み、簡単には進展しなかった。

この時、この問題を解決するために、当時、左議政だった鄭澈は、右議政《ウイジョン》・柳成龍《ユソンニョン》、副提学《プジェハク》・李誠中《イソンジュン》、大司憲・李海寿《イヘス》などと相談し、宣祖に世子冊封に関する意見を奏請しようとした。鄭澈は一方で、東人の領議政・李山海ともこの問題を相談し、最終決定を下そうとしたが、李山海は二度にわたって約束を破った。事実、李山海はこの問題を利用して鄭澈を排除する陰謀を図っていた。

李山海は鄭澈とこの問題を論議するふりをする一方、後宮の仁嬪・金氏の兄である金公諒《キムゴンニャン》と結託して計略を練った。李山海は宣祖が仁嬪・金氏から生まれた信城君を寵愛していることを知り、金氏に「鄭澈が光海君を王世子にしようとして、仁嬪、信城君の母子を殺そうとしている」と偽の密告をした。仁嬪・金氏が宣祖にその内容を伝えると、宣祖はひどく怒った。その事実をまったく知らなかった鄭澈が経筵場でこの問題を奏請すると、宣祖は怒りを露《あらわ》にして叱った。柳成龍、李山海などは沈黙を守った。

この事件を機に鄭澈は官職を剥奪され、同じ西人だった李誠中、李海寿などは降格され、地方に左遷された。

鄭澈が失脚すると、東人は西人に対する大々的な粛清を敢行した。言うなれば、鄭汝立の謀叛事件の報復を果たす機会を迎えたわけだ。西人の主要な人士が大部分粛清され、朝廷は完全に東人の手中に入った。東人はこの時から仁祖反正が起こるまで、三十年余り執権した。

しかし、東人は鄭澈の処罰過程で南北の二派に分かれてしまった。鄭澈に対して強硬な姿勢を見せ、死刑に処さなければならないという主張を展開した李山海と、配流で終わらせるべきだという穏健論を展開した禹性伝《ウソンジョン》との対立がこうした分党を誘発した。また、李山海は銓郎推挙問題で柳成龍と対立するようになり、これも分党の要因として作用した。これに柳成龍とは個人的な軋轢のあった李潑が李山海と結ぶことになる。そのため柳成龍と禹性伝を中心とした派を南人、李山海と李潑に追従する派を北人と呼んだ。これは柳成龍が嶺南出身で、禹性伝の家が南山《ナムサン》のふもとにあったのに対して、李山海の家が漢江の北側に、李潑の家が北岳山《プガクサン》のふもとにあったということに由来した。

この南人と北人の学脈を見てみると、双方とも主理論を主張する嶺南学派だったが、南人は李滉の門下であり、北人は曺植の門下でありながらも、李珥、成渾などと交友関係を持っていた人々が中心となっていた。こうした事実は、彼らが徹底した人脈中心の党を形成したことを立証している。

分党以後、南人は禹性伝、柳成龍、金誠一などを中心に一時政権を握ったが、曺植の門下である鄭仁弘が、壬辰倭乱の時(一六〇二年)に和議を主張したという理由で柳成龍を弾劾し、官職を取り上げたことから、北人が政権を掌握することになる。

政権を掌握した北人は洪汝諄《ホンヨスン》と南以恭《ナムイゴン》の対立で再び大北と小北とに分かれた。李山海、洪汝諄など年寄衆が指導する党を大北と呼び、奇自献《キジャホン》、李爾瞻、許筠《ホギュン》などがこれに属した。一方、南以恭、金藎国《キムシングク》など若年勢力が率いる党を小北と呼んだが、これには柳永慶、朴彜叙《パクイソ》などが参加した。

このように北人が小北と大北に分かれると、南人は西人と協調態勢を取り、これに対立したが、いずれにしても宣祖時代末期は北人の世となった。そして、光海君が世子に冊封されるとともに、大北勢力は政権をほぼ独占した。しかし、大北は光海君時代に入って、内部で軋轢が生じ、永昌大君と仁穆大妃の廃位を主張した骨北《コルブク》、肉北《ユクプク》、これに反対した中北《チュンプク》の三派にさらに分かれた。この時、骨北を主導した人物は李山海であり、肉北は洪汝諄、李爾瞻で、中北は柳夢寅《ユモンイン》だった。

このような終わりなき分派を通じて、朝鮮の朋党政治は続いた。この過程で、各党派は一党独裁の傾向を見せ、最初は未熟さを呈したが、後に仁祖時代に至っては、西人と南人が互いに共存しながら相互批判する態勢を保ち、朋党政治の真の姿を実現するまでになる。

韓国人は党争で朝鮮が滅びたという認識を強要されてきた。日帝強占期に日本により強要された、こうした植民史観の根本問題は、まさに朋党政治に対する正しい認識が欠如していたことによるものだ。

党争、すなわち朋党政治では、互いに牽制し対立するのが、実は相互共存するための方法だった。朋党政治の本質的な趣旨は、まさに一党が権力を独占するのを防止するところにある。こうした原理は現代の民主政治においても同じく作用している。

朝鮮が日本により強制占領された時期を振り返ってみても、これは明らかだ。朝鮮時代末期は党争が極に達した時期と知られるが、実際は安東《アンドン》・金氏《キムシ》、豊壌《プンヤン》・趙氏《チョシ》、大院君などの外戚、姻戚勢力の独裁が横行した時期だった。この事実は朝鮮を滅ぼした原因が党争ではなく、一党、または一部勢力の独裁だということを示している。

したがって、好ましくないと思われる党争、すなわち朋党政治は、決して植民史観によって強要されたような「亡国的な権力争い」ではなかったのだ。

四、壬辰倭乱と朝鮮社会の変動

戦争勃発以前

壬辰倭乱とは、一五九二年から一五九八年までに二度にわたり倭国が朝鮮を侵犯した事件を言い、一回目を「壬辰倭乱」、二回目を「丁酉再乱」という。しかし、包括的な意味から一次、二次を合わせて通常、壬辰倭乱と称している。この事件を日本では「文禄・慶長の役」と言い、中国では「万暦の逆」と呼んでいる。

壬辰倭乱が起こるまでの朝鮮は約二百年間、部分的な外侵を除いては、ほとんど戦争のない国だった。そのため、朝鮮全域は戦争に対する備えを怠ってきた。当時の朝鮮では、明宗時代の外戚勢力が権力を乱用して行った虐政の残滓を整理し、朋党政治の基盤を整えている最中だった。しかし、朋党政治はさまざまな試行錯誤を経ながらも、定着するまでには至らず、勢力闘争にだけ走っていった。そのため、大部分の両班《ヤンバン》階層も朋党政治の参画を模索するのみで、国防に対しては関心がまったくない状態だった。しかし、倭国の状況は違った。

当時日本は、豊臣秀吉が長く続いた戦国時代を終わらせ、国を統一した時だった。十五世紀後半に商人を先頭にした西洋勢力が徐々に日本に押し寄せ、その結果、日本では新興産業都市が発展し、従来の封建的支配形態が脅かされる状況へと展開していった。産業都市を基盤にした新興勢力が力を育むと、恐れを抱いた豊臣秀吉は新興勢力の力を外に向けさせ、国民を一つに団結させるための方法を模索していた。そこで得た結論が外国との戦争だった。いわば、戦国時代を通じて得た戦争遂行能力を効果的に消費し、新興勢力の力を縮小させようという一挙両得の戦略を駆使したのだ。

「大陸征服」という号令の下、豊臣秀吉は一五八九年、対馬島主に対して、朝鮮が日本に使臣を送り互いに修好できる措置を取るように命じた。日本が朝鮮と修好しようとする目的は、互いに力を合わせて、明を討とうということだった。そこで、対馬島主は家臣を派遣して、互いに通交することを要請した。

この提議を聞いて、宣祖は、簒奪《さんだつ》弑逆《しぎゃく》（皇帝の位を奪い取り、殺すこと）の国の使臣を受け入れることはできないという立場を表明した。しかし、正二品以上の大臣たちが集まって熟議した結果、慣例通り、使臣を受け入れることになり、宣祖は日本の修交文を受け取ることになるが、内容が傲慢無礼だという理由で「報書」(使臣の手紙)だけを受け取り、使臣を帰らせないまま返答を保留した。そして翌年、水路がよくないとの理由で通信使を派遣できないという結論を出し、対馬島主の家臣一行をそのまま送り返した。

その後数回にわたって、日本は通信使を送るように要求した。そこで、朝鮮朝廷は一五八九年九月、幾度も論議を重ねた後、日本の実情と豊臣秀吉の底意を探るため、通信使の派遣を決定した。しかし、十月に鄭汝立の謀叛事件が起こったため、この通信使派遣の決定は再び遅れ、十一月中旬、ようやく通信使一行を選定した。通信正使は黄允吉、副使は金誠一、書状官《ソジャングァン》には許筬《ホソン》を当てた。

通信使一行は一五九〇年三月に発ち、翌年三月に漢陽に戻った。ところが、通信使として行った黄允吉と金誠一の日本情勢に対する見解の差で、朝廷では東人と西人の間でひとしきり論議が巻き起こった。

西人の通信正使・黄允吉は、日本が多くの兵船を準備しており、必ず侵略すると主張したのに対して、東人の金誠一は侵入する兆しがないばかりか、豊臣秀吉は恐れるほどの人物ではないと言った。この時、書状官・許筬は東人だったが、黄允吉と意見を同じくし、金誠一に随行した黄進《ファンジン》もやはり同じ意見だった。

彼らの相反した報告を受けた朝官たちは、東人と西人に分かれて自党の人物を擁護しはじめた。そして朝廷は、半信半疑ではあったものの、戦争説を振りまいて民心を混乱させる必要はないという判断によって、金誠一の主張を受け入れるようになる。そこで、城を築くなどの戦争に対する防備も各道に命令して中断させた。その後、宣慰使《ソニサ》・呉億齢《オオンニョン》が「日本が来年、朝鮮の土地を借りて明を征服する」と報告したが、これも黙殺し、かえって罷免してしまった。

やがて、倭館に残っていた倭人が次第に本国に召還され、倭館が空になると、その時になって朝鮮朝廷も日本の大々的な侵略を感知し、金晬《キムス》を慶尚監司《キョンサンカムサ》、李洸《イグァン》を全羅監司、尹先覚《ユンソンガク》を忠清《チュンチョン》監司に任命して武器を整備し、城を築きはじめた。その一方で、申砬を京畿道と黄海道に、李鎰《イイル》を忠清道と全羅道に急派し、兵備施設を点検させた。しかし、これは時すでに遅い措置だった。

戦争の勃発と戦乱の大略

朝鮮が、長年続いた平和によって戦争に対する備えがほとんどなかったのに比べて、日本は長い戦国時代を通じて錬磨した兵法、武術、築城術、海運術などを整えて、西洋から伝わった新兵器の鳥銃（火縄銃）も大量に生産し、戦争の準備に総力を挙げていた。

一五九二年四月十三日午後五時、日本の二十余万の兵力は九部隊に分かれ、朝鮮に押し寄せてきた。当時、日本の総兵力が三十万余りだったことを考えると、全兵力の三分の二が朝鮮侵略に投入されたわけだ。残る兵力のうち約十万人は名護屋の豊臣秀吉の指揮下に集まっており、三万人余りは京都を守備していた。

二十万の大軍の侵入を受けた朝鮮はわずか二十日後の五月二日、首都・漢陽を明け渡してしまった。以後六月に平壌が陥落され、宣祖は義州城に避難した。間もなく、朝鮮は全羅道地域と平安道《ピョンアンド》の一部を除いたほぼ全地域を日本軍に取られてしまった。しかし、全羅道地域の水軍だけは決して日本に負けなかった。当時、全羅左道水軍《チョルラチャドスグン》節度使《チョルトサ》・李舜臣の活躍で、日本は海戦で連敗を重ね、日本軍の全羅道進出が妨げられていた。それに加えて六月以降は、全国各地で蜂起した義兵の活躍と明が派遣した援軍で、情勢は少しずつ逆転していった。

翌年二月、平壌城を取り戻し、さらに全羅道巡察使《スンチャルサ》・権慄《クォンユル》の率いる幸州山城《ヘンジュサンソン》の戦いで勝利を挙げ、四月にとうとう漢陽を奪還した。この時、漢城にとどまっていた日本軍は江原道と忠清道に駐屯した兵力とともに全軍を南下させ、慶尚南道蔚山《ウルサン》の北側の西生浦《ソセンポ》から晋州《チンジュ》の南側の熊川《ウンチョン》まで城を築き、和議を進めてきた。

日本は和議を進める一方で、晋州城に報復的な攻撃を加え、晋州城を陥落させた。この晋州城の戦いで義兵将・金千鎰《キムチョニル》、慶尚右兵使《ウビョンサ》・崔慶会《チェギョンフェ》、忠清兵使・黄進などが戦死し、数万人の民衆が犠牲となった。

一方、明は日本の和議提案をいったんは受け入れ、沈惟敬を豊臣秀吉に派遣し、二、三年間交渉させた。和議進行過程で豊臣秀吉は①明の皇女を日本の后妃にすること②貿易の許可証明書である勘合印（明と朝鮮との間に、公文書の真偽が判断できるように押した契印）を復活させること③朝鮮八道中、四道を割譲すること④朝鮮王子および高官十二人を人質として送ること、の四項目の要求事項を提示し、捕らえていた臨海君と順和君《スンファグン》（臨海君、光海君と同じく宣祖の庶子で、彼らの異母弟）を送り返してきた。

沈惟敬は、日本のこうした要求が受け入れられないことがわかっていたため、要求事項を伏せたまま、「豊臣秀吉が倭王として冊封を望んでいる」と偽って明に報告し、明朝廷の許可を得た。これに対して、一五九六年、明は使臣を派遣して、豊臣秀吉を日本国王に封じるという冊書と金印を送ったが、明の国書を見た豊臣秀吉は憤慨してこれを受け取らず、使臣を送り返した後、再び朝鮮侵略を企んだ。このため、明に戻った沈惟敬は、国家

宣祖25年4月15日、東莱城における倭軍との戦いの様子を描いた「東莱府殉節図」。〔陸軍博物館 所蔵〕

を欺いた罪で処刑された。そして、数年間続いた和議は決裂してしまった。

一五九七年一月十五日、日本は再び十五万人の兵力で朝鮮に侵入した。これが丁酉再乱だ。日本軍が再び侵略すると、明の援軍も再び鴨緑江《アムノッカン》を越えてきた。こうして朝鮮の地は、また熾烈な戦場となった。一時、王が避難しなければならないとの意見が出るほど、日本軍の勢いはすさまじかった。しかし、それまでに防衛策を取った朝鮮軍と明軍の反撃で、日本軍は忠清道を越えられず、翌年八月、豊臣秀吉が病死すると、撤退しはじめた。数多くの死傷者を出した後、一五九八年十一月ようやく日本は完全に敗退した。これで六年七か月にわたった朝日戦争は幕を下ろした。

朝日戦争が朝鮮、明、日本の三国に及ぼした影響

約七年間にわたった戦争は終わったが、この戦争の後遺症は長く尾を引いた。また、この戦争で朝鮮、明、日本は、それぞれ大きな変化を遂げる。

朝鮮は燕山君《ヨンサングン》以後、乱れに乱れた社会がこの乱を契機に完全に崩壊し、経済的な破綻と官僚機構の腐敗がひどくなった。戦火に続く直接的な人的被害はもちろん、全国的に農耕地が荒廃し、百七十万結だった農地は五十四万結に減少した。

そして、乱中には国の財政準備策の一環として「納粟策《ナプソクチェク》」を施行した。この納粟策とは、所定の穀物や金などを「納粟」した者に一定の特典を与えることを言うが、この施行で、壬辰倭乱中に多くの郷吏《ヒャンニ》、庶子、賤民、奴婢《ノビ》が身分向上の機会を得ることができた。さらに戦功を挙げた者には身分に関係なく特典を与えたり、賤民から平民にもなれる恩恵を与えたりしたため、朝鮮社会は身分的制約が緩んだ。

戦乱を前後して、民衆の生活は荒廃し、人肉を食する事態にまで至ったり、戦乱中に朝廷に不平を抱き、内乱を画策する事態も生じた。一五九四年の「宋儒眞《ソンユジン》の乱」、一五九六年の「李夢鶴《イモンハク》の乱」が当時起こった代表的な反乱で、民衆に大きな影響を及ぼした。

文化財の焼失もひどかった。景福宮《キョンボックン》、昌徳宮《チャンドックン》、昌慶宮《チャンギョングン》などをはじめとする多くの建築物が焼失し、書籍、美術品などが失われ、略奪された。また、歴代の実録を保管していた史庫も全州史庫《チョンジュサゴ》だけを残してすべて焼けてしまった。

しかし、戦乱が悪影響だけを及ぼしたわけではなかった。戦乱の影響で、それまでおろそかにされていた国防への関心が高まり、他民族との葛藤を通じて愛国心が鼓舞されることにもなった。また、兵制を再編して武器の

改良に着手し、兵術を改革した。一五九四年には訓練都監《フルリョントガム》を設置して、武芸を訓練するようにし、地方にも予備軍である束伍軍《ソゴグン》(城郭増築、堤防設置、道路補修などの国家的な土木工事に動員される役を負わない良人と賤民とで編成した軍。平時には軍布を納め、有事にだけ招集された)を設け、教官を派遣して、武術を教えた。武器としては従来の主な武器である弓、槍、剣などと、銃筒、火箭などの火器の他に、乱の最中に飛撃震天雷(爆弾)や火車が発明され、日本との戦闘で習得した鳥銃を製造し、実戦用に配置もした。

また、戦乱の際、明軍が支援した結果として、崇明思想がさらに高まった。彼らは関羽《かんう》崇拝思想を持ってきたが、漢陽をはじめ諸方に関羽廟が建てられるなど民間信仰に大きな影響を及ぼした。

一方、日本も戦乱によって多くの激変があった。長期間にわたる無理な戦争で民衆生活は疲弊し、や豊臣恩顧の大名の力が急激に弱まり、関ヶ原の戦いを機に徳川家康が権力を掌握するようになった。

また、朝鮮から連行された陶工たちにより陶磁器産業が大きく発展し、略奪していった朝鮮活字の影響で活字技術が飛躍的に発展した。さらに捕虜として連れて行った朝鮮の学者から性理学を学び、新しい指導理念を樹立する礎とした。特に『退渓集《テゲジプ》』など重要な書籍を持ち帰り、日本文化の発展に画期的な影響を与えた。

明にも、やはり大きな変化が訪れた。朝鮮の要請で大規模な援軍を派遣した明は、大変な国力を消耗し、そのため国家財政が乱れ、国防面に問題が生じた。明の国力低下は女真《じょしん》族の勢力を伸張させることになり、結局、女真族が明を滅ぼす原因ともなった。

このように壬辰倭乱は十七世紀の東北アジアの国際情勢に大きな影響を及ぼした重要な事件だった。朝鮮は、日本の侵略で尽大な被害を被り、その後遺症でしばらく厳しい状況が続いたが、他方で民間の力が大きくなり、両班中心の政府の力が弱まる現象も生み出した。

五、乱世の英雄たち

壬辰倭乱は朝鮮社会に大変な苦しみをもたらしたが、反面、数多くの英雄を輩出し、民衆に誇りを持たせもした。特に李舜臣、権慄などの勇将と郭再祐《クァクチェウ》、休静《ヒュジョン》などの数多くの義兵将の活躍は、戦争により塗炭の苦しみをなめた朝鮮の民衆に希望を抱かせてくれた。

乱世に咲いた花・李舜臣（一五四五—九八）

李舜臣は徳淵府院君李貞《トキョンブウォングンイジョン》の四人の息子のうちの三男で、漢城府の乾川洞《コンチョンドン》で生まれた。彼の家系は高麗時代に国防を担当した神虎衛《シノウィ》の中郎将《チュンナンジャン》を務めた李敦守《イドンス》から続く文班の家門で、李舜臣はその十二代孫となる。

彼の祖父・李百禄《イベンノク》は趙光祖などの少壮派の士林と意を同じくし、己卯士禍に巻き込まれた人物だ。その後、父・李貞も官職を重視しなかったため、李舜臣が生まれたころの家勢は衰えていた。

李舜臣の兄弟たちは、行列字（同族で同世代であることを示すために、男子の名に入れる文字）である「臣」の前に、三皇五帝の中から伏羲《ふくぎ》、堯《ぎょう》、舜《しゅん》、禹《う》の一字を取り、上から羲臣《ヒシン》、堯臣《ヨシン》、舜臣、禹臣《ウシン》という名がつけられた。

李舜臣は文班の家にもかかわらず、二十七歳となった一五七二年、武人選抜試験の訓練院別科に応試した。しかし、この時は落馬して試験に落ち、四年後の一五七六年、式年武科《シンニョンムグア》に兵科で合格し、権知訓練院奉事《クオンジフルリョンウォンボンサ》として最初の官職に就いた。続いて咸鏡道の董仇非堡権管《トングビボクオングアン》、翌年、全羅南道鉢浦《パルポ》の水軍萬戸《スグンマノ》、一五八三年に乾原《コヌオン》堡権管、訓練院参軍《チャムグン》を歴任し、一五八六年、司僕寺主簿《サボクシチュブ》となった。

彼はこの後、造山堡《チョサンボ》萬戸となったが、その後は必ずしも平坦な道のりではなかった。萬戸となっていた彼に中央から国防強化のため軍士をさらに送るようにとの要請があったが、彼は少ない軍士では野人たちの侵入を防ぐことはできないという理由で、軍士を送らなかった。このことで彼は朝廷の問責を受け、「白衣従軍《ペギジョングン》」（官位をなくして従軍すること）に処された。

その後、全羅道観察使・李洸に抜擢され、全羅道の助防将《チョバンジャン》、宣伝官《ソンジョングアン》などを経て、一五八九年に井邑県監《チョンウプヒョンガム》となった。この時、柳成龍の推薦により高沙里僉使《コサリチョムサ》に昇進した。続いて折衝将軍《チョルチュンチャングン》（正三品堂上の武官）として、満浦《マンポ》僉使、珍島《チンド》郡守などを歴任し、四十六歳となった一五九一年、全羅左道水軍節度使となった。彼は全羅左水使《チャスサ》として赴任すると、すぐに倭軍の侵入に備えて戦船を建造し、軍備を拡充する一方、軍糧確保のため全羅南道《チョルラナムド》の蟹島《ヘド》に屯田を設置することを朝廷に要請した。そして、翌年の一五九二年四月十三日、壬辰倭乱が起こった。李舜臣はその二日後に慶尚右水使《ウスサ》・元均《ウォンギュン》の急報で戦乱勃発を知った。この時、すでに慶尚左水使・朴泓《パクホン》、右水使・元均などは倭軍に制海権を奪われた状態だった。

戦乱の知らせを聞いた李舜臣は、いったん臨戦態勢を取った後、戦況を綿密に分析した。そして、数回にわたる作戦会議の後、五月四日朝、初めて八十五隻の船団を率いて出撃した。この時、慶尚南道閑山島《キョンサンナムドハンサンド》で元均の船団に出会ったが、彼が率いる兵力は戦船三隻と小型船二隻だけだった。李舜臣は彼と連合艦隊を作り、五月七日、玉浦《オクポ》で倭軍と戦った。

この戦いで、李舜臣船団は敵艦二十六隻を撃破し、翌日、固城《コソン》の赤珍浦《チョクチンポ》で再び敵船十三隻を撃破した。その後、倭軍の主力艦隊が西に進んだとの知らせを聞いて、全羅右水使の李億祺《イオッキ》と連合艦隊を組んだ。だが、慶尚右水使の元均から倭船十隻余りが泗川《サチョン》に進出したという通報を受けて、陸地にいる彼らを海に誘い出し、亀甲船を初めて出撃させ、倭軍を全滅させた。李舜臣はこの泗川の戦いで左肩に銃傷を負った。

その後、唐浦《タンポ》で二十隻余り、李億祺とともに唐項浦《タンハンポ》で二十隻余り、加徳島《カドクト》付近で六十隻余りの敵を撃破し、ついに倭軍の本拠地である釜山浦を攻略する計画を立てた。

全羅道左右水使の連合船団百七十隻余りが釜山浦へ到着したのは九月一日だった。前日夜を明かして作戦を立てた朝鮮艦隊が、その日の朝、没雲台《モルンデ》を経て多大浦《タデポ》を通り絶影島《チョリョンド》に至った時、釜山浦には敵艦約五百隻が停泊していた。朝鮮艦隊は彼らを急襲した。この海戦で倭軍は約百隻の戦艦が撃破され、陸地に逃走し、朝鮮の兵力は約三十人が犠牲となった。倭軍の被害に比べればわずかではあったが、それまでの戦闘に比べると大きな被害を被ったと言える。

こうして制海権を完全に掌握した李舜臣は、一五九三年三道水軍統制使《トンジェサ》となり、閑山島に本営を設置した。その後、明の水軍と合流して倭軍を数回撃破し、彼らの西海岸進出を封鎖した。一五九四年から約三年間、明と日本の講和会議が進められ、戦争は小康状態に入った。李舜臣は、この期間を利用して軍事訓練、軍備拡充、避難民の生業保障、産業奨励などに力を入れ、日本軍の再侵入に備えた。

一五九七年、明・日間で進められていた講和会議が決裂すると、日本軍は再び侵入してきた。しかしこの時、李舜臣は、元均の讒言と西人勢力の謀略で投獄されていた。柳成龍、李元翼《イウォニク》などは、彼の処罰に反対したが、宣祖はこれを黙殺し、李舜臣を辞めさせ、白衣従軍させた。

李舜臣が白衣従軍となると、三道水軍統制使は元均に任された。しかし、戦術に劣る元均は、李舜臣が力を尽くして育てた水軍と艦隊を全て失い、自らも戦死してしまった。そこで、宣祖は李舜臣を再び統制使に任命することにした。李舜臣が統制使に再任された時、朝鮮水軍の兵力はわずか百二十人と艦船十二隻だけだった。この兵力と艦隊で、李舜臣は全羅南道鳴梁《ミョンニャン》海峡で敵艦百三十三隻を相手に戦い、この戦いで敵艦三十一隻を破損させ、朝鮮水軍は兵士数人が負傷しただけだった。鳴梁海戦で制海権を取り戻した李舜臣は、古今島《コグムド》などを本拠地に決め、民衆を募集して軍糧米のため屯田を耕作させた。

李舜臣が兵営に戻ると、再び朝鮮水軍の周囲には将兵が集まり、難民も列をなして戻ってくるようになった。瞬く間に軍陣の威容は閑山島時代を凌駕し、兵力は十倍を超えた。このように短期間に制海権を取り戻し、水軍を回復できたのは、もっぱら李舜臣個人の力によるものだった。

一五九八年十一月、突破口を模索していた倭軍は、五百隻の艦隊を率いて慶尚南道露梁《キョンサンナムドノリャン》に押し寄せた。この海戦で敵はわずか五十隻余りがやっと脱出できただけで、朝鮮水軍の大勝利だったが、李舜臣は倭軍の流れ弾に当たり戦没した。この時、五十三歳だった。

最近、李舜臣と元均に対して従来の評価とは違った見方をする人が増えてきている。甚だしくは李舜臣の人柄を疑い、元均を正義の人として設定する場合もある。もちろん、これまで李舜臣の功績を強調するあまり、元均を相対的に卑下してきた感は否めない。しかし、そうだとしても、それが李舜臣の人格と功績とを押しつぶすほどのものではないことは明らかだ。

元均と李舜臣は多くの点で違っていた。言い換えれば、表面的に比較するには両者の差があまりにも大きすぎるということだ。

端的に言って、用兵術と出世術において、李舜臣は元均とまったく異なった考え方を持つ人物だった。元均が李舜臣を陥れて上訴したのは、援護してくれと言ったにもかかわらず李舜臣が協力しなかったため、敵を撃破する機会を逃したというのだが、これは、事実とは違う。李舜臣が元均に援軍を送らなかったのは、元均に対する不信感からだった。実際、元均は部下の将兵を無理に戦場に送り出す傾向があり、自身の勝負欲から多くの部下を見殺しにする結果を招いていた。李舜臣はそんな元均に、自分の部下を任すわけにはいかないと判断したのだ。

李舜臣を批判するもう一方の声は、彼が王の命令すら拒否する傲慢な行動を取ったということだが、これもまた問題のある指摘だ。当時、朝鮮社会のソンビ観で見れば、王が下した命令であっても、それが大義と道理に合わなければ、それに従わないことが王に対して忠誠を尽くしたものと受け止められていた。なぜなら、ソンビが最も忠誠を尽くすべき対象は、王個人ではなく、国全体を支える民衆であり、王は、これに対して象徴的な存在に過ぎないからだ。李舜臣は、こうした価値観で自分の行動のあり方を決めていた。

従って李舜臣が傲慢で、王の命令すら聞かなかったというのは、朝鮮社会の忠に対する概念をよく理解していないことから起こる指摘だと言える。

「紅い衣」の伝説・郭再祐（一五五二―一六一七）

郭再祐は、慶尚南道宜寧《ウィリョン》出身。黄海道観察使・郭越《クァクウォル》の息子で、妻は、性理学者・曺植の外孫だ。一五八五年、三十三歳で別試《ピョルシ》の庭試《チョンシ》二等に選抜されたが、書いた文章が王の機嫌を損ね、合格取り消しとなってしまった。彼はその後、出世を諦め、南江《ナムガン》と洛東江《ナクトンガン》の合流地点に家を建て、そこで生涯を送る決心をする。しかし、そこに居ること三年で壬辰倭乱が起こり、官軍が大敗すると、彼は義兵を起こし、官軍に代わって戦った。

彼は義兵活動の初期に、宜寧に指揮本部を設けて宜寧を固守する一方、隣村の昌寧《チャンニョン》、霊山《ヨンサン》、晋州までを作戦地域にして活躍し、自らを「天降紅衣将軍《チョンガンホンウィチャングン》」と称し、敵軍と味方の将兵に威厳を見せた。

連戦連勝を重ね、初めは数十人に過ぎなかった指揮下の義兵が後には二千人に上るほどだった。その兵力で倭軍が全羅道地域に進出するのを遮断し、李舜臣が率いる水軍の背後を掩護することにもなった。

その功で、一五九二年七月、幽谷察訪《ユゴクチャルバン》に任命されたのをはじめ、間もなく刑曹正郎《ヒョンジョチョンナン》に就き、翌年の十二月に星州牧使《ソンジュモクサ》に任命され、城址修築に熱中したが、一五九五年、戦乱が小康状態に入り講和会談が進むと、官職を辞して家に帰った。

しかし、一五九七年、慶尚左道防御使《チャドパンオサ》に就任して石門山城《ソンムンサンソン》を築き、丁酉再乱が起こると、昌寧の火旺山城《ファワンサンソン》に移り、城を守備した。その年の八月、継母・許氏《ホシ》が死去すると、城を出て葬儀を終え、その後官職を辞し蔚珍《ウルチン》へ行き、喪に服した。一五九九年、慶尚右道防御使に任命されたが、服喪中を理由に就任せず、その年の九月、慶尚左道兵馬節度使《ピョンマチョルトサ》に任命され、一か月後の十月に赴任したものの、翌年の春、病を理由に官職を退き帰郷した。このため、司憲府《サホンブ》の弾劾を受け、全羅南道の霊岩《ヨンアム》に流されたが、二年後に釈放された。

その後、玄風《ヒョンプン》の琵瑟山《ピスルサン》に入り、穀食を自ら禁じ、松葉で食いつないだ後、霊山県南側の滄巌津《チャンアムジン》に忘憂亭《マンウジョン》という亭を建て、余生を送るつもりでいた。しかし再び朝廷の呼び出しを受けて、一六〇四年察理使《チャルリサ》となり、続いて善山《ソンサン》府使に任命されたが固辞した。さらに、安東《アンドン》府使に任命されたがやはり赴任せず、その後、同知中枢府事《トンジチュンチュブサ》、漢城府右尹を経て、一六〇八年、慶尚左道兵馬節度使、三道水軍統制使などにも任命されたが、それも拒絶した。

一六一〇年、光海君の懇請で都に上り、五衛道摠府《オウィドチョンブ》の副摠管《プチョングァン》に任命され、続いて漢城府左尹《チャユン》に任命されたが、いずれも赴任せず、咸鏡道観察使に着任した。その後、一六一二年、全羅道兵馬節度使に任命されたが、病を口実に就任せず、翌年、永昌大君を救う上疏文を上げ、帰郷した。一六一六年、滄巌津《チャンアムジン》で隠居中、掌隷院判決事《チャンイエウォンパンギョルサ》に任命されたがやはり赴かず、翌年六十五歳で死去した。

壬辰倭乱当時、義兵の基調を成したのは民族的抵抗意識であり、これを触発したのは義兵将たちだった。義兵将は退官した官吏たちや文官出身者が圧倒的に多く、武人は僅かだった

同時代に活動した代表的な義兵将を地域別に見ると、慶尚右道には郭再祐と鄭仁弘、湖南《ホナム》では金千鎰、高敬命《コギョンミョン》、忠清道には趙憲《チョホン》と僧侶・霊圭《ヨンギュ》、黄海道の李廷馣《イジョンアム》、平安道の僧侶・休静、咸鏡道の鄭文孚《チョンムンブ》などがいた。

六、宣祖時代の碩学たち

偉大な人本主義者・李珥（一五三六―八四）

李珥は、司憲府監察《サホンブカムチャル》を歴任した李元秀《イウォンス》と申師任堂《シンサイムダン》の三男として一五三六年、母親の実家があった江原道の江陵《カンヌン》で生まれた。字は叔献《スコン》、号は栗谷《ユルゴク》、石潭《ソクタン》。彼が生まれた夜、母の申氏は黒龍が海から家に飛び込んでくる夢を見たといわれ、幼名を見龍《ヒョルリョン》と言い、生まれた場所を夢龍室《モンニョンシル》と呼んだ。その後、京畿道坡州《キョンギドパジュ》の本家に戻って生活した。

彼は幼い時から神童として名が知られた。言葉よりも字をまず覚え、七歳の時、すでに栗谷村の花石亭に上り、詩を作って周囲の者を驚かせた。十二歳で進士試《チンサシ》に合格。十五歳の時、母の申氏が死ぬと、坡州の杜門里《トゥムンニ》の紫雲山《チャウンサン》で葬儀を行った。それから数えて三年間、侍墓（父母の喪中にその墓の傍らに小屋を建て、数えで三年間住むこ

と)をした後、十八歳の時に成渾に会い、学問を論じる。この年、金剛山《クムガンサン》に入り仏教に没頭したが、翌年下山し、再び儒学に精進する。

二十一歳の時、星州牧使の盧慶麟《ノギョンニン》の娘と結婚し、二十二歳の春、礼安《イェアン》の陶山《トサン》に李滉を訪ね、その年の秋、別試に首席で合格した。二十五歳の時、父・李元秀が死ぬと、三年間の侍墓の後、二十八歳の時初めて官職に就いて、戸曹佐郎《ホジョチャラン》に任命され、続いて礼曹、吏曹佐郎などを歴任し、三十二歳で千秋使《チョンチュサ》(朝鮮時代、中国の皇后誕生日を祝うために派遣された使臣)の書状官として明に赴いた。この年、弘文館の副校理《プギョリ》として春秋記事官《チュンチュキサグアン》を兼任し、『明宗実録《ミョンジョンシルロク》』の編纂に関わっている。翌年、鄭澈《チョンチョル》とともに経世済民の社会改革案に対して論じた『東湖問答《トンホムンダプ》』を著し、宣祖に上呈した。

三十六歳、栗谷里で成渾と「理気」などを論じ、三十八歳の時、右副承旨《ウブスンジ》に就き、『萬言封事《マノンボンサ》』(長い上疏文で、当時の政治と社会風習などに対して改善策を講じた)を著す。三十九歳の時、『聖学輯要《ソンハクチビョ》』を王命で編纂し、四十一歳で『撃蒙要訣《キョンモンヨギョル》』を著し、四十四歳の時『箕子実記《キジャシルギ》』を編纂した。

四十六歳で吏曹判書に任命され、この年に、宣祖の命令で『人心道心説《インシムドシムソル》』を編纂し、『金時習伝《キムシスプジョン》』『学校模範《ハッキョモボム》』などを著した。そして翌年、自国救済に関する意見書として『時務六条《シムユクチョ》』を王に献上し、十万養兵説を奏請した。一五八四年、四十八歳の時に漢陽の大寺洞《テサドン》で一生を終えた。

彼の墓は京畿道坡州市紫雲山の先山(祖先の墓地)にあり、彼の位牌は坡州の紫雲書院、江陵の松潭書院《ソンダムソウォン》、京畿道豊徳《プンドク》の亀巌《クアム》書院、黄海道黄州《ファンヘドファンジュ》の白鹿洞《ペンノクトン》書院など二十余りの書院に祭られている。

彼が政界に進出した時は、尹元衡などによる外戚政治が終息し、宣祖が王位に就いた後、いわゆる朋党政治時代が到来し、士林が朝鮮社会の中心に立った時だった。しかし、新たな局面が展開されたにもかかわらず、古くからの旧習と弊風は是正されなかった。特に、一五七五年から士林が東西に分かれ、ソンビ社会が政争に巻き込まれ、李珥もやはりその政争の中にいるしかなかった。

東西に分かれた士林の東人側が、李滉と曺植の学問に従うグループで、西人側は李珥と彼の親友・成渾の学問に従うグループだった。そうした中にいても、李珥は政争を仲裁し、朝廷を平和的雰囲気に導くため、努力を惜しまなかった。こうした努力のおかげで、彼が生きている間、一時的ではあったが、東西人たちの政争は休戦状態となった。

彼は政争の渦中でも、決して学問をなおざりにはしなかった。彼が主張したのは、李滉のような「理先気後」の理論でもなく、徐敬徳《ソギョンドク》のような徹底した「気一元論」でもなかった。彼は、この二つの理論の中庸を取りながらも「理気一元論」にとどまった。そのため、李滉をプラトンに例えるなら、李珥はアリストテレスに例えられる人物だった。すなわち、李滉がプラトンのように、物質(気)とイデア(理)を分けて、物質よりイデアを優先させたのに対して、李珥はアリストテレスと同様、物質とイデアを分離できない有機的な形態として把握し、事物の現象を中心に、その本質であるイデアを説明した。

このような彼の学問的価値観は、実生活で人本主義に基づく中庸精神を引き出した。彼は名分と利益との間には優位関係がなく、まず中庸の立場から論じれば、名分と利益をともに得られると見た。

こうした価値観は国を安定させ、民衆のためになるものならばすべて実行できるものであり、国を安定させられず、民衆を保護できないものであるならば実行してはならないということになる。いわば彼は、人間と社会の利益になることは、まさに名分と利益をともに得られるという価値観に基づき、現実と理想の乖離から両者の調和と発展を図った。彼のこうした人本中心の思想は、朝鮮中期以後、近代の歴史の展開に大きな影響を及ぼしたばかりか、実学の核心的な思想として発展していった。

不滅の詩人・鄭澈（一五三六—九三）

李珥と同年齢の鄭澈は敦寧府《トンニョンブ》判官を務めた鄭惟沈《チョンユチム》の息子。彼の一番上の姉は仁宗の後宮で、二番目の姉は桂林君《ケリムグン》(月山大君《ウォルサンデグン》の孫)の夫人であるため、彼は幼い時から宮中にしばしば出入りし、明宗(慶源大君《キョンウォンデグン》)の友人として交際できた。

しかし、彼が九歳となった一五四五年、乙巳士禍に桂林君が関与すると、彼の長兄は杖刑を受けた後、配流途中で死に、彼も父に従って定平《チョンピョン》(咸鏡南道《ハムギョンナムド》)、迎日《ヨンイル》(慶尚北道《キョンサンブクト》)などで配流生活を余儀なくされた。

一五五一年(明宗元年)元子《ウォンジャ》誕生記念の恩赦で、父が謫居(流刑となって、その配所で居住すること)から解放されると、祖父の墓所のある全羅道潭陽《タミャン》の昌平《チャンピョン》、唐旨山《タンジサン》のふもとに移住し、そこで十年暮らした。その間、彼は林億齢《イムオンニョン》から詩を学び、金麟厚《キムイヌ》、宋純《ソンスン》、奇大升《キデスン》など当時の最高の学者たちから学問を習い、李珥、成渾、宋翼弼《ソンイクピル》といった同年齢の儒生たちと親交を結んだ。

十六歳の時、慶尚南道城山地方の富豪だった柳強項《ユガンハン》の娘と結婚し、四男二女をもうけた。また、二十五歳の時に進士試に首席で合格し、翌年別試文科に首席合格した。彼が別試文科に首席合格すると、幼い頃、ともに遊んだ明宗が彼を王宮に呼び、盛大な祝宴を開いてくれたりもした。

彼の初めての官職は、司憲府の持平《チピョン》で、彼がこの時初めて取り扱った仕事が、国王の従兄・景陽君《キョンヤングン》(成宗の庶子・利成君《イソングン》の長男)の犯した殺人事件だった。明宗は鄭澈を呼んで、従兄に対する寛大な処分を依頼した。しかし、彼は王の頼みをものともしないで死刑にしてしまった。これに怒った明宗は、彼を地方に左遷した。

その後、地方の官職を渡り歩いた彼は、その能力を認められて再び中央に上り、三十歳になって成均館直講《チッカン》、司諫院献納《ホンナプ》を経て、持平になった。そして咸鏡道の暗行御史《アメンオサ》を経た後、三十一歳で李珥とともに読書堂《トクソダン》での賜暇読書《サガドクソ》に入った。

続いて、修撰、佐郎、従事官《チョンサグァン》、校理、全羅道暗行御史などを歴任した後、三十九歳となった一五七五年、官職を辞し、故郷に帰った。彼が官職を辞退したのは、自分の主張を決して曲げない剛直な性格のためだった。彼のこの性格は行く先々で常に論争を呼び、それはそのまま党争の火種となった。西人だった彼は東人の領袖・金孝元を猛烈に批判し、親しく交際していた李珥から朝廷を混乱させる政争を起こすなと忠告を受け、失望して故郷に帰ったのだ。

しかし、鄭澈は故郷で埋もれて暮らす人物ではなかった。朝廷の呼び出しを数回拒絶したが、一五七八年、再び官職に復帰した。東西の政争が日に日に悪化する中で、彼は司諫《サガン》、執義《チビ》、直提学《チクチェハク》を経て、承政院承旨《スンジョンウォンスンジ》に昇進したが、珍島郡守・李銖《イス》の賄賂事件の処理問題で東人の弾劾を受け、再び帰郷しなければならなかった。

一五八〇年、江原道観察使に任命されると、快く受諾し、この時、『関東別曲《クァンドンビョルゴク》』と『訓民歌《フンミンガ》』など十六首を作り、時調と歌辞文学の大家的気質を発揮した。

その後、全羅道観察使、都承旨《トスンジ》、礼曹参判《イェジョチャムパン》、咸鏡道観察使などを歴任した。四十七歳となった一五八三年、礼曹判書に昇進し、翌年、司憲府大司憲となったが、東人の弾劾を受け、辞任。四年間、郷村で隠居した。この隠居生活の間、彼は『思美人曲《サミインゴク》』『続美人曲《ソクミインゴク》』『星山別曲《ソンサンビョルゴク》』などの漢文とハングルから成る歌辞と数多くの詩や漢詩を作り、朝鮮文学史に輝かしい業績を残すことになった。

一方、五十三歳の時、「鄭汝立謀叛事件」が起こり、東人が失脚すると、右議政に抜擢され、東人を罰し、翌年左議政に昇進した。しかし、彼を含む西人の執権は長くは続かなかった。五十五歳の時、李山海の計略に陥り、一人で光海君の冊封を建議したところ、信城君を念頭においていた宣祖の怒りを買い、配流された。

この時、宣祖は鄭澈に向かって「大臣として酒に溺れては、国事をだめにするに決まっている」と言った。宣祖の言葉からもわかるように、鄭澈は酒を好んだようだ。一時、李珥も彼に「何とかして酒をやめて、言葉にも気をつけろ」と忠告するほどだった。彼は酒を好みもしたが、酒に酔うことで、優れた散文とすばらしい詩を作りだすことができたのかもしれない。

配流された彼は、慶尚南道晋州《キョンサンナムドチンジュ》、平安北道江界《ピョンアンブクトカンゲ》などに移されたが、五十六歳の時、壬辰倭乱が起こったため釈放され、平壌で王を迎え、義州まで護衛した。京畿道、忠清道《チュンチョンド》、全羅道の体察使《チェチャルサ》を歴任し、翌年、謝恩使《サウンサ》として明を往来した。しかし、東人の計略で再び辞任させられ、江華島の松亭《ソンジョン》村に仮住まいしていたが、一五九三年、五十七歳で死んだ。

彼は幼くして、別試に及第し、中央に進出したが、彼にとって中央官職は性格的に合わなかった。彼は、大部分の中央官僚のように緻密な性格でもなく、自分の本音を隠すことのできる性格でもなかった。それに、火のように激しい性格で、酒を好み、言葉を選ばず、政敵に攻撃の糸口を提供することもしばしばだった。そのため、中央官職に就いていた時には、常に周囲の者たちと衝突し、激しい論争をこととする党派的人物との烙印が押されていた。

しかし、地方の官吏として出た時には、事情が違った。彼は地方の守令《スリョン》として自分の任務に忠実で、抜きん出た官吏的気質を発揮した。というのも、地方では他人と激論を交わす理由がなかったためだ。また、彼は各地方の美しい自然の景観を好んで、その中で酒を飲み、閑良(風流を愛する人)たちとともに詩を作るなど、優れた詩人としての資質を思う存分発揮した。

そのため、人々はよく彼の文学を皮肉って「島流し文学」「左遷文学」と呼ぶが、実際、当時の官吏は配流先や隠居地で学問的業績を積むのが通例だった。李滉と李珥はもちろん、後代の丁若鏞《チョンヤギョン》、朴世堂《パクセダン》などの実学者も同じだった。言うなれば、朝鮮時代の配流地は、まさに学問と文学の産室だった。

七、『宣祖実録』編纂経緯

『宣祖実録《ソンジョシルロク》』は全二百二十一巻百十六冊から構成されており、一五六七年七月から一六〇八年二月まで、宣祖在位四十年七か月間の歴史的事実を編年体で記録している。『宣祖実録』編纂作業は一六〇九年七月から始められ、翌年十一月に完了した。この仕事のために、最初、李恒福《イハンボク》が総裁官《チョンジェグアン》をまかされたが、後に北人の奇自献が彼に代わった。編纂に参加した人は全部で二百二十二人で、歴代の実録編纂作業に投入された人員中、最も数が多かった。

全二百二十一巻中、宣祖二十五年三月までの記事が二十六巻であるのに対し、壬辰倭乱以後の十六年間の記事が百九十五巻にもなるというのが特徴だ。このように戦乱以前の記事が少ないのは、戦乱により春秋館《チュンチュグアン》、承政院日記《スンジョンウォンイルギ》などの各種の記録が戦火に見舞われ焼失してしまったためだ。戦乱前の巻には記事が全く記録されていない月が多い。戦乱以後の記事は量が膨大で、些細な内容まで載せられているが、それまでの実録に比べて多少質が落ちるという評価だ。それに光海君当時の執権党である北人たちに対しては称賛しすぎており、他の党の人物に対しては評価が厳しく、歴史書としての均衡を失っている。後に西人たちが権力を握った時、実録を改正するべきだという意見が台頭し、結局、『宣祖修正実録《ソンジョスジョンシルロク》』を編纂した。

第十五代　光海君日記

一、戦乱がもたらした王位

宣祖《ソンジョ》は十四人の息子を得たものの、正妃・懿仁王后《ウィインワンフ》・朴氏《パクシ》からは子供が生まれなかった。彼女は王妃に冊封されてから、ずっと病に臥していたからだ。仕方がなく庶子の中から世子《セジャ》を選ばなくてはならなかった。しかし、庶子の数があまりにも多いため、これまた容易な問題ではなかった。

宣祖は自分が傍系の血筋から王位に就いたという事実に負い目を感じていたためか、正妃が病に臥し、もはや嫡子が望めない状況にもかかわらず、世子冊封を引き延ばしていた。

とはいうものの、宣祖が四十歳を越すと、大臣たちは、これ以上世子冊封を遅らせてはならないという意見を出しはじめた。当時としては、四十歳という年齢は決して若くはなかった。万が一世子が決まらない状態で、王の身に不幸なことでも起きた場合、朝廷が混乱に陥るのは火を見るより明らかだった。大臣たちはこうした混乱を未然に防ぐために、後継者決定問題を論議したが、この問題を最初に持ち出したのは左議政《チャイジョン》の鄭澈《チョンチョル》だった。

一五九一年、左議政の鄭澈は右議政《ウイジョン》の柳成龍《ユソンニョン》、領議政《ヨンイジョン》の李山海《イサネ》、大司憲《テサホン》の李海寿《イヘス》、副提学《プジェハク》の李誠中《イソンジュン》などと世子冊封問題で真剣な論議を繰り広げた。そして、議論の結果、光海君《クァンヘグン》を世子として擁立することに決定し、宣祖に奏請することにした。ところが、この過程で陰謀が進められていた。西人《ソイン》派の巨頭・鄭澈を窮地に追い込むために、東人《トンイン》派の中心人物である李山海は隠密に計略を練っていた。李山海は宣祖が仁嬪《インビン》・金氏《キムシ》との間に生まれた信城君《シンソングン》を寵愛している事実に注目し、仁嬪を訪ねて行き、鄭澈が光海君を世子に擁立しようとしていると耳打ちした。そして、光海君を世子に擁立した後、仁嬪と信城君を殺害する計略をも練っていると付け加えた。この言葉を聞いた仁嬪は、その足で宣祖のところへ行き、鄭澈が自分たちを殺そうとしていると伝えた。これを聞いた宣祖は憤慨し、鄭澈に目を付けていた。しかし、こうした内幕を知るすべもない鄭澈は、経筵《キョンヨン》で宣祖に光海君を世子として立てることを奏請し、その場で宣祖の震怒を買い、災難に見舞われてしまう。この時、東人派の柳成龍と李山海は沈黙を守って、自分たちの身の安全を図ったが、西人派の李海寿、李誠中などは鄭澈の奏請に加勢したため、彼らも降格されて、地方へ追放されるはめになった。

その後、世子の冊封問題はしばらく論議できないままだったが、壬辰倭乱《イムジンウエラン》が起こり、分朝(非常事態に際して臨時に設けられた朝廷。宣祖が避難していた平安北道《ピョンアンプクト》義州行在所《ウィジュヘンジェソ》を本朝廷とし、咸鏡道《ハムギョンド》に避難していた王子の光海君のところを分朝とした)を設けなければならない状況に直面して、初めて光海君を世子に冊封するようになる。

当時、宣祖は北方へ追われる身だったため、後嗣を決めざるを得ない立場に置かれていた。それに、朝廷を分離して非常事態に備えなければならなかったため、平壌城《ピョンヤンソン》にとどまっていた時、大臣たちの奏請を受け入れる形で光海君を世子に冊封した。その時、宣祖の寵愛を受けていた信城君はすでに病死しており、長男の臨海君《イメグン》は気性が激しく、王の資質がないという理由で世子冊封の対象から除外されていた。

とはいえ、これで世子冊封問題が一段落したわけではなかった。世子を冊封する場合、明《みん》の朝廷に報告しなければならず、その報告を受けた明からの「誥命《コミョン》」(誥命冊印《チェギン》のこと)が送られてきて初めて、正式に世子となるのが通例だった。ところが、戦乱中の一五九四年、宣祖が尹根寿《ユングンス》を明に派遣して世子冊封を奏請したにもかかわらず、明は長男の臨海君がいるとの理由でこれを拒絶した。そのため、光海君は父王からは世子として選ばれたが、それでも不安定な立場だった。しかし、分朝を受け持った職務を十分に果たして朝野の評価を得るようになり、明からの誥命如何にかかわらず、大臣たちは光海君を世子として仕えた。

その後、光海君の継承権は揺るぎない事実として認められたかのように見えた。ところが戦乱が終わり、一六〇二年、仁穆王后《インモクワンフ》が宣祖の継妃《ケビ》になるとともに、光海君の立場は少しずつ弱まった。一六〇六年、仁穆王后が永昌大君《ヨンチャンデグン》を生むと、状況は一気に悪化した。宣祖があれほど待ち望んだ嫡子が生まれたのだ。宣祖は嫡子を王位継承者にしようという様子を見せはじめた。

一部の機転の利く臣下たちは、そうした宣祖の胸中を察して、徐々に永昌大君を擁立する動きを見せた。それに宣祖は領議政・柳永慶《ユヨンギョン》をはじめとする何人かの臣下たちを集めては、公然と「永昌大君のことを頼む」と話していた。状況がこうなると、水面下で永昌大君支持派と光海君支持派とに分かれるのは必至だった。

永昌大君を支持する小北《ソブク》派は、光海君が庶子である上に次男であり、明からの誥命も受けていないという理由で光海君を世子として認めようとしなかった。しかし一六〇八年、宣祖は持病が悪化し、生と死の境をさまよう重体に陥ると、現実的な判断に基づいて、光海君への禅位教書を下した。ところが、禅位教書を承った柳永慶が、これを公布しないまま自宅に隠してしまった。

その後、これが光海君を支持していた大北派《テブク》の巨頭・鄭仁弘《チョンイノン》、李爾瞻《イイチョム》などの知るところとなり、鄭仁弘は宣祖にこの事件を伝え、柳永慶の行為を厳しく罰することを進言したが、宣祖は決定を下すこともできないまま、息を引き取ってしまった。このため、王位継承の決定権は仁穆大妃に渡されることになり、柳永慶は仁穆大妃に、永昌大君を即位させて垂簾聴政をすることを勧めるが、仁穆大妃は現実味がないと判断し、ハングル文字の教旨を下して光海君を即位させた。

光海君の王座を目指した長い旅が終わった。この時、一六〇八年二月二日、三十三歳だった。

二、実利主義者・光海君の果敢な現実政治

生年一五七五—没年一六四一
在位期間一六〇八年二月—一六二三年三月、十五年一か月
配流期間十八年

紆余曲折を経て、やっと王位に就いた光海君は、外には実利的な外交を展開し、内には王権強化を通じて民の暮らしを安定させ、党争を終息させようとする努力を惜しまなかった。しかし、名分論に立脚した西人派の陰謀を未然に防止できないまま、結局廃位され、暴君としての名を歴史に残す悲運の王となった。

光海君は一五七五年、宣祖の次男として生まれた。母は恭嬪《コンビン》・金氏《キムシ》だ。三歳の時に母に先立たれるが、臨海君とは同腹の兄弟だ。光海君の名前は琿《ホン》で、幼い時に光海君に封じられ、壬辰倭乱が起こった一五九二年、世子に冊封された。以後、壬辰倭乱中、分朝体制下で朝廷の一部を率い、責務を果たすことに最善を尽くし、宣祖の死後、仁穆大妃の教旨によって王位を継いだ。

王位に就いた光海君は、まず朝廷の気風を立て直し、壬辰倭乱で破綻した国家財政を回復するのに全力を傾けた。超党派的な立場を固めていた南人派《ナミン》の李元翼《イウォニク》を領議政に登用して、戦乱中に焼失した宮殿の再建、改修で王室の威厳を取り戻し、大同法《テドンボプ》（現物で納めていた税を米穀に換算して納めさせる納税制度）を実施することで民の暮らしを救済しようとした。

しかし、王権安定の過程で粛清の嵐が吹きはじめる。彼は即位すると、まず、王位継承の際に計略を弄した柳永慶を配流にして殺害する一方、王の権威に挑戦し、絶えず王権を脅かしていた同腹兄の臨海君をも配流した後、毒薬を与えて自決を命じた。また、宣祖の嫡子・永昌大君を殺し、継母の仁穆大妃を西宮《ソグン》（徳寿宮《トクスグン》）に幽閉す

るに至る。
光海君が臨海君を配流としたのは、一六〇八年、明から朝鮮の世子冊封に関して真相調査団を派遣してきたからだった。朝鮮で庶子出身の者が王位を継承するということに対し、明では論議が巻き起こり、実情調査のための使臣を派遣したのだ。すると、朝鮮朝廷では臨海君が問題を起こす素地があるため、彼を流罪にするべきだとの意見が強まった。当時、臨海君は自分が受け継ぐべき王位を盗まれたと、露骨な態度で光海君を誹謗して回っていた。執権党の大北派は、これを見過ごすわけにはいかなかった。

明の実情調査に対し、光海君は苦々しく思っていた。すでに世子冊封に関して、光海君が長子でないという理由で誥命を拒否していた明だった。そのため、明に対する光海君の感情がよくないのは当然の成り行きだった。その上、すでに王位を継承しているのに真相調査団を派遣するというのは、それこそ朝鮮朝廷と光海君を無視した仕打ちと言わざるを得ない。

こうした光海君の怒りは、彼の王位継承に反対していた小北派、そして名分論と大明事大主義を強調していた儒生たちに向けられた。光海君は、明が実情調査の使臣を送ってきたのは、朝鮮内部の親明勢力が要請したからだと判断した。そのように光海君をけしかけたのは大北派の大臣たちだった。彼らは権力を独占するために、光海君に政敵を除去するように勧め、光海君は王権安定のために彼らの要求を聞き入れた。しかし、こうした過程でかえって多くの政敵を作りだすことになり、結局、それによって「仁祖反正《インジョパンジョン》」（一六二三年、西人派が光海君および執権政党の大北派を追放し、綾陽君《ヌンヤングン》、後の仁祖を即位させたクーデター）が起こり、廃位される羽目に陥った。

一六一一年には大北派の巨頭・鄭仁弘が李彦迪《イオンジョク》、李滉《イファン》の位牌を文廟《ムンミョ》に祭ることに反対すると、成均館の儒生たちが青衿録《チョングムノク》（成均館、郷校《ヒャンギョ》、書院《ソウオン》などに設けてあった儒生の名簿）から鄭仁弘の名前を削除するという事件が発生し、光海君はこうした事態に直面すると、強硬な立場を見せ、儒生たちを成均館から追放する措置を取った。このため彼は、即位当初から儒生たちと敵対してしまった。そして、翌年の一六一二年、いわゆる「金直哉《キムジクチェ》の獄事」で、百人余りの小北派が粛清される大獄事件が起こる。

一六一三年には、「七庶《チルソ》の獄」が起こり、仁穆大妃の父・金悌男《キムジェナム》が自決を命じられ、永昌大君を庶人に転落させて、江華島《カンファド》に配流した後、翌一六一四年、部屋の中に閉じ込めて薪に火を付け、その熱気で蒸し殺しにした。一方、宣祖の遺命を承った七人の臣下の官位と階級を取り上げてしまった。

以後、一六一五年、綾昌君《ヌンチャングン》推戴事件が生じ、綾昌君（仁祖の弟）はもちろん、これに関与した申景禛《シンギョンヒ》などが排除された。一六一七年には継妃・仁穆王后に対する廃母論が台頭し、李恒福《イハンボク》、奇子献《キジャホン》、鄭弘翼《チョンホンイク》などの廃母反対論者たちを配流した。そして、翌年の一六一八年には、仁穆大妃の尊称を廃して西宮に幽閉した。

これで、光海君と大北派は王権を脅かしていたすべての勢力を除去するのに成功したものの、その過程で多くの人たちを犠牲にし、背徳行為を犯してしまったため、かえって反正の名分を与えてしまった。

とはいうものの、光海君は民生安定策を強力に推進したりもした。光海君は王位に就くやいなや、宣恵庁《ソネチョン》を設けて、京畿道《キョンギド》に大同法を実施し、民衆の納税構造を一元化し、税負担を減らした。一六一一年には農地を調査して測量し、実際の作柄が点検できる政策である量田を実施して耕作地を拡大し、国家財源の増大にも努めた。また、宣祖時代末に着工した昌徳宮《チャンドックン》を即位の年の一六〇八年に竣工し、一六一六年には慶熙宮《キョンヒグン》を、一六二一年には仁慶宮《インギョングン》を増築、再建した。その過程で労働力の無理な動員を行い、民衆の批判を買うこともあったが、当時の状況としては仕方のないことでもあった。壬辰倭乱で宮殿が焼失したため、国事を月山大君《ウォルサンデグン》（成宗《ソンジョン》の兄）の書閣で論議するような状態だったからだ。

このころ、東北アジアの国際情勢も急変していた。満州で女真族の勢力が大きくなって後金《こうきん》を建国すると、それに備えて大砲を鋳造し、平安監司《ピョンアンカムサ》に朴燁《パクヨプ》を、満浦僉使《マンポチョムサ》に鄭忠信《チョンチュンシン》をそれぞれ任命して国防を強化する一方、明の援兵要請によって、姜弘立《カンホンニプ》に一万の兵を与えて支援させた。しかし、「富車の戦い」で明が後金に敗れると、適当に応戦するふりをした後、後金に投降し、奴児哈赤《ヌルハチ》と和議を結ぶという巧みな二重外交の腕前を見せた。

一六一九年三月、姜弘立が投降したという知らせが届くと、平安監司の朴燁は姜弘立の家族を全員投獄した。そして、朝廷の大臣たちは明を裏切って投降した姜弘立を逆賊として罰し、彼の家族も殺すべきだと王に申し出た。ところが、光海君は大臣たちの主張を無視し、彼の家族を上京させて物品を下賜し、十分に暮らせるようにはからった。

姜弘立の投降は、実は光海君の策略だった。すなわち、明に対しては、表向きは協力する態度を見せて非難されないようにし、後金に対しては、明の強要によって出兵しただけで、彼らとの友好を強化するという二重の計略を繰り広げたのだ。姜弘立は、こうした光海君の策略を忠実に実行した人物だった。そして後金に抑留されている間も、光海君のところに密書を送り続けていた。

この密書のお陰で、朝鮮は後金の動静をことごとく把握することができ、その情報によって対策を立て、後金の侵略を予防していた。こうした光海君の実利外交は、日本との関係にもそのまま適用された。一六〇九年、日本と「送使約条《ソンサヤクチョ》」を締結し、壬辰倭乱以後中断していた対日外交を再開した。また一六一七年には、呉允謙《オユンギョム》を回答使《フェダプサ》として日本へ派遣したりもした。こうしたことで、悪化していた日本との関係も回復し、戦争の脅威から免れることができた。

光海君の実利的政治観は遷都計画へと受け継がれた。当時、世間には李氏《イシ》王朝の気運が尽きて、鄭氏《チョンシ》王朝に代わるだろうとの噂が広まっており、これは民心を動揺させる主な要因となった。また、漢城《ハンソン》が戦乱で完全に焼失した状態だったため、復旧事業に夥しい財源と労働力が必要だった。彼は民間に流布している鄭氏王朝説を一掃し、壬辰倭乱の悪夢から抜け出て、新しい跳躍のために都を坡州《パジュ》(京畿道)の交河《キョハ》に移すことを決めた。

光海君が新しい都邑地を交河に決めたのは、徹底した実利主義的な判断によるものだった。交河は地理的に臨津江《イムジンガン》に沿っているため、生活用水が確保でき、また、大平野に囲まれているため、食糧を容易に調達できるところだった。また、中国との海上交通が可能な地域であるため、新しい文物を受け入れるのにも適していた。軍事的に見ても漢城より安全な位置だった。つまり漢城より地理的に北側にあるため、日本の脅威から多少、免れることができ、臨津江で遮られているため、中国の侵略を防御するのにももってこいのところだった。また、周囲の山が低いため、山城として使うにも好都合だった。もちろん、中国と海上路が近いため、水軍による脅威を覚えるところだが、中国は海上戦に弱い国家だったため、それほど気掛かりではなかった。

こうした遷都計画は、明に援軍を派遣する問題をはじめとして、他の懸案に押されて延期され、結局実行できないまま、築城作業に動員された民衆の批判だけが高まる結果となった。しかし、光海君のこうした遷都計画は、当時の状況では、さまざまな問題を同時に解決する、非常に奇抜な発想だった。要するに光海君は、外には徹底した実利主義的な外交路線を歩み、内では強力な王権体制を敷き、富国強兵の道を模索していたのだ。

この他にも、彼は戦災で焼失した書籍の刊行にも尽力した。『新増東国輿地勝覧《シンジュントングンニョジスンナム》』『龍飛御天歌《ヨンビオチョンガ》』『東国新続三綱行実図《トングクシンソクサムガンヘンシルト》』などを刊行し、『国朝宝鑑《ククチョボガム》』を編纂して政事運営の方向性を確立し、実録保管のために、赤裳山城《チョクサンサンソン》に史庫を設置して、壬辰倭乱で焼失した四か所の史庫の代わりにした。一方、この時代に許筠《ホギュン》の『洪吉童伝《ホンギルトンジョン》』、許浚《ホジュン》の『東医宝鑑《トンイボガム》』(宣祖の命を受けて編纂された医学書。臨床医学的方法で内科、外科などの専門科別に分けて疾病ごとの診断と処方を記している）などが出て、文学と医学分野に画期的な発展をもたらした。一六一六年には琉球から煙草が輸入された。

しかし、光海君のこうした実利的で果断な政策は仁祖反正で中断されてしまった。

彼の十五年の在位期間中、政権を掌握していたのは大北派だった。大北派は政権維持のために多くの政敵を除去したが、このため、彼らの犠牲となった者たちと西人派グループは光海君政権を転覆する機会を狙っていた。

一六二三年、金瑬《キムリュ》、李貴《イグィ》、金自点《キムジャジョム》などの事大主義者たちと綾昌君の兄・綾陽君が兵を率いて昌徳宮へ進軍するに至った。クーデターに成功した彼らは大北派を除去し、光海君を廃位させた。彼らのクーデターの名分は、光海君が大明事大主義を拒否し、継母の仁穆大妃を幽閉したということだった。

廃位後、光海君は江華島に配流されたが、さらに済州島《チェジュド》に移され、十八年間生き長らえた後、六十六歳で死去した。

光海君は在位十五年間、十人の夫人を娶《めと》ったものの、世子・侄《ジル》と翁主《オンジュ》一人をもうけただけだった。陵は京畿道南楊州市《ナミヤンジュシ》にある、光海君の母、恭嬪・金氏の墓の近くにある。

朝鮮の史官たちは光海君を、暴政をこととした暴君として記録している。しかし、それは仁祖反正に成功した事大主義的名分論者たちが、自分たちのクーデターを合理化するために主張した側面が強い。むしろ、光海君は大明事大主義者たちに押されて、自分の実利的な外交論と現実感覚に基づいた政治理論の花を咲かせることができないまま退かされた、不幸な王だったと言えよう。

仁祖反正の名分は二つだった。一つは、明に対する義理に背いて大明事大をしなかったこと。もう一つは、宣祖の嫡子・永昌大君を殺し、継母の仁穆大妃を幽閉した、すなわち兄弟を殺し、親不孝の罪を犯したということだ。しかし、彼らの掲げたこうした名分にはいくつかの問題がある。

それはまず、彼らが中国の政治の流れに鈍感で、時代の大勢を読み取ることができなかったという点だ。当時、明はすでに傾いていた国で、清《しん》は興りつつある国だった。そのため朝鮮は、中国のそうした勢力争いを利用して、開国以来続いていた中国との君臣関係を清算して、対等な地位に昇格できる唯一の機会を迎えていた。光海君は、こうした点を読み取って中立外交路線を歩んでいたにもかかわらず、反対派の彼ら事大主義者は、引き続き大明事大主義の道を踏襲して、結局、後に清に朝鮮国王が跪かせられる大恥辱を余儀なくされることになる。

第15代　光海君　家系図

宣祖
恭嬪・金氏
次男 → 第15代 光海君

(1575 ～ 1641)
在位期間：1608.2 ～ 1623.3、15年1か月
幽閉期間：18年

- 文城郡夫人・柳氏 ―― 1男 ―― 世子・侄（廃世子）
- 淑儀・尹氏 ―― 1女 ―― ?
- 淑儀・許氏
- 淑儀・洪氏
- 淑儀・権氏
- 淑儀・元氏
- 昭容・任氏
- 昭容・鄭氏
- 淑媛・辛氏
- 宮人・趙氏

次に、光海君が、永昌大君をはじめ、綾昌君、仁穆大妃などの、王権にとって脅威となる勢力を除去した点を暴政として片づけている点だ。暴政とはもともと、執権層に対して取られた政治的行為を指すものではなく、民衆を脅かす暴力的行為を指す。ところが、光海君は一部王権脅威勢力を除去したものの、民衆を虐待する政治を繰り広げたことはほとんどない。むしろ民の救済に力を入れ、経済を興すのに全力を傾けた王だった。

朝鮮政治史を振り返ってみると、いわゆる聖君、ないしは名君と呼ばれる王たちも、やはり自分の政敵除去には少しも躊躇しなかった。その代表的な人物としては、太宗《テジョン》と世祖《セジョ》がいる。太宗は自分の異母兄弟を殺し、同腹兄弟も配流とし、また継母・康氏《カンシ》(神徳王后《シンドクワンフ》)の陵を、ただの後宮の墓へと降格させた。さらに長男の譲寧大君《ヤンニョンデグン》が王になれる器ではないとして、世子から外したりもした。世祖の場合は、甥の瑞宗《タンジョン》から王位を簒奪《さんだつ》した後、彼を殺し、兄嫁の顕徳王后《ヒョンドクワンフ》(文宗《ムンジョン》妃で瑞宗の母)の墓を暴いて棺をなくしてしまったりもした。それに、自分に反対する臣下たちを殺したり、配流したりしたかと思えば、王権に対する挑戦を恐れて徹底した独裁政治を実施したりもした。

光海君の行跡は彼らに比べれば極悪極まりないとは言えない。彼はむしろ、仁穆大妃を殺すべきだとの大北派勢力の強硬な主張を退けて、自分の判断で仁穆大妃を生かし、永昌大君を殺すのにも反対した人物だった。

そのため、仁祖反正はただの反乱に過ぎないとも言える。特に仁祖反正を主導した者たちが等しく事大主義者ないしは光海君に個人的な恨みを抱いていた者だったという点で、さらにそう言える。これは彼らのクーデターが純粋な救国意志の発露だったというよりは、むしろ個人的な感情から始まったことを証明しているからだ。

仁祖反正を「中宗反正《チュンジョンパンジョン》」と対等に定義する向きもあるが、これもまた間違った考え方だ。というのも、燕山君《ヨンサングン》が徹底した暴君だったのに比べて、光海君は一部事大主義者たちと単に政治的な理念を異にしただけの現実的な考え方の持ち主だったからだ。それに中宗はクーデター勢力の推戴を受けただけだったが、仁祖は自ら兵を率いてクーデターを主導した。中宗反正と呼ばれる事件が燕山君廃位事件だとすれば、仁祖反正は、それこそクーデターであり、反逆事件だったとも言えよう。

三、光海君の家族たちの悲惨な末路と光海君の配流生活

光海君が廃位された後、彼の家族は悲惨な生活を余儀なくされ、そうした状況の中で一生を閉じることになる。それは仁穆大妃の徹底した復讐心の表れであるとともに、仁祖勢力の政治的な目的によるものだった。こうした歴史的な事実は、仁穆大妃と仁祖クーデター勢力に対して、従来と異なる新たな視点でアプローチする手掛かりとなっている。

光海君の廃位後、光海君と廃妃《ペビ》・柳氏《ユシ》、廃世子《ペセジャ》・侄と廃世子嬪《ペセジャビン》・朴氏《パクシ》の四人は江華島へ配流となった。彼らを江華島に配流したのは、そこが監視しやすいところだったからだ。しかし、クーデター勢力は彼ら四人を一か所には置かなかった。光海君と柳氏は江華府の東門の方へ、廃世子と廃世子嬪は西門の方へそれぞれ隔離した。

彼らが隔離され、囲いの中に閉じ込められて生活しはじめてから約二か月後、廃世子は死薬を賜り、廃世子嬪は自殺するのだが、その過程がまた奇異なものだ。

当時、二十代半ばだった彼ら夫婦は、江華島の外部と通じようとしたようだ。世子・侄はある日、垣根の下に穴を開け、外へ抜け出そうと試みて捕まってしまうのだが、彼の手には銀の塊と米飯、そして黄海道《ファンヘド》の監司《カムサ》に宛てた手紙があった。彼は銀の塊を賄賂に、江華島から逃げ出そうとしたようだ。そして、黄海道監司宛てに、ある種の内容を記した手紙を届けようとしたのだろう。その手紙の内容がどのようなものかは知るすべもないが、推測すると、自分を擁護していた平安監司と謀議してクーデター勢力を再び追放しようとしていたのだろう。このようなことがあったため、仁穆大妃とクーデター勢力は彼を殺すことに決め、世子・侄に賜薬を下したのだ。

世子嬪・朴氏も、この事件で死んだ。朴氏は世子が垣根を抜け出る時、木の上に登っていたと言われる。これは、世子が無事に脱出できるよう、見張りをしていたのではないかと思われる。ところが、世子が脱出に失敗して、再び捕らえられるのを見て、彼女は驚きのあまり木から落ちてしまい、その後、自ら命を絶った。

このようにして息子夫婦を失った光海君は、約一年半後、妻の柳氏とも死別する。柳氏は一時、光海君の中立政策に対して理解できないと言い、大明事大政策を奏請することもあった。そして、光海君が廃位されると、宮殿の裏庭に二日間も隠れ、仁祖反正が宗廟社稷《チョンミョサジク》のための

ものではなく、少数の者たちが富貴栄華のために引き起こしたものだと批判したこともあった。それほど、彼女は彼女なりに性理学的思想に基づく価値観がはっきりとした女性だった。

しかし、配流生活が始まると、癇癪を起こしてしまった。自分が置かれている現実が、到底信じられなかったためだ。それで、配流生活約一年七か月目の一六二四年十月、死去した。

息子夫婦に次いで妻まで世を去ると、光海君に残された家族は朴氏一家に嫁いでいった翁主一人しか残っていない。しかし、光海君は気落ちせずに超然とした態度で配流生活に適応し、それ以後十七年以上も命をつないでいく。その過程で、彼は数回にわたって危険な目に遭った。仁穆大妃は光海君によって息子を失い、西宮に幽閉されたことがあるため、彼を殺そうと血眼になっていたし、仁祖勢力も同じく王権に脅威を覚えるあまり、何度となく彼を殺そうとした。しかし、クーデター以後、再び王によって領議政に任命された李元翼の反対と、内心、光海君を思い慕っていた官吏たちのおかげで、殺害計画は成功しなかった。

一六二四年、李适《イグァル》の乱が起きると、仁祖は光海君の復位を恐れ、彼を船に乗せて忠清南道《チュンチョンナムド》の泰安《テアン》に移し、乱が平定されると再び江華島に連れ戻した。一六三六年には清が攻め込んできて、光海君の仇を討つと公言すると、朝廷ではまた再び、彼を喬洞《キョドン》に幽閉した。この時、西人派系の申景禛《シンギョンジン》などが京畿水使《スサ》に彼を殺すように暗に指示するが、京畿水使はこれに従わず、むしろ彼を保護した。そして翌年、朝鮮が清に屈伏した後は、彼の復位に脅威を感じた仁祖が彼を済州島に流してしまった。

光海君は済州の地においても、超然とした態度で命をつないでいた。見張り役の別将《ピョルチャン》（守備隊長）が上房《サンバン》（主人の居間）を使い、自分は母屋から庭を隔てた部屋に住むという屈辱を受けながらも、黙々と毅然とした態度を見せた。世話人の宮女が自分のことを「令監《ヨンガム》」（元は正三品と従二品の官吏を称するが、ここでは、男の老人を多少丁寧に呼ぶ言い方）と軽蔑して呼んでも、まったくこれに対して憤慨することもなく、黙って屈辱に耐えていた。

このように超然として客観的な態度が彼の命をながらえさせてくれたのかもしれない。あるいは、その長い歳月の間、再び復位の機会が訪れるかもしれないという一念で、黙々と希望を捨てずに待っていたのかもしれない。しかし、可哀相なことに、彼は配流地の済州島で一生を終えてしまった。

朝廷は彼の遺言通りに母（恭嬪・金氏）の墓の近くに葬り、朴氏の家に嫁いだ庶女の子孫たちに墓守りを任せた。

四、光海君の政敵除去過程と大北派の奪権

光海君時代は、王権に対する脅威が頂点に達した。宣祖時代以後、嫡子でない庶子が王位を継承し、傍系承統という汚点を残した。その上に壬辰倭乱が起こったため、民衆の間では「李氏の時代が終わって、鄭氏の時代が到来する」という噂が全国に広がっていた。それに、光海君は世子冊封の過程で長男の臨海君を退けて選ばれたために、中国からの誥命を受けることもできず、さらに柳永慶の謀略で父王・宣祖からの禅位教書を受け取ることもできないまま、継母の仁穆大妃のハングル文教旨で、やっと王位を譲られた立場にあった。

彼が王に即位した後も、明からの使臣が派遣され、彼の王位世襲過程に対する真相調査を行う事態にまで追い込まれた。さらに、宣祖の嫡子である永昌大君の存在により、王権に対する脅威は一層高まるばかりだった。こうした要因のため、光海君は政敵除去に没頭せざるを得なくなり、光海君の支持勢力だった大北派が、そうした作業を具体的に支援し、実行することになった。

光海君の王権安定策は、彼にとって最も脅威的な人物・臨海君を排除することから始まった。臨海君は世子冊封で脱落してから、ずっと光海君を中傷してきた人物だった。彼のこうした行動は、光海君が王位に就いた後も続いた。それに彼の凶暴な性格のため、民衆にも頻繁に被害が及んだ。そうした時に、光海君の執権に反対していた西人派勢力と小北派勢力は密かに明に使者を派遣し、世子冊封過程に対する真相調査団を派遣するように要請した。これに対して執権党の大北派は、臨海君が問題を起こすことを懸念して、彼を配流とすべきだと光海君に進言した。臨海君以外にも王権を脅かす勢力は少なくなかった。特に永昌大君と信城君の養子である綾昌君が、その代表的な人物だった。そこで光海君と大北派は、永昌大君を支持する小北派を追放し、永昌大君と綾昌君を排除する計画を立てる。

大北派が永昌大君の支持派閥である小北派を追い出すために企てた最初の事件は、一六一二年に起きた「金直哉の獄事」だった。この事件は、黄海道鳳山《ポンサン》郡守《グンス》・申慄《シンユル》が、兵役回避のために玉爾と官印を偽造した金景立《キムギョンニプ》を逮捕したことから始まった。申慄は彼を逮捕した後、柳彭錫《ユペンソク》を拷問して、金景立が謀叛を画策するために、玉爾と官印を偽造したという内容の自白をさせ、再び金景立を問

責して反逆の企てを白状させた。

金景立が自白した内容を要約すると、八道にそれぞれ大将、別将などを定めて、漢陽《ハニャン》を不意打ちして陥落させ、大北派勢力および光海君を追放するというものだった。さらに、金景立の弟・金翼辰《キムイクチン》の口から八道道隊長《パルトトデジャン》として内定した人物が金百緘《キムベカム》だという自白がなされると事件は急速に拡大していった。

金百緘が八道道隊長に内定していたという陳述を得た大北派は、金直哉と金白緘父子はもちろん、金直哉の婿・皇甫信《ファンボシン》およびその一族を逮捕して、むごい拷問を加えた。この拷問で、金白緘は、父・金直哉の失職に不満を抱き、謀議を企てていたという自白を強要され、拷問に耐えられず、結局すべて認めてしまう。また、金直哉は自分が謀議の首謀者であり、延陵府院君《ヨンヌンブウォングン》・李好閔《イホミン》、前監司・尹安性《ユンアンソン》、前佐郎《チャラン》・宋象仁《ソンサンイン》、前郡守・丁好善《チョンホソン》、前正言《チョンオン》・丁好恕《チョンホソ》など一群の小北派人士たちと謀議し、日を決めて、都城を攻撃しようとしたと虚偽の自白を強いられた。

この事件は、小北派の巨頭で、宣祖の遺命を承った七人の臣下のうちの一人である朴東亮《パクトンニャン》の反対上疏にもかかわらず、獄事へと拡大していき、彼ら反逆勢力が王に推戴しようとしていたのが、宣祖の息子・順和君《スンファグン》の養子である晋陵君《チンヌングン》・李泰慶《イテギョン》(実父は宣祖の父・徳興大院君の孫である益城君《イクソングン》・李亨齢《イヒョンリョン》)だと自白したため、彼も処刑され、彼らと関係のある大部分の人士はすべて粛清された。この獄事で、金直哉と金白緘父子が処刑され、金済《キムジェ》、柳悦《ユヨル》など百人余りの小北派人士が粛清された。

この事件が金直哉の獄事と呼ばれるようになったのは、彼が謀叛の首謀者として浮かび上がってきたからだ。彼は壬辰倭乱の中で、父の喪に服していたが、その間に、肉と酒を口にしたとの理由で、職牒《チクチョプ》を取り上げられた後、再び返却されたことがあった。その後、光海君の時代に、老いた母を虐待したとの理由で、再び職牒を取り上げられた。このため、彼は光海君に対して恨みを抱くようになり、大北派はこうした彼の弱点を利用して小北派を除去したのだ。

小北派を追放した大北派は、まだ幼いものの最も脅威的な存在である永昌大君を排除する計画を立てるが、都合よく七庶の獄が起こったため、その事件と絡ませて計画を達成することができた。

一六一三年、慶尚北道聞慶《キョンサンブクトムンギョン》の鳥嶺《チョリョン》峠で、そこを通りかかった商人が殺害され、数百両の金《かね》を奪われる強盗殺人事件が発生した。犯人は当時の勢力家たちの庶子七人だった。領議政にまでなった朴淳《パクスン》の庶子である朴応犀《パクウンソ》、沈銓《シムジョン》の庶子・沈友英《シムウヨン》、義州牧使《ウィジュモクサ》の徐益《ソイク》の庶子・徐洋甲《ソヤンガプ》、平難功臣《ピョンナンコンシン》(一五九〇年、鄭汝立《チョンヨリプ》の乱を平定した朴忠侃《パクチュンガン》など二十二人の功臣)の朴忠侃の庶子・朴致毅《パクチウィ》、朴有良《パクユリャン》の庶子・朴致仁《パクチイン》、北兵使《プクピョンサ》(咸鏡道の北兵営で兵馬を指揮した従二品の武官)の李済臣《イジェシン》の庶子・李耕俊《イギョンジュン》、さらに庶子出身の許弘仁《ホホンイン》の七人だった。

彼らは許筠、李士浩《イサホ》、金長生《キムジャンセン》の異腹弟・金慶孫《キムギョンソン》などと交際しながら、自らを竹林七賢《チュンニムチリョン》または江辺七友《カンビョンチル》と称する仲間だった。彼らは庶子出身の光海君が王位に就くと、庶子の差別をなくすよう訴える上訴を提出したが、これを拒否され、それに対する不満から、一六一三年初めから京畿道驪州《ヨジュ》の江辺で徒党を組んだ。彼らは、倫理は必要ない家という意味の「無倫堂《ムリュンダン》」を建て、そこを根拠地にして、塩商人や木こりなどに変装して、全国に出没しては強盗を働いていた。そして、鳥嶺で商人たちを殺し、金などの所持品を盗んだのだ。

この時、殺された商人の奴婢が彼らの後を尾行して、本拠地を突き止め、捕盗庁《ポドチョン》(『経国大典《キョングクテジョン》』の頒布後、犯罪者を捕らえるために成宗時代に設けた官庁で、従二品の捕盗大将《ポドテジャン》を筆頭に、従事官《チョンサグアン》や捕盗部長《ポドプジャン》などがあり、彼らは今日の令状のような「通府《トンブ》」を身に付けて巡察に当たっていた)に告発したことで、彼らは一網打尽にされた。しかし、この七庶の獄は単純な強盗事件で終わらず、李爾瞻など大北派の中心勢力は、この事件を契機に、永昌大君を追放する計画を立てる。李爾瞻と彼の腹心である金闓《キムゲ》、金昌後《キムチャンフ》などは捕盗大将の韓希吉《ハンヒギル》、鄭沆《チョンハン》などと謀議して、彼ら庶子出身の盗賊たちが資金を集めて、永昌大君を推戴しようとしていたとの自白をさせる。こうした自白は、七庶の一人である朴応犀が光海君に秘密の上疏を上げる形で作られた。

朴応犀の上疏文は、自分たちは一六〇八年に明の使臣を狙撃したことがあり、これを通じて社会を混乱させ、一方では軍資金を蓄えて、武士を集めて謀叛を起こそうとした。また、それが成功した暁には、永昌大君を擁立し、仁穆大妃に垂簾聴政をしてもらおうとしていたとの内容だった。

この上疏文の波紋は大変なものだった。朴応犀の上疏以後、大北派勢力は徐羊甲《ソヤンガプ》を尋問した結果、仁穆大妃の父・金悌男が自分たちの頭であり、永昌大君が大人になれば生き残るのは難しいため、仁穆大妃も謀議に加担することになったとの自白も得られる。この事件で、咸鏡道鐘城判官《チョンソンパングアン》の鄭 浹《チョンヒョプ》をはじめ、宣祖から仁穆大妃と永昌大君の保護を頼まれた申欽《シンフム》、朴東亮などの遺教七臣および李廷亀《イジョング》、金尚容《キムサンヨン》、黄愼《ファンシン》などの西人派勢力数十人が投獄された。

また、この事件の取り調べの過程で、金悌男と仁穆大妃が、光海君を養子にしていた懿仁王后(第十四代宣祖の妃)の陵に巫女を派遣して、呪わせていたことも発覚した。このため金悌男は自決を命じられ、彼の三人の息子も巻き込まれ、永昌大君は江華島に配流とされた後、翌年、江華府使《カンファブサ》の鄭沆に殺された。この事件で、領議政の李徳馨《イドキョン》、左議政の李恒福をはじめとする西人、南人派勢力が除去され、大北派が政権を独占することになった。癸丑《ケチュク》の年に起きたこの事件を「癸丑獄事《ケチュクオクサ》」ともいう。

　大北派のもう一つの粛清対象は綾昌君だった。綾昌君は宣祖の五番目の庶子・定遠君《チョンウォングン》（仁祖の父。追尊王・元宗《ウォンジョン》）の息子で、一時期、宣祖の寵愛を受けて、世子候補に浮上したこともある伯父・信城君（母は仁嬪・金氏）の養子に入った人物だった。当時十六歳で、周囲の者が彼を中心にして謀叛を謀るには適当な年齢だった。そればかりか、世間でささやかれる「綾昌君は聡明で非凡だ」「定遠君の家は王気が非常に盛んだ」「仁嬪の墓の納まりがよい」などの噂は、光海君の耳にも入ってきた。そのため、大北派と光海君は彼の存在をも警戒せざるを得なかった。

　大北派の綾昌君排除計画は、「申景禧《シンギョンヒ》の獄」を通して行われた。申景禧は当時、黄海道遂安郡守《スアングンス》に在職中だったが、一六一五年、彼が楊時遇《ヤンシウ》、蘇文震《ソムンジン》、金廷益《キムジョンイク》などとともに謀叛を画策しているという蘇鳴国《ソミョングク》の陳述によって、彼らに謀叛の嫌疑がかけられた。そしてその時、彼らが推戴しようとした人物が、ほかでもなく綾昌君だという自白を引き出して、これを根拠に、綾昌君を江華島の喬洞に圍籬安置《ウィリアンチ》（流罪となった罪人の配所を茨で囲い、監禁すること）した後、殺してしまう。この時殺された綾昌君は、後にクーデターを通して王となる綾陽君（仁祖）の弟だ。そのため、この事件は綾陽君がクーデターを計画する直接的な原因となった。

　大北派は政権を独占するようになると、一六一八年、五年前の癸丑獄事を再び取り上げ、これを口実にして仁穆大妃を廃位させた後、西宮に幽閉する。この過程で、李爾瞻などの強硬論者たちは仁穆大妃を自決させるように進言するが、光海君が反対して実行できなかった。以後、李爾瞻は数回にわたって仁穆大妃暗殺計画を立てたが、他の大臣たちの妨害で失敗に終わった。

　こうして、光海君は王権を脅かしていた勢力をすべて取り除き、大北派の李爾瞻、鄭仁弘などが勢力を独占するようになった。

　王権に対する脅威勢力をほとんど除去したにもかかわらず、光海君が仁祖反正で廃位されることになった理由としては、次のような点が挙げられる。

　第一に、政敵の除去過程で、多数の敵を生んだにもかかわらず、彼らに対する監視をおろそかにしていたこと、第二に、大北派勢力が朝廷を独占したため、ものごとを大局的に見る点で均衡が取れていなかったこと、そして第三に、明軍支援のために兵力を動員したため、都城と

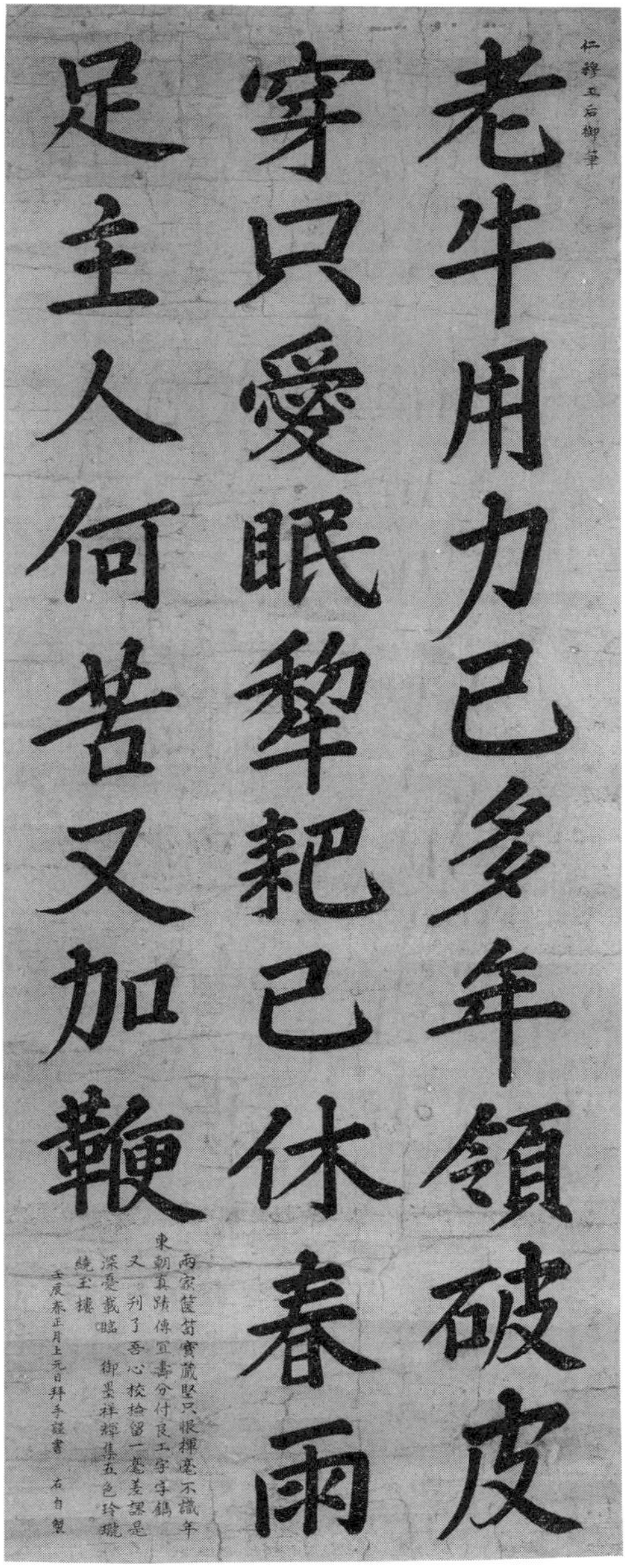
仁穆王后御筆
老牛用力已多年
領破皮穿只愛眠
犂耙已休春雨足
主人何苦又加鞭

自らを老牛に、光海君をその牛に鞭を振るう主人に例えた「仁穆王后御筆」。〔国立中央博物館 所蔵〕

宮殿の治安がおろそかになっていたことだ。

五、変革の時代に咲いた文化の花

悲運の革命家・許筠と不死の英雄・洪吉童

『洪吉童伝』を書いた許筠(一五五九—一六一八)について、最初のハングル小説を残した文士としてしか知らない人が多い。しかし、実際には、彼は時代を変革するために、革命を夢見ていた思想家だった。

彼は徐敬徳《ソギョンドク》の門下で成長し、学者、文章家として名の知られた許曄《ホヨプ》の息子だ。字は端甫《タンボ》で、号は蛟山《キョサン》、鶴山《ハクサン》、惺所《ソンソ》、白月居士《ペグォルコサ》などいくつも用いた。彼の母は礼曹判書《イエジョパンソ》を務めた金光轍《キムグァンチョル》の娘で、名門の出身だったが、許曄の後妻に入った。そのため、許筠は庶出ではないといっても、異腹兄弟にはさまって育てられ、多分に庶子たちが経験するような苦しみを味わわなければならず、そうした経験が後に、『洪吉童伝』の中で庶子出身を主人公にした背景となったと推測される。

彼の異腹兄・許筬《ホソン》は当代の優れた文章家であり、壬辰倭乱の直前に朝鮮からの通信使一行の書状官《ソジャングァン》として渡日経験のある人物だった。また、彼の実姉・許蘭雪軒《ホナンソロン》は黄真伊《ファンジニ》とともに朝鮮時代の女流文学の二大山脈と呼ばれるほど繊細で優れた文章力を誇示したりもした。

さすが、文人一家の出身にふさわしく、許筠もやはり四歳の時から書を読みはじめ、八歳の時には漢詩を作ったと伝えられる。嶺南《ヨンナム》学派の巨頭・柳成龍から学問を学び、二番目の兄・許篈《ホボン》の友人である李達《イダル》(朝鮮・宣祖時代の漢詩の大家)から詩を学んだ。

その後、二十五歳の時の一五九四年、廷試《チョンシ》(国に慶事がある時、宮殿内で実施した科挙)文科に合格し、一五九七年、文科重試で首席合格した。翌年、黄海道都事《トサ》となったが、漢陽の妓生を側に置いていたとの弾劾を受け、赴任六か月で免職させられた。その後、再び官職に就いて春秋館記注官《チュンチュグァンキジュグァン》、刑曹正郎《ヒョンジョチョンナン》などを歴任し、一六〇四年、遂安郡守になったが、仏教を信じているとの理由で弾劾されると自ら辞職し、引き続き仏教に没頭した。

一六〇六年、明の使臣・朱之蕃を接待する従事官だった時、文章と学識を高く評価され、使臣に姉の許蘭雪軒の詩を見せて、これを中国で出版する契機を作った。この功労で江原道三陟府使《カンウォンドサムチョクプサ》となったが、仏像を祀って念仏・

座禅しているとの弾劾を受け、三度目の官職追放を受けた。しかし、彼の学識を高く評価していた朝廷は、彼を再び忠清南道公州牧使《コンジュモクサ》として起用した。しかし、今度は庶子出身たちと交際し、官職を汚しているという理由で、四度目の罷免を受けることになる。

　罷免された後、彼は全羅北道扶安《チョルラブクトプアン》に行き、山川を遊覧していたが、その時に出会った妓生・李梅窓《イメチャン》と互いに詩文を交わしながらともに暮らし、賤民出身の詩人・劉希慶《ユヒギョン》とも交流し、人間関係の幅を広げた。その後、一六〇九年、明の冊封使(中国から天子の詔勅により諸侯国へ行き、封爵を与えていた使臣)が来ると、従事官となって応接し、この年、僉知中枢府事《チョムジチュンチュブサ》となり、続いて刑曹参議《ヒョンジョチャミ》となった。ところが、一六一〇年に科挙の試験官をした際、甥と姪の婿をともに合格させたという理由で、弾劾され、全羅北道咸悦《チョルラブクトハミョル》に配流された。

　それから数年間は全羅北道泰仁《ティン》に隠居していたが、一六一三年、永昌大君の絡んだ癸丑獄事と関連して平素、親交のあった庶子出身の徐洋甲、沈友英などが処刑されると、身辺の安全を図るために、当時、実権を握っていた鄭仁弘、李爾瞻などの大北派に加担した。彼は李爾瞻の取り持ちで礼曹参議に任命され、一六一五年には外交文書を担当する承文院副提調《スンムヌォンプジェジョ》となって、二度にわたり千秋使《チョンチュサ》として中国へ赴いた。特に、二度目に明に渡った時、中国の文献に朝鮮宗廟史が間違って記録されているのを見つけ(太祖《テジョ》・李成桂《イソンゲ》の父親の名が高麗末の権臣・李仁任《イイニム》となっていた)、これを訂正させたことで光海君の厚い信任を受けた。それがきっかけとなって、彼は光海君の目にとまり、光海君から「そなたの忠誠は太陽と月のように輝いている」との賛辞を授かったこともある。そして一躍、刑曹判書に抜擢され、続いて左参賛《チャチャムチャン》(議政府の正二品の官職)となり、仁穆大妃廃母論を主張して、成功させる。

　しかしその頃、許筠は、それまで自分が集めてきた勢力を基に反逆を計画していた。彼は庶子差別をなくすだけでなく、身分階級を打破し、朋党《プンダン》を廃止しなければならないという理想を抱いていた。これを現実化させるための革命を夢見ていたのだった。彼は、この革命を実践に移すために、まず漢城を掌握することを決心し、部下たちに流言飛語を広めさせた。この流言飛語の内容は「北からは女真族《じょしん》が攻め込み、南からは倭寇が攻め込んで、南方の島を占領して大軍を上陸させようとしている」というものだった。この噂が次第に民衆の間で広まり、効力を発揮すると、彼は漢陽の南大門《ナムデムン》に同じような掲示を張り出させた。

　南大門に戦乱に関する掲示が張り出されると、都にはすっかり戦争の雰囲気が張り詰め、都の民の中には大慌てで避難する人が増えはじめた。許筠は民心の動揺がさらに増してきたら、その隙を狙って漢城を占拠する計画を立てていた。ところが彼の革命計画は、とんでもないところで露呈してしまった。一六一八年八月、彼の部下・玄應旻《ヒョンウンミン》が都城を出入りする際に不審者検問に引っ掛かり、クーデター計画をばらしてしまったのだ。玄應旻から謀叛計画を知った李爾瞻は、兵を率いて許筠の家を捜査し、彼と反乱の中心人物をすべて逮捕した。そして、許筠を謀叛の嫌疑で「陵遅処斬《ヌンジチョチャム》」に処した。これで、二十年近く準備してきた革命計画は失敗に終わり、彼は四十九歳で、その波瀾に満ちた生涯を閉じた。

当時の人々は許筠のことを、聡明で、詩文に長けた人物として、彼の文章と学識を称賛してやまなかった。しかし人格に対しては、軽薄で、人倫道徳を乱し、異端を好み、品行が悪かったなどの否定的評価を下していた。

彼の生涯を通じて見ると、五回にわたった官職からの罷免の理由を、こうした否定的な見解が代弁している。しかし、彼はハングルで書いた『洪吉童伝』を残すことで、韓国文学史に一線を画す大業を成し遂げた。彼の革命思想がそっくり溶け込んでいる『洪吉童伝』は、当時は誰の作品なのか正確には知られていなかった。それが、彼より十八歳下の李植《イシク》が『澤堂集《テクタンジプ》』に「許筠が『洪吉童伝』を書いた」と記録したのを通じて明らかになった。

この小説の時代的な背景は世宗《セジョン》時代で、主人公・洪吉童は洪判書《ホンパンソ》の庶子として登場している。彼は幼い時から非凡な気性で、武術が得意だったが、身分が低いため、世の中に恨みを抱くようになる。洪判書の家族たちは洪吉童の非凡な才能が将来、災いを呼び起こすだろうと思い、刺客を使い彼を殺そうとする。この事実を知った洪吉童は家を出て、盗賊の頭となり、活貧党《ファルビンダン》を組織して、義賊の生活を送る。洪吉童の義賊行為に対する噂が全国に広まると、各地で同名の盗賊たちが現れ、王命で捕まえた洪吉童だけでも三百人に至った。しかし結局、本物の洪吉童を逮捕できない朝廷は、父の洪判書に彼を懐柔させ、妥協案として、洪吉童を兵曹判書《ピョンジョパンソ》に任命する。

洪吉童は一時期、兵曹判書を務めるが、再び南京《ナムギョン》に出発することを決心して、祖国を離れる。南京へ行く途上で、山水秀麗なるユルト国を発見し、そこを支配していた妖怪を退治した後、ユルト国の王になる。その後、父の訃報に接し、一時帰国して、三年間服喪した後、再びユルト国に戻り、そこで王として暮らすところで物語は終わっている。

この作品は、盗賊を主人公とした英雄小説であるとともに、両班《ヤンバン》家庭の庶子差別の不合理に抵抗した社会派小説でもある。また、理想郷を描く楽園思想を含み、変身術、瞬間移動、分身術、空飛ぶ雲なども含んでいるという点から、道教小説的な要素もある。しかし、基本的には社会革新を夢見る社会派小説と言えよう。

　この小説を比較文学的に考察するなら、中国・明代の『水滸伝《すいこでん》』『三国志演義《さんごくしえんぎ》』『西遊記《さいゆうき》』などの影響を受けたと言える。盗賊の義賊行為に関するものは『水滸伝』に、分身術で八道監営《カミヨン》(観察使《クアンチャルサ》が職務を執った官庁。全国に八か所あった)に掲示し、わらで人形を作って人をだますのは『三国志演義』に、道術を使って雲を動かすのは『西遊記』に倣ったようだ。しかし、この小説のモデルは朝鮮国内にいたようだ。一五〇〇年(燕山君六年)に加平《カピョン》(京畿道)、洪川《ホンチョン》(江原道)を中心として活動していた有名な山賊・洪吉童と、明宗《ミョンジョン》時代の義賊・林巨正《イムコッチョン》、宣祖二十九年七月に壬辰倭乱の最中に、忠清道《チュンチョンド》の鴻山《ホンサン》を中心に挙兵した庶子出身の李夢鶴《イモンハク》の乱などのさまざまな要素を複合的に組み合わせた痕跡が明らかだからだ。また、ユルト国のような理想国家建設には、朝鮮のソンビたちが胸に抱いていた理想郷に対する憧憬が表れていると言える。これは許筠もやはり理想郷を夢見ていた代表的なソンビだったことを証明する。

　こう考えると、『洪吉童伝』は、当時の朝鮮中期社会の両班と民衆たちの思考を最も読み取ることができる、時代小説だと言える。また、庶子問題をはじめとする社会階級への不満や不平等が、後代に行けば行くほど、次第に社会の争点として浮き彫りになっていく点を見ると、朝鮮中期全般にわたって、『洪吉童伝』は革命思想の教科書的なものとして考えられていたようだ。

　許筠は『洪吉童伝』を通して、自分が理想郷と思っていた社会を建設しようとし、また小説の中だけでなく、現実でもこれを実践しようとして、失敗した。しかし、彼の変革思想は洪吉童という人物を通して、それ以後も朝鮮社会に大きな影響力を及ぼすようになる。その一例として、洪吉童は後代、朴趾源《パクチウォン》によって『許生伝《ホセンジョン》』(『熱河日記《ヨライルギ》』に載っている漢文小説で、「許生」という主人公の商行為を通じて自然経済の打破を主張し、無駄飯を食う両班たちの無能を風刺した)となって生まれ変わり、革命思想を受け継いだ。民衆の間では実在の人物として伝えられ、全羅道霊光《ヨングァン》の洪吉童村の伝説を生み、忠清道公州には洪吉童が積み上げたと言われる山城の伝説も残した。

　許筠が残した小説は『洪吉童伝』以外にも、『厳処士伝《オムチョサジョン》』『張山人伝《チャンサニンジョン》』『南宮先生伝《ナムグンソンセンジョン》』『蒋生伝《チャンセンジョン》』などがある。

東方の「扁鵲」許浚と『東医宝鑑』

　許浚の出生に関してはさまざまな説があるが、武科出身で慶尚道の右水使《ウスサ》を務めた許琨《ホゴン》の孫で、平安北道龍川《ヨンチョン》で府使を務めた許碖《ホロン》の息子というのが定説だ。

彼は一五四六年、金浦《キムポ》で武人の家の息子として生まれたが武科を受験しないで、二十八歳で雑科の医科に合格し、医官《ウィグアン》として内医院《ネウィウォン》に奉職するようになる。以後、内医の太医御医《テウィオウィ》(太医院《テウィウォン》は宮中の医務室を管理しており、御医《オウィ》はその医師のこと)として名声が高く、東洋医学を集大成した『東医宝鑑』を著して、朝鮮医学の優秀さを清、日本に誇示した。医科に合格して以来、彼は一五七五年二月に御医として明の安光翼とともに、入診(王を診察すること)して実力を証明し、一五八一年に高陽生の『纂図脈訣』を校訂して、『纂図方論脈訣集成』四巻を編集することで、脈診の原理を明らかにした。

以後、彼は御医として活躍しながら、多くの功績を残し、世子(光海君)の病気を治したため、宣祖から堂上官《タンサングアン》の職を得た。そして、壬辰倭乱の際は宣祖の側を離れずに平安北道義州まで随行したため扈聖功臣《ホソンコンシン》となり、その後も御医として内医院に残り、医療のすべての行政に参加しながら、王の健康を守った。

そして、一五九六年、宣祖の命を受けて、鄭碏《チョンジャク》、楊礼寿《ヤンイエス》などとともに内医院に編集局を設置して、『東医宝鑑』を編集しはじめた。しかし、その翌年、丁酉再乱《チョンユジェラン》が起こり、医官たちが各地に散らばったため、作業は一時中断した。

その後、宣祖は再び許浚に命じて、単独で医書編集の仕事をまかせ、内蔵方書《ネジャンバンソ》五百冊余りを考証させた。彼は内医院で御医として従事しながらも編集の仕事に専念し、光海君二年の一六一〇年に二十五巻二十五冊の『東医宝鑑』を完成させた。この書は、当時の医学の知識を網羅した臨床医学の百科全書で、内科、外科、雑科、湯液、鍼灸の五篇で構成されており、その五つの各篇に疾病ごとの項目を置き、その項目の下には該当する病論と薬法などを出典とともに細かく列挙し、各疾病に関する古今の処方を一目瞭然に把握できるようにした。そして、各疾病に適した薬の処方と鍼灸方法を付け加え、場合によっては自身の経験を記録して、読む者が実用化できるように記述している。

この編集過程で特に注目すべき点は、各疾病の項目が症状中心に列挙されているということだ。その例として、内科篇の津液《チネク》(体内からしみだす液)の項の発熱の処方を見ると、まずその脈の様子と原因を明らかにし、次に自汗、盗汗、頭汗、心汗、手足汗、陰汗、血汗などの八目に分類されていて、臨床医たちが患者を診る時、多くの本を参考にしなくても、この本一冊で、古今の本を閲覧したのと同じ効果が得られるようになっている。それに、世宗時代に作られた『郷薬集成方《ヒャンヤクチプソンバン》』『医方類聚《ウィバンユチ》』と、宣祖時代の『医林撮要《ウイリムチャリョ》』、中国で有名な『神農本草経』『素問』など八十三種の古典処方書と『脈経』『丹溪心法』など漢《かん》、唐《とう》以来編集された七十余りの医学書が引用されている。

このように膨大な資料を基に作成された『東医宝鑑』はその優れた編集力と著述能力から、東洋医学の手引書として出版された後、日本と中国に伝えられ、今日に至るまで貴重な漢方臨床医学書としてその地位を保っている。朝鮮時代の人の著作でこの書ほど中国人、日本人に広く読まれた書はおそらくないだろう。

許浚は、この書を完成させた後も、世祖時代に編纂された『救急方《クグッパン》』を『諺解救急方《オネクグッパン》』としてハングルで注解し、任元濬《イムウォンジュン》の『瘡疹集《チャンジンジプ》』をハングルで訳して『痘瘡集要《トゥチャンチピョ》』に、また、盧重礼《ノジュンネ》の『胎産要録《テサンヨロク》』もハングル訳して『諺解胎産集要《オネテサンチピョ》』としてそれぞれ刊行し、当時、流行していた伝染病を予防するために『新纂辟瘟方《シンチャンビョクオンバン》』と『辟疫神方《ビョギョクシンバン》』を編集して配布したりもした。

彼は東洋医学史にこうした多くの業績を残し、一六一五年十一月、六十九歳で世を去った。

六、『光海君日記』編纂経緯

『光海君日記《クァンヘグンイルギ》』は六十四冊で、一六〇八年二月から一六二三年三月まで光海君在位十五年一か月間の歴史的事実を編年体で記録している。編纂作業は一六二四年、春秋館の建議で始まった。もともと、一六二三年、李睟光《イスグァン》が光海君当時の時政記《シジョンギ》を修正しなければならないと建議したが、受け入れられず、また、翌年一月に起こった李适の乱で多くの史料が焼失したりもした。以後、光海君は廃君だとの理由で編纂作業をせず、時政記だけを修正するという方針を立てたが、時政記だけでは光海君の実録の代わりにならないという春秋館員たちの主張で、一六二四年二月に『光海君日記』編纂作業が決定した。

同年六月に日記編纂のため南別宮《ナムビョルグン》に纂修庁《チャンスチョン》を設け、総裁官《チョンジェグァン》・尹昉《ユンバン》を中心に三組に分かれて編纂作業に入った。しかし、基本史料の『承政院日記《スンジョンウォンイルギ》』などが大部分、李适の乱の際になくなっていたため、仕方なく光海君在位以後の朝報(官報)や士大夫《サデブ》家の保管する日記、上疏文の草稿、野史、文集などと史草を集めて編纂した。この作業は、一六二七年、丁卯胡乱《チョンミョホラン》が起きて一時中断したが、一六三二年二月に再開し、翌年十二月にやっと完成した。しかし、ただちに印刷にかけられたものの、物資不足のため、光海君の即位年二月から六月までの記録五巻とその年の七、八月に該当する記録だけを印刷するにとどめていた。これに朝廷は定草本を数部写本し、各史庫に分けて保管するようにし、一六三四年正月から謄録官五十人を任命し、四班に分けて清書しはじめた。そうして、その年の五月に二部の定草本を作成した。

実録の編纂が完了すれば、もともと初草と中草は洗草《セチョ》し、定草本だけを印刷して史庫に保管するのが慣例だったが、『光海君日記』はわずか二部を同時に写本しただけだったため、中草本を洗草せずに、これを六十四巻にまとめて、太白山史庫《テベクサンサゴ》に保管した。そして、定草本二部は江華島の鼎足山史庫《チョンジョクサンサゴ》と全羅道茂朱《ムジュ》の赤裳山史庫《チョクサンサンサゴ》に分けて保管した。そのため、実録の中で唯一、『光海君日記』だけが中草本と定草本がともに残ることになった。その後、この本は粛宗《スクチョン》時代と正祖《チョンジョ》時代の二回にわたって、印刷と出版が論議されたことがあったが、結局、成し遂げられなかった。

『光海君日記』中草本は、墨と朱墨で修正して、削除したり、補完したりした部分が多い。そのためこの中草本は、実録編纂過程を如実に見せてくれる、貴重な史料として活用されている。また、この本が「日記」という表題を付けてはいるものの、中草本を通じて実録と変わりなく編纂されたことがわかる。

とはいうものの、この本を編纂した人たちが仁祖反正を主導したり、または手助けした西人派勢力だったという事実を考える時、多くの部分が歪曲、改ざんされたものと考えられる。

第十六代　仁祖実録

一、武力政変で光海君を廃位させた綾陽君

宣祖《ソンジョ》の禅位教旨を受けられず、仁穆大妃《インモクテビ》のハングル文字の教旨によって辛うじて王位に就いた光海君《クァンヘグン》は、王になるとすぐ、自分の不安定な立場を強化するために、一連の王権強化策を実施した。この過程で、臨海君《イメグン》をはじめ永昌大君《ヨンチャンデグン》、綾昌君《ヌンチャングン》などの王位を脅かす人物と、彼らを支えていた小北《ソブク》派と西人《ソイン》派、南人《ナミン》派勢力を次々に除去しはじめた。そして、一六一八年には、仁穆大妃の尊称まで廃して西宮《ソグン》に幽閉すると、それまで光海君に不満を抱いて謀叛を企んでいた勢力が、この事件を名分にクーデターを起こし、光海君を廃位させることに成功した。これが一六二三年三月十二日夜に発生した「仁祖反正《インジョバンジョン》」だった。

仁祖反正を主導した人物は綾陽君《ヌンヤングン》だった。綾陽君は光海君の異腹の甥で、一六一五年、「申景禧《シンギョンヒ》の獄事」が起きた時、王に推戴されたという罪名で殺された綾昌君の実兄だ。ここで、彼がクーデターを計画するようになった直接的な原因は、光海君による弟・綾昌君の死だったことがわかる。しかし、それよりもさらに本質的な原因は、光海君と仁嬪《インビン》・金氏《キムシ》との関係に求めるべきだろう。

宣祖は仁嬪・金氏と、彼女との間に生まれた子供たちを寵愛していた。そのため、鄭澈《チョンチョル》が後継者指名問題を提議した際、宣祖は光海君を世子《セジャ》にすることに反対し、仁嬪の生んだ信城君《シンソングン》を選んだ。しかし、宣祖の願いは大臣たちの反対で通らなかった。大臣たちは信城君がまだ幼いために国事を論じることはできないという理由で、品格があり、学識に優れた光海君が適任者だと主張した。宣祖と大臣たちとのこうした見解の相違により、しばらくの間、世子冊封が延期されている中で壬辰倭乱《イムジンウェラン》が起き、宣祖は仕方なしに大臣たちの主張に従って光海君を世子にしたのだ。

仁嬪・金氏と彼女の息子たちは、それが不満だった。そのため、光海君が王位に就いた後も、虎視眈々と王位を狙っていた。光海君としては、当然、彼らの存在が重荷にならざるを得ない。信城君はすでに死去していたものの(宣祖とともに平壌《ピョンヤン》まで避難したが、平安北道義州《ピョンアンプクトウィジュ》で死んだ)、彼以外にも仁嬪から生まれた息子はさらに三人もいた。特に、信城君の実弟・定遠君《チョンウォングン》の息子である綾昌君は、その中でも最も脅威的な存在だった。なぜなら、綾昌君は信城君の養子として入籍している上に、

周囲の人々から王の資質を持って生まれた人物だという評判を得ていたからだ。

こうした世間の評判は、臨海君と永昌大君を排除することで王権の安定を図ったつもりでいた光海君と大北《テブク》派勢力の神経を逆撫でするものとなり、たまたま申景禧の反逆事件が起きると、綾昌君を彼らと関連させて、ついには殺してしまった。この時から、綾昌君の長兄・綾陽君は光海君と大北派勢力から何らかの害を被った人物たちと接触しながら、武力クーデターを計画しはじめた。そして、一六一八年に仁穆大妃の幽閉事件が起きると、彼らはこれを名分にしてクーデターの具体的な作業に着手した。

綾陽君とともに武力クーデターを謀った人物は、ほとんど西人派勢力だった。西人派は政治・外交面で徹底して大北派と対立した。彼らは、特に外交上の問題で極端に異なった見解を有していた。大北派が明《みん》と後金《こうきん》との間で中立外交路線を歩んでいたのに対して、西人派は徹底して明に対する事大主義路線を固守していた。また、西人派は宣祖の遺命を受けて、永昌大君を支持し、仁穆大妃に従っていた。これは、永昌大君を死に至らせ、仁穆大妃を幽閉した大北派とは相反したものだった。結局、大北派と西人派との対決は不可避なものとなり、光海君も、やはり西人派の除去なしには身の安全を図れないと確信するようになった。

そのため大北派は、永昌大君を廃位とした「癸丑獄事《ケチュクオクサ》」の際、西人派の中心人物たちを政界から追放し、その後、仁穆大妃幽閉事件の時に、生き残っていた大部分の西人派を処刑、配流した。

事態がここまで進むと、政界から追放された西人派勢力は謀叛を企て、実弟・綾昌君の死で、すでに謀叛計画を進めていた綾陽君を王に推戴することに決めた。綾陽君とともに謀叛を企てた代表的な人物は李貴《イグィ》、金自点《キムジャジョム》、金瑬《キムリュ》、崔鳴吉《チェミョンギル》、李适《イグァル》などだった。彼らはみな李珥《イイ》、成渾《ソンホン》の門下だった。

この謀叛で軍事部門を担当したのは李貴、金瑬、李适の三人だった。李貴は、当時、黄海道平山府使《ファンヘドピョンサンブサ》の職にあり、李适は咸鏡道兵馬使《ハムギョンドピョンマサ》に任命されて、任地に向かわなければならない立場だった。そして、金瑬は平安北道江界府使《カンゲブサ》を歴任したことがあるものの、台諫《テガン》の弾劾を受けて、政界から追放された状態にあった。彼ら三人のうち、李貴と金瑬は、以前から謀叛を企てていた間柄で、李适は金瑬と深く交際していた平安北道暁星嶺《ヒョソンリョン》別将《ビョルチャン》の申景禛《シンギョンジン》により、既に乱に合流していた。

クーデターを起こす一年前の一六二二年から、李貴は平山府使に就任していた。この時、平山地域に虎がしばしば出没したため、住民が不安を覚えていた。李貴は、これを口実にして、虎狩りをする兵士は、道の境界を越えても、武装したまま活動できるよう特別許可を求めて上疏した。これは武装したまま都城に攻め入れるようにとの計算によるものだった。とはいうものの、こうした謀議は事前に漏れてしまい、計画実行は先に延ばされた。そしてこの結果、彼らが政変を企んでいるとの噂が一気に広がってしまった。

　状況が急変すると、綾陽君をはじめとするクーデター勢力は、翌年、一六二三年三月十三日の明け方に計画を実行することに決め、計画前夜から弘済院《ホンジェウォン》(朝鮮時代の国営旅館。中国の使臣たちが都城に入る前に臨時に宿泊した施設)に集まり、隊伍を整えて、軍事行動方針を作成した。ところが、計画につまずきが生じた。朝廷が彼らの軍事計画に気づき、訓練都監《フルリョントガム》(朝鮮後期に確立された五軍営《オグニョン》のうち、宣祖時代最初に設置された軍営。首都の守備を担当)の李廓《イファク》に謀叛参加者の検挙を命じた。この知らせを聞いた李貴は、計画の時間を繰り上げて出兵を急いだ。出兵当時、反乱軍の数はわずかに七百人程度だった。反乱軍の隊長に予定されていた金瑬が遅れたため、反乱軍は予定の人数の半分にもならなかった。しかし、人が集まるのを待っていては鎮圧軍に制圧されてしまうのは明らかだった。李貴は、とりあえず、李适に隊長役を勧め、李适がそれを引き受けると、反乱軍の額に「義」の字を書いた鉢巻きを締めさせ、兵士を指揮した。

　一方、金瑬は、計画が露顕したとの知らせを聞いて、しばらくためらっていたが、少し遅れて兵士を率いて反乱軍に合流した。この時、李适は金瑬を受け入れるのを拒んだものの、李貴の仲裁で合流することになり、金瑬は総指揮を執って、宮殿に向かって進軍しはじめた。

　反乱軍が彰義門《チャンウィムン》(ソウルの北西側にある城門で紫霞門《チャハムン》ともいう)に進撃すると、鎮圧軍は門を固く閉じて宮の守備に当たっていたが、反乱軍はすぐに彰義門を破り、昌徳宮《チャンドックン》に到達した。彰義門の奥では、すでに綾陽君が自分の部下を率いて、彼らを迎えに出ていた。この場面を目撃した都監中軍・李廓は、兵士を率いて彰義門の近くに待機していたが、状況が鎮圧軍側に不利になったと知ると、反乱軍への攻撃をやめてしまった。

　一方、訓練隊長《フルリョンテジャン》・李興立《イフンニプ》は宮殿の外に陣を敷いていた。しかし、彼は、すでに反乱軍に内応すると約束していたため、間接的に反乱軍の侵入を手助けしていた。そのため、反乱軍は瞬く間に仁政殿《インジョンジョン》(昌徳宮の正殿)を通過して昌徳宮の金虎門《クモムン》に到達した。金虎門でも同じく守門長《スムンジャン》・朴孝立《パクヒョリプ》が内応することになっていたため、反乱軍は簡単に通過し、そして敦化門《トンファムン》に火を放ち、勝利を知らせた。光海君は、その時になって初めて反乱軍に宮殿を占拠されたことを知り、数人の部下を従えて、宮殿を

歴代王が政務を執った、朝鮮王朝の象徴とも言える昌徳宮の仁政殿。前には品階石が並んでいる。

脱出した。こうして、反乱軍は簡単に宮殿を接収してしまった。

反乱に成功した綾陽君は、宮殿を掌握すると、光海君を探したが、彼はすでに脱出した後だった。綾陽君は、まず西宮に向かうと、幽閉されていた仁穆大妃の元に駆けつけた。綾陽君を迎えた仁穆大妃は、反乱が起きて、光海君が敗走したとの知らせを聞くと非常に喜び、光海君を廃位し、綾陽君に王位を継がせるとの教書を下した。

仁穆大妃は、光海君を廃位する理由として、次の三点を挙げた。

第一は、先王（宣祖）を毒殺し、（異腹）兄弟を殺し、母親（継母）である自分を幽閉した。第二は、過度の土木工事を手掛けて、民衆を塗炭の苦しみに陥れ、政事を危うくさせた。第三は、二心を抱いて、女真（後金。後の清《しん》）に投降した。

こうした廃位理由は、まさにクーデター勢力の蜂起理由だった。この名分を通してわかることは、彼らが、クーデターを合理化するために、光海君の政事運営を悪政として罵倒したという事実だ。

第一の理由に挙げられた中に、先王を毒殺したという点があるが、これは仁穆大妃が、ずっと主張してきたことだった。仁穆大妃のこの言葉は、まさに彼女自身が西宮に幽閉される決定的な原因ともなっていた。そして、第二に挙げられた過度な土木工事とは宮殿再建事業を意味するが、これは悪政とは決めつけられないものだった。むしろ、光海君が宮殿を改築、新築したのは、王権を立て直し、政事を安定させるためだった。最後に挙げられた、二心を抱いたという点は、明と後金との間で中立外交をしたということを意味する。これは、光海君が親明事大主義をとらなかったという意味で、彼ら西人派勢力が自分たちの外交観と一致しないとの理由で反乱を起こしたことを、逆に立証しているのだ。

　実際、当時の朝鮮は壬辰倭乱の後遺症からやっと抜け出して、安定期にさしかかっていた。そのため、光海君は明と後金との間で中立外交を展開しながら、実利を取るのに必死だった。しかし、西人勢力は自分たちを政界から追放したとの理由で、光海君が築いた安定基盤を根本から崩してしまった。この事件が、まさに仁祖反正であった。

　二日後、光海君が医官《ウィグァン》・安国臣《アングクシン》の家で捕まることで、綾陽君のクーデターは成功した。これで綾陽君が朝鮮第十六代の王位に就いた。彼が仁祖だ。

二、屈辱の王・仁祖の即位と朝鮮の果てしなき受難

生年一五九五―没年一六四九
在位期間一六二三年三月―四九年五月、二十六年二か月

クーデターに成功した仁祖は、それまで勢力を振るった大北派の人たちに対して大々的な粛清を断行し、親明事大主義を表明し、政局の安定を図ろうとした。だが、「李适の乱」、清の侵入などで、逆に激しく混乱し、結局、清と君臣関係を結ぶ「三田渡《サムジョンド》の恥辱」を味わった。以後、朝鮮の経済は破綻状態に陥り、民衆は飢えに苦しむようになる。

　仁祖は宣祖の五男・定遠君の長男だ。光海君の異腹の甥で、仁穆大妃の庶孫となる。彼は一五九五年に生まれたが、一六〇七年、綾陽都正《トジョン》に封じられ、続いて綾陽君に封じられた。一六一五年、弟の綾昌君が光海君によって殺されると、謀叛を企て、一六二三年三月、西人勢力とともに武力クーデターを起こし、朝鮮第十六代王に即位した。この時、彼は二十八歳だった。

　王位に就いた仁祖は、まず西宮に幽閉されていた仁穆大妃の尊号を元に戻し、光海君時代に政権を独占してい

た鄭仁弘《チョンインノン》、李爾瞻《イイチョム》などを処刑し、残りの大北勢力の二百余人をすべて粛清した。そして、仁穆大妃幽閉に反対し、江原道洪川《カンウォンドホンチョン》に配流されていた南人の李元翼《イウォニク》を領議政に任命し、クーデターに加担した西人の金瑬、李貴など三十三人を三階級に分けて、靖社功臣《チョンサコンシン》の勲号を与えた。

彼はまた、光海君によって犠牲となった永昌大君、臨海君、仁穆大妃の父・金悌男《キムジェナム》などの身分を元に戻し、残りの犠牲者たちも大部分、官職を元に戻した。こうして、朝廷は西人が第一党、南人が第二党となった。一方、対外的には「親明背金」政策を実施し、それまで光海君が維持してきた中立外交を取り止めた。

仁祖は、こうして光海君勢力を追放し、朝廷と社会を安定させ、自分の政治思想を実現しようとしたが、これは最初から難関にぶつかった。

クーデター政権が生まれて一年も経たずに、また反乱事件が起こった。この反乱はクーデターに参加した李适が起こしたもので、一六二四年一月に文晦《ムンフェ》、許通《ホトン》、李佑《イウ》などが仁祖に、李适が彼の子・李旃《イジョン》、韓明璉《ハンミョンニョン》、鄭忠信《チョンチュンシン》などとともに反逆を企てていると密告をしたのが直接の原因だった。

李适の乱は、仁祖が漢城《ハンソン》を捨てて避難するほど、朝鮮朝廷に致命的な打撃を与えた。内部の反乱で国王が都を離れた事件は初めてだったため、民衆と朝廷は、その衝撃からしばらく立ち直れなかった。また、民衆に対する査察が強化され、社会を混乱に陥れ、その上、李适が乱を起こした際に北方の主力部隊を率いて南下したため、辺境守備に隙が生じ、後金の侵略を容易にしてしまった。

虎視眈々と侵略の機会を狙っていた後金は三年後の一六二七年、三万の兵でもって朝鮮を攻撃し、「丁卯胡乱《チョンミョホラン》」を起こした。後金軍の勢いに危険を感じた仁祖と朝廷の大臣たちは江華島《カンファド》へ避難した。その時、後金は朝鮮側に書信を送り、七つの侵略理由を明らかにするとともに、朝鮮の満州領土を渡すこと、明の武将・毛文龍を捕らえて引き渡すこと、明の討伐に三万の兵を出して支援することなどの三つの要求事項を掲げた。朝鮮側では、崔鳴吉などが講和会談に出て、明に敵対しなくてもよいのなら後金と兄弟関係を結ぶ、などの五項目を提示し、約条を結ぶと、後金は撤収していった。

以後、一六三六年、後金は国号を「清」と変えた後、「丁卯約条《チョンミョヤクチョ》」で決めた兄弟関係を破棄し、新たに君臣関係を結び、貢ぎ物と三万の援軍を要求してきた。しかし、朝鮮がこの要求を拒否すると、彼らは再び十二万の将兵を率いて朝鮮を侵略し、「丙子胡乱《ピョンジャホラン》」を起こした。

大軍に押された朝鮮軍は、南漢山城《ナマンサンソン》に一万三千の将兵でもって籠城したものの、力の差は歴然としており、四十五日後に降伏した。仁祖は三田渡（ソウルの漢江沿岸にある渡し場。現・ソウル市松坡《ソンパ》)で膝を屈して、清と君臣の義を結ぶ一方、昭顕世子《ソヒョンセジャ》と鳳林大君《ポンニムデグン》らを清に人質として差し出さなければならなかった。この時、「斥和論」を主張していた洪翼漢《ホンイカン》、呉達済《オダルチェ》、尹集《ユンジプ》などもともに清に引き渡され、彼らは瀋陽《しんよう》で殺された。敵将・龍骨大の酷い拷問にも屈せず、死刑となった彼ら三人の忠節を讃えて「三学士《サマクサ》」と呼び、後に領義政《ヨンイジョン》に追尊される。

丙子胡乱で朝鮮は、「壬辰倭乱」以後、多少落ち着きを取り戻していた国家紀綱と経済状態がさらに悪化した。民の暮らしは疲弊し、飢えによる恨みの声が高まった。その上、仁祖は三田渡で味わわされた屈辱を耐え忍ぶことができず、反清色をさらに濃く表す一方、滅びつつある明に対する事大路線を一層強化した。

朝廷では、仁祖の庶娘・孝明翁主《ヒョミョンオンジュ》を自分の孫の嫁に迎え入れた金自点が政権を独占し、横暴を極めていたため、朝廷に対する民衆の不信はますます募り、結局、さらなる混乱へと拍車をかけた。

仁祖は、李适の乱以後、悪化する一方の朝廷と社会の混乱を一掃しようと、一時、兵権を安定させて民を救済するために全力を注いだ。一六二四年には、摠戎庁《チョンユンチョン》(京畿一円の警備を担当した軍営)、守禦庁《スオチョン》(仁祖以来、南漢山城《ナマンサンソン》の守備に当たった軍営)など新たな軍営を設置して、北方と沿岸防備を補強した。

一六二八年にはオランダ人ウェルテフレー(Weltevree)が漂着し、彼の名前を朴淵《パクヨン》と改名させ、訓練隊長・具仁垕《クインフ》の指揮下に入れて、大砲製作法と使用法の教えを受け、朝鮮軍の火力を増強した。

一方、民の暮らしの安定策として、光海君時代に京畿道《キョンギド》に限って実施していた大同法《テドンポプ》を、一六二三年、江原道《カンウォンド》にまで拡大実施して徴税の一元化を図ることで、民衆の負担を軽くした。一六三四年には三南(忠清《チュンチョン》、全羅《チョルラ》、慶尚《キョンサン》の三道)一帯で田畑の測量を実施し、農耕用地の面積を正確に測定することで税収を拡大させた。また、農土税徴収規範の田税法を廃止して、農民の負担を減らした。

そして、貨幣使用のために、一六三三年に常平庁《サンピョンチョン》を設置して「常平通宝《サンピョントンボ》」を鋳造し、一六三八年からは清との民間貿易を公認して、北関《プックァン》(咸鏡道地方)の会寧《フェリョン》、慶源《キョンウォン》などに市場を設けた。

こうした仁祖の努力も、丁卯胡乱、丙子胡乱などでそれほど成果を挙げることができず、また、大部分の政策がすでに光海君時代に実施していたものであったため、これといった新たな発展を生み出すこともできなかった。むしろ、一六四五年、清から昭顕世子一行が帰国する際に、火砲、千里鏡、天主教の書籍、科学書籍などを持ち帰り、宗仁龍《ソンイニョン》らが西洋の暦である時憲暦《シホンニョク》を輸入して新文化形成に大きな影響を与えた。また、この時期に『東史補編《トンサポピョン》』『書筵備覧《ソヨンピラム》』などが刊行され、宋時烈《ソンシヨル》、宋浚吉《ソンジュンギル》、金堉《キムユク》、金集《キムジプ》などの優秀な学者が輩出され、朝鮮後期の性理学の全盛期を迎えることになる。しかし、彼ら学者たちは顕宗《ヒョンジョン》、粛宗《スクチョン》の時代にかけて、礼訟論争《イエソンノンジェン》を引き起こし、朝廷を一大波乱へと追い込んでしまう。

仁祖は、このように屈辱と苦しみの継続で王位を維持し、一六四九年、在位二十四年目に五十四歳で世を去った。仁祖は仁烈王后《イニョルワンフ》・韓氏《ハンシ》をはじめ五人の夫人から六男一女を得た。陵は長陵《チャンヌン》で、京畿道坡州市《パジュシ》にあるが、仁烈王后とともに一つの墓に埋葬される合葬とされた。

三、仁祖の家族たち

仁祖は仁烈王后・韓氏との間に昭顕世子、鳳林大君(孝宗《ヒョジョン》)、麟坪大君《インピョンデグン》、龍城大君《ヨンソンデグン》の四男をもうけ、貴人《クィイン》・趙氏《チョシ》との間に崇善君《スンソングン》、楽善君《ナクソングン》、孝明翁主の二男一女をもうけた。

○仁烈王后《イニョルワンフ》・韓氏《ハンシ》(一五九四―一六三五)
領敦寧府事《ヨンドンニョンブサ》・韓浚謙《ハンジュンギョム》(遺教七臣の一人)の娘で、江原道原州《ウォンジュ》で生まれた。一六一〇年、綾陽君と結婚し、清城県夫人《チョンソンヒョンブイン》に封じられ、一六二三年、綾陽君が王位に就くと、王妃に冊封された。

仁祖との間に昭顕など四男を生み、一六三五年、四十一歳で死んだ。陵は長陵で、仁祖とともに、京畿道坡州市雲川里《ウンチョンリ》にあったが、その周囲に蛇やさそりなどが住みつくようになったため、英祖《ヨンジョ》の時代に坡州市交河邑《キョハウプ》に移葬された。

○荘烈王后《チャンニョルワンフ》・趙氏《チョシ》(一六二四―八八)
漢原府院君《ハヌオンブウオングン》・趙昌遠《チョチャンウオン》の娘で、一六三五年、仁祖の正妃の仁烈王后が死去すると、三年後の一六三八年、十四歳の若さで、四十三歳の仁祖と結婚した。

一六四九年、仁祖の死後、大妃《テビ》となり、一六五九年、孝宗が死に、大王大妃《テワンデビ》となるが、その間彼女の取るべき服喪期間が政治問題化した。

荘烈王后には、子供が生まれず、一六八八年、六十四歳で死去した。陵は徽陵《フィルン》で、京畿道九里市東九陵《クリシトングルン》にある。

○昭顕世子《ソヒョンセジャ》(一六一二―四五)
仁祖の長男で、名前は溰《チョ》。母は仁烈王后・韓氏。一六二五年、世子に冊封され、一六二七年、丁卯胡乱の際には全羅北道全州《チョルラブクトチョンジュ》へ下って、南の地方の民心を収拾した。そして、この年に姜碩期《カンソッキ》の娘と結婚した。

一六三六年、丙子胡乱当時、三田渡で仁祖の屈辱的な降伏があり、弟の鳳林大君と斥和派らとともに中国の瀋陽に人質として捕らえられて行った。彼はその後、八年間瀋陽にとどまりながら、単純な人質としてではなく、外交官の任務を引き受けて、清が朝鮮に対して無理な要求をしてくる場合には、交渉に臨んだり、遮ったりすることもあった。そのため清は、次第に朝鮮との問題を彼と交渉して解決しようとしたが、これが結果的には、朝鮮の王権が二分される事態をもたらした。

一六四五年、帰国し、その二か月後に病死するが、父・仁祖との不仲が原因で毒殺されたという説もある。

昭顕世子は死後、京畿道高陽市《コヤンシ》に埋葬されたが、最初はこの墓を昭顕墓《ソヒョンミョ》と呼び、後に高宗《コジョン》(第二十六代)の時代に昭慶園《ソギョンウォン》に格上げされた。

○**麟坪大君**《インピョンデグン》(一六二二―五八)

仁祖の三男で、名前は㴭《ヨ》、字は用涵《ヨンハム》、号は松溪《ソンゲ》。一六三〇年、麟坪大君に封じられ、一六四〇年、人質として瀋陽に捕らえられて行ったが、翌年、帰国した。

以後、一六五〇年から四回にわたって謝恩使《サウンサ》として清を往来した。詩、書画に優れ、諸子百家の思想にも精通していた。一六四五年、昭顕世子に従って朝鮮に渡って来た清の画家の孟永光とも親交があった。現存する彼の作品としては「山水図《サンスド》」「老僧遐観図《ノスンハグァンド》」「古栢図《コベクト》」などがある。こうした美術品以外にも『松溪集《ソンゲジプ》』『燕行録《ヨネンノク》』『山行録《サネンノク》』などの著書が残っている。死後は孝宗の墓庭に配享《ペヒャン》(宗廟に功臣などを合祀すること)された。諡名は忠敬《チュンギョン》だ。

彼の四人の息子のうち、長男の福寧君《ポクニョングン》の直系七世孫が高宗《コジョン》であり、粛宗《スクチョン》時代に起きた三福(福昌君《ポクチャングン》、福善君《ポクソングン》、福平君《ポクピョングン》)の変で死刑となった三人は福寧君の弟たちである。

四、仁祖時代の変乱

李适の三日天下

仁祖がクーデターで王位に就いた後、朝鮮の政局は、しばらく慌ただしい雰囲気に包まれ、不安な日々が続い

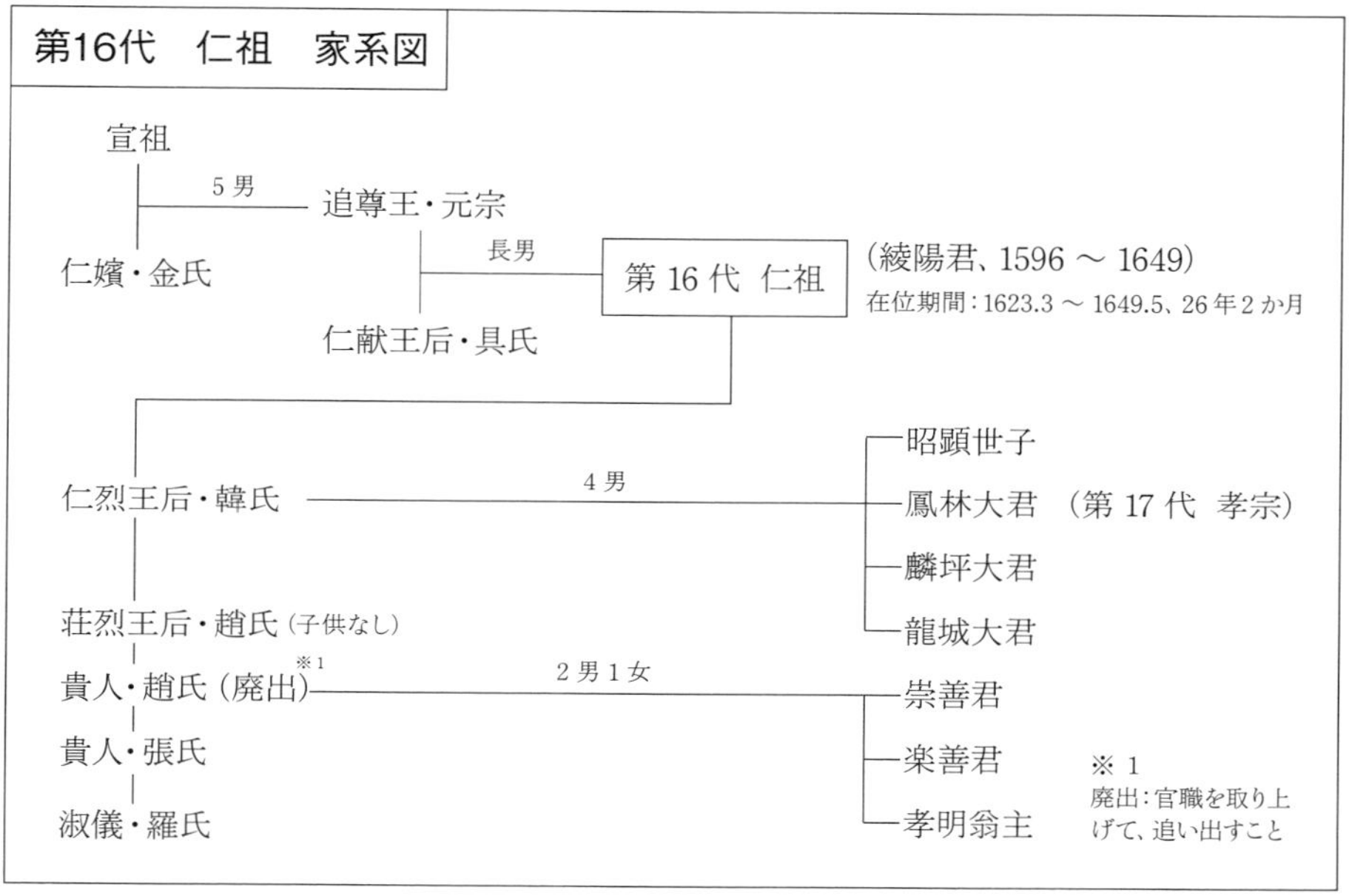

た。クーデターで光海君を追放し、権力を握った西人派は他の反乱を恐れる一方、四分五裂して、それぞれ自分の政治的な立場を守るのに余念がなかった。その過程で、各分派は反対派を追放するための計略を練るのに血眼になり、ついには、陰謀説を広めて反対派を除去しようとする謀略を企んだりもした。

こうした分派間の葛藤が引き起こした「李适の乱」により、仁祖は王位に就いて一年も経たないうちに、都を捨てて、避難せざるを得ない境遇となった。苦戦の末に、辛うじて乱を平定したものの、この乱で朝鮮の国力は極度に衰え、社会は激しい混乱と不安に陥った。そして、こうした混乱は結局、王が膝をついて清に謝罪し、君臣関係を結ぶ三田渡の恥辱へとつながる。

仁祖時代の混乱と国恥の発端となった李适の乱は、クーデター以後の論功行賞に対する李适の不満によって引き起こされた事件だというのが史官たちの一致した見方だった。しかし、当時の状況をもう少し綿密に分析してみると、この事件は李适の不満だけでなく、西人派の勢力争いが原因となって起こったものだという事実を見いだせる。『仁祖実録《インジョシルロク》』中のある史論はこの事件を、李适が仁祖反正の時に輝かしい功績を挙げたにもかかわらず、わずか二等功臣にしか記録されず、さらに平安兵使《ピョンアンピョンサ》兼副元師《プウォンス》に任命され、地方へ追い出されたことに恨みを抱いて起こした事変だと記録している。

しかし、こうした史論は、当時の東アジア情勢を考慮しないまま記述されたものと思われる。李适が平安兵使として赴任した時期は、奴児哈赤《ヌルハチ》が後金を興して、明の遼東地方を占領し、朝鮮に脅威を加えてきていた時だった。このため、親明政策を取っていた朝鮮は、辺境防衛に万全を期さなければならない状況であり、そのため、辺境防衛の主力部隊の指揮官、平安兵使の李适の働きに国運がかかっていたといっても過言ではなかった。

こうした観点から考えると、仁祖が李适を単に政治的な理由から地方に追い出したために彼の不満を買ったという論評は説得力を欠いている。むしろ、仁祖は彼の豊富な戦闘経験と用兵術を高く評価したうえで北方守備の主力部隊を任せたと解釈した方が、当時の状況に適している。

当時、辺境守備を任されていた人物は張晩《チャンマン》だった。仁祖は、状況を準戦時体制と規定し、戦時に限って任命していた都元師《トウォンス》に張晩を命じ、副元師に李适を任命した。この時、副元師候補として挙がったのは李曙《イソ》と李适の二人だった。仁祖は、この二人のうちから誰を選ぶべきかを迷った末に、都元師の張晩に副元師の指名権を与えたところ、張晩は李适を指名したのだ。

北方守備部隊の兵力は約一万五千人だった。その中で、主力部隊一万人は副元師の李适の指揮の下に寧辺《ヨンビョン》に駐屯し、支援部隊五千人は張晩の指揮の下で平壌に駐屯していた。こうした編成はまさに、副元師が辺境防衛の実質的な総責任者であったことと、だからこそ都元師に劣らず戦略に明るく、統率力に優れていなければならないということを示唆している。そのため、李适の副元師任命は慎重な論議の末に決められたものと言える。

李适は、こうした重責を痛感し、任地に到着してからは、兵士訓練、城柵補修、陣営の警備強化など、女真族に対する防御に打ち込んだ。

李适が、全力で辺境守備に励んでいた時、中央の西人派は、李适が辺境で一万の軍を指揮しているという事実を利用して、残っていた北人《プギン》派勢力を除去するための陰謀を企んでいた。一六二四年一月、文晦、許通、李佑などは、李适と彼の息子・李旃、そして韓明璉、鄭忠信、奇自献《キジャホン》、玄楫《ヒョンジプ》、李時言《イシオン》などが謀叛を謀っていると王に告げた。

彼らはみな、一時は光海君と親交のあった者たちだった。奇自献は領議政まで務めた元老政治家であり、李時言は訓練隊長を務めた後、仁祖即位後は、巡辺副元師《スンビョンブウォンス》として在職中だった。一方、奇自献は光海君時代に仁穆大妃の廃妃に反対したために配流され、李時言は仁祖反正の際に功を立てた人物だった。そのため、彼らは比較的、仁祖の信任を受けている反面、西人たちには脅威的な存在に他ならなかった。

反乱によって政権を奪取した仁祖は、謀叛に対する密告を受けると、神経を尖らせた。しかし、李适を信任していたため、簡単には惑わされなかった。とはいうものの、一応調査団を編成して、厳重に調べるように指示した。調査の結果、この密告は虚偽であることが明らかにされた。調査を担当した者たちは、調査結果を報告する時に、虚偽報告をした文晦、許通、李佑などを死刑に処すべきだと主張した。仁祖もやはり、彼らの意見に同意したものの、西人派執権勢力の反対にぶつかり、実行できなかった。

金瑬、金自点などの西人派は、自派側の密告が偽りであったことが明らかになったにもかかわらず、李适を副元師の職から解任し、中央に召還して、尋問しなければならないと訴えた。それに対して仁祖は、李适ではなく、彼の息子の李旃と韓明璉などを中央に押送して尋問することで妥協点を探った。また、その他に奇自献など謀叛容疑のかかった四十余人の中央官僚たちを投獄した。

李旃を漢城に押送するために、禁府《クムブ》（義禁府《ウィグムブ》のこと）の都事が寧辺へやってくるという知らせを聞いた李适は激怒した。辺境守備に全力を注いでいる自分に謀叛の濡れ衣を着せた西人派を許せなかった。

李适は、自分の息子が漢城へ押送され、拷問に耐えられずに、万が一虚偽の自白でもした場合、自身も無事ではいられないという判断を下した。いずれにしても、中央の西人派官僚たちのことを嫌っていた。そこで、彼は自分の息子を捕らえるためにやってきた禁府都事と宣伝官《ソンジョングァン》を殺して、兵を挙げた。

李适は、まず自分と同じく謀叛容疑をかけられて漢城へ護送中の韓明璉を救出して、反乱に加担させた。韓明璉は壬辰倭乱の時、権慄《クォンユル》将軍の配下で大いに活躍した武臣だった。抜きんでた用兵術と優れた武人精神を持っていた彼は、当時、最前線で巡辺使《スンビョンサ》として在職中に、不意に捕らえられたのだった。

韓明璉と合流した李适は、自分に降伏して部下となった倭兵捕虜百人を先鋒に立たせて、全兵力一万人を率いて寧辺を出発し、都城へと進撃した。一六二四年一月二十二日で、仁祖即位十か月目の出来事だった。

李适は、都元師・張晩が駐屯している平壌を避けて、都城へ直行した。張晩は、李适に捕まっていた後に釈放された軍官を通じて李适の反乱を知ったものの、五千人の支援部隊で一万人の主力部隊に立ち向かうことはできないことだった。そのため、いったん配下の兵隊たちを集結させて城門を閉めた後、反乱部隊の奇襲に備えながら、中央に反乱の事実を通報した。

李适部隊は、これといった妨害に遭うこともなく、漢城へ向けて進軍していった。部隊は徹底的に脇道を通ったため、黄海防御使《ファンヘパンオサ》や京畿防御使の部隊も彼らを阻止することはできなかった。鎮圧軍と初めて衝突したのは黄海道の黄州《ファンジュ》だった。

反乱部隊に立ちはだかったのは鄭忠信《チョンチュンシン》と南以興《ナムイフン》が率いる部隊だった。彼ら二人は李适と大変親しい間柄だった。そのため李适は、できるだけ正面突破を避けて急襲することで、彼らのところを通り抜ける計画を立てた。

李适は、まず部下に鎮圧軍に投降するふりをさせて敵の警戒心をゆるめ、その後、一気に襲った。結果は李适の大勝利で、こうして鎮圧軍を制圧した李适は官軍の先鋒長だった朴永緒《パクヨンソ》を捕らえて殺し、再び都城へ向かって兵を進めた。彼が入城を急いだのは、恐らく都城内に住む家族のことを憂慮したためだろう。しかし、彼が都城へ着く前に、彼の妻と弟の李遁《イドン》は官軍に捕らえられ、死刑に処せられていた。

以後、反乱部隊と官軍との間の二回目の戦闘は、開城《ケソン》と臨津江《イムジンガン》との間の平山で繰り広げられた。この時、官軍は黄海防御使の李重老《イジュンノ》と平山府使の李廓《イファク》が率いた。彼らは浅瀬を境界にして反乱部隊を待ち伏せしたが、潜伏情報を入手した反乱部隊の急襲で官軍は再び大敗した。

三回目の戦場となったのは、臨津江の渡し場だった。この戦闘で、李适は韓明璉の老練な助言に助けられ、官軍を大破し、碧蹄《ピョクチェ》へ進軍した。

一方、臨津江の戦いで官軍が大敗したとの知らせを聞いた仁祖と西人派は、奇自献など牢獄に閉じ込められていた数十人の大北派が反乱に内応する可能性があると判断して、彼らを全員処刑した。そして、漢城を捨てて、忠清南道公州《チュンチョンナムドコンジュ》に避難した。

反乱部隊が漢城に到着したのは、出発してから十九日目の二月十日だった。彼らは都城へ着くと、まず民心を落ち着かせるために、反乱軍が勝利して新しい王が即位することを知らせた。太祖《テジョ》・李成桂《イソンゲ》以後、反乱軍が都城を占領したのは史上初だった。それまでは、都城を占領しさえすれば勝利したものと見なされていただけに、李适は宣祖の息子・興安君《フンアングン》を王に擁立し、至る所に布告文を張り出して、民が生業に励むよう民心を安心させた。しかし、彼らの漢城占領は長く持たなかった。彼らの後を追いかけてきた張晩が、散らばっていた兵を集めて、戦列を整えていたのだ。そして、張晩と鄭忠信、南以興などは作戦を練った末に、開城《ケソン》の北山《プクサン》に陣を張った。

李适はこの知らせを聞き、部隊を二つに分けて、官軍を包囲する形で攻め込んだ。反乱軍の先鋒は老将の韓明璉が受け持った。しかし、地形上、有利な位置を固守していた官軍に大敗してしまった。そして、李适は負傷した韓明璉と敗残兵を率いて都を抜け出し、京畿道利川《イチョン》に再び陣営を張った。しかし、二月十五日に利川に着いた時には、反乱軍はすでに散り散りになっていて、陣営を立て直すにはあまりにもひどい状況だった。すると、戦勢を回復するのは難しいと判断した李适の部下たちは、李适と韓明璉の首を切って、官軍に投降してしまった。

こうして李适の乱は平定されたが、朝鮮社会の混乱は加速した。内部の反乱で王がいとも簡単に都を離れると、民衆は不安と恐怖に震え、それは乱が平定された後にも朝廷に対する不信へとつながった。また、反乱によって辺境の主力部隊がなくなってしまったため、北方防備がおろそかになり、そうしたことがまた、後金の侵略欲を刺激して、結局、丁卯胡乱を引き起こす要因となった。そして、丁卯胡乱はさらに丙子胡乱へと続き、王が清の太宗に両膝をついて謝罪するという屈辱的な状況が展開されたのだった。

丁卯胡乱（一六二七）

李适の乱が平定されてから三年目の一六二七年一月、それまで虎視眈々と機会を狙っていた女真族が大々的な朝鮮侵略を敢行した。国力が極めて衰弱していた朝鮮は、抵抗もできないまま臨津江以北を占領され、後に和議条約を結ぶことで、辛うじて滅亡の危機を免れる。

女真族は、朝鮮と明が壬辰倭乱で国力が衰えた隙を狙い、建州衛酋長・奴児哈赤を推戴して、部族を統合し、一六一六年（光海君八年）、後金を建てた。その後、彼らは肥沃な南満州に進出するため、明を侵略した。すると、明は十万の大軍でもって後金討伐に出る一方、朝鮮に対して援軍を要請した。

朝鮮はこうした明の要請を受けて出兵したものの、明が「薩爾滸《サルフ》の戦い」に続く「富車の戦い」で大敗して守勢に追い込まれると、光海君は中立主義外交路線を取って、朝鮮軍を率いていた姜弘立《カンホンニプ》に後金と休戦するように指示した。これによって朝鮮は、いったん戦乱の中心から逃れて、明と後金の争いを静観しながら国防を強化する一方、戦争に備えて軍事力を増強させた。

光海君のこうした戦略のおかげで、朝鮮はしばらくは戦乱の脅威から逃れ出ることができたが、仁祖反正で光海君を追放して朝廷の実権を握った西人派は、親明背金政策を明らかにしたため、朝鮮と後金の関係は再び悪化した。

朝鮮は親明事大主義の道を歩みながら、公然と明を支援し、後金との戦争で敗退した明の将軍と兵士たちを保護したりもした。朝鮮のこうした背金政策は後金を刺激し、朝鮮が李适の乱で、国防がおろそかになると、一六二七年一月中旬、後金の将帥・阿敏は、三万の兵を率いて鴨緑江《アムノッカン》を渡って朝鮮に攻め込んだ。

鴨緑江を渡って平安北道の義州を占領した後金軍の主力部隊は龍川、宣川《ソンチョン》を経て平安南道安州城《ピョンアンナムドアンジュソン》方面へ南下し、一部の兵力は平安北道鉄山椵島《ピョンアンプクドチョルサンカド》に駐屯していた明の毛文龍部隊を攻略した。

これに対して朝鮮軍は、平安北道郭山《クァクサン》の凌漢山城《ヌンハンサンソン》をはじめ様々な所で防衛戦を繰り広げたものの、後金軍を阻止するのに失敗し、椵島の毛文龍も南側の宣川《ソンチョン》の身弥島《シンミド》へ敗走した。

このように後金軍が破竹の勢いで南下してくると、仁祖は張晩を道体察使《トチェチャルサ》に任命して敵を防ぐようにし、大臣たちを各道に派遣して、軍兵を募集させた。その間、後金軍は南進を続けて安州城を占領し、さらに平壌を経て黄州まで進出した。この時、平山で陣を張っていた張晩は形勢が不利だと悟り、礼成江《イェソンガン》南方の開城に陣を張って敵と対峙した。一方、朝鮮朝廷は戦勢が極めて不利だとの判断の下、金尚容《キムサンヨン》を留都大将《ユドテジャン》に任命して漢城を守備させ、昭顕世子は全羅道の全州へ、仁祖は江華島へ避難した。

状況がこうなると、全国各地で義兵が起こり、後金の背後を攻撃しはじめた。そのため平山まで進出した後金軍は、それ以上の南下を諦め、朝鮮朝廷に和議を提議してきた。

後金は和議を提議する書簡で、七つの侵略理由を挙げ、三つの条件を掲げた。第一に、後金に鴨緑江以南の辺境地域を割譲すること、第二に、明の将帥・毛文龍を捕らえて送ること、第三に、明への討伐に朝鮮軍三万人を派遣することだった。後金は二月九日、後金の副将・劉海と後金に投降していた将軍・姜弘立に、この書簡を持たせて送り帰すとともに、和議の意のあることを伝えてきた。

朝鮮朝廷は、この書簡を受け取って、和議を主張する主和論者と、それに反対する斥和論者とに分かれて熾烈な論争を繰り広げた。しかし、もはや後金軍を相手に戦う余力のないことを痛感した大臣たちは、崔鳴吉など主和論者の主張に従って、彼らと和議交渉に臨むことにした。

和親の過程で、後金は明の年号を使用しないこと、王子を人質として送ることなどいくつかの条件をさらに追加した。これに対して朝鮮側は、王子はまだ幼いため、人質に送るわけにはいかないと説得し、宗親の原昌君《ウォンチャングン》・李球《イグ》を王弟として後金の陣営に送り、兵曹判書《ピョンジョパンソ》・李廷亀《イジョング》、吏曹判書《イジョパンソ》・張維《チャンユ》などに交渉させた。

朝鮮側の和議条件は、第一に、後金軍が平山を越えないこと、第二に、盟約後、後金軍は即時撤退すること、第三に、後金軍は撤退後、二度と鴨緑江を越えて来ないこと、第四に、両国は兄弟国と称し合うこと、最後に、朝鮮は後金と盟約を結ぶものの、明に敵対しないことを認めることなどだった。

朝鮮の和親条約は、一言で言えば、明と後金との間で中立を守るから、これ以上、朝鮮を侵犯することのないようにというものだった。後金は、朝鮮の提議を受け入れて、撤退した。この時、朝鮮と後金とが結んだ条約を丁卯約条という。

この条約は朝鮮と後金、双方にとって満足のいくものではなかった。朝鮮は、それまで野人と見なし、排斥してきた女真族と兄弟関係を結んだことは、力に押されて敗戦したための恥辱的な措置だったばかりか、後金に対して「歳幣《セペ》」(貢物)を納めなければならないという経済的な負担まで抱えることになり、後金にとっても、朝鮮との盟約で歳幣による物資調達の約束を得られたものの、毛文龍の勢力を攻略できないままの状態で、朝鮮の排金傾向がさらに高まったことに対して不安を覚えていたためだ。

とはいうものの、朝鮮は膨張一途の後金の軍事力に立ち向かえるほどの力はなく、後金は明と対峙状態にあり、朝鮮との大々的な戦いを再開するわけにはいかない状況だった。こうした両国の内部的な事情が、双方ともに不満の残る丁卯約条を成立させた根本的な理由だった。

丙子胡乱(一六三六—三七)

丁卯約条以後、朝鮮は後金の要求に応じて、中江と会寧からそれぞれ後金に歳幣と、多少の必需品を送った。ところが、後金は、当初の盟約を破って、食糧の供給を強要し、兵船、軍兵の支援をも求めてきた。そればかりか、後金軍は往々にして、鴨緑江を渡ってきては、辺境の民家を略奪したりした。すると朝鮮内では、兵を起こして後金を攻撃すべきだとの世論が沸騰しはじめた。

朝鮮に対する、後金の圧迫と横暴は日増しにひどくなり、丁卯約条で結んだ兄弟関係を、君臣関係に改めるとともに、黄金、白金一万両、馬三千頭など従来よりさらに重い歳幣を要求し、また精兵三万の支援を求めてきた。この時、後金は満州の大部分を占領し、万里の長城を越えて、明の北京付近を脅かしていた。

後金のこうした要求が度を越すと、朝鮮は、和議条約を破棄し、後金に宣戦布告をしようとする動きを見せた。一方、後金の太宗《たいそう》は内蒙古を平定した後、汗(王号)の称号を捨てて、皇帝の称号を用いたことを知らせるために、一六三六年(仁祖十四年)二月に龍骨大、馬夫太などを派遣してきた。彼らは仁祖妃・韓氏の弔問を兼ねて朝鮮に使臣としてやってきたものの、丁卯約条の時に結んだ「兄弟関係」を「君臣関係」に改めるように要求した。すると、朝廷の大臣たちはこれに憤慨し、兵を起こして後金を攻撃することを王に強く進言した。仁祖もこれに同意し、後金の使臣が持ってきた国書を拒否した。

事態がこうなると、後金の使臣たちも朝鮮の動静が尋常ではないことを悟り、民家の馬を奪って、急いで本国へ逃げ帰った。その途中で、あいにく朝鮮朝廷が平安道観察使《ピョンアンドクァンチャルサ》に下した宣戦諭文を彼らに奪われてしまう。その内容は戦争に備えて兵士たちの紀綱を正し、軍備を怠らないようにせよというものだった。この文書によって、朝鮮の後金に対する出方を察した太宗は、再び侵略することを決心することになる。

同年四月、後金は国号を清と改め、年号を崇徳とし、太宗は皇帝の称号を使いはじめた。

清は皇帝戴冠式に出席した朝鮮の使臣に、王子を人質として差し出して謝罪しないと、大軍を派遣して朝鮮を攻撃すると脅迫した。しかし、清に対する感情が悪化していた朝鮮朝廷は彼らの申し出を黙殺してしまう。その年の十一月、清は再び王子と大臣、そして斥和論を主張する人物たちを瀋陽へ送るようにとの最後通牒を送ってきたが、朝鮮朝廷は今回もこれを無視してしまった。

その年十二月一日、清の太宗は自ら清軍七万、蒙古軍三万、漢族軍二万など、合わせて十二万の大軍を率いて鴨緑江を渡り、攻め入ってきた。清軍は義州府尹《ウィジュブユン》・林慶業《イムギョンオプ》が白馬山城《ペンマサンソン》を固く守っていることを知り、これを避けて漢城に一直線に進軍した。

清軍が鴨緑江を渡ったという都元師・金自点と義州府尹・林慶業からの急報が中央に伝えられたのは十二日で、十三日午後遅く、清軍がすでに平壌に至ったとの報告書も上がってきた。

清軍がこのように素早く攻撃してくることを予想もしていなかった朝鮮朝廷では、この報告で極度の混乱に包まれ、都城内の住民たちは避難しはじめた。そして、翌日の十四日、開城からの報告で、清軍がすでに開城を通過したことを知ると、仁祖は急いで判尹《パニュン》・金慶徴《キムギョンジン》を検察使《コムチャルサ》に、副提学《プジェハク》・李敏求《イミング》を副使《プサ》に命じて、江華留守《カンファユス》・張紳《チャンシン》に舟師大将《チュサテジャン》を兼任させて江華島を守らせる一方、尹昉《ユンバン》と金尚容に宗廟《チョンミョ》、社稷《サジク》の神主(位牌)を持たせ、世子嬪《セジャビン》・姜氏《カンシ》、元孫《ウォンソン》、次男の鳳林大君、三男の麟坪大君らを江華島に誘導させた。

仁祖もその夜、都城を抜け出して江華島に向かおうとしたが、敵情を探っていた軍兵が駆けつけてきて、清軍がすでに迎曙駅《ヨンソ》(現・ソウル恩平区仏光洞《ウンピョングブルグァンドン》)を通過し、江華島へ行く道を遮断しているとの報告を聞くと、これを諦めた。

朝廷の大臣たちは、事後対策を論議した末に、吏曹判書・崔鳴吉に清軍の陣営に出て、時間稼ぎをするようにし、仁祖はその隙に世子と百官を従えて南漢山城に避難した。仁祖一行が南漢山城に入った後、領議政・金瑬などは、そこが地理的に不利だとの理由を挙げながら、夜陰に乗じて、江華島へ移るよう力説した。翌十五日の明け方、仁祖は南漢山城を抜け出して、江華島へ向かおうとしたものの、大雪に阻まれて、馬を動かせないために諦めた。

仁祖が南漢山城に残ることになったため、漢城周辺の官吏たちは、それぞれ数百人の軍兵を率いて南漢山城に集結し、これによって総兵力は一万三千人ほどになった。この時、城内にあった食糧は穀物一万四千三百石、醬油、味噌二百二十壺程度で、約五十日間ほどしか持ちこたえられない量だった。

一方、清軍は十二月十六日、南漢山城に至り、清の太宗は翌年一月一日、兵士を二十万に増やして南漢山城のふもとの炭川《タンチョン》に布陣した。以後、これと言った戦闘もないまま敵軍の包囲から四十日余りが経過すると、城内の食糧は底をつき、兵士たちは疲労のため戦意を喪失した。また、南漢山城に向かっていた朝鮮軍も戦いに破れて逃走し、明に要請した援軍も明の国内事情のために来ることができなかった。そのため、南漢山城は完全に孤立無援の絶望的な境遇に置かれてしまった。

清軍に完全に包囲されて、もはや解決策を模索できなくなると、大臣たちの間から再び講和論が台頭した。大臣たちは主戦派と主和派に分かれて、激しく論争を繰り広げ、結局主戦派が難局打開策を打ち出せなかったため、主和派の主張に従って、清軍陣営に和議を求めることにした。そこで崔鳴吉が国書を作成し、左議政《チャイジョン》・洪瑞鳳《ホンソボン》、戸曹判書《ホジョパンソ》・金藎国《キムシングク》などを清軍陣営に送った。しかし、清の太宗は朝鮮の国王が直接、城の外に出て降伏を誓い、斥和首謀者三人を縛って送るよう求めてきた。あまりにもひどい要求だと考えた仁祖と大臣たちは、清の申し出を保留にしたまま主戦論と主和論とが再び対立し、数日がまた過ぎた。

そうしているうちに、江華島が陥落したとの知らせが入ると、城内はどよめきはじめた。そして、江華島で捕虜の身となった尹昉や韓興一《ハンフンイル》などの報告が届けられると、仁祖は降伏を決心せざるを得なかった。

仁祖の降伏が目前に迫ると、礼曹判書《イェジョパンソ》・金尚憲《キムサンホン》、吏曹参判《イジョチャムパン》・鄭蘊《チョンオン》などは清との和議に反対し、自決を試みたが、失敗したりもした。

仁祖が城を出て降伏する決心を固めると、洪瑞鳳、崔鳴吉、金藎国などは敵陣を往来しながら、朝鮮側の降伏条件を提示し、清軍陣営からは龍骨大、馬夫太などの使臣たちが南漢山城に入ってきて、会談に応じた。条約書に明示された清の要求事項は十一項目で、清に対して臣下の礼をとる一方、明との交流を断ち、清が明の征伐に出る際に物資および兵士を支援し、清に敵対姿勢を見せず、歳幣を送ることなどだった。

条約を締結すると、一六三七年一月三十日、仁祖は世子とともに西門に出て、漢江の東側の三田渡で清の太宗に膝をついて臣下の礼をとった後、漢城に帰ってきた。これでもって朝鮮は明との関係を断ち切り、清に服属するようになるが、この関係は一八九五年、清日戦争で清が日本に負けるまで続く。

清は撤退するにあたって、昭顕世子、嬪宮《ビングン》、鳳林大君、麟坪大君などを人質にし、前もって拘束していた斥和論者の呉達済、尹集、洪翼漢を瀋陽に連行していった。清軍は朝鮮から撤収する途中、椵島の東江鎮《トンガンジン》を攻撃するが、この時太宗は貝勒（清朝皇族に与えられた第三等の爵位）・岳託《ヨト》と降伏した明の将帥・孔有徳《こうゆうとく》などに兵船を作らせ、朝鮮側からも黄海道にあった兵船を支援に出させた。また、降伏条件に従って、平安兵使・柳琳《ユイム》を主将、義州府尹・林慶業を副将にし、清軍を助けて戦わせた。この戦いの中で、林慶業は、斥候将《チョクジャン》・金礪器《キムヨギ》を明の提督・沈世魁のところに内密に送り、避難するように知らせたが、提督・沈世魁は屈することなく、最後まで戦い戦死した。

清軍による被害は軍事面のみならず、民衆の生活面でも甚大だった。清軍は各地で盗みを働き、撤収する際には、数多くの朝鮮の女性を捕らえて行った。彼らの目的は、後に身代金を要求することだった。とはいうものの、捕らえられていった女性たちの大半は貧しい家の出身だったため、身代金を払える状況ではなかった。中には高い金を払って妻や娘を取り戻した例もあったが、帰って来た「還郷女《ファニャンニョ》」たちは純潔を守れなかったという理由で家庭に受け入れてもらえず、そこから生じた離婚問題が政治、社会問題に発展したりもした。

丙子胡乱を通じて、こうした屈辱的な歴史を残すことになったのは、当時の執権党だった西人派と仁祖とが、度の過ぎた事大主義に陥り、国際情勢を読み取ることができなかったのが根本的な原因だったと思われる。光海君の実利路線をまともに活かしていたなら、こうした変乱はもちろん、それまで明と結んできた君臣関係を清算し、国力の伸張を図る契機をも作り出すことができただろう。

五、朝鮮後期の唯一の法貨「常平通宝」の誕生

仁祖時代の経済政策のうち、注目すべきは常平庁で銅銭の常平通宝を鋳造したことだ。この時発行された常平通宝は、粛宗時代になると、朝鮮の唯一の法貨として定着していった。

もともと常平庁は、凶作の年に飢えた民を救済するために備蓄穀物や資金などを管理していた官庁だった。高麗時代の成宗《ソンジョン》(第六代)の時に設置され、朝鮮の世祖《セジョ》時代まで受け継がれていた常平倉《サンピョンチャン》を改称したものだった。世祖は常平倉の円滑な運営のために運営法規まで制定したものの、国家財政の逼迫から、その本来の趣旨を活かすことができなかった。このため、宣祖時代に入って常平庁に格上げし、各地方からの救済穀物を管理するようにさせ、活路を模索させた。ところが、壬辰倭乱で国家経済が破綻すると、その機能を失い、仁祖時代に入ると、大同法を施行していた京畿庁《キョンギチョン》と宣恵庁《ソネチョン》の附属機関となった。

この時、備辺司《ピビョンサ》(軍事と国政を司った官庁。壬辰倭乱以降は権限が大幅に強化され、政治の中枢機構となった。備局《ピグク》ともいう)で運営していた賑恤庁《チニュルチョン》(凶作や自然災害に見舞われた被災民を救済する官庁。救荒庁《クファンチョン》ともいう)と並行して、普段は常平庁の名前で穀物を管理し、凶作の年には賑恤庁と改称して救済業務を担当した。そして、一六三三年には常平通宝という貨幣を鋳造するようになる。

常平通宝の前にも、朝鮮では世宗《セジョン》時代に、「朝鮮通宝《チョソントンボ》」を鋳造して流通させたことがあった。しかし、銅銭の鋳造で、当時、法貨として規定していた楮貨《チョファ》の価値が暴落する現象が起こり、楮貨の衰退をもたらした。また、日本から輸入していた原料と、鋳造に投入すべき労働力が不足して、十分な量の銅銭が生産できなかった。このため、朝鮮通宝は法貨としての機能を果たすことはできなかった。

仁祖は、法貨のこうした状況を克服するために、苦心の末、もはや信頼を失っている朝鮮通宝を回収し、常平通宝を鋳造して普及させた。

ところが、この時の常平通宝も、やはり民衆の間に広まる前に、大きな難関にぶち当たる。兄弟関係から君臣関係への転換を要求していた清が、一六三六年に大々的な侵略を行うことによって、貨幣が無用の長物になって

しまったのだ。そして、丙子胡乱が終わった後も、戦乱の余波は続き、市場ではしばらくの間、物品貨幣だけが唯一の交換手段として取り引きされた。

しかし、その後、孝宗、顕宗時代を経て次第に経済的安定を取り戻し、粛宗時代に入ると、朝鮮朝廷は再び貨幣政策を実施し、法貨を作りだそうと試みる。そうしたことが、常平通宝の復活へと結びつく。

一六七八年（粛宗四年）、朝鮮朝廷は常平通宝を唯一の法貨として採択し、流通・普及を目ざして公布する。鋳造作業は戸曹、常平庁、賑恤庁、精抄庁《チョンチョチョン》、司僕寺《サボクシ》、御営庁《オヨンチョン》および訓練都監等の官庁や軍営で受け持った。

以後、常平通宝は一八九四年、高宗によって正式に鋳造中断の命令が下されるまで、朝鮮の公式の法貨として用いられた。

六、『仁祖実録』編纂経緯

『仁祖実録《インジョシルロク》』は五十巻五十冊から成り、一六二三年三月から一六四九年五月までの仁祖在位二十六年二か月間の歴史的事実を編年体で記録している。編纂事業は一六五〇年八月一日に始まり、一六五三年六月に終わった。

編纂作業に参加したのは、総裁官《チョンジェグァン》・李敬与《イギョンヨ》、金堉をはじめ、都庁堂上《トチョンタンサン》三人、都庁郎庁《トチョンナンチョン》二十五人、一房堂上五人、一房郎庁七人、二房堂上三人、二房郎庁六人などの他、実務陣十五人を合わせて計六十六人だった。

第十七代　孝宗実録

一、昭顕世子の死と鳳林大君の世子冊封

一六三七年、清《しん》は「丙子胡乱《ピョンジャホラン》」を終わらせて、兵を引き上げる際に、昭顕世子《ソヒョンセジャ》、鳳林大君《ポンニムデグン》、麟坪大君《インピョンデグン》の仁祖《インジョ》の三人の息子を人質として捕らえて行った。麟坪大君は、その翌年に帰って来たが、昭顕世子と鳳林大君は八年後の一六四五年になってやっと帰国できた。

昭顕世子と鳳林大君は、二人とも清に捕らわれの身となっていたものの、彼らは清でまったく違った立場を固守していた。昭顕世子は当時、清に輸入されている西洋の文物に接しながら、西洋人たちとの交際を通じて、新しい文物と思想を学んでいたのに対し、鳳林大君は徹底した反清主義者となってしまっていた。

昭顕世子は西洋人の神父・アダム・シャール(Adam Schall)との交際でカトリック教を知り、また、西洋の科学文明にも目覚めるようになった。アダム・シャールは、彼に天主像と西洋の歴史、科学書などを贈り、そのお陰で、昭顕世子は西洋の暦法に心酔するようになった。彼は東洋と西洋との暦法に大きな差があることを悟る一方、朝鮮の天文学が初歩水準であることにも気がついた。

昭顕世子と同じく、鳳林大君も清で多くの文物に接していた。しかし、昭顕世子のように深く心酔したり、驚くことはなかった。それより、彼は積極的に兄の昭顕世子の身を守り、清の内情を探って、本国に伝える役割を果たした。そうした中で、彼は清の対明《みん》戦争に直接参加して、明が滅亡する過程を目撃し、一方では、敗戦国の王子という理由で清の官吏たちから侮蔑を受けることもあった。彼のこうした体験は反清思想をさらに強める原因ともなった。

昭顕世子と鳳林大君の清での生活の様子は、通訳官や謝恩使《サウンサ》たちを通して朝鮮の朝廷にも伝えられたが、仁祖は昭顕世子が西洋の宗教であるカトリック教に心酔しているとの知らせを聞き、非常に憤慨した。その上、貴人《クィイン》・趙氏《チョシ》や金自点《キムジャジョム》などが、昭顕世子が清で(朝鮮)王のように振る舞っていると中傷していたため、昭顕世子に対する仁祖の感情は極度に悪化した。

その頃、清は明を滅ぼし、世子一行を釈放した。昭顕世子は世子嬪《セジャビン》・康氏《カンシ》と二人の息子(長男は当時、朝鮮にとどまっていたようだ)を連れて、一六四五年二月、漢城《ハンソン》に帰ってきたものの、父の仁祖には彼の帰国を歓迎する様子はなかった。

当時、仁祖は清から徹底した反清主義者だとの烙印が押されていた。一方、昭顕世子は帰国後も清との円満な関係を維持していた。そのため、清は朝鮮と議論すべき問題が生じた場合、仁祖とは相談しないで、瀋陽《しんよう》の朝鮮館で昭顕世子を相手に交渉することを望んだ。

清のこうした出方は仁祖を不安にさせた。それに、金自点などは昭顕世子が帰国する場合、王位を譲らなければならないかもしれないと言い、仁祖の警戒心を一層高めさせていた状態だった。こうした内情を知る由もない昭顕世子は、帰国するとすぐに仁祖のもとを訪ねて清の内部事情、西洋文物に対する報告をした。彼の報告が進むにつれて、仁祖の表情はますます暗くなり、帰国の際に持ち込んだ西洋の書籍や機械などを見せると、仁祖は激しく怒りながら、近くにあった硯を彼の顔に向けて投げつけるありさまだった。

そんなことが起きてから、昭顕世子は病にかかり、回復しないまま、床に臥してしまった。病気の原因が父王との不和により起こった癇癪のためなのか、ただの熱病だったのかははっきりしていないが、当時、彼を診察していた医者はマラリアとの診断を下した。この時、仁祖の主治医だった李馨益《イヒョンイク》が、昭顕世子の熱を下げるため三回ほど鍼治療を行ったが、昭顕世子はこの治療を受けてから三日目に死んでしまった。

こうした疑問の多い死に対して、当時の名臣で学者でもあった李植《イシク》は、昭顕世子の墓碑銘に「還宮以後、悪寒と熱が続いたが、医員《ウィウォン》の施術が間違ったため、ついに死に至った」と記録しており、『仁祖実録《インジョシルロク》』はこれに対して次のような記録を残している。

「世子が瀋陽にいた時、家を建てて丹青（青、赤、黄、白、黒を基調に、建物に様々な色で文様や絵を描いて装飾すること）を施し、捕虜となった朝鮮の人々を集めて田畑を耕し、穀物を蓄えては、珍奇な品物を買い集めていたため、世子がいる場所はまるで市場のようだった。王はこれを聞いて好ましく思わなかった。王が寵愛する宮女・趙昭容《チョソヨン》（貴人・趙氏）は以前から世子と世子嬪を憎み、昼夜を問わず、王の前で世子嬪が王を呪ったとか、悪口を言ったなどの中傷を繰り返した。世子は帰国してから、しばらくして病気になり、数日後に死んだ。遺骸は全身が真っ黒で、腹の中から血が流れ出た。死んでいる世子の顔の半分が黒い布で覆われていたため、側に仕えていた人々には世子の顔はわからなかった。顔色は中毒患者のようだったが、他の人は誰も気づかなかった。王もこれを知らなかった。ただ、当時の宗室だった珍原君《チヌオングン》・李世完《イセワン》が、彼の妻が仁祖の前妃だった仁烈王后《イニョルワンフ》の異母妹だったため、『殮襲《ヨムスプ》』（遺骸を清めた後、帷子や服を着せ、紋布で縛る儀式）に居合わせたので、その光景を見て人に伝えたのだ」

この記録から見れば、昭顕世子は仁祖によって毒殺された可能性が高い。こうした推論の根拠としては、事件の事後処理と昭顕世子の葬儀のあり方を見ても明らかだ。

一般に、王や王子に行った治療が間違った場合、医官《ウィグァン》が尋問されるのが慣例だったが、仁祖は医官の「推考」(官吏の不届きを尋問して、考察すること)の論議自体を禁じた。そのため、大司憲《テサホン》の金光炫《キムグァンヒョン》が李馨益の鍼治療に過失はなかったのか調べるべきだと追及すると、仁祖は李馨益を庇いながら、金光炫に対して怒りだし、後には彼を世子嬪・康氏の姪婿だとの理由で左遷してしまった。

また、昭顕世子の葬儀も一般平民の葬儀に準ずる手順を踏んだばかりか、喪中期間を短縮して葬儀を繰り上げ、参列者も一部の宗室の者に限定した。その上、仁祖は墓地を弘済洞《ホンジェドン》にするように勧める臣下の意見を無視して、都から遠い京畿道高陽《キョンギドコヤン》にある孝陵《ヒョルン》(第十二代仁宗《インジョン》と仁宗の妃・仁聖王后《インソンワンフ》の陵)の裏側に設けるように命じた。

さらに、仁祖は昭顕世子の死の二か月後に、いきなり大臣たちを召集して、自分は持病が重いため、新たに世子を冊封しなければならないと、世子冊封問題を持ち出した。臣下たちはこれに対して、昭顕世子の長男・石鐵《ソクチョル》に王位を継がせるのが相応しいと意見を述べたが、王は十歳にしかならない世孫《セソン》は適していないと主張して、それまでの王室の慣例を破り、次男の鳳林大君を世子と決めた。

以後、昭顕世子の周辺勢力と世子嬪・姜氏の実兄たちを全員配流とし、ついには残った世子嬪まで後苑《フウォン》(宮殿内の園林)の別荘に幽閉し、賜薬を下して殺してしまった。そして、昭顕世子の長男、次男は済州島《チェジュド》へ配流して殺し、三男だけを配流地で生き長らえるようにした。

こうすることで、仁祖は昭顕世子をはじめ、彼の家族、周辺勢力をすべて除去した。仁祖のこうした一連の行動は、彼が昭顕世子を毒殺したことを逆に立証している。

仁祖が昭顕世子を殺したのは反清感情のためだったと思われる。もともと仁祖の政治的基盤は親明事大主義で、クーデターを起こして光海君を追放した名分も、まさにそれだった。しかし、彼の親明事大主義は丙子胡乱を引き起こし、あげくの果てに王自らが膝を屈して謝罪する屈辱まで強いられ、息子たちを人質に出さなければならなかった。そのため、仁祖の反清感情は、いかなる実利主義路線にも応じられないほど極端に強かった。

ところが、人質として捕らえられて行った昭顕世子は清と円満な関係を維持しながら、常に妥協点を模索していた。そのため、清としては仁祖よりも昭顕世子の方をより信頼した。仁祖は、そうした昭顕世子の行動を許せなかった。昭顕世子の行動は自分の政治的基盤を揺るがすだけでなく、父である自分を欺く行動だと受け止めたからだ。

その上、帰国した昭顕世子は父の内心を察するすべもなく、清から持ち帰ってきた西洋文物を称賛しながら、朝鮮は変わるべきだと力説した。仁祖には、こうした世子が清のスパイ程度にしか考えられず、さらに自分への裏切りと感じ、とうとう息子を毒殺する結果を招いてしまったのではなかろうか。

それまで瀋陽に残っていた鳳林大君は兄の訃報に接し、急いで帰国の途に着いた。彼が帰国したのは昭顕世子の死から一か月経った一六四五年五月だった。仁祖は翌六月に世子冊封の意思を明らかにして、九月に鳳林大君を世子の座に据えた。

鳳林大君は昭顕世子とともに八年間を瀋陽で過ごしたが、実利外交を主唱していた昭顕世子とは異なり、親明事大主義に執着して、反清思想を強めた人物だった。仁祖は鳳林大君の反清感情が自分の親明事大主義と一致すると見なし、そのため、長男を排除して、次男に王位を継がせたのだ。

鳳林大君は一六四九年五月、仁祖の死後、王位に就いた。彼がまさに、北伐論を打ち立て国力強化に専念した朝鮮第十七代王の孝宗《ヒョジョン》だ。

二、孝宗の北伐政策と朝鮮社会の安定

生年一六一九—没年一六五九
在位期間一六四九年五月—五九年五月、十年間

長い間、人質生活を強いられながら、反清感情を強めていた孝宗は、王位に就くと間もなく、親清勢力を追放し、斥和論者を重用して北伐計画を強硬に推し進めた。こうした北伐計画は結局実行されなかったが、この計画の結果、国力は強まり、社会安定の基盤を築くことができた。

孝宗は、一六一九年に仁烈王后を母として生まれた。名前は淏《ホ》、字は静淵《チョンヨン》。一六三一年十一歳で、右議政《ウイジョン》の張維《チャンユ》の娘と結婚し、一六三六年、丙子胡乱が起こると、仁祖の命令で弟の麟坪大君とともに妃嬪《ヒビン》、宗室、両班《ヤンバン》たちを率いて江華島《カンファド》に避難したが、翌年、講和が成立し、兄の昭顕世子および金尚憲《キムサンホン》などとともに人質として清に渡った。

彼は清にとどまっている間、兄の昭顕世子と生活をともにし、昭顕世子を積極的に守った。清が山海関《さんかいかん》(万里

の長城の東側起点にある関門で、昔からの軍事的要衝地）を攻撃する際、清が昭顕世子の同行を強要すると、これに激しく反対し、代わりに自分を行かせてくれと言って、清の要求をかわしたりした。その後、清が西域などを攻略する際にも、世子と同行して、世子を助けたりした。

孝宗は、自分の意思とは関係なく、西はモンゴル、南は山海関などで戦闘に参加させられ、明の滅亡を直接体験した。また、東は鉄嶺衛、開元衛などへ同行させられ、さまざまな苦労をしていたため、清を深く恨んでいた。そのため、彼は執権当初から反清ムードを広めるとともに、宋時烈《ソンシヨル》の北伐論に基づいて、北伐計画を推進した。

孝宗は、この計画の樹立に先立って、まず親清派を除去した。当時、代表的な親清派勢力は金自点だった。金自点は「仁祖反正《インジョパンジョン》」の功臣という立場を基に、一時、政権を掌握して権勢を振るっていたが、台諫《テガン》の弾劾を受けて退けられた後、金瑬《キムリュ》と提携して、再び政界に登場した人物だった。

金自点は、謝恩使として数回にわたり清を往来しながら清との友好関係を築く一方、仁祖の寵愛を受けていた後宮・趙昭容と決託して仁祖から疑いをかけられていた昭顕世子を非難して仲違いをさせた。そして趙昭容の生んだ孝明翁主《ヒョミョンオンジュ》と自分の孫の世龍《セリョン》を結婚させることで、宮中との癒着関係を強化していった。

しかし、金自点は自分の絶対的な後ろ盾だった仁祖が死去し、孝宗が即位して金尚憲、宋時烈などの反清人士を重用するようになると、彼らの弾劾を受けて配流させられた。彼は配流となった後、身の危険を感じたあまり、訳官・李馨長《イヒョンジャン》に新王が旧臣たちを追放して、清を攻撃しようとしていると、孝宗のことを清に密告させた。彼はその証拠として、朝鮮が清の年号を使っていないことを示す文書を同封した。

この事件で、清は兵を鴨緑江《アムノッカン》付近に配置し、真相調査のための使者を派遣した。しかし、李景奭《イギョンソク》、李時白《イシベク》、元斗杓《ウォンドゥピョ》などの外交力に助けられて、この事件は事なきを得、金自点は再び全羅南道光陽《チョルラナムドクァンヤン》へ流された。

光陽へ流された金自点は、一六五一年、仁祖の後宮・趙貴人と組んで、再び謀叛を画策する。息子の金鉽《キムイク》に「守禦庁《スオチョン》」の兵士と、京畿道水原《スウォンソン》城に駐屯している兵士を動員し、元斗杓、金集《キムジプ》、宋時烈、宋浚吉《ソンジュンギル》などを排除し、崇善君《スンソングン》（貴人・趙氏の生んだ仁祖の五男）を推戴しようとした。しかし、この計画は事前に暴露されて、彼は息子とともに死刑となり、彼を支援していた趙貴人も賜薬を受け、彼に従っていた一派も追放された。

金自点謀叛事件で、親清勢力をすべて除去した孝宗は、李莞《イワン》、柳赫然《ユヒョギョン》、元斗杓などの武将を重用して、北伐のための本格的な軍備拡充に乗り出した。

一六五二年には北伐の先鋒部隊である御営庁《オヨンチョン》を大幅に改編、強化し、王の護衛を受け持つ禁軍《クムグン》を騎兵化するとともに、一六五五年にはすべての禁軍を「内三庁《ネサムチョン》」(宿衛《スグィ》と扈従《ホジョン》を担当していた官庁。龍虎営《ヨンホヨン》に属した内禁衛《ネグミ》、羽林衛《ウリミ》、兼司僕《キョムサボク》の総称)に統合し、兵士も六百余人から千余人に増員し、王権を強化した。また、南漢山城を根拠地とする守禦庁をさらに強化して漢城外郭の防備を補強し、中央軍の御営軍を二万、訓練都監軍《フルリョントガム》を一万に増強する計画だったが、財政が厳しく、実現できなかった。

一方、一六五四年三月には、地方軍の核心である「束伍軍《ソゴグン》」の訓練を強化するために、仁祖の時代に設けられていたものの有名無実化していた営将《ヨンジャン》制度を強化し、一六五六年には南方地帯の束伍軍に精鋭を補充して、紀綱を固めた。そして、漢陽《ハニャン》の外郭と江華島の兵力を増強し、首都の安全を図った。孝宗はこうした軍備増強を基に二回にわたってロシア征伐を敢行した。

ロシアは黒龍江ほとりの豊かな資源を狙って黒龍江右岸のアルバジン河口に城を築き、ここを根拠地に毛皮を集めるなど不法な略奪行為を行っていた。そのため、周辺の狩猟民たちとの紛争が絶えず、しばしば清の軍との衝突を招いたりしていた。

清は、幾度となくロシア人の国境侵入を防いでいたが、彼らは次第に松花江《しょうかこう》流域にまで活動範囲を広げて、略奪行為をこととした。清政府は軍を派遣して、寧古塔《ニングダ》(吉林)で戦い、彼らを追い払おうとしたものの、かえって彼らの鉄砲に敗れた。清は、仕方なしに朝鮮の鳥銃軍の力を借りることにした。

清は朝鮮の鳥銃軍百人を選抜して、咸鏡北道会寧《ハムギョンプクトフェリョン》を経て寧古塔へ派遣するようにと要求してきた。朝鮮朝廷は論議した結果、鳥銃軍百人とその他の兵士五十人を派遣して、清の軍とともに戦い、ロシアの軍を黒龍江以北へと撃退した。これが、一六五四年四月の第一次ロシア征伐だ。

朝鮮は一六五八年六月、清の要請で、再び鳥銃軍二百人と哨官《チョグァン》(百人単位の兵士集団である哨を統率する従九品の武官職)、およびその他の兵士六十余人を派遣して、第二次ロシア征伐を行った。ロシア征伐に出兵した清軍と朝鮮の鳥銃軍は、松花江と黒龍江《こくりゅうこう》が合流する地点でロシア軍と遭遇した。この時、ロシア軍は十隻余りの船に兵を乗せて近づいて来たが、清軍は敵を恐れるあまり、彼らに立ち向かう気力を失ってしまった。しかし、朝鮮軍が火力で敵船を焼き払うと、ロシア軍は散り散りに逃走し、以後、黒龍江付近で活動していたロシア軍はほとんど殲滅された。

こうした二回にわたるロシア征伐は朝鮮軍の士気をさらに高め、それ以後、ロシア征伐を口実に朝鮮は山城を整備し、軍備を拡充して、北伐準備を急いだ。また、済州島《チェジュド》に漂流してきたオランダ人ハメルを訓練都監に配置し、鳥銃、火砲などの新しい武器を改良、補充するようにし、必要な火薬生産のための哨石生産に邁進した。しかし、こうした執念じみた軍備拡充は、たびたび財政的な問題にぶつかり、中断した。そして軍備拡充に力を入れ過ぎた結果、民衆の生活を圧迫するなどの副作用が現れたのだった。

だが、孝宗のこうした国防強化策の努力にもかかわらず、北伐の機会はなかなか来なかった。時間が経てば経つほど、清の力は強まる一方だったからだ。

孝宗は国防強化と同時に経済面でも安定を図った。二度にわたる外征で破綻に瀕した経済を建て直すため、彼は忠清道《チュンチョンド》と全羅道《チョルラド》とに大同法《テドンポプ》を拡大施行し、田税を一結当たり四斗に固定して農民の負担を減らした。

一方、文化面でも、暦法の発展を図るために、太陰暦と太陽暦の原理を合わせて二十四節気の時刻と一日の時間を精密に計算して作った「時憲暦《シホンニョク》」を採用した。また、『国朝宝監《ククチョボガム》』を再編纂して政治の道を示し、『農家集成《ノンガチプソン》』などの勧農書を用いて農業生産を伸ばそうとした。その他にも、戦後の乱れた倫理秩序を正すために、昭恵王后《ソヘワンフ》(第九代成宗《ソンジョン》の母)が編纂した『女訓《ヨフン》』や、金正国《キムジョングク》が書いた『警民編《キョンミンピョン》』(人倫と法制に関する知識を普及させ、犯罪を防ぐための啓蒙書)などを刊行した。

孝宗は生涯、先王の三田渡《サムジョンド》の恥辱を反芻しつつ、北伐に執念を燃やし、軍備拡充に全力を注いだ君主だったが、国際的な情勢が好転することなく、また軍備を支える財政が不十分だったため、しばしば、軍備よりも現実的な経済再建を主張する朝臣たちとの摩擦を招いたりした。

結局、孝宗は、北伐を成し遂げられないまま、一六五九年五月、四十歳で世を去った。しかし、彼が確立した軍事力は朝鮮社会の安定のための基盤となった。

三、孝宗の家族たち

孝宗は仁宣王后《インソンワンフ》・張氏《チャンシ》との間に一男(顕宗《ヒョンジョン》)六女、安嬪《アンビン》・李氏《イシ》との間に一女をもうけた。陵は寧陵《ヨンヌン》で、初めは京畿道九里市《クリシ》にある健元陵《コヌオンヌン》(太祖《テジョ》の陵)の西側にあったが、一六七三年(顕宗十四年)に京畿道驪州郡《ヨジュグン》の英陵《ヨンヌン》(世宗《セジョン》の陵)の近くに移された。

○仁宣王后《インソンワンフ》・張氏《チャンシ》(一六一八—七四)

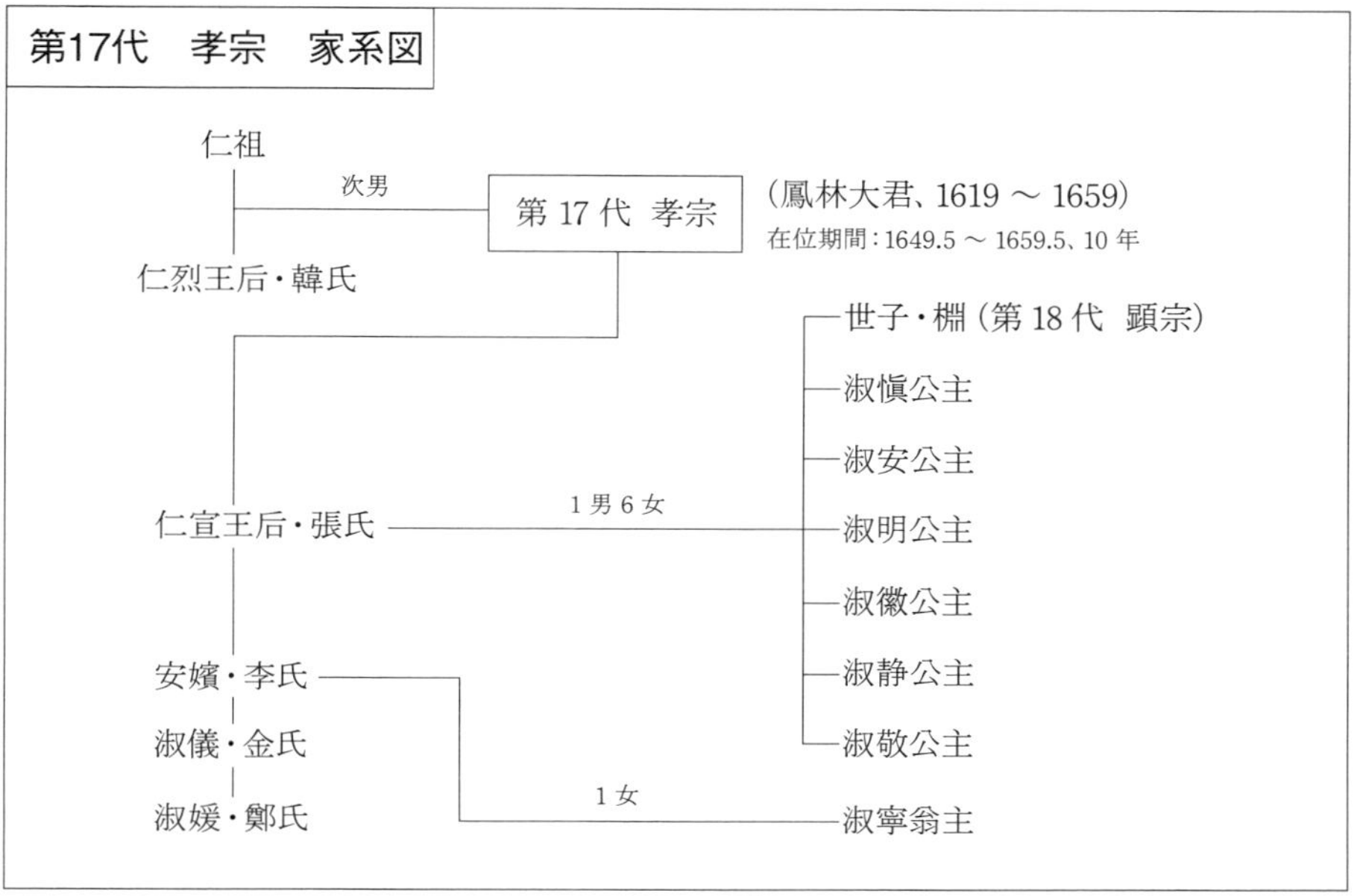

孝宗の正妃、仁宣王后・張氏は右議政の張維の娘で、十三歳になった一六三一年、一歳年下の鳳林大君と結婚し、豊安府夫人《プンアンブブイン》に封じられた。

一六三七年、朝鮮が丙子胡乱で負け、昭顕世子一行に従って鳳林大君とともに人質として連行され、八年間を瀋陽で過ごした。一六四五年、夫の鳳林大君が世子に冊封されると、世子嬪となったが、冊封が遅れたため、私邸で子供を出産した。その後、世子嬪に冊封され、一六四九年、仁祖の死去で孝宗が即位すると、王妃となり、二年後に正式に冊封された。孝宗の死後、一六六二年孝粛《ヒョスク》と尊号を受けて、大王大妃《テワンデビ》となったが、一六七四年、病死した。死後、孝宗の陵である寧陵に葬られた。

四、『孝宗実録』編纂経緯

『孝宗実録《ヒョジョンシルロク》』は二十一巻二十二冊から成り、一六四九年五月から一六五九年五月までの孝宗在位十年間の歴史的な事実を編年体で記録している。

編纂作業は一六六〇年五月に始まり、翌年の二月に完了した。作業に参加したのは総裁官《チョンジェグアン》・李景奭をはじめ、とする都庁堂上《トチョンタンサン》三人、都庁郎庁《トチョンナンチョン》四人、一房堂上五人、一房郎庁七人、そして、その他実務陣三十九人などの総計五十九人だった。

第十八代　顕宗実録

一、顕宗時代の平和と、南人と西人の礼論政争

生年一六四一—没年一六七四

在位期間一六五九年五月—七四年八月、十五年三か月

顕宗《ヒョンジョン》時代は外からの侵略が一切なく、内政的には社会の安定を取り戻していたため、比較的に平和な時代であった。しかし、顕宗は在位十五年の間、礼論《イエロン》をめぐる西人《ソイン》と南人《ナミン》の熾烈な政争の中で過ごさねばならなかった。そのため顕宗の時代は、一言でいえば、礼論政争時代とも言える。

顕宗は孝宗《ヒョジョン》の長男であり、仁宣王后《インソンワンフ》・張氏《チャンシ》から生まれた。一六四一年、孝宗が瀋陽《しんよう》に人質として滞在していた時、同地で生まれ、一六四九年、王世孫《ワンセソン》に冊封。孝宗即位後の一六五一年、世子に冊封された。そして、一六五九年、孝宗が死去すると、朝鮮第十八代王に即位した。

顕宗は即位すると、すぐに服喪期間問題による南人と西人の礼論政争に巻き込まれた。孝宗の死後、仁祖《インジョ》の継妃《ケビ》・慈懿大妃《チャウイデビ》(荘烈王后《チャンニョルワンフ》・趙氏《チョシ》)の服喪問題が政治問題化したのだ。

この頃、朝鮮朝廷は「仁祖反正《インジョパンジョン》」で政権を握った西人勢力と、仁祖の中立政策で起用された南人勢力とに二分されていた。仁祖、孝宗時代に南人は主に嶺南《ヨンナム》学派の主理論(主気論とともに朝鮮性理学の二大潮流の一つ。理は気の活動の根底となり、気を統制する実在だと見なし、これを強調した思想。先駆者は李彦迪《イオンジョク》で、李滉《イファン》が完成した。主理派は内向的傾向が強く、道徳的信念と、その実践を重視した)を主張し、西人は畿湖《キホ》学派の主気論(宇宙の根源的な存在を神秘的な理よりは物質的な気に求める立場。先駆者は徐敬徳《ソギョンドク》で、奇大升《キデスン》、李珥《イイ》が発展させた。主気派は外的経験を尊重し、政治、経済、国防など現実問題に対して改革論を打ち立てた)を主張することで、双方は学問的に対立していたが、顕宗の時代になって、本格的な政治論争を繰り広げるようになった。礼論も、最初は学問的な対立から始まったものの、後には政争へと拡大していった。

当時、朝鮮の一般社会では、朱熹《しゅき》(一一三〇—一二〇〇、中国・宋《そう》時代、哲学を集大成した儒学者。彼の学問は宇宙は理と気の二元からなると言い、その実践綱目として居敬、窮理の二大綱を掲げた)の『家礼』による「四礼」(冠礼、婚礼、葬礼、祭礼の四つの儀礼)の準則が守られていたが、王家では成宗《ソンジョン》の時代に制度化された『国朝《ククチョ》五礼儀《オレウィ》』(国家が執り行う儀礼。吉礼、凶礼、軍礼、賓礼、嘉礼)に従っていた。ところで、『国朝五礼儀』には孝宗

と慈懿大妃との関係に当たる事例がなかった。

孝宗が、仁祖の長男として王位に就いていたら、問題は起こらずに済んだはずのものだが、彼が次男で、仁祖の長男だった昭顕世子《ソヒョンセジャ》の喪中に慈懿大妃が長男に行う礼でもって三年間の喪に服したため、今回、孝宗の喪に際し、彼女の服喪期間が問題となった。

この問題に直面すると、宋時烈《ソンシヨル》、宋浚吉《ソンジュンギル》など西人派は孝宗が次男であるため、当然、「朞年喪《キニョンサン》」(一年喪)であるべきだと主張した。これに対して南人派の許穆《ホモク》と尹鑴《ユンヒュ》は、孝宗は次男ではあるが、王位を継承した長男と同様であるため、三年喪でなければならないと反論した。

西人と南人のこの服喪論争は極端な感情的対立へと発展し、結局、取り返しのつかない政争へと拡大してしまう。そして、この政争は地方に広がり、在野のソンビの間でも重要な争点として台頭した。

結局、孝宗の喪中に起きたこの論争で、西人の「朞年説」が採択され、南人派の勢いは大きく削がれてしまった。ところが、南人の反発が尋常ではなかったため、一六六六年、顕宗は朞年喪に決定して、これ以上、この問題を取り上げないように厳命し、万が一、この問題を再び取り上げた者は厳罰に処すとの布告を下した。

しかし、この服喪問題は一六七四年、孝宗妃・仁宣王后が死去すると、再び争点として持ち上がった。今回も西人派は孝宗が次男だという点を強調して、「大功説《テゴンソル》」(九か月喪)を唱え、南人派は彼女が慈懿大妃の次男の妃ではあるが、王后であったため、慈懿大妃は彼女の喪に一年間服すべきだとの朞年説を主張した。

顕宗はこの時、義父の金佑明《キムウミョン》と彼の甥の金錫冑《キムソクチュ》の意見を尊重して、南人派の朞年説を受け入れ、慈懿大妃が一年間喪に服すようにした。このことで、西人派は失脚し、顕宗元年に起こった礼論の修正も不可避となった。

ところが、一六七四年八月、顕宗が死ぬと、宋時烈は再び礼論を持ち出し、自分の従来の主張が正しかったと主張したため、弾劾されて配流となり、以後、西人派勢力が政界から退けられ、南人派が朝廷を支配するようになる。この礼論政争の波紋は『顕宗実録《ヒョンジョンシルロク》』の編纂にまで影響を及ぼし、粛宗《スクチョン》時代に起きた「庚申黜陟《キョンシンチュルチョク》」(粛宗六年の一六八〇年に当時の執権派だった南人の許堅《ホギョン》の一派を西人の金錫冑などが謀略で追放し、権力を奪った事件)以後、再び執権した西人派によって実録が改修されるまでに発展する。しかし、顕宗は在位十五年の間、絶えず礼論政争に巻き込まれながらも、比較的安定した政治を展開していった。

軍事面では、孝宗時代から押し進められてきた北伐計画に実効性がないとの判断からこれを中断し、その代わりに軍備増強のための訓練別隊を創設した。また、民間経済を安定させるために、光海君《クァンヘグン》以後、持続的に実施していた大同法《テドンポプ》を湖南《ホナム》地方全域に拡大施行した。

文化面では、印刷事業育成のため、金属(銅鉄製)活字十万余字を鋳造し、天文観測法と暦法研究のため、渾天儀《ホンチョニ》を再び製作させた。

そして、礼論政争が活発化する中で社会的な礼節も強調されるようになったため、同姓婚を禁じ、また、私的な情が介入する要因を排除するため、親族同士で同じ部署で働いたり、訴訟を受け持ったり、試験官を引き受けたりすることを禁止する「相避法《サンピポプ》」を制定した。

一方、この時期に済州島《チェジュド》に漂着し抑留されていたハメルなど八人のオランダ人が全羅道左水営《チョルラドチャスヨン》(水軍節度使《スグンチョルトサ》の駐屯地)を脱出して本国に帰り、十三年間の抑留生活を記した『ハメル漂流記《ピョルギ》』と、その付録の『朝鮮国記《チョソングッキ》』を出版し、朝鮮がヨーロッパに知られる契機となった。

顕宗時代は特別な社会的発展はなかった。礼論政争は学問的な思想が政争へと飛び火した代表的なケースだったが、その一方で、礼論がこうした争点にまで発展したことは、顕宗時代がそれほど混乱のない、静かで安泰な時代だったことを逆に証明するものでもある。顕宗は南人と西人の極端な礼論政争に悩まされながら、一六七四年、三十三歳の若さで世を去った。陵は崇陵《スンヌン》で、現在、京畿道九里市東九陵《キョンギドクリシトングルン》にある。

二、顕宗の家族たち

顕宗は夫人が明聖王后《ミョンソンワンフ》一人だけで、夫人との間に粛宗と明善《ミョンソン》、明恵《ミョンヘ》、明安《ミョンアン》の三人の公主《コンジュ》をもうけた。

○明聖王后《ミョンソンワンフ》・金氏《キムシ》(一六四二—八三)

顕宗の妃・明聖王后は清風府院君《チョンプンブウォングン》・金佑明の娘で、一六五一年(孝宗二年)九歳の幼い年で世子嬪《セジャビン》に冊封され、顕宗と結婚式を挙げた。以後、一六五九年に顕宗が王位に就くと、王妃となり、一六八三年十二月五日、四十一歳で世を去った。彼女は知能が高く、性格が過激で、宮殿内の事柄を処理する際に感情的で荒っぽい面を見せたと言われる。息子の粛宗が王位に就くと、朝廷の政務にまで関与して、西人派の肩を持ち、南人派に批判されたこともある。特に、一六七五年、「紅袖之変《ホンスウィビョン》」(粛宗時代、顕宗の従兄弟に当たる福昌君《ポクチャングン》、福平君《ポクピョングン》などが宮中に出入りし、宮女たちに手をつけて子供を生ませると、彼らを配流させた事件)の時には、大臣たちの前で泣き叫ぶ

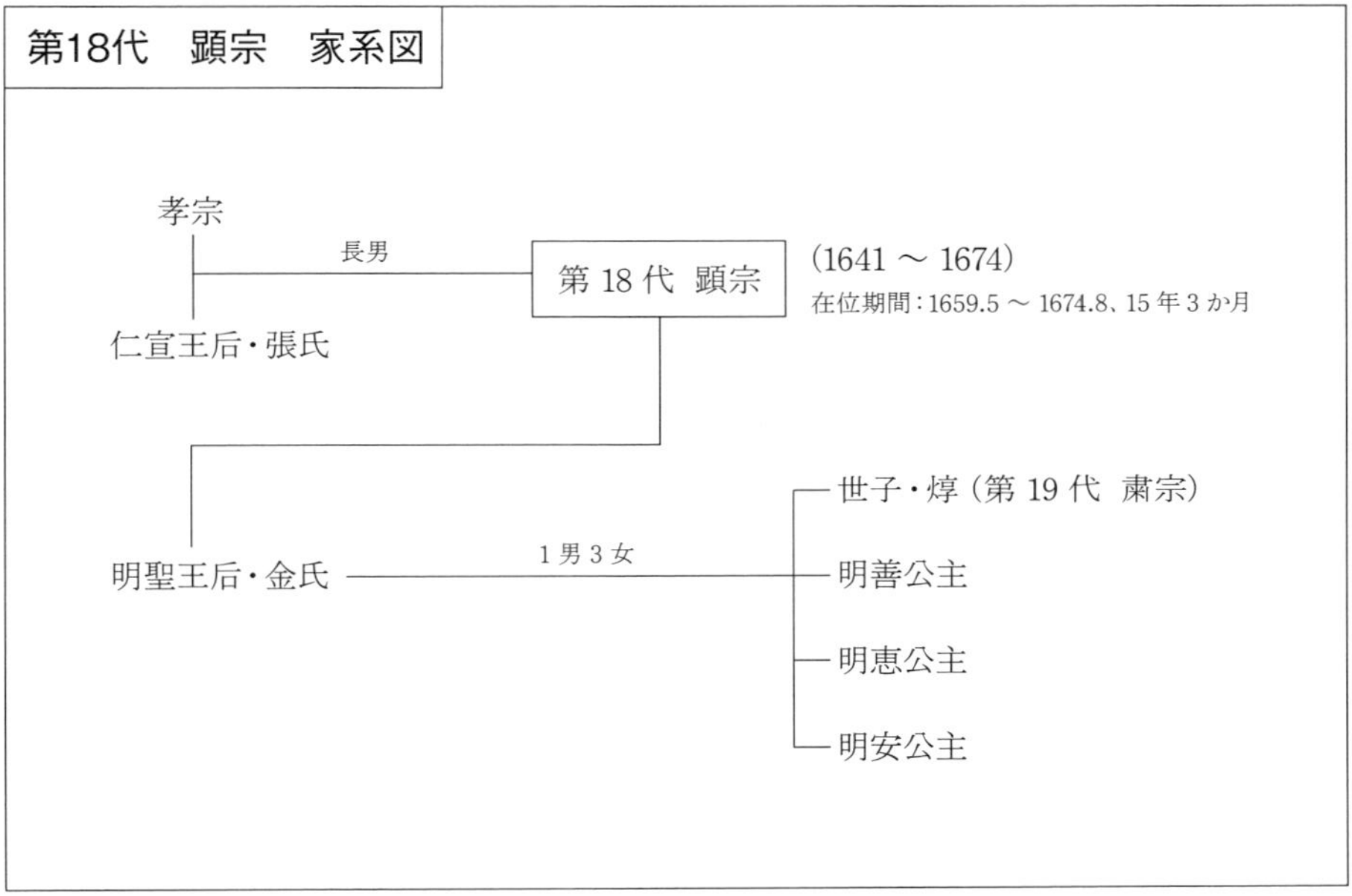

など、みっともない姿をさらしたりもした。陵は崇陵で、顕宗とともに、京畿道九里市に埋葬された。

三、礼訟の展開

礼訟《イェソン》（礼論政争）は、顕宗、粛宗時代にかけて孝宗と孝宗妃に対する慈懿大妃の服喪期間をめぐって起きた、西人と南人との論争を言う。この論争は表面的には単純な王室の典礼問題のようだが、実際には礼を最高の徳と見なしていた性理学の核心的な問題だった。また、王室の宗法に対して異なった見解を持った西人派と南人派の政治の主導権をめぐる理念闘争でもあった。さらに深く掘り下げて見ると、孝宗の王位継承に対する正統性を問う問題でもあった。そのため、当時のソンビたちにとっては命懸けの重要な事案となったと言えよう。

仁祖は長男の昭顕世子の死後、元孫である慶善君《キョンソングン》・石鐵《ソクチョル》ではなく、次男の鳳林大君《ポンニムデグン》を後継者にした。当時の王位継承法に従えば、当然、昭顕世子の長男・石鐵が王位を受け継ぐべきだった。しかし、仁祖は昭顕世子に対する憎しみのため、王室の宗法に背いたのだ。

　その孝宗が在位十年目に他界し、彼の息子の顕宗が王位を継いだ際、孝宗に対する慈懿大妃の服喪期間が問題となった。ところがこの件に対して、西人と南人との解釈が互いに行き違っていた。宋時烈など西人派は、慈懿大妃は孝宗の母親であるため臣下となって喪に服するわけにはいかないし、孝宗は次男のため、たとえ王位を継承したとしても、「四種之説《サジョンジソル》」（王位を継承しても、三年喪を執り行うことができない場合）のうち、「体而不正《チェイブジョン》」（嫡子でありながら、長子でない場合）に該当するため、当然、朞年喪を取るべきだと主張した。反面、南人派の許積《ホジョク》と尹善道《ユンソンド》、小北《ソプク》派の尹鑴などは、孝宗は、たとえ次男ではあっても王位を継承したのだから、長子として処遇し、三年喪を執り行うべきだとの主張を繰り広げた。すなわち、息子が王位を継承した場合には、母親であっても臣下として喪に服すべきだという立場を固守したのだ。

　また、この問題には王位継承の正統性の問題も入り混じっていたため、王権とも関連していた。宋時烈の主張通りに宗法に従うのならば、元来、王位の継承権は孝宗ではなく、昭顕世子の息子たちにあったことになる。

　従って、宗法を主張する場合、孝宗が王位継承者として相応しくなかったにもかかわらず、変則的に王位に就いたという論理が成立する。宋時烈が主張した宗法主義はこうした危険性をはらんでいた。その上、当時は、昭顕世子の三男・石堅《ソッキョン》が済州島の配流地でまだ生存していたため、この宗法主義は解釈如何によっては、顕宗の王位継承を否定することにもなる。

　南人の尹善道は、こうした論理上の誤りを指摘しながら、宋時烈などの西人勢力が服喪問題を口実に謀叛を企んでいると主張し、彼らを除去しようとした。「弐宗卑主《イジョンビジュ》」（王室の系統を嫡統と宗統とに分離して、王を卑下すること）の論理を展開したのだった。

　しかし逆に、尹善道の論理が、宋時烈などの西人派に対する謀略であると弾劾され、尹善道は配流となり、顕宗がこれ以上礼論を取り上げてはならないと厳命することで、この事件は表面的には一段落した。そして、政争に敗北した南人派は朝廷での発言権が大きく後退した。

　ところが、この事件後に、南人派の儒生たちによる尹善道赦免運動が相次ぎ、朝廷では終わったはずの礼訟論争が、今度は地方の儒生たちの対立へと拡散した。結局、こうした第一次礼訟は、昭顕世子の三男・石堅の病死で一段落し、西人派と南人派の対立は、宋時烈と許積との政策対立に発展するようになった。

　その後、礼訟はやや落ち着いたが、一六七四年一月、孝宗妃・仁宣王后が死ぬと、再び持ち上がった。「朱子家礼」によれば、孝宗妃を長男の嫁と見なした場合には朞

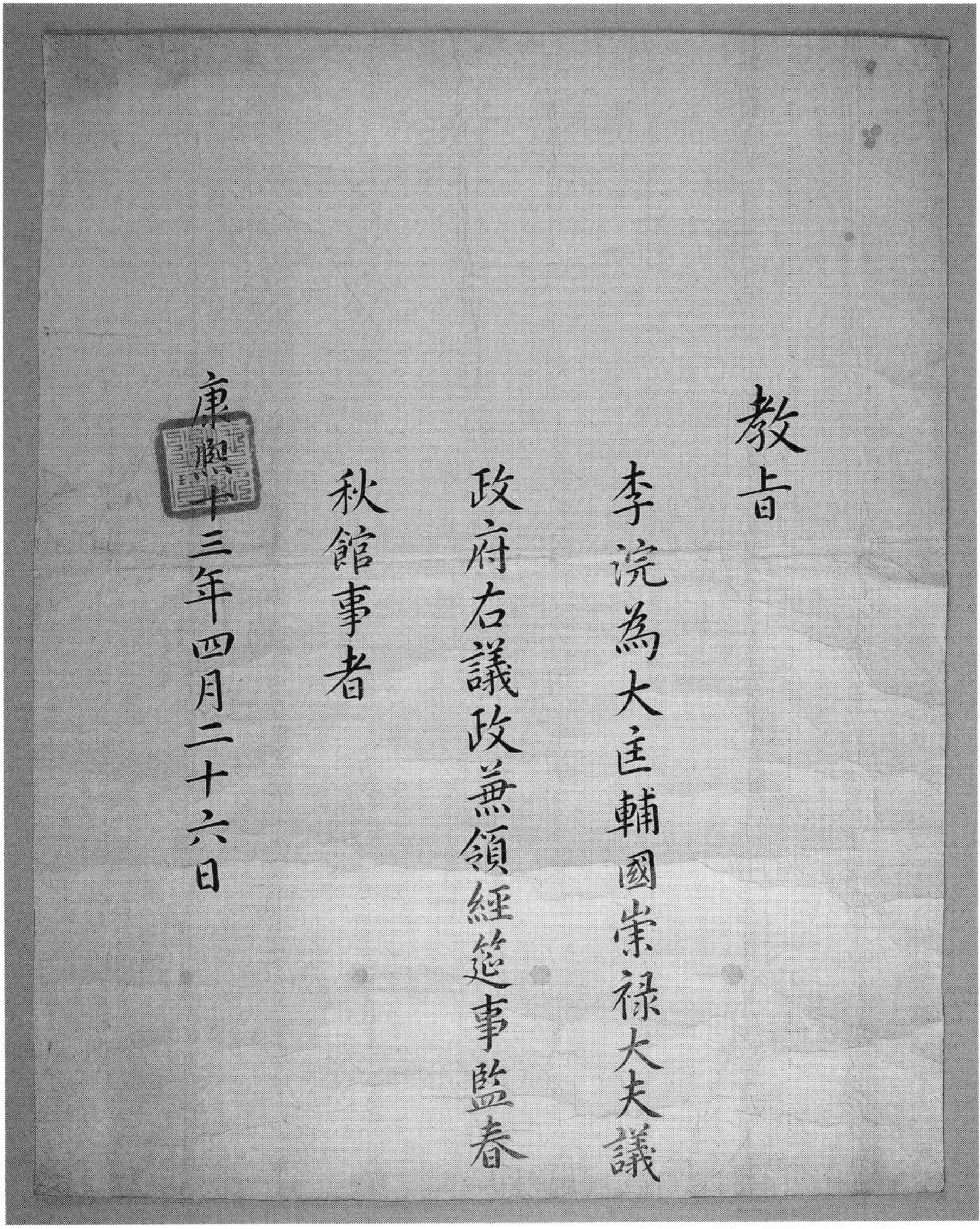
教旨

李浣為大匡輔國崇祿大夫議

政府右議政兼領經筵事監春

秋館事者

康熙十三年四月二十六日

顕宗時代、正一品の大匡輔国崇録大夫・李浣に議政府の右議政、経筵の領事、春秋館の監事の兼任を命じた教旨。
〔京畿道博物館 所蔵〕

年喪で、次男の嫁と見た場合には大功喪(九か月)だった。また、『国朝五礼儀』に従えば、長男の嫁であれ、次男の嫁であれ、ともに朞年喪と明示されている。

西人派は今回も一次礼訟の時と同じく孝宗を次男と見なしていたため、孝宗妃への服喪期間を九か月とする大功説を唱えた。これに対して南人派は、孝宗が王位継承者だったため、孝宗妃の件も長男の嫁として扱うべきだとの朞年説を主張した。いわば、第一次礼訟戦の繰り返しになったのである。この事件を第二次礼訟、または「甲寅礼訟《カビンイエソン》」という。

この甲寅礼訟では想定外の事態が一つ生じた。それは、西人の内部葛藤による党の分裂だった。西人として、第一次礼訟の時は宋時烈の主張に同調していた顕宗の義父・金佑明と彼の甥の金錫冑が、突然、南人派を後押ししはじめたのである。宋時烈を排除して、西人政権の主導権を奪うことが目的だった彼らは、南人派と手を組んで朞年説を支持した。このため、顕宗も朞年説に傾き、ついに慈懿大妃の服喪期間は一年間と決められた。

こうして、朝廷では再び、第二次礼訟で勝利した南人派の力が大きくなった。ところが、南人の味方をしていた顕宗が死ぬと、宋時烈はまたもや礼訟を持ち出した。粛宗は、父王の意思を尊重して、礼訟を持ち出した宋時烈などを配流とした。こうして、南人の許積、尹鑴などが政権を掌握し、西人派の勢力は急速に衰えた。

ところが、礼訟論争は、ここで終わらなかった。宋時烈が配流されると、成均館《ソンギュングァン》を中心とした儒生たちが宋時烈の主張が正当だと訴え、彼の釈放運動を展開した。そして、南人に迎合していた金錫冑が、今度は南人派勢力に押されて、自分の立場が危うくなると、再び、西人派と手を組み、許積、尹鑴などに謀叛の罪を着せて追放する庚申黜陟《キョンシンチュルチョク》(「庚申換局《キョンシンファングク》」ともいう)を起こし、そこで礼訟論争がやっと一段落する。

礼訟は、このように単純な服喪期間論争ではなく、学問と思想とを媒介にした一大政争だった。李珥の主気論を支持する西人派と、李滉の主理論を支持する南人派とが、礼でもって治める理想国家を建設するため、その実現方法をめぐって展開した性理学の理念論争であり、朝鮮後期の朋党政治を代表する政治事件だった。

四、『顕宗実録』編纂経緯

『顕宗実録』は二十二巻二十三冊で構成されており、一六五九年五月から一六七四年八月までの顕宗在位十五年三か月間の歴史的事実を編年体で記録している。

編纂作業は一六七五年五月に始まったが、その途中、政権を握っていた西人派が没落し、南人派が実権を掌握すると、一時中断した。そのため、実録編纂作業が停滞したが、一六七七年二月に粛宗の督促で、史官を増員して「卯仕酉罷法《ミョサユパポプ》」(官員の出勤時間を卯時の午前七時に、退勤時間を酉時の午後七時に定めた法)を制定し、大急ぎで進め、三か月後の五月に草稿を完成した。その草稿に基づいて四か月後の九月に印刷を完了した。

編纂に参加した人員は総裁官《チョンジェグァン》の許積、権大運《クォンデウン》をはじめ、都庁堂上《トチョンタンサン》六人、都庁郎庁《ナンチョン》十一人、そして、一房、二房、三房堂上および郎庁四十七名など、六十六人だった。

ところが、この実録は西人派が再び執権党になると改修され、『顕宗改修実録《ヒョンジョンケスシルロク》』として再編された。

一六八〇年、庚申黜陟で南人派が大挙粛清され、西人派が実権を握るようになると、それまで編纂されていた『顕宗実録』が王の督促でわずか三か月で作成された。そのため、記録が間違っていたり、偏向的な記述があるということで、改修作業を行わなければならないとの意見が出された。粛宗は、こうした建議を受け入れて、実録改修庁《シルロクケスチョン》を設けて、改修作業を進めさせた。

実録庁は通常、実録全体の編纂を担当する都庁官《トチョングァン》と一、二、三房から組織されるのが一般的な慣例だったが、顕宗実録改修庁は、顕宗時代の時政記《シジョンギ》が実録編纂当時、洗草《セチョ》されて残っていなかったため、一、二、三房を設けずに、都庁の堂上と郎庁だけを任命して改修することにした。

彼らは史官による『家蔵史草《カジャンサチョ》』と『承政院日記《スンジョンウォンイルギ》』『備辺司《ピビョンサ》謄録《トゥンノク》』『推鞠日記《チュグクイルギ》』および、その他の史料に基づいて作業を始め、三年後の一六八三年に完成した。この時、参加した人員は総裁官・金寿恒《キムスハン》をはじめ、都庁堂上六人、都庁郎庁十五人、その他謄録《トゥンノク》郎庁五十三人など、合計七十五人だった。

この改修実録は『顕宗実録』と同じく、顕宗在位十五年三か月間の歴史的事実を編年体で記録しているが、付録一冊には、改修した顕宗の行状(人の一生の履歴を記した文)、哀冊文《エチエンムン》(帝王や后妃の死を悲しんで作った文)、諡冊文《シチエンムン》(帝王や后妃の生前の徳行をほめたたえて書き記した文)、崇陵誌《スンヌンジ》が収録されている。

また、この改修実録は『顕宗実録』とともに顕宗時代の史実はもちろん、朝鮮後期の歴史と文化を研究するのにも貴重な資料となっている。

第十九代　粛宗実録

一、粛宗の換局政治と王権の安定

生年一六六一—没年一七二〇
在位期間一六七四年八月—一七二〇年六月、四十五年十か月

粛宗《スクチョン》時代は、朝鮮王朝を通じて党派間の政争が最も激しかった時期だった。しかし、粛宗は、非凡な政治能力を発揮して王権を回復し、社会を安定させた。そのため、粛宗は壬辰倭乱《イムジンウェラン》と丙子胡乱《ピョンジャホラン》以後、続いていた社会混乱を収拾し、民の暮らしを安定させ、朝鮮社会の再跳躍の足掛かりを作った王として評価されている。その一方、王妃や後宮たちに対する愛憎を十分に自制することができなかったため、数多くの獄事を生み出し、治世に汚点を残した王でもあった。

粛宗は顕宗《ヒョンジョン》の一人息子で、母は明聖王后《ミョンソンワンフ》・金氏《キムシ》。一六六一年八月十五日、景徳宮《キョンドックン》で生まれ、名前は焞《スン》、字は明普《ミョンボ》。一六六七年、六歳で王世子《ワンセジャ》に封じられ、一六七四年、十三歳の幼い年で即位して、すぐに親政を行った。

粛宗の治世期間は、朝鮮中期以来続いていた朋党政治《プンダンチョンチ》が絶頂期であったと同時に、朋党内部の偏重的な運営が強まり、それ自体が破綻しはじめていた時期でもあった。そうした朋党の自己破綻を悪化させた事件が、顕宗以後、粛宗時代まで続いた礼訟《イェソン》論争だった。

長く続いていた礼訟論争が一六八〇年の「庚申換局《キョンシンファングク》」で一段落し、西人が政権を掌握していたが、一六八九年、王子・昀《キュン》の冊封問題で「己巳換局《キサファングク》」が起きると、再び政権は南人《ナミン》の手に移った。

その後、一六九四年に仁顕王后《イニョンワンフ》の復位運動を通じて、「甲戌換局《カプスルファングク》」が起きると、南人派が失脚し、西人の少論《ソロン》派(庚申換局で勢力を挽回した後、西人派の領袖・宋時烈《ソンシヨル》を中心とするグループと趙持謙《チョジギョム》、韓泰東《ハンテドン》などの間の不和で、ついに西人派は老論《ノロン》、少論の両派に分裂する)が執権するようになる。この事件の延長線上で、一七〇一年に起きた「巫蠱《ムゴ》の獄」以後は、少論派勢力は大幅に縮小し、老論派が朝廷に進出するようになる。

以後、朝廷は、老論派と少論派の不安な連合政治が続いていたが、一七一一年、尹宣挙《ユンソンゴ》と兪棨《ユゲ》が共同で書いた『家礼源流《カレウォルリュ》』をめぐって、尹宣挙の息子・尹拯《ユンジュン》と兪棨の孫・兪相基《ユサンギ》との間で著者論争が起こり、少論派の勢力が弱まると、一七一六年から、老論派が少論派に対して政治的な圧迫を露骨に加えるようになった。

この事件は、もともと尹家と兪家の争いだったが、それぞれ属していた政治派閥が違っていたため、政治問題にまで発展してしまった。『家礼源流』は、朱子《しゅし》が書いた

『家礼』の本文を基本として、『儀礼《ぎらい》』『周礼《しゅらい》』『礼記《らいき》』などの経典を抜粋したものを「源」とし、朱子以降の儒学者たちの四礼(冠婚葬祭)に関する礼制を「流」として礼説の本源と分類を明らかにし、わかりやすく編纂したものだ。

この書は、西人の兪棨と尹宣挙が共同執筆し、尹拯が補足しているが、兪相基が著書名を兪棨のみにして粛宗に上申した。これを知った尹拯は兪相基を非難し、兪相基も、またそれに反論しながら、尹拯を誹謗した。当時は西人派内での老論派と少論派の分裂が加速していたため、彼ら両家の争いが拡大して、老論派と少論派の政争に発展し、結局、少論派の尹拯が官職を捨てて都を離れることで決着し、以後、少論派は力を失っていった。

粛宗時代には、これらの党争以外にも政権を主導するための多くの論争が起きた。服制と関連して、宋時烈の五礼問題をめぐる「告廟論乱《コミョノルラン》」、金万基《キムマンギ》、金錫冑《キムソクチュ》、閔鼎重《ミンジョンジュン》など外戚勢力の権力掌握と密偵政治に対する儒生たちの攻撃に始まった宋時烈の「壬戌三告変《イムスルサムゴビョン》」、攻防、尊命、義理そして北伐論の虚実をめぐる名分論争、仁顕王后《イニョンワンフ》・閔妃《ミンビ》の廃位から始まる王と臣下間の衝突、老論派の宋時烈と少論派の尹拯の間で繰り広げられた論争「懐尼是非《フェニシビ》」(宋時烈の家が懐徳《フェドク》にあり、尹拯の家が尼城郡《ニソングン》にあったことから名付けられたもの)など数多くの政争で、朝廷が静かな日はなかった。それに、老論派と少論派の間では王世子(景宗《キョンジョン》)と王子(英祖《ヨンジョ》)をめぐる権力争いも熾烈に展開された。

こうした政争は、当時の多くの名士たちを死に追いやり、朋党政治の弊害を如実に示した。政争の激化は、朋党政治のあらゆる弊害が暴発した現象ではあったが、その一方で、粛宗が王権を強化するために繰り広げた換局政治の結果でもあった。

粛宗は、顕宗時代の礼訟論争で痛手を被った王室の権威と相対的に弱まった王権を強化するために、故意に換局政治を敢行した。すなわち、王は君主の固有権限である「用捨黜陟権《ヨンサチュルチョックオン》」(王が政界を改編する権限)を行使して、政治局面の転換を図ると同時に、朋党内の対立を触発して、君主に対する忠誠心を誘導したのだ。

このように粛宗時代は大臣間の政争が激化したものの、王権は相対的に強化され、壬辰倭乱以後続いていた社会体制全般の整備、復旧作業はほぼ終了したと言えるほどの治績を残すことができた。

慶尚道《キョンサンド》と黄海道《ファンヘド》まで大同法《テドンポプ》を施行して、その適用範囲を全国に拡大することで、光海君《クァンヘグン》以来続いた歳入一元化計画を完成させ、また、光海君の時に始まった量田事業を引き続き進めて、江原道《カンウォンド》と忠清道《チュンチョンド》、全羅道《チョルラド》、慶尚道にまで実施することで、西北地方の一部を除いては、全国にわたった量田を事実上終了した。

そして、この時期から活発化しはじめた商業活動を支援するために貨幣の鋳造事業を本格化し、六回にわたって常平庁《サンピョンチョン》、戸曹《ホジョ》、工曹《コンジョ》、訓練都監《フルリョントガム》、摠戎庁《チョンユンチョン》の軍営、開城府《ケソンブ》、平安《ピョンアン》、全羅、慶尚各監営《カミョン》に「常平通宝《サンピョントンボ》」を鋳造させ、通用させた。粛宗時代に行われたこうした経済政策は、朝鮮後期の商業発達と社会経済の発展に多くの影響を残すことになる。

一方、国防と軍役問題でも、さまざまな措置が取られ、まず開城北側の大興山城《テフンサンソン》、平安南道西南端の黄龍山城《ファンニョンサンソン》などの辺境地域に城を築き、大々的な都城の修理工事を行った。特に、李濡《イユ》の建議により北漢山城《プカンサンソン》を全体的に改築して南漢山城とともに都城守備の二大拠点とした。また、孝宗《ヒョジョン》時代以後、論議を重ねていた「訓練別隊《フルリョンビョルテ》」と「精抄庁《チョンチョチョン》」(仁祖《インジョ》の時代に創設した騎兵養成機関)を統合して「禁衛営《クミヨン》」(首都警護軍)を新設し、五軍営《オグニョン》(朝鮮初期に中央の軍事機関として設けられた五衛《オウィ》の代わりに壬辰倭乱後に設置された軍営で、訓練都監、御営庁《オヨンチョン》、摠戎庁、禁衛営、守禦庁《スオチョン》の総称)体制を確立して、壬辰倭乱以後、引き続き推進してきた軍制改編を終了した。この他にも、「良役釐正庁《ヤンヨクイジョンチョン》」(軍制の乱れを整理し、軍政を刷新するために設置された機関)を設けて、民衆の疲弊の最も大きな要因だった兵役義務問題の解決を図ったりもしたが、その結果、「軍布軍役節目」が制定され、それまで良丁(両班《ヤンバン》と賤民の中間階層である良人の身分の壮丁)一人当たりの軍布負担が一疋から四疋までと大きな開きがあったものを、二疋に均一化して民衆の負担を減らした。

そのころ、国防問題と関連して領土問題も台頭した。当時、朝鮮は四郡《サグン》の跡地に、再び二鎮を設置して、旧領土回復運動を繰り広げた。その結果、鴨緑江沿岸に朝鮮人の出入りが多くなり、清《しん》と国境紛争が起きると、一七一二年、清側と交渉して定界碑を立て、領土の境界線を確定した。そして、日本にも通信使を派遣して、幕府政権を相手に交渉し、倭人の鬱陵島《ウルルンド》への出入り禁止を確約させることで、鬱陵島帰属問題を解決した。

文化的な面から見ると、粛宗時代は政治的に名分義理論が盛んだったため、壬辰倭乱の時に援軍を送った明《みん》の神宗(第14代・万暦帝《ばんれきてい》)の恩義に報いるために「大報壇《テボダン》」が建てられ、成三問《ソンサムムン》などの死六臣《サユクシン》(世祖《セジョ》の時、瑞宗《タンジョン》の復位を謀ったため、処刑された六人の忠臣)が復冠し、魯山君《ノサングン》(第六代王の端宗が叔父の世祖に王位を奪われ、降封させられた称号)を復位させて廟号を端宗と格上げし、さらに廃位されて庶人となっていた昭顕世子嬪《ソヒョンセジャビン》・姜氏《カンシ》を復位させて、愍懐嬪《ミンフェビン》という論号を追贈するなど、王権強化の側面から王室に対する忠義と謀叛の関係を再整理する作業が活発に進められた。こうした雰囲気の中で三百余りの書院や祠などが建てられ、一方で百三十一

朝鮮後期に広く流通した貨幣「常平通宝」。〔国立中央博物館 所蔵〕

か所が水漏れなどにより自然閉鎖される現象が生じたりもした。

また、この時期には『璿源系譜記略《ソヌオンケボキリャク》』（旧王室の族譜）、『大明集礼《テミョンチムネ》』『列朝受教《ヨルチョスギョ》』『北関誌《プックァンジ》』などが編纂され、『大典続録《テジョンソンノク》』『新増東国輿地勝覧《シンジュントングンニョジスンナム》』などが刊行された。

粛宗は禧嬪《ヒビン》・張氏《チャンシ》と仁顕王后・閔氏の廃位事件からもわかるように愛憎の偏向が甚だしく、それを政治的な争点として、党争を激化させる誤りを犯した。しかし、これは彼の統治全般を評価する場合、王権強化のために意図的に繰り返していた換局政治の一面としても解釈できる。結果だけを見ると、彼は外戚や妻たちまでも政治手段として徹底的に利用したとも言える。

こうした換局政治で王権強化を試みる一方、国内情勢の安定を図ってきた粛宗は一七二〇年六月、約四十六年間の統治を終えて、五十九歳で死去した。陵は明陵《ミョンヌン》で、現在、京畿道高陽市西五陵《キョンギドコヤンシソオルン》にある。

二、粛宗の家族たち

粛宗は仁敬王后《インギョンワンフ》・金氏《キムシ》をはじめ九人の妻から八人の子を得た。仁顕王后・閔氏と仁元王后《イヌオンワンフ》・金氏からは子が生まれなかったが、仁敬王后・金氏が二女、禧嬪・張氏がのちの景宗を含む二男、淑嬪《スクピン》・崔氏《チェシ》がのちの英祖を含む三男、榠嬪《ミョンビン》・朴氏《パクシ》が一男を生んだ。

○仁敬王后《インギョンワンフ》・金氏《キムシ》（一六六一—八〇）
宣祖《ソンジョ》時代の学者、金長生《キムジャンセン》の四代孫の光城府院君《クァンソンブウォングン》・金万基の娘。一六七〇年、九歳の時に世子嬪に選ばれて、義洞別宮《ウィドンビョルグン》に入り、翌年三月、王世子嬪《ワンセジャビン》に冊封された。一六七四年、顕宗が死去し、粛宗が即位すると王妃に進封され、一六七六年、正式に王妃に封じられた。一六八〇年十月、天然痘の症状を見せたが、この時、粛宗は天然痘を病んだことがなかったため、薬房都提調領議政《ヤクパントジェジョヨンイジョン》・金寿恒《キムスハン》の建議によって、便殿《ピョンジョン》を昌徳宮《チャンドックン》に移した。仁敬王后は発病後、八日目に十九歳で死去した。以後、慶徳宮永昭殿《キョンドックンヨンソジョン》に位牌を祭り、陵は翼陵《インヌン》で、京畿道高陽市西五陵にある。

○仁顕王后《イニョンワンフ》・閔氏《ミンシ》（一六六七—一七〇一）
驪陽府院君《ヨヤンブウォングン》・閔維重《ミンユジュン》の娘。一六八一年（粛宗七年）、結婚して、粛宗の継妃《ケビ》となった。礼儀正しく、徳があり、国母として民衆から仰がれたと伝えられる。しかし、子供が生まれず王の寵愛を受けられなかったため、当時、昭儀《ソウィ》だった張氏が王子を出産してからは、王妃であるにもかかわらず、苦しい立場に置かれることになる。

一六八九年に、いわゆる己巳換局が起こり、一時は庶人に降格されるが、一六九四年、少論派の廃妃復位運動で南人派が失脚する甲戌換局が起きると、再び復位した。復位後、彼女は禧嬪・張氏との対立のさなか病気になり、一七〇一年、三十四歳で死去した。宮女の一人が彼女を主人公として書いた小説『仁顕王后伝《イニョンワンフジョン》』が伝わっている。

陵は明陵で、現在、京畿道高陽市西五陵にある。後に粛宗もここに一緒に葬られる。

○仁元王后《イヌオンワンフ》・金氏《キムシ》（一六八七—一七五七）
慶恩府院君《キョンウンブウォングン》・金柱臣《キムジュシン》の娘。一七〇一年、仁顕王后・閔氏の死去で、妃に選ばれて宮中に入り、翌年、王妃に

第19代　粛宗　家系図

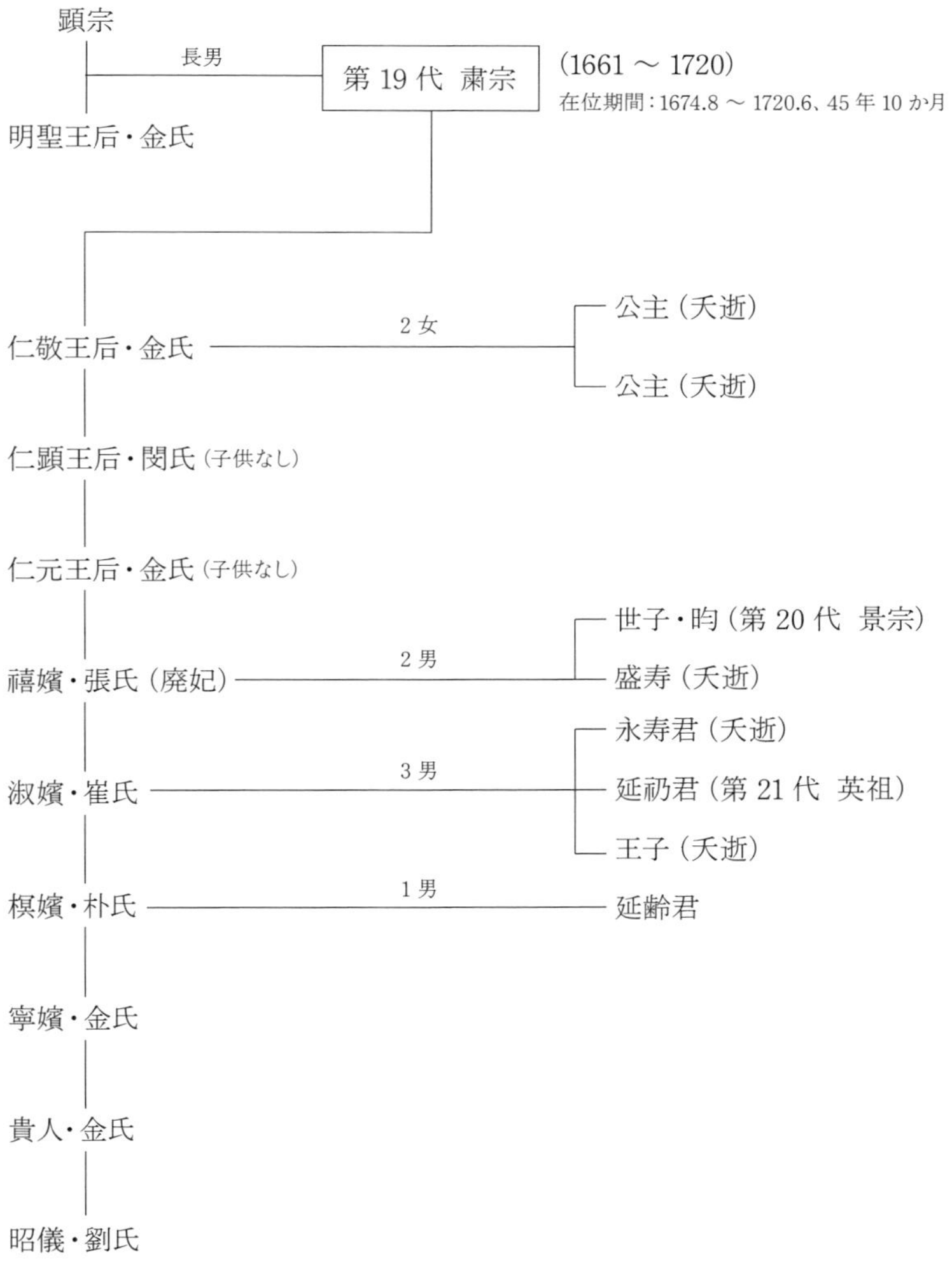
顕宗
長男
第 19 代 粛宗
(1661 ～ 1720)
在位期間：1674.8 ～ 1720.6、45 年 10 か月
明聖王后・金氏
仁敬王后・金氏
2 女
公主（夭逝）
公主（夭逝）
仁顕王后・閔氏（子供なし）
仁元王后・金氏（子供なし）
禧嬪・張氏（廃妃）
2 男
世子・昀（第 20 代 景宗）
盛寿（夭逝）
淑嬪・崔氏
3 男
永寿君（夭逝）
延礽君（第 21 代 英祖）
王子（夭逝）
榠嬪・朴氏
1 男
延齢君
寧嬪・金氏
貴人・金氏
昭儀・劉氏

冊封された。一七一一年、天然痘を病んだが回復し、二年後に恵順《ヘスン》という尊号を受けた。一七二〇年、粛宗の死去で景宗が即位すると、王大妃《ワンデビ》となり、一七二四年、英祖の即位で大王大妃《テワンデビ》となった。

陵は明陵で、仁顕王后、粛宗とともに京畿道高陽市西五陵に葬られる。

○禧嬪《ヒビン》・張氏《チャンシ》(一六五九—一七〇一)

名前は玉貞《オクチョン》で、訳官・張炯《チャンギョン》(張烱《チャンヒョン》の説も)の娘である。父親の従兄弟・張炫《チャンヒョン》も訳官であったが、彼は従一品の官職に就いていて、南人たちへ政治資金を支援できるほどの金持ちであった。こうした家系に生まれた彼女は、幼い時に宮女となり、二十二歳になった一六八〇年に粛宗の目にとまり、後宮となった。しかし、その年に庚申換局が起こり、南人派が追放され、彼女の後ろ盾であった張炫も三福兄弟と親しいという理由で配流とされた。その影響で、彼女も粛宗の母である明聖王后の命により、宮殿から追い出される。

しかし、彼女は明聖王后が死去すると、一六八六年に吏曹判書・趙師錫《チョサソク》と粛宗の宗親である東平君《トンピョングン》(名前は杭《ハン》、仁祖の五男・崇善君《スンソングン》の息子)の取り持ちで宮女に復帰した。趙師錫は荘烈王后《チャンニョルワンフ》(仁祖の継妃)の再従弟で、玉貞の母親のところに頻繁に往来していた。そのため、一時玉貞も趙師錫の娘だという噂が広まった。だが、一六八七年、右議政に昇進したばかりの趙師錫と彼女の母親との関係を王に通報した仁敬王后の叔父で西人派の金万重《キムマンジュン》が逆に処罰されることで、その噂は鎮まった。

そうして宮殿に復帰したその年に淑媛《スグォン》となり、一六八八年、昭儀に昇格していた時に王子・昀を生んで、粛宗の寵愛を一身に受けるようになる。

一六八九年一月、粛宗が昀を元子《ウォンジャ》(王の長男)に定めると、昭儀から禧嬪に昇格した。翌年、元子が世子に冊封されると、生母の禧嬪・張氏は策略をめぐらして閔妃を廃位し、王妃となったが、一六九四年に起きた甲戌獄事で再び禧嬪に降格された。

王妃・閔妃の死後、それまで禧嬪・張氏が神堂を建てて閔妃を呪詛し、自分の復位を祈願していたことが発覚し、一七〇一年、賜薬を下された。

一介の宮女から後宮生活を経て、王妃にまで上りつめた張禧嬪は、持ち前の傲慢さと独占欲とが災いして、四十二歳で生涯を閉じた。粛宗は彼女の行いに憤慨したあまり、それ以後は、嬪が妃に昇格することを法で禁止してしまった。張禧嬪が死去すると、彼女を支持していた南九万《ナムグマン》などの少論派が没落し、再び老論派が勢力を得た。

墓は京畿道高陽市西五陵にある。

○淑嬪《スクビン》・崔氏《チェシ》(一六七〇―一七一八)

淑嬪・崔氏は英祖の生母で、粛宗の後宮である。彼女は宮女に水を運ぶムスリ(雑仕女で、水賜伊《スサイ》とも言う。モンゴル語で少女という意味で、高麗末期、王族同士で元との通婚が行われていた時にモンゴルの公主が官婢のことをムスリと呼んでいたところに由来する)出身と知られている。一方、王室の内部で伝えられる話によると、英祖の産みの母はムスリではなくて針房《チムバン》の女官だったと聞いていると、第二十六代の高宗《コジョン》が官女たちに言ったそうだが、いずれにしても、王室としては、彼女が賤婢のムスリ出身である事実を否認したかったのだろう。

何が契機となって彼女の存在が王の目に触れるようになったのかは知るすべもないが、朝鮮の歴史上、宮殿の賤婢が後宮になった例は彼女が初めてだった。宮女出身の禧嬪・張氏を王妃の座に据えたのも、めったに接点のあるはずのないムスリを寵愛して後宮にしたのも、粛宗独特の行動である。

変わった女性観を持つ粛宗により崔氏がいつ承恩《スンウン》(侍女が王の寵愛を受けて夜床をともにすること)を受けたのかは正確にはわからないが、粛宗十九年(一六九三)四月二十六日、彼女の懐妊がわかったことで淑媛に冊封されるため、彼女が王に初めて出会ったのは一六九二年の末か一六九三年の初めだったと推定される。想像するに、厳しい真冬、カチンカチンに凍らんばかりの手を擦り合わせながら、汲み上げた水を運ぶ彼女のことを憐れみ、手を差し伸べるようになったのではないかと思われる。

彼女の胎内にいた子は英祖の同腹兄で、一六九三年十月六日に生まれるが、その年の十二月十三日に死んだ。ほどなくして二度目の懐妊がわかり、一六九四年六月二日に彼女は従四品の淑媛から従二品の淑儀《スグイ》に昇格される。

この時の宮内では大変な変化が起きていた。一六八九年に廃妃された仁顕王后・閔氏が、五年ぶりに王妃に復位したのである。閔氏の復位は崔氏に千軍万馬を与えたことになる。また、それは閔氏にとっても同様で、二人は、相互扶助の関係であった。

崔氏は、王の承恩を受けて以来、当時の王妃で世子の母でもあった禧嬪・張氏から常に監視され、ひどい嫉妬を受けていた。また、自分の子を生むことができずにいる閔氏にとっても懐妊中の崔氏を味方にできたことは幸運だったのだ。

一六九四年九月二十日に崔氏が生んだ二番目の子も男の子だった。名は昑《クム》で、延礽君《ヨニングン》と呼ばれたが、これが後の英祖である。

翌年の六月八日に、彼女は従一品の貴人《クィイン》に昇格する。そして、正一品の禧嬪・張氏との勢力争いも一層激しいものとなる。西人派が延礽君を支持する中、禧嬪・張氏は自分の子が世子の座から降ろされるかもしれないという不安を抱いていたためだ。

崔氏は、一六九八年七月に三番目の男の子を生むが、今回も一人目と同じく間もなくして死んでしまう。年が変わると、粛宗は王子の昑を延礽君に冊封し、崔氏の爵位を嬪に上げた。当時、王室では第六代の端宗を復位させ、その慶事を祝う意味での昇格だった。

二年後の一七〇一年の八月十四日、心強い後ろ盾でもあった仁顕王后・閔氏が死去すると、延礽君とともに生き残る道を自ら模索しなければならないと切羽詰まっていた彼女は、とうとう、先制攻撃を仕掛ける。

禧嬪・張氏はしばしば、巫女を宮殿の中に呼び入れてシャーマニズム的儀式を行わせていたが、張禧嬪のこうした行動は、閔妃を呪い殺すことで自分の復位を謀るためであると、崔氏より粛宗に告げられるのである。粛宗は、直ちにそれに係わっていた宮女や張禧嬪の実家の女婢たちを捕まえて尋問し、張氏に賜薬を下した。

崔氏は、以後、延礽君とともに七年間暮らし、一七一八年（粛宗四十四年）三月九日、四十八歳で死去した。墓は京畿道坡州市《パジュシ》にある。

淑嬪・崔氏の位牌は宮井洞七宮《クンジョンドンチルグン》（朝鮮歴代の王の中、正妃出身ではない追尊王なども含む王の母親の神位を祭る祠堂。毓祥宮《ユクサングン》ともいう）にある。一七二五年、英祖が母親の位牌を毓祥廟《ユクサンミョ》に祭ったことに由来するが、一九〇八年、純宗《スンジョン》がソウルにある全ての私廟を撤廃し、その神位を宮井洞（鍾路区）に移した。元宗《ウォンジョン》の母親の仁嬪《インビン》・金氏、景宗の母親の禧嬪・張氏、眞宗《チンジョン》の母親の靖嬪《チョンビン》・李氏《イシ》、荘祖《チャンジョ》の母親の暎嬪《ヨンビン》・李氏、純祖《スンジョ》の母親の綏嬪《スビン》・朴氏《パクシ》などであるが、一九二九年、英王《ヨンワン》・李垠《イウン》の母親の貴妃《クィビ》・厳氏《オムシ》が加わり、七神位となっている。

英祖の即位後、淑嬪・崔氏の父親の崔孝元《チェヒョウォン》は領議政に追贈され、崔孝元の父親の崔泰逸《チェテイル》と祖父の崔末貞《チェマルチョン》に対しても官職が追贈された。正祖《チョンジョ》代には、崔孝元の孫・崔寿崗《チェスガン》と玄孫の崔景岳《チェギョンアク》、崔廷岳《チェジョンアク》なども登用されて官職を得た。

三、老論と少論の成立

「仁祖反正《インジョパンジョン》」で政権を掌握した西人派は、その後、反正に主導的に参加した功臣勢力と、これを傍観していた勢力とに分かれる。功臣勢力を「功西《コンソ》」または「勲西《フンソ》」と呼び、傍観派を「清西《チョンソ》」と呼んだ。そして、当時、勲西派の領袖は靖社功臣《チョンサコンシン》・金瑬《キムリュ》で、清西派の巨頭は金尚憲《キムサンホン》だった。ところがこの両派は、仁祖の末年になって、勲西派が元斗杓《ウォンドゥピョ》を党首とする原党《ウォンダン》と、金自点《キムジャジョム》を党首とする洛党《ナクタン》の二派に分かれ、清西派も清議《チョンウィ》(高潔な言論)を主張する士類(士林《サリム》)たちが中心になった山党《サンダン》と、権力志向的な漢党《ハンダン》の二派に分かれ、結局、西人派は四分される。しかし、孝宗、顕宗時代に宋時烈を中心にして再び糾合され、西人一党となる。それが、粛宗時代に再び二派に分かれてしまう。これが老論と少論だ。

　分党の契機となるのは、一六八〇年に起こった庚申換局の際の南人弾圧に対する立場の違いだった。南人の領袖・許積《ホジョク》の帷幄乱用事件《ユアクナミョンサコン》と西人の金錫冑、金益勲《キムイクン》らに告発された許積の庶子・許堅《ホギョン》の謀叛事件(「三福《サムボク》の変」)で、南人が大量に粛清された、いわゆる庚申換局以後、西人派は南人派に対する弾圧の度合いをめぐって一大主導権争いを繰り広げる。

　一六八三年、西人の元老グループ金益勲などは南人に対する強力な弾圧を推進したが、韓泰東《ハンテドン》を中心にした若手グループは、それに対して、かえって金益勲を弾劾した。そのため、宋時烈などの元老は、この弾劾上疏に反駁して韓泰東らと対立し、特に、宋時烈は弟子の尹拯と私的な感情問題があって、分派を促進した。

　結局、西人は宋時烈を中心とする老論派と、若手の韓泰東を中心にする少論派に分かれた。こうして、朝廷は南人、北人《プギン》とともに四大朋党を形成した。

　老論、少論派に属する人たちは、もともと朝鮮礼学の泰斗・金長生の門下で構成されていたが、彼らは清議をモットーとする士林の政治集団であった山党に属していた西人派だった。老論の代表的な人物は宋時烈、金万基、金万重、金錫冑、金寿恒、金寿興《キムスフン》、金益勲であり、少論の代表的な人物は、南九万、朴世采《パクセチェ》、朴泰輔《パクテボ》、呉道一《オドイル》、尹拯、韓泰東などだった。西人派は分裂以後、老論派が政権の主導権を握り、政局を運営していたが、一六八九年、老論、少論派がともに禧嬪・張氏の生んだ王子の世子冊封に反対したために起きた己巳換局で、政権は再び南人派の手に渡る。この時、老論の宋時烈、金寿恒などが配流されて死去し、少論派の大部分が政治の第一線から退けられた。

　そして、五年後、甲戌換局で西人の少論派が政権を掌握するようになるものの、一七〇一年、禧嬪・張氏に関連して起きた巫蠱の獄で少論派が追放され、老論派が大量に登用されることで、老論、少論派が交互に勢力を形成しながら政局を運営していった。そのため、景宗、英祖の時代には老論、少論派の党勢が政局を二分する形となった。

　ところが、英祖時代半ばに執権党だった老論派は、荘献《チャンホン》(思悼《サド》)世子の廃位と賜死事件で僻派《ピョクパ》と時派《シパ》とに分裂する。僻派は英祖側に立って、荘献世子の死を当然だと受け止めていたグループで、時派は彼の不幸な死に同情するグループだった。この時、勢力が弱かった少論派は時派に加担した。

　彼ら僻派と時派との対立は、日が経つにつれて熾烈化し、英祖時代には僻派が、正祖時代には時派が優勢となった。しかし、純祖が即位した後、僻派の金漢耈《キムハング》の娘であり、英祖継妃の貞純王后《チョンスンワンフ》・金氏が摂政を執るようになると、再び僻派が政権を握る。そして、一八〇一年(純祖元年)に起きた「辛酉迫害《シニュパケ》」(カトリック教徒弾圧事件)を契機に、時派と、これに同調した南人派が大挙追放されて、老論僻派の独走時代が始まる。

四、粛宗の換局政治で相次ぐ政治獄事

　粛宗は、いわゆる「用捨黜陟権」を通じた換局政治で、王権を強化させた。彼は政局転換を意味する「換局」という方法で、三回にわたって政権を交代させながら、朋党内の対立を触発し、その見返りとして君主に対する忠誠を強いて、王権を強化させていった。

　彼がこうした換局政治を構想した背景ははっきりしない。ただ一つ言えることは、彼が朋党の限界を見抜いていた点だ。その限界とは、君主の支持を得ていない党派は必ず没落するということだった。彼はこの点を上手に利用しながら、特定の党派に過度に力が集中すると、大改編を敢行することで政局の転換を図ったのだ。粛宗が換局政治を選んだのは、王権を確立する上で、それ以上の政策はないと判断したからだろう。

　彼は換局政治を行いながら、許積、尹鑴《ユンヒュ》、李元禎《イウォンジョン》、宋時烈、金寿恒、朴泰輔など数多くの臣下たちを犠牲にしただけでなく、自分の妻である仁顕王后を廃位したり、世子の生母である禧嬪・張氏に賜薬を下したりした。

　粛宗のこうした換局政治に伴う事件を列挙してみると、庚申換局、己巳換局、甲戌換局、巫蠱の獄などが代表的なものだ。

庚申換局

　庚申換局は、一六八〇年(粛宗六年)庚申の年に、南人派が大量に追放された事件のことをいう。

南人は、一六七四年の第二次礼訟論争で勝利し政権を握ったが、同年、即位した粛宗は母后の明聖王后・金氏の推薦で、彼女の甥・金錫冑を要職に起用し、南人派を牽制した。しかし、金錫冑の力は南人派を牽制できるほど強力ではなかった。そのため、粛宗時代初期は南人派の天下となり、粛宗はこうした南人派の急激な成長を警戒していたところ、許積の帷幄乱用事件が起きた。

一六八〇年三月、南人派の領袖・許積は祖父・許潜《ホジャム》の諡号を受けるに際して宴会を催したが、その日があいにく雨天となってしまった。そのため、粛宗は許積に帷幄(雨漏りがしないように油を塗りつけたテント)を貸し出すように命じた。ところが、許積はすでに帷幄を借りだした後だった。これを知った粛宗は非常に怒り、王命でもって軍権責任者たちを呼び出した。実際、帷幄は軍事物資であったため、個人が私的に使うことは許可されていなかった。そのため、帷幄が必要となる場合には、王の計らいで特別に貸し与えるという形をとっていたのだが、当時、軍権と朝廷をほぼ掌握していた南人派は許積の権勢を当てにして、王への報告も行わないまま、かってに帷幄を持ち出していたのだ。

粛宗は、これに対して、自らの権力に甘んじ王を軽んじるが故に行われた行動だと受け止め、南人派が占めていた軍権を西人派に渡してしまう。訓練大将《フルリョンテジャン》は南人の柳赫然《ユヒョギョン》から西人の金万基に交代し、摠戎使《チョンユンサ》(水原《スウォン》、南陽《ナミャン》など京畿一円の各鎮の軍務を担当する摠戎庁の主将。従二品)には西人の申汝哲《シンヨチョル》を、守禦使《スオサ》(南漢山城《ナマンサンソン》の守備を担当する守禦庁の主将。従二品)には西人の金益勲をそれぞれ任命した。また、御営大将《オヨンテジャン》(中央で王の護衛を担当する御営庁の主将。従二品)には金錫冑が就いていたため、そのまま留任させ、これでもって西人が軍権を掌握することになった。

加えて、三福の変が起き、南人は、さらに窮地に追い込まれる。金錫冑に唆された鄭元老《チョンウォルロ》が、許積の庶子・許堅が麟坪大君《インピョンデグン》(仁祖の三男)の三人の息子、福昌君《ポクチャングン》、福善君《ポクソングン》、福平君《ポクピョングン》とともに謀叛を企てたとの告発を行ったのだ。

告発の内容を見ると、許堅と三福兄弟たちは、粛宗が、即位した年に病気がちだったのを見て王位に欲を出し、また、都体察使府《トチェチャルサブ》所属の京畿道利川《イチョン》の屯軍を数回にわたり特別訓練させたというのがその骨子だった。

都体察使府の屯軍を私的に動かしたというのは、王権に挑戦する行為と見なされ、そのため、都体察使を兼任していた領議政・許積にとっては致命的な打撃となった。

問題となった都体察使府は、孝宗時代までは頻繁な戦乱と軍備の必要性から常設されていたが、平和が定着した顕宗の時代に廃止された機関だった。その後、粛宗時代の初めに中国大陸の鄭成功《ていせいこう》や呉三桂《ごさんけい》などの動きに備えて軍備を強化すべきだという尹鑴、許積などの主張で、一六七六年、再び設置された。

以後、許積は地方の軍はもちろん、訓練都監、御営庁などの都城の軍営も都体察使府に所属させて、軍権の一元化を図ったが、金錫冑の反対で、一六七七年六月に都体察使府それ自体が、一時、活動を取り止めた。

　都体察使府は領議政を都体察使とする戦時の司令部で、地方八道のすべての軍事力が、この機関の統制を受けるようになっていた。しかし、仁祖反正以後、国王および宮城保衛部隊に発展した中央軍営は例外として認められ、都体察使府には所属しなかった。許積は中央軍営まで所属させようとしたものの、金錫冑の反対で目的を達することができなかった。その後、都体察使府は一六七八年十二月、領議政・許積の主張で再び設置されたが、その時、粛宗は許積を牽制するつもりで、金錫冑を副体察使に任命した。

　しかし、都体察使府に中央軍営が統合されたとはいえ、それら軍事機関は事実上、西人側が創設し発展させたものであったため、西人派はその既得権を手放そうとはしなかった。ところが、南人が政権を掌握すると、中央軍営の指揮権もほとんど南人派の手に渡ったが、許積の帷幄乱用事件で、西人派が再び中央軍営の軍権を握ることになったのだ。

　一方、許積の息子・許堅と福昌君、福善君、福平君三兄弟の謀叛行為に対する告発の主な内容が、都体察使府の軍を動員したものだったため、都体察使府復活に関連した者たち全員が謀叛事件の巻き添えになった。そのため、許堅と福昌君、福善君、福平君三兄弟だけでなく、許積、尹鑴、柳赫然、李元禎、呉挺緯《オジョンウィ》など南人の重鎮たちが大量に殺害されたり、配流されたりした。また、告発した鄭元老も謀叛グループの一員だと見なされて、処刑された。これでもって南人派は追放され、西人派が登用され、朝廷は西人派が占めた。

己巳換局

「己巳換局」は、一六八九年、後宮の昭儀・張氏の生んだ子を元子に冊封する問題を契機に西人派が追放され、再び南人派が政権を掌握した事件だ。

　粛宗の正妃は西人老論派の金万基の娘・仁敬王后だったが、彼女が一六八〇年に死去し、粛宗は老論の閔維重の娘(仁顕王后)を継妃に迎えた。ところが彼女からは子供が生まれず、粛宗が寵愛していた昭儀・張氏が男子を生んだ。そこで、粛宗は昭儀・張氏が生んだ息子を仁顕王后の養子として元子に定めようとした。ところが、西人派がこれに反対した。領議政・金寿興をはじめ吏曹判書《イジョパンソ》・南龍翼《ナムヨンイク》、戸曹判書《ホジョ》・柳尚運《ユサンウン》など老論派は閔妃の年齢がまだ若く、生まれてまだ二か月の、後宮の生んだ子供を元子に定めるのは不当だと申し立てた。これに対して、粛宗は国家の状況が危うく、「宗社(国家)の大計」を遅らせるわけにはいかないと言い、大臣たちの反対を押し切って、その五日後に王子・昀に元子の定号を授ける旨を宗廟社稷に告げて、昭儀・張氏を嬪に昇格させた。

しかし、大臣たちの反発は収まらず、老論派の領袖・宋時烈は、宋《そう》の神宗《しんそう》が二十八歳で哲宗《てつそう》を得たものの、後宮の生んだ子供だったため、藩王に封じ、後に、嫡子が生まれないまま神宗が死去した時、初めて、太子に冊封し、神宗の後を継がせたという故事を例に挙げながら、時期尚早だと再度強調した。

粛宗は、宋時烈からの上疏に接すると、すでに宗廟社稷に告げて、元子に確定したにもかかわらず、このような態度を示すのは王をないがしろにする行為だと指摘し、非常に憤慨した。粛宗は、承旨《スンジ》・尹彬《ユンビン》、校理《キョリ》・南致熏《ナムチフン》などと論議して宋時烈の官職を削奪し、都から追放するとともに、領議政・金寿興を免職とする一方、睦来善《モクレソン》、金徳遠《キムドグォン》、閔宗道《ミンジョンド》、睦昌明《モクチャンミョン》、閔黯《ミンアム》など南人派を大量に登用した。

反面、老論派は、宋時烈が配流とされ自決させられたのを筆頭に、李頤命《イイミョン》、金寿恒、金万重、金寿興なども配流とされたり、自決させられた。

この事件と関連し、粛宗は、事の発端が閔妃にあると言って、彼女を廃妃しようとした。すると、老論派の呉斗寅《オドゥイン》などが八十六人の連名で、これを阻止するために上疏した。だが、粛宗はその主導者の朴泰輔、李世華《イセファ》、呉斗寅などを尋問した後、「囲籬安置《ウィリアンチ》」したり、配流とした。そして、その年の五月に閔妃を廃し、禧嬪・張氏を王妃に冊封するとともに元子・昀《ユン》を世子に封じた。

宮女出身の張氏が王妃にまでなったのは、背後に荘烈王后の従弟・趙師錫と宗親の東平君の力が大きく作用した。趙師錫は南人たちと結託しており、東平君は宮中とのつながりを持っていたため、張氏は母親と内縁関係にある趙師錫を通じて南人の支持を引き出すことができ、東平君を通じて宗親の助力を得ることができた。一方、東平君を引き入れたのは、張氏の兄・張希載《チャンヒジェ》だった。東平君は宗親としては異例にも宣恵庁提調《ソネチョンチェジョ》を担っていたため、宮中に自由に出入りでき、張希載はそれを利用するために、わざと彼に近づいたのだ。

王子・昀が元子に定められた当時、南人派の閔黯、閔宗道、李義徴《イウィジン》などが彼らと密かに手を結んだ。そのため、元子定号問題で、西人派が大量に追放されると、南人派が再び登用されたのだ。こうして見ると、南人派と張氏が連合勢力を形成して西人派と仁顕王后を攻略していたことがわかる。己巳換局と仁顕王后廃位事件は、こうした勢力図を明白に表している。

甲戌換局と巫蠱の獄

甲戌換局は、己巳換局で政権を掌握した南人派が廃妃・閔氏の復位運動に関連して大々的に追放され、西人の少論派が執権した事件だ。また、巫蠱の獄は神堂問題で禧嬪・張氏に賜薬が与えられた事件で、これによって禧嬪・張氏に対して寛大な態度を示した少論派の政治的な立場が弱まり、さらに南人派が政界から除去される結果を招いた。

一六九四年、老論派の金春沢と少論派の韓重赫《ハンジュンヒョク》などは廃妃・閔氏の復位運動を展開する。それは、当時、粛宗が閔氏の廃位に後悔の念を抱いている様子だとの情報によって始められた。

彼らが閔氏の復位を謀っていることに気づいた南人派の閔黯、李義徴などは、この事件を契機に西人派を追放する計画を立てる。そこで、復位運動の首謀者たちを審問して、その事実を把握した上で、粛宗に報告しようとした。

ところが、粛宗は、廃位事件以後、中殿・張氏と連合した南人派勢力があまりに大きくなり過ぎていることを心配しており、さらに、張妃に対する愛情が薄れ、淑嬪・崔氏(英祖の母親)に愛情を注いでいたこともあって、かえって、報告を行った南人派を窮地に追い込んだ。そして、己巳換局の際、西人派に対する尋問を主管していた閔黯と判義禁府事《パニグムブサ》・柳命賢《ユミョンヒョン》などを排除してしまった。訓練院《フルリョンウォン》と御営庁の指揮官も少論派の申汝哲、尹趾完《ユンジワン》などに交替させられた。

少論派の換局計画は二方向から同時に進められた。その一つは、少論派の韓重赫が執権党の南人派の陰の実力者で摠戎使にまで昇進していた張希載と東平君とに賄賂を与えて、「廃妃・閔氏を復位させるものの、別宮に住まわせるようにする」という条件を付けた内部計画を達成することだった。そうすることで、南人派との正面衝突を避け、同時に勢力を失った西人派の政界進出を図る計算だった。もう一つは、南人派と張妃に対する王の信頼を失わせることだったが、彼らはこれを実現するために、当時粛宗が寵愛していた淑嬪・崔氏と手を組んだ。淑嬪・崔氏に、王妃・張氏が自分を妬んで苛めていると王に告げ口させる一方、南人派の閔黯、李義徴などについては、廃妃・閔氏に同情的だという理由で、彼らが少論派の人たちを取り除こうとしているとの内容を王に告げさせた。

粛宗は淑嬪・崔氏の言葉を鵜呑みにして、王妃・張氏と南人派に対して警戒心を抱くようになった。そのため、南人派から、西人派が廃妃・閔氏の復位運動を進めているとの報告が行われる前に、既に心変わりしており、閔黯、李義徴など南人の重臣たちを配流し、張氏を嬪に格下げした。

この事件の後始末の過程で、中人(両班と平民の間の中間階級)、商人階層の資金が賄賂に使われた事実が明らかになり、王と朝廷に衝撃を与えた。これは、経済的に急成長した中人、商人階層が中央の政治を動かせるようになったことと、士大夫《サデブ》が相対的に弱体化したことを意味した。言い換えれば、士大夫中心の朝鮮社会が揺れはじめたということでもあった。

ともあれ、この事件で南人派は追放され、少論派の南九万、朴世采などが重用され、老論派も廃妃・閔氏が復位するとともに、閔鼎重、金益勲などが復活した。つまり、朝廷は西人の少論派が実権を握るようになったのだ。

ところが、少論派は巫蠱の獄で老論派に主導権を渡すことになる。少論派は政権掌握以後、禧嬪・張氏の生んだ世子を支持し、禧嬪・張氏のことも密かに支援していた。そのため張希載が、禧嬪・張氏に手紙を送って復位した王妃・閔氏のことを中傷していたことが発覚した際、朝廷の一角から彼を死刑にすべきだとの声が上がったが、少論派の南九万が先頭に立って、世子のためにも生かすべきだと容赦を求め、事なきを得たこともあった。

しかし一七〇一年、閔妃の死後、禧嬪・張氏の居室である就善堂《チュイソンダン》の西側に神堂が設けてあるのを知った粛宗は激怒した。禧嬪・張氏は神堂を作って巫女を呼んでは呪いの儀式をしたりして、毎日のように閔妃の死を祈願し、自分の復位を謀っていたのだ。そして実際に閔妃が死んだため、この神堂問題は収拾できないほど大きな政治事件に拡大してしまった。

粛宗は神堂事件の全貌について報告を受けると、禧嬪・張氏に賜薬を下し、彼女の兄・張希載を処刑するように命じた。この時、少論派の南九万は後に世子に及ぼす影響を考慮して、これを阻止しようとした。当時の政局は張氏から生まれた世子を支持するかしないかをめぐって老論と少論が激しく対立していた状態だったが、粛宗は、南九万ら少論派を除去してしまった。

政治問題に発展した神堂事件で朝廷は再び老論派が主導権を握ったものの、以後、世子問題を中心に老論と少論の対立は激化し、次第に対等な勢力となっていった。しかし、その後、英祖時代に至って荘献(思悼)世子事件が起こると、老論派は辟派と時派とに分かれ、少論派と南人派が時派に合流して、朝廷は時派と辟派の対決の構図を描くようになる。

五、五家作統法と郷村社会

粛宗時代の郷村政策の中で最も目立つのは五家作統《オガチャクトン》の強化だった。この制度は朝鮮時代初期から施行されていたものの、粛宗時代ほど強力に施行された時代はなかった。

五家作統とは、文字通り、五つの世帯を一つの統に束ねる村の組織で、この制度がいつから実施されたか明らかではないが、『世宗実録《セジョンシルロク》』に、これに関する記録が初めて現れる。

一四二八年(世宗十年)、漢城府《ハンソンブ》が『周礼』の郷遂制と中国の唐《とう》時代の隣保法を議論する際に、比里制の実施を建議するが、その内容は、漢城府内の各坊の下部組織として五家を一比とし、百家を一里に編成して、比長《ピジャン》と里正《イジョン》を設け、一方、都城下の面では三十家を一里に編成して、勧農官《クァンノングァン》を設けるというものだった。

しかし、漢城府のこの建議は、現実性に欠けるとの理由で論議の段階で終わってしまう。一四五〇年一月、再び『高麗史《コリョサ》』の改撰に参加した集賢殿《チピョンジョン》の学者・梁誠之《ヤンソンジ》が「備辺十策」の一つとして五家を小統に、十家を一統に編成して戸口姓籍を強化することを建議する。しかし、これも受け入れられなかった。

その後も、五家作統法は論議の対象になっていたが、一四五二年五月、端宗が即位するとともに、本格的に施行されはじめた。そして、一四五五年には強盗と窃盗を防止する目的で、より強硬な政策を立案することになる。両班を除いた一般庶民の五家を一統に束ね、統の中で強盗または窃盗を隠匿した場合には、その統全体を辺境へ移住させる法を制定したのだ。

そして、その後、世祖が即位すると、五家作統をさらに強化するために、五家のうち一世帯を統主《トンジュ》に指定し、統主には貯水灌漑の調整業務も任せた。また、成宗《ソンジョン》時代にはこうした五家作統法を全国に拡大実施し、漢城と地方ともに五家を一統にし、統主を設けた。これは、さらに細分化され、地方には五統ごとに里正を、面ごとに勧農官を設けて、漢城には一坊(漢城の行政区域を東西南北中の五部に分け、それをまた五十二坊に、坊をまた洞に分けた)ごとに管領《クァルリョン》(各坊の責任者)を設けた。

朝廷がこのように五家作統の実施に固執していたのは、民衆の戸口数を正確に把握し、流民を防止する一方、賦役と租税業務を円滑に遂行するためだった。しかし、当時の郷村社会には、すでに村の概念が定着していただけでなく、経済的効果を収めることができないとの理由で、五家作統法は容易に受け入れられなかった。

それにもかかわらず、朝廷は五家作統に対する未練を捨てきれなかった。壬辰倭乱と丙子胡乱という二大戦争を経た後、社会紀綱が急激に乱れ、住民の移動が増え、戸口把握が困難になった。そのため、税収が激減するとともに、賦役に動員できる人員が大幅に不足した。朝廷ではこれを解決するために、強制力を帯びた政策が必要だと考え、再び五家作統を論議しはじめた。

特に、孝宗が即位して北伐政策が本格化すると、五家作統の必要性がさらに増し、一六五八年(孝宗九年)には、その施行細則が作られるまでになった。しかし、相次ぐ凶作で実施は遅れ、とうとう孝宗時代にはできなかった。そして、顕宗時代に入り、また再び五家作統に対する論議が起き、一六六四年に正式に五家作統法が採択され、その施行細則である「五家統詳定節目《オガトンサンジョンチョルモク》」が制定された。しかし、この時にも同じく凶作の発生でその実施は延期された。

こうして五家作統の実施は粛宗時代に持ち越された。そして、粛宗元年の一六七五年に、顕宗時代からその実施を強く主張していた南人派の巨頭・尹鑴の建議で、その年九月、「五家統事目《オガトンサモク》」が制定されることで、五家作統が全国的に実施された。

頒布された施行細目は合わせて二十一条項から成り、これらの条項は、単純に五家が一つの統をなすという従来の五家作統概念からさらに一歩踏み込んだ、総合的な郷村運営策だった。農事および村の行事や冠婚葬祭などをはじめとする生活一切を統の概念に従うようにすることはもちろん、村人が他の村へ引っ越す場合には、必ずその理由と引っ越し先を書いて官の許しを得なければならなかった。十六歳以上の成年男子は居住地と氏名、年齢などを紙に書き、それに里正と官司の印がないと官庁への出入りができないようにするなど、郷村支配の基本原理と制度を濃縮した法案だった。

粛宗時代のこうした大々的な革新策にもかかわらず、五家作統法は、あまり守られなかった。表向きには隣人同士で互いに助け合うことを趣旨にしたものの、実際には租税を増やし、賦役に動員する人員を増やすことが目的だった。ひどい場合には、この法案が官吏や衙前《アジョン》の露骨な搾取行為の隠れ蓑になることもあった。そのため、五家作統は民衆に対する監視組織としてしか認識されなかった。

このように多くの試行錯誤を経ながらも定着できないまま、五家作統は十九世紀に入って再び強く推進されるが、それが今度はカトリック教徒と東学教徒を捜し出す手段として用いられた。そのため、五家作統は国家の住民監視手段だという印象を最後まで消し去ることができなかった。

六、『粛宗実録』編纂経緯

『粛宗実録《スクチョンシルロク》』は六十五巻七十三冊で構成され、一六七四年八月から一七二〇年六月までの粛宗在位四十五年十か月間の歴史的事実を編年体で記録している。

　編纂作業は一七二〇年（景宗元年）十一月から一七二八年（英祖四年）三月まで続いた。この作業が七年間にも及んだのは、粛宗の在位期間が約四十六年間にも及ぶ上に、編纂過程で老論と少論の政争が激化し、政権の頻繁な交代で編纂責任者が数回にわたって変わったためだ。

　一七二〇年十一月、編纂に着手した時は老論が政権を握っていたため、老論の金昌集《キムチャンジプ》が総裁官《チョンジエグアン》となって、都庁と一、二、三房の堂上《タンサン》、郎庁《ナンチョン》を選任し、時政記《シジョンギ》と『承政院日記《スンジョンウォンイルギ》』などの国家記録を史料に実録を編纂した。

　しかし、翌年十二月、少論の金一鏡《キムイルギョン》などにより金昌集、李頤命、李健命《イゴンミョン》、趙泰采《チョテチェ》の四大臣が弾劾されて失脚したため、総裁官が少論の趙泰耇《チョテグ》に交替し、堂上、郎庁の大部分も交替して編纂作業が行われた。その後も、崔錫恒《チェソカン》、李光佐《イグァンジャ》と総裁官が交替したが、同じ少論派だったため大きな支障はなかった。

　ところが、一七二四年景宗の死後、老論派が支持していた英祖が即位すると、朝廷は再び老論の手に渡り、実録編纂の責任者も交替し、堂上、郎庁の一部も交替した。それ以後、老論派により実録編纂作業が進められ、一七二七年九月に完成し、印刷に入った。

　印刷が完了する頃、再び「丁未換局《チョンミファングク》」が起こり、老論派が失脚して、李光佐などの少論派が政権を握ると、彼らは実録の改修を要求した。しかし、それはすでに不可能なことだった。このため、各巻の末に少論派の主張する内容を補充し、誤りを正す、いわゆる「補闕正誤《ポグオルチョンオ》」を付け加えることで少論派は満足するほかなかった。このため、実録補闕正誤庁《シルロクポグオルチョンオチョン》を設置し、李光佐が総裁官になって翌年三月までに補闕正誤の印刷を終了し、老論派が編纂した『粛宗実録』とともに、各史庫《サゴ》に保管した。

第二十代　景宗実録

一、悲運の王、景宗の即位と老少論の党争激化

生年一六八八—没年一七二四
在位期間一七二〇年六月—一七二四年八月、四年二か月

政界の第一線で南人《ナミン》勢力の力が極度に弱まり、朝廷が西人《ソイン》一色となると、西人派の老論《ノロン》派と少論《ソロン》派の対立が激化し、こうした党争の渦の中で父親の下した毒薬で母親が死ぬのを目撃した悲運の王・景宗《キョンジョン》が即位する。禧嬪《ヒビン》・張氏《チャンシ》の子である景宗の即位は、禧嬪・張氏を死に追いやった老論派に対する政治的な迫害を予告するものだった。

景宗は一六八八年十月、粛宗《スクチョン》の長男として生まれ、母は禧嬪・張氏。名前は昀《ユン》、字は輝瑞《フィソ》で、一六八九年一月、元子《ウォンジャ》に定められた。

元子・昀は一六九〇年には世子《セジャ》に冊封され、それとともに彼の母親の張氏も嬪に昇格し、閔妃《ミンビ》・仁顕王后《イニョンワンフ》が廃妃されると、さらに王妃に封じられた。しかし、彼女は「甲戌換局《カプスルファングク》」によって廃妃された閔妃が復位すると、一六九四年、再び嬪に降格され、一七〇一年の「巫蠱《ムゴ》の獄」で賜薬が下された。

母親が自決させられた時、世子・昀は十三歳だった。彼は、この事件後ずっと病気に悩まされ、跡継ぎも得られなかった。

一説には、彼に子供が生まれなかったのは、禧嬪・張氏のせいだと言われる。彼女は賜薬を受け取る際に、最後に息子に一目会いたいと、夫の粛宗に申し入れた。粛宗は、初めはこれを拒否したものの、結局、情にほだされて彼女の願いを聞き入れるが、それが裏目に出て、事件が起きてしまう。世子をその場に呼び入れたところ、母の張氏は、突然、息子の側に走り寄り、いきなり彼の下焦(上中下の三焦の一つで、膀胱の上にあり、排泄を司るという)を鷲摑みにして引っ張ってしまった。世子はその場で気絶して倒れ、この後、病に臥して、男性としての機能を果たせなくなってしまったのだというのだ。

粛宗は一七一六年、少論派を排して、老論派を重用した後(丙申処分《ピョンシンチョブン》)、一七一七年に世子が病弱な上に、子作りできないとの理由で、当時の左議政《チャイジョン》で老論派の領袖でもあった李頤命《イイミョン》に、淑嬪《スクピン》・崔氏《チェシ》から生まれた延礽君《ヨニングン》(英祖《ヨンジョ》)を後嗣に定めることを頼んだ(丁酉独対《チョンユドクテ》)。また同年、延礽君に世子代理聴政(世子に代わって便殿《ピョンジョン》で政事を学ぶこと)させることも命じた。

延礽君の代理聴政が決定すると、少論派側が「弱みに

つけ込んで世子を代えようとしている」と反発しはじめた。そのため、この時以来、世子・昀を支持する少論派と延礽君を支持する老論派の間で党争が激化した。

こうした論乱の中で、世子は一七二〇年六月、粛宗の後を継いで朝鮮第二十代王として即位した。

景宗即位の元年は、相変わらず老論派が政権を握っていた。彼らは景宗の健康が次第に悪化している上、跡継ぎもいないという理由を掲げて、王位後継者問題を申し立てた。要は、いざとなった場合に備えて、延礽君を世弟《セジェ》に封じて王位が揺るがないようにすべきだということだった。

景宗は、少論派の反対にもかかわらず、一七二一年八月、老論派側の主張にしたがって延礽君を世弟に冊封した。ところが、二か月後の十月には、今度は、王が病弱で政事を執ることが難しくなっているとの理由で延礽君に代理聴政を行わせるべきだと老論派が主張した。これはすなわち、景宗に政事から身を引くように促すものであった。

老論派が延礽君の代理聴政を主張すると、少論派は王権を保護するとの名分を掲げて激しく反発した。一時、景宗は病気を理由に世弟聴政を受け入れたものの、少論派の反対で、再びこれを取り下げた。しかし、この後も景宗は世弟聴政を命じたり、取り下げたりを繰り返した。

そのため、老・少論両派間の党争ばかりが激しくなっていった。そして、一七二一年十二月、景宗支持の立場を取っていた少論派は、強硬派の司直《サジク》・金一鏡《キムイルギョン》を頭にした李眞儒《イジニュ》・李眞倹《イジンゴム》兄弟などの七人が先頭に立ち、世弟代理聴政を主張した執義《チビ》・趙聖復《チョソンボク》と老論派の四大臣、領議政《ヨンイジョン》・金昌集《キムチャンジプ》、左議政・李健命《イゴンミョン》、領中枢府事《ヨンチュンチュブサ》・李頤命、判中枢府事《パンチュンチュブサ》・趙泰采《チョテチェ》に対して「王朝交替を企んだ謀反者」と攻撃する疏を上げた。

この上疏で、一七一六年の丙申処分以来続いていた老論派の権力基盤が崩れ、それに代わって少論派政権となる換局《ファングク》が行われた。その結果、老論派の四大臣は免職となり、金昌集は慶尚南道巨済府《キョンサンナムドコジェブ》に、李健命は全羅南道羅老島《チョルラナムドナロド》に、李頤命は慶尚南道南海県《ナメヒョン》に、趙泰采は全羅南道珍島郡《チンドグン》にそれぞれ配流され、その他の老論派の大臣たちも官職剝奪、「門外黜送《ムネチュルソン》」(朝鮮時代の刑罰の一つ。官爵を取り上げ、都の外に追放すること)、または配流とされた。そして、少論派から領議政に趙泰耉《チョテグ》、左議政に崔奎瑞《チェギュソ》、右議政《ウイジョン》に崔錫恒《チェソカン》などが任命され、少論派政権の基盤を固めた。

朝廷を掌握した少論派は、老論派勢力の大々的な粛清のため、南人派出身の睦虎龍《モクホリョン》に「壬寅獄事《イミンオクサ》」を起こさせた。

即位二年目の一七二二年三月、少論派の強硬論者たちが、老論派に対する思い切った処分を求めているところに、睦虎龍が告発書を提出した。彼は、いわゆる三急手説、すなわち大急手《テグプス》(刀で殺害)、小急手《ソグプス》(薬を使って殺害)、平地手《ピョンジス》(謀議で廃位)を挙げて、この三つの方法を使って王を弑逆《しぎゃく》しようとの謀議があったと告発したのだ。それによると、陰謀に加担した者たちは鄭麟重《チョンインジュン》、金龍沢《キムヨンテク》、李器之《イギジ》、白望《ペクマン》、沈尚吉《シムサンギル》などだった。彼らはみな老論派の四大臣の息子や甥、または追従者たちだった。

この告発は、粛宗の死去前後、まだ世子だった景宗を殺害しようと謀議していたというものだが、この時期に合わせて明らかにしたのだ。睦虎龍は庶子出身で、風水学を勉強して地相を観る地官《チグァン》になった人物だ。政治的野心を抱いていた彼は風水説を利用して老論派に接近し、最初は王世弟(英祖)側についていたが、政局が少論派の優勢となると、老論派を裏切り、そうした陰謀の事実を告発したのだった。

この事件は老論派に多大な打撃を与えた。睦虎龍が告発すると、「鞠庁《ククチョン》」(朝鮮時代、反逆犯などの重罪人を尋問するため臨時に設けた機関)が設置され、謀反関係者を捕らえて処断し、王世弟を立てた、いわゆる「老論四大臣」の金昌集、李健命、李頤命、趙泰采も再び漢城に押送され、自決させられた。

鞠庁で処断された者は法で死刑となった者が約二十人、拷問で打たれ死んだ者が約三十人、その他、彼らの身内だとの理由で逮捕され、絞首刑となった者が十三人、配流された者が百十四人、自ら命を絶った婦女が九人、巻き添えとなった者が百七十三人に上った。

一方、権力を握った少論派は、尹宣挙《ユンソンゴ》と尹拯《ユンジュン》が復官し、南九万《ナムグマン》、朴世采《パクセチェ》、尹趾完《ユンジワン》、崔錫鼎《チェソクチョン》などを粛宗廟に祭り、睦虎龍は同知中枢府事《トンジチュンチュブサ》に、王によって直接任命され、東城君《トンソングン》の勲爵が与えられた。こうした大々的な獄事が辛丑の年と壬寅の年に相次いで起こったため、これを「辛壬士禍《シニムサファ》」という。

辛壬士禍の後、政権は少論派に独占されるが、景宗が病状悪化で一七二四年に死去し、その後を世弟の英祖が引き継ぐと、少論派の短い政権独占期は終わってしまった。

生母の死を目撃し、また生母によって生殖能力を失ったまま王位に就き、病気のため四年間の治世で死去した景宗の時代は、こうした老論派と少論派の熾烈な政権争いで、朝廷が常に血の嵐に巻き込まれていた時期だった。そのため、景宗は在位四年の間、これといった治績を残すこともなく去った。

だが景宗は、在位中、西洋の消火器にならって、水銃器を製作させたり、独島《トクト》(竹島)が朝鮮の領土であることを明らかにした点を含む南九万の『薬泉集《ヤクチョンジプ》』を刊行した。

景宗は、一七二四年八月、在位四年二か月、三十六歳

第20代　景宗　家系図

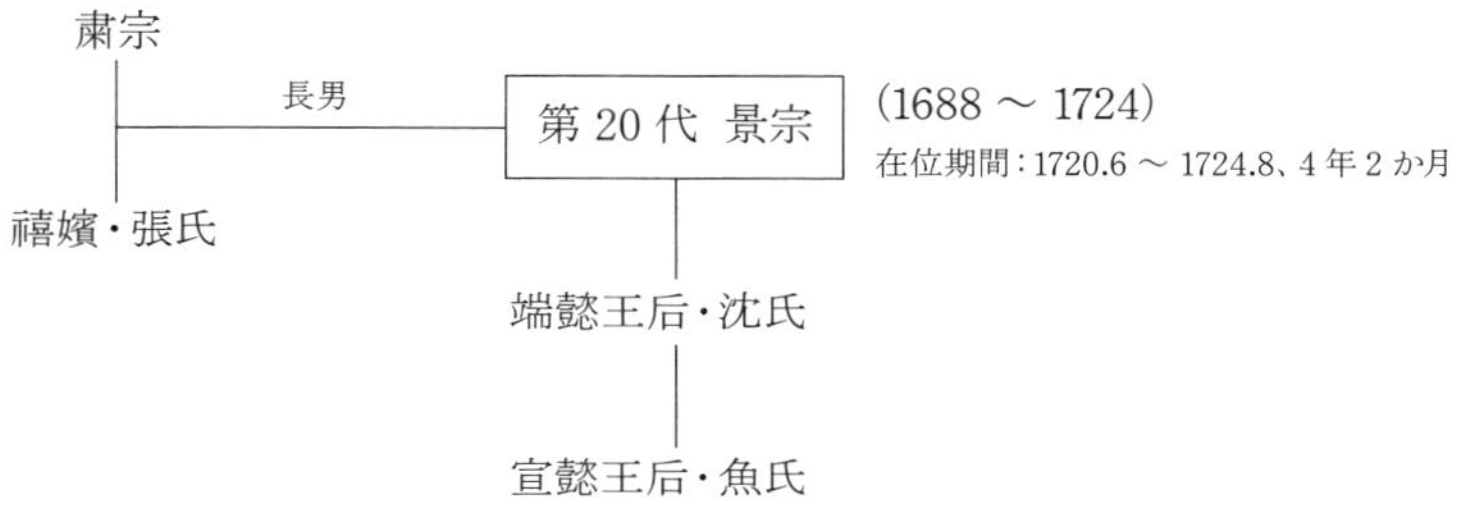

で死去した。二人の妃を迎えたが子供は生まれなかった。

陵は懿陵《ウィルン》で、ソウル市城北区石串洞《ソンブックソックァンドン》にある。

二、景宗の家族たち

○**端懿王后《タニワンフ》・沈氏《シムシ》**（一六八六―一七一八）

端懿王后・沈氏は青恩府院君《チョンウンブウォングン》・沈浩《シムホ》の娘。一六九六年、十歳で世子嬪《セジャビン》に冊封されたが、景宗が即位する二年前、一七一八年二月、病気のため死去した。三十二歳。

彼女は、幼い時から聡明で、徳を備えていたため、両殿（大殿《テジョン》、中殿《チュンジョン》）や病弱な世子に仕えるのに、身を尽くしていたと伝えられる。一七二〇年、景宗が即位するとともに、王后に追封された。陵は恵陵《ヘルン》で、京畿道九里市《キョンギドクリシ》東九陵《トングルン》にある。

○**宣懿王后《ソニワンフ》・魚氏《オシ》**（一七〇五―三〇）

宣懿王后・魚氏は領敦寧府事《ヨンドンニョンブサ》・魚有亀《オユグ》の娘。一七一八年、世子嬪に冊封されて、結婚式を行い、一七二〇年、景宗が即位するとともに、王妃となった。

以後、一七二四年、英祖が即位してから二年後に王大妃《ワンデビ》に進封されていたが、一七三〇年、二十五歳で死去した。

彼女は、万事に慎重で、温和な性格と品格の持ち主であったと伝えられる。景宗が病弱だったため、子供はいなかった。死後、景宗の陵である懿陵に一緒に埋葬された。

三、『景宗実録』編纂経緯

『景宗実録《キョンジョンシルロク》』は十五巻七冊から成り、一七二〇年六月から一七二四年八月までの景宗在位四年二か月間の歴史的事件を編年体で記録している。

編纂作業は、一七二六年八月に始まり、一七三二年二月に完了した。しかし、実録庁《シルロクチョン》の儀軌《ウィゲ》（儀礼の詳細）が残っていないので、編纂過程を正確に知ることはできない。ただ、『英祖実録《ヨンジョシルロク》』によると、左議政・李潗《イジプ》と右議政・趙文命《チョムンミョン》を総裁官《チョンジエグァン》にして、大提学《テジェハク》・李徳寿《イドクス》、副提学《プジェハク》・徐命均《ソミョンギュン》、判中枢府事・李宜顕《イウイヒョン》、知春秋館事《チチュンチュグァンサ》・金在魯《キムジェロ》、承旨《スンジ》・尹鳳朝《ユンボンジョ》など少論派側の人士が都庁堂上《トチョンタンサン》となって編纂したものと伝わっている。

実録の内容は老論派と少論派の対立と辛壬士禍が主流を成し、記事中の事件、人物に対しては、「史官曰く」または「謹按」という論評が付け加えられている。その論評では、申壬士禍に対してはほぼ肯定的で、老論派の大臣たちに対しては酷評している。そのため、『景宗実録』の編纂には最初から批判が多かった。

実録の校正を担当した注書《チュソ》・李寿海《イスヘ》は、一七二九年三月史局《サグク》（実録庁）の内部に「奸計あり」と上疏したため、「党習を捨てていない」との非難を浴び、配流されるという事件があった。そして、一七二九年十二月には都庁堂上・李徳寿を招いて「辛巳《シンサ》の処分（張禧嬪の死）」に対する凡例を定め、一七三一年五月に実録が完成したことで、時政記《シジョンギ》の洗草《セチョ》が論議された。一七三二年三月、春秋館《チュンチュグァン》の要請によって四か所の史庫に保管するようにし、時政記と中草を洗草した。

ところが、一七三二年四月に司諫院《サガヌオン》の献納《ホンナプ》・閔珽《ミンジョン》と司諫・韓徳厚《ハンドク》などが、実録に「李眞倹獄事」が載っていないという問題を提起し、内容を書き加えて、封印をしなおすべきだと主張した。そして、一七四一年、献納・李天輔《イチョンボ》も上疏して、『景宗実録』の間違っている点を修正し、記入漏れを補うべきだと申し立てた。以後、老論派の政治的基盤が固まり、辛壬士禍が無罪と規定されたため、修正せざるを得なくなった。

しかし、修正実録の編纂作業は英祖時代には行われずに、正祖《チョンジョ》時代に入ってから始められた。

一七七七年、『英祖実録』を編纂するようになると、老論派の李師濂《イサリョム》、柳讜《ユダン》などが上疏して、『宣祖修正実録《ソンジョスジョンシルロク》』と『顕宗改修実録《ヒョンジョンケスシルロク》』の例にならって『景宗実録』も修正すべきだとの意見を述べると、正祖はこれを受け入れて、一七七八年二月から、その作業に取り組ませた。

修正実録は即位の年と在位四年間を各一巻ずつ編纂して全部で五巻三冊で構成された。

記事内容を見ると、即位年から辛壬士禍に対する不当性を意識して記録した痕跡がはっきりと表れている。すなわち、『景宗実録』が老論派の人士を酷評したなら、修正実録では、こうした酷評を削除し、辛壬士禍を起こした少論派の人士を一方的に批判している。そして、自分たちに不利な内容はすべて修正した。

修正実録の編纂の目的は、辛壬士禍が無実だとして修正、削除することにあったため、時政記の記事の内容が大幅に縮小された。一七七九年、経筵官《キョンヨングァン》・宋徳相《ソンドクサン》は、『景宗実録』の修正本が完成したら、旧本は廃棄するよう申し立てたが、正祖は旧例に準じて両方をともに保存するようにした。

こうした修正実録編纂作業に参加した人員は総裁官の鄭存謙《チョンジョンギョム》をはじめ、都庁堂上《トチョンタンサン》六人、都庁郎庁《トチョンナンチョン》四人、粉板郎庁十二人など計二十三人で、みな老論派の人たちだった。

第二十一代　英祖実録

一、延礽君の遠くて険しい王位への道

粛宗《スクチョン》は仁敬王后《インギョンワンフ》、仁顕王后《イニョンワンフ》、仁元王后《イヌオンワンフ》など三人の王妃を迎えたが、彼女たちからは息子を得られなかった。粛宗に初めて息子を抱かせてくれたのは、卑しい身分の二人の後宮だった。宮女出身の禧嬪《ヒビン》・張氏《チャンシ》とムスリ出身の淑嬪《スクビン》・崔氏《チェシ》である。

禧嬪・張氏の生んだ息子は王子の昀《ユン》で、淑嬪・崔氏の生んだ息子は昑《クム》であるが、昀は一六八八年に、昑は一六九四年に生まれ、彼らの年の差は六歳であった。

王子の昀は生後二か月で粛宗の継妃《ケビ》・仁顕王后の養子として入籍し、元子《ウォンジャ》の定号を授かり、三歳の時に世子《セジャ》に封じられたものの、母親の禧嬪・張氏が、父親の粛宗の下した毒薬により死を遂げると、もともと優れなかった健康状態が悪化し、世子としての任務を遂行できなくなった。その時彼は十三歳であった。

一七一七年、粛宗《スクチョン》が病弱な世子《セジャ》の代わりに、異母弟の延礽君《ヨニングン》に世弟《セジェ》代理聴政を命じたことで、朝廷は世子を支持する少論《ソロン》派と延礽君を支持する老論《ノロン》派との間で一大党争が展開されるが、その最中に、党争の火をつけた張本人の粛宗が死去し、その後を世子・昀が受け継いだ。

紆余曲折の末に、一七二〇年、三十二歳で即位した昀、すなわち景宗《キョンジョン》は、王宮の法に従って即位はしたものの、健康状態が芳しくないため、まともに政事を執ることができなかった。そこで、執権勢力である老論派側から延礽君の世弟冊封が建議されたが、延礽君は上疏して、建議された王世弟の座を頑なに拒絶した。これは、王位に欲はないという意思を伝えるための延礽君なりの自救策だったと思われる。万が一、軽々しく王座に関心を見せようものなら、王位を狙っていたと疑われ、それはすなわち死を意味するからだ。

延礽君の王世弟冊封が朝廷の主要懸案として浮上すると、少論派の大々的な反対上疏が続いた。しかし、老論派の大勢に押されて、景宗即位の翌年の一七二一年、延礽君は王世弟に封じられた。

その後、一時、景宗は老論派側の主張を受け入れて、「備忘記《ピマンギ》」(承旨《スンジ》に伝える王命を記した文書)を下して、王世弟に代理聴政を許した。すると、少論派の右議政《ウイジョン》・趙泰耉《チョテグ》、左参賛《チャチャムチャン》・崔錫恒《チェソカン》などは代理聴政の取り消しを強く進言した。それに続いて、地方の守令《スリョン》や監事《カムサ》、察訪《チャルバン》、成均館《ソンギュングァン》の学生および各道の儒生からも上疏があった。また、延礽君も四度にわたり聴政命令の撤回を求めた。そのため、世弟代理聴政を申し立てた老論派の立場は弱まり、少論派は地方からの応援もあり、勢力拡張に一歩前進する。

王と国民からの信任を得て、立場を確固たるものとした少論派は、先頭に立って、代理聴政を求めていた老論派の四大臣を弾劾して、配流とする「辛丑獄事《シンチュクオクサ》」を起こした。そして、その勢いで翌年には南人《ナミン》の睦虎龍《モクホリョン》を味方に引き入れて、彼に老論派の一部の者が弑逆《しぎゃく》を企てていたと王に告げさせ、「壬寅獄事《イミンオクサ》」を起こした。

壬寅獄事の事件報告書に王世弟も謀反に加担していたという内容が記された。前例から見て、謀反に加担した王子が生き残った例はなかったが、延礽君の他には王統を継ぐ王子がいないこともあって、彼は辛うじて災難を免れることができた。しかし、この事件のため、延礽君はさまざまな苦難に見舞われることになる。手足となって自分に仕えていた張世相《チャンセサン》が少論派の計略に落ちて追放され、彼自身も景宗のところへ出入りすることを禁じられた。

延礽君は自分の支持基盤だった老論派が「辛壬士禍《シニムサファ》」によって大挙追放され、さらに身の危険まで覚えるようになると、大妃《テビ》・仁元王后・金氏《キムシ》(粛宗の継妃《ケビ》)を訪ねて、王世弟の座を捨ててもいい、と言いながら、自身の潔白を訴えた。

金大妃は平素、老論派側に立ち王世弟をかばっていたこともあり、王世弟の切実な訴えを込めたハングル文字で書かれた教旨を数回にわたって下し、少論派側の専横を抑えた。そのお陰もあって、延礽君は辛うじて命をつなぎ、朝鮮王朝時代、最も長い寿命を享受した王となった。彼が朝鮮第二十一代王の英祖《ヨンジョ》だ。

二、英祖の蕩平政治と朝鮮社会の変化

生年一六九四—没年一七七六
在位期間一七二四年八月—七六年三月、五十一年七か月

老論、少論の熾烈な党争の間で身の危険を感じながらも、ようやく王位に就いた英祖は、即位するやいなや、朋党《ブンダン》の弊害を列挙し、「蕩平政治《タンピョンチョンチ》」(党争の悪弊を正し、王権の伸張と不偏不党を図った政策)を実施して人材を広く登用しようと努力した。彼のこうした蕩平策にもかかわらず、一部政権志向的なグループによって党争は続き、あげくの果てには、王権に挑む反乱も発生するが、そこで英祖はこうした難局を非凡な政治能力で打開しながら、引き続き朝廷を蕩平政治に導くのに成功する。一

方、英祖の蕩平政治が安定期に入り、在野では実事求是の学問(事実に基づいて真理を探究することで、当時の実学派たちが清朝《しん》の考証学派の影響を受け、これを広く世間に示した)が生じ、社会全般に新風を引き起こした。

一七二四年八月、異母兄の景宗が死去することで即位した英祖は、即位後まず初めに自分を苦境に立たせ、多くの大臣たちを死に至らしめた辛壬士禍に対する責任を追及した。これに対して、老論派の李義淵《イウィヨン》が、景宗時代、延礽君の世弟冊封を主張したために処罰された大臣たちの恨みを晴らすべきだと性急な申し立てをしたため、少論派の弾劾を受けて、かえって配流となってしまう。

また、老論の宋載厚《ソンジエフ》は、金一鏡《キムイルギョン》が主導者となって起こした壬寅獄事に対する真相調査結果を記録した、王(景宗)が下した教旨の草稿の中から三つの文を挙げて、世弟時代の英祖を侮辱したものであるため、断罪すべきだと上疏した。三つの文とは、魯《ろ》の桓公《かんこう》が兄・陰公《いんこう》を殺したこと、秦《しん》の宦官・趙高《ちょうこう》が始皇帝の長男・扶蘇《ふそ》を自決させ、胡亥《こがい》を皇帝に立てたこと、唐《とう》の太祖《たいそ》が兄、弟を殺害したことを指し、すべて英祖の置かれた状況に関連した内容だった。金一鏡のこうした文献は、世弟・延礽君が景宗を殺そうとした極悪無道な人間だと言わんばかりの内容だったため、金東弼《キムドンピル》など少論派内部の人物からも批判されたことがあった。

宋載厚が上疏すると、金一鏡の問題に対する上疏が全国から集まった。そこで、英祖は金一鏡を逮捕して自ら尋問したが、金一鏡は最後まで屈しなかったため、処刑された。また、告発することで壬寅獄事を起こし、功臣となった睦虎龍も上疏文で英祖に触れたところがあり、彼も尋問されて、処刑された。

英祖は少論派の領袖・金一鏡、南人派の睦虎龍など辛壬獄事を引き起こした大臣たちを粛清した後、一七二五年、金一鏡が老論派の四大臣を逆賊として上疏した時、同調した李眞儒《イジニュ》・李眞倹《イジンゴム》兄弟など六人を配流とした。そして、老論派の少論派に対する相次ぐ弾劾によって領議政《ヨンイジョン》・李光佐《イグァンジャ》、右議政・趙泰億《チョテオク》など少論派の大臣たちを追放し、閔鎮遠《ミンジヌォン》、鄭澔《チョンホ》など老論派の人士を登用した。これが「乙巳処分《ウルサチョブン》」だ。

乙巳処分で老論派が政権を握ると、辛壬獄事の時に処断された老論派四大臣と、その他の関連者たちに対する冤罪問題が再び論議され、四大臣が復官して諡号を受けた。ところが、老論派はこれに満足しなかった。閔鎮遠、鄭澔などが壬寅獄事に対する報復を主張していたからだ。しかし、英祖は即位当初から宋寅明《ソンインミョン》、趙文命《チョムンミョン》などの助言を受けて、各派の人士を公平に登用することを骨子とする蕩平策を実施しようとしていたため、老論派の少論派に対する政治的報復に反対した。そのため、閔鎮

50歳の英祖を描いた御真。英祖は延礽君時代の肖像画も残っている。〔国立古宮博物館 所蔵〕

遠、鄭澔などの老論派を大挙罷免し、免職していた李光佐、趙泰億を起用して政丞《チョンスン》にし、少論派を呼び入れて朝廷に合流させた。これが「丁未換局《チョンミファングク》」(一七二七年)だ。

丁未換局により再び執権した少論派は、またもや壬寅の年に起きた事件を持ち出して四大臣の過ちを弾劾した。これに対して英祖は、彼ら四大臣の罪名は洗い流し、官爵だけを剝奪する線で少論派と妥協した。

ところが、翌年一七二八年、少論派の一部と南人派の急進勢力が景宗のための報復を名分に王権交代を企てる事件を起こした。これが「李麟佐《イインジャ》の乱」だ。

李麟佐が反乱軍を起こした時、嶺南《ヨンナム》(慶尚道《キョンサンド》)の鄭希亮《チョンヒリャン》、湖南《ホナム》(全羅道《チョルラド》)の朴弼夢《パクピルモン》などがこれに呼応して兵を挙げたものの、京畿道安城《キョンギドアンソン》、竹山《チュクサン》での戦いで李麟佐、権瑞鳳《クォンソボン》、睦涵敬《モクハムギョン》などが生け捕りにされると、反乱軍は打撃を受けて、官軍に敗れ去った。

この乱の鎮圧には、少論派政権が当たっていたが、首謀者の多くが同じ少論派の人士だったため、以後、政局で少論派の立場は弱まった。反面、英祖はこの事件で蕩平策の名分を強化することができ、王権の強化と政局安定をも図ることができた。

その結果、一七二九年には「己酉処分《キユチョブン》」によって蕩平政治の基礎を固めた。この時、英祖が取った政策は「双挙互対《サンゴホデ》」だった。すなわち、老論の洪致中《ホンチジュン》を領議政にし、少論の李台佐《イテジャ》を左議政《チャイジョン》にして相対するようにし、吏曹《イジョ》の人員構成でも判書《パンソ》(正二品)に老論の金在魯《キムジェロ》を就かせて、参判《チャムパン》(従二品)に少論の宋寅明、参議《チャミ》(正三品)に少論の徐宗玉《ソジョンオク》、正郎《チョンナン》(正五品)に老論の申晩《シンマン》を就かせることで、相対させたのだ。英祖はその後、自分の意図通りに政局を収拾すると、一層強化した王権を基に双挙互対方式を克服し、「惟才是用《ユジェシヨン》」、すなわち人材中心の人事政策を繰り広げていくことができた。

このように蕩平策は初期には才能に関係なく、蕩平論者を中心に老論派と少論派とを主に登用していたが、蕩平政治が軌道に乗ると、この政策を制度的に定着させるようになった。英祖はこうした政治の構図に従って老論、少論、南人、小北《ソブク》の四党派を均等に登用することで蕩平政治をさらに拡大させていった。

ところが、蕩平政治がしばらく続くと、各党派は、再び政権独占のため計略を立てはじめた。その代表的なものが「荘献世子《チャンホンセジャ》事件」だ。

英祖は貞聖王后《チョンソンワンフ》・徐氏《ソシ》と継妃《ケビ》の貞純王后《チョンスンワンフ》・金氏《キムシ》からは子供を得られず、靖嬪《チョンビン》・李氏《イシ》と映嬪《ヨンビン》・李氏から二人の息子を得た。しかし、靖嬪・李氏の生んだ長男の孝章世子《ヒョジャンセジャ》は世子冊封の後、夭逝してしまったため、映嬪・李氏の生んだ次男の愃《ソン》が世子に封じられた。彼が荘献(思悼《サド》)世子だ。

一七四九年、英祖は健康上の理由で、世子・愃に代理聴政をさせた。ところが、世子が代理聴政を行うようになると、南人、少論、小北勢力が彼をバックにして政権を掌握しようとする動きを見せ、これに老論勢力と彼らに同調していた継妃・貞純王后、淑儀《スグィ》・文氏《ムンシ》などの企みで、世子と英祖を仲違いさせた。

世子に対する貞純王后、淑儀・文氏などの密告で、英祖はしばしば世子を呼んで叱責するようになり、このため、世子は精神的な圧迫による苦痛を覚え、密かに王宮を抜け出して問題を起こしたり、宮女を殺すなど突発的な行動を見せた。英祖は、もはや彼に代理聴政をさせてはならないと判断したが、一七六一年、世子は、またもや王へ報告もしないままに関西地方（平安南北道《ピョンアンナムブクト》と黄海道《ファンヘド》北部地域）を遊覧して宮殿に戻ってくるという事件を起こした。

これに関連して、世子を排除する機会を狙っていた老論側の尹在謙《ユンジエギョム》などが世子の行動がその地位にふさわしくないという内容を含んだ疏を上げた。すると英祖は世子の関西巡行に関与した者たちをすべて免職とした。その後、世子に対する英祖の不信がさらに増幅しているところに、貞純王后の父・金漢耉《キムハング》と、その一派の洪啓禧《ホンゲヒ》、尹汲《ユングプ》などに唆された羅景彦《ナギョンオン》が世子の非行十項目を上疏すると、英祖の怒りは頂点に達した。

息子への怒りを抑えきれなかった英祖は真偽を正す余裕もなく、世子に自決を命じた。しかし、世子がこれに応じなかったため、世子を廃位して、庶人に降格させ、その後、米びつの中に閉じ込めて餓死させてしまった。

事件後、英祖は世子を死に至らせたことを後悔し、世子の死を哀悼する意味から、彼に「思悼」という諡号を与え、自ら祭主となって息子を殺した自分の行動が国の将来のために取った、止むを得ない措置だったことを伝えた。一方、思悼世子事件（壬午《イモ》事件ともいう）で、朝廷は再び、彼の死は必至だったと見なす僻派《ピョクパ》（「時流を無視して党論にばかり偏っている」という意味から付けられた。主に老論系列）と、その死に同情を示した時派《シパ》（「時流に迎合する」という意味で付けられた。主に南人系列）とに分かれ、新しい局面を迎える。

以後、英祖は政治的信念として行ってきた蕩平政治の地盤をさらに固めるために、朋党の根拠地として使われていた書院や祠などの私的な建物の建立を禁止し、また、一七七二年には科挙として蕩平科《タンピョンクア》を実施するという画期的な措置を断行した。そればかりか、蕩平策を強化するために、同じ党派に属した家同士の婚姻を禁止した、いわゆる「同色禁婚牌《トンセククモンペ》」を家ごとに門の入口に掛けるようにし、党の結集に対する憂慮を喚起させた。

英祖のこうした徹底した蕩平政策で、王権は強化され、政治は安定に向かった。またこれにより、朝鮮社会全般にわたってさまざまな分野での発展があった。

この時期で最も目を引くのは、罪人の人権に対する新しい考え方だ。まず、一七二五年には、膝の上に重い石を置いて骨を押しつぶす圧膝刑を廃止し、死刑を宣告されないままに死んだ者に罪を追加して再度殺す刑罰を禁止した。一七二九年には、死刑囚に対して必ず初審、再審、三審を受けさせるようにする「三覆法《サムボクポプ》」を厳格に実施するようにし、死刑執行に慎重を期した。

また、一七七四年には、個人の家で刑罰を加えることを禁止し、判決を受けさせずに殺す「濫刑《ナミョン》」と、顔に罪名を入れ墨する刺字刑などの過酷な刑罰も禁止した。そして、申聞鼓《シンムンゴ》制度を復活させて、民衆が自身の無実を王に直接訴えられるようにした。

英祖時代の経済政策で最も注目すべきは、「均役法《キュニョクポプ》」の施行だった。庶民が国防義務の代わりに国へ税金として納めていた麻布と綿布とを半分に減らすことを骨子とする均役法の施行で、一般庶民の軍役負担が大幅に減った。

そして、一七二五年からは、各道の堤防を修築して旱《かん》魃《ばつ》に備え、一七二九年には宮殿に属した田畑と兵営の屯田にも、定められた量以上を消費した場合には税金を負担させた。一方、五家作統法《オガチャクトンポプ》を守るように厳しく指示して脱税を防止した。

この他にも、英祖は各道に報告されていない隠田を綿密に調査するようにし、当初、国家備蓄米だった貧農救済用の還穀《ファンゴク》が、国民に税金を課するものへと変わってしまったことによる弊害を防止することに対しても格別な関心を寄せた。一七六三年には、通信使として日本に渡った趙曮《チョオム》がさつまいもを持ち込んだことで、凶作時の農民救荒食糧対策に画期的な転換を図ることができた。

この時期の社会政策として最も注目すべき点は、身分にともなう国家に対する義務事項を一層明らかにした点だ。良人たちに均役法を実施する一方、賤民たちにも「公私賤法《コンサチョンポプ》」を定め、それぞれの身分に従って国に対する義務を果たすようにした。

また、良人の数を増やして、良役の増加を図るために、一七三〇年には良人の母親と賤民の父親の間に生まれた者は良人とするように定めたが、翌年には、男子は父親の身分を、女子は母親の身分に従うようにした。また、庶子とその子孫に対する差別による社会的な不満を解消するために、庶子とその子孫も官吏として登用できるとした。

国防政策においては、一七二五年に貨幣鋳造を中止して軍事用の武器を作るようにし、一七二九年には金万基《キムマンギ》に火車を改良させ、一七三〇年には守禦庁《スオチョン》に命じて鳥銃を製作させた。そして、全羅左水使《チョルラチャスサ》・田雲祥《チョンウンサン》が創案した海鶻船《ヘゴルソン》を慶尚南道統営《トンヨン》(現・忠武《チュンム》)および各道の水営で製造・配置させて、壬辰倭乱《イムジンウェラン》の時に猛威を振るった海軍力を増強した。

このような国防政策は辺境にも適用されて、要塞の構築を増やす一方、一七二七年には咸鏡道《ハムギョンド》の軍兵に銃を持たせて訓練した。一七三三年には平壌中城《ピョンヤンチュンソン》を構築し、一七四三年には江華島《カンファド》の外城改築作業を始めて、翌年、完了した。

さまざまな分野で試みられたこうした変化の他に、英祖時代には文化的な成果も多かった。英祖は自分が学問を好んでいたため、自ら書籍を執筆し、印刷術を改良して、多くの書籍を刊行した。そしてそれを民間に頒布して、一般民衆が読めるようにした。

一七二九年には『勘乱録《カムランノク》』を作り、翌年『粛廟宝鑑《スンミョボガム》』を編纂し、一七三二年には李滉《イファン》の学問世界を表した『退陶言行録《テドオネンノク》』を刊行した。一七三六年には『経国大典《キョングクテジョン》』を補強し、女性用に四冊の本をまとめた『女四書《ヨサソ》』をハングル訳し、一七四二年には『天文図《チョンムンド》』『五層輪図《オチュンユンド》』を、そして翌年には均役法の典型である『良役実摠《ヤンヨクシルチョン》』を印刷して各道に配付した。

この他に、『経国大典』を補修した後、新たに制度的に変えられたものを反映した『続大典《ソクテジョン》』、一七四七年には『皇壇儀軌《ファンダンウィゲ》』、官吏たちの必読書である『無寃録《ムウォンノク》』、一七四九年に作られた『続兵将図説《ソクピョンジャンドソル》』、一七五三年に編纂された『漏籌通義《ヌジュトンウィ》』、英祖の王位継承の正統性を明らかにする『闡義昭鑑《チョニソガム》』、一七四七年の『三国基址図《サムグクキジド》』『八道分図帖《パルトプンドチョプ》』『戒酒綸音《ケジュユヌム》』などや一七六五年の『海東楽章《ヘドンアクチャン》』『輿地図書《ヨジドソ》』、および初の百科辞典である一七七〇年の『東国文献備考《トングクムノンビゴ》』などがある。

英祖が自ら書いたものとしては、『楽学軌範《アカクケボム》』序文、自叙伝の『御製自省編《オジエチャソンピョン》』、武臣のために書いた『爲将必覧《ウィジャンピルラム》』『御製警世問答《オジエキョンセムンダプ》』『御製警世編《オジエキョンセピョン》』『白行源《ペケンウォン》』など十冊余りがある。

一方、この時期に在野では実学が広がるとともに、新学問に造詣の深かった英祖の後援を受けて、実学者たちの書籍も編纂され、刊行された。一七六五年、北学派《プカクパ》(実学の一派で清朝の発達した文化を受け入れることを主張した。特に商工業の振興と技術の革新に関心を寄せた)の洪大容《ホンデヨン》の『燕行録《ヨネンノク》』が編纂され、一七六九年には実学の先駆者として評価される柳馨遠《ユヒョンウォン》の『磻溪随録《パンゲスロク》』、申景濬《シンギョンジュン》の『道路考《トロゴ》』などが編纂された。

英祖は王世弟の時代から数多くの党争に巻き込まれながら、あらゆる苦労をなめたが、自分の置かれた状況を賢く克服して、政局を蕩平策に導きながら、各方面で復興を成し遂げ、一七七六年三月、八十二歳で世を去った。

彼は朝鮮王朝二十七王のうちで最も長期間(五十一年七か月)王位に就き、一番長生きした王だった。

陵は元陵《ウォンヌン》で、現在、京畿道九里市東九陵《クリシトングルン》にある。

三、英祖の家族たち

英祖は六人の妻との間に二男七女の子供をもうけたが、正妃・貞聖王后と継妃・貞純王后からは子供が生まれず、靖嬪・李氏が一男一女、暎嬪・李氏が一男三女、貴人《クィイン》・趙氏《チョシ》が一女、淑儀・文氏が二女を生んだ。

○貞聖王后《チョンソンワンフ》・徐氏《ソシ》(一六九二―一七五七)
達城府院君《タルソンブウォングン》・徐宗悌《ソジョンジェ》の娘。一七〇四年、十二歳で粛宗の次男、延礽君と結婚し、達城君夫人に封じられ、一七二一年、延礽君が世弟に冊封されると、世弟嬪《セジェビン》に封じられた。一七二四年、病弱だった景宗の死後、英祖の即位とともに王妃となった。

一七四〇年、恵敬《ヘギョン》という尊号を贈られ、一七五七年、六十五歳で死去した。陵は弘陵《ホンヌン》で京畿道高陽市《コヤンシ》にある。

○貞純王后《チョンスンワンフ》・金氏《キムシ》(一七四五―一八〇五)
鰲興府院君《オフンブウォングン》・金漢耈の娘。英祖の正妃・貞聖王后の死後、一七五九年、十四歳で王妃に冊封され、六十五歳の英祖と結婚した。彼女には子供はなく、映嬪の生んだ荘献世子を嫌っていたため、父親の金漢耈に唆されるままに、世子の非行を王に告発し、英祖の世子への怒りを増幅させた。また、羅景彦の上疏事件が起きた時には、世子を死に至らせるまでに、良からぬ役を果たした。

その後、朝廷が世子の死に同情を示す時派と、彼の罪を当然視していた僻派とに分かれると、僻派を擁護した。

正祖《チョンジョ》の死後、純祖《スンジョ》が十歳の幼い年で即位すると、垂簾政治を行ったが、この時、僻派の攻西派《コンソ》(西教、西洋を排斥していた勢力)と結託して、時派の信西派《シンソ》大臣たちを陥れ、また、時派の人士たちが多数関与していたカトリック教に対して大禁圧令を下した。

その過程で、李家煥《イガファン》などカトリック教信仰の先駆者たちが獄事に巻き込まれ、丁若鍾《チョンヤクチョン》(朝鮮最初のカトリック教会長)などが処刑され、丁若銓《チョンヤクチョン》、丁若鏞《チョンヤギョン》兄弟は全羅道《チョルラド》地方へ配流となった。そして、宗親の恩彦君《ウノングン》(英祖の孫、哲宗《チョルチョン》の祖父)と彼の妻、嫁などにも同じ理由で賜薬を下した。

彼女は、このように政界の中心で党派と密接に関わり

第21代　英祖　家系図

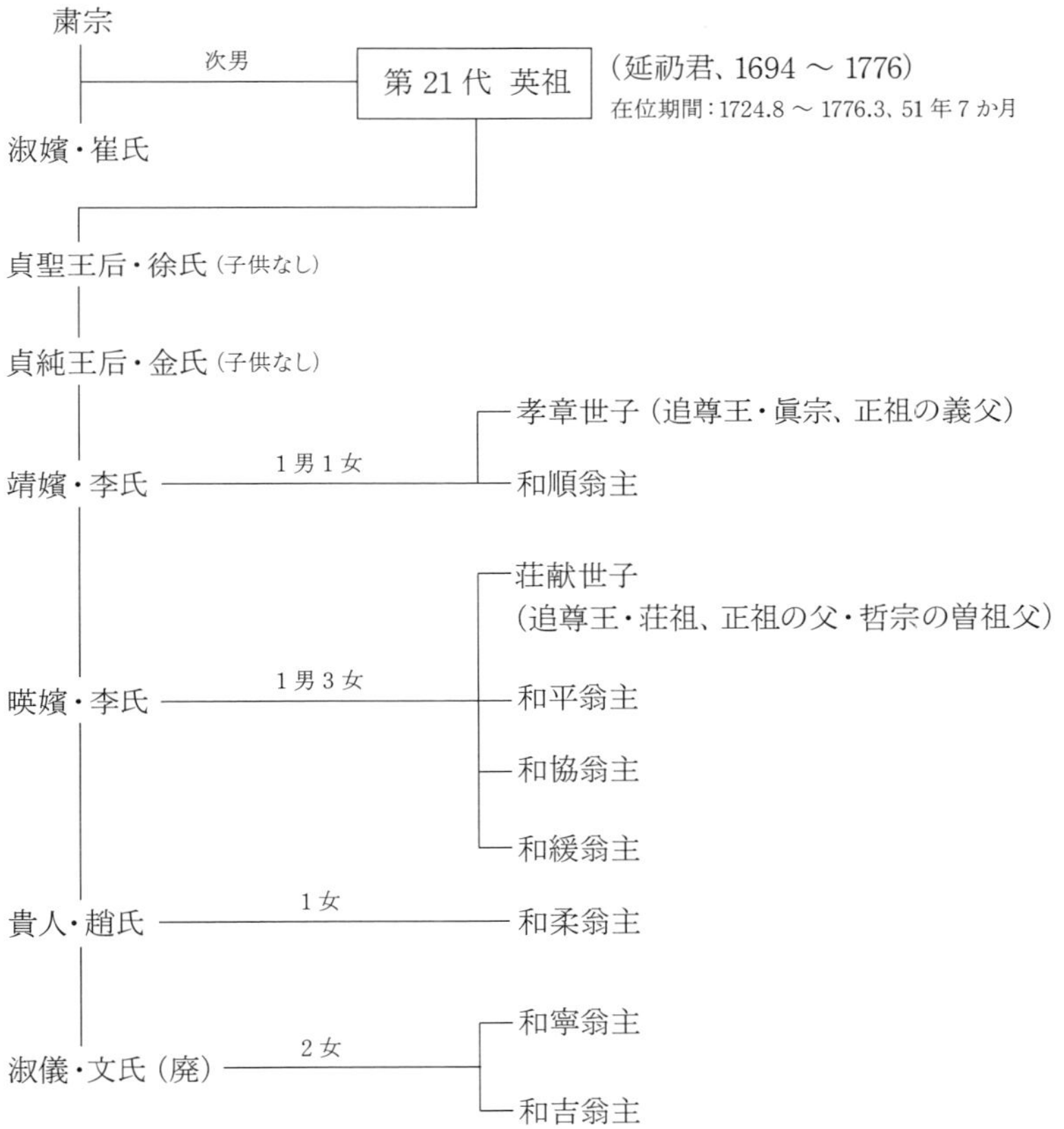

粛宗
次男
第21代 英祖
(延礽君、1694 ～ 1776)
在位期間：1724.8 ～ 1776.3、51年7か月
淑嬪・崔氏
貞聖王后・徐氏（子供なし）
貞純王后・金氏（子供なし）
靖嬪・李氏
1男1女
孝章世子（追尊王・眞宗、正祖の義父）
和順翁主
暎嬪・李氏
1男3女
荘献世子
(追尊王・荘祖、正祖の父・哲宗の曽祖父)
和平翁主
和協翁主
和緩翁主
貴人・趙氏
1女
和柔翁主
淑儀・文氏（廃）
2女
和寧翁主
和吉翁主

合いながら、一八〇五年一月、昌徳宮《チャンドックン》で六〇年の生涯を閉じた。その後、京畿道九里市にある英祖の元陵に葬られた。

○孝章世子《ヒョジャンセジャ》（一七一九―二八）

英祖の長男で靖嬪・李氏が母后。妃は左議政・趙文命《チョムンミョン》の娘で孝純王后《ヒョスンワンフ》。一七二四年、敬義君《キョンウィグン》に封じられ、翌年、王世子に冊封されたが、一七二八年、九歳で病死した。

養子に入った正祖が即位するとともに、眞宗《チンジョン》に追尊された。陵は京畿道坡州《パジュ》にある永陵《ヨンヌン》だ。

○荘献《チャンホン》（思悼《サド》）世子《セジャ》（一七三五―六二）

英祖の次男で、映嬪・李氏が母后。異母兄の孝章世子が夭逝し、英祖が四十歳を過ぎてから生まれたこともあり、一歳の時に世子に冊封され、九歳の時に領議政・洪鳳漢《ホンボンハン》の娘、恵嬪《ヘビン》・洪氏《ホンシ》と結婚した。

彼は二歳の時に、父王と大臣たちの前で『孝経《こうきょう》』を暗唱したこともあれば、六歳の時には『童蒙先習《トンモンソンスプ》』を読破した。また、書道を好んでひまさえあれば字を書き、詩を作っては大臣たちに与えた。九歳の時には、すでに少論派が引き起こした辛壬士禍を批判したと伝えられる。

一七四九年、十四歳の時に父王に代わって庶政を代理したが、この時、彼を疎んでいた老論派と英祖の継妃・貞純王后、淑儀・文氏などが彼のことを陥れた。性急な性格の英祖は、その度に彼を呼んでは叱ったが、それにより、彼は精神疾患症状を見せはじめた。

義父の洪鳳漢は、彼の病状について「はっきり言い表すこともできない、病気のような病気でないような症状が時々出る」と述べている。このような表現から推察すると、荘献世子は一種の躁鬱病にかかっていたと思われる。

彼の突発的な行動が続く中で、一七二六年、金漢耉一派に唆された羅景彦が世子の非行十項目を上疏し、それに憤慨した英祖は、世子を徽寧殿《フィリョンジョン》に呼び、自決を命じた。しかし、彼が父王の命令を拒否すると、英祖は彼を米びつに閉じ込めて、八日目に餓死させた。この時、二十七歳だった。

父子間の対立関係が表面化したのは、英祖が病床にいた時、臣下たちが世子に薬を父王に勧めるよう要請したが、これを拒絶したため英祖の不興を買い、また、世子を補佐していた少論派の領袖・李宗城《イジョンソン》が弾劾されて朝廷から追放されたからだと伝えられる。

英祖は世子を京畿道楊州《ヤンジュ》の拝峰山《ペボンサン》に葬った。墓号を垂恩墓《スウンミョ》とし、思悼という諡号を与えた。以後、彼の息子である正祖が即位するとともに荘祖《チャンジョ》に追尊され、垂恩墓も顕隆園《ヒョルリュンウォン》に変わり、水原《スウォン》の華城《ファソン》に移された。そして一八九九年には、園号から陵号である隆陵《ユンヌン》に格上げされた。

世子が米びつに閉じ込められて死ぬという悲劇的な事件の契機となった父子間の不信と仲違いは、老論、少論の党派争いから始まったもので、南人派、少論派などが父王の英祖と政治的な見解を異にした世子を先頭に立てて、保守的な老論派政権の転覆を謀ろうとして失敗した事件ゆえだと論じる史家も多い。

○恵嬪《ヘビン》・洪氏《ホンシ》(一七三五―一八一五)

領議政・洪鳳漢の娘で、正祖の母后。一七四四年、世子嬪に冊封され、荘献世子と結婚し、一七六二年、荘献世子の死後、恵嬪に追叙された。一七七六年、息子の正祖が王位に就くと、宮号が恵慶となり、一八九九年、思悼世子の廟号が荘祖に追尊されるとともに献敬王后《ホンギョンワンフ》に追尊された。後世には恵慶宮洪氏《ヘギョングンホンシ》として知られているが、一八一五年十二月、八十歳で死去し、顕隆園に安葬された。

父親の洪鳳漢と叔父の洪麟漢《ホンイナン》は外戚でありながら、荘献世子の罪科を認める立場にいたため、彼女は世子の惨憺たる運命をただ見守るほかなかった。

彼女は一七九五年、夫の惨事を中心に自分の恨めしい一生を自叙伝的な私小説にまとめたが、これが宮中文学の嚆矢である『恨中録《ハンジュンノク》』だ。

四、李麟佐の乱

李麟佐の乱は、一七二八年三月、政界から追放された少論派の一部勢力と南人派の過激派が連合して、武力で政権を奪取しようとした事件だ。この事件は戊申《ムシン》の年に起きたため、「戊申の乱」ともいう。

乱の原因は、一七一七年の丁酉独対《チョンユドクテ》から始まる。当時、粛宗は禧嬪《ヒビン》・張氏《チャンシ》から生まれた世子(景宗)が病弱だとの理由で、王位が不安定になるのを憂慮し、老論派の党首・李頤命と会い、延礽君(英祖)を景宗の後継者とするよう託す。粛宗の死後、老論派は王の託命を受けて延礽君を世弟に冊封する。

ところが、景宗が、あまりにも突然死去したことで、景宗支持の少論派は政治的基盤が脅かされ、そのため、朴弼顕《パクピリョン》、李有翼《イユイク》、沈維賢《シムユヒョン》などの過激少論勢力は粛宗時代の「甲戌換局《カプスルファングク》」以後、政権から除去された南人派勢力を抱き込んで、英祖と老論派の大臣を排除する計画を立てる。彼らは景宗の急死に毒殺の疑惑があることと、英祖が粛宗の実の息子ではないという噂を広げ、これを名分にして英祖を廃し、密豊君《ミルプングン》(昭顕世子《ソヒョンセジャ》の三男・慶安君《キョンアングン》の孫)を王に推戴して謀反を謀る。彼らのこうした計画は、党を結束させ、謀反を正当化することで、民心を得るのが目的だった。

このため、一七二五年から朴弼顕らは、自派勢力と思われる人物を各地方から選別しはじめた。その結果、漢城《ハンソン》内部と各地方を代表する人物たちが加担し、平安兵馬節度使《ピョンアンピョンマチョルトサ》・李思晟《イサソン》、禁軍別将《クムグンピョルチャン》・南泰徴《ナムテジン》などとも内通した。

彼らは景宗の死因に対する疑惑を彼の臨終に立ち会った景宗妃・沈氏《シムシ》の弟・沈維賢の話と結び付けて、英祖が景宗を毒殺したという流言飛語を流した。このため、全国津々浦々でこうした内容が怪文書として出回り、彼らはこれを根拠に流民、小商人、火田民(焼畑農業を行う農民)などを兵士として募集した。

しかし、こうした謀反計画は一七二七年、丁未《チョンミ》換局で少論政権が樹立されるとともに弱まった。同調者が減りはじめ、ついに少論派の元老・崔奎瑞《チェギュソ》が謀反計画を告発し、また金重萬《キムジュンマン》などが謀反勢力の兵士募集を察知して告発したりもした。これに対して英祖は謀反加担者を捜索しはじめた。

謀反計画が発覚してしまったことを知った反逆勢力は先手を打って出た。反乱は一七二八年三月十五日、李麟佐が清州城《チョンジュソン》を陥落させて始まった。李麟佐は自ら大元帥《テウォンス》と称し、柩車に武器を載せて忠清北道《チュンチョンプクト》清州に進入し、忠清兵使《チュンチョンピョンサ》・李鳳祥《イボンサン》、営将《ヨンジャン》・南延年《ナムヨンニョン》などを殺害し、清州城を占拠した。

清州を掌握した李麟佐は権瑞鳳を牧使《モクサ》にし、申天永《シンチョニョン》を兵使に任命して、各邑に檄文を送り、兵馬を集め、官穀を配って、民心を動揺させた。彼らはまた、景宗のための復讐であるとの旗を掲げ、景宗の位牌を設けて、朝夕に礼拝し、反乱の名分を打ち立てた。

李麟佐を大元帥とした反乱軍は清州から木川《モクチョン》、清安《チョンアン》、鎮川《チンチョン》を経て、京畿道《キョンギド》の安城、竹山へと向かった。この時、権瑞鳳は安城に進出し、申天永は清州城を守っていた。ところが、北上していた反乱軍は安城と竹山で道巡撫使《トスンムサ》(反乱や戦時の軍務を担当した官職)の呉命恒《オミョンハン》が率いる官軍に大敗した。また、清州城の申天永は倡義使《チャンイサ》(国難に当たって義兵を起こした人に臨時に与えていた官職)の朴敏雄《パクミヌン》などによって城から追い出され、上党山城《サンダンサンソン》で敗れた。こうして、李麟佐の乱は失敗に終わり、反乱を主導していた李麟佐、権瑞鳳、睦涵敬などが生け捕りにされた。

一方、李麟佐が反乱を起こすと、嶺南地方と湖南地方でもこれに呼応して反乱が起きた。嶺南地方では鄭蘊《チョンオン》（朝鮮中期の文臣。光海君《クァンヘグン》六年に永昌大君《ヨンチャンデグン》の処刑に対して上疏し、済州島《チェジュド》へ配流された）の四代孫の鄭希亮が葬礼を口実に募兵して、李麟佐の弟・李熊輔《イウンボ》とともに三月二十日、安陰《アヌム》で兵を上げた。彼らは安陰県監《ヒョンガム》と居昌《コチャン》県監を投書でもって脅し、簡単にこれらの地方を占領した。続いて、慶尚南道陜川《キョンサンナムドハプチョン》、咸陽《ハミャン》など四つの郡県を席巻した。

事態が深刻化すると、慶尚監司《キョンサンカムサ》・黄璿《ファンソン》は星州牧使《ソンジュモクサ》・李普赫《イボヒョク》を右防長《ウバンジャン》にし、草溪郡守《チョゲグンス》・鄭暘賓《チョンヤンビン》を左防長《チャバンジャン》にして、周辺の官軍を統率して反乱軍を討伐しはじめた。反乱軍は慶尚南道の居昌から咸陽を経て全羅道を回り、忠清道の反乱軍と合流しようとしたものの、失敗した。

もう一方の湖南地方の反乱軍は泰仁《テイン》県監・朴弼顕を中心に集まっていた。彼は全羅北道茂長《チョルラブクトムジャン》に配流中だった朴弼夢などとは内通できたものの、全羅監司との内通には失敗した。ついに、朴弼夢は慶尚北道尚州《キョンサンブクトサンジュ》の村で逮捕、斬殺され、朴弼顕は全羅道古阜郡興徳《コブグンフンドク》を経て、全羅南道霊光郡竹島里《ヨングァングンチュクトリ》の竹島に潜伏していたところを逮捕され、ただちに処刑された。

これで反乱軍は鎮圧され、鎮圧に成功した官軍は、同年四月十九日、都へ凱旋した。この時、英祖は自ら崇礼門《スンネムン》（現・南大門《ナムデムン》）まで出て、鎮圧軍を迎えた。

李麟佐の乱は、その後の政界に大きな影響を及ぼした。少論派は、たとえ先頭に立って鎮圧にあたったとはいえ、反乱軍の首謀者の大部分が少論派の人士だったため、朝廷内での立場が弱まった。しかし、英祖にとっては、蕩平策をさらに強化できる名分を与えてくれたため、王権はかえって強力なものとなった。李麟佐の乱は、結果的に英祖の蕩平政治の基盤を固めるのに一役買い、英祖は、これを基に王権を強化し、政局の安定を図ることができた。

五、実学の先駆者たち

歴史学の父・安鼎福（一七一二―九一）

安鼎福《アンジョンボク》は五衛都摠府《オウィドチョンブ》（中央の最高軍事機関。中衛《チュンウィ》の義興《ウィフン》、左衛《チャウィ》の龍驤《ヨンヤン》、右衛《ウウィ》の虎賁《ホブン》、前衛《チョヌィ》の忠佐《チュンジャ》、後衛《フウィ》の忠武《チュンム》の五軍団を指揮、統率した）の副摠管《プチョングアン》を歴任した安極《アングク》の息子で、星湖《ソンホ》・李瀷《イイク》の弟子だ。彼は一七一二年、忠清北道堤川《チェチョン》で生まれ、一七一七年に母方の祖母が亡くなり、母親とともに母方の実家のある全羅道霊光に行き、そこの農場で二年間生活する。同年、祖父の安瑞羽《アンソウ》が中央の官職に就き、一七二一年、九歳の時から漢陽《ハニャン》に移って学問を学びはじめる。

以後、彼は祖父の任地が変わる度について回り、地方を転々とした後、一七三六年、二十四歳の時に、先山《ソンサン》(祖先の墓地)がある京畿道広州《クァンジュ》に定着した。

彼の家柄は代々南人派だったため、他の南人と同様に父親の代から党争に巻き込まれ、官職の道は絶たれていた。しかし、彼は幼い時から経学はもちろん歴史、天文、地理、医学など様々な分野にわたって深い見識を持つようになった。それでも科挙は一度も受験しなかった。

彼は独学で研鑽した学問を基に、二十五歳の時に『治統図《チトンド》』『道統図《ドトンド》』などの書を著した。前者は古代中国の堯・舜・禹の三代の徳治を理想としたもので、後者は儒教思想の継承、系統を書き記したものだ。そして三年後には、それまで研究してきた古典に関する研究書として『下学指南《ハハクチナム》』を書き、三十一歳の時には女性の行動規範に関する『女範《ヨボム》』を著した。

こうした著述を行った後、彼は自分の学問の未熟さを悟り、三十四歳の時、自ら南人派出身の李瀷の門下に入る。李瀷の門下になる前に、彼が心酔していた学問は李滉《イファン》の思想だった。ところが、彼は李滉の保守的な傾向に限界があるのを悟り、当時、新しい学問を追究しながら多くの人材を育てていた李瀷を訪ねたのだ。

遅ればせながら李瀷の門下となった安鼎福は、師の学者的な気風と思想の偉大さを慕っていたため、真面目で誠実な姿勢で学問に励んだ。彼が李瀷の門下となった時、李瀷はすでに六十五歳の高齢だったが、学問探究への情熱だけは旺盛だった。そして、誠実な姿勢で学問の真理を追い求める弟子たちを導くのに、自分のエネルギーを惜しまずに注ぎ込んだ。

李瀷は安鼎福の質問に対して細かく正確に答え、自分の答えが不十分だと感じた場合には、迷わずに弟子のところへ手紙を送った。安鼎福は李瀷のこうした細やかで誠意ある教えのお陰で学問の研究方法を会得でき、人間の存在に対する深い思考と社会に対する鋭い洞察力、そして実践的な行動範囲に対する価値観を確立することができた。

野に埋もれた生活だったとはいえ、彼は社会全般にわたって、当時のいかなる学者よりも正確な診断を下していた。それまで身につけた史学、天文、地理、医学、経学などに関する彼の知識は、交流する儒生たちをしばしば驚かせた。

彼の優れた資質と学問的能力に対する噂は、いつしか漢城にまで伝わり、一七四九年、三十七歳にして初めて官職に就くことができた。この時、彼が担当したのは江華島にある万寧殿《マンニョンジョン》（英祖の肖像画を奉安していたところ）の参奉《チャムボン》だった。その後、内職《ネジク》（中央の各官衙《クァナ》の官職で、京官職《キョングァンジク》ともいう）に入り、宮廷の義盈庫《ウィヨンゴ》の奉事《ポンサ》、中宗《チュンジョン》の廟を守る直長《チクチャン》（従七品）、司憲府《サホンブ》の監察《カムチャル》（正六品）、世子《セジャ》を護衛する翊衛司《イグィサ》の翊賛《イクチャン》などを歴任し、再び外職《ウェジク》に出て、六十四歳の時に忠清道天安郡《チョナングン》の木川県《モクチョン》監となった。

官吏生活中、最も閑職だった直長の時に、彼は王陵のあった京畿道広州の歴史および地理に関する資料を集めて『広州誌《クァンジュジ》』二巻を著した。この書は李瀷の影響を受けて執筆した最初の実学的な成果として、詳細で、正確に作成されたため、全国の各府と郡、県の地方誌編纂に大きな刺激を与えた。

また、彼はこの期間に、歴史学に心酔して『臨官政要《イムグァンチョンヨ》』を完成した。この書は聖賢の教訓を記した「政語」、先人の行いの中から模範的な実例を記録した「政蹟」、そして、政治の要諦を為政、教化、賑恤《しんじゅつ》（貧困者や被災者などを援助するために金品を与えること）、刑法などの二十一項目に分けて叙述した「時措」の三編から成っている。

彼はこの中で実学者たちの政策論を集約する一方、腐敗した地方官吏の犯罪的行為に対して痛烈な批判を加えている。

しかし、安鼎福の画期的な成果は、『東史綱目《トンサガンモク》』の執筆だった。一七五六年、四十四歳の時から執筆に入ったこの本格的な歴史書は、彼の思想だけでなく、李瀷の思想も盛り込んだ。彼はこの書を著すに当たって、数回にわたり師の李瀷と歴史問題に対して討論を重ね、李瀷とのやり取りの中で執筆を進めた。

執筆途中、彼は紙代が足りなくて、作業を中断せざるを得ない境遇に陥ったりもした。その度に彼は師の李瀷に激励を求めた。もちろん、李瀷も同じく大変な貧しさに苦しんでいたために、弟子に経済的な支援をすることはできなかった。その代わりに、彼から目次や草稿が送られてくると、欠点や誤りを添削して送り返していた。師の深い愛情と激励で何とか執筆を続けていた安鼎福は、書きはじめてから三年目の一七五九年、ついに二十巻の『東史綱目』を完成する。

『東史綱目』は上古時代から高麗《コリョ》時代までの歴史を扱っているが、内容は過去の歴史書とは大いに異なっていた。まず、以前の歴史書が、等しく『三国史記《サムグクサギ》』『高麗史《コリョサ》』『東国通鑑《トングクトンガム》』（成宗《ソンジョン》十五年に王命により徐巨正《ソゴジョン》などが編纂した歴史書）のような正史を書き移したり、引用したりしたものだったのに比べ、『東史綱目』は、こうした正史から記録の間違いを捜し出して厳しく批判するかと思えば、それまでは、一介の僧侶の著作であるという理由で歴史書の編纂に全く参照されることもなかった一然《イリョン》の『三国遺事《サムグクユサ》』や、古代史に関連した野史などを果敢に取り入れた。また、それぞれの書を照らし合わせながら、その文献の出所を明確に示し、それらの内容に関する批判も付け加えた。例えば、全羅道に住む箕氏《キシ》が箕子《キジャ》の子孫であると記述している歴史書を痛烈に批判し、全羅道の箕氏と箕子とはまったくの無関係で、これは、箕氏の子孫がみずから箕子の子孫であるかのごとく話を作り、歴史を歪曲しているにすぎないとした。

彼は、この書を完成した後、再び危険な作業に取りかかった。それは、当時、一切禁じられていた朝鮮の歴史に対する書を執筆することだった。いわば既存の歴史学者たちが全く試みていなかった、当時で言えば、現代史の記述を手掛けたのだ。それが『列朝通紀《ヨルチョトンギ》』だ。朝鮮の太祖《テジョ》から英祖までの朝鮮史に当たるこの書の編纂のために、彼は九年間史料集めに走り、その史料を基に一七六七年、五十五歳の時に執筆に取り掛かった。彼は歴代の各種著述にある論説を抜粋し、そのまま引用することで、筆者の主観的な見解を一切付け加えないという方法でこの書を編纂した。言うならば、徹底して客観的視点を堅持したのだ。

その時、李瀷はすでに他界していたため、彼を激励してくれる人もいなかった。厳しい状況の中で、彼の孤独な作業は続き、ついにこの書を完成した。しかし、不幸にもこの優れた書は世間に流布することもできないまま、草稿の状態で埋もれてしまった。ただ、彼の独特な編纂方法は世間の学者たちに大きな衝撃を与え、歴史書の編纂方法に一大転機をもたらす契機となった。

この他に経書、史書、諸子、詩文集に対する文を取りまとめ、名物、民間伝説なども記録してある『雑同散異《チャプトンサニ》』や『星湖僿説類選《ソンホサソルユソン》』なども安鼎福を理解するために欠かせない著作だ。また、彼の文集に収録されている「天学考《チョナクコ》」「天学問答《チョナクムンダプ》」などは彼の周辺を脅かしていたカトリック教迫害と、彼と同様の伝統的な朝鮮学者の西学に対する認識を探るのに重要な資料となっている。

十八世紀後半に生きながら、思想的に思い悩んでいた彼は、こうした多くの著書を書き残し、一七九一年、七十九歳で死去した。

朝鮮の伝統的封建体制が脅かされ、中国から西学が押し寄せ、価値観が入り交じり、世界観が衝突する中で、彼は儒教的な見地から制度的矛盾を解決し、社会を合理的に改善するために不断の努力を惜しまなかった偉大な学者だった。しかし、世界の変化に乗り遅れ、相変わらず儒学だけにこだわっていたため、自ら限界を示した。そうした中でも、彼の根気強い実学精神は後代へと受け継がれ、民族に対する新しい認識と社会に対する新たな価値観の形成に大きく役立った。

新天地を開いた洪大容（一七三一—八三）

洪大容《ホンデヨン》は、西人老論派《ソインノロン》の一人で、全羅南道《チョルラナムド》の羅州《ナジュ》牧使を務めたこともある洪檪《ホンヨク》の息子。字は徳保《トクポ》、号は湛軒《タモン》。彼は地動説と宇宙無限説を主張し、こうした思想を基に、人間も大自然の一部として他の生物と変わらない存在だと力説した。

彼は当代の儒学者・金元行《キムウォネン》の指導を受け、彼の思想は北学派の実質的な母体である朴趾源《パクチウォン》にも多くの影響を及ぼした。

彼は数回にわたって科挙を受験したが、その度に失敗した。一七七四年、四十二歳の時に蔭補《ウムボ》で、従九品の繕工監監役《ソンゴンガムカミョク》、その後世孫《セソン》翊衛司の侍直《シジク》となって、初めて官職の道を歩みはじめた。続いて一七七七年、司憲府監察となり、その後、全羅北道泰仁県監、慶尚北道永川郡守《ヨンチョングンス》などを務めた。一七八三年、五十二歳で死去した。

彼が、いわゆる北学論を主唱することができたのは、一七六五年冬、北京を訪問する機会があったためだ。成人してから天文学の研究に精を出していた彼は、先進の学問と西学に接したいと強く望み、平素から清へ行かなければと思っていたところ、その機会が訪れたのだ。

朝鮮朝廷が定期的に清へ派遣する使節団に、彼の叔父である洪檍《ホンオク》が書状官《ソジャングァン》に任命され、彼は洪檍の秘書として清に渡る。十二月に北京に到着した使節団一行は、翌年二月までそこに留まったが、その間、彼は中国の学者たちと数多くの対談を行った。洪大容と交流した人物は厳誠、潘庭均など清の文人たちだった。彼は彼らと筆談を交わしながら、儒学に関する理論的な問題をはじめ、歴史、宗教、風俗などに関して集中的に討論した。彼はこの筆談を整理して、『乾浄筆談《コンジョンピルタム》』という本にまとめた。

一方、彼は北京に滞在しながら、清の国立天文台である「欽天監」を訪問し、その責任部署にいる二人のドイツ人から西洋の知識を直接、学び取り、自分が一人で研究してきた天文学に関する意見を聞かせたりもした。そして、彼らの紹介で、北京のカトリック教会にあった多くの天文学専門書と天体観測施設を見て回った。

欽天監で特に彼が注目したのは観象台だった。その内部は公開されていなかったが、彼は夜を徹してその官吏に頼み込み、やっとその中へ入ることができた。そこには中国歴代の天体観測器具はもちろん、欧州から輸入してきたものも多かった。わずかな時間だったが、彼はその器具を目にしただけでも、新しい世界を発見したかのような感動を覚えた。
北京から帰った洪大容は、清で親交を持った友人たちと書信を交わしながら、自分の学問を新しい境地に引き上げた。彼の経験談に感動して北京訪問を念願した李徳懋《イドンム》、朴斉家《パクチェガ》などが使節団に加わって北京を訪問する際には、北京の友人たちに手紙を送って彼らの案内を頼んだりもした。

洪大容は北京の友人たちと取り交わした手紙の内容を集めて『杭傳尺牘《ハンジョンチョクトク》』という本を作った。そして、北京訪問中のメモを集めて『燕記《ヨンギ》』を編纂したが、これは朴趾源にも影響を与えて『熱河日記《ヨライルギ》』を誕生させた。

また、彼の科学思想を盛り込んだ『醫山問答《ウィサンムンダプ》』も同じく北京滞在中に得た科学的知識を中心に叙述したものだ。醫巫閭山に住む実翁と朝鮮の学者・虚子との対話形式を取っているこの本は、彼が北京訪問の際に立ち寄った醫巫閭山を背景にしている。

このように彼の全ての著書は、六十日余り滞在していた北京での経験から書かれた。彼にとっては北京訪問が新天地を開くこととなり、新しい夢を見る基盤ともなった。

彼の思想が集約されている文集は『湛軒集《タモンジプ》』だ。ここで彼は地球が動いているという「地転説」を主張し、人間も自然の中に生きる一つの生命体に過ぎないという生命論、中国が世界の中心ではなく、宇宙は無限だという宇宙無限論を主張した。こうした彼の思想は相対主義的自然観に基づくもので、政治、経済、社会、思想に至るまで拡大する。彼は中国と西洋を同じ線上で考え、西欧対東夷という概念を否定した。また、人間と自然とは優越性を競うものではないと主張し、従来の人本主義的思考方式を否定し、人間と他の生命体は平等だと説いた。

彼の思想や科学観は、当時としては独創的なものだった。社会階級と身分差別に反対し、教育の機会はだれにも均等に与えられなければならず、才能と学識に応じて職が与えられるべきだという社会政治理論を展開した。おそらく西洋科学と道教思想との影響が大きかったと思われる。しかし、両班《ヤンバン》の家門に生まれた学者が階級撤廃を求め、均等な教育機会と能力による官吏登用を主張したことは非常に進んでいた。彼が打ち立てた地転説と宇宙無限論などは、後代の科学の発展に大きな影響を及ぼした。

六、庶孽階級の成長と庶孽通清運動

朝鮮社会は一般的に一夫一婦制であったにもかかわらず、妾を認める二元的な家庭制度を形成していた。そのため、朝鮮時代後期になると、庶孽《ソオル》問題が深刻な社会問題として浮上した。特に英祖時代に入ると、庶孽に対する規制が緩和されるとともに、その地位がかなり向上した。

庶孽とは、両班の妾から生まれた子供や、その子孫たちを意味する。しかし、みな同じ待遇を受けたわけではない。庶孽も父母の身分によって賤民から両班までさまざまな部類に分けられていた。

朝鮮時代に庶孽に対して明確な規定がされたのは、太宗時代の「庶孽禁錮法《ソオルクムゴボブ》」に遡る。一四一五年（太宗《テジョン》十五年）に作られたこの法は、両班の子供でも母親が妾である場合には官職に就けないというのが骨子となっている。しかし、この法は強力な反発にぶつかった。特に両班と宗室の反発が激しかった。そのため、成宗時代に完成した『経国大典』では、庶孽の官職就任に関する規制を父母の身分によって差を設けて適用することになる。「庶孽禁錮法」によると、庶孽は官職に就くことができないことになっているが、『経国大典』では、限定的ながら庶孽の官職進出を認めたのだ。『経国大典』の「礼典《イエジョン》」と「吏典《イジョン》」には、それに関連した次のような記事がある。

まず、礼典には「罪を犯して、永遠に任用される資格を失ったもの、贓吏《チャンニ》（国家の金銭や米穀を横領したり、賄賂を受け取ったりした官吏）の息子、再婚したり、過ちを犯した婦女の息子および孫などは文科《ムンクァ》の生員《センウォン》進士《チンサ》試に応試できない」と規定している。吏典の「限品叙用条《ハンプムソヨンジョ》」（叙用とは、罪科によって免官された人を再登用すること）では「文武二品以上の良妾の子孫は正三品、賤妾の子孫は正五品に限り、六品以上の良妾の子孫は正四品、賤妾の子孫は正六品に限り、七品以下から官職のない人までの良妾の子孫は正五品、賤妾の子孫は正七品に、良妾の子の賤妾の子孫は正八品にそれぞれ限定して叙用する」と規定している。

こうした規定は、庶孽の母親が良妾か、賤妾かで厳しく分けられていることを表している。いわば、良民出身の妾から生まれた場合を庶とし、賤民出身の妾から生まれた場合を孽として、この両方を合わせて庶孽と呼んだのだ。ところが、当時の両班たちは主に自分の奴婢を妾にすることが多かったため、庶よりも孼が圧倒的に多く、これがまた庶孼層を蔑視する原因にもなった。『経国大典』が庶孼に対して官職登用への道を開いたにもかかわらず、彼らが官職に就くのは不可能だった。そのため彼らの不満は次第に高まって社会問題化し、ついには朝廷から庶孼の官界進出に対する制限を撤廃すべきだとの論議が起きた。しかし、実際に、科挙を受験して文官になった庶孼出身の官吏はほとんどいなかった。

ただ、庶孼人口は増える一方で、粛宗時代には庶孼が全人口の半分にまで迫った。このため、各地域から庶孼たちの集団上疏が相次いだ。そして、英祖が即位した一七二四年にはなんと五千人にも上る庶孼たちが集団上疏するまでに至った。その時、彼らの人口が全人口の約半数だったことを踏まえると、こうした集団上疏は当然の現象だった。

これが、いわゆる「庶孼通清運動《ソオルトンチョンウンドン》」だ。すなわち、庶孼にも文官の要職への登用を許すべきだと訴え出る庶孼たちのデモだった。英祖は、こうした現象を社会紀綱の乱れがもたらしたものとしか受け止めていなかったが、庶孼人口の増大で、これ以上彼らの官界進出を制限することは難しいとの現実論に押され、結局一七七二年（英祖四十八年）に「通清」（要職への登用）を許可するとの教書を下した。また、それまでとは違って、庶孼たちが自分の父親を「お父さん」、本妻から生まれた異腹兄を「お兄さん」と呼ぶことを認めた。そして、この教書に従わなかった者には法的な制裁を加える一方、学校でも庶孼たちの差別をなくすようにした。

しかし、英祖のこうした努力にもかかわらず、庶孼たちに対する差別はなくならなかった。王命に従って、要職にも庶孼たちが登用されたが、「仮掌令《カジャンニョン》」「仮持平《カジピョン》」という二つの役職にとどまった。それも「臨時」という意の「仮」の字が官職名の前に付くことからもわかる通り、臨時職だ。

とはいえ、要職に庶孼出身者が登用されたのは大きな改革と言えた。太宗時代以来、継続して求められてきた庶孼差別撤廃論に対する初めての公式的な措置だったからだ。

こうした庶孼許通問題は、正祖時代に入ると、さらに大きな進展を見せた。正祖は一七七七年に「丁酉節目《チョンユチョルモク》」を作って、庶孼たちが官職に進出できる道を大幅に広げた。文班のうち戸曹《ホジョ》、刑曹《ヒョンジョ》、工曹《コンジョ》の参上《チャムサン》（官員の六品以上、従三品以下の階級で、朝会に出席する資格があり、牧民官として地方の民を治められた）と判官《パングァン》（従五品官職）以下の官職に登用できるようにし、奎章閣《キュジャンガク》に検書官《コムソグァン》（庶子出身の学者を待遇するために奎章閣に設けていた官職で、閣臣を補助して本の校正、書写を受け持った。

官員は四人で、五品から九品に当たる官職を与えた)を設けて、学識のある庶孽たちを大量に受け入れるようにした。そして、それ以後、純祖、憲宗《ホンジョン》、哲宗時代を経ながら、庶孽通清運動はさらに勢いを増し、一八九四年の「甲午改革《カボケヒョク》」が起きた時には、庶孽たちに対する差別はほとんどなくなった。

七、『英祖実録』編纂経緯

『英祖実録《ヨンジョシルロク》』は百二十七巻八十三冊から成り、一七二四年八月から一七七六年三月まで、英祖在位五十一年七か月間の歴史的事実を編年体で記録している。

　編纂事業は一七七八年二月に始まり、一七八一年八月に完了した。編纂人員は総裁官《チョンジェグァン》・金尚喆《キムサンチョル》、徐命善《ソミョンソン》、李莩《イウン》、李徽之《イフィジ》、鄭存謙《チョンジョンギョム》の五人をはじめ都庁堂上《トチョンタンサン》十七人、都庁郎庁《トチョンナンチョン》十九人、各房《カクパン》堂上二十七人、各房郎庁五十八人、謄録《トゥンノク》郎庁三十七人、粉板《ブンパン》郎庁三十人など合わせて百九十三人だった。

第二十二代　正祖実録

一、正祖の文化政治と実学の隆盛

生年一七五二―没年一八〇〇

在位期間一七七六年三月―一八〇〇年六月、二十四年三か月

党争の渦中で、常に死の脅威に苛まれながら王位に就いた正祖《チョンジョ》は、文芸復興を通して新たな政治の実現を試みる。彼のこうした文化政治を可能にしたのは、奎章閣《キュジャンガク》(正祖の時に設けられた歴代の王の詩文、親筆の書画などを保管した施設)と実学者たちだった。しかし、これに対する老論《ノロン》派権臣たちの反発も激しかった。

正祖は一七五二年、英祖《ヨンジョ》の次男である荘献世子《チャンホンセジャ》(思悼《サド》)と恵嬪《ヘビン》・洪《ホン》氏の長男として生まれた。名は祘《サン》、字は亨運《ヒョンウン》で、一七五九年、七歳で世孫《セソン》に冊封された。そして一七六二年、父親の荘献世子が米びつに閉じ込められ非業の死を遂げると、夭逝した孝章世子《ヒョジャンセジャ》(英祖の長男で、後に眞宗《チンジョン》と追尊された)の養子に入り、帝王学を学ばせられた。以後、一七七五年、八十一歳と年老いた英祖の命を受け代理聴政を行い、翌年三月英祖が死去すると、二十四歳で朝鮮第二十二代王に即位した。

世孫の時には、父親の荘献世子を死に追いやるのに主導的な役割を果たした僻派《ピョクパ》の陰謀に巻き込まれ、幾度となく危険にさらされたが、洪国栄《ホングギョン》などに助けられ、辛うじて生きながらえた。そのため、彼は「皆有窩《ケユワ》」という読書室を設けて、清《しん》の乾隆《けんりゅう》文化に熱中し、一切の政治的発言を慎んでいた。

ところが、王位に就くと彼の態度は一変した。十歳で父を亡くしてからずっと胸中に秘めていた仇討ちに取りかかる一方、党派を排撃し、新しい人材を大挙採用して親衛勢力を形成しはじめた。

彼は即位の年に宮殿内に奎章閣を設置して、文化政治を標榜するとともに、自分の即位を妨害した鄭厚謙《チョンフギョム》、洪麟漢《ホンインハン》、洪相簡《ホンサンガン》、尹養老《ユンヤンノ》などを失脚させた。その一方、世孫時代から自分を警護した洪国栄を承政院《スンジョンウォン》の正三品の官職である承政院同副承旨《スンジョンウォントンブスンジ》に電撃的に起用した後、さらに都承旨《トスンジ》に昇格させた。また、精鋭を引き抜いて宿衛所《スグィソ》を創設、王宮を護衛するようにし、その宿衛隊長に洪国栄を兼ねさせた。

このように正祖の信任を一身に受けた洪国栄が実権を握るようになると、中央や地方の上奏と人事決定はすべて彼が管轄するようになり、以後、百官はもちろんのこと、全国八道の監司《カムサ》、守令《スリョン》までも彼に頭を下げるありさまとなった。すべての官吏が彼の命令によって動かされていたため、いわゆる「勢道《セド》」という言葉が生まれた。

昌徳宮の後苑にある芙蓉池。その向こうに見えるのが奎章閣として使われた宙合楼だ。

しかし、洪国栄の勢道政治が長く続くことはなかった。一七七八年、王妃から子供が生まれないのを口実に自分の妹を正祖の後宮にしたものの、間もなくその妹・元嬪《ウォンビン》が病死してしまい、また正祖の方でも彼に権力が集中しすぎていることを警戒していたからである。そのため正祖は、彼が自ら朝廷を去ることを勧めた。だが洪国栄はむしろ政権を独占しようと、王妃・孝懿王后《ヒョイワンフ》の毒殺まで計画した。しかしこれが発覚して、一七八〇年執権四年目で家産を没収され、故郷に追放されてしまった。

正祖は洪国栄の勢道政治期間中、奎章閣の拡大を図り、人材を集めた。しばらくの間、洪国栄を重用して政治を任せ、その間自らは実施すべき文化政治のための準備をしていたのだ。これは彼が故意に洪国栄の勢道政治を放置していたことを示している。

正祖が奎章閣を設けたのは、単に王室専用の図書館を設立しようとしたためだけではなかった。彼は奎章閣を通して人材を集め、外戚や宦官などの謀反、横暴を抑えて、新しい革新政治を試みようとした。いわば、奎章閣は正祖の近衛勢力を養成する所であった。奎章閣は一七七六年に設置されてから、規模が急拡大し、機能も多様化していった。創設当初は事務官庁の摛文院《イムヌオン》などを内閣《ネガク》にして活字を新しく作ったり、書籍を編集刊行したり、また主に出版の仕事を受け持っていた校書館《キョソグァン》を外閣《ウェガク》にしたりした。そして、こうした内外閣の機能が定着すると、三年後の一七七九年には奎章閣に検書官《コムソグァン》という官職を設けて、そこに朴斉家《パクチェガ》などの庶子出身の学者を配置して、新風を吹き込んだ。開国以来、能力と学識があっても出世の道が閉ざされていた庶子出身者に朝廷に進出できる新しい道を開くことで、社会の雰囲気を、族閥および党派中心ではなく実力を重んじる方向へと導いていくことができた。

正祖は奎章閣の運営に当たって、堂下官《タンハグァン》の若い官吏の中から優秀な人材を選んで、「抄啓文臣《チョゲムンシン》」（堂下文官の中から文学に秀でた人を選んで、毎月、経典の講論や詩と論文を作る試験をする際に用いられた試験官）と称し、毎月二回の試験を実施して、賞罰を与える方法を取った。また、各臣下を抄啓文臣の試験官としていたため、奎章閣は実質的な経筵院《キョンヨンウォン》として王と政事を討論し、教書などを代理撰述する仕事から書籍の編集刊行までの広範囲な業務を遂行した。

一七八〇年、洪国栄が追放される頃、奎章閣はある程度形を整えており、そこに集まった人材も少なくなかった。正祖は親政体制を構築する必要性を覚え、洪国栄を追放したとも言える。

洪国栄の追放と入れ替えに親政の雰囲気を定着させた正祖は、それまで試験的に行ってきた取り組みの成果を基に、一七八一年から本格的に奎章閣の拡大作業に取り組んだ。彼が後に奎章閣の設立趣旨で明らかにしたように、「承政院や弘文館《ホンムングァン》は、近来、その選出方法が緩み、惰性に陥っているため、王が意図する革新政治の中枢としての奎章閣」とするために力を尽くした。

一七八一年、奎章閣の庁舎は最も広い都摠府《トチョンブ》庁舎に移され、江華史庫別庫《カンファサゴビョルゴ》を新築して外奎章閣《ウェキュジャンガク》とした。また、内奎章閣《ネキュジャンガク》の付設蔵書閣として朝鮮の本を保管する西庫《ソゴ》と中国書を保管する閲古館《ヨルゴグァン》を建て、内外の図書を整理して保管するようにした。一方、奎章閣所属の学者たちは承旨以上の待遇を受けて、朝夕、王の御機嫌を伺い、王が臣下と対話を交わす際には史官として王の言動を記録した。

こうして、正祖は奎章閣を弘文館に代わる学問の象徴的な存在へと浮上させ、弘文館、承政院、春秋館《チュンチュグァン》、宗簿寺《チョンブシ》などの機能を次第に与えながら、政権の核心的機構として育てていった。いわゆる、「右文之治《ウムンジチ》」（学問中心の政治）と「作成之化《チャクソンジファ》」（生産を通じて発展を図る）という奎章閣の二大名分を掲げて、本格的な文化政治を推進し、人材を養成しようとしたのだ。

正祖のこうした奎章閣中心の政治は英祖の蕩平策《タンピョンチェク》を継承しており、そのため、党争は四党派から時派《シパ》と僻派との葛藤という新しい様相へと展開していった。英祖時代に形成された外戚中心の老論派は最後まで党論を固守しながら僻派として残り、正祖の政治路線に同調していた南人《ナミン》派と少論派および一部の老論派が時派を形成していた。

　正祖は学問的に六経《ろっけい》を重んじる南人学派に親しみを覚えていたが、礼論政争においても、王権の優位を主張していた南人学派もしくは南人派と密接な関係を持つ素地は十分にあった。そして、臣権を主張していた老論の中でも若い子弟たちが北学《プカク》思想を形成し、彼らの学者的な素養とも通じ合っていた。

　正祖が重用していた代表的な人物は南人派系列の蔡済恭《チェジェゴン》をはじめ実学者の丁若鏞《チョンヤギョン》、李家煥《イガファン》などと、北学派の朴斉家、柳得恭《ユドゥッコン》、李徳懋《イドンム》などだった。

　このように正祖が南人を源とする実学派や、老論に基盤を置く北学派など、諸学派の長所を受け入れて政局を指導していく中で、朝廷は自ずと正祖の統治理念に賛同する時派中心で運営されていった。そのため、僻派は自分たちの危機的状況を実感し、従来よりも一層団結した。

　そうした中で、僻派は一七九一年に起きた「辛亥迫害《シネパケ》」(最初のカトリック教徒迫害事件で、「辛亥邪獄《サオク》」ともいう)が発端となり徐々に力を回復しはじめた。辛亥迫害はカトリック教受容問題に対する論争の末、結局受容不可の決定が下されたことから起きた事件だ。全羅道珍山《チョルラドチンサン》に住む尹持忠《ユンジチュン》は両班《ヤンバン》で、カトリック教徒でもあった。彼は母親の葬儀を行う際に、儒教式ではなくカトリック教の儀式に従い、激しく批判されたが、彼はひるまなかった。その後また、彼の義弟で、同じくカトリック教徒の権尚然《クォンサンヨン》が彼を擁護したため、この問題は政治問題化した。朝廷は西欧文化の輸入を反対する攻西《コンソ》派(僻派)とカトリック教を信奉したり、黙認していた信西《シンソ》派とに分かれて、正面衝突した。

　正祖は事の深刻さを悟り、権尚然と尹持忠を尋問し、死刑に処した。そのため、朝廷の大勢は僻派の方へ傾きはじめた。そして、四年後の一七九五年、中国人神父の周文謨《しゅうぶんも》の密入国事件で僻派はもう一度気勢を上げることになる。

　この時、南人派の実学者として次期政権を担うと見られていた丁若鏞が周文謨事件に巻き込まれて、地方へ左遷され、信西派の蔡済恭などの重臣たちの立場が大きく弱まった。一七九九年、蔡済恭が死去すると、南人派勢力は完全に萎縮し、翌年、正祖が死去することで、南人派のほとんどが追放された。それまで親衛勢力を形成していた時派も一部の老論出身の外戚勢力だけが残り、他の大部分が政界から追い払われた。

　一八〇〇年六月、正祖が死ぬことで、二十四年にわたる彼の文化政治は幕を下ろすことになるが、彼が残した業績は大きかった。

まず、奎章閣を中心に壬辰字《イムジンジャ》、丁酉字《チョンユジャ》、韓構字《ハングジャ》、生生字《センセンジャ》、整理字《チョンニジャ》、春秋館字《チュンチュグァンジャ》などの新しい活字が作られ、英祖時代以来、推進されてきた文物制度の整備事業を完了した。その成果が『続五礼儀《ソクオレウィ》』『増補東国文献備考《チュンボトングクムノンビゴ》』『国朝宝鑑《ククチョボガム》』『大典通編《テジョントンピョン》』『文苑黼黻《ムヌォンボブル》』『同文彙考《トンムンフィゴ》』『奎章全韻《キュジャンジョヌン》』『五倫行実《オリュンヘンシル》』などだ。

また、正祖の文化政治は中人以下の階層にも影響を及ぼし、「委巷文学《ウィハンムナク》」(都を中心に中人以下の階層の人たちが主に行った文学活動)も生み出した。仁王山《イヌアンサン》の京衙前《キョンアジョン》(朝鮮時代の中人階級に属した中央官庁の末端官吏)を中心に形成された委巷人が、貴族文学として認識されていた漢文学の詩壇に大挙参加して、「玉渓詩社《オクケシサ》」という彼ら独自の詩社(詩人らが組織した団体)を結成して彼らだけの共同詩集である『風謡続選《プンヨソクソン》』を発刊するなど、大変な文化的発展を図ったのだ。

正祖時代は、このように両班、中人、庶子、平民層すべてが文化に対する関心を集約させた文芸復興期だった。そうした文芸復興を可能にした根本的な原動力は、丙子胡乱《ピョンジャホラン》以後、清を蛮夷として認識していた明《みん》に対する事大思想がなくなり、民族主義が頭をもたげて、独自の文化を作り上げていく過程で形成された誇りであった。こうした傾向は一八世紀の文化の全般に著しく表れる。

例えば絵では「真景山水《チンギョンサンス》」という国画風、字体では「東国真体《トングクジンチェ》」という国書風が流行した。

正祖の在位期間中は、彼の学者的な素養による文化政策の推進と乾隆文化の輸入とが刺激となって朝鮮後期のこうした文化的な黄金時代を迎えることができたのだと評価されている。

こうした文芸復興の先頭に立っていた正祖は一八〇〇年六月、四十八歳になった年に背中の腫れ物の持病が悪化して世を去った。陵は健陵《コンヌン》で、京畿道水原《キョンギドスウォン》の華城《ファソン》にある。大韓帝国成立後、皇帝に追尊され、宣皇帝《ソンファンジェ》となった。

二、正祖の家族たち

正祖は孝懿王后・金氏《キムシ》をはじめ五人の夫人との間に四人の子供をもうけたが、孝懿王后と元嬪・洪氏《ホンシ》からは子供が生まれず、宜嬪《ウィビン》・成氏《ソンシ》が文孝世子《ムニョセジャ》・淳《スン》、綏嬪《スビン》・朴氏《パクシ》が世子・玜《コン》(純祖《スンジョ》)と淑善翁主《スクソンオンジュ》を生んだ。そして、和嬪《ファビン》・尹氏《ユンシ》が一女を生んだが、幼くして死んだ。

文孝世子は夭逝したため、記録が残されていない。

第22代　正祖　家系図

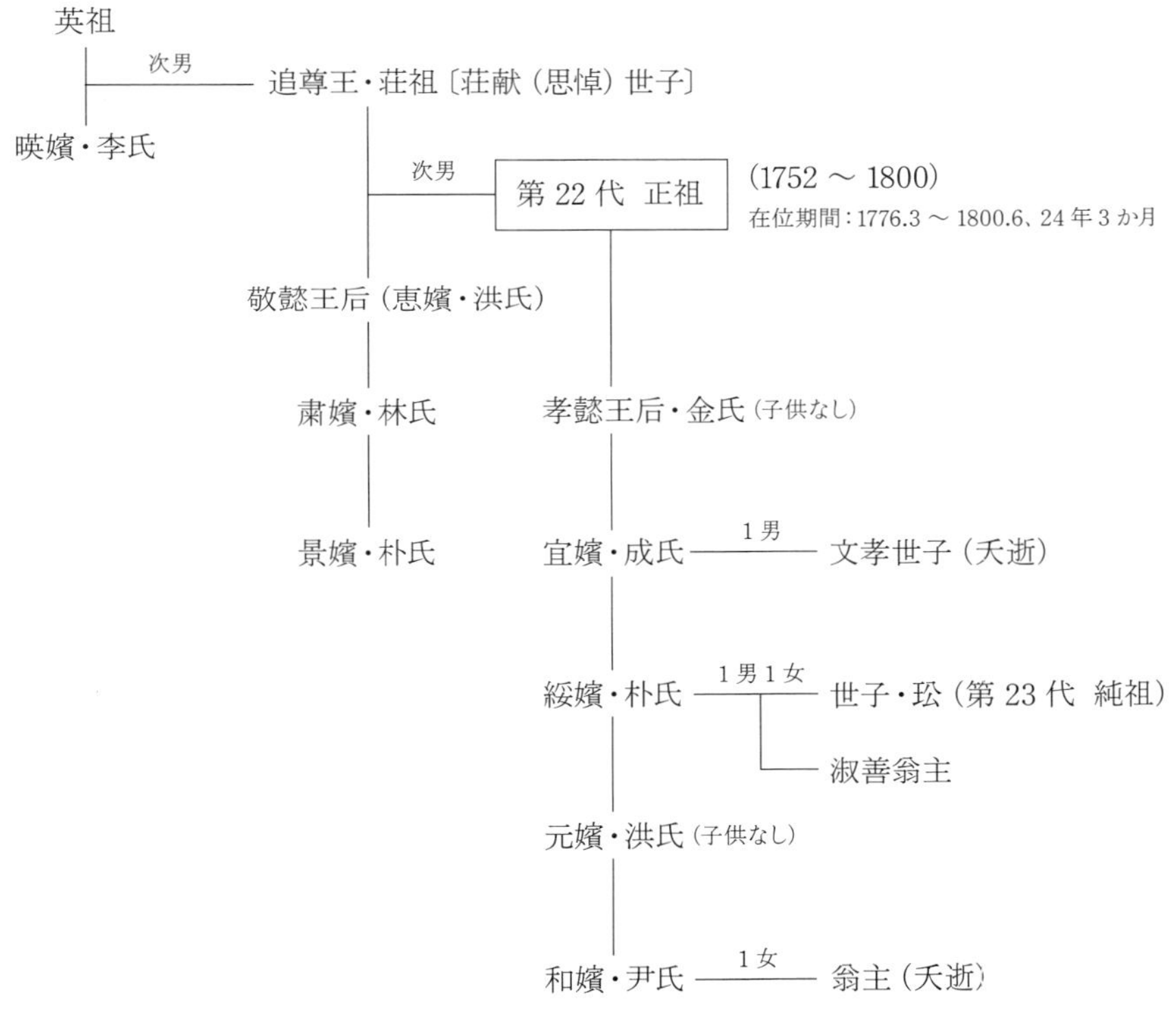
英祖
暎嬪・李氏
次男
追尊王・荘祖〔荘献（思悼）世子〕
敬懿王后（恵嬪・洪氏）
粛嬪・林氏
景嬪・朴氏
次男
第22代 正祖
（1752 ～ 1800）
在位期間：1776.3 ～ 1800.6、24年3か月
孝懿王后・金氏（子供なし）
宜嬪・成氏
1男
文孝世子（夭逝）
綏嬪・朴氏
1男1女
世子・玜（第23代 純祖）
淑善翁主
元嬪・洪氏（子供なし）
和嬪・尹氏
1女
翁主（夭逝）

○孝懿王后《ヒョイワンフ》・金氏《キムシ》（一七五三—一八二一）

左参賛《チャチャムチャン》・金時黙《キムシムク》の娘。一七六二年、九歳の時に世孫妃《セソンビ》に冊封され、正祖と於義宮《オウィグン》で結婚式を行い、一七七六年、正祖が王位に就くと、王妃に進封された。彼女は姑の恵嬪・洪氏に精いっぱい仕えたため、宮中で感嘆しない人がいなかったと伝えられる。また、友愛に厚くて、媤姑母《シゴモ》（義父の姉妹）である和緩翁主《ファワンオンジュ》のいびりも物ともせず、王家の子女たちの面倒もよく見た。

高潔で私的な感情に流されず、実家への施しも慎重に処理した。そのため、寿進宮《スジングン》（元は睿宗《イエジョン》の次男、斉安大君《チェアンデグン》の私邸だったが、後に霊廟となった。封爵前に死亡した大君や王子、婚姻前に死亡した王女の霊を合同で祀った）と於義宮（即位前の孝宗の私邸）で必要でなくなった物も、宮中の物は公の物であるとして、一切実家に送らなかったという。

しかし、子どもを生めずに一八二一年、六十八歳で世を去った。つつましい一生を送り、生前に幾度か尊号が格上げされたが、すべて辞退した。

陵は正祖と合葬され、現在の健陵となった。

三、実学の隆盛と新しい時代を夢見ていた人たち

実学とは朝鮮後期に台頭した一連の現実改革的思想体系を指す言葉で、性理学に基盤を置く社会体系の限界を克服して、現実の中から得た知識を基に新しい時代を実現しようとする共通性を有している。

李睟光《イスグァン》、柳馨遠《ユヒョンウォン》などを先駆者として始まった実学は、李瀷《イイク》、安鼎福《アンジョンボク》、朴世堂《パクセダン》、洪大容を経て、朴趾源、丁若鏞、李徳懋、朴斉家に至って集大成され、十九世紀末の開化思想家たちによって再発見される。

彼らの共通した特徴は、何よりも朝鮮社会の程朱理学秩序とは異なる新しいものを追求したという点だ。彼らはともに、新しい社会建設による新しい時代を念願した。

北学派の巨匠・朴趾源（一七三七—一八〇五）

朴趾源は、一七三七年、漢陽《ハニャン》で生まれた。彼の家は代々学者と高官を輩出した名門だった。五代目の祖先・朴瀰《パクミ》

は文芸書道の大家で、宣祖《ソンジョ》の婿でもあった。そして、祖父の朴弼均《パクピルギュン》は正二品の知敦寧府事《チトンニョンブサ》などを歴任した。しかし、父の朴師愈《パクサユ》は彼が幼い時に、まだ官職に任用されないまま夭逝し、母も同じく早く世を去った。

　彼は父母に先立たれたため、祖父の下で育てられた。祖父の朴弼均は老論側の人間だったが、党争を嫌っていたため、党論に巻き込まれることもなく、また清廉で、蓄財に関心がなかったため、貧しい暮らしをしていた。こうした祖父の教えを受けながら、彼は健康で鋭敏な青年に成長し、一七五二年、十五歳の時に李輔天《イボチョン》の娘と結婚した。李輔天は、官職には就いていなかったものの、人を見る目を持っており、品格の優れたソンビだった。李輔天は朴趾源の器量を認め、弘文館校理《キョリ》をしていた弟の李亮天《イヤンチョン》に頼んで、彼に学問を教えた。彼は李亮天から主に『史記《しき》』をはじめとする歴史書を学び、文章の書き方を教わり、多くの論説を作った。そして、義弟の李在誠《イジェソン》と学問を共にし、互いに助言を惜しまなかった。

　一七六〇年、祖父が死去すると、生活はさらに苦しくなった。そうした中で、一七六五年科挙を受験したが落第し、以後、科挙には志をおかず、もっぱら学問と著述に専念した。

　一七六八年には、それまで住んでいた家を売り、園覚寺の白塔《ペクタプ》(現在ソウル市鍾路区のタプコル公園内にある十層石塔)の近くに引っ越したが、そこで朴斉家、李書九《イソグ》、徐常修《ソサンス》、柳得恭などと学問を通じて交際した。そして、この時期と前後して、当代一の学者であった洪大容、李徳懋、鄭喆祚《チョンチョルチョ》などとしばしば討論の場を設け、また柳得恭、李徳懋などとともに西部地方へ旅に出かけたりした。

　当時の政局は、洪国栄が権力を握っていたため、老論の僻派に属していた彼の生活は、さらに困難になるばかりで、身の危険まで覚えるほどだった。彼は身の安全を守ろうと、黄海道金川《ファンヘドクムチョン》の燕巌峡《ヨナミョプ》に隠居し、この時から彼の号が燕岩と呼ばれるようになった。

　彼は燕巌峡に滞在している間に農業と牧畜に対する奨励策を整理した。そして一七八〇年には、清の乾隆帝七十歳の進賀使節正使として北京へ行く従兄弟の朴明源《パクミョンウォン》に随行して、鴨緑江《アムノッカン》を越えて北京、熱河を旅した。この時の見聞をまとめたのが『熱河日記《ヨライルギ》』だ。

　彼は清への随行役を自ら申し出たが、それは洪大容の影響を受けていたからだった。洪大容は一七六五年、清へ行く叔父の洪檍《ホンオク》に随行し、北京などを回ったが、その時の旅行談を彼に聞かせ、清の産業と科学、そして新学問に対する好奇心を燃え上がらせた。

　彼が書いた『熱河日記』は、一七八〇年六月二十四日、鴨緑江を渡る場面から始まる。遼東《りょうとう》の奉天《ほうてん》、山海関《さんかいかん》を経て、北京に入り、そこから清の皇帝の避暑地である熱河に行き、再び北京へと戻ってくる八月二十日までの約二か月間の旅行体験を日ごとに記録しており、特別な部分は別途項目を設けて付け加えていた。この著述により彼はソンビたちの間で名声を得たが、一方では激しい批判も受けた。

その後一七八六年（正祖十年）、四十九歳の時、蔭叙《ウムソ》（功臣または現職堂上官《タンサングァン》の子孫に限り科挙によらずに官吏として登用すること）で、繕工監《ソンゴンガム》の監役（従九品）に就任し、初めて俸禄を受ける官吏となった。一七八九年には平市署主簿《ピョンシソチュブ》、一七九一年には漢城府判官《ハンソンブパングァン》、翌年には慶尚南道安義県監《キョンサンナムドアニヒョンガム》、一七九七年には忠清南道沔川郡守《チュンチョンナムドミョンチョングンス》、そして一八〇〇年、平安南道襄陽府使《ピョンアンナムドヤンヤンブサ》を最後に官職から離れる。その後、隠退して五年後の一八〇五年、六十八歳で死去した。

彼は安義県監の時に、北京旅行を土台にした実験的な小説の構想を試みて、沔川郡守時代に『課農小抄《クァノンソチョ》』『限民名田議《ハンミンミョンジョンイ》』『按説《アンソル》』などを著述する。『熱河日記』とともに、これらの書物の中には彼の現実改革に対する抱負がよく表れている。

北学思想と呼ばれる彼の主張は、多少、敵対的な感情が含まれているものの、清の文明が自分たちの現実を豊かにするものであれば、果敢に受け入れるべきだという内容を骨子としていた。一方、清が朝鮮に対して持っている間違った認識を批判しながら、その改善策を提示し、歴代の中国人たちの朝鮮に対する歪曲した視点を正す方法を叙述している。

こうした彼の現実主義的な思想は老論派から批判を浴びたが、正祖時代の若いソンビたちからは肯定的に受け入れられ、北学派を形成する中心思想となった。

彼の現実改革的思想は『燕巌集《ヨナムジプ》』に収録されている『許生伝《ホセンジョン》』『閔翁伝《ミノンジョン》』『広文者伝《クァンムンジャジョン》』『両班伝《ヤンバンジョン》』『金神仙伝《キムシンソンジョン》』『易学大盗伝《ヨカクテドジョン》』『鳳山学者伝《ポンサナクチャジョン》』などの小説の中に溶け込み、当代と後代の学者に大きな影響を及ぼした。これらの小説は、時代相を風刺するとともに、新しい時代へ接近する方法を提示しているが、『両班伝』では朝鮮封建社会の瓦解と、その中で既得権を主張しながら君臨する士大夫《サデブ》階級が置かれた現実と限界を指摘し、『許生伝』では虚偽的北伐論を排撃し、重商主義的思想を通じて理想郷を追求している。

こうした一連の小説は彼の思想を表すものであり、朝鮮社会の現実を否定的に認識し、理想郷を追求した新しい社会に対する念願を表した。そのため、当時の支配層の考え方とは乖離し、彼の著書は長い間、不穏書籍として取り扱われていた。

彼の『燕巌集』が初めて公刊されたのは、彼の死後約百年が過ぎた一九〇一年だった。その間、孫の朴珪寿《パクキュス》(一八〇七—七六)が右議政《ウイジョン》などを歴任したが、その時でも、文集刊行はできず、二十世紀最初の年に金澤栄《キムテギョン》などの学者によって世間にその姿を現した。

実学の最高峰・丁若鏞(一七六二—一八三六)

丁若鏞は一七六二年六月十六日、京畿道広州で生まれた。八歳の時に母に先立たれ、一七七六年、正祖が即位した年に、十四歳で承知《スンジ》・洪和輔《ホンファボ》の娘と結婚する。

父の丁載遠《チョンジェウォン》は慶尚南道晋州牧使《チンジュモクサ》だったが、彼が生まれる頃、多くの南人派の人たちと同じく党争によって官職から退き、郷里に隠居していた。しかし、一七七六年、正祖の即位で政権から追放されていた南人派が再び登用されると、父の丁載遠も戸曹左郎《ホジョチャラン》に任命されて、漢城へ上った。

丁若鏞は父とともに上京し、その後、母の実家をしばしば訪問している。母方の祖父・尹斗緒《ユンドゥソ》は文人として名が高く、文人画家としても広く知られ、また蔵書家としても有名だった。丁若鏞が母の実家へ頻繁に足を運んだのも、祖父・尹斗緒が所蔵している本を読むためだった。

彼は情熱的に読書に励み、古典を渉猟する一方、実兄の丁若銓《チョンヤクチョン》と彼の友人たちとの交流を通じて多くの知識を積んだ。丁若銓の友人の中に李承薫《イスンフン》(朝鮮最初のカトリック教徒)がおり、また、李承薫の紹介で李瀷の宗孫(宗家の長孫)李家煥と知り合った。李家煥は李瀷の実学を受け継いだ有能な学者で、当時の若い儒生たちの羨望の的だった。

しかし、彼との交際は長く続けられなかった。間もなく、父が全羅南道和順《チョルラナムドファスン》へ赴き、彼も父について行かなければならなかったためだ。

一七八一年、十九歳の時、科挙を受けたが失敗し、翌年再び挑戦して、初試《チョシ》と会試《フェシ》に合格して、生員《センウォン》となった。生員として官職に就き、三年後の一七八四年、正祖の呼び出しを受けて、経筵席(御前で経書を講義する席)で『中庸《ちゅうよう》』を講義するが、その時から、波瀾の多い一生が始まる。

以後の彼の人生は三期に分けられる。第一期は、正祖の寵愛を一身に受けながら官職に就いていた華麗なる時代、第二期は、政権から追放され、島流しにされていた配流時代、第三期は、故郷に帰って学問に専念した求学時代だ。

一七八九年三月には正祖の前で受けた殿試《チョンシ》に合格して抄啓文臣の称号を得た。そして、その年に従七品の五衛《オウィ》・副司正《プサジョン》を経て、正七品の承政院假注書《カジュソ》に任命された。彼は、この時大きな舟を江に並べて浮かせた架橋の設計図を描いて、舟橋を完成させ、周囲の人々を驚かせた。それから、一七九一年、正六品の司諫院正言《サガヌォンチョンオン》に、翌年には弘文館修撰《スチャン》に任命された。この時、彼は水原城の修築に動員され、設計を受け持ち、起重機を製作して工期を短縮したこともあった。

一七九三年、水原城の修築途中、父の丁載遠が任地の晋州で死去し、彼は翌年七月まで喪に服し、その後、正五品の成均館直講《ソンギュングァンチッカン》に任命された。そして、その年の十月、王の特命を受けて、京畿道の暗行御史《アメンオサ》として漣川《ヨンチョン》地方の徐龍輔《ソヨンボ》一派の犯罪事実を報告して、彼を免職した。しかし、この時に免職させられた徐龍輔は恨みを抱き、その後幾度となく彼に復讐しようと陰謀を謀ることになる。

暗行御史の任務を終えた彼は一七九五年、正三品の兵曹参議《ピョンジョチャミ》に就く。ところが、間もなく清の神父・周文謨潜入事件が起こり、そのため、忠清道金井《チュンチョンドクムジョン》の察訪《チャルバン》に左遷された。その後、奎章閣校書《キョソ》となって復帰し、編纂と校正の仕事に就いたものの、再びカトリック教問題が政争の焦点となり、一七九七年六月には黄海道谷山府使《コクサンプサ》となってまたもや地方へ出なければならなかった。

彼は谷山府使時代、優れた牧民官の資質を表し、谷山郡民から尊敬された。また、この時全国的に天然痘が流行すると、西学から得た知識を土台に適切な治療策を講じて、『麻科会通《マグァフェトン》』という医学書を編纂、普及させた。それまで民衆は天然痘に対して全く無防備だったが、彼の治療策のおかげで多くが救われた。これが朝廷に伝わり、全国的にこの本を普及させることになった。

一七九九年、彼は再び中央に戻ってきて、正三品の兵曹参知《ピョンジョチャムジ》に任命された。しかし、彼が要職に就くことに反対する政敵たちは彼をカトリック教徒だと攻撃した。そのため、彼は釈明書として「自明疏《チャミョンソ》」を提出する。彼はこの中で、自分はカトリック教に関心を持っていたのではなく、西洋の学問、特に天文、農政、地理、建築、水利、測量、治療法などの科学的な知識を得るために西学に接近し、そのため西学に通じているカトリック教神父と信徒たちに会っていたと明らかにした。そして、それとともに辞職建議書を提出した。正祖は彼をなだめ、朝廷にとどまらせようとしたものの、彼の辞意は固く、一八〇〇年春、妻子を連れて郷里に戻った。その後、正祖の催促で一時上京したものの、正祖がその年六月に死去すると、彼は再び郷里に戻った。

正祖の死後、彼の第二期の人生が始まる。朝廷では老論の僻派が政権を握り、一八〇一年、辛酉迫害《シニュパケ》が起き、兄の丁若銓、丁若鍾《チョンヤクチョン》をはじめ、李家煥、李承薫などが投獄され、李家煥、李承薫、丁若鍾は処刑され、丁若鏞は徐龍輔の讒言で配流となった。

一八〇一年、配流地で彼はもっぱら読書と創作に没頭し、その年十月、黄嗣永《ファンサヨン》の帛書事件（カトリック教徒・黄嗣永が北京にいる主教に伝えるために、国内の過酷な迫害の様子と、その対策を書いた密書が見つかった事件）に巻き込まれて、再び漢陽に押送された。この事件で、大部分の西学関連者が死刑とされたが、丁若鏞と彼の兄・丁若銓の功績を認めた朝廷内部の人たちの配慮で配流刑にとどまった。そのため、丁若銓と丁若鏞は、それぞれ全羅南道の黒山島《フクサンド》と康津《カンジン》へ流され、丁若銓は配流地の黒山島で生涯を閉じた。

　丁若鏞は康津へ着いた一八〇一年十一月から一八〇五年冬まで約四年間、配流地の旅籠屋に住んだ。この期間中、彼は万徳寺《マンドクサ》の恵蔵禅師《ヘジャンソンサ》と知り合い、儒教と仏教の教理を互いに交換する機会を持った。以後、恵蔵禅師の取

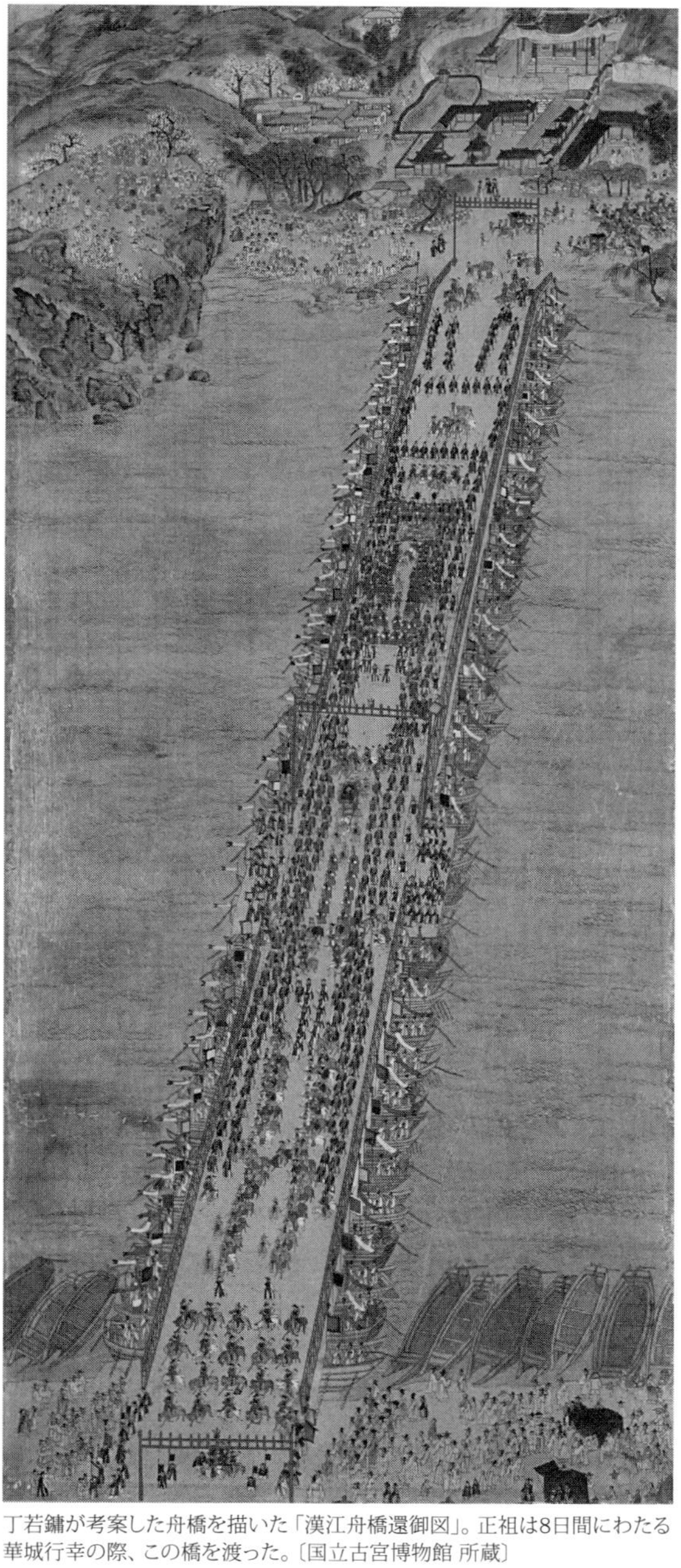
丁若鏞が考案した舟橋を描いた「漢江舟橋還御図」。正祖は8日間にわたる華城行幸の際、この橋を渡った。〔国立古宮博物館 所蔵〕

り持ちで、一八〇五年冬、住まいを古声寺《コソンサ》に移し、九か月後には李鶴来《イハンネ》の家へ移り住み、そこで一八〇八年春、茶山草堂《タサンチョダン》へ移るまでの約一年半を過ごした。

一八〇八年春、丁若鏞は康津にある一軒の東屋を借りた。そこは母方の親族・尹博《ユンバク》というソンビの山亭で、一千冊余りの蔵書があり、彼が本を執筆するのに非常に役立った。その家に起居する間に彼は自分の号を「茶山」と名付けた。そして、その家を「茶山草堂」と呼び、以後十一年間、茶山草堂は丁若鏞の学問の産室となった。

そこで彼は『牧民心書《モンミンシムソ》』『経世遺表《キョンセユピョ》』などをはじめ、『詩経講義譜《シギョンカンウィボ》』『春秋考徴《チュンチュコジン》』『論語古今註《ノノコグムジュ》』『孟子要義《メンジャヨウィ》』『大学公義《テハクコンウィ》』『中庸自箴《チュンヨンジャジャム》』など数多くの本を著述した。そして、一八一八年、配流が解けると、故郷へ戻った。

故郷へ戻ってからが、彼の第三期の人生だ。彼は配流中に積んだ学問的成果を土台に『欽欽新書《フムフムシンソ》』『尚書古訓《サンソゴフン》』などをはじめとする本を執筆した。彼の著書は『與猶堂集《ヨユダンジプ》』二五〇巻、『茶山叢書《タサンチョンソ》』二四六巻と他の書籍を含めて約五〇八巻に達するが、現在、それらの大部分がなくなり、一九三四年から一九三八年にかけて「新朝鮮社」によって『與猶堂全書《ヨユダンチョンソ》』が刊行された。

一言では評価できないほど計り知れない著作を残した丁若鏞は、一八三六年、七十四歳で死去した。

新世界を念願した碩学・朴斉家(一七五〇―一八〇五)

一七五〇年に生まれた朴斉家は承政院の右副承旨《ウブスンジ》などを歴任した朴玶《パクピョン》の庶子だ。少年時代から詩、書、画に秀で、その名を轟かせ、十八歳の時に朴趾源の門下に入り、学問に励んだ。

彼は両班の家門に生まれたものの、妾から生まれたために、幼い時から精神的な苦痛に悩まされた。加えて十歳の時に、自分を庇ってくれていた父に死なれ、彼と彼の母は追い出されてしまった。彼は母の針仕事で辛うじて学業を続けることができた。

生まれつき素質があった彼は早くから古典に明るく、詩と書にずば抜けて頭角を現し、少年時代に書いた文が名士の書斎に飾られるほどだった。

とはいうものの、庶子差別で科挙さえ受験できず、ただ当代の碩学である李徳懋、柳得恭などと親しくなるとともに、北学に熱を上げた。彼が九歳年上の李徳懋と一生を分かち合う友となり得たのは、彼らがともに庶子出身だった上に、詩と北学に対する情熱が一致していたためだ。

彼らは知り合ってからは常にともに活動した。そして、自分たちの志が北学にあることを互いに確認した後、朴趾源の元を訪ね、弟子となった。また、北学派の始祖と呼ばれた洪大容の教えも求めた。

当時、北学を志した者は誰もが北京を訪問し、その地の先進文明を直接目にし、学ぶことを希望していた。洪大容と朴趾源の周囲に多くの青年たちが集まったのも、まさにそうした理由からだった。朴斉家はそこで庶子出身の柳得恭と両班出身の李書九に出会う。

一七七六年、二十六歳の時に英祖が死去し、正祖が即位すると、彼に思いもよらなかった機会が訪れた。王位に就いた正祖が間もなく奎章閣を設置して、実力ある若い学者をそこに集めたのだ。彼は李徳懋、柳得恭、李書九らとともに『巾衍集《コニョンジプ》』という四家詩集を刊行して、清にまでその名声を轟かせる。翌年、正祖は社会問題となっていた庶子差別問題をなくすために、「庶孼許通節目《ソオルホトンチョルモク》」（庶孼の中から国のためになる優れた人材の任用を促すのがその要旨）を公布し、そのお陰で朴斉家は夢にまで見た北京へ行くことができた。一七七八年、彼と李徳懋は正祖即位以後、領議政《ヨンイジョン》となった南人派の蔡済恭に随行して清への謝恩使《サウンサ》一行に合流した。北学に造詣が深く、学問に秀でていると評判となり、訪問団の随行員として選抜されたのだ。

三か月間にわたる旅行をしながら、朴斉家は大変積極的に清の文明を学んだ。洪大容の紹介で潘庭均などの清の学者たちと多くの対話をしながら、彼らの案内を受けることができた。夢にまで見た文明の利器が目の前に広がり、彼は激しい衝撃と感動でもってそれらに接し、その時に体験したすべてを詳細に記録した。

この記録は帰国後、『北学議《プカギ》』という大論文にまとめられた。内外二編から成るこの書の内編には、車、船、城、壁、宮室、道路、橋梁、牛、馬などの生活に必要な器具と施設に関する改善策などが記され、外編には田制、農蚕総論、科挙論、官論、禄制、財政論、葬論などの政策と制度が論じられている。

彼はこの論文を通じて中国の生活道具と朝鮮のそれとを比較する反面、国家政策と制度に対する痛烈な批判も加えている。特に、科挙制度の限界を指摘しながら、能力に伴う官吏登用制度を積極的に主張した。また、経済問題に関しても生産よりは消費の重要性を指摘し、国際貿易を活性化すべきだとの持論も述べている。

『北学議』を通じて、北学の概念を整理した彼は、正祖の庶子差別廃止策によって、一七七九年、李徳懋、柳得恭、徐理修《ソイス》などの庶子出身者たちとともに奎章閣の検書官となった。彼はそれから十三年間奎章閣に勤め、そこに所蔵されていた書籍を耽読する一方、正祖をはじめとする国内の著名な学者たちと交際し、数多くの本の校正と刊行に携わった。この過程で、彼は機会あるごとに正祖に身分的差別をなくし、民衆生活を向上させるために商工業を奨励して国を富ませ、また、そのためには清の先進的文物を受け入れるべきだと申し入れた。

彼は一七九〇年、乾隆帝の八旬節に正使《チョンサ》・黄仁點《ファンインジョム》について二度目の中国訪問を果たし、その帰路、王命で燕京へ派遣された。元子《ウォンジャ》（後の純祖）の誕生を祝ってくれた清の皇帝の好意に報いるために、検書官の彼を正三品の軍器寺正《クンギシジョン》に臨時に任命して、別咨使節として送ったのだ。

ところが、正祖のこうした配慮に対して、政権を握っていた両班たちは強く反発した。彼らは、北学派が清の文物を受け入れるべきだと主張すると、明《みん》の恩恵を忘れて侵略した満州族を尊重するのは名分に合わないと黙殺してしまった。これに対して彼は、士大夫たちが自分たちの利益のために過去の制度と慣習にとらわれて現状に安住していると批判した。

権力層とのこうした対立は、結局、彼の末路を不幸な方へと追いやった。一八〇〇年、実学の後ろ盾だった正祖が死ぬと、政権を掌握した老論僻派はカトリック教の禁止を名分に南人派を粛清し、清の先進文物を受け入れて、カトリック教を認めるべきだと主張していた実学派の学者たちを大挙排除した。朴斉家も、もちろん重要な排除対象だった。

老論執権層は尹行恁《ユンヘンイム》反逆事件（辛酉迫害）を捏造して、彼も関係者とされたが、彼は反逆嫌疑を最後まで否認し、黙々と拷問を受け、ついに豆満江《トゥマンガン》辺の咸鏡北道鐘城《ハムギョンブクトチョンソン》に流された。そして一八〇四年、配流から解かれて、郷里に帰ってきたが、翌年、病死した。

当時の学者たちは、朴斉家のことを度の過ぎた改革論者だと批判した。それは彼が封建社会を否定し、新しい文物を通して朝鮮社会の秩序を変えようとしたからだ。こうした彼の改革論は権臣たちによってことごとく黙殺されたが、正祖は常に彼の意見に同調してくれた。とはいうものの、正祖としては、彼の改革論を全面的に受け入れる立場にはなかった。そのために、朴斉家の改革論は単なる理想主義として扱われてしまった。すなわち、あまりにも先に行き過ぎていたため、同調勢力を多く確保することができなかった。しかし、当時の先覚者たちの多くは朴斉家のような考えを持っていた。身分差別打破は、時代的使命であり、新しい世界観の定立は朝鮮が生き残るための唯一の道だと悟っていた。

四、奴婢の身分向上運動と奴婢政策の変化

朝鮮時代の奴婢《ノビ》は、その存在形態によって大きく三つに分けられる。第一は、「率居奴婢《ソルゴ》」で、主人の家に起居しながら、労働力を直接収奪される。第二は、「外居奴婢《ウェゴ》」で、主人の家とは別の家に住み、主人の土地または国家機関に属した土地などを耕作する。第三は、主人の家とは別の家を設けて、主人や所属官司の経済的基盤とは関係なしに生活し、そうした独立した生活が保障される条件として、国家にしかるべき身貢(貢ぎ物)を納めればよいという「独立奴婢《トンニプ》」だ。

朝鮮時代初期には第一、第二の奴婢が多かったが、後期になるにつれて、第三の奴婢が増えていった。

朝鮮時代は奴婢にも財産所有権を与えており、財産を多く持つ奴婢の場合、他の奴婢を働かせることもできた。彼らの場合には、身分は主人や国家に隷属した状態だったが、経済的にはより自由な状態だった。朝鮮後期になればなるほど、商業の進展や農業の生産力の増大で、こうした傾向が一層明確になった。これは奴婢の身分が次第に向上していったことを意味する。

経済的成長による独立奴婢の増加は奴婢制度の崩壊へとつながっていった。経済的富を獲得した奴婢の中には、自分の奴婢文書を金銭で購入して、奴婢の身分から脱却するケースも増えていった。また、奴婢の財産もその子孫に相続できたため、ごく一部ではあったが、奴婢の中にも相当な規模の土地を持った金持ちが登場する場合があった。

こうした現象は、朝鮮後期になるほど進展した。これは庶子の人口が全人口の半分近かったという事実とも関係している。彼らは母親が賤婢出身だということで、本人たちも奴婢の身分にしばられてはいたものの、実際には父親の方が両班であるため、その財産を相続するケースが多かった。そのため、奴婢の身分として富農の立場にいた人たちの相当数は庶子だったろうし、これは他の奴婢を富農に引き上げる役割を果たした。

奴婢の形態の変化は朝廷の奴婢政策にも変化をもたらした。特に、英祖時代以後、奴婢に対する朝廷の政策は大幅に変化する。朝鮮初期には公奴婢と私奴婢の労働力は、国家や、その主人によって収奪される一方だった。奴婢は所有物の一つとして見なされていたため、そうした現象が現れていた。しかし、壬辰倭乱《イムジンウェラン》と丙子胡乱以後、

断えず成長を続けていた奴婢たちは、英祖時代に入る頃には、一方的に労働力を収奪される立場ではなくなっていた。個人に属した私奴婢の場合は別として、公奴婢の場合は、それまでのように国家の公役に義務的に動員されることがなくなった。英祖時代に編纂された『続大典《ソクテジョン》』が、朝廷が国家事業に必要な人員を動員するのに賃金を支払っていたと明らかにしている点からも、それが確認できる。

公奴婢のうちの独立奴婢は、奴(男性)は綿布二疋、婢(女性)は綿布一疋半を自分たちが所属する機関に納めるようになっていた。それが顕宗《ヒョンジョン》八年の一六六七年と、英祖三十一年の一七五五年に、それぞれ半疋ずつ減らされる。そして、英祖五十年の一七七四年には婢の義務は完全になくなり、奴の義務も綿布一疋に減っていく。これは良民の成年男子が国家に納める税額と同じで、彼らは、この時から経済的にはほぼ解放されていたことがわかる。こうした奴婢に対する納税規定は、もちろん私奴婢、公奴婢ともに該当するものだった。

このような奴婢の身分向上が引き続き行われる中で、全国各地で奴婢の逃亡事件も急増していった。いわば、彼らはもはや経済的な負担から免れたことに満足せず、身分向上を図り、自由の身になろうとしたのだ。

逃げ出した奴婢たちは各地を転々としながら、生計を維持することになるが、食べていく分にはそれほど苦労しなかったようだ。そうでなかったら、奴婢の逃亡事件が急増するわけがないからだ。奴婢の逃亡者数が急増したことは、慶尚北道大邱《キョンサンブクトテグ》のある地域での奴婢人口の移り変わりにもよく表れている。

大邱に住んでいた奴婢の比率は、一六九〇年(粛宗《スクチョン》十六年)の三七・一パーセントから、一八五八年(哲宗《チョルチョン》九年)の一・五パーセントへと激減した。こうした傾向は他の地方でも同じだったに違いない。もっとも、奴婢人口の減少は逃亡だけによるものではない。経済的に成長した奴婢たちが、その主人たちから奴婢文書を買い取り、それまで住んでいた場所を離れることで、奴婢から解放された場合も少なくなかっただろうと思われる。しかし、やはり奴婢が激減した理由の多くは逃亡によるものだった。

こうした奴婢の逃亡事件が一気に増えたことにより、全国的に奴婢の数が減りはじめた。朝廷ではこれを解決するために、逃亡する奴婢に対しては厳しい措置を取った。

朝廷は奴婢の数が減り、国家と両班の経済的基盤が揺さぶられると、いわゆる「奴婢推刷事業《ノビチュセサオプ》」を実施した。逃亡した奴婢たちを捜し出して、再び奴婢の身分に戻す作業を行ったのである。第一次奴婢推刷事業は丙子胡乱の後の孝宗《ヒョジョン》時代に始まって顕宗時代に締めくくられた。しかし、奴婢の数は一向に増えず、むしろ減り続けるばかりだった。

そのため、英祖時代にも同じく各地方へ推刷官《チュセグアン》を派遣して第二次奴婢推刷事業を行ったが、これもそれほど効果を上げられなかった。そこで英祖は推刷官派遣制度を廃止して、各道の奴婢数を一定にする目的で比総法《ピチョンポプ》（一定量の賦税を安定的に確保するために、土地の広さに比例した田税《でんぜい》の金額を定めたのち、これを村落単位で共同納付するようにした制度）を実施した。しかし、この比総法の実施は、奴婢の逃亡をさらに促す結果をもたらした。すでに奴婢の数が大幅に減少しているところに、比総法が実施されたため、残っていた奴婢への負担が重くなり、これに耐えられない奴婢が、また逃亡を謀るというありさまだった。

こうした現象が一八七四年（正祖八年）の備辺司《ピビョンサ》の記録に次のように出ている。

「奴婢たちが妻子を連れて逃亡し、自分たちの父親と祖父の名前を変えるなど悪巧みを謀っているが、一人の者がそうすると他の者もそれに同調する。こうしたことが村中でこぞって行われているのに、どうして奴婢の数が減らないことがあろうか。こうしたことが起こるのは、身貢を納めるのが難しいからではなく、奴婢という卑しい名称から免れるのが難しいからだ」

こうなると、奴婢制度の全面的な再検討が不可避となり、もはやこれ以上、奴婢制度を維持できない状況が到来する。そのことを肌で感じていた朝廷では、本格的な解放政策を実施した。五人以上の泥棒を捕らえた者、徳行を実践した者、親孝行な者、貞節を守る婦女などに対して身分解放を実施する一方、富裕な奴婢が代わりの奴婢を買い入れて、自分は解放されるという「代口贖身《テグソクシン》制度」を設けたりした。朝廷のこうした政策は国家公役に必要な最低限の奴婢の数を確保するとともに、奴婢に解放への道を開くという趣旨で行われた。

また、辺境の西北地域には奴婢推刷を禁止していたが、これは意図的に辺境民を増やして、国防を安定させるためのものだった。そのため、逃亡を図る奴婢たちは、たいがい奴婢推刷を禁止していた辺境に集まり、朝廷は公然とこれを認めていた。また、南海の各島でも推刷を禁止していたため、奴婢たちはこうした島へと集まってきた。こうした現象に対しても、朝廷は領土政策の一環として、逃亡を図った奴婢たちの島への定着を黙認していた。言い換えれば、奴婢たちが逃亡して定着できる道を開いていたとも言えよう。

こうした奴婢解放は英祖時代に集中的に行われた。その後、正祖時代に入ると、奴婢たちの身分向上運動が激しく展開された。

奴婢問題は、このように社会問題として拡大していった。そのため、朝廷では奴婢制度を廃止すべきだという議論が起きはじめる。奴婢廃止に当たって第一の対象となったのが、宮殿奴婢である内寺奴婢《ネシノビ》だった。

　正祖時代には南人派と時派勢力の反対で内寺奴婢廃止論は実行に移されることなくあやふやになってしまった。ところが、正祖死去の翌年の一八〇一年（純祖元年）、政権を握った老論僻派勢力によって電撃的に内寺奴婢が廃止される。この時、良人身分へと転換された奴婢の数は内需司《ネスサ》をはじめとする各宮房の内奴婢三万六千九百七十四人と、司贍寺《サツムシ》など中央各司の寺奴婢《シノビ》二万九千九十三人を合わせて六万六千六十七人だった。

　こうした内寺奴婢の廃止は、その他の公奴婢と私奴婢に多くの影響を及ぼす。そして、その後も引き続き奴婢の身分向上運動が展開され、一八九四年（高宗《コジョン》三十一年）、甲午改革《カボケヒョク》が実施されたことで、身分制度は完全に廃止され、制度上の奴婢という身分はなくなった。

五、『正祖実録』編纂経緯

『正祖実録《チョンジョシルロク》』は五十六巻五十六冊からなり、一七七六年三月から一八〇〇年六月までの正祖在位二十四年三か月間の歴史的事実を編年体で記録している。

　編纂作業は一八〇〇年十二月に始まり、一八〇五年八月に完了した。編纂人員は総裁官《チョンジェグァン》・李秉模《イビョンモ》、李時秀《イシス》、徐龍輔をはじめ、都庁堂上《トチョンタンサン》二人、各房《カクパン》堂上二十一人、校正《キョジョン》堂上九人、校讐《キョス》堂上二人、都庁郎庁《トチョンナンチョン》二十人、各房郎庁六十四人、粉板《プンパン》郎庁十人など、総計百三十一人からなっている。

第二十三代　純祖実録

一、純祖の即位と貞純王后の垂簾聴政

生年 一七九〇—没年 一八三四

在位期間 一八〇〇年七月—三四年十一月、三十四年四か月

十九世紀に入るとともに始まった純祖《スンジョ》時代は十七、十八世紀を通じて商品貨幣経済の発達により、農民層の社会意識が成長する時期だった。そうかと思えば、勢道政治の弊害で政治の紀綱が乱れ、民衆は塗炭の苦しみを経験し、さまざまな秘記と讖説(予言)が流行るなど社会が混乱した時期でもあった。

純祖時代の政治的事件の代表的な例は、後に外交紛争にまで発展したカトリック教徒迫害事件が挙げられる。僻派《ピョクパ》を支持する貞純王后《チョンスンワンフ》(英祖《ヨンジョ》の継妃《ケビ》)が垂簾聴政を行い政敵の時派《シパ》と南人派《ナミンパ》たちを攻撃するためにカトリック教徒を迫害した「辛酉迫害《シニュパケ》」(正祖《チョンジョ》十五年の一七九一年に起きた辛亥迫害《シネパケ》の延長とも言える事件で、「辛酉邪獄《シニュサオク》」ともいう)、純祖の親政とともに起こった「乙亥迫害《ウレパケ》」(羅州掛書《ナジュグェソ》の変)などを通じて全国的に数万人に達する人が命を失う惨事が相次いだ。また、洪景来《ホンギョンネ》の乱をはじめ全国各地で大小の民乱が絶えなかった時期でもあった。

純祖は正祖の次男で、母は綏嬪《スビン》・朴氏《パクシ》だ。一七九〇年六月十八日、昌慶宮《チャンギョングン》で生まれた。名は玜《コン》、字は公宝《コンボ》、号は純斉《スンジェ》。正祖と宣嬪《ソンビン》の間に生まれた文孝世子《ムニョセジャ》が夭逝すると、一八〇〇年(正祖二十四年)一月に王世子《ワンセジャ》に冊封され、その年六月に正祖が死去すると、七月に十歳の幼い年で即位する。そして、英祖の継妃で大王大妃《テワンデビ》の貞純王后が垂簾聴政を行うようになった。貞純王后は荘献《チャンホン》(思悼《サド》)世子の死に賛同していた僻派の実力者である金亀柱《キムグィジュ》の妹で、僻派の利権のためには手段を選ばない人物だった。玉璽を握った貞純王后はまず、実家の又従兄弟の金観柱《キムグァンジュ》を吏曹参判《イジョチャムパン》に座らせるとともに、僻派を大挙登用する。権力を握った金観柱、沈煥之《シムファンジ》などは正祖の蕩平策《タンピョンチェク》を支持していた人物を大量殺戮することで、僻派政権を樹立する。そして、貞純王后は王の即位を公布する文で「斥邪」(邪学と異端を排斥するという意味で、初めはカトリック教徒がその対象であったが、その後、外国との通商反対運動へと展開されていく)を掲げた。これはまさにカトリック教徒弾圧を予告するものだったが、彼女がカトリック教徒を弾圧するのは二つの理由からだった。

その一つは、王朝体制を維持するためだ。君臣間の上下関係を重んじる朝鮮の儒教倫理を根本的に否定するカトリック教の教えによる危険を未然に防ぐということで

あり、二つ目は、カトリック教を学び、信じる人の中に僻派の反対派である時派や南人派が多かったからだ。そのため、カトリック教徒を逮捕することは儒教倫理を奉じるという名分が得られるばかりか、政敵をも除去できる二重の効果が挙げられるために、実権を握るやいなや「斥邪」を断行したのだ。

　純祖が即位するとすぐに、貞純王后はカトリック教禁止令を下し、信者を捕らえるために五家作統法《オガチャクトンポプ》を利用した。これは、本来五つの世帯を一つに束ねて、互いに強盗、窃盗などのような犯罪行為が起きないよう監視し、規制する治安維持法だった。そうした方法をカトリック教徒探しに用いて、五家ごとに互いにカトリック教徒はいないかを監視し、告発するようにした。その中に一軒でもカトリック教徒が出た場合には、五家をともに同罪とし、全国を血の海に追い込んだ。こうして死んだ者は全国で数万人に及んだが、その中には本当のカトリック教徒もいれば、巻き添えで殺された人も多かった。

　当時、捕らえられて殺されたり、島流しにされたりした時派や南人派の人物と言えば、李家煥《イガファン》、権哲身《クォンチョルシン》、李承薫《イスンフン》、丁若鍾《チョンヤクチョン》、丁若銓《チョンヤクチョン》、丁若鏞《チョンヤギョン》などがいた。辛酉の年に起きたこの事件は辛酉迫害と呼ばれるが、この事件で、貞純王后は僻派中心の朝廷を樹立することができた。ところが、彼女の力でも阻止できなかったのは、時派の金祖淳《キムジョスン》の娘が、純祖の妃として迎え入れられたことだった。

　一八〇〇年(正祖二十四年)、初揀擇《チョガンテク》(王、王子、王女の配偶者を選ぶ第一段階)、再揀擇《チェガンテク》を経て正祖の意思は決まったものの、正祖の突然の死によって、三揀擇《サムガンテク》が延期された。その間、金観柱、権裕《クォンユ》などの妨害があったものの、結局、一八〇二年(純祖二年)、金祖淳の娘(純元王后)が王妃として冊封された。

　一方、王の親政後も、カトリック教徒への弾圧は続き、一八一五年、乙亥の年には慶尚《キョンサン》、忠清《チュンチョン》、江原《カンウォン》各道の信者たちが死刑にされ、一八二七年には忠清、全羅道《チョルラド》の信者を検挙して過酷な拷問を加えた。

　一八〇四年、純祖が十四歳になり、大王大妃が垂簾聴政を退いて、純祖の親政が始まった。これはまた、正祖の遺志を受けていた永安府院君《ヨンアンブウォングン》・金祖淳一族による安東《アンドン》・金氏《キムシ》の勢道政治の始まりを知らせるものでもあった。金祖淳は本来、正祖側に立っていた時派の一人だったが、奎章閣待教《キュジャンガクテギョ》(奎章閣の末端の官職。正七品から正九品の者を対象に選任された)だった頃、蕩平策を建議するなど党派色を表さない身の振り方で、僻派一色になっていた貞純王后の垂簾聴政の期間中も生き残ることができた。貞純王后は約四年間の垂簾聴政から退き、一年後に死亡するが、僻派の柱だった彼女の死によって、僻派は再び没落の道を歩む。それまで実権を握っていた金観柱は、正祖の遺志に背いた罪と王妃の三揀擇妨害を助けた罪で配流となり、その途中で病死した。貞純王后の兄・金亀柱は、すでに故人であったにもかかわらず、正祖に害を及ぼそうとした罪で逆賊として罰せられた。

以後、国舅《クック》(国王の義父)となった金祖淳は幼い王の側に仕えながら、勢道政治の第一章を開くことになる。後代の史家たちは、金祖淳がそれなりに清廉潔白を掲げ、いかなる官職も辞退し、国王の補弼《ほひつ》に専念したと評価するが、僻派が追放された後、朝廷の要職を占めたのは、ほかでもなく金履翼《キムイイク》、金達淳《キムダルスン》、金明淳《キムミョンスン》など安東・金氏一族だった。

彼らが朝廷の要職をすべて占めてしまったため、彼らを牽制する勢力はなくなった。牽制勢力のない政権は腐敗するのが常だ。安東・金氏一門が要職について、一家門の栄達のために、ありとあらゆる専横と賄賂収受をしていたため、公平な人事の基本だった科挙制度が乱れ、売官売職が行われるかと思えば、政治紀綱が崩れ、身分秩序の急速な瓦解とともに王朝社会の危機が到来した。

政治紀綱の乱れ、貪官汚吏《たんかんおり》の横行、農民層への収奪が強まると、農民の抵抗が起きないわけがない。勢道政権の成立初期から始まった農民の民乱は全国各地で五回にわたって発生し、一八一一年(純祖十一年)、ついに洪景来の乱へと発展した。

西北人差別待遇撤廃と勢道政権による過酷な搾取反対、鄭という姓の指導者の出現などを旗印に掲げたこの反乱は、没落した両班《ヤンバン》と流浪中の知識人、庶民地主層の財力と思想とが結合して現れた大規模な反乱で、単純な農民反乱ではなく、体制変革までも求めた政治的な反乱だった。鉱山労働者、貧農、流民などを蜂起軍の中心部隊にして、洪景来は自らを平西大元帥《ピョンソデウォンス》と称し、各地に檄文を送って、兵を挙げた。そして、挙兵十日にして官軍の抵抗も受けずに、平安北道嘉山《ピョンアンブクトカサン》、定州《チョンジュ》など、清川江《チョンチョンガン》以北の十数か所を占領した。しかし、間もなく官軍の追撃を受けた蜂起軍は、その勢力が急速に弱まり、後退して定州城《チョンジュソン》に入る。定州城に退却した農民蜂起軍は、補給路が途絶えたまま四か月間も官軍と対峙したが、一八一二年四月、とうとう官軍によって制圧された。

李氏王朝に対する全面的な否定と新しい政治体制を旗印に掲げていたこの乱は、失敗に終わったとは言え、当時の朝鮮に及ぼした影響は相当なものだった。洪景来の乱は農民層の自覚をもたらし、朝鮮後期社会の崩壊を加速させた事件だった。

この他にも、大小の民乱と謀反事件が絶えず起こり、一八二一年(純祖二十一年)には西部地方に伝染病が広がり、十数万人という大勢の人命が失われた。また、純祖の三十四年間の在位期間中、十九年間にわたって水害が起きるなど天変地異が絶えなかった。純祖は、執権当初は貞純王后を取り囲む慶州《キョンジュ》・金氏一門の下にあったが、親政するようになってからは義父の金祖淳をはじめとする安東・金氏一門下にあった。純祖自らも、やはり勢道政権の専横を知らなかったわけではなく、趙万永《チョマニョン》の娘を世子嬪《セジャビン》に迎え入れるなどして豊壌《プンヤン》・趙氏一門を重用し、一八二七年には孝明世子《ヒョミョンセジャ》に代理聴政させることで、安東・金氏の勢道政権を牽制しようと試みた。しかし、それはもう一つの豊壌・趙氏という外戚勢力を作り出しただけで、均衡と牽制が保たれる政界再編へとつながることはなかった。このように当時の勢道政権は党争がない代わりに、反対派もない独裁政権で、民の暮らしと社会問題は度外視し、一門の名誉と栄達のみに関心を注いだ。

　一方、学問を好んだ純祖は、二十巻二十冊に及ぶ個人文集『純斉稿《スンジェゴ》』を残し、学問の発展にも関心を寄せ、『両賢伝心録《ヤンヒョンジョンシムノク》』『大学《テハク》類義《ユウィ》』『正祖御定弘斉全書《チョンジョオジョンホンジェチョンソ》』『書雲観志《ソウングァンジ》』『同文彙考《トンムンフィゴ》』などを刊行した。

　純祖は、三十四年間王位にとどまり、一八三四年十一月、四十四歳で死去した。彼は、純元王后《スヌオンワンフ》から生まれた孝明世子が二十一歳で夭逝すると、孫の奐《ファン》(憲宗《ホンジョン》)に王統を継がせた。陵号は仁陵《インヌン》で、ソウル市瑞草区内谷洞《ソチョグネゴクトン》にある。

二、純祖の家族たち

純祖の妻は純元王后・金氏の他に淑儀《スグィ》・朴氏《パクシ》のみだ。純元王后・金氏が後に翼宗《イクチョン》に追尊された孝明世子をはじめ四女を生み、淑儀・朴氏が一女を生んだ。

○純元王后《スヌオンワンフ》・金氏《キムシ》(一七八九―一八五七)

安東・金氏勢道政権を創始した永安府院君・金祖純の娘。

　純元王后・金氏は父の金祖純から弟・金左根《キムジャグン》へと継がれる安東・金氏一門の執権に大きく貢献した。一時、世子妃の外戚、豊壌・趙氏一門に政権の主導権を奪われるが、憲宗時代になって再び復権した。ところが、憲宗が夭逝すると、子孫のいない憲宗の後を誰が継ぐかという問題が生じた。

　この時、彼女は趙大妃《チョデビ》(神貞王后《シンジョンワンフ》・趙氏。孝明世子の妃で、息子の憲宗が王位に就くことで王大妃となる)一門が手を回す前に、すばやく院相《ウォンサン》に権敦仁《クォンドニン》を指名し、荘献世子の曾孫である元範《ウォンボム》（哲宗《チョルチョン》）を指名して王位を継がせた。また、自分の外戚の金文根《キムムングン》の娘を王妃に冊封することで安東・金氏の勢道政権が絶頂期を迎えることになった。

純祖との間に五人の子供を生み、一八五七年、昌徳宮《チャンドックン》で他界する。陵は仁陵で純祖とともに合葬された。

○孝明世子《ヒョミョンセジャ》（一八〇九―三〇）

純祖と純元王后の間に生まれ、名は旲《ヨン》、字は徳寅《トギン》、号は敬軒《キョンホン》。一八一二年、純祖十二年に王世子に冊封され、一八一九年、領敦寧府事《ヨンドンニョンブサ》・趙万永の娘を迎え入れ、結婚した。

一八二七年、父王の命令で代理聴政を行うが、この時彼は、まだ若年ながらも善良で賢い人材を登用し、刑罰に慎重を期すなど民衆のための政策実現に努めたが、代理聴政四年目、二十一歳で夭逝した。

一八三四年、純祖の死後、彼の息子（憲宗）がその後を継ぐことで翼宗に追尊され、一八九九年、高宗《コジョン》が彼の養子となって即位することによって再び文祖翼皇帝《ムンジョイクファンジェ》に追尊された。陵は綏陵《スルン》で、京畿道九里市東九陵《キョンギドクリシトングルン》にある。

三、カトリック教迫害を通じた僻派の政権掌握

朝鮮のカトリック教は粛宗《スクチョン》以後、ほとんど政治圏から疎外されていた南人派の若手学者たちを中心に知識層に伝播した。十七世紀にも昭顕世子《ソヒョンセジャ》や洪大容《ホンデヨン》などが持ち込んだカトリック教書籍に関する研究はあったものの、宗教として受け入れて正式に信者が生まれたのは十八世紀に入ってからだった。その代表的な人物が李承薫で、丁若鏞兄弟たちと李家煥、権哲身など在野南人勢力の間でカトリック教は慎重に広がった。

正祖時代に急激に増えだしたカトリック教徒は正祖時代末には信徒数が一万人余りにまで膨張した。こうしたカトリック教の拡大で保守支配層は大きな不安を感じていた。

君臣関係と上下関係を主軸に成り立つ性理学的支配原理は朝鮮王朝を支える重要な思想的、統治的基盤だった。しかし、カトリック教は家父長的権威と儒教的な儀礼を拒否し、人間はすべて平等だという平等思想と唯一神思

第23代　純祖　家系図

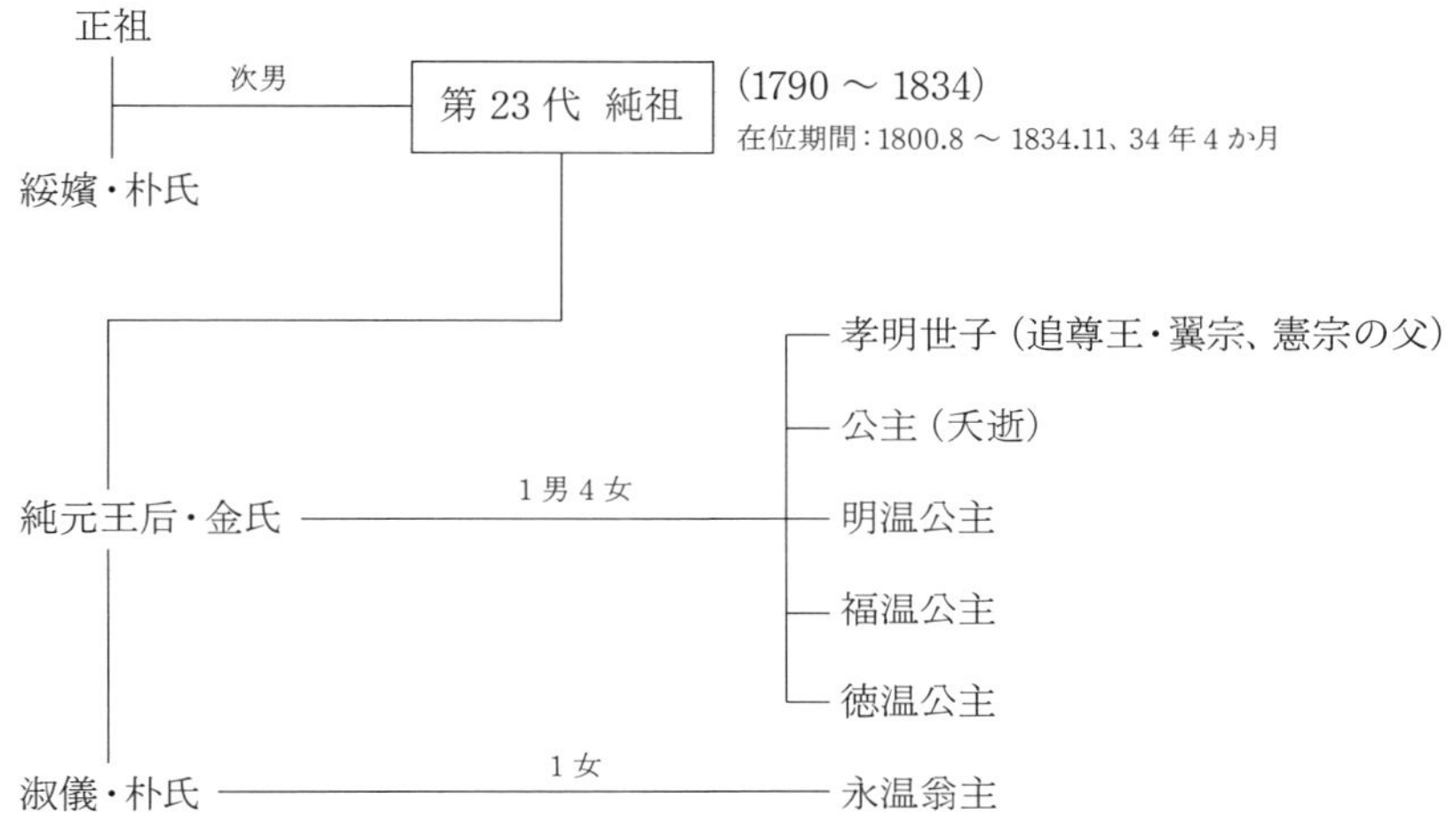

想を主張していたため、これは儒教社会に対する真正面からの挑戦だった。また、権力から疎外された知識人の両班層と、収奪と横暴に苦しめられていた庶民層がカトリック教信仰を通して結合したのも支配体制に対する重大な脅威だった。

そのため、沈煥之《シムファンジ》を中心にした老論僻派による上疏とともに、迫害運動が起きた。それに対して正祖は、「邪教は遠からず自滅するであろうし、これは儒学の振興でもって防げる」との論理を展開し、迫害運動を退けた。また当時、南人時派の実権者で三政丞《サムジョンスン》を歴任した蔡済恭《チェジェゴン》の黙認も、カトリック教の保全に大きな役割を果たしたと言える。

しかし、正祖と蔡済恭の死去で、貞純王后を中心とした僻派が政権を掌握すると、一大迫害が展開された。貞純王后・金氏が幼い純祖に代わって垂簾聴政を始めると、正祖時代に守勢に回されていた僻派は政敵だった南人時派の勢力を削ぐために、ただちに政治的な大攻勢を繰り広げ、僻派の忠実な後見人だった貞純王后は一八〇一年、ハングル教旨を下してカトリック教大禁圧令を宣布し、全国で信者を捕らえはじめた。

五家作統法が働いて多くの信者が逮捕され、三百人余りの殉教者が出た。この中には初期の教会の指導者だった南人時派の学者が沢山いたが、李承薫、丁若鍾、李家煥、李檗《イビョク》、権哲身などが含まれていた。また、単に研究を目的にした学者たちも巻き添えになって、投獄を強いられたり、配流されたりしたが、丁若鏞、丁若銓がその代表的な人物だった。この時、直接には関係のなかった実学者の朴趾源《パクチウォン》、朴斉家《パクチエガ》なども政界から追放された。

一八〇一年（純祖元年）に起きて、五百人余りの犠牲者を出した辛酉迫害は、人倫を無視する邪教の根を絶って国の紀綱と倫理を建て直すという名分の下に、政敵の南人時派と進歩的な思想家を排除するためになされた政治的な粛清だった。

辛酉迫害後、南人時派は政治の中心から遠ざけられ、僻派が政権を掌握することで、一党独裁の外戚勢道政治が始まる。

四、安東・金氏の勢道政権の成立

世道とは、世を正しく治める道理という意味で、中宗時代に趙光祖《チョグァンジョ》などの士林派が掲げた統治原理だった。それが正祖時代の初期に至り、世道の責任を任された洪国栄《ホングギョン》が朝廷の大権を任され、独裁を始めたところから変質し、王の寵愛を受けた臣下や外戚が独断で権力を振りかざすことを指す言葉となった。その意味で「勢道政治」と書く。

正祖時代は実学思想家たちが北学論的な政策を建議し、カトリック教と西洋文明に好意的な進歩的知識人の役割が高まっていたため、保守的な政治勢力はかなり脅威を覚えていた。こうした内側からの変化と挑戦に対して不安になった保守政治勢力は、正祖の死去と幼い純祖の即位を契機に政権を掌握して、進歩勢力の実学思想家およびカトリック教に対する大々的な粛清と弾圧を加えはじめるようになる。

この時から、党派による党争の時代が終息し、執権者の一族だけが政権を独占する「勢道政権」が形成された。

純祖、憲宗、哲宗にわたって六十余年間政権を独占した安東・金氏の勢道政権は、正祖から純祖のことを頼むという遺言を受けた金祖淳から始まる。正祖の死後、一八〇〇年、十歳の幼い年で純祖が即位すると、それまで党派色をはっきり表明しないままでいた金祖淳は、時派であったにもかかわらず、僻派の貞純王后の垂簾聴政に協力することで、自分の娘を純祖妃にするのに成功する。貞純王后の垂簾聴政期間中は、彼女の外戚である慶州・金氏を中心に僻派が政権を握る。しかし、一八〇四年に貞純王后が垂簾聴政から退き、翌年死去すると、純祖の姻戚となった安東・金氏一門が勢力を握るのに成功する。

純祖の義父となった金祖淳を中心とする安東・金氏一門は、時派の大家だった豊壌・趙氏、南陽《ナミヤン》・洪氏《ホンシ》、羅州《ナジュ》・朴氏《パクシ》、驪興《ヨフン》・閔氏《ミンシ》、東莱《トンネ》・鄭氏《チョンシ》などと手を組んで、権力を維持する一方、純祖の一人息子・孝明世子の嬪に趙万永の娘を選択する。このため、孝明世子が純祖の代理聴政を行っていたしばらくの間、豊壌・趙氏一門に権力を奪われたこともあったが、孝明世子が夭逝し、彼の息子が純祖の後を継ぐと、純祖の王妃で金祖淳の娘の純元王后の垂簾聴政が始まり、再び、安東・金氏一門が政権を握る。それに哲宗の妃まで安東・金氏一門から出たため、安東・金氏の外戚勢道政権は興宣大院君《フンソンデウォングン》が登場するまで六十年余り続いた。

純祖時代には金祖淳が政権を専断し、憲宗時代には彼の息子・金左根に権力が引き継がれ、それが哲宗時代になって金左根の養子となった金炳基《キムビョンギ》(金玉均《キムオッキュン》の養父)に受け継がれる。勢道政権の特徴と言えば、党争時代とは違って牽制勢力がまったくないということだ。これは幼い王を政権の中心から締め出してしまう勢道政権の専横を可能にし、その結果、官僚社会の腐敗と搾取、民生の疲弊が現れた。

こうした独裁政権に強く対抗したのは、その被害をそのまま被った農民層だった。瀬戸際に追いやられた農民の不満は一八一一年(純祖十一年)に起きた洪景来の乱をはじめ、十九世紀半ば以後、全国的な民乱に発展した。こうした民乱は安東・金氏の勢道政権を窮地に追い込み、不満を抱いていた趙大妃と興宣大院君・李昰応《イハウン》の密約によって高宗が即位するとともに、安東・金氏の勢道政権は終わることになる。

五、朝鮮王朝と勢道政権を否定した洪景来の乱

朝鮮社会は、十九世紀に入り、さらに急激に変わっていった。広範囲にわたたって進められた土地兼併と農業法の発達で、農民層の分解が加速し、安東・金氏の勢道政権の一党専制で三政(国の政治の中で最も重要な田政、軍政、糧政)が乱れ、農地から離れた農民は流民になるか、賃金労働者に転落するほかなかった。反面、一部の農民は農業技術と商業の知識を利用して富農や地主になるなど、両極化現象を見せた。

身分制度が急激に瓦解していく中で、成長しつつあっ

た富農たちは地方の有志として活動しながら社会変動の不確定要素として登場するようになる。また、商業でも封建的な特権商人に挑戦する私商人が現れ、大商人へと成長する事例が増えていった。洪景来の乱を見ても、その指導層の中には、このように成長した富農層と大商人が多数含まれていた。

勢道政権による科挙制度と国家紀綱の乱れや三政を通じた官吏の横暴などに対抗して、没落した両班と知識人たちが思想的な基盤を作り、新たに登場した富農、私商人の財力、組織力などが結合し、十年余りの準備の末に起こったのが洪景来の乱だった。

平安南道龍岡《ピョンアンナムドヨンガン》出身の洪景来は本来、両班出身だ。そのため、科挙を受験することで立身出世を試みるが、その度に落第し、それが西北地方人に対する不当な差別によるものと思い知らされ、彼は科挙そのものを諦める。そして、当時の制度的な矛盾に目覚め、家を出て放浪の旅に出るが、たまたま平安北道嘉山で庶子出身の知識人・禹君則《ウグンチク》に出会う。現実に対する二人の不満は、間もなく変革への意志に変わり、蜂起のための具体的な準備作業に入る。彼らはまず、平安道内の富農層に接近して彼らと手を組み、資金調達のため商人たちとしばしば接触した。私商人たちは平素、中央政府に不満を持つ階層だった。二人はまた、嘉山の多福洞《タボクトン》に住む富豪・李禧著《イヒジョ》を抱き込んで蜂起のための財政基盤を作り、風水的にも最高であるこの地を根拠地にした。また、蜂起兵力に充てるために平安北道雲山《ウンサン》の燭台峰《チョクテボン》に鉱山を開いて流民を吸収し、兵隊とする。この他にも、平安道一帯の実力者および地方官吏、流浪知識人に至るまで広範囲にわたる人々を抱き込んで、蜂起勢力として組織していった。

一八一一年十二月二十日を挙兵日に決め、洪景来は自分を平西大元帥と称した。ところが、計画が事前に漏れてしまったため、挙兵日を十二月十八日に繰り上げた。

彼らが、挙兵に先立って掲げた檄文は三つの内容からなる。第一、西北地方人に対する差別撤廃、第二、安東・金氏勢道政権の打倒、第三、新人・鄭氏(『鄭鑑録《チョンガムノク》』という予言書に、李氏王朝の次は鄭氏王朝が生まれるとあり、鄭氏の出現を期待する民衆が多かった)が出現したため、彼を真の王として立てるということだった。

南進軍と北進軍とに分かれた蜂起軍は、挙兵してから十日目に官軍の抵抗も受けないで嘉山、郭山《クアクサン》、定州、宣川《ソンチョン》、鉄山《チョルサン》など清川江以北の十の地域を占領した。これは特に各地域の内応勢力が積極的に呼応した結果だった。内応勢力は座首《チャス》(郷所の長)、別監《ピョルガム》(次長)、風憲《プンホン》(郷の中の面、里などの行政官)などの官吏と別将、千摠《チョンチョン》(正三品の武官職)、別武士《ピョルムサ》(馬兵から昇級した兵士で、弓に長けており、戦時は第一線で活躍した)などの武将だっ

19世紀の漢城地図「首善全図」。朝鮮後期の地理学者・金正浩が作成したといわれる。〔高麗大博物館 所蔵〕

た。彼らのほとんどは富農や私商人たちで、金で身分向上を遂げた階層だった。

しかし、間もなく戦列を整えた官軍が追撃を始める。すると、官軍に追われた蜂起軍は博川《パクチョン》、松林《ソンニム》、郭山の戦闘で敗北し、定州城へと後退する。蜂起軍の数が一気に減って勢力を弱めたのは、蜂起軍自体の脆弱性のためだった。蜂起軍は大多数が給料を受け取る賃金労働者および流民たちで構成されており、彼らが抱えている利害関係と、指導層の富豪、商人、知識人層が抱える利害関係とが互いに異なっていたからだ。

つまり、小農、貧民層が三政の乱れを改革して、再び定着農民としての安定した暮らしを望んでいたとすれば、指導部は単純な制度改革ではなく、政権転覆を夢見ていた。そのため、当時の勢道政権の横暴に立ち向かうという共通した理解があったにもかかわらず、彼らの目標がそれぞれ異なっていたため、指導部は下層民の自発的な盛り上がりを引き出せなかったのだ。

しかし、いったん定州城に引き返してきた蜂起軍は、それまでとは打って変わって積極的で荒々しい軍隊へと変貌を遂げる。

というのも、反撃を始めた官軍の残酷な焦土化作戦で定州城一帯の良民や農民たちがひどい人的・物的被害を受けるようになったからだ。官軍の横暴と無慈悲な殺戮を受けて、定州城に逃げ込んだ農民たちは積極的な反乱軍勢力となって戦い、蜂起軍の指揮部も金持ちの財産を取り立て、農民に平等に分配したため、農民たちは指揮部を信頼しはじめたのだ。蜂起軍の士気が弱まりかけ、一人、二人と城を去る者が出はじめていたところに、周辺の農民たちが合流し、定州城の蜂起軍は、瞬く間に自発的な農民蜂起軍へと転換していった。

この時から、洪景来の乱は不満勢力の政権転覆を目指した反乱ではなく、自発的な農民抗争の性格を帯びるようになった。そのように結束した農民蜂起軍は、補給路が絶えても、軍備や数で数倍優勢な官軍の攻撃に対して、四か月間近くも一進一退の攻防戦を繰り広げた。しかし結局、官軍が埋めた火薬で一八一二年四月十九日に城が爆破され、千九百十七人の農民軍と洪景来などの首謀者がみな捕らえられて、処刑された。こうして、その年一月初めから始まった定州城の闘いは三か月と十五日で終了した。

ただ、洪景来の乱は成功しなかったとはいえ、李氏王朝に対する全面的な否定と新しい政治体制を標榜したことで、朝鮮社会に大きな打撃を与え、その崩壊を早めさせた。洪景来が殺された後も全国各地でさまざまな乱が散発的に起き、洪景来の乱で初めは消極的な立場を取っていた小農、貧農層などが、哲宗時代に起こる

「壬戌民乱《イムスルミルラン》」では主導的役割を果たすように成長していくきっかけともなった。

この乱に対する評価は、ある時期を境に大きく二つに分かれる。一九五〇年以前には、党争史的な観点から見て、西北人の冷遇に対する反発および洪景来一派による政権奪取の試みだと評価していた。しかし、一九六〇年以後には農民層分解過程から生じた郷村富豪、経営型富農、庶民地主、私商人、没落両班および知識人などの指導層が賃金労働者と貧農を動員して起こした反封建農民戦争として評価している。

六、『純祖実録』編纂経緯

『純祖実録《スンジョシルロク》』は三十二巻、付録二巻の計三十六巻から成り、一八〇〇年七月四日から一八三四年十一月十三日までの在位三十四年四か月間の歴史的な事実を編年体で記録している。付録には王の行録、諡冊文《シチエンムン》、哀冊文《エチエンムン》、碑文、誌文（死去した人の名、生没年月日、墓の場所などを記した文）、行状、遷陵誌文などを収録した。

編纂作業は一八三五年、憲宗元年五月に始まり、一八三八年閏四月に完成した。『純祖実録』は最初の部分に『純宗大王実録《スンジョンデワンシルロク》』とあるが、これは純祖の元廟号が純宗であったためだ。一八五七年、哲宗八年にその廟号を純祖に追尊したことで『純祖実録』と改称されることになった。本来は付録が一冊だったが、一八六五年、『哲宗実録《チョルチョンシルロク》』編纂の際に追加編纂されて二巻となった。

李相璜《イサンフアン》、沈象奎《シムサンギュ》、洪奭周《ホンソクチュ》、朴宗薫《パクジョンフン》、李止淵《イジョン》などを総裁官《チョンジエグアン》として、丸三年をかけて完成し、各史庫《サゴ》へ保管された。

第二十四代　憲宗実録

一、憲宗の即位と朝鮮社会の総体的な危機

生年一八二七―没年一八四九

在位期間一八三四年十一月―四九年六月、十四年七か月

憲宗《ホンジョン》時代は内憂外患の時代で、後期朝鮮社会の崩壊の兆しが現れた時期だった。内では純祖《スンジョ》時代から始まった勢道政治の余波で、官吏任用の根幹となる科挙制度が崩れ、国家財政の基本である三政の乱れなどで政局が混乱し、在位約十五年の間、九年にわたって水害が発生するなど民の苦労が絶えなかった。また、純祖時代から始まったカトリック教弾圧は「己亥迫害《キヘパケ》」へと続き、後の外交紛争に飛び火した。加えて、度重なる外国船の出没で民心が騒然となるなど外患も続き、幼くして即位した憲宗としては、治世に多くの困難を強いられた。

憲宗は純祖の孫で、後に翼宗《イクチョン》と追尊された孝明世子《ヒョミョンセジャ》の息子だ。母は豊恩府院君《プンウンブウォングン》・趙万永《チョマニョン》の娘の神貞王后《シンジョンワンフ》。一八二七年七月十八日、昌景宮《チャンギョングン》で生まれ、一八三〇年純祖三十年に王世孫《ワンセソン》に冊封され、一八三四年純祖が死ぬと、七歳という幼い年で慶熙宮《キョンヒグン》で即位した。しかし、まだ幼いために純祖妃の大王大妃《テワンデビ》・純元王后《スヌオンワンフ》が垂簾聴政を行い、憲宗が十四歳になった一八四一年になって初めて親政を行った。

憲宗時代には、十七、十八世紀から始まった社会全般にわたる急激な変化で、農民層の分解が始まったが、彼らは都や鉱山に流れ込んで賃金労働者になったり、都市の貧民となったりしていった。その一方、富農と豪商たちが現れるとともに賤民から良民へ、良民から両班《ヤンバン》へと身分の向上を図るケースが頻繁に生じた。これは朝鮮社会を支えていた身分秩序と封建制度崩壊の兆しとして現れた。また、相次いで起こる水害、伝染病の蔓延で民の暮らしは悪化し、それに三政の乱れが重くのしかかったため、住み慣れた郷里を離れる流民が急増していった。

憲宗時代に入って、垂簾聴政を始めた純元王后・金氏は、洪景来《ホンギョンネ》の乱の事後収拾および民心安定策として西北人に対する差別を撤廃し、官吏に登用することなどの教旨を発した。憲宗が十歳になった一八三七年三月、永興府院君《ヨンフンブウォングン》・金祖根《キムジョグン》の娘を王妃に迎え、四年後に結婚の儀を催した。ところが、王妃は病気で突然死去し、一八四四年十月、益豊府院君《イクプンブウォングン》・洪在龍《ホンジェリョン》の娘を継妃《ケビ》に迎えた。

一方、純祖時代から始まったカトリック教弾圧は、憲宗時代に入っても引き続き行われ、一八三八年、憲宗四年の春から再び弾圧を強化する。翌一八三九年、己亥の年に起きた己亥迫害は、朝鮮に滞在していたアンベール

(Imbert)、シャスタン(Chastan)、モーバン(Maubant)などのフランス人神父と劉進吉《ユジンギル》、丁夏祥《チョンハサン》などのカトリック信者が多数処刑された。憲宗は、この年の十一月に「斥邪綸音《チョクサユヌム》」(邪道の弊害を救済するために民衆に下した詔)を公布し、民衆に公式にカトリック教を禁じる教書を下した。

一八四〇年、憲宗六年十二月に純元王后の垂簾聴政が終わると、安東《アンドン》・金氏《キムシ》の勢力は多少萎縮し、今度は豊壌《プンヤン》・趙氏《チョシ》の勢力が優勢となった。豊壌・趙氏は憲宗の母后・趙大妃《チョデビ》の父である趙万永がその巨頭で、趙万永は御営隊長《オヨンテジャン》、訓練隊長などを歴任して憲宗を警護する傍ら、実弟の趙寅永《チョイニョン》と甥の趙秉憲《チョビョンホン》、息子の趙秉亀《チョビョング》などを要職に就かせて勢道を確立する。その後、五、六年間、豊壌・趙氏一門が立身出世したが、一門の内部的な軋轢と、一八四六年の趙万永の死をきっかけに、政権は再び安東・金氏一門に渡る。憲宗時代に、しばらくの間政権を掌握して安東・金氏を牽制した豊壌・趙氏一門は、政治革新どころか安東・金氏との政権争いにばかり汲々としていたため、民の暮らしや社会問題は度外視され、社会的な矛盾が激化した。その結果、官吏の不正腐敗はもちろん、それによる三政の乱れをも招いた。

憲宗時代には社会が不安定で民心が離反していく隙を狙って二度の謀反事件が発生した。一八三六年の「南膺中《ナムウンジュン》の謀反」と一八四四年の「閔晋鏞《ミンジニョン》の獄」だ。

一八三六年十一月に忠清道《チュンチョンド》へ下っていた南膺中は、正祖《チョンジョ》の異母弟の恩彦君《ウノングン》の孫・元慶《ウォンギョン》を王に推戴し、自らを都摠執《トチョンチプ》、南慶中《ナムギョンジュン》、南公彦《ナムゴンオン》などと共謀して、正祖の異母弟の

中を左摠執《チャチョンチプ》と称し、忠清北道清州城《チュンチョンブクトチョンジュソン》を占領する計画を立てた。しかし、この計画は京畿道始興官衙《キョンギドシフンクァナ》の千璣英《チョンギョン》の告発で事前に発覚し、南膺中らは捕らえられて、「凌遅《ヌンジ》処斬《チョチャム》」の極刑に処せられ、謀反計画は水泡に帰した。

一八四四年の閔晋鏞の獄は、安東・金氏の勢道が豊壌・趙氏一門に移っていく権力の空白期間に起きた事件で、当時の王朝の威厳と権威がいかに失墜していたかを示している。医員出身の閔晋鏞は、優れた医術で李遠徳《イウォンドク》、朴醇寿《パクスンス》、朴時應《パクシウン》などを抱き込み、恩彦君の孫・元慶を王に推戴しようとした。彼らは特に下級武官を同志にし、謀叛計画を遂行しようとした。しかし、これもやはり事前に漏れ、関連首謀者はみな凌遅処斬の刑に処され、元慶にも賜薬が下されたが、実弟が哲宗《チョルチョン》となった後、懐平君《フェピョングン》に追封された。

これといった政治的勢力もない中人や没落両班が起こしたこの二つの謀反事件は、当時の状況が誰もが王権を狙うほどに王の権威や政治権力が見くびられていたということを証明するものだった。

一八四五年(憲宗十一年)には、イギリスの軍艦サマラ

ン号が済州島《チェジュド》と西海岸を不法に測量して帰るという事態が発生し、朝廷は清《しん》を通じて広東《かんとん》にあるイギリス当局に抗議した。また、翌年六月には、フランス提督・海軍少将セシル(Cecille)がカトリック教弾圧に対する抗議を口実に軍艦三隻を率いて忠清道の外煙島《ウェヨンド》に入ってきて、王あてに、三人のフランス人宣教師虐殺事件に対する問責書簡を渡して帰るという事件が発生した。このため、一時朝廷は緊張状態に陥った。これに先立って、五月には朝鮮初の神父・金大建《キムデゴン》が逮捕され、邪教を広めて国法に違反した罪で同年七月、漢陽鷺梁津《ハニャンノリャンジン》の沙南基《サナムギ》(朝鮮末期、死刑場があったところ。龍山《ヨンサン》駅から漢江大橋《ハンガンデギョ》に出る江辺にある。一四五六年、成三問《ソンサムムン》などの死六臣《サユクシン》もここで虐殺された)でさらし首の刑に処せられた。朝廷では、この事件に対して翌年、清を通じてフランスに回答書を送るが、これが朝鮮が西洋に送った最初の外交文書である。憲宗十四年の一八四八年には外国船が慶尚《キョンサン》、全羅《チョルラ》、黄海《ファンヘ》、江原《カンウォン》、咸鏡道《ハムギョンド》などに頻繁に出没し、民衆の心は大きく動揺して、危機感が生まれた。この時から、朝鮮は外国船を率いた西欧列強による通商と門戸開放の要求に攻められ、本格的な外国勢力対応期に入る。しかし、当時の国際情勢や周辺情勢に暗かった朝廷では、外国船の出没や脅威にこれといった対策も立てられないまま、それぞれが権力の掌握にばかり夢中になっていた。

憲宗は十四年間の在位期間中、親政できたのは八年余り。それさえも勢道政権の影から抜け出ることができなかった。安東・金氏と豊壌・趙氏の権力闘争に巻き込まれ、適切な民生安定策も立てられず、二十二歳の短い生を終えた。また、憲宗は政治能力不足により急変する国際情勢を正確に読み取ることができず、適確な対応策を講じたり、備える姿勢を見せることができなかった。

その反面、学問を好み、書道に長けていた憲宗は、在位期間中『列聖誌状《ヨルソンジジャン》』『東国史略《トングクサリャク》』『東国文献備考《トングクムノンビゴ》』『三朝宝鑑《サムジョボガム》』などを編纂させ、各道に堤防を修築するなどの治績を残した。

憲宗は一八四九年六月六日、後継者もないままに昌徳宮で死去した。陵号は景陵《キョンヌン》で、京畿道九里市東九陵《キョンギドクリシトングルン》にある。

二、憲宗の家族たち

憲宗は孝顕王后《ヒョヒョンワンフ》・金氏《キムシ》をはじめ継妃の孝定王后《ヒョジョンワンフ》・洪氏《ホンシ》、そして後宮二人を娶ったが、息子は得られなかっ

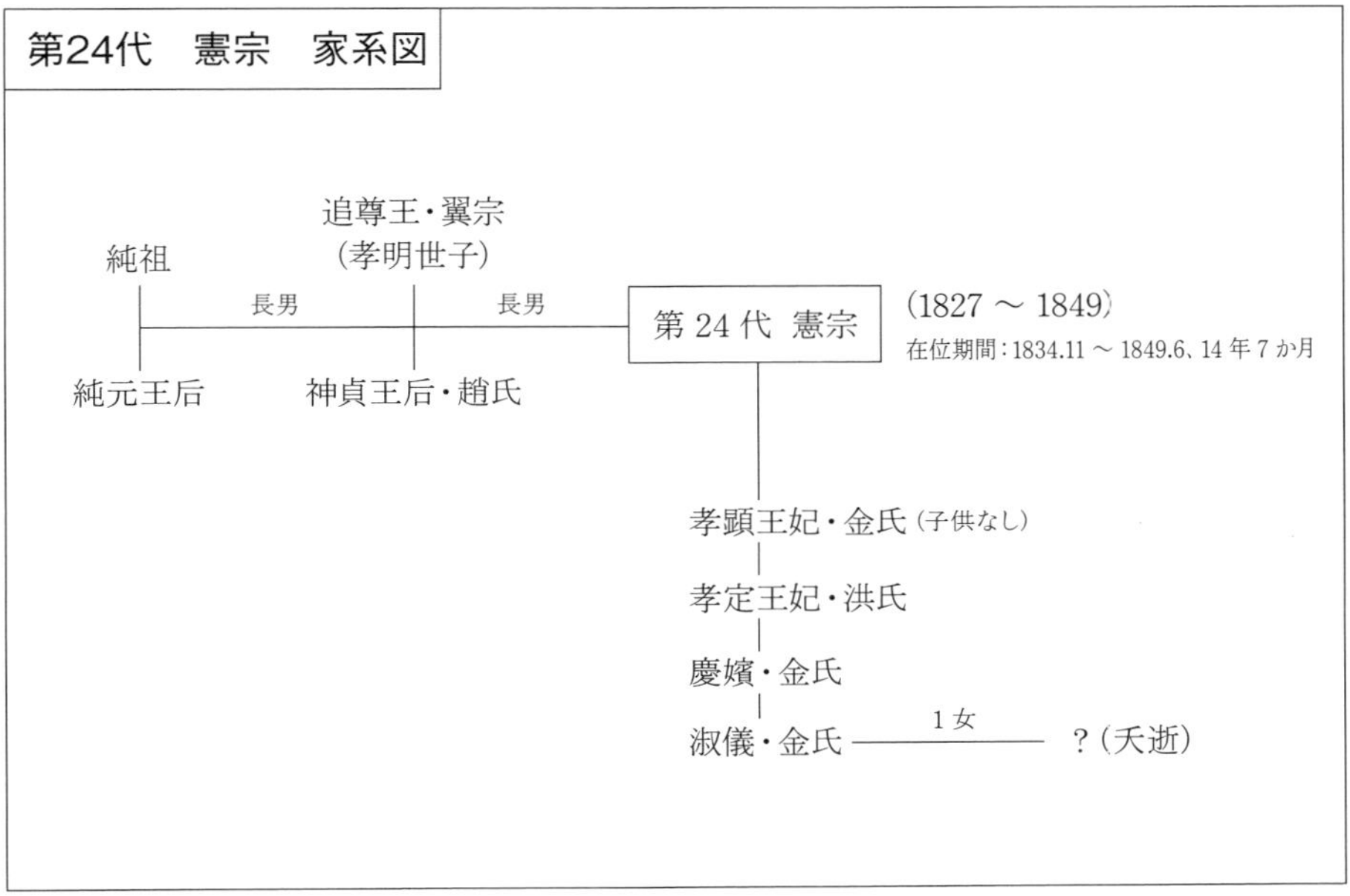

た。憲宗時代には彼の母・趙大妃の立場が強くなるとともに豊壌・趙氏一門が勢力を得た。

○神貞王后《シンジョンワンフ》・趙氏《チョシ》（一八〇八―九〇）

翼宗（孝明世子）の妃で、豊恩府院君・趙万永の娘。一八一九年、十一歳で、世子嬪《セジャビン》に冊封され、孝婦だという称賛の声が高かった。一八二七年（純祖二十七年）に憲宗を生んだ。一八三四年、憲宗が王位に就き、死んだ夫が翼宗に追尊されると、王大妃《ワンデビ》に封じられたが、この時から豊壌・趙氏一門が朝廷の要職を占めはじめ、勢道政治を行うようになる。一八五七年、純祖妃の純元王后が死去すると、大王大妃となり、哲宗が在位十三年目に後継者がないまま死去すると、王室の権限を掌握するようになる。この時、趙大妃は以前から安東・金氏の勢道政権をよく思っていなかった興宣君《フンソングン》・李昰応《イハウン》（英祖《ヨンジョ》の玄孫・南延君《ナミョングン》の子）と甥の趙成夏《チョソンハ》と手を組んで、興宣君の次男（高宗《コジョン》）に王位を継がせる。また、安東・金氏の勢力を弱めるために高宗を自分の息子にし、前代の哲宗ではなく、先代の翼宗の後を継がせる。一八六六年二月まで垂簾聴政を行っていたが、実際の政権は、みな興宣大院君が握れるように命令を下していた。その後、趙大妃が大挙起用した実家の勢力が相次ぐ政変の犠牲となったことで、趙氏家門が没落していくとそれを悲しみ、また、国が災難にもまれると自分の寿命の長さを嘆いていたと伝えられる。一八九〇年、八十二歳で世を去った。陵は綏陵《スルン》で、京畿道九里市東九陵にある。

○孝顕王后《ヒョヒョンワンフ》・金氏《キムシ》（一八二八―四三）

安東・金氏の永興府院君・金祖根の娘で、一八三七年、憲宗三年に王妃に冊封され、四年後に結婚式を行った。王后となってから二年後に病死した。一八五一年、哲宗二年に敬恵《キョンヘ》、靖順《チョンスン》の徽号が与えられ、その後、端聖《タンソン》、粋元《スウォン》の尊号が加えられた。陵は景陵《キョンヌン》で、憲宗と合葬されている。

○孝定王后《ヒョジョンワンフ》・洪氏《ホンシ》（一八三一―一九〇三）

領敦寧府事《ヨンドンニョンブサ》・益豊府院君・洪在龍の娘で、一八四四年、憲宗十年に王妃に冊封された。憲宗との間に娘を一人もうけたが、幼い時に死なれた。一八四九年、哲宗が即位すると大妃となり、一八五七年、純祖妃・純元王后が死去すると、王大妃となった。陵は景陵で、憲宗、孝顕王后とともに三連陵を成している。

三、『憲宗実録』編纂経緯

『憲宗実録《ホンジョンシルロク》』は十七巻（付録一巻）から成り、一八三四年十一月から一八四九年六月までの在位十四年七か月間の歴史的な事実を編年体で記録している。付録には大妃言教、諡冊文《シチェンムン》、哀冊文《エチェンムン》、碑文、誌文などを収録した。

『憲宗実録』は憲宗が死去した五か月後の一八四九年十一月十五日に編纂を始め、一八五一年八月に完成し、九月に印刷され、各史庫《サゴ》に保管された。

第二十五代　哲宗実録

一、農夫から帝王となる江華島の若様・元範

哲宗《チョルチョン》時代は純祖《スンジョ》時代から始まった安東《アンドン》・金氏《キムシ》の勢道政治が絶頂を迎えていた時であり、勢道政治による貪官《たんかん》汚吏《おり》の専横で三政の乱れが極に達し、民衆の生活が塗炭の苦しみに陥っていた時代だった。

安東・金氏が引き続き実権を握った背景には、大王大妃《テワンデビ》・純元王后《スヌオンワンフ》の影響力が大いに働いた。純祖の妃だった純元王后は孫の憲宗《ホンジョン》が後継ぎを残さないままに死ぬと、趙大妃《チョデビ》(純祖の世子《セジャ》・翼宗《イクチョン》の妃、神貞王后《シンジョンワンフ》)の親戚である豊壌《プンヤン》・趙氏《チョシ》一族が王位の継承に関わってくることを恐れて、すばやく手を回した。それもそのはずで、憲宗の六親等以内の王族が一人もいなかったのだ。しかし、七親等以上の王族は数人が生存していた。

直系の後継ぎがいない場合、後代の王は、本来、行列《ハンニョル》(同じ血族間で、始祖から数えて何代目かという世代関係を表す語。兄弟関係、つまり同じ世代は同じ行列とし、名前の一文字に同じ字を使用した)で数えて弟や甥に当たる者に王統を継がせるのが原則だった。その理由として、宗廟で祭祀を行う際、行列の上にある者が下にある者に対して祭祀を行ってはならないという規則があったためだ。

ところが、安東・金氏の一族は、自分たちの権力を維持し、地位をさらに強固なものにするために憲宗の七親等の伯父に当たる江華島《カンファド》の若様・元範《ウォンボム》が最も適当だと判断した。こうして安東・金氏の一族は、一度握った権力を維持するために、王家の掟を無視する専横を犯してしまう。

哲宗は荘献《チャンホン》(思悼《サド》)世子《セジャ》の曾孫で正祖《チョンジョ》の庶弟・恩彦君《ウノングン》の孫だ。

荘献世子の死後、彼の息子(正祖)が世孫《セソン》になると、荘献世子を死へと追い込んだ勢力は、正祖が王位に就いたら自分たちの立場が危うくなると恐れて、別の王子を推戴しようと画策した。しかし、これが発覚し、正祖の異母弟で、末弟の恩全君《ウンジョングン》(父は荘祖、母は景嬪・朴氏)は自決し、恩彦君と恩信君《ウンシングン》(共に父は荘祖、母は粛嬪《スクピン》・林氏《イムシ》)は済州島《チェジュド》に流されてしまう。その後、恩信君は済州島で病死し、恩彦君は江華島へと配流地を移される。

荘献世子と粛嬪・林氏の間に生まれた恩彦君・裀《イン》には常渓君《サンゲグン》、豊渓君《プンゲグン》(共に母は常山郡夫人・宋氏)、全渓君《チョンゲグン》(母は全山郡夫人・李氏)の三人の息子がいた。長男の常渓君・

湛《タム》は一七七九年(正祖三年)、洪国栄《ホングギョン》の陰謀で濡れ衣を着せられ、江華島へ流された後、自殺した。次男の豊渓君は、一七七七年(正祖元年)に起きた謀叛事件に巻き込まれて賜死された叔父・恩全君《ウンジョングン》の養子となって離籍した。恩彦君はその後、一八〇一年(純祖元年)の「辛酉迫害《シニユパケ》」の際、妻・宋氏《ソンシ》と長男の嫁・申氏《シンシ》が洗礼を受けたカトリック教徒だという罪で賜薬を下されるが、その時に恩彦君も巻き添えとなって配流地で自決を命じられた。全渓君・壙《グァン》も、異母兄の常渓君と父・恩彦君の事件の巻き添えとなって江華島に流され、貧農となって不遇な人生を送り、一八四一年、四六歳で死去した。

それに哲宗の兄・元慶《ウォンギョン》は一八四四年(憲宗十年)に起きた「閔晋鏞《ミンジニョン》の獄」に巻き込まれて賜薬を受ける身となる。純祖末期から金逌根《キムユグン》と金弘根《キムホングン》などの安東・金氏の勢道政治が行われるが、憲宗十年に彼らが引退すると、権力に空白が生じはじめた。その隙を狙って反逆を企てた閔晋鏞は、まず持ち前の優れた医術で、居士・李遠徳《イウォンドク》に接近する。当時、李遠徳は恩彦君の三男・全渓君の全幅の信頼を受けていた。そうした李遠徳を通じて全渓君に近づいた閔晋鏞は、恩彦君の孫で全渓君の長男・元慶(母は完陽府大夫人・崔氏)を王に推戴するため謀議をするが、発覚し、陵遅処斬《ヌンジチヨチャム》の刑になる。

こうした謀叛の巻き添えとなって、哲宗の兄・元慶は自決させられ、全渓君の次男・景応《キョンウン》(母は側室の李氏)と三男・元範だけが生き残るが、その二人も再び江華島へ流されてしまう。時に元範は十三歳だった。

天涯孤独の身となった二人が、没落した王族として配流地の江華島で田畑を耕しながら五年余りの歳月を経たある日、突然、元範に王統を継ぐようにとの教旨が下される。

この彼が、大王大妃・純元王后の命令で王位に就くことになった哲宗だ。この時彼は十八歳で、治世の道とはほど遠い農民だった。一八四九年六月六日、憲宗が後継ぎを残さないままに死去し、突如、大王大妃からの命令を受けた江華島の若様・元範は、奉迎儀式を受けた後、六月八日、徳完君《トグァングン》に封じられ、翌日の六月九日、昌徳宮《チャンドックン》の熙政堂《ヒジョンダン》で冠礼を行い、仁政門《インジョンムン》で王に即位した。

とはいうものの、まだ若く、学問を修めたこともないとの理由で、一八五一年までは大王大妃の純元王后が垂簾聴政を行った。哲宗が二十歳となった一八五一年九月には、大王大妃の近親・金汶根《キムムングン》の娘を王妃に迎えた。その後、金汶根が永恩府院君《ヨンウンブウォングン》となって国事を手伝うが、純祖時代から始まった安東・金氏の勢道政治であることに変わりはなかった。次男の景応を差し置いて三男の元範が王位に就くことになった正確な理由ははっきりしないが、恐らく次男は江華島で病死したものと思われる。

二、勢道政権下での哲宗の親政

生年一八三一—没年一八六三

在位期間一八四九年六月—六三年十二月、十四年六か月

勢道政権の強大な勢力と独断の前に立たされた哲宗は、自分の意思を思うままに表すこともそれを実現することもできない不遇な王だった。貧民救済や被災民救済に特別な関心を見せるものの、学問や経験の乏しさに対する哲宗自らの「自激之心《チャギョクチシム》」(周囲の期待に添えない自分自身のことを不満に思う心)のため、純祖時代から引き継がれた勢道政権の勢力を鎮めて三政の乱れを正すほどの改革方案を見出すこともできないまま、「壬戌民乱《イムスルミルラン》」など全国的な危機状況を迎えることになる。

哲宗は即位三年後の一八五二年から親政を行うようになるが、政治の実権は、相変わらず安東・金氏一族に握られていた。しかし、哲宗はこうした中にあっても、哲宗末期に起きた民乱の収拾と三政の乱れを正すために努力を惜しまなかった。

親政を始めた翌年の一八五三年春には関西地方の飢饉対策として宣恵庁《ソネチョン》銭五万両と司訳院《サヨグォン》参包税《サムポセ》六万両を民衆に与えるようにし、また、同年夏、干ばつが続くと、金と穀物がないため救済できない実情を不憫に思い、財政の節約と貪官汚吏の懲罰を厳命した。一八五六年春には火事に遭った一千余戸の民家に銀銭と薬材とを与えて救済するようにし、咸鏡南道咸興《ハムギョンナムドハムギョン》の被災民にも三千両を支給した。その翌年七月、嶺南《ヨンナム》の水害地域に内帑金(王個人の資産)二千両、蘇芳二千斤、胡椒二百斤を与えて救済するなど、貧民救済対策に誠意を尽くした。

とはいうものの、相変わらず政治の実権は安東・金氏一派が握り、彼らの専横で貪官汚吏が横行し、三政の乱れで民衆は塗炭の苦しみから逃れられなかった。一八六二年(哲宗十三年)に、ついに慶尚南道晋州《キョンサンナムドチンジュ》で貪官汚吏の虐政に反発した民乱が起きたのをきっかけに全国的に民乱が始まった。これに対して哲宗は三政釐整庁《サムジョンイジョンチョン》という特別機構を設けて民乱の原因となった三政の乱れを正すための政策を施行させる一方、全官吏にその方策を考えて提出させるなどして、民乱の収拾に全力を挙げた。

しかし、三政の乱れを正すためには、まず勢道政治から正さねばならないのに、安東・金氏一派の強固な勢力の下では、それを実行することは不可能だった。安東・金氏の勢道政権が絶頂期にあった哲宗時代には、彼らに挑戦できる政治勢力の成長は根本的に閉ざされていたのだ。

軍服を着た哲宗の御真。原本は左側3分の1が消失している。上は復元版。〔国立古宮博物館 所蔵〕

安東・金氏一門は、王族の中に後々王位に就いて自分たちの権力に脅威になりそうな者がいたら、その者を排除するのをためらわなかった。王位継承者の一人だった李夏銓《イハジョン》(興宣大院君《フンソンデウォングン》の兄)の死も、まさにその一例だったと言える。そのため当時、哲宗は、勢道家のスパイたちが宮中の至るところにひそんでいるものと思い、自分の命も危ういと感じていた。

哲宗は、このように続く安東・金氏一派の専横に対抗する方法を見つけられず、いつしか国事もおろそかになり、酒と宮女たちに溺れるようになった。そして、もともとは丈夫だった哲宗の健康も急速に悪化し、一八六三年十二月八日、在位十四年目に、三十二歳の若さで死去した。

哲宗の陵は睿陵《イエルン》で、京畿道高陽市《キョンギドコヤン》の西三陵《ソサムヌン》にある。

三、六十年間続いた安東・金氏の勢道政権

一八〇〇年、正祖が死去し、純祖が十歳の幼い年で即位すると、正祖の遺託を受けた金祖淳《キムジョスン》は、貞純王后《チョンスンワンフ》・金大妃《キムデビ》の垂簾聴政に協力して、さらに自分の娘を純祖の妃にするのに成功する。貞純王后は英祖《ヨンジョ》の継妃《ケビ》で、荘献世子を死に至らせるのに重要な役割を果たした金亀柱《キムグイジュ》の妹でもある。一八〇四年、貞純王后が垂簾聴政を退いて、翌一八〇五年に世を去ると、安東・金氏一族による本格的な勢道政治が始まった。

金祖淳は、もともと正祖の信任を受けていた時派《シパ》だったが、僻派《ピョクパ》政権に協力しながら、表ではまったく党派色を明らかにしないで、角の立つようなこともしなかった。しかし、貞純王后が死去すると、貞純王后の後ろ盾で勢道を振り回していた僻派が没落の道をたどり、代わって安東・金氏の勢道政治が力を得るようになった。そこには安東・金氏以外に時派の大家、南陽《ナミャン》・洪氏《ホンシ》、豊壌・趙氏、驪興《ヨフン》・閔氏《ミンシ》、東莱《トンネ》・鄭氏《チョンシ》、羅州《ナジュ》・朴氏《パクシ》などが提携していた。そのため、純祖の息子、孝明世子《ヒョミョンセジャ》の嬪として豊壌・趙氏の趙万永《チョマニョン》の娘が選ばれるが、孝明世子が夭逝すると、彼の息子、憲宗が純祖の後継者として、わずか七歳で即位する。しかしまだ幼いため、純祖妃の純元王后の垂簾聴政の下で金祖淳の息子、金左根《キムジャグン》が政権を握り、相変わらず金氏一門の独裁が続く。一時、憲宗の外戚の豊壌・趙氏一門が政権に近づいたが、金祖根の娘が憲宗妃に選ばれたことで、安東・金氏の勢道政治は、そのまま継続する。以後、純元王后(金祖淳の娘)の親族である

金汶根の娘が哲宗妃に選ばれると、一八六四年、高宗《コジョン》が即位して、興宣大院君が摂政となるまでの六十年間、安東・金氏が政局を掌握した。この間の安東・金氏の勢道がどれほど強力だったかというと、男を女に変えること以外、できないことはないと言われるほどだった。

一八五一年、哲宗の義父となった金汶根は哲宗を補佐するという口実で、ほとんどの国事を掌握した。彼の甥の金炳学《キムビョンハク》が大提学《テジェハク》、金炳国《キムビョングク》が訓練隊長《フルリョンテジャン》、金柄冀《キムビョンギ》が左賛成《チャチャンソン》をそれぞれ占め、朝廷を掌握した。

このように王権を排除した勢道政権は、政治的な牽制勢力がない状況の下で、三政の乱れとして現れる収奪の極致に向かってひた走ることになる。すべての決まりが安東・金氏一派によって左右され、賄賂が横行し、官職を売買する売官売職が公然と行われた。官職を手に入れた守令《スリョン》たちは民衆を搾取することで、その元手を補おうとし、こうした守令の不正に便乗して衙前《アジョン》たちも横暴で、民衆を搾取した。道学を論ずべき書院《ソウォン》は勢道政治の外形的な支えとして老論派の党論の巣窟となり、不法な収税権を発動して民衆を苦しめ、王権を侵害するかと思えば、官令よりもさらに威力のある墨牌《ムクペ》(黒い墨の印を押して発行していた公文書で、初めは書院の維持および管理業務のためのものであったが、書院の威力が拡張するにつれて、書院の一方的な強制収奪の手段として用いられた。特に華陽《ファヤン》書院の不正は甚だしく、のちに興宣大院君が断行した書院撤廃の要因となる)によって、庶民に対する搾取をためらわなかった。また、武官の子弟たちは弓を引いたことがなくても、家門の七光だけで官職に就いたりした。

半世紀以上に及んだ安東・金氏時派一門の独裁は、勢道政治のあらゆる病弊を典型的に現し、全国的に三政の乱れがひどくなり、しばしば民乱が起こっていたが、それがまた勢道政権の変質をもたらし、崩壊する原因ともなった。

四、哲宗の家族たち

哲宗の子供たちは、とりわけ短命だった。哲仁王后《チョリンワンフ》・金氏との間に息子が一人生まれたものの、夭逝し、その他に後宮と宮人との間に四人の息子が生まれたが、どういうわけか、みな早死にしてしまった。淑儀《スグィ》・范氏《ポムシ》との間に生まれた永恵翁主《ヨンヘオンジュ》だけが成人するまで生きていたが、彼女もまた、朴永孝《パクヨンヒョ》(朝鮮末期の親日政治家で、急進改革派の中心人物の一人）と結婚して三か月後に死去した。

○哲仁王后《チョリンワンフ》・金氏《キムシ》（一八三七—七八）

哲宗時代に、思う存分権力を振り回していた永恩府院君・金汶根の娘で、大王大妃・純元王后の近親でもあった。一八五一年（哲宗二年）、十四歳の時に王妃として選ばれ、宮殿に入った。一八五八年、元子《ウォンジャ》が生まれたが、間もなく死んだ。王妃・金氏は貪欲な彼女の父・金汶根とは違って口数が少なく、喜怒哀楽を顔に表さないなど、婦徳のある女性として広く知られていたと伝えられる。一八六三年、哲宗が三十二歳で夭逝すると、彼女は明純《ミョンスン》の尊号を受け、翌年、高宗が即位すると、王大妃となった。一八六六年、「徽聖《フィソン》」に続き「正元《チョンウォン》」、一八七三年に再び「粋寧《スリョン》」の尊号を受け、明純徽聖正元粋寧大妃となった。一八七八年、四十一歳で昌慶宮養和堂《チャンギョングンヤンファダン》で死去した。

陵は睿陵（哲宗の陵）と隣り合わせになっている。

五、三政の乱れと民乱の発生

哲宗の治世の間は、支配層による農民収奪が絶頂に達した時期だった。農民収奪の主な内容は三政の乱れとして要約されるが、田政、軍政、糧政（食糧に関するすべての政策や行政）の乱れがそれだ。

土地税を徴収する田政は、本来、土地一結当たり四斗ないし六斗に定められていた田税よりも付加税がはるかに多かった。付加税の種類だけでも四十三種類におよび、もともとそれは土地を所有する地主が納めるようになっていたが、全羅《チョルラ》、慶尚道《キョンサンド》地方では土地を借りて農地として耕す農民たちが納めていた。また、地方官たちが付け加えた虚卜《ホボク》（名目上、その土地の名義を農民にし、無理に納めさせた税金）、防結《パンギョル》（田税を減額する代わりに期限前に納入させて、地方官たちがそれを流用）、都結《トギョル》（自分たちが流用した金銭や軍布を埋め合わせするために、地方官たちが田地の面積により課した租税である結税《キョルセ》を定額以上に付け足して納めさせた税）などが重なり、田

第25代　哲宗　家系図

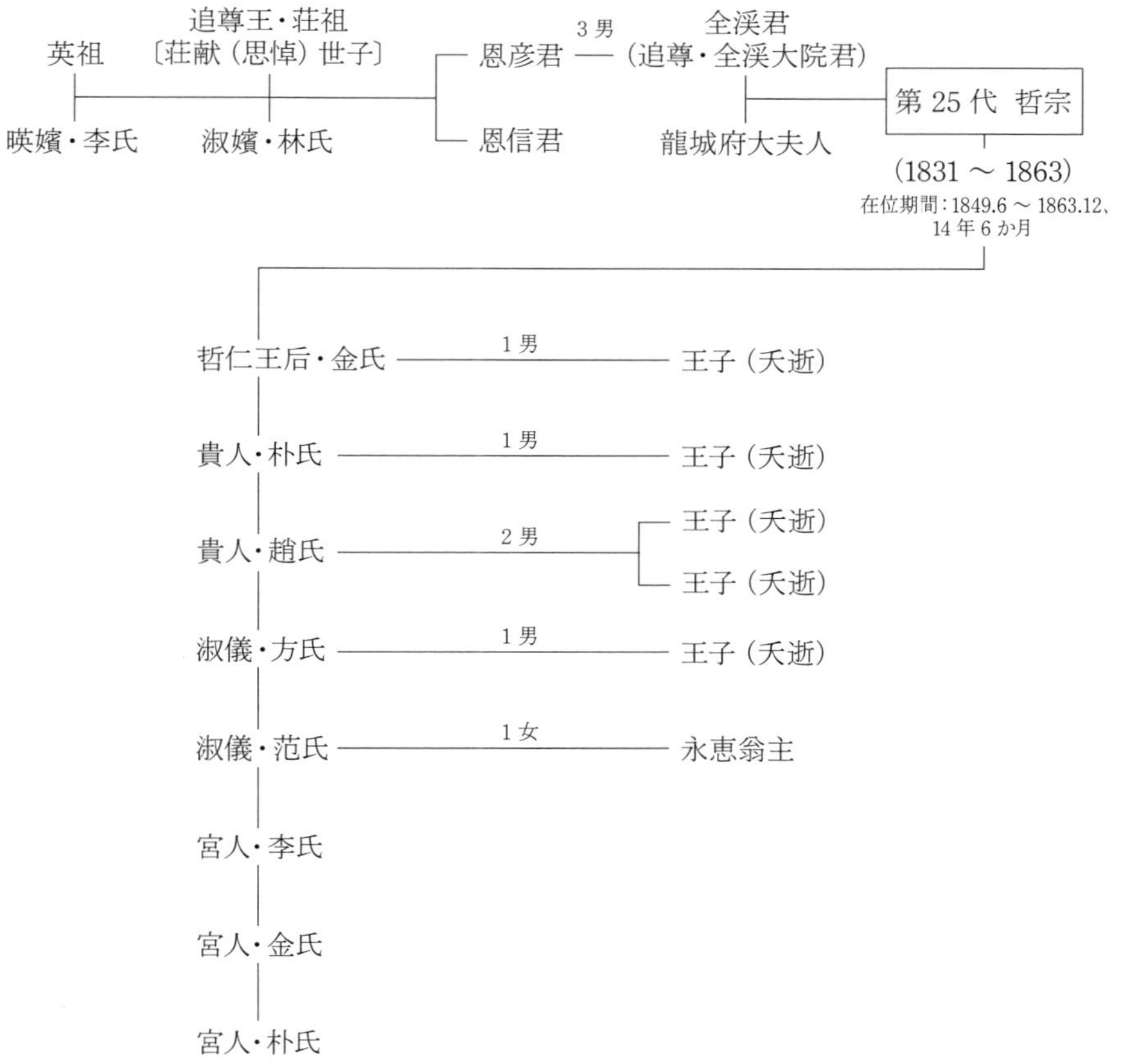
英祖
暎嬪・李氏
追尊王・荘祖
〔荘献（思悼）世子〕
淑嬪・林氏
恩彦君
恩信君
3男
全渓君
（追尊・全渓大院君）
龍城府大夫人
第25代 哲宗
（1831 ～ 1863）
在位期間：1849.6 ～ 1863.12、
14年6か月
哲仁王后・金氏
1男
王子（夭逝）
貴人・朴氏
1男
王子（夭逝）
貴人・趙氏
2男
王子（夭逝）
王子（夭逝）
淑儀・方氏
1男
王子（夭逝）
淑儀・范氏
1女
永恵翁主
宮人・李氏
宮人・金氏
宮人・朴氏

政の乱れが習慣化した。

一方、軍政は均役法《キュニョクポプ》の実施により、軍布《クンポ》の負担が多少減ったものの、両班《ヤンバン》層の増加と均役負担を負わない良民の増加で、引き続き貧農にばかり負担が集中した。朝廷では村の状態によって差を設け、軍布を課したため、地方官はその目標量を埋めるために、死亡した者に軍布を課す「白骨徴布《ペッコルジンポ》」や幼い子供に課す「黄口僉丁《ファングチョムジョン》」などを行った。

還穀は、本来、官から良民に無利子または低利子（太祖《テジョ》元年に義倉《ウィチャン》を設置する際には貧民救済を目的としていたために無利子だったが、その後、手数料および自然消耗量の損失補てんのため、年一割程度の利子をつけるようになった）で貸すことになっている穀物だが、それを高利で貸したり、還穀の量をごまかして、秋の収穫の時に困らせるなどの手口で農民の生活を破綻に追いやる地方官たちが多数いた。

これらは勢道政権の下で公然と行われていた売官売職による官紀の乱れとともに、勢道政権の後ろ盾になった地方豪族勢力の横暴がもたらしたものだ。こうした三政の乱れが重なると、民衆は負担すべき結税が増加し、それが結局、民乱の大きな原因となった。

一八六二年、哲宗十三年に慶尚南道丹城《タンソン》（現・山清《サンチョン》）から始まって、全国で三十七回にわたる民乱が大々的に起こったが、この年に起きた民乱を通称、壬戌民乱という。

当時は朝鮮後期の「納贖制《ナプソクチェ》」（罪を贖うために金銭を納める制度）実施にともなう身分制の崩壊とともに、農民層の分化が起きており、同時に、外戚勢道政治の弊害が全国各地に及んでいた時期だった。そればかりか、相次ぐ災害により歳入は減る一方、救済に使われる財政支出は著しく増え、増税にともなう官吏の搾取がさらにひどくなり、農村社会は疲弊しきっていた。そのため、農民は家と農地を捨ててさすらいの流民となるか、官に抗議するため蜂起に身を投じるほかなかった。壬戌の年に起きた民乱は、三政の乱れから始まったため、「三政の乱」とも言われるが、その直接的な導火線となったのは、二月十八日、晋州で起きた「晋州民乱《チンジュミルラン》」だった。

晋州民乱が発生した直接の原因は、慶尚右道兵馬《キョンサンウドビョンマ》節度使《チョルトサ》・白楽莘《ペクナクシン》の暴政と搾取にあった。民乱が起きる前までに彼が搾取した金銭だけでも約五千両、米に換算すると、約一万五千石にもなった。それに当時、晋州牧《チンジュモク》では、それまで地方官が不法に使った公銭《コンジョン》（公金）や軍布などを埋め合わせるために、その分を結税に上乗せして解決しようとしたが、その額が二万八千石に上り、使った還穀だけでも二万四千石にもなって、負担は農民に一気に重くのしかかった。これに対して立ち上がった農民蜂起軍は自ら樵軍《チョグン》と称し、頭に白い鉢巻きをして、晋州城に攻め込んだが、その数は数万人に上った。これに慌てた右兵使《ウビョンサ》・白楽莘は還穀《ファンゴク》と都結の弊害を是正することを約束したが、農民軍は、彼を捕らえて罪を問う一方、悪質な役人数人を捕らえて殺し、恨みを買っていた土豪の家に火を放った。六日間も続いた晋州民乱は、その間、二十三面を荒らし、百二十余戸の家を破壊し、財産の損失は十万両を超えた。

丹城を皮切りに慶尚道晋州で発生したこの民乱は、またたく間に忠清、全羅、黄海《ファンヘ》、咸鏡各道と京畿道広州《クァンジュ》などに広がり、三十七回も発生した。規模は千人余りから数万人にわたるもので、全国各地の農民が悪政に対抗して民乱に参加した。

他の地域で発生した民乱の経緯も、この晋州民乱と似通ったものだった。

農民の蜂起は普通二日から七日間ほど続き、また三月から五月の春の端境期に集中しているところから見て、農民の生存問題と直結していたことがわかる。蜂起した農民は、一様に官吏の横暴と経済的収奪、三政の弊害の改善を要求した。

彼らは官衙《クァナ》を襲撃し、収奪の元凶だった官吏たちを殺して帳簿を焼却し、倉庫を襲った。また、官吏と結託して農民を苦しめた両班と土豪の家を打ち壊し、穀物と財貨を奪い、官衙に捕らえられていた罪人たちを釈放した。壬戌民乱の被害は、地方官吏で殺されたものが十五人以上、負傷者は数百人に達し、放火されたり、破壊されたりした家屋が約一千戸、被害額は百万両を超えた。

これに対して朝廷では緊急対策として按覈使《アネクサ》(地方で変乱が起きた場合、調査のために派遣された臨時の官職)と宣撫使《ソンムサ》(ひどい災害や騒動が起きた場合、王命を受けて民をねぎらった臨時の官職)を派遣して乱を収拾し、民心を静めさせる一方、蜂起が起きた地域の守令は、その責任を問い、免職とした。晋州に派遣された按覈使・朴珪寿《パクギュス》の上疏で是正策が建議され、その結果、一八六二年五月二十六日、民乱の根本対策を立てるために朝廷の大臣たちで構成された三政釐整庁を設置し、同年五月から八月までの四か月間、「三政釐整節目《サムジョンイジョンチョルモク》」四十一か条を制定して頒布し、施行した。その骨子は、田政、軍政は民意に従って現状を是正し、還穀については還穀制度をなくし、従来の還穀の耗穀(各村の官庫から貸し出した穀物を秋に回収する際、春に貸した元の量より割り増しして回収した穀物。つまり利子)に充当していた経費を田結で代替することを原則にした。この政策で、民乱も一時的に鎮まったが、五月と六月の旱魃と七月のひどい水害のために民心は引き続き荒れすさんだ。

その後、三政釐整庁の業務が備辺司《ピビョンサ》へ移管され、十月には新政策を廃止して、三政制度に戻ったため、蜂起した農民が望んでいた抜本的な制度改革はなされなかった。そのため、それ以後も慶尚南道昌原《チャンウォン》、黄海道黄州《ファンヘドファンジュ》などで、絶え間なく民乱が発生した。

六、朝鮮末期の思想運動——東学の誕生

　哲宗時代は内外からの変化が吹き荒れた激変期だった。

　内では三政の乱れで民衆が塗炭の苦しみに陥り、洪水、地震、伝染病などが起こり、全国的に農民反乱が広がった時期だったし、外からは外国船の出現とカトリック教の伝来で、王朝の秩序が揺さぶられていた。

　こうした内外の危機の時代に、それに対抗する思想として登場したのが東学《トンハク》だった。庶民の暮らしは後回しにされ、何人かの勢道家によって左右された王朝に失望した民衆に、人間の平等と人間尊重の道を提示する東学が現れると、嶺湖南《ヨンホナム》地方(現在の韓国南部)を中心に、急速に広がりはじめた。

　東学は一八六〇年(哲宗十一年)四月に崔済愚《チェジェウ》が提唱した宗教で、その宗旨は侍天主信仰に基づきながらも、保国安民と広済創生を掲げている点で民族的、社会的な宗教だと言える。東学という名称は、教祖の崔済愚が西教のカトリック教に対して東方の道を興すという意味で名付けたもので、一九〇五年、孫秉熙《ソンビョンヒ》(一八六一—一九二二。抗日独立運動家。三・一運動の民族代表三十三人の一人。一八八二年、天道教に入り、五年目に第三代大道主となる。一九〇八年、大道主職から退き、普成《ポソン》・同徳《トンドク》学校を設立して、人材を養成し、一九一九年、三・一運動を起こし、投獄され、病気保釈で療養中に死去)が天道教と改称した。東学は当初、侍天主信仰を中心に全庶民がハヌルリム(宇宙の本体または天としての神)に仕えることによって、君子となり、ひいては保国安民の主体になれるとの救済信仰だったが、第二代教主・崔時亨《チェシヒョン》(一八二七—九八。教主・崔済愚の後を継いで布教に従事。『東経大典《トンギョンテジョン》』『龍潭遺詞《ヨンダムユサ》』などの経典を著述して教理を確立し、教団組織を強化した。全琫準《チョンボンジュン》、孫秉熙などによる東学革命が起きると、東学教主として指導し、一八九八年逮捕され、処刑される。一九〇七年、高宗の特旨で、崔済愚とともに復権が許された)の代になると、「事人如天」(ハヌルリムを慎み敬うように、人もハヌルリムと同じように敬い、互いの人格と礼儀を尊重しよう)という

思想を教旨として宣布した。

　東学が、庶民層の反王朝的な民心を基盤にした、保国安民と広済創生の社会的思想運動であると同時に、宗教として台頭できた背景には、すでに国家の時運が尽きたという末世観と社会変動期の不安が大きく作用した。両班社会の身分差別と嫡庶差別に反対していた庶民層で、身分の平等を主張する東学に対して共鳴する者が多かったことは時代的状況から見ても当然のことだった。崔済愚自らも没落した両班家の庶子出身だったため、そうした教理を立てたのかもしれない。

　崔済愚は、一八二四年(純祖二十四年)に慶尚北道慶州《キョンサンプクトキョンジュ》の崔鋈《チェオク》の庶子として生まれた。彼は若くして医術、占術などさまざまな方面に関心を持つ。そうしているうちに、世の中が乱れるのは、まさに天命を省みなかったためだと悟り、天命を究める方法を模索しはじめる。一八五六年、慶尚南道千聖山《チョンソンサン》から始まった彼の求道修行は一八五九年、慶尚北道亀尾山龍潭亭《クミサンヨンダムジョン》の修道に引き継がれる。彼が把握した当時の社会相は、王朝の気運が衰えて、新王朝の誕生を必要としている末世だということだった。

　こうした危機意識から、崔済愚は、西学と西教に対するものとして東学という新たな道を提唱する。彼が本名の済宣《ジェソン》を済愚と改めたのも、宗教的な救国と済世の道を求めるという自覚から出たものだった。一八六〇年四月五日、ついに彼は会得体験をして東学という新しい宗教を創成した。それから一年間は教えに適した理致を体得し、道を修める順序と方法を作り、一八六一年から本格的に新しい信仰を布教しはじめた。特に、慶州一帯を中心に信徒が多く集まってきたが、東学が持つ民間信仰的な性格が信仰的結集を促した。

　東学は既成宗教の儒教と仏教の衰運説を主張したり、儒教思想を批判的に吸収したりした。彼は庶民に、修学期間を経なくても入信でき、入信した当日から君子になれると語り、一般庶民が君子の人格を備えられる道を開いておいた。また、東学の宗旨である「侍天主」(心の中に常にハヌルリムが存在していると信じること)の思想を通して各個人が天主に仕えられる人格的な存在であるとともに、それぞれが自分の内側に天主を宿した主体であると強調した。

　このような東学思想は、後に起こる東学農民革命に思想的な影響を及ぼしたのはもちろんのことで、人間関係とは、上下主従の支配、服従関係ではなく、誰もが天主に仕えられる尊厳ある存在であると同時に平等な間柄であると教えることで、近代思想の先駆的位置に立つことになった。

　一方、東学教徒の勢力が日増しに拡大すると、朝廷では東学も西学と同じく民心を惑わすとの理由で、国が禁じる宗教に規定し、一八六二年九月、教祖・崔済愚を慶州鎮営(地方の駐屯軍)で逮捕する。しかし、数百人の弟子たちが釈放を請願して、この時は無罪放免とされたが、この事件が、まさに東学の正当性を立証するものとして受け取られ、その後、東学勢力はさらに拡大していった。信徒が増えると、同年十二月、各地に「接《チョプ》」を設けて、その地域の接主《チョプチュ》が地域信徒を指導する接主制《チョプチュジェ》を作り、一八六三年には教徒約三千人、接所が十三か所に達した。この年の八月、崔時亨に道統を伝授し、第二代教主とした。当時、官憲に狙われていた崔済愚は前もって後継者を立てておいたのだ。

一方、朝廷では、東学の勢力拡張に恐れを抱き、崔済愚を再び拘束することを命じ、その年の十一月二十日、崔済愚は宣伝官《ソンジョングアン》・鄭雲亀《チョンウング》に慶州で逮捕された。崔済愚が漢陽《ハニャン》に押送される途中、哲宗が死ぬと、一八六四年一月、慶尚北道大邱監営《テグカミョン》に移送され、三月十日、邪道乱正の罪名で梟首《ヒョス》(斬刑や陵遅処斬の刑を処した後、長い棒の先に吊るしてさらし首にする刑罰)に処せられた。この時、彼は四十歳だった。しかし、一度燃え上がった東学の炎は二代教主・崔時亨になってさらにその思想的な基盤を固めながら、朝鮮王朝末期の国内外の情勢に大きな影響を及ぼす民族宗教へと発展した。

七、『哲宗実録』編纂経緯

『哲宗実録《チョルチョンシルロク》』は十六巻付録一巻から成り、一八四九年六月から一八六三年十二月八日まで哲宗在位十四年六か月間の事実を編年体で記述している。付録には行録、諡冊文《シチエンムン》、哀冊文《エチエンムン》、碑文、誌文、行状などを記録した。

この実録は一八六四年(高宗一年)四月二十九日に編纂を開始し、一八六五年閏五月に出版され、各史庫《サゴ》に保管された。『哲宗実録』の編纂を担当した実録庁《シルロクチョン》の堂上《タンサン》は総裁官《チョンジエグアン》が鄭元容《チョンウオニョン》、金左根、李裕元《イユウォン》、李景在《イギョンジェ》、趙斗淳《チョドウスン》、金炳学、各房《カクパン》堂上が金炳冀、金炳国などだった。

『哲宗実録』は、ある面から見ると、朝鮮王朝の最後の実録と言える。この後に編纂される『高宗実録《コジョンシルロク》』『純宗実録《スンジョンシルロク》』は、日帝強占期に日本が設置した李王職《イワンジク》により編纂されたもので、事実の取捨選択の基準がそれまでの実録と異なり、叙述の客観性も欠如しているため、実録本来の編纂方法および基準によるものは『哲宗実録』が最後となった。

第二十六代　高宗実録

一、受難の王・高宗と朝鮮王朝の没落

生年一八五二—没年一九一九
在位期間一八六三年十二月—一九〇七年七月、四十三年七か月

安東《アンドン》・金氏《キムシ》の六十年間にわたる勢道政治は王権を極度に弱体化させたが、それはまさに、社会の不安や混乱へとつながった。それに、日本と西欧列強が次第に朝鮮を圧迫してきていた。高宗《コジョン》は、こうした困難な時期に幼くして王位に就き、没落していく王朝と、風前の灯火のような国家を守るために全力を尽くすが、受難と苦痛の中、外国勢力によって退位させられてしまう。

高宗は一八五二年、仁祖《インジョ》の三男の六代孫である南延君《ナミョングン》の息子、興宣君《フンソングン》・李昰応《イハウン》と驪興府大夫人《ヨフンブデブイン》・閔氏《ミンシ》の次男として生まれた。名は命福《ミョンボク》、字は聖臨《ソンニム》。憲宗《ホンジョン》の母后、趙大妃《チョデビ》によって翼成君《イクソングン》に封じられ、一八六三年十二月、朝鮮第二十六代王に即位した。この時、十一歳だった。

高宗が王位に就いた当時、朝廷は安東・金氏の手中にあった。彼らは純祖《スンジョ》以後、半世紀以上にわたって権力を独占している状態だったが、憲宗の母で、孝明世子《ヒョミョンセジャ》(追尊王・翼宗《イクチョン》)の夫人だった神貞王后《シンジョンワンフ》・趙氏《チョシ》は、こうした権力構造を打破しようと、南延君の息子・李昰応と結託して、彼の次男を王座に座らせる。

次男の命福を王位に就かせるため、李昰応は緻密な作戦を練った。安東・金氏勢力の目をそらせるために、ごろつきたちと付き合ったり、安東・金氏一門の屋敷を転々としながら物乞いをしたりした。こうした護身策のお陰で辛うじて生き延びた彼は、哲宗《チョルチョン》の死が迫ると、宮中内の趙大妃と手を結び、命福を王位に就けようとする。趙大妃も同じく安東・金氏の勢力に押さえつけられていたため、李昰応の提案に応じた。

一八六三年十二月八日、哲宗が死去すると、趙大妃はすばやく李昰応の次男・命福を翼宗の養子に入れて、哲宗の後を継がせ(十二月十三日)、自分が垂簾聴政を行った。そして、興宣君・李昰応を興宣大院君《フンソンデウォングン》に封じ、摂政の大権を彼に委任した。こうして高宗の代わりを務めるようになった興宣大院君は、その後約十年間、権力を掌握し自分の思うままに政治を運営する。

摂政の大権を任せられた興宣大院君が真っ先に行ったのは、安東・金氏の勢道政治を粉砕して凋落した王権を取り戻し、朝鮮に押し迫ってくる外国勢力に対抗するための果敢な改革政策だった。

彼はまず、党派と文閥を問わずに人材を登用し、党争の根拠地となっていた書院を撤廃する一方、金品を無心

しながら権力の亡者に転落した貪官汚吏《たんかんおり》たちを処罰し、両班《ヤンバン》と土豪の田税の減免状況を徹底的に調べて、国家財政の拡充に努めた。

この他に、民間の租税負担を減らすために、無名雑税をなくし、宮中に特産品を捧げる進上制度を廃止し、銀鉱山の開発を認め、経済の活性化を図った。また、社会の悪習を改善する一方、衣服の簡素化も試み、軍布税《クンポセ》(軍籍にある人がその役を果たす代わりに木綿または麻織物で納めた税金)を戸布税《ホポセ》に変えて、両班にも税金を課すようにした。

一方、『大典会通《テジョンフェトン》』『六典朝礼《ユクチョンチョレ》』などの法典を編纂して法秩序も確立した。また、備辺司《ピビョンサ》を廃止して、議政府《ウィジョンブ》を復活させるとともに、三軍府《サムグンブ》を設けて軍事を担当させ、政務と軍務を分離した。

興宣大院君は、このように民心を収拾する一方で、国家財政を確立し、経済、行政の改革を通じて勢道政治の弊害を一掃する成果を挙げた。しかし、その反面、いくつかの無理な政策と世界情勢を正確に読み取れないままに、行き過ぎた鎖国政策を展開し、難関にぶつかりもした。

彼は、王の威厳を打ち立てるために、景福宮《キョンボックン》の再建を行い、その過程で「願納銭《ウォナプジョン》」(景福宮復旧のため「民衆が願って納める」という名目を付けて徴収した寄附金)や「門税《ムンセ》」(漢陽四大門の通行税)を徴収したが、それでも不足すると、所有者の許しも得ないで、全国から巨石と巨木を徴発して民衆の怨みを買うこともあった。

また、カトリック教徒に対して度を超した迫害を加え、自らの政治生命に打撃を受けたりもした。彼は一時期、カトリック教徒が以前から建議していた「以夷制夷《イイジェイ》」(夷でもって夷を制する)の論理に興味を示したこともあったが、そのためにかえって政敵に弾劾の口実を与えてしまうと、政治生命に脅威を覚えるあまり、カトリック教迫害令を下して、一八六六年から一八七二年までの六年間に八千人余りの信徒を虐殺した。これが「丙寅迫害《ピョンインパケ》」または「丙寅邪獄《ピョンインサオク》」と呼ばれる事件だ。

カトリック教徒に対する迫害の巻き添えになってフランス人神父九人が殺されると、フランスはその報復として一八六六年十月、軍艦七隻、兵隊一千人を派遣して江華島《カンファド》を占領した。これに対して、朝鮮軍は江華島奪回計画を立てて反撃したが、強大な火力に押されて失敗した。しかし、済州牧使《チェジュモクサ》・梁憲洙《ヤンホンス》の戦略により江華島鼎足山城《チョンジョクサンソン》の戦いで勝利を収め、フランス軍を撃退した。この事件を「丙寅洋擾《ピョンインヤンヨ》」という。

そして、この事件の二か月前に大同江《テドンガン》を遡ってきたアメリカの商船ジェネラル・シャーマン(General Sherman)号が通商を要求してきたが、平壌《ピョンヤン》軍民と衝突して、商船は燃え上がって沈没するという事件が起こった。この事件は五年後の一八七一年に「辛未洋擾《シンミヤンヨ》」に発展した。

アメリカはシャーマン号事件が起こると、朝鮮開港問題に積極的な関心を表明する。そして、二度にわたる探検航行を実施した後、シャーマン号に対する損害賠償を要求し、同時に通商関係を樹立するために、二度にわたり朝鮮遠征を計画したが、実行に移すことはできなかった。その後、一八七一年五月に再び朝鮮遠征を決め、軍艦五隻、兵隊一千二百人、艦砲八十五門などで武装して江華島の海峡に侵入してきた。

アメリカの軍艦が江華島に接近してくると、朝鮮軍は、彼らに対する奇襲攻撃を敢行した。これが、いわゆる「孫乭項《ソンドルモク》砲撃事件」で、朝米間の最初の衝突だった。

この事件以後、アメリカは報復上陸作戦を繰り広げると脅しながら、平和交渉を提議した。しかし、朝鮮側の拒否で平和協定が決裂すると、彼らは大々的な上陸作戦を敢行し、江華島の草芝鎮《チョジジン》に上陸した。朝鮮守備軍は広城堡《クァンソンボ》で戦ったが敗れ、江華島はアメリカ軍の手に渡った。しかし、彼らは興宣大院君の強力な鎖国政策に押されて、結局占拠一か月で江華島から引き揚げて行った。

丙寅洋擾と辛未洋擾は、フランスとアメリカが朝鮮と通商貿易を行うための侵略戦争だった。これはかえって朝鮮の人々の感情を逆撫でし、斥和碑《チョクアビ》（大院君が鎖国攘夷の旨を刻んで各地に立てた石碑）を建てるなど、興宣大院君が鎖国政策をさらに強化する結果をもたらした。

とはいうものの、興宣大院君の鎖国政策は長く続かなかった。十一歳にもならない幼い年で即位した高宗が二十歳を迎えて成人すると、その翌年に親政を願ったためだ。その背景には、一八六六年に宮中入りした高宗妃・閔氏が老大臣たちと儒者を先頭に大院君の下野を求めて攻勢をかけたからだ。そのため、一八七三年ついに、高宗が庶務を自ら決裁するという命を下して、統治大権を掌握し、大院君も政界の第一線から退くことになった。

高宗の親政が始まると、政権は王妃・閔氏の親族たちが掌握した。閔氏一族は興宣大院君が取っていた強硬な鎖国政策とは異なり、内側からは一部の対外開放世論、そして外側からは雲揚号《ウニャンホ》事件以後、武力示威を展開した日本の国交修好要請を受け入れて、一八七六年、日本と江華島で「丙子修好条約《ピョンジャスホジョヤク》」を結んだ。

辛未洋擾以後、鎖国政策を強化していた大院君が政界から退くことで、次第に対外開放に対する世論が高まると、日本は一八七五年二月から軍艦を率いて東海《トンヘ》（日本海）と南海《ナメ》、黄海《ファンヘ》などで武力示威を繰り広げるようになる。そして、ついには軍艦「雲揚号」を率いて江華島に侵入し、朝鮮軍が自国領土への不法侵入を理由に発砲すると、この発砲を口実にして大々的に反撃し、永宗島《ヨンジョンド》(現在、韓国の仁川国際空港がある島)に上陸する。これに対して朝鮮軍も兵を動員して一戦を交えたが、敗れてしまう。これが「雲揚号事件」だ。

日本軍は、しばらく永宗島を占拠していたが、朝鮮側の感情が悪化すると、いったん占拠を解いた。しかし、朝鮮領海内に引き続き軍艦を停泊させ、威嚇行為を行いながら開港を要求し、一八七六年(丙子の年)二月、ついに江華島で朝日修好条約《チョイルスホジョヤク》を締結する。その結果、済物浦《チェムルポ》(仁川の旧称)港が開かれ、さらに慶尚南道釜山《キョンサンナムドプサン》、咸鏡南道元山《ハムギョンナムドウォンサン》の両港も開港された。

日本との修好以後、高宗はアメリカ、フランス、ロシアなどの欧米列強とも条約を結び、通商関係を結ぶ開港政策を実施した。また、こうした一連の開化政策を行う一方で、官制と軍制を改革して、若い開化派《ケファパ》で構成した「紳士遊覧団《シンサユラムダン》」(一八八一年、新しい文物や制度を視察するために日本へ派遣した視察団。朴定陽《パクチョンヤン》など十人余りと随行員で構成)と修信使《スシンサ》(日本に派遣していた外交使臣。高宗十三年に金綺秀《キムギス》、翌年、金弘集《キムホンジプ》を派遣。元の名は通信使《トンシンサ》)を日本に送り、新しい文物を学ばせた。

しかし、開港以後、日本の政治、経済が急激に侵透すると、国内では開化派と守旧派《スグパ》との対立が深刻化した。一八八一年、開化派が『私擬朝鮮策略』(駐日清《しん》国外交官・黄遵憲が著した本で、ロシアの南下政策に備えるために朝鮮、日本、清が将来展開すべき外交政策を論述している)を入手して頒布する事件が起きたが、これを契機に保守勢力の衛正斥邪派《ウィジョンチョクサパ》がついに斥邪上疏運動を起こして閔氏政権を糾弾する。この時、安驥泳《アンギヨン》などの大院君周辺の勢力が高宗の異母兄・李載先《イジェソン》を王に擁立するために、国王廃立運動を展開しようとした。この謀叛は一部関係者の告発で事前に摘発され、高宗と閔氏一派は、これを理由に斥邪上疏運動を強力に弾圧して、辛うじて政局を収拾した。

しかし、開化派と衛正斥邪派との軋轢はさらにひどくなり、ついに一八八二年(高宗十九年)、旧式軍隊の廃止と関連して、五軍営《オグニョン》に所属していた軍人たちによる「壬午軍乱《イモグルラン》」(旧式軍隊の軍人たちが新式軍隊の別技軍との差別待遇、給料の未払いに不満を抱いて起こした兵乱。その結果、大院君が再び執権することになったが、日本との間で済物浦条約《チェムルポジョヤク》を結ぶことにもなった)が起き、続いて一八八四年(高宗二十一年)、開化派の「甲申政変《カプシンチョンビョン》」(金玉均《キムオッキュン》、朴泳孝《パクヨンヒョ》などの開化派が閔氏一派の事大党《サデダン》を追放し、国政を刷新するために起こした政変。事大党と清兵の反撃を受けて三日天下に終わった)が起きた。

壬午軍乱の際は、興宣大院君が反乱勢力を率いて宮中に入り、大権を掌握したが、間もなく清軍に拉致され、一八八四年の甲申政変の際には宮中を襲撃した開化勢力が政権を握ったものの、清軍の力によって追い払われる結果となり、王権は大きく失墜した。そればかりか、清と日本がこの変乱を契機に朝鮮に進駐し、勢力争いを続け、とうとう朝鮮の自主権は致命的なダメージを受ける。

この二つの事件以後、閔氏政権と高宗は親清政策を展開し、新局面を模索するが、急変する東北アジア情勢に効果的に対処できないまま混乱は次第に深まり、全国の至るところで反封建、反外国勢力の旗印を掲げた民乱が絶えなかった。それは、一八九四年三月、東学革命《トンハクヒョンミョン》として爆発し、官軍と農民との間の全面戦争に発展した。

「保国安民」と「弊政(悪政)改革」を旗印に掲げた農民の気勢が、留まることなく全国的に拡散すると、高宗と閔氏勢力は清に援兵を要請し、清がこれに応じると、日本も同じく条約を口実に軍隊を動員した。このように外国勢力が介入すると、農民軍と官軍は会談で和議を約束し、戦いを中断した。

しかし、朝鮮に進駐した清、日両国軍は撤退しなかった。日本は清に、ともに朝鮮の内政改革を実施することを提議したが、清はこれを拒否した。すると、日本は単独で閔氏政権を追放して、興宣大院君に傀儡政権を誕生させた。その後、改革推進機構として軍国機務処を設置し、金弘集が中心になって内政改革を断行した。これが「甲午更張《カボギョンジャン》」だ。

日本はこのように単独で朝鮮の内政改革を断行すると同時に、朝鮮に駐屯していた清軍を攻撃して勝利した後、正式に清に宣戦布告した。七月に始まった「清日戦争」(日清戦争)は、たった二か月で欧米列強の支持を得た日本の勝利に終わった。

清日戦争で勝利を収めた日本は、その時から本格的に朝鮮征服のための内政干渉を始めた。このため、解散していた東学軍が「外勢排撃」を旗印に掲げて再び招集され、対日農民戦争を敢行した。しかし、官軍と日本軍の火力に押された農民軍は、同年十二月に敗北し、東学農民軍の蜂起は失敗に終わった。

以後、日本は朝鮮に対する内政干渉をさらに強化した。しかし当時、日本は清日戦争で勝利した見返りとして得た遼東《りょうとう》半島をロシア、ドイツ、フランスの三国同盟軍の力に屈伏して再び清に返還した状況だった。朝鮮朝廷はこうした情勢を感知し、排日親露政策を実施して日本軍を朝鮮から追い払おうとした。これに対して危機感を抱いた日本は一八九五年十月、対露関係を主導していた明成皇后《ミョンソンファンフ》(閔妃)を殺害し、親日勢力に朝廷を掌握させるようにした「乙未事変《ウルミサビョン》」を引き起こす。

乙未事変で王妃を亡くした高宗は日本の圧力で、すでに死んでいる明成皇后を廃位して庶人の身分に降ろさざるを得なくなる。しかし、日本の乙未蛮行は国際社会の知るところとなり、指弾を受け、日本はこの事件を謝罪して形式的な真相調査をせざるを得なくなった。そこで庶人の身分に降ろされ、廃位されていた明成皇后は復位することができた。

一方、明成皇后殺害事件が民衆に広まると、全国各地で義兵が立ち上がり、官軍と日本軍に対抗して熾烈な戦いを展開した。これに慌てた日本は全国各所に主力部隊を出動させて鎮圧を急いだが、義兵の気勢はなかなか収まらなかった。

乙未事変後、身の危険を感じた高宗は、日本軍と親日勢力の隙をついて密かにロシアと内通し、一八九六年二月、ロシア領事館に身を移した。これが「俄館播遷《アグァンパチョン》」と呼ばれる事件だ。高宗は、そこで親露政権を樹立し、親日内閣の要人を逆賊と規定して断罪し、甲午更張の時に実施されていた断髪令を撤廃する一方、義兵の解散を勧告する勅令を下した。

とはいうものの、親露内閣が執権することで列強に多くの利権が渡されるなど、国家の威信は失墜し、権益を失って国権の侵害が一層ひどくなった。これに対して独立協会《トンニプヒョペ》をはじめ、一般民衆は国王の宮殿への帰還と自主宣揚を要求した。こうした世論に押されて、高宗はロシア領事館に入ってから一年ぶりに宮殿に帰り、国号を大韓帝国《テハンチェグク》と改め、皇帝に就任して年号を「光武《クァンム》」とした。

大韓帝国が成立すると、高宗はさらに脅威にさらされるようになった。一八九八年七月、安駉寿《アンギョンス》が現役、退役軍人を買収して、皇帝の譲位を計画していたが失敗し、また同年九月には配流されていた金鴻陸《キムホンニュク》が高宗の茶に毒を盛る事件が起こるなど、高宗を脅かす事件が相次いで起きた。またこの頃、独立協会の会員を中心に万民共同会《マンミンコンドンフェ》が組織され、猛烈に自由民権運動を展開していた。高宗は褓負商《ポブサン》（行商人）と軍隊の力を借りて、彼らを鎮圧した。

一九〇四年、ロシアと日本との間に戦争が起き、日本軍の軍事的圧力が激しくなる中で、張浩翼《チャンホイク》らが再び皇帝廃位陰謀事件を起こし、「露日戦争」（日露戦争）で勝利を収めた日本は高宗に軍事的圧力を加えて第一次韓日協約を強要し、一九〇五年には日本と「乙巳保護条約《ウルサポホジョヤク》」を締結してしまった。

乙巳保護条約が締結されると、高宗はこの条約の無効を訴えるために、同年十一月、在韓のアメリカ人宣教師ハルバート（Hulbert）に託してアメリカの国務長官あてに密書を送った。しかし、アメリカは当時、すでにフィリピンでアメリカの優越権を認めてもらう代わりに、大韓帝国に対する日本の支配を容認する「桂・タフト協定」を締結していた。そのため、アメリカは高宗の密書に応じるわけがなかった。
日本の強制的な保護条約に対する無効を宣言したが、アメリカの支援を受けられないまま、高宗は日本が設置した統監府によって外交権を奪われると、大韓帝国問題を国際社会に知らせるために、一九〇七年六月、オランダのハーグで開かれた第二次万国平和会議に特使を派遣する計画を立てた。特使として内定したのは前議政府参賛《ウィジョンブチャムチャン》・李相卨《イサンソル》と前平理院監事《ピョンリウォンカムサ》・李儁《イジュン》の二人だった。彼らを特使として派遣した高宗は、その一方でロシア皇帝ニコライ二世にも親書を送って、彼らの特使活動を支援するように要請した。しかし、イギリスと日本の妨害で高宗の密使計画は水泡に帰し、この事件で李完用《イワニョン》、宋秉畯《ソンビョンジュン》などの親日勢力と日本の強要で、高宗は同年七月二十日、退位した。

高宗は純宗に譲位した後、太皇帝《テファンジェ》として退き、一九一〇年、日帝が大韓帝国を武力で合併すると、李太王《イテワン》と呼ばれ、一九一九年一月に六十七歳で死去した。この時、全国各地で彼が日本人によって毒殺されたとの噂が広がり、民族的怒りをかき立て、国葬が挙行される時、三・一万歳運動《サミルマンセウンドン》が起きた。陵は洪陵《ホンヌン》で、京畿道南楊州市《ナミヤンジュシ》にある。

高宗についで純宗《スンジョン》が即位したが、実質的に高宗が朝鮮王朝の最後の王とも言える。彼が執権していた時にすでに日本による強制的な保護条約が結ばれ、彼が日本の強権によって退位させられたばかりか、それ以後も「庚戌国恥《キョンスルククチ》」（一九一〇年、庚戌の年の八月二十九日、日帝が韓日合併条約により大韓帝国の統治権を奪い、植民地化したことを指す）を目の当たりにし、さらに、それから九年間も生き長らえ、日本の植民統治を目撃したからだ。

いかなる国であれ、亡国の状況では多くの事件が起こる。朝鮮の滅亡過程も例外ではなかった。こうした事件が発生してからまだ百年ほどしか経っていないため、当然、当時の状況が非常に詳細に残されている。それにこの事件は、今日の社会に今なお大きな影響を及ぼしている。

二、高宗の家族たち

高宗は明成皇后・閔氏をはじめ七人の妻から六男一女を得たが、明成皇后・閔氏が王子・拓《チョク》（純宗）を生み、貴妃《クィビ》・厳氏《オムシ》が英王《ヨンワン》を、永宝堂貴人《ヨンボダンクイン》・李氏《イシ》が完和君《ワナグン》を、貴人・張氏《チャンシ》が義王《ウィワン》を、光華堂《クァンファダン》貴人・李氏が一男、宝賢堂《ポヒョンダン》貴人・鄭氏《チョンシ》が一男、福寧堂《ポンニョンダン》貴人・梁氏《ヤンシ》が徳恵翁主《トケオンジュ》を生んだ。

○興宣大院君《フンソンデウォングン》・李是応《イハウン》（一八二〇―九八）

仁祖の三男・麟坪大君《インピョンデグン》の六代孫である南延君《ナミョングン》の四男。南延君が幼い時に荘献《チャンホン》（思悼《サド》）世子《セジャ》の四男・恩信君《ウンシングン》の養子として入籍したため、親等数で数えると興宣大院君は英祖《ヨンジョ》の玄孫に当たる。彼の字は時伯《シベク》、号は石坡《ソクパ》。十一歳で母を亡くし、十六歳で父が死んだため、不遇な青年期を過ごした。一八四一年、興宣正《フンソンジョン》となり、一八四三年、興宣君に封じられ、一八四六年、綏陵《スルン》（翼宗《イクチョン》と神貞王后の陵）遷葬都監《チョンジャントガム》の大尊官《テジョングアン》となった後、宗親府《チョンチンブ》の有司堂上《ユサダンサン》（行政事務の責任者）、五衛都摠府《オウィドチョンブ》の都摠官《トチョングアン》などの閑職を歴任しながら、安東・金氏の勢道政権下で肩身の狭い思いをしていた。

哲宗時代には安東・金氏が権力を独占しながら王室と宗親にあらゆる統制と脅威を加えていたため、護身策として千喜然《チョンヒヨン》、河靖一《ハジョンイル》、張淳奎《チャンスンギュ》、安弼周《アンピルチュ》などの巷の不良と付き合いながら、ごろつき同然の生活を送っていた。また、この時彼は安東・金氏一門の屋敷を転々としながら物乞いも辞さなかったため、世間知らずの若旦那とからかわれたりもした。しかし、彼は巷の不良たちと付き合うという護身策を通じて庶民生活を体験し、民衆の望みがどんなものかを知ることができた。

興宣君は一八六三年十二月、次男の命福が王位に就くと、自分もまた興宣大院君に封じられ、神貞王后から摂政の大権を委任されると、大々的な改革を断行した。書院《ソウオン》撤廃、無名雑税廃止、法典編纂、備辺司廃止などを施行しながら、安東・金氏勢力を抑えて王権を強化し、外部的には徹底した鎖国政策を推進した。

彼のこうした革新によって朝鮮社会は少しずつ元の姿を取り戻していたが、その一方では景福宮の無理な再建と度を越した鎖国政策によるカトリック教迫害などで内外から危機を招いたりした。

彼は一八七三年十一月、高宗と明成王后の要求により大権から手を引かざるを得なくなった。外戚勢力を恐れたあまり、落ちぶれた郷班《ヒャンバン》（都落ちして代々官職に就かない地方の両班）の驪興《ヨフン》・閔氏《ミンシ》の家門から王妃を選んだものの、むしろ彼女から政治的に守勢に追い込まれることになったのだ。

高宗は当時、すでに二十一歳の青年となっていて、親政を願っていたし、王妃・閔氏は大院君追放作戦を進めていて、ついに崔益鉉《チェイキョン》の大院君弾劾上疏を引き出した。その結果、一八七三年十一月、昌徳宮《チャンドックン》の大院君専用出入り門が事前の了解もなしに王命で閉鎖され、大院君は下野して京畿道楊州《ヤンジュ》に隠居した。しかし、自分の意志でなく追い出される羽目になった彼は、この時から王妃に対して敵愾心を抱きはじめ、以後、政界復帰をめぐる争いが繰り返されることになる。

一八八一年、『私擬朝鮮策略』の頒布を契機に、閔氏一派の開化政策を非難する全国儒林の斥邪上疏運動が激しく展開されると、大院君派の安驥泳は高宗の異母兄・李載先を擁立して閔氏外戚政権の打倒を謀る。大院君は再び執権を握るために、こうした計画に加担するが、事前に発覚し、むしろ斥邪上疏運動を弾圧する口実を与えることになり、自らの立場も弱まった。

しかし、一八八二年に起きた壬午軍乱の際、王命により事態収拾を委任され、再執権することになる。この時、彼は明成皇后の死亡を公布して、再び政局を主導しようとしたものの、死んだはずの明成皇后の要請で、清の袁世凱《えんせいがい》が率いる清国軍が介入してきたため、事態は逆転し、清国へと連行されてしまう。彼は清へ連行されてから三年間、保定《ほてい》で幽閉生活を強いられた。

一八八五年二月、朝鮮通商事務全権委員として赴任する袁世凱とともに帰国するが、その後も相変わらず政界復帰を狙っていた。一八八六年、閔氏政権が朝露条約を締結したことに不満を抱いた袁世凱と結託して長男の載冕《ジェミョン》を擁立して再執権を試みるが失敗し、一八九四年の東学革命の時には、農民勢力とも連合しようとした。しかし、これは東学農民運動の失敗で実現できなかった。その後、清日戦争の後、穏健改革派が甲午改革を推進した際に迎え入れられて軍国機務を統括したこともあるが、日本が望んでいたのと違い、彼が自分の望みどおり改革を推進しようとしたため、引退を求められ、金弘集内閣によって更張事業が進められた。

それ以後も彼が政界に復帰しようとしたため、彼の行動を制約する大院君尊奉儀節《テウオングンチョンボンウィジョル》が制定され、人との接触を制限されたばかりか、外国からの使臣と会う場合も、官憲の立会いの下でのみ可能となった。

乙未事変の際、日本の要請により宮殿に入り、王妃・閔氏の死後、一時的に再執権できたものの、高宗がロシア領事館へ移ってしまったことで再び失脚し、楊州へ都落ちせざるを得なくなる。そして三年後の一八九八年、七十八歳の時に雲峴宮《ウニョングン》で息を引き取る。死後、府大夫人《プデブィン》・閔氏とともに京畿道高陽市《コヤンシ》に葬られ、一九〇七年、大院王《テウオンワン》に追封された。

○**明成皇后《ミョンソンファンフ》・閔氏《ミンシ》**（一八五一―九五）

驪城府院君《ヨソンブウォングン》・閔致禄《ミンチロク》の娘。八歳で父母を亡くし、天涯孤独の身となった。十五歳で興宣大院君の夫人・閔氏の推挙で王妃に選ばれ、一歳年下の高宗と結婚し、宮殿に

第26代　高宗　家系図

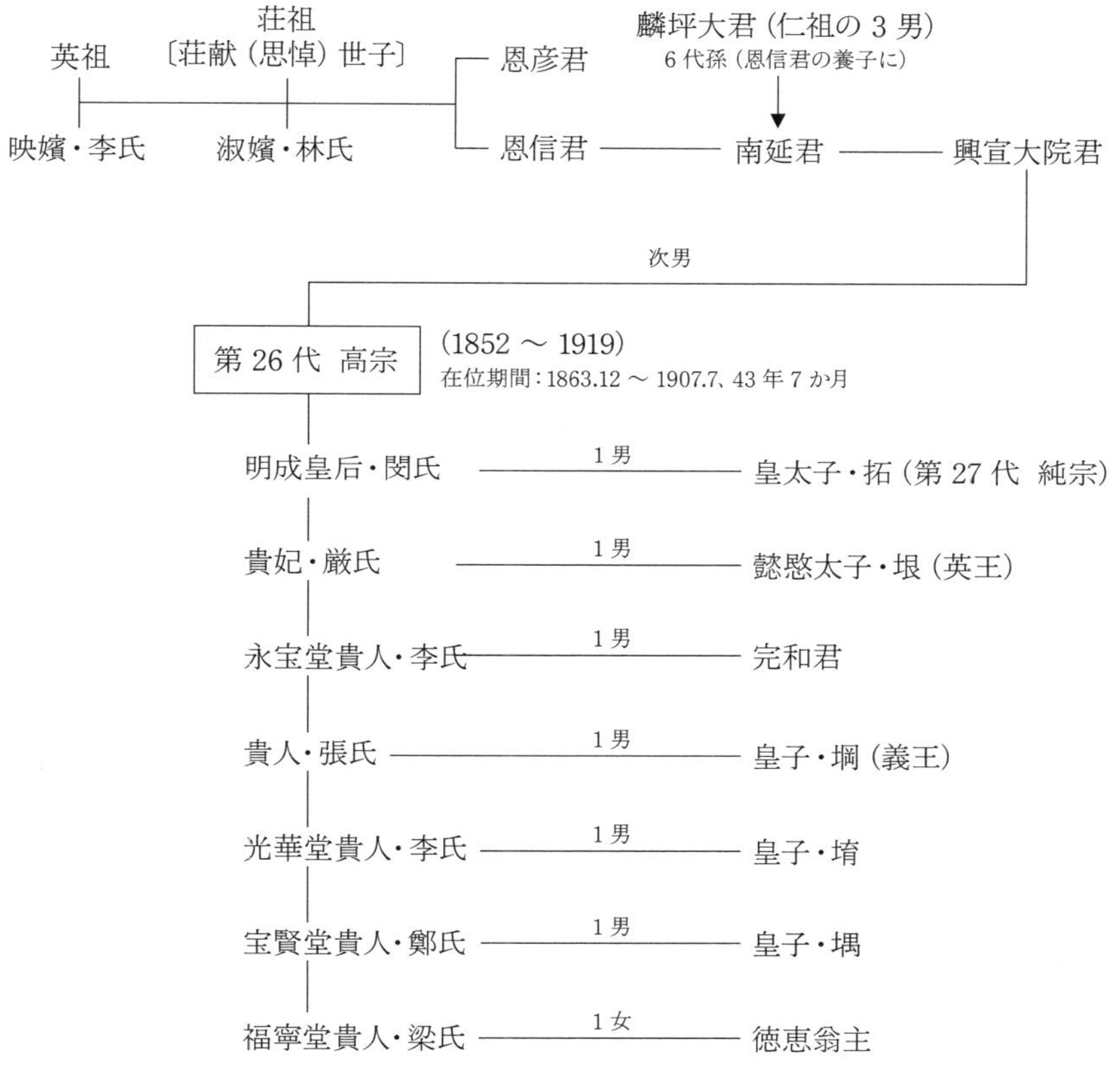
荘祖
〔荘献（思悼）世子〕
英祖
映嬪・李氏
淑嬪・林氏
恩彦君
恩信君
麟坪大君（仁祖の3男）
6代孫（恩信君の養子に）
南延君
興宣大院君
次男
第26代 高宗
（1852 ～ 1919）
在位期間：1863.12 ～ 1907.7、43年7か月
明成皇后・閔氏
1男
皇太子・拓（第27代 純宗）
貴妃・厳氏
1男
懿愍太子・垠（英王）
永宝堂貴人・李氏
1男
完和君
貴人・張氏
1男
皇子・堈（義王）
光華堂貴人・李氏
1男
皇子・堉
宝賢堂貴人・鄭氏
1男
皇子・堣
福寧堂貴人・梁氏
1女
徳恵翁主

入った。
彼女が王妃に選ばれたのは、彼女の場合、外戚による勢力拡張の可能性がないと見られたからだ。興宣大院君は、外戚により政権が握られた純祖、憲宗、哲宗の三代六十年間は勢道政治のために王室が不安定だったと判断し、そのため夫人の閔氏一門から王妃を迎えることで王室と政権の安定を図ろうとしていた。

ところが、王妃・閔氏は幼い時から聡明で、なかなかの手腕家だったために、王妃に就いてから数年もせずに王室政治に関与しはじめた。そこで、義父の大院君と政敵関係になり、ついに彼を追い出して政権を掌握する。

閔氏と大院君との仲が悪くなった直接的な原因は、貴人・李氏から生まれた王子・完和君を大院君がひいきするあまり、世子として冊立しようとしたためだ。その背景には閔氏を中心とした老論《ノロン》派勢力と新しく登用された南人《ナミン》派と一部の北人《プギン》派を中心とした勢力間の政治的な葛藤が作用していた。

大院君との仲が悪化するにつれて、彼女は絶えず彼を政界から追い出そうとし、ついには大院君の政敵の安東・金氏勢力と、大院君の権力独占を憂慮する趙大妃の勢力、大院君の長男・載冕の勢力、そして崔益鉉などの儒林勢力と結託して、崔益鉉の大院君弾劾上疏を引き出す。一八七三年、この上疏を契機に大院君は失脚した。

大院君の失脚後、彼女は閔氏一族を登用して政権を掌握し、高宗を動かして日本と江華島条約を結ぶなど一連の開化政策を推進した。しかし、彼女は開化政策を推進する過程で多くの脅威を受けるようになる。

一八八二年、閔氏勢力の開化政策に不満を抱く衛正斥邪派と大院君勢力が、壬午軍乱を起こして彼女を殺害しようとしたが、彼女はすばやく宮女の服に着替えて宮殿を抜け出し、忠州《チュンジュ》牧使・閔応植《ミンウンシク》の邸宅に逃げ込んだ。そして、密かに高宗と接触しながら、清に軍兵の支援を要請した。彼女の要請で出動した清国軍は大院君を拉致して清へ連行し、これによって彼女は危機を切り抜ける。

この事件後、政界復帰を果たした彼女は親清政策を実施するが、そのため開化派の不満が高まり、甲申政変が起き、一時、開化党に政権を奪われる。しかし、この時もまた、清国軍の助けで再び政権を取り戻した。

それからの彼女は、外交に目覚め、敏捷な外交能力を発揮し、一八八五年、ロシアの南進政策を牽制するために、イギリスの軍艦が全羅道《チョルラド》の巨文島《コムンド》を占領する巨文島事件が起きると、メレンドルフ（一八四八―一九〇一。ドイツの外交官。中国天津《てんしん》駐在領事として勤務中、李鴻《りこう》章《しょう》の推薦で朝鮮の統理機務衙門協判《トンニギムアムンヒョッパン》として赴任し、親ロシア政策を展開する）を日本に派遣して、イギリスとの事態収拾を図る一方、ロシアとも接触、清との関係でも興宣大院君の帰国を黙認するなど柔軟な関係を維持した。

一八九四年、東学教徒を中心とした農民蜂起が起こり、朝鮮の政局が混迷した時、朝鮮に積極的な攻勢をかけていた日本は甲午更張に関与し、興宣大院君を正面に立てて彼女の勢力を除去しようとした。しかし、彼女は日本の野心を見抜き、親露政策を取ることで露骨に日本に対抗した。この時、すでに日本はロシア、フランス、ドイツの三国干渉により、日清戦争で得た遼東《りょうとう》半島を返還させられていたため、彼女の親露政策は効果的だった。

これに対して、日本の三浦梧楼公使は朝鮮から追い出されることを恐れるあまり、一部親日政客と組んで、閔氏を含む親露派勢力を除去しようと乙未事変を起こして、閔妃を殺害する。一八九五年十月八日早朝、日本軍人と政治浪人たちが景福宮を襲撃し、閔妃を殺害した後、政権を奪取した事件がそれだ。閔妃を殺した日本人たちは彼女の遺体を焼き払うなどの蛮行をほしいままにした。そして、高宗に閔妃を廃位させて、庶人に降格させるように強要した。

しかし、その年の十月十日、彼女を王后に復位させる詔書が下され、国葬で粛陵《スンヌン》へ安置された。そして一八九七年には明成皇后に追封され、十一月に楊州天蔵山《チョンジャンサン》のふもとに移され、洪陵と名付けられた。一九一九年、高宗が死去すると、二月に南楊州市に再び移され、高宗と合葬された。子供は純宗一人だ。

○英王《ヨンワン》・李垠《イウン》（一八九七―一九七〇）

高宗の四男で、貴妃・厳氏から生まれた、純宗の異母弟。名は垠《ウン》。一八九七年に生まれ、一九〇〇年八月に英親王《ヨンチンワン》に封じられ、一九〇七年皇太子に冊封され、この年十二月に朝鮮総督・伊藤博文によって留学の名目で日本へ人質として渡った。

一九一〇年、国権を失い、純宗が廃位されると、王世弟《ワンセジェ》に格下げされた。一九二〇年四月、内鮮一体化政策によって日本の皇族・梨本宮の長女・方子《まさこ》（韓国名・李方子《イバンジャ》）と政略結婚した。

一九二六年、純宗が死去すると、形式的に王位継承者となり、李王《イワン》と呼ばれたが、日本に留まったまま、帰国できなかった。日本に強制的に滞在させられている間に徹底した日本式教育を受け、日本陸軍士官学校、陸軍大学校を経て、陸軍中将に任じられた。

一九四五年、植民地解放後、帰国を試みたが、韓日の国交断絶および韓国内の政治の壁にぶつかり、帰国はかなわなかった。さらに日本の敗戦で皇族の特権も失い、在日韓国人として、一九六三年まで日本で過ごした。

その後、一九六三年十一月、当時の朴正熙《パクチョンヒ》国家再建最高会議議長の取り計らいで国籍を回復し、夫人の方子とともに帰国した。帰国当時、脳血栓症による失語症に苦しみながらも、一九六六年には長い間の宿願だった心身障害者支援団体である自行会を、一九六七年には彼の雅号をとった身体障害者訓練院・明暉園を設立して、運営した。一九七〇年、持病のため七十三歳で世を去った。

彼の死後、夫人の李方子は英親王記念事業会、精神薄弱児教育施設の慈恵学校、一九八二年には身体障害者教育施設の明恵学校などを設立し、彼の遺業を継承した。

彼は方子夫人との間に晋《チン》と玖《ク》という二人の息子を得た。長男は幼くして死去し、次男はアメリカ人女性と結婚して、アメリカで暮らしていたが、一九九六年十二月、韓国へ永久帰国。二〇〇五年に死去した。

陵は京畿道南楊州市金谷洞《クムゴクトン》の洪裕陵《ホンユルン》内にある英園《ヨンウォン》で、一九八九年四月三十日、李方子もここにともに葬られた。

○義王《ウィワン》・李堈《イガン》(一八七七—一九五五)

義王《ウィワン》・李堈《イガン》は高宗の三男で、貴人・張氏との間に生まれた。純宗の異母弟で、英王・李垠の異母兄。一八七七年に生まれ、十五歳の時、義和君《ウィファグン》に封じられ、一八九三年九月、金思濬《キムサジュン》の娘と結婚した。

一八九四年、清日戦争で勝利した日本の戦勝を祝う使者に任命され、日本を訪問し、その年の十月に帰国した。翌年五月には特派大使に任命され、八月、イギリス、ドイツ、ロシア、イタリア、フランス、オーストリアなどを歴訪した。

一九〇〇年にはアメリカへ留学し、同年八月、義親王《ウィチンワン》に封じられた。一九〇五年四月、アメリカ留学を終え帰国し、同年六月、赤十字社の総裁に就任した。一九一〇年、日本に国を奪われると、抗日運動家たちと接触し、一九一九年には大同団《テドンダン》(独立運動団体の一つ)の全協《チョニョプ》、崔益煥《チェイクァン》などと上海臨時政府に脱出を図ったが、計画を実行に移す途中、同年十一月に満州の安東で日本の警察に捕らえられ、強制的に本国へ送還された。

その後、数回にわたって日本へ渡ることを強要されたが、それを拒否し、抗日の気概を曲げることなく解放を迎えた。朝鮮戦争を経験し、ソウルの私邸で困窮生活を送った後、一九五五年、七十八歳で世を去った。鍵《コン》と鍝《ウ》など十二人の息子と九人の娘がいる。大韓帝国の最後の皇太子・英王の次男、李玖《イク》が後継者のないまま死去したため、全州李氏大同宗約院により義王の九男・李鉀《イカン》の長男である李源《イウォン》が李玖の養子として入籍し、旧李王家を継承した。

三、落ちない緑豆の花・全琫準と東学革命

東学と言えば、閉鎖的で古くさくて単純な民族宗教の団体だと勘違いしている人がいる。しかし、東学とは単純に西学から民族の文化と国家を守るという意味だけではなく、西学を積極的に応用して新しい世界を実現しようとしたものだ。言い換えれば、東学は外国勢力の影響なしに、朝鮮社会の封建秩序を崩壊させると同時に階級制度を撤廃し、新しい近代国家の形成を通して民族の富強を図った最も自主的な政治組織だった。

そればかりか、当時のいかなる団体よりも最も堅固な組織と力、そして理念を持っていた。そのため、大多数の農民と先覚的な両班が多数参加した巨大な民族組織となった。つまり「東学」はどんな名称よりも民族的で、積極的な民衆社会運動体だったと言える。

万民が平等で、人類愛が息吹く理想的な社会建設を目標にした東学教徒たちは、一八九四年、民乱を主導することによって、いわゆる革命的な農民蜂起を主導しようとした。この農民たちの蜂起は、制度的、政治的な近代化を目標にした、韓国の歴史上、最初の市民革命だった。この革命を主導したのがほかでもなく全琫準《チョンボンジュン》だった。

全琫準の出身については、いくつかの説があるが、一八五四年、全羅北道古阜郡《コブグン》（現・井邑市《チョンウプシ》）で、郷校《ヒャンギョ》の掌議《チャンウィ》（郷校で寝泊りしながら学業を修めていた儒生たちの中で長となる人）を歴任した全彰赫《チョンチャンヒョク》の息子として生まれたという説が最も有力だ。彼の幼名は明淑《ミョンスク》、号は海夢《ヘモン》だが、体が小さかったため、「緑豆《ノクトウ》」と呼ばれていた。

若い頃、生活のために薬の販売をしたこともあり、身を守るために武術を学んだりもしたようだ。しかし、彼は自分のしている仕事の内容とは関係なしに、常に口癖のように「偉人にならないなら、むしろ死んだ方がましだ」と言っていたという。それぐらい、彼は若い頃から社会改革に向けた大志を抱いていた。

薬を販売するだけでは生計を維持できなくなると、彼は泰仁《ティン》の方へ引っ越して、三斗落（田畑の面積の単位で、一斗落は一斗分の種を播くくらいの広さ。田は百五十坪から三百坪。畑は百坪前後）の田畑を持つ小農として暮らしながら、自らソンビを称し、村の子供たちに字を教える寺子屋の先生を兼ねた。

そうして歳月を送っていた彼は、十九世紀末に入るとともに、社会が急変し、外国勢力が押し寄せて来るのを

見て、民族と国家を守らなければならないとの信念から、一八九〇年、三十六歳で東学に入信した。その時から彼は社会改革を夢見る革命家的な気質を発揮するようになる。

入信して間もなく、彼は東学第二代教主・崔時亨《チェシヒョン》から古阜地方の東学接主《チョプチュ》（東学の教団組織である「接《チョプ》」を主管する地位）に任命される。彼の人柄と指導力を高く評価した周辺の教徒たちの推薦によるものだった。接主となった全琫準は、自分の家から五里ほど離れたところで布教活動に専念する。彼は布教の一環として病人を診療した。かつて読んだことのある医学書や、一時、薬草を取り扱った経験を土台に患者たちに処方箋を処方することができた。

一八九二年、彼が接主をしていた古阜郡に趙秉甲《チョビョンガプ》という者が郡守《クンス》として赴任してきた。趙秉甲は農民に重い税金を課し、罪もない人たちから財産を奪い取り、これに抵抗する人には容赦なく刑罰を加えた。趙秉甲の虐政がひどくなると、古阜の住民を代表して全琫準の父・全彰赫が役所に減税を願い出る嘆願書を提出し、そのためひどい鞭打ちにあって、帰宅したものの、一か月も経たずにその後遺症で死んでしまう。

趙秉甲の横暴は、それだけにとどまらず、自分の父の碑閣を建てると言って、農民から千両にも達する金を取り立てるかと思えば、住民にありとあらゆる罪をかぶせて、二万両というけたはずれの罰金を徴収した。それに大同米《テドンミ》（三税の一つで土地に応じて納めさせていた米）の代わりに金を取り立て、万石洑《マンソクポ》という貯水池を作るとの名目で米七百石を着服した。

虐政に耐えきれずにいた古阜の住民は、一八九三年十一月、十二月の二回にわたって郡守に減税嘆願書を提出した。しかし、趙秉甲は嘆願書を提出した農民代表を捕らえて牢獄に入れ、拷問を加えてその回答とした。

嘆願や陳情で何の効果も得られなかった農民は、結局、力でもって郡守を追い払うべきだとの結論に達し、ついに全琫準を中心にして約二十人の農民指導部が東学教徒たちに「沙鉢通文《サバルトンムン》」（首謀者を隠すために関係者の姓名を鉢状に丸く書いた回状）を回した。その内容は古阜郡守・趙秉甲を断罪することはもちろん、全羅北道全州監営《チョンジュカミョン》まで陥落させるのを目標にしていた。これはまさに農民と官の大々的な戦争を意味していた。

東学農民軍の蜂起は一八九四年一月十日に始まった。この日の明け方、千人ほどの農民軍は頭に白い鉢巻きをしめて、竹槍と農具を武器に市場の入口に集まった。全琫準は、その前夜、隣村の泰仁に住む崔景善《チエギョンソン》とともに三百人余りの農民を率いて、夜陰に乗じて四十里の道を行軍し、すでに集結場所に到着していた。

隊列を整えた農民軍は、真っ先に古阜官衙《クァナ》を襲撃し、占領した。そして、武器庫を破って武装した後、それまで奪い取られた税穀などを倉庫から取り出して農民に分配した。しかし、古阜軍守・趙秉甲を生け捕りにすることはできなかった。趙秉甲は農民軍が攻め込んでくるとの知らせを聞き、全州監営へあわてて避難したためだ。

古阜官衙が農民軍に占領されたとの知らせを受けた朝廷は、趙秉甲を処罰し、李容泰《イヨンテ》を按覈使《アネクサ》として派遣する一方、新たに龍山県監《ヨンサンヒョンガム》・朴源明《パクウォンミョン》を新任郡守に任命することで事態を収拾しようとした。

この時、全琫準が率いる農民軍は勢力を拡大して、扶安《ブアン》の白山《ペクサン》へ移動し、そこに駐屯していた。そして、按覈使として派遣されてきた李容泰が東学教徒に対する大々的な弾圧を実行すると、同年三月、全琫準は近隣各地の東学教徒に回状を送って蜂起することを訴えた。これにより白山に集結した農民軍は一気に一万人へと増加した。

集まった教徒によって農民軍の東徒大将に推戴された全琫準は、孫化中《ソンファジュン》と金開南《キムゲナム》を総管領《チョングァルリョン》、金徳明《キムドンミョン》と呉時泳《オシヨン》を総参謀《チョンチャムモ》、崔景善を領率将《ヨンソルジャン》、宋喜玉《ソンヒオク》と鄭伯賢《チョンベキョン》などを秘書にして、組織的な戦闘準備に突入した。

彼は戦いに臨む前に個人的な殺人と私有物の奪取を禁止し、日本軍と権力貴族たちを追い出すことを目標に掲げた四大綱領(斥倭、斥洋、腐敗した支配階級の打倒など)を発表し、規範十二か条(貪官汚吏の断罪、施政改革、奴婢《ノビ》の解放など)で農民軍の規律を正し、軍事訓練を強化した。

態勢を整えた農民軍は四月四日、扶安《プアン》を占領し、四月七日、黄土峴《ファントヒョン》で官軍を大破。一方、井邑、興徳《フンドク》、高敞《コチャン》地域で権力を奪い、そして栄光《ヨングァン》、咸平《ハムピョン》、務安《ムアン》一帯を経て、ついに四月二十七日、全州城《チョンジュソン》を占領した。

東学軍の力が次第に強くなると、朝廷は清国軍の出動を要請し、清国軍が牙山湾《アサンマン》(京畿道西南端と忠清南道《チュンチョンナムド》西北端の間にあるが、狭くて長い湾の一つでもある)に上陸すると、天津条約を口実にして日本軍も朝鮮に進出してきた。このように国の運命が危うくなると、東学軍と官軍は和議を約束して、交渉に入った。

交渉に当たって、全琫準は弊政改革を骨子とする二十七か条の条件を打ち出し、これに対して官軍代表の洪啓薫《ホンゲフン》が無条件に受け入れることで「全州和議」が成立した。そして、東学軍は全羅道の各地に執綱所《チプカンソ》を設置して、弊政改革のための行政官庁の役割を担わせた。いわば、全羅道地域は東学の自治区域となったわけだ。

執綱所の行動綱領は全部で十二か条で、両班中心の封建社会をやめ、身分差別をなくし、儒教道徳観念にしばられた女性たちを解放して、農民の生活を豊かにするなどの内容を骨子としていた。こうした執綱所の行動綱領は、十七世紀以来、進歩的な実学者たちが打ち立ててきた改革案や、一八八四年、金玉均などの開化派が主張してきた政策よりもはるかに進んだ内容だった。

それだけに、時代のはるか先まで見通していた全琫準の改革思想は、封建社会である朝鮮が到底受け入れられない革命的な旗印を掲げたものだった。

農民軍が解散され、執綱所が設けられた後、全琫準は二十人余りで騎馬隊を組織して、全羅道内の各地を巡回しながら指導し、改革政策の実施状況を点検した。その結果、全羅道内の五十三郡のすべてに執綱所が設けられた。全羅道観察使《クァンチャルサ》・金鶴鎮《キムハクチン》は執綱所の円満な運営を協議するために、全琫準を全州監営に招請し、監営内に農民軍の総本部として「大都所《テドソ》」を設けることに合意した。東学勢力の力を恐れていた全羅監使は自分の執務室である宣化堂《ソヌアダン》を大都所に譲り、自分はそのそばの小さな建物に移っていった。

しかし、執綱所の設置過程で両班たちは強く反発した。彼らは執綱所の行動綱領の中に入っている「貧富の差をなくし、主人と奴婢の区別をなくし、また両班と儒林の横柄さを許さない」という内容をどうしても受け入れられなかった。そのため、彼らは「執綱所は人倫に背くものであり、両班と儒教の敵」だと決めつけた。特に、両班勢力の強かった羅州《ナジュ》、南原《ナムオン》、雲峯《ウンボン》の三か所では、なかなか執綱所を設置できなかった。

それに対して、全琫準はついに武力でもって執綱所を設置することを決心し、金開南、金鳳得《キムボンドゥク》、崔景善などにそれぞれ三千の兵力を与えて、その三か所を接収するようにした。南原と雲峯は容易に陥落して執綱所を設置できたが、羅州の抵抗は頑強なものだった。羅州官衙には多くの東学教徒たちが捕らえられていることもあり、また羅州牧使の抵抗が相当なものだったため、崔景善は羅州入城を敢行できなかった。この報告に接した全琫準は、単身で羅州牧使に会い、彼を説得し、東学教徒を釈放させた後、ようやく羅州に執綱所を設置できた。

ところが、東学の自治行政は長く続かなかった。清国軍とともに朝鮮に進駐してきた日本軍は力でもって内政改革を断行しようとし、このため、朝鮮国内で清日戦争が勃発した。そして、この戦争に勝利を収めた日本は、朝鮮朝廷を掌握した。保国安民と外勢排撃を旗印に掲げている東学は、こうした日本の国権侵奪行為に憤慨し、再び蜂起した。

東学農民軍の第二次蜂起は、一八九四年九月に起きた。全琫準を中心とした南接《ナムジョプ》は、教主・崔時亨の北接《プクチョプ》に助けを求めて連合戦線を繰り広げた。第二次蜂起に動員された農民軍は、南接十万と北接十万の合わせて約二十万だった。しかし、東学農民軍は数字的に優勢だったとはいえ、正式に訓練を受けた軍人でもなければ、武器も原始的で、新式兵器で武装した日本軍と官軍の相手にはならなかった。

十月中旬、十万の部隊で忠清南道《チュンチョンナムド》の公州城《コンジュソン》を包囲して大攻撃戦を展開したものの、敗退してしまい、十一月に再び公州付近の牛禁峙《ウグムチ》の戦いで敗退すると、後は後退を余儀なくされた。そして、残りの農民軍も金溝《クムグ》の戦いを最後に日本軍と官軍に鎮圧され、全琫準は追われる身の上となった。

東学軍との戦いで勝利を収めた日本軍と官軍は、全琫準に莫大な懸賞金を掛ける布告文を張り出した。全琫準は井邑や淳昌《スンチャン》などの地を転々としながら避難していたが、自分の部下だった金敬天《キムギョンチョン》の密告で逮捕され、十二月二日、漢陽《ハニャン》へ押送された。

そして一八九五年三月二十九日、孫化中、崔景善、金徳明、成斗漢《ソンドゥハン》などの同志たちとともに処刑された。これで東学農民蜂起は幕を降ろしたが、この時、彼は四十歳だった。

このように日本軍により東学軍の蜂起は失敗に終わったものの、全琫準は永遠に民衆の英雄として残り、その後に続く農民軍と義兵の抗日闘争の精神的な支えとなった。彼は永遠に落ちない民族の緑豆の花となったのだ。

四、市民階級の成長と独立協会の活動

甲午更張(一八九四年、甲午の年、金弘集などの開化派が政治制度を近代化した改革。甲午改革ともいう)と東学革命以後、朝鮮社会では、いわゆる民主主義政権を念願する市民階級が形成される。彼らは外国勢力による国権侵奪と支配層による民権蹂躙を克服し、自主国権、自由民権、自強改革思想によって、民主主義、民族主義、近代化運動などを展開する。そして、こうした運動の力を一つに結集するために社会団体を結成することになるが、それがほかでもない「独立協会」だ。

独立協会は、一八九六年七月二日、独立門《トンニンムン》の建設と独立公園の造成を創立事業として発足した。この団体の設立者だった徐載弼《ソジェピル》はもともと開化派で、朴泳孝などとともに甲申政変を主導した人物だったが、甲申政変が三日天下に終わると、アメリカに亡命して、民主主義と科学文明を学ぶようになる。そうしているうちに甲申政変の首謀者たちへの赦免令が下され、朝鮮に開化政府が樹立

されたとの知らせに接し、一八九五年に帰国した。彼が帰国したのは、自分がアメリカで学んだ自由主義と民主主義を朝鮮に伝播させて改革を実行するためだった。民主主義の思想を民衆に広く伝え、民衆の力で朝鮮を自主独立国家へと作り変えようとしたのだ。

そのため、第一の事業として、彼は一八九六年四月七日、独立新聞を創刊し、こうした力を土台にして同年七月、独立協会を創立した。

独立協会は当時、社会で誰もが共感できる自主独立と忠君愛国の綱領を掲げ、欧米派の総本山だった貞洞《チョンドン》倶楽部勢力、甲午改革の主導者たちの集まりだった建陽《コニャン》協会勢力、自主改革政策を追求する実務級中堅官僚層勢力、当時ちょうど形成されつつあった各界各層の新興社会勢力の力を結集したものだった。

彼らの勢力はたいがい西欧民主主義制度にあこがれていた知識層で、初の市民階級とも言える。いわば、単なる一般国民という意味を超えて、政治・思想的にある程度成熟した知識人階層だった。

特に、この勢力の中には、市民階級の母体とも言える商人階層が多数占めていた。町の商人が中心となった彼ら商人勢力は新興社会勢力として浮上していたが、日本および外国列強の経済的浸透から自分たちの権益を保護し、前近代的体制の束縛から解放されるために独立協会の結成に参加した。

独立協会は、こうした新知識人たちの思想と新興市民層だった商人の資本が結合する様相を見せた。

独立協会の中心人物は創立者の徐載弼以外にも尹致昊《ユンチホ》、李商在《イサンジェ》などが最高指導層を成し、改新儒学の伝統を受け継いだ南宮檍《ナムグンオク》、鄭喬《チョンギョ》などが中間幹部層を成していた。そして、中堅官僚および商人勢力が下部組織を形成することで名実ともに最初の市民組織の枠組みを整えたのだ。

独立協会は機関紙である独立新聞をはじめ、独立協会報、皇城新聞《ファンソンシンムン》などの言論媒体を通して新しく成長していた広範囲な社会勢力を引き入れようとした。そのため、独立協会は多くの討論会と講演会を開き、会員確保のための広報事業を展開した。

こうした独立協会の活動は、その内容によって四期に分けられる。

第一期は、創立から初の討論会を開催する前の一八九七年八月二十八日までで、この時期には徐載弼の主導の下に独立門、独立公園などを建立し、主に創立事業に没頭した。この時期には会員の大部分が影響力のある人士で構成されていたため、高級官僚の社交的な集まりの性格が濃かった。しかし、会員は二千人を超え、当時の社会に大きな反響を呼び起こしたことがわかる。

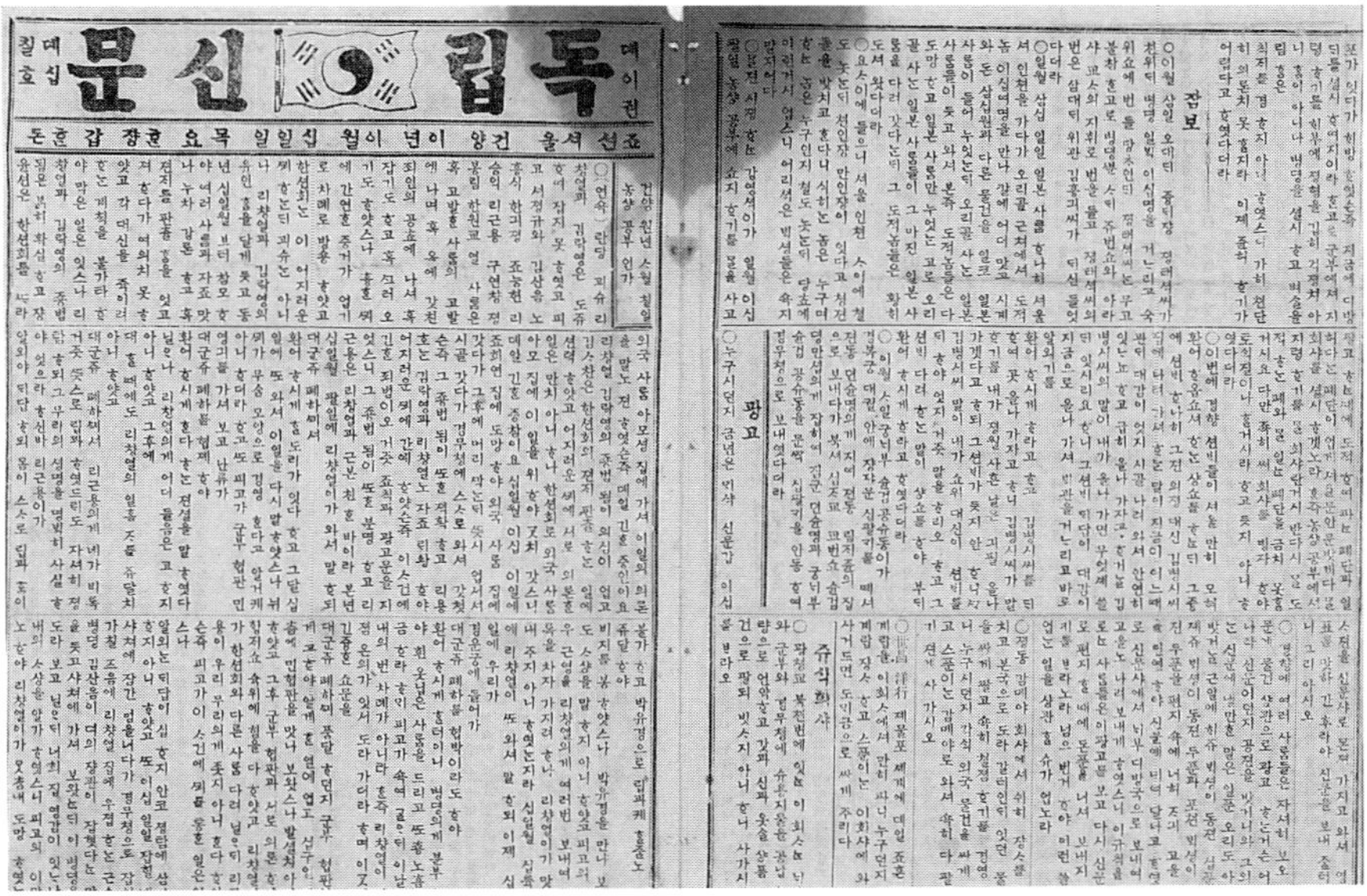

ハングルで書かれた初めての新聞「独立新聞」。〔国立中央博物館 所蔵〕

第二期は、独立協会が定期的な討論会を開催した一八九七年八月二十九日から救国運動宣言以前の一八九八年二月二十日までの民衆啓蒙期だ。

この期間中は、徐載弼と尹致昊の指導の下に討論会と講演会をしばしば開き、会員たちが民主的な行動に出られるようにする一方、一般民衆を対象に積極的な啓蒙運動を繰り広げて、協会の下部構造を固めた。そのため、この時期の独立協会は、社会啓蒙団体の傾向を示す愛国団体とも言える。

第三期は、救国運動を宣言した一八九八年二月から金鴻陸毒茶事件《キムホンニュクドクタサコン》前の同年九月までで、民衆主導期と言える。

独立協会はこの時期に救国運動を宣言し、万民共同会を開催して、民衆に積極的な政治活動への参加を呼びかけ、民意が国家政策に反映されるように圧力を行使した。また、外国勢力の利権侵奪と内政干渉を排除して、国益、国権、国土を守る自主国権運動と、身体と財産権の自由および人権保障のための自由民権運動、官民の協力機構としての議会設立を追求する国民参政運動を展開した。すると、全国各地から、独立協会にならって公州の独立協会、仁川の博文《パンムン》協会、賛襄会《チャンヤンフェ》、保民《ポミン》協会、皇国《ファングク》中央総商会《チュンアンチョンサンフェ》などが発足した。ところが、独立協会の拡大を憂慮する反対勢力は皇国協会を作って、独立協会を瓦解させようとした。

第四期は、金鴻陸毒茶事件が発生した一八九八年九月十一日から、民会禁圧令が下された同年十二月二十五日までで、民衆闘争期または民権闘争期と言える。

金鴻陸毒茶事件とは、金鴻陸一党が高宗を暗殺するために高宗と太子(純宗)のコーヒーに毒を入れた暗殺未遂事件を言う。

金鴻陸は、もともと親ロシア派で、高宗から厚い信任を得ていた。彼はロシアの力を信じて権力を乱用し、民衆から糾弾されたこともあったが、一八九八年、親ロシア派が没落すると、全羅南道《チョルラナムド》の黒山島《フクサンド》に配流された。配流されたことで、彼は高宗に恨みを抱き、高宗の誕生日に自分の側近の孔洪植《コンホンシク》に高宗と太子の毒殺を指示した。孔洪植は宮殿で勤務する金鍾和《キムジョンファ》を買収して、彼らの飲むコーヒーに阿片を入れさせた。高宗は異常な臭いに気づき、コーヒーを飲まずにいたが、太子はそれを飲んで吐き出し、倒れた。結局、この暗殺計画は失敗に終わって、金鴻陸、孔洪植、金鍾和は死刑となった。

この事件を契機に独立協会、皇国中央総商会、万民共同会《マンミンコンドンフェ》などが中心になって民主主義政治の実現を主張し、高宗と政府に対して正面から挑戦する。外国勢力に依存しすぎる高宗の政治姿勢のため、そうした毒殺未遂事件が発生したのであり、こうした状況を解決するためには、何よりも民主主義政権を打ち立てることが急務だとの主張だった。

独立協会は、そうした力を誇示することで保守内閣を崩壊させ、進歩的な内閣を構成するようにし、言論や集会の自由のための闘争を勝利に導き、万民共同会を開いて人民献議案を受諾するようにした。その他にも人民参政権を公認するようにするなど民権闘争で大きな成果を収めた。

この時期の独立協会は四千余人の会員と全国的な支部、各種民権団体、民衆の熱い支持と参加を受けた全国民の代表機関であった。

独立協会の力が強まると、これに危機意識を持った保守勢力は、高宗を動かして独立協会によって形成された朴定陽内閣を退陣させて、保守派の趙秉式《チョビョンシク》内閣を組織する。そして、彼ら保守勢力は匿名の文書を張り出し、独立協会が王政を廃止して、朴定陽を大統領、尹致昊を副大統領にする共和制を推進しているとの噂を広める。そのため、独立協会をはじめとするすべての民会が廃止され、李商在、南宮檍、鄭喬など独立協会の主要幹部十七人が逮捕された。

独立協会が廃止されると、万民共同会は組織を常設化するとともに、激しい政治変革運動を展開した。万民共同会は、まず、拘束された人士たちの釈放のために民衆集会を開き、昼夜、籠城して、独立協会幹部十七人を釈放させるのに成功する。そして、景福宮の前での民衆大会を通じて、匿名書事件の真相究明と関連者の処罰、独立協会の復活と御用団体である皇国協会の廃止を要求した。

これに対して、政府の大臣らは万民共同会の要求を拒否し、皇国協会を動員して万民集会を襲撃させる。そのため流血騒ぎとなり、死傷者を多数出すとともに、事態は先の見えない状況へと陥った。

これに危機感を覚えた政府は、高宗が出席し、政府官員と各国の外交使節が見守る中で、万民代表二百人と皇国協会代表二百人を呼んで、和解の席を設けた。この席で、高宗は独立協会の復活、匿名文書事件の関連者処罰、皇国協会廃止など万民共同会の要求をすべて聞き入れるとの勅語を下す。

しかし、高宗のこの約束は守られなかった。そのため、万民共同会は要求事項を貫徹させるために、再び実力行使に突入した。これに対して高宗と保守内閣は民会禁押令を下し、武力で民会活動を弾圧、禁止することで独立協会の活動は終わりを告げた。

しかし、独立協会が十九世紀末、朝鮮半島を取り囲んだ列強の勢力均衡が保たれていた時期に、自主国権、自由民権、自強改革の思想によって推進したこうした民権運動は、国民の市民意識を成長させる触媒となり、日帝強占期の抗日運動精神の母体ともなった。

五、『高宗実録』編纂経緯

『高宗実録《コジョンシルロク》』は本文四十八巻四十八冊と目録四巻四冊を合わせて、五十二巻五十二冊から成り、一八六三年十二月から一九〇七年七月までの高宗在位四十三年七か月間の歴史的事実を日本の朝鮮総督府が中心になって記録している。

編纂作業は亡国後の一九二七年四月に始まり、一九三五年三月に完了した。この本が編纂されたのは日帝統治期で、「李王職《イワンジク》」を設置した後、臨時雇用員十人と執筆生二十六人を配置して、実録編纂に必要な史料である『承政院日記《スンジョンウォンイルギ》』『日省録《イルソンノク》』など各種の記録二千四百五十五冊を京城帝国大学《キョンソンチエグクテハク》から借りて資料とした。

そして、編纂作業に必要な史料を確保すると、一九三〇年四月に編纂委員を任命し、歴代実録の編纂にならって実録編纂作業に着手した。

編纂初代委員長は日本人の李王職次官・篠田治策だったが、彼が一九三二年七月に李王職長官に任命されるにともない、李王職の礼式課長だった李恒九《イハング》を次官に昇格させて副委員長に任命し、実録編纂を任せた。しかし、実際の編集の総責任は監修委員として任命された元京城帝国大学教授・小田省吾だった。

編纂室には、委員長、副委員長の下に編纂に必要な公私の文書を収集し、史跡調査および関係者からの事実聴き取りの仕事を任された史料収集部、各史料に基づく歴代実録に準じた編年体の実録編纂を担当する編集部、そして、編集された原稿の事実の正確性を期して文字や段落を整理し、実録原稿を作成し、刊行する際に校訂する仕事を任された監修部の三部署を置いた。

そして、編集部だけはさらに三班に分けて、各部には委員、補助委員、書記を置いた。一方、委員長直轄で庶務委員、会計委員を配置し、編纂室庶務は補助委員書記が担当した。

編纂委員たちは技術、体制、編纂を歴代の実録、特に『哲宗実録《チョルチョンシルロク》』の例に従うという作業原則を立てて、『高宗実録』と『純宗実録《スンジョンシルロク》』を編纂した。

この実録は『承政院日記』『日省録』、その他の官纂記録から重要な内容を採録しているため、高宗時代史を研究する上で重要な資料となるが、『純宗実録』とともに民族抗日期に日本人たちの関与の下で行われたため、事実が歪曲された可能性が高いことも否めない。

第二十七代　純宗実録

一、亡国の皇帝・純宗と大韓帝国の植民地化

生年一八七四―没年一九二六
在位期間一九〇七年七月―一〇年八月、三年一か月

一九〇七年、ハーグ密使事件以後、日本は高宗《コジョン》を強制的に退位させて、純宗《スンジョン》を王位に就かせた。以後、純宗は日本の圧力によって、これといった政治的能力を発揮できないまま軍隊を解散させられ、司法権を奪われるなど、あらゆる侮辱を受ける。そして、日本は親日売国奴を先頭にして一九一〇年、韓日合併《ハニルハッピョン》を断行し、韓半島《ハンバンド》(朝鮮半島)を武力で強制占領してしまう。

純宗は高宗の長男で、母は明成皇后《ミョンソンファンフ》・閔氏《ミンシ》だ。一八七四年に生まれ、名は拓《チョク》、字は君邦《クンバン》、号は正軒《チョンホン》。生まれた翌年に王世子《ワンセジャ》に冊封され、八歳となった一八八二年、純明孝皇后《スンミョンヒョファンフ》・閔氏を世子嬪《セジャビン》に迎え入れた。そして、一八九七年、大韓帝国《テハンチェグク》が樹立されると、皇太子に封じられた。

一九〇四年、純明孝皇后が死去すると、一九〇六年十二月、純貞孝皇后《スンジョンヒョファンフ》・尹氏《ユンシ》を皇太子妃に迎えた。一九〇七年七月に日本の強要と一部の親日政治家の謀略で王位からやむなく退くことになった高宗の譲位を受けて、朝鮮第二十七代王であり、大韓帝国の第二代皇帝として即位した。この年に光武《クァンム》から隆熙《ユンヒ》に年号を改めた。

彼は皇帝となった後、異母弟の英王《ヨンワン》、李垠《イウン》を皇太子に冊立し、居住場所を徳寿宮《トクスグン》から昌徳宮《チャンドックン》へ移した。

以後、満三年にわたる純宗の在位期間中、日本による韓半島の武力攻略が進み、ついに宋秉畯《ソンビョンジュン》、李完用《イワニョン》などの親日政治家と日本政府の野合で主権を喪失し、朝鮮王朝二十七代五百十九年の歴史は幕を下ろした。

純宗即位直後の一九〇七年七月、日本は、いわゆる韓日新協約《ハニルシンヒョビャク》(丁未七条約《チョンミチルチョヤク》)を強制的に成立させ、国政全般を日本人の統監が干渉できるようにし、政府の各部の長官を日本側が任命する、いわゆる次官政治を始めた。

このように内政干渉権を獲得した日本は、間もなく、財政不足を理由にして大韓帝国軍を強制解散し、一九〇九年七月には己酉覚書《キユカクソ》を締結して、司法権をも強奪した。こうして純宗を傀儡皇帝にした後、伊藤博文統監が自国へ戻り、その後、曾禰荒助《そねあらすけ》統監を経て、軍人出身の寺内正毅統監(初代総督)が赴任することで、日本の大韓帝国の植民地化計画はさらに強化される。

日帝は一九〇九年七月、己酉覚書の閣議で、「韓日合併実行に関する方針」を通過させた後、ロシアと事前に満州問題を交渉するために、伊藤博文を満州に派遣した。

左が第26代高宗、右が第27代純宗。

この時、中国のハルビンで安重根《アンジュングン》が伊藤を射殺すると、それに乗じて韓半島武力強占計画を実行に移すようになる。

日帝はそのために、親日勢力の李完用、宋秉畯、李容九《イヨング》などが中心になって形成した一進会《イルチネ》を利用し、朝鮮人の請願で朝鮮と日本とが合併するとの論理をつくりあげ、一九一〇年八月二十九日、韓日合併条約を成立させ、大韓帝国を滅亡させた。

一方、日本の朝鮮植民地化計画が露骨になると、純宗即位元年から全国各地で義兵が蜂起して、日本軍を攻撃し、また、民族の底力を育成して、日帝に奪われた主権を回復しようという愛国啓蒙運動が活発に展開された。しかし、こうした主権回復運動は、強硬派と穏健派とに分かれて、民族抵抗の力を一つに結集できず、一部の親日売国奴の陰謀で亡国を防ぐことができなかった。

また、純宗の周辺は親日人士ばかりが取り囲み、彼が国家の最高意思決定者としての王権をまともに行使できなかったことも、亡国の原因となった。しかし、何よりも日帝の強圧的で執拗な朝鮮合併政策が亡国の最も直接的な要因だった。日帝は武力を基に侵略行為をほしいままにし、親日売国奴たちを巧妙に利用して民族の抵抗の力を減退させた。

日本によって大韓帝国が滅ぼされた後、純宗は皇帝から王へと降格され、昌徳宮にとどまった。日本は昌徳宮にいる彼のことを李王《イワン》と呼び、王に該当する待遇をするとともに、王位を世襲できるように計らった。

純宗は廃位された後、十六年間、昌徳宮で過ごしていたが、一九二六年四月二十五日、五十二歳で死去した。この年の六月十日、彼の国葬が執り行われたが、高宗の国葬の日に起きた三・一独立万歳運動《サミルトンニプマンセウンドン》に続いて六・一〇万歳運動《ユクシプマンセウンドン》が起きる。

二、純宗の家族たち

純宗は純明孝皇后・閔氏と純貞孝皇后・尹氏の二人の妻を娶《めと》ったが、子供は得られなかった。陵は裕陵《ユルン》で、京畿道南楊州市《キョンギドナミャンジュシ》にある。

○**純貞孝皇后《スンジョンヒョファンフ》・尹氏《ユンシ》**（一八九四—一九六六）
海豊府院君《ヘプンブウォングン》・尹沢栄《ユンテギョン》の娘。純宗の第一夫人の純明孝皇后が一九〇四年に死去すると、一九〇六年十二月、皇太子妃に冊封され、宮中入りした。以後、一九〇七年、純宗が皇帝に就くとともに皇后になり、その年、女学に入学して、皇后宮に女侍講《ヨシガン》を設けた。

一九一〇年、国権が強奪される時、屏風の後ろで御前会議を立ち聞きし、親日派が純宗に合併条約に捺印するよう強要すると、それを阻止しようとチマ（韓服のスカート）の中に玉璽を隠して渡さなかったと言われる。しかし、伯父の尹徳栄《ユンドギョン》に無理やり奪われてしまった。

亡国後、日帝の侵奪行為を経験し、解放と朝鮮戦争を経て、晩年には仏教に帰依して大地月《テジウォル》という法名を受けた。そして一九六六年、ソウルの昌徳宮《チャンドックン》の楽善斉《ナクソンジェ》で死去した。七十二歳だった。純宗との間に子供はなく、死後、純宗とともに裕陵に合葬された。

三、『純宗実録』編纂経緯

『純宗実録《スンジョンシルロク》』は在位期間の記録四巻四冊と退位後の記録十七巻三冊、目録一巻一冊、全部で二十二巻八冊から成っている。一九〇七年から一九一〇年までの在位三年一か月間と、退位後の一九一〇年から一九二六年までの歴史を記録している。

この実録は『高宗実録《コジョンシルロク》』とともに一九二七年四月から一九三五年三月までの八年にわたって、日本が設けた李王職《イワンジク》の主管下に編纂作業が行われた。

第27代　純宗　家系図

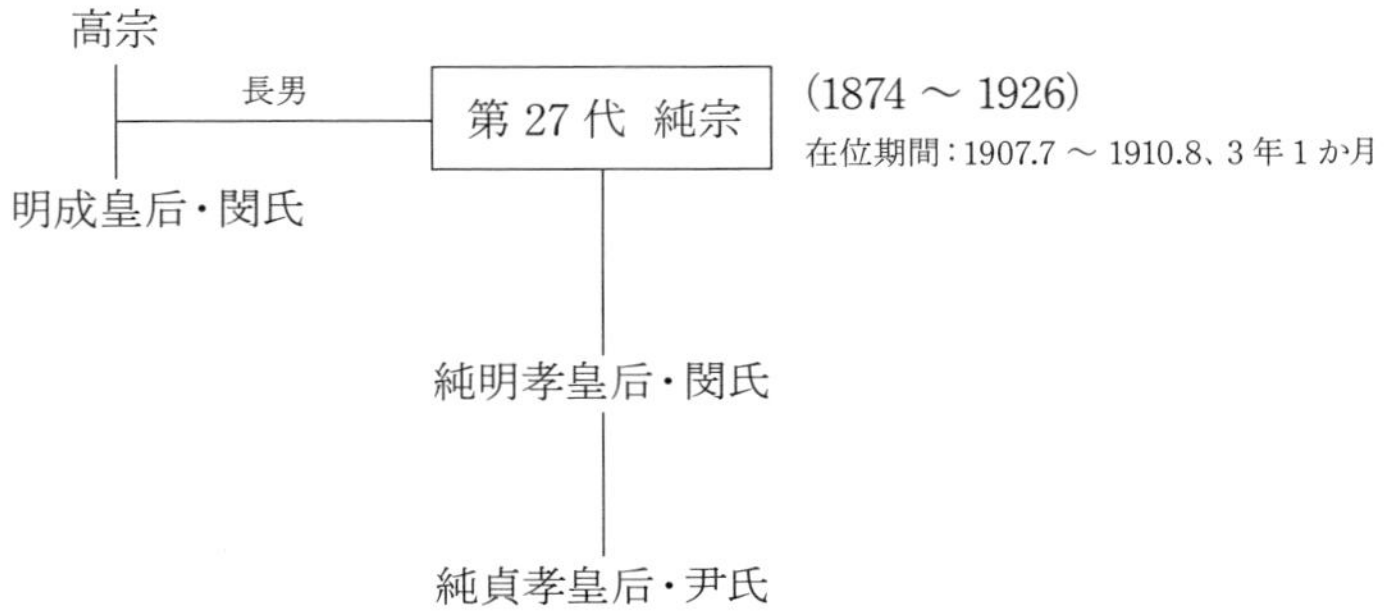
高宗
長男
明成皇后・閔氏
第27代 純宗
(1874 ～ 1926)
在位期間：1907.7 ～ 1910.8、3年1か月
純明孝皇后・閔氏
純貞孝皇后・尹氏

朝鮮王朝時代の主要官庁、官職一覧

（成宗時代に完成した『経国大典』を主に参照）

○官職と品階　［表一］

朝鮮時代の官位は、正、従それぞれ一から九までの十八品階《プムゲ》に分かれるが、さらに正一品から従六品までは、「大匡輔国崇禄大夫《テグァンポグクスンノクテブ》」と「輔国崇禄大夫《ポグクスンノクテブ》」のように上下に分けられるため、実際には三十品階に分けられる。正従では正が上位で、王から見て左側に並んだ。

その職務によって文班《ムンバン》（文官）、武班《ムバン》（武官）、宗親《チョンチン》（王族）、儀賓《ウィビン》（国で儀式を行って迎え入れた賓客という意味で、王や世子の婿たちを指す）、内命婦《ネミョンブ》、外命婦《ウェミョンブ》などに分かれる。文班は東班《トンバン》、武班は西班《ソバン》とも呼び、この両方を合わせて両班《ヤンバン》という。

堂上官《タンサングァン》とは「堂（殿内）に上がり、座る資格を持つ者」という意味から名付けられた名称で、王の御前で政事をともに論議する正三品以上の者を指す。堂下官《タンハグァン》とは正三品以下の者で、殿内に上がることはできず、国家政策の立案というより、主に国政の実務を担った。

正式な官職名のつけ方は、「崇禄大夫［品階］議政府《ウィジョンブ》［官庁］右賛成《ウチャンソン》［官職］」のように品階、官庁名、官職名の順である。領事《ヨンサ》、判事《パンサ》、知事《チサ》といった上位職において兼職する場合には、官庁名の前後に官職名が分けてつけられる。例えば、「領敦寧府事《ヨンドンニョンブサ》」「判義禁府事《パニグムブサ》」「知経筵事《チギョンヨンサ》」のようになる。だが、自分の品階より高い官階の官職に就く場合は「守職《スジク》」、自分の品階より低い官階の官職に就く場合は「行職《ヘンジク》」といい、それぞれ「守」「行」の字をつけて「通政大夫《トンジョンデブ》（正三品品階）守芸文館大提学《スイエブングァンデジェハク》（正二品官職）」「崇政大夫《スンジョンデブ》（従一品品階）行吏曹判書《ヘンイジョパンソ》（正二品官職）」とつけた。

○宮中関係の官職　［表二］

外命婦《ウェミョンブ》

王妃の母、王女（王の嫡女の公主《コンジュ》、庶女の翁主《オンジュ》、世子の嫡女の郡主《クンジュ》、庶女の県主《ヒョンジュ》などが含まれる）、大殿乳母《テジョンユモ》（世子の乳母）、宗親の妻、文武官の妻の中で品階のある者を指す。宗親の妻、文武官の妻は夫の官職に従って爵位を受けるが、経済的な保障はなかった。

内命婦《ネミョンブ》

宮中で奉職する女官の中で品階のある者。正一品から従四品までは王の後宮（内官《ネグァン》）であり、正五品以下（宮官《クングァン》）は王や王妃、後宮の身の回りの世話や、王宮内の仕事を受け持つ宮女たちを指す。

世子宮《セジャグン》

王位を継承する王世子《ワンセジャ》の宮殿。王の寝殿である康寧殿《カンニョンジョン》の東側に位置するため東宮《トングン》とも言う。東宮は王世子に対する敬称でもあった。世子宮では、従五品以上を内官《ネグァン》、従六品以下を宮官《クングァン》と呼び、内官は世子の後宮である。宮女は通常、すべて王の女であり、世子といえども後宮にすることはできず、世子は世子宮に属する内命婦の宮女のみ、後宮にすることができた。

内侍府《ネシブ》

宮殿内の監膳（王の食膳と器を予め検査すること）、王命の伝達、各門の守備、掃除などの仕事を担当する官司。宦官が任命され、総監督者は従二品の尚膳《サンソン》である。

○官職と品階［表一］

区分	品階	文班	武班	宗親	儀賓
堂上官	正一品	大匡輔国崇録大夫 輔国崇録大夫		顕録大夫 興録大夫	綏録大夫 成録大夫
	従一品	崇録大夫 崇政大夫		昭徳大夫 嘉徳大夫	光徳大夫 崇徳大夫
	正二品	正憲大夫 資憲大夫		崇憲大夫 承憲大夫	奉憲大夫 通憲大夫
	従二品	嘉靖大夫 嘉善大夫		中義大夫 正義大夫	資義大夫 順義大夫
	正三品	通政大夫	折衝将軍	明善大夫	奉順大夫
堂下官	正三品	通訓大夫	禦侮将軍	彰善大夫	正順大夫
	従三品	中直大夫 中訓大夫	建功将軍 保功将軍	保信大夫 資信大夫	明信大夫 敦信大夫
	正四品	奉正大夫 奉列大夫	振威将軍 昭威将軍	宣徽大夫 広徽大夫	
	従四品	朝散大夫 朝奉大夫	定略将軍 宣略将軍	奉成大夫 光成大夫	
	正五品	通徳郎 通善郎	果毅校尉 忠毅校尉	通直郎 秉直郎	
	従五品	奉直郎 奉訓郎	顕信校尉 彰信校尉	謹節郎 慎節郎	
	正六品	承議郎 承訓郎	敦勇校尉 進勇校尉	執順郎 従順郎	
	従六品	宣教郎 宣務郎	勵節校尉 秉節校尉		
参下官	正七品	務功郎	迪順副尉		
	従七品	啓功郎	奮順副尉		
	正八品	通仕郎	承義副尉		
	従八品	承仕郎	修義副尉		
	正九品	従仕郎	効力副尉		
	従九品	将仕郎	展力副尉		

内　命　婦		内侍府
王の側室（従四品まで）と宮女（正五品以降）	世子宮（世子の側室と宮女）	
嬪		
貴人		
昭儀		
淑儀	良娣	尚膳
昭容		尚醞
		尚茶
淑容	良媛	尚薬
昭媛		尚伝
淑媛	承徽	尚冊
尚宮、尚儀		尚弧
尚服、尚食	昭訓	尚帑
尚寝、尚功		尚洗
尚正、尚記	守閨、守則	尚燭
典賓、典衣、典膳		尚烜
典設、典製、典言	掌饌、掌正	尚設
典賛、典飾、典薬		尚除
典灯、典彩、典正	掌書、掌縫	尚門
奏宮、奏商、奏角		尚更
奏変徴、奏徴、奏羽、奏変宮	掌蔵、掌食、掌医	尚苑

○宮中関係の爵号と品階［表二］

区分	品階	外命婦				
		王妃母	王女	大殿乳母	宗親妻	文武官妻
堂上官	無階		公主(嫡) 翁主(庶)			
	正一品	府夫人			府夫人(大君妻) 郡夫人	貞敬夫人
	従一品			奉保夫人	郡夫人	貞敬夫人
	正二品		郡主(嫡)		県夫人	貞夫人
	従二品		県主(庶)		県夫人	貞夫人
	正三品				慎夫人 慎人	淑夫人 淑人
堂下官						
	従三品				慎人	淑人
	正四品				恵人	令人
	従四品				恵人	令人
	正五品				温人	恭人
	従五品				温人	恭人
	正六品				順人	宣人
	従六品					宣人
参下官	正七品					安人
	従七品					安人
	正八品					端人
	従八品					端人
	正九品					孺人
	従九品					孺人

○京官職［表三］

品階	官庁名
正一品	宗親府、議政府、忠勲府、儀賓府、敦寧府
従一品	義禁府
正二品	六曹(吏曹、戸曹、礼曹、兵曹、刑曹、工曹)、漢城府
従二品	司憲府、開城府、忠翊府
正三品	承政院、掌隷院、司諫院、経筵、弘文館、芸文館、成均館、尚瑞院、春秋館、承文院、通礼院、奉常寺、宗簿寺、校書館、司饔院、内医院、尚衣院、司僕寺、軍器寺、内資寺、内贍寺、司䆃寺、礼賓寺、司贍司、軍資監、済用監、繕工監、司宰監、掌楽院、司訳院、観象監、典医監
従三品	世子侍講院
正四品	宗学、修城禁火司、典設司、豊儲倉、広興倉
従四品	典艦司、典涓司
正五品	内需司、世子翊衛司
従五品	昭格署、宗廟署、社稷署、平市署、司醞署、義盈庫、長興庫、氷庫
正六品	掌苑署、司圃署
従六品	養賢庫、典牲署、司畜署、造紙署、恵民署、図画署、典獄署、活人署、瓦署、帰厚署、四学、五部
従九品	文昭殿、各陵・各殿、延恩殿

○京官職《キョングァンジク》　［表三］

中央官庁の官職。朝鮮時代の官職は大きく京官職と外官職《ウェグァンジク》に分けられ、京官職には都に設けていた各官庁の官職があり、そして各陵や各殿の官職は地方にあっても京官職に含まれる。また、十七世紀以降は開城府《ケソンブ》、江華府《カンファブ》、広州府《クァンジュブ》、水原府《スウォンブ》、春川府《チュンチョンブ》には、留まって守るという意味からきた「留守《ユス》」という正二品、もしくは従二品の官職を設け、彼らも京官職に含まれた。各官庁には品階があり、兼職する場合を除いては、官庁の品階を越す官職はない。例えば、正三品の官庁である承政院《スンジョンウォン》の場合、正三品の都承旨《トスンジ》が筆頭となり、正一品から従二品までの官職はない。官庁の品階を越す官職はすべて領議政《ヨンイジョン》などとの兼任である。

○主な京官職の官庁と役割　［表四］

宗親府《チョンチンブ》

宗室《チョンシル》（王族）の官庁。国王の系譜や御真《オジン》（肖像画）を保管し、国王や王妃の衣服を管理し、王族を監督。また、王室行事や祭礼などを主管し、宗室に隷属する土地を管理し、宗室の官職を整理した。王の嫡出子である大君《テグン》には品階がない。王の庶子には「君《クン》」を封爵し、二品以上の宗親と功臣およびその子孫、王妃の父にも「君」を封じた。また、王の父や一品以上に封じられた功臣たちには、さらに府院《プウォン》という二文字を付け加えて「府院君《プウォングン》」とした。

議政府《ウィジョンブ》

官吏を統率し、庶政を統括した行政府の最高機関。一四〇〇年四月に王権の強化を牽制するために高麗時代の最高政務機関である都評議使司《トピョンウィササ》を整備改編し、設置された。一四〇〇年以降、議政府に六曹《ユクチョ》と各道を統制する権限が与えられた議政府署事制《ソサジェ》が実施され、国政を統括したが、一四一四年太宗《テジョン》が王権強化のために六曹直啓制《ユクチョチクケジェ》を導入したことにより、政治的な立場が相対的に弱まった。その後一四三六年（世宗《セジョン》十八年）に議政府署事制が復活し、しばし国政を主導したものの、世祖即位以降、王権強化の目的で再び六曹直啓制を導入し、一四五五年から一五一六年までは力が弱かった。また、世祖時代末には院相《ウォンサン》制度が運営され、議政府や六曹をしりぞけ、一時的に院相たちが権力を握った。中宗反正《チュンジョンパンジョン》以降、議政府署事制が復活し、議政府が中心となって国政を運営したものの、一五五五年（明宗《ミョンジョン》十年）以降、乙卯倭変《ウルミウェビョン》を機に備辺司《ピビョンサ》が常設され、実権を握ったことによって、一八六四年まで有名無実化した。一八六五年（高宗《コジョン》二年）に備辺司が廃止され、その庶務が議政府に移管されたことで、その機能を回復したが、一八七三年までは高宗の父である興宣大院君《フンソンデウォングン》が摂政を行い、一八七三年以降は明成皇后《ミョンソンファンフ》・閔氏《ミンシ》一派が政権を握ったため、再び有名無実化した。

忠勲府《チュンフンブ》：国に功を立てた功臣やその子孫のための官庁で、その土地や爵位、勲章などに関わる政事を担当。

儀賓府《ウィビンブ》

公主や翁主と結婚した駙馬《プマ》たちに関係する政事を担当した官庁。「儀賓」とは国王や王世子の婿である駙馬のことで、一四六六年に「駙馬府」から「儀賓府」に改称された。公主と結婚した者には従一品の都尉《トウィ》、翁主と結婚した者には正二品の尉《ウィ》、郡主（嫡世子女）と結婚した者には正三品の副尉《プウィ》、県主（庶世子女）と結婚した者には従三品の僉尉《チョムイ》の爵位を与えた。

敦寧府《トンニョンブ》

王の親族と外戚に関する政事を担当した官庁。王妃や世子嬪などの親戚は、この府の官吏として任命された。特に、正一品の領事は王妃の父に与える官職で、娘が王妃となった場合、初任者でも「領敦寧府事」という官職が与えられる。

義禁府《ウィグムブ》：王命を承って罪人の取り調べを司った。

六曹《ユクチョ》

吏曹《イジョ》は、文選（文官の採用、任命、俸給などの庶務）、勲封（封君、封爵などの庶務）および考課（官員の功績や過失、勤怠、論罪、罷免などの査定）など、人事全般を統括。戸曹《ホジョ》は、人口調査や戸籍管理、賦税、穀物や財貨など経済全般を統括。礼曹《イエジョ》は、礼法や音楽、祭祀や国賓をもてなす宴、朝会や交聘（国家間で使臣を送ること）、学校、科挙など、礼法・教育全般を統括。兵曹《ピョンジョ》は、武選（武官の選抜、任命、俸給などの庶務）や、国防、護衛、郵駅（陸上の交通や通信）、兵甲（兵器や鎧）、門戸（門の出入り）、管鑰（宮城や門の鍵）の管理など、軍事全般を統括。刑曹《ヒョンジョ》は、法律、民事訴訟、刑罰、奴婢《ノビ》に関する庶務など、法律全般を統括。工曹《コンジョ》は、道路や橋梁、山林、沼沢の管理や度量衡、工匠や陶冶（土器、金属器具などの加工、製造）など、国土管理・製造全般を統括。

漢城府《ハンソンブ》：漢城内の戸籍管理から巡察、事件の捜査、市場や商店の管理、山や道路、橋や河川の管理など、司法・行政全般を管轄。

三司《サムサ》

言論を担当する司憲府《サホンブ》、司諫院《サガヌオン》、弘文館《ホンムングアン》の総称。これらの機関は独自に言論を繰り広げるが、重要な問題に関しては司憲府と司諫院（二つあわせて台諫《テガン》と呼ぶ）がともに啓辞《ケサ》（王への上奏）を行い、時に弘文館も加勢して王の許しを得るまで三司合啓《サムサハプケ》を続けた。それでも聞き入れられない時は、三司の官員が一斉に宮殿の門前でひざまずき訴える合司伏閤《ハプサポカプ》を行った。したがって、この三司が機能している時は王権や臣権の専制を抑制することができたが、三司の言論が特定の勢力に利用される場合は混乱を免れることができなかった。

司憲府は、官吏を観察してその悪行を糾弾し、現行の政治に対する論評を行い、風俗を正し、無実の罪を明らかにし、僭越な行為や虚偽の言動を禁ずるなどの任務を担当。司諫院は、王に諫言し、政事の非を論駁する職務を担当。弘文館は、宮殿内の経書や史書を管理し、文書処理を行い、王の諮問に応える任務を担当。全員、経筵《キョンヨン》の官職を兼任する。

開城府《ケソンブ》：高麗王朝時代の王都・開城に設置された特別行政機関。

忠翊府《チュンイクプ》：原従功臣《ウォンジョンコンシン》（補助的な功を立てた功臣や功臣の子弟）のために設置された官庁。

承政院《スンジョンウォン》

王命の伝達と履行の報告を王に行う部署で、秘書室に当たる。

承政院の中核である正三品の六承旨《ユクスンジ》は、都承旨が吏房《イバン》、左承旨《チャスンジ》が戸房《ホバン》、右承旨《ウスンジ》が礼房《イエバン》、左副承旨《チャプスンジ》が兵房《ヒョンバン》、右副承旨《ウプスンジ》が刑房《ヒョンバン》、同副承旨《トンプスンジ》が工房《コンバン》をそれぞれ担当したが、各人の能力によって、業務内容を柔軟に変更したりもした。承旨の品階は正三品であったが、従二品の者が承旨になる場合が多かった。承旨は彼らの担当業務の他にも他機関の役職を兼任する経筵参賛官《キョンヨンチャムチャングアン》、春秋館修撰官《チュンチュグアンスチャングアン》を兼任するのが慣例であり、都承旨は弘文館《ホンムングアン》と礼文館《イエブングアン》の直提学《チクチェハク》を兼任して知製教《チジェギョ》（王が下す教書の草案作成を担当する官職）となり、尚瑞院正《サンソウオンジョン》を兼任した。そして承旨の中には内医院《ネウィオン》、尚衣院《サンウィウオン》、司饔院《サオンウオン》の副提調《プジェジョ》を兼ねたりもし、刑房承旨は典獄署提調《チョノクソジェジョ》を兼ねた。このように承旨がいくつもの職を兼任したのは、王を輔弼《ほひつ》するために、多様な情報を収集する必要があったためだけでなく、王命による出納を容易にするためでもあった。また、こうした兼職は、承旨が様々な面で王の顧問の役割を果たしていたということを示している。承政院には朝鮮開国以来の日記があったが、壬辰倭乱《イムジンウェラン》の時に前半部は燃失され、一六二三年から二百七十年間のものは当時の公的記録である『備辺司謄録《ビビョンサドゥンノク》』『日省録《イルソンノク》』とともに貴重な史料として現存する。

掌隷院《チャンニエウオン》：奴婢の簿籍と訴訟に関する任務を担当。

経筵《キョンヨン》：経書を王に教え、儒教の理想政治を実現することが目的であったが、実際には王権の行使を規制するという重要な機能を遂行。

芸文館《イエムングアン》：王命や教書を記録、整理する任務を担当。

成均館《ソンギュングアン》：国家の最高学府で、儒学の振興と文廟などに関する事務を担当。

尚瑞院《サンソウオン》：璽宝（国王の玉璽と王室の官印など）、符牌《ブペ》（符は兵士動員の標識である兵符を意味し、牌は城門などの夜間巡察用の官礼である巡牌《スンペ》と官吏が地方出張の際に駅馬を徴発するのに用いた官礼である馬牌《マペ》を指す）などに関する事務を担当。

春秋館《チュンチュグアン》：現行改革に関する記録を担当。すべて文官を任用し、他の官庁の官員が兼任する。

承文院《スンムヌオン》：外交文書を担当。

通礼院《トンニェムン》：礼節と儀式に関する任務を担当。

奉常寺《ポンサンシ》：祭祀を行い、諡号を定める任務を担当。

宗簿寺《チョンブシ》：王室の家系図の編纂と、宗室の違反を糾弾する任務を担当。

校書館《キョソグアン》：書籍の印刷と頒布、香祝（祭祀に使う香と祝文）、印章などに刻む文字を管理する任務を担当。

司饔院《サオンウオン》：王の食事と宮殿内の食事の供給などに関する任務を担当。

内医院《ネウィウオン》：宮殿内の薬を調剤する任務を担当。典医監《チョニガム》、恵民署《ヘミンソ》とともに「三医院《サムウィウオン》」と呼ばれた。

尚衣院《サンウィウオン》：王の衣服や宮殿内の財貨、金銀宝物などの物品を管理、供給する任務を担当。

司僕寺《サボクシ》：輿や馬の管理、牧場における馬の飼育などの任務を担当。
軍器寺《クンギシ》：武器製造に関する任務を担当。
内資寺《ネジャシ》：宮殿内の米穀、麺類、酒、醤油、味噌、油、蜂蜜、野菜、果物の供給と宮殿内の宴や織物製造などに関する任務を担当。
内贍寺《ネソムシ》：各宮、各殿への進上物や二品以上の官僚への下賜酒および倭人、女真族《じょしん》を接待する際の飲食や織物などに関する任務を担当。
司䆃寺《サドシ》：宮殿内倉庫の米穀や味噌・醤油類の供給を担当。
礼賓寺《イエビンシ》：賓客をもてなす宴や、宗室、重臣への食事の供与を担当。
司贍寺《サソムシ》：楮貨の製造および外居奴婢などに関する任務を担当。
軍資監《クンジャガム》：軍需品の管理や出納に関する任務を担当。
済用監《チェヨンガム》：中国に進上する布、朝鮮人参、衣服、絹物（紗、羅、綾）や、布貨、染色、織物などに関する任務を担当。
繕工監《ソンゴンガム》：土木工事や営繕（造営と修繕）の任務を担当。
司宰監《サジェガム》：宮殿で使用する魚介類、肉類、塩、薪、松明の管理を担当。
掌楽院《チャンアグォン》：宮中で演奏する音楽に関する任務を担当。

司訳院《サヨグォン》：外国語の通訳と翻訳を担当。
観象監《クァンサンガム》：天文、風水（地形、地勢、方角などにより吉凶禍福を占う学問）などの、暦、気象観測、時間測定などに関する任務を担当。
典医監《チョニガム》：宮殿内に医薬品を供給したり、王が臣下などに特別に下賜する医薬品に関する任務を担当。
世子侍講院《セジャシガンウォン》：王世子に対する経書と史籍の講義を担当。
宗学《チョンハク》：宗室の人々の教育を担当。
修城禁火司《スソンクムファサ》：王宮や都城の修築や、宮殿や庁舎、里洞各戸の消防を担当。
典設司《チョンソルサ》：儀式の際に使う張幕の供給を担当。
豊儲倉《プンジョチャン》：米穀、豆類、灸、紙などの管理を担当。
広興倉《クァンフンチャン》：文武官僚の俸禄に関する任務を担当。
典艦司《チョナムサ》：中央と地方の船舶管理を担当。
典涓司《チョニョンサ》：宮殿の修繕および清掃を担当。
内需司《ネスサ》：宮殿用の米穀、布、雑品および奴婢に関する任務を担当。

世子翊衛司《セジャイグィサ》：王世子の護衛を担当。
昭格署《ソギョクソ》：三清星辰醮祭といった道教儀式などを担当。
宗廟署《チョンミョソ》：宗廟の守衛を担当。
社稷署《サジクソ》：社稷壇の清掃を担当。
平市署《ピョンシソ》：漢城内の市場や物価の監督、度量衡といった任務を担当。
司醞署《サオンソ》：宮中に酒や甘酒を供給する任務を担当。
義盈庫《ウィヨンゴ》：宮中で使用する油、蜂蜜、胡椒、果物などの管理を担当。
長興庫《チャンフンゴ》：ござやむしろ、油紙などの管理を担当。
氷　庫《ピンゴ》：氷の貯蔵や供給に関する任務を担当。
掌苑署《チャンウォンソ》：宮殿内の苑園や花草、果樹の管理を担当。
司圃署《サポソ》：王室所有の田地の管理や野菜栽培などの任務を担当。
養賢庫《ヤンヒョンゴ》：成均館の儒生たちに食料や物品を供給する任務を担当。
典牲署《チョンセンソ》：祭祀に用いる家畜を飼育する任務を担当。
司畜署《サチュクソ》：家畜を飼育する任務を担当。
造紙署《チョジソ》：紙の製造を担当。
恵民署《ヘミンソ》：医薬の管理と庶民の治療を担当。
図画署《トファソ》：図画に関する諸事を担当。
典獄署《チョノクソ》：監獄と囚人に関する任務を担当。
活人署《ファリンソ》：都城内の急患病人を救済治療する任務を担当。
瓦署《ワソ》：瓦と煉瓦を製造する任務を担当。
帰厚署《クィフソ》：棺の製造販売や、葬祭に必要な物品を供給する任務を担当。
四学《サハク》：儒生の教育のために都の東西南北の四部に立てた学校。
五部《オブ》：漢陽《ハニャン》を東西南北中の五部に分け、各管轄区域内の里洞住民の取り締まりや、検死、防犯、測量、道路の管理などの任務を担当。
文昭殿《ムンソジョン》：初代・太祖《テジョ》とその妃・神懿王后《シニワンフ》の位牌を祭る祀堂を管理。
各陵・各殿：京畿道《キョンギド》内の各陵や殿を管理。
延恩殿《ヨンウンジョン》：成宗《ソンジョン》の父・徳宗《トクチョン》の祀堂を管理。

三司			承政院	経筵	芸文館	成均館	春秋館	承文院
台諫		弘文館						
司憲府	司諫院							
		領事（議政が兼任）		領事（議政が兼任）	領事（議政が兼任）		領事（領議政が兼任）監事（左、右議政が兼任）	
		大提学		知事	大提学	知事	知事	
大司憲		提学		同知事	提学	同知事	同知事	
	大司諫	副提学 直提学	都承旨 左、右承旨 左、右副承旨 同副承旨	参賛官（承旨と弘文館副提学が兼任）	直提学（都承旨が兼任）	大司成	修撰官 編修官	判校
執義	司諫	典翰				司成	編修官	参校
掌令		応教		侍講官	応教	司芸	編修官	
		副応教					編修官	校勘
持平	献納	校理		侍読官		直講	記注官	
		副校理					記注官	校理
監察	正言	修撰		検討官		典籍	記事官	校検
		副修撰					記事官	
		博士	注書	司経	奉教	博士	記事官	博士
							記事官	
		著作		説経	待教	学正	記事官	著作
		正字		典経	検閲	学録	記事官	正字
						学諭		副正字

○主な京官職の官職と品階［表四］

区分	敬称	品階	宗親府	議政府	敦寧府	義禁府	六曹 吏曹、戸曹、礼曹 兵曹、刑曹、工曹	漢城府
堂上官		無階	大君（嫡） 君（庶）					
	大監	正一品	君	（三政丞） 領議政 左議政 右議政	領事 （王妃の父）			
		従一品	君	左賛成 右賛成	判事	判事		
		正二品	君	左参賛 右参賛	知事	知事	判書	判尹
	令監	従二品	君		同知事	同知事	参判	左、右尹
		正三品	都正		都正		参議	
堂下官			正		正			
		従三品	副正		副正			
		正四品	守	舎人				
		従四品	副守		僉正	経歴		庶尹
		正五品	令	検詳			正郎	
		従五品	副令		判官	都事		判官
		正六品	監		主簿		佐郎	
		従六品					算学教授、別提（戸曹） 律学教授、別提（刑曹）	
参下官		正七品						参軍
		従七品			直長		算士（戸曹） 明律（刑曹）	
		正八品		司録				
		従八品			奉事		計士（戸曹） 審律（刑曹）	
		正九品					算学訓導（戸曹） 律学訓導（刑曹）	
		従九品			参奉		会士（戸曹） 検律（刑曹）	

○奉朝賀《ポンチョハ》

正三品堂上官以上で七十歳となって退任した官吏に与えた名誉職。通常は勤務せず、特別な儀式がある場合にのみ官服を着て出仕する。生涯にわたって俸禄を受ける。

○雑職《チャプチク》

正職《チョンジク》(文武の一般官職)でない雑役などに従事する官職。工曹、校書館、司贍寺、造紙署、掌苑署、図画署などに配置された。ほとんど良民だが、賤民からも選任する。最高官位は正六品。雑職から正職に転任する場合には、一品階降格される。

○外官職《ウェグァンジク》 [表五]

地方官衙の官職。全国を八道(京畿道《キョンギド》、忠清道《チュンチョンド》、慶尚道《キョンサンド》、全羅道《チョルラド》、黄海道《ファンヘド》、江原道《カンウォンド》、咸鏡道《ハムギョンド》、平安道《ピョンアンド》)に分けて、それぞれ従二品の観察使《クァンチャルサ》(道の首長職。監司《カムサ》とも呼ぶ)と府尹《プユン》が、民政、軍政、刑政、財政を統括し、管下の守令《スリョン》(州、府、軍、県を治めていた地方官の総称)を指揮・監督する。都事《トサ》は、観察使を補佐するために、中央から派遣する官吏。観察使が道内で軍事関係まで司るため、都事は主に行政事務の面で観察使を補佐した。観察使と都事は在職期間三百六十日、守令は一千八百日、堂上官および家族を引率しない守令と訓導《フンド》は九百日が過ぎれば異動する。また、父母の年齢が七十歳以上の者は、三百里を越える地方の守令には任命しない。崇義殿《スンウィジョン》(高麗の太祖《テジョ》、顕宗《ヒョンジョン》、文宗《ムンジョン》、元宗《ウォンジョン》の四王と、姜邯賛《カンガムチャン》、鄭夢周《チョンモンジュ》など高麗十六人の功臣を祭る祠堂で、京畿道漣川《ヨンチョン》にある)付きの使は、高麗王族の子孫の中から一人を選んで祭祀を行う者を任命する。

○官職に就くための試験

科挙《クァゴ》

官吏になるための試験で、文官を選ぶ文科《ムンクァ》、武官を選ぶ武科《ムグァ》、技術官を選ぶ雑科《チャプクァ》がある。定期試験は三年に一度行われる式年試《シンニョンシ》で、文科と武科は、初試《チョシ》、覆試《ポクシ》、殿試《チョンシ》の三つの試験を経て合格となった。また、初試と覆試を小科《ソグァ》と呼び、この合格者が大科《テグァ》にあたる殿試に進むことができた。最終試験の殿試には王も参加した。この他、増広試《チュングァンシ》や別試《ピョルシ》などの不定期試験も行われた。

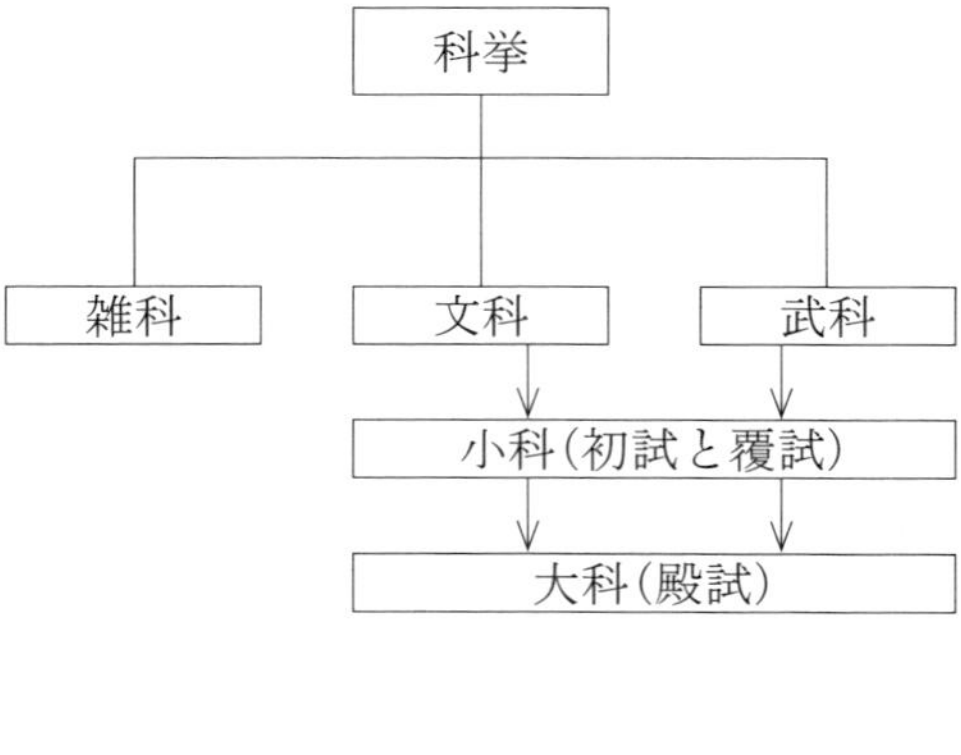

○外官職の官職と品階［表五］

	京畿道	忠清道	慶尚道	全羅道	黄海道	江原道	咸鏡（永安）道	平安道
従二品	観察使	観察使	観察使 府尹	観察使 府尹	観察使	観察使	観察使 府尹 （観察使が兼任）	観察使 府尹 （観察使が兼任）
正三品	牧使	牧使	大都護府使 牧使	牧使	牧使	大都護府使 牧使	大都護府使	大都護府使 （節度使が兼任） 牧使
従三品	使 （崇義殿） 都護府使		都護府使	都護府使	都護府使	都護府使	都護府使	都護府使
従四品	守 郡守	郡守	郡守	郡守	郡守	郡守	郡守	庶尹 郡守
従五品	令 都事 判官 県令	都事 判官 県令	都事 判官 県令	都事 判官 県令	都事 判官 県令	都事 判官 県令	都事 判官	都事 判官 県令
従六品	監 察訪 県監 教授	察訪 県監 教授	察訪 県監 教授	察訪 県監	察訪 県監 教授	察訪 県監 教授	察訪 県監 教授	察訪 県監 教授
従九品	訓導 審薬 検律 駅丞 渡丞	参奉 訓導 審薬 検律 駅丞	訓導 倭学訓導 審薬 検律 駅丞	訓導 審薬 駅丞	訓導 訳学訓導 審薬 検律 駅丞	訓導 審薬 検律 駅丞	訓導 審薬 検律	訓導 訳学訓導 審薬 検律

用語解説集

（本文に解説のある用語のうち、複数代にわたり登場する重要用語を抜粋して掲載）

衙前《アジョン》：中央や地方の官庁に属した下級官吏。

按覈使《アネクサ》：地方で変乱が起きた際、調査のために派遣された臨時官職。

礼訟《イエソン》：顕宗《ヒョンジョン》時代と粛宗《スクチョン》時代の二度にわたり、服喪期間をめぐって西人《ソイン》と南人《ナミン》の間で起こった大論争。

仁祖反正《インジョパンジョン》：一六二三年、西人派が光海君《クァンヘグン》および執権政党の大北《テブク》派を追放し、綾陽君《ヌンヤングン》、後の仁祖《インジョ》を即位させたクーデター。

議政府署事制《ウィジョンブソサジェ》：議政府《ウィジョンブ》の三議政《サミジョン》が六曹《ユクチョ》からの報告を共同議決し、王に上げた制度。

外職《ウェジク》：地方官庁の官職。外官職《ウェグァンジク》ともいう。

院相《ウォンサン》：幼い王を補佐して政治を執る地位。

元子《ウォンジャ》：王の長男。

元孫《ウォンソン》：王世子《ワンセジャ》の長男。

蔭補《ウムボ》：祖先のお陰で官職を得ること。

易姓革命論《えきせいかくめいろん》：儒教の政治思想の基本的観念の一つ。天命を受けて国を治める天子の家系に不徳な人が現れた場合には、その天命が他の有徳者に移り王朝が交代するという見解。

哀冊文《エチエンムン》：帝王や后妃の死を悲しんで作った文。

五衛都摠府《オウィドチョンブ》：中央の最高軍事機関。中衛《チュンウィ》の義興《ウィフン》、左衛《チャウィ》の龍驤《ヨンヤン》、右衛《ウウィ》の虎賁《ホブン》、前衛《チョヌィ》の忠佐《チュンジャ》、後衛《フウィ》の忠武《チュンム》の五軍団を指揮、統率した。

御定配食録《オジョンベシンノク》：端宗《タンジョン》復位のため忠節を尽くした錦城大君《クムソンデグン》、死六臣《サユクシン》など、端宗《タンジョン》の陵である荘陵に配香すべき人を定めて記録したもの。

言官《オングァン》：司憲府《サホンブ》、司諫院《サガヌォン》の官吏。

翁主《オンジュ》：王の庶女。

監営《カミョン》：観察使《クァンチャルサ》が職務を執った官庁。全国に八か所あった。

揀擇《カンテク》：王や王子、王女の配偶者の選考。

奎章閣《キュジャンガク》：正祖《チョンジョ》の時に設けられた歴代の王の詩文、親筆の書画などを保管した施設であるが、正祖の本来の意図は、学識の高い臣下を集めて文教の振興と悪習の純化をはかることであった。

経筵《キョンヨン》：御前で儒学の経書と史書を講義し、論議すること。またはその席。

経筵官《キョンヨングァン》：御前での経書の講論に参加する官員。

科田《クァジョン》：文武両班《ヤンバン》など官僚の位に従って支給された田畑。

官衙《クァナ》：官庁。

経書《けいしょ》：儒教の基本的文献。

開京《ケギョン》：高麗《コリョ》の都、現・開城《ケソン》。

誥命冊印《コミョンチェギン》：中国が大国として諸隣国に送った、王位を承認する文書と金印。

検書官《コムソグァン》：庶子出身の学者を待遇するために奎章閣《キュジャンガク》に設けていた官職で、閣臣を補助して本の校正、書写を受け持った。官員は四人で、五品から九品に当たる官職を与えた。

公主《コンジュ》：王の嫡女。

謝恩使《サウンサ》：朝鮮時代、国に施してくれた恩恵に感謝するという意味で明《みん》や清《しん》に送っていた使臣。

賜暇読書《サガドクソ》：若くて有能な文臣たちが読書堂で勉強できるように休暇を与えること。

四郡《サグン》：世宗《セジョン》時代に北方の女真《じょしん》族の侵入を防ぐために鴨緑江《アムノッカン》上流に設

置した閭延《ヨヨン》、慈城《チャソン》、茂昌《ムチャン》、虞芮《ウィエ》の四郡。

賜死《ササ》：死罪の罪人に王が毒薬を下し自決を命ずること。

四部学堂《サブハクタン》：朝鮮時代、漢陽《ハニャン》の東、西、中、南部に設置された学校。四学《サハク》ともいう。

司馬試《サマシ》：生員《センウォン》や進士《チンサ》を選ぶ科挙の小科試験。

三司《サムサ》：司憲府、司諫院、弘文館《ホンムングァン》。

三政丞《サムジョンスン》：領議政《ヨンイジョン》、左議政《チャイジョン》、右議政《ウイジョン》の総称。三公《サムゴン》、三事《サムサ》ともいう。

三浦《サムポ》：世宗の時、倭人に対する懐柔策として開港した熊川《ウンチョン》の齊浦《チェポ》、東莱《トンネ》の釜山浦《プサンポ》、蔚山《ウルサン》の鹽浦《ヨムポ》。

死六臣《サユクシン》：世祖《セジョ》の時、瑞宗の復位を謀ったため、処刑された六人(朴彭年《パクペンニョン》、成三問《ソンサムムン》、李塏《イゲ》、河緯地《ハウィジ》、柳誠源《ユソンウォン》、兪応孚《ユウンブ》)の忠臣。

山海関《さんかいかん》：万里の長城の東側起点にある関門で昔からの軍事的要衝地。

三政《さんせい》：国の政治の中で最も重要な田政、軍政、糧政。

時政記《シジョンギ》：当時の政治で歴史的史料になりそうなものを史官が記録したもの。

諡冊文《シチェンムン》：帝王や后妃の生前の徳行をほめたたえて書き記した文。

時派《シパ》：「時流に迎合する」という意味でついた名称。主に南人《ナミン》系列。荘献《チャンホン》(思悼《サド》)世子《セジャ》の死に同情。

主気論《しゅきろん》：宇宙の根源的な存在を神秘的な理よりは物質的な気に求める立場。先駆者は徐敬徳《ソギョンドク》で、奇大升《キデスン》、李珥《イイ》が発展させた。主気派は外的経験を尊重し、政治、経済、国防など現実問題に対して改革論を打ち立てた。

主理論《しゅりろん》：主気論とともに朝鮮性理学の二大潮流の一つ。理は気の活動の根底となり、気を統制する実在だと見なし、これを強調した思想。先駆者は李彦迪《イオンジョク》で、李滉《イファン》が完成した。主理派は内向的傾向が強く、道徳的信念と、その実践を重視した。

新進士大夫《シンジンサデブ》：当時の上級官僚である両班のことを指す。

新進士類《シンジンサリュ》：学問を研究し、徳を修めるソンビ集団。

進封《しんぷう》：爵位が上がること。

守禦庁《スオチョン》：仁祖以来、南漢山城《ナマンサンソン》の守備に当たった軍営。

僧科《スンクァ》：僧侶を対象に行っていた科挙。

巡辺使《スンビョンサ》：軍事的目的で辺境を巡視していた特使。

歳遣船《セギョンソン》：朝鮮朝廷が対馬の島主に来往を許可した貿易船。

洗草《セチョ》：史草を処分すること。

禅位《ぜんい》：王の生前にその子弟に王位を譲ること、内禅。

書雲観《ソウングァン》：天文・地理、気候観測などを司った官庁。

西宮《ソグン》：徳寿宮《トクスグン》。

束伍軍《ソゴグン》：城郭増築、堤防設置、道路補修などの国家的な土木工事に動員される役を負わない良人と賤民とで編成した軍。平時には軍布を納め、有事時にだけ招集された。

書状官《ソジャングァン》：外国へ送る使臣に随行する臨時の官職で、記録官。

書堂《ソダン》：日本の寺子屋のような私塾。

少論派《ソロン》：庚申換局《キョンシンファングク》で勢力を挽回した後、西人派の領袖・宋時烈《ソンシヨル》を中心とするグループと趙持謙《チョジギョム》、韓泰東《ハンテドン》などの間の不和で、ついに西人派は老論《ノロン》、少論《ソロン》の両派に分裂する。

ソンビ：学徳を備えた人。

檀君朝鮮《タングンチョソン》：檀君《タングン》・王倹《ワンゴム》が建てたと伝えられる古朝鮮。

蕩平政治《タンピョンチョンチ》：党争の悪弊を正し、王権の伸張と不偏不党を図った政策。人材を広く登用した。蕩平策《タンピョンチェク》ともいう。

提調《チェジョ》：都提調《トジェジョ》の次位の官職。従一品、もしくは従二品の者に兼任させ、その官庁を指揮・監督させた。

体察使《チェチャルサ》：地方で軍乱が起こった時に、王に代わってその地に赴き軍隊を統括した臨時官職で、宰相が兼任した。

職牒《チクチョプ》：官吏任命の辞令。

集賢殿《チピョンジョン》：朝鮮王朝初期の学問研究および国王の諮問機関で経書・典礼と故事・進講などを司った官庁。

誌文《チムン》：死去した人の名、生没年月日、墓の場所などを記した文。

参奉《チャムボン》：各陵、宗親府、その他の官庁に属した従九品の官職。

昌徳宮《チャンドックン》：歴代の王が常住し、政治を行った宮殿。

中人《チュンイン》：両班と平民の間の中間階級。

重試《チュンシ》：堂下官《タンハグアン》の文臣を対象に十年ごとに実施した一種の昇進試験。

中殿《チュンジョン》：王后の尊称。中宮殿《チュングンジョン》、坤殿《コンジョン》ともいう。

朝臣《ちょうしん》：朝廷に仕える臣下。

斥邪《チョクサ》：邪学と異端を排斥するという意味で、初めはカトリック教徒がその対象であったが、その後、外国との通商反対運動へと展開されていく。

鳥銃《チョチョン》：火縄銃。

楮貨《チョファ》：楮《こうぞ》の皮で作った紙幣。

殿試《チョンシ》：会試《フェシ》に合格した文武科の者たちを殿中に召して王が親臨して行った試験。

政丞《チョンスン》：宰相。

千秋使《チョンチュサ》：朝鮮時代、中国の皇后誕生日を祝うために派遣された使臣。

精抄庁《チョンチョチョン》：仁祖時代に創設した騎兵養成機関。

宗親《チョンチン》：王の親戚。

宗廟社稷《チョンミョサジク》：歴代の王や王妃の位牌を祀った宗廟《チョンミョ》と、王が国家の繁栄のために土地の神と穀物の神に祭事を行った社稷《サジク》のこと。すなわち国のことを指す。宗社ともいう。

摠戎庁：京畿《キョンギ》一円の警備を担当。

進士試《チンサシ》：科挙の小科《ソグァ》の一つで、主に詩などの創作能力が試された。

台諫《テガン》：司憲府、司諫院の官員の総称。

大君《テグン》：王の嫡男。

大同法《テドンポプ》：現物で納めていた税を米穀に換算して納めさせる納税制度。

大妃《テビ》：先代の王妃、現王の母后。

大王大妃《テワンデビ》：生存中の先々代の王妃、現王の祖母。

度僧《トスン》：官から僧侶の身分証を与えられた僧。禅宗や教宗の仏典の暗唱試験に合格した後、礼曹《イェジョ》に報告して、軍役の代わりに金銭を納めるだけで僧侶の身分証が与えられた。

都提調《トジェジョ》：承文院《スンムヌォン》、奉常寺《ポンサンシ》などの官庁の頭で、議政を兼任させるか、議政を歴任した人を任命する正一品の官職。実務には従事しない。

屯田《とんでん》：各駐屯地の兵営に属する田畑。

陵遅処斬《ヌンジチョチャム》：処刑した後、頭、胴体、手足を、さらに切断する極刑。

学田《ハクチョン》：教育機関の経費に充てるために支給された田畑。

漢陽《ハニャン》：漢城《ハンソン》。現・ソウル。

八道《パルト》：済州島《チェジュド》などを含む朝鮮全土を咸鏡《ハムギョン》、平安《ピョンアン》、黄海《ファンヘ》、江原《カンウォン》、京畿《キョンギ》、忠清《チュンチョン》、慶尚《キョンサン》、全羅《チョルラ》の八つの行政区域に分けて、各地域に地方長官である観察使を派遣した。彼らは重要な政事に関しては朝廷の指示に従う一方、管轄している道政に関しては、警察権、司法権、徴税権などの絶対的な権限が与えられていた。

防禦使《パンオサ》：各道に配置されて要地を防御する兵権を持った従二品の地方官職で、兵馬節度使《ピョンマチョルトサ》に次ぐ軍職。

反正《パンジョン》：失政をした王を廃し、新たに王を推戴すること。

備辺司《ピビョンサ》：軍事と国政を司った官庁で、朝鮮中・後期の最高議決機関。

郷楽《ヒャンアク》：三国時代から伝わる固有の音楽。
郷校《ヒャンギョ》：地方の文廟《ムンミョ》と、それに属した教育機関。
郷試《ヒャンシ》：各地方の儒生を対象に実施していた科挙の一つで、初試に当たる。
郷約《ヒャンヤク》：勧善懲悪を目的とする村の自治規約。
壁書《ピョクソ》：張り紙。
僻派《ピョクパ》：「時流を無視して党論にばかり偏っている」という意味でついた名称。主に老論系列。荘献(思悼)世子の死を当然視する。
賢良科《ヒョルリャンクァ》：経学に優れ、徳行の高い者を主に推薦により選んだ人材登用制度。
便殿《ピョンジョン》：王が平素、政事を執る宮殿。
兵馬使《ピョンマサ》：咸鏡道と平安道の軍事と行政を同時に担当していた指揮官。
還穀《ファンゴク》：春の端境期に民に貸し、秋に一割の利子をつけて回収した官の穀物。
府院君《プウォングン》：王の義父、または正一品の功臣に与える爵号。
会試《フェシ》：文武科の科挙に初試合格した者に限って上京して再度受けさせていた科挙。
北学派《プカクパ》：実学の一派で清朝の発達した文化を受け入れることを主張した。特に商工業の振興と技術の革新に関心を寄せた。
剖棺斬屍《プグァンチャムシ》：死後に大罪が暴かれた人に極刑を下すことで、棺を暴き、屍体の首を切ること。
訓練都監《フルリョントガム》：朝鮮後期に確立された五軍営《オグニョン》のうち、宣祖《ソンジョ》時代に最初に設置された軍営。首都の守備を担当。
訓民正音《フンミンジョンウム》：世宗が一四四七年に領布した二十八字から成るハングル文字の名称。
白丁《ペクチョン》：屠殺業などに従事する人。
行状《ヘンジャン》：人の一生の履歴を記した文。
護軍《ホグン》：五衛《オウィ》の正四品の武官職。
号牌法《ホペポプ》：十六歳以上の男子に、名前、年齢、生年の干支を刻み、官庁の烙印を押した牌を持たせる法。
戸布税《ホポセ》：綿や麻などを徴収した財政確保のための税制の一つ。
本貫《ポングァン》：祖先の出身地。
奉祀孫《ポンサソン》：祖先の祭祀を受け継ぐ子孫で、祀孫ともいう。
ムスリ：雑仕女で、水賜伊ともいう。
文廟《ムンミョ》：孔子の位牌を祭った祀堂で、朝鮮時代には成均館《ソンギュングァン》が管轄し、儒学の発展に貢献したソンビの位牌もともに祭られた。
量田《ヤンジョン》：耕作状況を把握するために田畑を測量すること。
六宗英《ユクチョンヨン》：端宗を守ろうとした六人の宗親《チョンチン》。安平大君《アンピョンデグン》、錦城大君《クムソンデグン》、永豊君《ヨンプングン》、漢南君《ハンナムグン》、和義君《ホァウィグン》、李穣《イヤン》の六人
六鎮《ユクチン》：世宗時代に咸鏡北道の辺境に設置した慶源《キョンウォン》、慶興《キョンフン》、富寧《プリョン》、穏城《オンソン》、鐘城《チョンソン》、会寧《フェリョン》の六鎮営。
留郷所《ユヒャンソ》：地方官の守令《スリョン》を補佐する諮問機関で、地方の風俗と郷吏の不正を取り締まりながら、住民を代表していた民間地方自治機関。
燃藜室記述《ヨルリョシルギスル》：正祖の時に李肯翊《イグンイク》が書いた歴史書で、朝鮮王朝の太祖《テジョ》から粛宗までの重要な歴史的事件を各種の野史から史料を収集、分類して、私見を交えずに公正な見地から編纂したもの。五十九巻四十二冊。
嶺南学派《ヨンナム》：朝鮮中期、李滉を祖とした性理学の学派。李滉の理気二元論を支持する嶺南出身の学者たちのこと。李珥の畿湖《キホ》学派と双璧をなす。
王世子《ワンセジャ》：王位を受け継ぐ王子。世子ともいう。

訳者あとがき

『朝鮮王朝実録』は、李氏朝鮮の第一代・太祖から第二十七代・純宗までの五百十九年間の歴史を編年体で記録した、一九六七巻、九四八冊の歴史書である。原文は漢文で書かれていて、国語への翻訳は一九七〇年を前後に韓国と北朝鮮の両方で始まった。

韓国で一九九六年、朴永圭先生が『一冊で読む朝鮮王朝実録』(原題)を公刊された当時、この膨大な王の治世の記録に一般の人が親しむことはたいへん難しかったので、民主化の機運のなかで絶賛され、大ベストセラーとなった。

私たちは隣国の歴史を学ぶことは日本の読者にとっても大切であると思い、翻訳して日本で出版したいと朴先生に打診したところ、先生は快く許諾してくださった。

それから約一年近くソウルの図書館に通い、原文と原文のハングル訳を史料に、朴先生の本の翻訳に奮闘した。そして、一九九七年、日本語版は『朝鮮王朝実録』の名前で新潮社より発行され、静かに増刷を重ねた。

二〇〇四年に朴先生はこの『一冊で読む朝鮮王朝実録』の改訂版を韓国で発行された。すでに二百万冊が売れていたが、八年の年月のなかで、新たに発見された歴史的事実もあり、また韓国の時代劇ドラマの人気によって読者が興味を抱く対象が変化したことから、新しい事実や人物のことを加筆された。そのなかには、九六年版で書かれたことを訂正された箇所もある。常に読者のために、そして歴史の大衆化のために尽力されてきた朴先生らしい決断であった。

二〇〇九年の初夏、キネマ旬報社よりこの改訂版を発行したいとの連絡を受けた。『宮廷女官 チャングムの誓い』や『イ・サン』などが日本で放映されて、隣国の歴史に興味を抱く人が毎年増えているのだという。そして、「正祖」を「チョンジョ」と呼ぶなどハングルにも慣れ親しむ読者のために、できる限りハングルの読み方でルビを振り、官職や用語に説明を加えて、さらに読みやすい口語体にして、特に若い世代のために全面的に改稿してほしいと依頼された。

どこまでこの要望に応えられたかはわからないが、約二年半に及ぶこの仕事が、今後の日本と韓国の若い世代の共生につながること、そして、遠からずして、朝鮮王朝時代と同様に南北を自由に往来できる日が来ることを夢見て、筆をおきたいと思う。

最後に、著者の朴永圭先生をはじめ、校正者の小田由美子さん、編集の松本志代里さん、呉美智《オミチ》さんに感謝したい。ありがとうございました。

神田聡《かんださとし》　尹淑姫《ユンスクヒ》

著者紹介

朴永圭　パク ヨンギュ
韓国・慶尚南道山清出身。韓国外国語大学独文学哲学科卒業。
ミリオンセラー『一冊で読む朝鮮王朝実録』(邦訳書『朝鮮王朝実録【改訂版】』小社刊)を出版した後、『一冊で読む高麗王朝実録』『一冊で読む高句麗王朝実録』『一冊で読む百済王朝実録』『一冊で読む新羅王朝実録』など「一冊で読む韓国通史シリーズ」を完成させ、歴史ブームを巻き起こした。その他の著書として『一冊で読む世宗大王実録』『一冊で読む朝鮮王室系譜』『宦官と宮女』『教養として読む中国史』などの歴史書がある。また歴史文化エッセイ『特別な韓国人』や、『考えの博物館』『道徳経を読む楽しみ』などの思想書、『教科書に出てくる朝鮮王朝実録』(全62巻)をはじめとする児童書も多数執筆。1998年に中編小説『植物図鑑をつくる時間』で文芸中央新人賞を受賞して小説家としてデビュー。『策略』(全5巻)と『途上の皇帝』『その男の魚』などの作品がある。1999年から教育運動に身を投じ、歴史文化教育院「李禞書堂(イサンソダン)」を設立して運営、2006年には李禞書堂を拡大した新概念のマスタースクール「茶山(タサン)学校」を設立。現在、校長として全人教育に携わる。

訳者紹介

神田聡　かんだ さとし
群馬県富岡出身。旧名は岡田聡。群馬県立高崎高等学校、慶応義塾大学文学部文学科(中国文学専攻)卒業。読売新聞社外報部(現・国際部)の記者時代、延世大学で韓国語を学んだことを機に、のち翻訳に専念。訳書に『韓国人の情緒構造』『奇跡のファミリー』(ともに新潮社)など。

尹淑姫　ユン スクヒ
韓国・全羅北道出身。国立全北大学数学科卒業。群山女子中学校、聖心女子高等学校で数学を教えたのち日本に留学。大東文化大学大学院日本文学(現代語・古典語文法)専攻博士課程修了。語学専門学校講師などを経て、通訳・翻訳に専念。神林留学生奨学会ＯＢ。夫・神田聡との共訳がある。

朝鮮王朝実録《ちょうせんおうちょうじつろく》【改訂版《かいていばん》】

2012年3月14日　初版第1刷発行
2015年10月15日　第2版第1刷発行

著 者　朴永圭《パクヨンギュ》
訳 者　神田聡《かんださとし》　　尹淑姫《ユンスクヒ》

DTP　株式会社RUHIA
系図作成　華本達哉
地図作成　データ・アトラス株式会社
写真協力　国立中央博物館　国立古宮博物館　京畿道博物館　全州市
　　　　　陸軍博物館　全州御真博物館　ソウル大学奎章閣韓国学研究院
　　　　　世宗大王記念事業会　戦争記念館　藤田麗子
カバーイラスト協力　韓永愚　暁亨出版
カバーの絵　「園幸乙卯整理儀軌」より。
　　1795年2月、正祖が水原にある華城行宮で母の恵慶宮洪氏の還暦を
　　祝うために行幸した様子を描いた儀軌である。

発行人　清水勝之
発行所　株式会社キネマ旬報社
　　〒107-8563
　　東京都港区赤坂4-9-17 赤坂第一ビル
　　TEL 03-6439-6487（編集本部）
　　　　03-6439-6462（販売営業部）
　　FAX 03-6439-6489
　　URL http://www.kinejun.com
印刷・製本　株式会社光邦
ISBN 978-4-87376-391-0